文化部对外文化联络局
中国翻译协会 主编
北京语言大学

摆渡者

中外文化翻译与传播

图书在版编目（CIP）数据

摆渡者——中外文化翻译与传播 / 文化部对外文化联络局，中国翻译协会主编. —北京：中央编译出版社，2016.2
ISBN 978—7—5117—2837—1

Ⅰ.①摆… Ⅱ.①文…②中… Ⅲ.①翻译—文集②中外关系—文化交流—文集 Ⅳ.①H059—53②G125—53

中国版本图书馆 CIP 数据核字（2015）第 273300 号

摆渡者——中外文化翻译与传播

出 版 人：	刘明清
出版统筹：	董 巍
责任编辑：	邓永标
责任印制：	尹 珺
出版发行：	中央编译出版社
地 址：	北京西城区车公庄大街乙5号鸿儒大厦B座（10044）
电 话：	（010）52612345（总编室） （010）52612371（编辑室）
	（010）52612316（发行部） （010）52612317（网络销售）
	（010）52612346（馆配部） （010）66509618（读者服务部）
传 真：	（010）66515838
经 销：	全国新华书店
印 刷：	河北省张家口市下花园光华印刷有限责任公司
开 本：	787 毫米×1092 毫米 1/16
字 数：	575 千字
印 张：	28.75
版 次：	2016 年 2 月第 1 版第 1 次印刷
定 价：	82.00 元

网 址：	www.cctphome.com 邮 箱：cctp@cctphome.com
新浪微博：	@中国编译出版社 微 信：中央编译出版社（ID：cctphome）
淘宝店铺：	中央编译出版社直销店(http://shop108367160.taobao.com)（010）52612349

本社常年法律顾问：北京嘉润律师事务所律师 李敬伟 问小牛
凡有印装质量问题，本社负责调换，电话：010—55626985

编写说明

为落实中宣部领导关于加强国际传播能力建设，推动中国文化走出去的指示精神，为"中国当代作品翻译工程"等重点项目做好人才队伍服务工作，文化部对外文化联络局与中国翻译协会于 2014 年 5 月 16 日至 19 日在北京语言大学举办了"中国文化翻译与传播"暨国家语言与翻译能力建设高级研修班。研修班邀请了 140 余名在世界 40 多种语言领域耕耘多年的中外专家、学者和翻译工作者，以及长期从事各语言种类文化类翻译与研究的 400 余名研修会员参加，就文化、外交、影视、媒体等热点问题展开深入研修和交流活动。活动本着节俭、科学、服务、专业、可持续的原则，为从事文化翻译与传播的各界专家学者、一线业务骨干搭建了一个中国目前规模最大、覆盖语种最全、文化内容最丰富的语言与翻译专业交流与人才培养平台，取得圆满成功。

本次研修班的学员来自国内 40 多家政府部门、学术教育、传媒出版与文化艺术机构。根据语言种类，400 余名研修学员分为 20 个研修小组，就中国文化对外译介面临的机遇与挑战、针对特定语种的需求和现状，在中外思想学术、历史遗产、文学艺术、影视作品、新媒体交流等领域，就语言、翻译、人才培养与机制建设等课题开展了深入研讨，并对中国文化对外译介能力建设问题提出了切实中肯的意见和建议。

这本《摆渡者——中外文化翻译与传播》，就是本次研修班学术资料和学术成果的集中展示。

本书的编写，得到了文化部对外文化联络局、中国翻译协会、北京语言大学等单位相关领导和专家学者的大力支持，中央编译出版社对为本书的出版提供了保障；另外，由于大多数论文是从研修班的速记稿和视听资料中整理、编辑而成，时间紧迫，工作量大，部分论文未经原作者审阅，疏漏、错讹之处难免，特此致歉，并敬请各位专家学者谅解。

当前，随着中国文化在全球影响力逐渐增强，中外文化互译方面的需求日益增多，但中外文化互译的人才队伍发展仍面临着很多实际困难。很多人才在资料研究、同行交流、中外合作、信息对接、项目支持、专业策划、落地推广、职业保障等方面都缺少支持，国家整体对外语言与翻译能力与中外文化交流需求之间还存在很大的落差，而中国文化和世界受众之间的语言隔阂和翻译瓶颈，也还在相当程度上阻碍着中外文化交流的顺畅发展。因此，我们也希望，借助本书的出版，认真团结文化翻译领域的专家学者与业务骨干，不断推动各种语言文化译介的信息互动与人才发掘、培养、扶持等工作，为中国文化翻译与传播工作者打造一个长期可持续的人才培养和信息交流平台，为国家各项文化译介扶持项目提供坚实的支持和保障。

编　者

2015 年 10 月于北京

目　　录

开幕式致辞 ································· 张爱平（1）
开幕式致辞 ································· 王刚毅（3）
开幕式致辞 ································· 崔希亮（5）
开幕式致辞 ································· 刘德有（7）
开幕式致辞 ································· 陈明明（9）
中国文化"走出去"的起步与探索
　　——国家社科基金"中华学术外译项目"浅谈 ········· 杨庆存（13）
我们怎样向世界传播中国 ························· 杨　磊（17）
关注中国出版走出去进程中的译介工作 ················· 范　军（20）
关于中国文化带倾向的问题思考 ····················· 郑铁生（23）
国际汉学中比较文学论著的翻译实践 ··················· 刘　燕（29）
《当代中国宗教研究精选》"民间宗教""基督教"和"马克思主义与
　　宗教"卷英译工作心得体会 ····················· 池　帧（41）
东西方文化视野下翻译功能的反思
　　——兼及中国文化"走出去"翻译策略的思考 ········· 许相全（45）
当代诗歌翻译即兴谈 ···························· 赵　四（52）
京剧唱词英译初探
　　——从《中国京剧百部经典英译系列：大登殿》谈起 ····· 崔向伟（61）
对外文化翻译、传播与交流的五个层次 ················· 蒋好书（70）
网络资源对学术研究和专名翻译的作用
　　——以汉学史和汉学专名翻译为例 ················· 王国强（79）
国产影视剧英译研究 ··························· 麻争旗（83）
浅析图片说明的英译 ··························· 韩清月（92）

浅谈中国文化交流传播 …………………………………… 陈伯祥（98）
汉译法个人素质的培养 …………………………………… 侯贵信（105）
莫言作品在法国的的译介与解读
　　——基于法国主流媒体对莫言的评价 ………… 周新凯　高　方（117）
文学作品中的人名法译 …………………………………… 宫结实（126）
汉译法的体会 ……………………………………………… 唐家龙（137）
浅析汉译法中容易出现的一些问题 ……………………… 姜德山（144）
20世纪德语世界对中国文化的翻译 ……………………… 李雪涛（149）
"道"的诗性再现…………………………………………… 华少庠（156）
库恩（Franz Kuhn）与《水浒传》的德译 ……………… 张　欣（161）
卫礼贤对中国古典作品的译介 …………………………… 孙立新（165）
中医典籍的德译 …………………………………………… 张雪洋（170）
白居易诗在日本的传播与影响 …………………………… 冯海鹰（175）
日本出版界眼中的"辛亥革命百年" …………………… 何明星（182）
浅谈Web2.0时代对外传播的媒体融合
　　——以中国国际广播电台日语频道2014年春"我是樱花播报员"为例
　　………………………………………………………… 王小燕（189）
翻译本体探究 ……………………………………………… 张　敏（202）
中外专家团队合作在发展文化翻译中的作用浅析 ……… 葛万青（215）
《史记》在俄罗斯的收藏与翻译 ………………………… 柳若梅（225）
阿列克谢耶夫《聊斋志异》俄译版本百年流变 ………… 高玉海（243）
与俄罗斯汉学家合作翻译中国当代诗歌 ………………… 谷　羽（255）
搞好影视剧翻译，促进中外文化交流 …………………… 吴瑞根（259）
对外文化传播中有关翻译的几个问题刍议 ……………… 王世申（262）
《红楼梦》翻译二三事 …………………………………… 赵振江（267）
浅谈文学翻译 ……………………………………………… 王　军（272）
邻邦眼中的中国形象
　　——以蒙古国主流媒体涉华报道为例
　　………………………………… Erdenesuvd Enkhtaivan（蒙古国）（279）
对老挝传播中的"主我"与"客我" …………………… 赵晓虹（292）
波斯"柔巴依"从转译到直接译自原文的启示 ………… 张　晖（295）
古典文献的翻译与文化补偿
　　——再谈《中国文化读本》的阿译感悟 ……………… 张甲民（306）

目录

北欧翻译概况 …………………………………… 倪晓京（313）
浅谈北欧文学翻译 ………………………………… 石琴娥（318）
新中国成立后保加利亚文学在中国的传播 ……… 林温霜（321）
崎岖坎坷翻译路 …………………………………… 余志和（328）
中保翻译中的知识常识问题
　　——以《保加利亚——中国·文化旅游》画册为例 ……… 马细谱（332）
瑞汉互译的历史问题及现状 ……………………… 阿日娜（335）
希腊语汉译挑战 …………………………………… Elena（338）
我对文化翻译的一些认识 ………………………… 梁全炳（341）
中译土翻译中的常见错误 ………………………… 沈志兴（347）
20世纪中国文化在斯洛文尼亚的传播 …………… 鲍 捷（355）
从翻译伊朗文学作品到汉波翻译技巧 …… 于桂丽 王 法（360）
泰语汉语教学与传播实践 ………………………… 郑元萍（369）
关于对南亚文化交流的思考
　　——在文化传播与翻译会议上的发言 ……… 高 华（376）
泰戈尔作品的研究翻译 …………………………… 董友忱（380）
我们应该重视孟加拉语言文化的工作
　　——2014年5月19日会议上的发言 ………… 董友忱（391）
小语言　大作为 …………………………………… 石景武（395）
中国国际广播电台对马来西亚开展文化传播的探索和成效 …… 张雯雯（399）
捷汉不同的语言文化在翻译中的反映 …………… 李 梅（408）
汉蒙文化差异性对诗歌翻译的影响 ……………… 哈 森（417）
从"翻译匠"到"文化传播使者" ………………… 陈敏玲（421）
中国与非洲地区文化交流专家谈
　　……… 蒋好书　马云飞　陈利明　赵 磊　潘 良　阎鼓润（428）
小议泰米尔语的媒体语言翻译技巧 ……………… 赵 江（443）
"禅"译——塞尔维亚语翻译实践与心得 ……… 彭裕超（448）

开幕式致辞

张爱平

尊敬的各位嘉宾、专家学者和从事对外文化工作的同志们：

大家上午好！非常高兴出席由文化部外联局、中国翻译协会、北京语言大学共同举办的"中国文化翻译与传播"暨国家语言与翻译能力建设高级研修班。今天，来自各个国家、政府部门的300多位研修班会员，为共同的目标走在一起，研究中外语言，提高语言能力，传播中国的文化，开展国际的对话，为发展中国文化事业、做好对外文化工作具有重要的意义。请允许我代表文化部，向各相关部门和文学、艺术、社科、教育、金融、出版等机构的专家学者们，表示衷心的感谢！

今年是新中国成立65周年，对外文化交流工作与国家的总体工作经历了光辉的历程。建国初期，在党中央、国务院的领导下，我们的对外文化交流，密切配合国家对外交往的大局，通过建设中国优秀文化，展示了新中国友好的形象；今年是改革开放35周年，中国对外文化工作伴随着国家前进的步伐不断前进，拓展的领域已到文化、艺术、教育、社会、体育、广电、新闻、出版等各个单位，包括论坛展会、艺术展演、文化贸易等多种形势。各相关中央和政府部门，都投入到对外文化工作当中，文化部目前已经投入运营文化中心，到2020年要建成50个在海外的中国文化中心。

我们将不断与世界各国开展合作，积极深入推动中国文化交流与贸易，为全世界热爱文化、关心文化的朋友提供便利的条件和更好的服务。今年是中国全面深化改革的第一年，中国对外文化工作进入新的快速发展时期，随着国家全面深化改革的发展，中国将会有丰富多彩的成果，包括在座各位专家学者的成果，及时传播到世界各国，同时，对外国的优秀成果也要引进、消化和吸收，实现中外文化的互通、互建和互融。面对更加光荣的使命，举办这次研修班显得非常及时和必要。借此机会我想对研修班提一下希望和建议：

一、希望研修班在中外不同行业、语种之间，和中外翻译从业人员之间，搭建起一个专业平台，同时，资深的专家学者，对翻译人才的队伍建设发挥着承上启下、继往开来的作用。

二、希望各位专家学者多开辟新的研究领域，在继续做好通用语种研究和传播的同时，关心支持中国语种和非中国语种地区的工作。

三、希望结合中外交流和翻译合作项目的要求，提出具体的想法和建议，不断推出中国文化领域内新的文化成果。

最后祝研修班取得圆满成功，谢谢大家！

（作者系文化部对外文化联络局局长）

开幕式致辞

王刚毅

尊敬的各位部长、尊敬的局长、尊敬的崔校长，尊敬的各位专家、尊敬的翻译界的同仁、同学们：

会前，在贵宾室的时候，我碰到了数位翻译界的老前辈、老专家。在回忆过去翻译经历的时候，他们都提到了，在20世纪70年代的那个时候，翻译我们中国传统的文学，翻译毛泽东的著作，翻译毛泽东诗词的那段经历，回忆起来非常美好，也很珍贵。

今天，我们在这里欢聚一堂，聚集了文化翻译、对外出版、传播研究等领域的众多专家，参加由文化部对外文化联络局和中国翻译协会共同主办的中国文化翻译与传播暨国际语言与翻译能力建设的高级研修班，共同探讨如何提高对外文化的翻译水平，如何加强国际传播能力建设的问题，这对于有效的翻译工作，服务于中外文化交流以及国家文化建设发展的大局，有着积极和现实的意义。

近年来，对外传播的翻译工作越来越受到国家有关部门和专业机构的关注，在各个领域也取得了可喜的进展。以对外翻译出版为例，国家不断加大对翻译出版方面的资助和支持的力度。据国信办公布的数字，截至2002年底，中国图书对外推广计划和中国文化翻译工程总共翻译出版了38个版本，2000多种图书。此外还有中华学术外译项目，2009年开始实施，至2013年，总共资助图书品种145种，总体上看，这些政府资助的项目，对中国文化的对外传播起到了一定引导作用。那么我所代表的中国外文局，作为我国最大对外传播新闻出版的机构，拥有九个语种，数百名翻译人才，每年出版数百种图书和数百本的杂志，我们旗下的中国网，作为国家的重点网站，17个语种向世界及时地介绍中国；中国翻译协会于1991年还专门成立了对外传播翻译委员会，定期召开翻译研讨会，对我国政治、外交、经济和文化领域的新词汇、新表述的翻译文化进行认真地探讨。相关的研究成果在一些网站和《中国翻译》杂志发布，为提高对外传播的翻译质量发挥了积极的引导作用。

而这一个工作，我们在座的，特别是在前三排就坐的很多人都是参与其中的，尽管相关部门和机构在中国文化的对外译介方面做了一些努力，与国家的综合国力相比仍相对滞后，不能满足我国日益扩大的对外交流的要求。以出版为例，目前国际上的文献信息服务机构之一，美国的联网计算机、图书馆中心，收入的2000年之后翻译出版的有关中国政治、经济、文化的图书文件几乎全部为海外提供出版。那么我认为，除体制机制和出版发行渠道等方面的因素以外，能够胜任国际传播界的高素质人才队伍和能够被国外受众接受的高质量翻译作品的匮乏，是制约文化走出去的重要因素。

十八大以来，习近平总书记在多个场合就做好新时期的对外传播工作提出明确要求，强调大力加强国际传播能力建设，讲好中国故事，传播好中国声音。因此，提高对外文化翻译的水平是增进国际社会对中国的了解和认识，展示中国形象，加强国际传播能力，提升国家实力的必然要求，是推动中外合作交流，促进中国文明与世界文明发展的必然要素，翻译工作者应该做到融通中外，也就是说我们不能局限于自己原有的思维方式，自说自话，而是要用传播对象读得懂、愿意听、能接受的话语表述和方式，使中国文化被世界人民了解和接受。因此我们应关注和加大对高素质人才队伍的力度，提高对外文化翻译质量，顺应时代发展的要求。那么这次研修班是在这个方面的有利举措和尝试，我们愿意加强相关部门的交流与合作，为促进翻译事业健康发展和中外文化交流做出不懈的努力。

最后我代表中国外联局和中国翻译协会，衷心感谢北京语言大学的领导和师生为承办和筹办此次活动给予的大力支持和辛勤工作，希望各位代表在此次活动当中有新收获，预祝研修班圆满成功，谢谢大家！

（作者系中国外文出版发行事业局副局长，中国翻译学会秘书长，中国翻译研究院执行院长）

开幕式致辞

崔希亮

各位嘉宾、各位专家、各位老师和同学们,各位媒体朋友们:

大家早上好!今天是我们中国文化翻译与传播暨国家语言能力建设的高级研修班开幕的日子,请先允许我代表北京语言大学向这次研修班的开幕表示祝贺,同时也代表北语一万五千名师生对参加研修班的各位学者表示欢迎。刚才几位领导在讲话里面都提到,翻译,尤其是文化的翻译和对外传播是一件非常重要的工作,在座的很多老专家,在过去的若干年里对此做出了卓越的贡献,所以请允许我借这个机会向我们各位前辈的翻译家表达由衷的敬意!

中国文化的翻译和对外传播是一件很不容易的事情,涉及到我们的话语体系,我们的文化概念体系,跟世界范围内很多不同语言背景的文化,是有很大的差别的。所以北京语言大学能够承办这样一次研修班,我觉得这是我们的荣幸,也非常感谢文化部外联局、中国翻译协会对我们的信任。

北京语言大学已经建校 50 多年,50 多年里,我们培养了大概 16 万左右精通汉语、了解中国文化的学生。为什么不说"精通"中国文化?精通中国文化的人太少了,我们希望将来能够培养更多的精通中国文化的专家和学者。所以我们现在成立了高级翻译学院,培养高级翻译人才,同时我们还建有汉学研究所和办了一个《汉学研究》的杂志,最近新闻出版总署批准这个杂志作为半年刊;我校的阎纯德教授长期主办的一个海外汉学研究系列已经出版了几十本的专著;同时我们有一个中国问题研究所,研究中国问题;最近我们还成立了一个研究中国周边语言文化的中心,我们一定要把这个中心办好,因为朴实土语很少有人懂,我们周边国家、地区的语言,我们懂的人都不多,所以我们周边的,尤其是有一些跨界语言的,语言和文化的研究,是需要我们认真去做的。

文化的翻译、文化的传播,不仅要精通我们自己的主文化,还要精通外国的文化,两种文化都要精通。只懂一门外语,在未来的信息社会和未来的发展当中是不够的。就我而言,我第一外语学的英语,第二是日语,第三是德语,我的体会是学一门外语就可以打开一个新的窗户，可惜我的日语和德语基本上不能用，因为第二外语安排的课时很少。所以我们学校的本科生教育，培养学生至少要精通和熟练地应用两门外语，给年轻人机会。

　　文化的翻译传播离不开语言。所以我们语言大学在培养语言人才方面，要一如既往地继续努力。我们现在每年有将近一万人次的、130多个国家和地区的海外留学生在这里学习，这些人是我们的培养对象，同时很多人将来会成为我们翻译队伍当中重要的力量和重要的资源；我们还在海外承办了18所孔子学院，帮海外其他国家建设中文系，比如埃及的几所大学，有1700多学生学中文，70多位副教授、讲师都是我们的校友，我们派了很多老师到那里去帮他们建设，现在与沙特阿拉伯的国王大学合作办学，还有约旦要办一个中国大学等，都需要我们派既懂中文又懂外语的老师到那里去，而且会跟他们的教授合作，一起来翻译我们的古典文献和他们的古典文献。

　　与此同时，我们还在美国设立了北京语言大学出版社北美分社，主要出版汉语教材、中文工具书和中国文化普及的图书，刚才提到我们文化产品走出去很不容易，作为高深层次的文化层面、思想层面的翻译作品，那还有待于今天参加这个研修班的各位专家和学者，所以我衷心希望北京语言大学能够为我们中国文化对外翻译和传播，增加我们国家的语言竞争力，做出我们独特的贡献，同时希望我们的研修班能够取得圆满的成功，谢谢大家！

（作者系北京语言大学校长）

开幕式致辞

刘德有

尊敬的各位专家学者、各位嘉宾、各位翻译界同仁，媒体的朋友们：

大家好！我很高兴能够出席由文化部外联局和中国翻译协会主办，由北京语言大学承办的这次研修班的开幕式。我是一名在文化部门和翻译部门工作多年，而且从事中日文化交流半个多世纪，现已退休的老兵，看到这么多新老同行齐聚一堂，我感到很亲切，心里充满激动。外联局和翻译协会在中国文化走出去战略的指引下，通过创新思路策划、安排这一富有创意的活动，对此，我表示热烈祝贺！

刚才几位领导同志在讲话中，强调了文化翻译与文化交流的重要性，我完全同意，作为补充，我想借此机会，谈几点感想。

我认为这次会议反映了时代的要求和我们国家当前的需要。现在，我们正在为实现中华民族伟大复兴的中国梦，为把我国建设成为社会主义文化强国而努力工作，具体地说，就是要通过对外文化交流、对外文化传播、对外文化贸易等途径，扩大中华文化的国际影响力，增强文化产业竞争力，塑造中国的文化大国形象，营造中国和平发展的国际环境。一句话，就是要进一步提升当代中国的文化软实力。我们一方面要展现中国文化的魅力，增强世界人民对中国文化认识的能力，另一方面，国际社会也表现出对中国信息的日益增加的需求，对中国文化的浓厚兴趣，以及愿意同中国文化进行交流的高昂热情。中国文化要走出去，要在国际交流的大舞台上向世界展示中华文化的博大精深和精彩纷呈，以及我们要吸收和借鉴全人类文化文明成果等方面，第一关就是要过翻译关，这是不言而喻的。换一句话说，在这一过程中，翻译一直发挥着，而且我相信，今后将继续发挥不可或缺的重要作用。

我虽然现在已经离开了工作第一线，但我对翻译工作一直怀着深厚感情，有时也不免思考一些问题。翻译不仅仅是两种不同语言的转换，而且是不同思维的转换，更是两种不同文化的交流，从某种意义上说，翻译本是一项不可为、而又不得不为之的活动。它涉及不同语言、不同文化、不同风俗习惯，以及不同的思维方式等一系列问题。在东西方之间，这一差别尤为显著，中日之间也存在着这一差距。就拿诗歌的翻译为例，由于两种文字的文化背景以及语法结构不同，翻译的难度很大，有它自己特殊的规律，有人说翻译诗是一种不合理的现象，不合理的事情，夸大一点说，其不合理性可以领军于把达芬奇的油画翻译成中国画，或者把贝多芬的作品翻译成中国音乐。所以围绕着诗是不是可以翻译的问题，至今争论不休。

依我浅见，大部分的诗可以译的，但是诗形态的美，有的可译，有的不完全译，音美，包括音律，音乐特殊的修辞，我认为是不可以的，由此可见，翻译不是单纯的文字转换，是需要译者再创作的。根据我多年的工作体会，翻译是要实践，无论是口译和笔译都要经过实践，实践很重要，但是研究源于实践又不能脱离实践，我十分赞赏翻译理论的创新，因为它反映了人们对翻译认识的提高，然而现在，有的人把一些简单的现象用玄而又玄的术语来解释，专门追求新名词术语，就像不断更换时装一样，拉上几十门学科、无数术语的做法，并不表明一个学科的成熟，反而会使许多概念不清晰，甚至我怀疑它有多少实用价值。

如上所述，翻译服务于我们文化走出去这一大战略，就需要培育一大批合格的翻译人才，我想今天开办的翻译高级研修班，其宗旨和目的也在于此。最近几年，由于我们国家的外语教育有很大增强，现在能使用外语的人越来越多，翻译能力和水平也有了明显的提高。但是与我们国家对外交流合作及文化软实力的建设的实际需要仍然有很大差距，除了受国际欢迎的中华翻译产品的数量和质量缺少以外，更为重要的是缺乏人才，我们除了需要一些中外贯通、学养深厚的顶级人物，更需要大批跨文化交流和跨文化再创造能力的高端专门人士，特别是小语种人才稀缺的现象应当引起我们的注意。当然在谈到培养人才时，我们从事文化翻译与传播的同志们，要自觉地提高使命感与责任感，这是自不待言的。

与此同时，我们也不能不看到现今的社会与当年我们奋斗的环境已经有所不同、有所变化。我们现在必须实实在在地面对浮躁、肤浅、钱色诱惑、急功近利、诚实缺失的不良风气给翻译界带来的挑战，这就要求我们不断提高翻译人才的职业素质和自律能力，不断完善自我，不断加强翻译队伍的建设。我相信，我们的翻译高级研修班在这一方面，一定会给各方面做出好的榜样。

这一次开会的机会难得，我想在这里呼吁全社会，从国家发展战略的高度出发，进一步重视翻译工作，重视翻译人才的培养，并对于这一千秋大业继续给予关心和大力支持。在结束讲话的时候，我衷心祝愿本次会议取得圆满成功，谢谢各位！

（作者系文化部原副部长，资深翻译家）

开幕式致辞

陈明明

各位领导、各位来宾：

很高兴能出席今天的高级研讨会，我想感谢文化部外联局和中国翻译协会联合举办，北京语言大学承办的这次高级研讨活动，预祝这次研讨会圆满成功！

我想借这个机会特别感谢文化部外联局，我曾经担任新西兰和瑞典的大使，文化外交是我在使馆进行对外交往的非常重要的一个方面。我们需要有一个手段，而一个非常重要的手段，就是文化部外联局每年给使馆提供的具有中国文化特色的宣传品，以及一些实用的笔记本，一些U盘，这些东西，都体现了中国文化的特色，既具有观赏性，也具有实用性，在配合我们外交工作当中起到了十分重要的作用，我在此向文化部外联局的领导表示感谢。

我现在的工作主要是参加领导人对外的演讲稿和外交文件的英文翻译定稿，也参加了一些党政文件的翻译，比如十八大的文件，总理的政府工作报告等。我想从翻译能力建设这个角度谈一谈如何做好政治文件翻译的一点感受。

我觉得这次研修班办的非常及时，为什么？首先今年是2014年了，进入21世纪已经15年了。在这15年当中，可以说全球格局当中，最重要的发展就是中国已经成为世界第二大的经济体。上周世界银行发表了一篇调查报告，认为按照购买力评价来计算，中国甚至已经超过美国，成为世界第一大经济体。中国成为世界舆论的关注中心，我们的一举一动外界都会高度关注，特别是党的十八大结束以后，以习近平为总书记的新一届领导班子上任以后，国际社会日益关注中国的走向。我们可以看一下纽约时报和金融时报的报道，这两份报纸除了关于本国的报道以外，关于中国的报道最多，每一篇的报道都很有分量，没有第二个国家会受到这样的关注。

再举一个例子，2013年11月份召开党的十八届三中全会做出了全面深化改革的决定，反响很大，引起全球的关注。这个文件发表之后，也就是一个礼拜左右，英国牛津大学的一位教授就把三中全会两万多字的决定，60条，全部翻译成英文，很不容易。比我们自己把这个重要的文件翻译成英文要早了一个多月。这说明国际社会对中国的关注程度。

国际社会对中国崛起的反应既有正面也有负面。就正面而言，习近平主席访问法国，法国总统认可，说中国有中国梦，法国有法国梦，我们中法两国有中法梦，这是认同我们中国的发展目标。4月份的时候，在北京召开了一次中国发展的高级论坛，国际货币基金总裁与会。她发表了一篇讲话，里面专门引用了习主席经常说的一句话，就是说改革开放只有进行时，没有完成时。这句话大家比较熟悉了。她引用这句话，说明了外国的政要是很关注中国的发展动向的。

但是也有消极的一方面。我们要看到，就整个目前涉华国际舆论环境而言，负面的动向还不少。基本上有两种观点，一个观点是中国威胁论，认为中国已经是世界上第二大经济体了，会超过美国成为第一大经济体，会动他们的奶酪和GDP。另一个观点是中国崩溃论，认为中国的房地产要崩盘了，地方政府的债务要引起金融体系崩溃了，把中国的经济说得一团糟。看一看外国舆论对华报道，可以看到，基本上是这两种观点，客观的、中性报道不多。这说明什么？说明我们要走出去宣传中国，面临的挑战是很大的。

另外一方面，由于我们中国文化的思维特点和外国文化不一样，把我们的政治理念传播出去，使外国人能够理解，也有我们自身的一些问题需要解决。我们作为翻译的同行大家都知道，我们中国人讲话的方式，注重表达要琅琅上口，要好听。有的时候表述夸张了一些，形容词多了一点，掩盖了我们要表达的信息。特别是我们做翻译的同志都知道，有的时候翻译的一个政治文件或者类似的材料，一句话四五行，一段就是一句话，英文翻出来密密麻麻的一大段，形容词堆砌很多，外国人看的时候抓不住关键信息。所以在汉译英时需要改进。

再有一个就是我们一些具有中国特色的政治表达词汇，在英语当中难以找到对应的表述，比如说一个例子，建设生态文明，中文含义很丰富，但很难翻译，有的研究中国的外国学者直译成"ecological civilization"，打一个引号，说明是中国特色的概念，但一般外国人很难理解。

还有一个例子，我们有一个著名的发展理念，就是科学发展观，这是2003年胡锦涛主席提出的治国理念，是我们中国发展的一个根本性理念，但是英语很难处理，现在是直译的，翻译成outlook on scientific development。这个理念提出了十多年了，但是到现在，所有的外国人，只要他不是专门了解中国的，90%以上的人看到这个译文一定会认为这是一个和科学研究有关的概念，指的是在科学研究领域取得的进展，这说明政治语汇翻译障碍很大。

还有我们一些文件，包括给外国人看的白皮书，也充满了文件术语。举一个例子，也是在2014年4月份出席同一个中国发展高级论坛的英国金融时报的著名评论家沃尔夫，他与会后在金融时报上发表了一篇文章，谈对中国经济的看法。他对我们的经济前景是看好的,但是他的文章中有一句话,说看中国官方文件的英译文感到思维麻木,看不懂,不明白我们在说什么。还有的外国人把了解中国的政治理念说成是一个密码解密的过程,这都说明我们的政治文件翻译要让外国人看懂,很不容易,对我们自己来说,是一个很大的挑战。

这些问题构成了对有效进行国际交流沟通的障碍。这次研修班要探讨加强翻译能力建设,要做到这一点,克服文化交流的障碍非常重要。如何做到这一点?我想提三点建议。

一个就是在对外宣传方面应该给翻译更多的灵活性。比较理想的状态就是用英文来思维,用英文来表达,这样可以避免一些不同文化交流之间的障碍。中国外文局出了大量介绍中国的文化,各方面的书籍,文化部外联局也出了很多文化外宣的书籍,都是用外文思维写作的。我觉得这些方面都很好,都是放开思维的,对外宣传效果很好。但是在政治文件翻译方面,你没有灵活翻译的余地,必须要忠实于原文。但是我认为,在起草对象是外国人的讲话稿时,你要考虑到你的宣传对象是外国人,你的写作思维要调整一下,同时给翻译一些灵活性,不要求诸字翻译,要在保证准确的前提下,在语言处置上要有一定的灵活性。

第二个建议,就是在翻译时要与时俱进,敢于自我革命和自我否定,要淘汰一些过时的,不合时宜的,会造成文化障碍的旧的表达方法,李克强总理在两会上一再强调,要壮士断腕,敢于自己革自己的命。我们做翻译的也要有这种精神,敢于在翻译时不断自我更新,淘汰一些旧的表达方式。

2012年,我参加了十八大文件的英文翻译定稿。在这次文件的翻译当中,我觉得是一个机会,把中国政治语汇翻译中几十年来形成的一些固定表述清理了一下,有一些是明显的不合时宜的,是20世纪五十年代苏联的那个时代政治概念翻译的一些译法,我们就清理了一下。

举几个例子。比方说干部,以前翻译成了"cadre"。但这个译法比较奇怪,对西方人来讲是一个很负面的概念,讲的是斯大林时期的党员干部。所以这次翻译干部这个词,我们就没用"cadre",而用了一个中性的"official"来表述。

关于意识形态这个词,标准的译法是"ideology",但是"ideology"在当代英语中的含义多为负面的、消极的,所以这次我们就没有用,而用了"theory"这个词。

还有就是我们经常讲精神追求,以前翻译成了"spiritual pursuit"。但这个词在英文里面有一个很强的宗教含义,指的是信上帝。而我们讲的追求指的是知识层面上的、文化层面上的、理念层面上的追求,与宗教信仰没有任何关系。所以我们没有用"spiritual pursuit"的译法,而用了"cultural pursuit, intellectual pursuit"的译法,以准确表达中文原文的含义。

还有一个词"群众"如何翻译，我们以前都翻译成"masses"。但"masses"其实指的是自上而下的俯视看人民，其含义是我是领导人，你们这些大众都是低层次的人。你们看英文字典里"mass"的定义，是消极的。所以我们用"people"来表达"群众"的概念。

还有就是"基层"这个词的译法，以前翻译成了"grassroots"，其实"grassroots"和基层是两个完全不同的概念，就是草根，指的是自发性的群体运动，其含义就是我是草根你是政府，你管不了我。和我们中文原文要表达的含义完全是两码事。所以我们把"基层"改译为"community"。

在十八大文件翻译当中，类似的表述我们整个清理了一下，能不用的就不用，就换了，用更准确的方式来表达。十八大文件翻译出来后，外国驻华使节反映好懂了。还有一个就是"科学发展观"如何翻译。你一定要在翻译时加一点说明，说明科学发展就是可持续发展，否则外国人很难理解。

最后一条特别重要，就是要有创新的精神，用创新的思维来做好翻译。我深刻地感觉到，习近平主席、李克强总理代表的党的十八大的新一届领导班子，他们的思维是创新型的、是前瞻型的，所以我们做翻译要有这种精神，要跟上，要敢于突破一些常规的译法，用创新型的思维翻译，否则跟不上领导对外宣传的步子。

我举一个例子。习近平总书记在十八大当选后见记者时有一个讲话，其中有一个重要的概念是打铁还得自身硬。这个大家都熟悉，传统的理解是锤子要硬，才能把铁打好。但是习总书记讲的打铁还得自身硬，指的铁必须得好，才能打成好材料好工具，这就颠覆了传统的理解，翻译也必须改过来。

还有习近平主席去年在印尼APEC工商领导人会议上的讲话中说，中国是一个大国，绝不能在根本性问题上出现颠覆性错误。那么怎么向外界来表达这个概念呢？我们做翻译的都知道，颠覆性英文有一个固定译法，就是"subversive"，但能这么用吗？肯定不能这么用，因为"subversive"就是"推翻"的意思，这个时候你必须要改变，如果用了"subversive"，肯定要犯百分之百的政治错误，所以我们吃透中文精神，把"颠覆性错误"翻译成了"fatal mistake"这个词准确表达了原文的含义。

2014年4月份，国家主席习近平访问欧洲时发表了好几篇重要讲话，充分接地气，新鲜的语言，表述他的治国理念，很有分量，这对我们翻译提出了很高的要求。总而言之，我们翻译工作者今后也需要在翻译方面要有创造性和创新性的思维，才能达到对外宣传和交流的要求。

谢谢大家！

（作者系中国翻译协会副会长、外交部翻译室原主任）

中国文化"走出去"的起步与探索
——国家社科基金"中华学术外译项目"浅谈[①]

杨庆存

十八大以来,国家围绕提升文化软实力、扩大对外文化交流和提高国际话语权,做出一系列重要部署,特别是习近平同志发表了一系列重要讲话,指出了中国文化走出去的重要性、紧迫性,指出了中国文化走出去的方法、目标和途径。这次研修,是落实国家文化发展战略和中央相关精神的具体举措。

中国文化是华夏民族历史实践和思想情感的智慧结晶,既"源远流长,积淀着中华民族最深层的精神追求",又"代表着中华民族独特的精神标识"。[②] 把中国文化推向世界,让世界深入了解中国,是文化工作者义不容易辞的历史责任。借此机会,围绕国家社科基金中华学术外译项目(以下简称外译项目)谈四个方面,供大家参考。

一、外译项目的基本情况

外译项目从 2009 年开始策划并调研,2010 年正式启动,主要资助我国哲学社会科学学术研究优秀成果的翻译与国外的出版发行,推动中外学术交流与对话,提高中国文化特别是创新理论的国际影响力和学术话语权。

目前,重点资助四个方面:一是研究马克思主义特别是中国特色社会主义理论体系的优秀成果;二是研究中国发展道路与发展经验的优秀成果;三是研究中国传统文化和民族精神的优秀成果;四是体现中国社会科学研究前沿水平的优秀成果。

外译项目随时受理申报、一年两次集中评审。国内出版的学术著作的译稿,或以外文写作、且完成 60% 以上的成果,均可申报。目前资助英、法、俄、德、日、韩、西班牙、阿拉伯等 8 个语种。资助标准为 1 万汉字 1 万元。全国社科规

[①] "中国文化翻译与传播"暨国家语言与翻译能力建设高级研修班开幕式发言。
[②] 习近平在中央政治局第十三次集体学习时的讲话。

划办网站有全面详细的介绍，如有需要，可以查看。

二、外译项目的实施反响

外译项目实施以来，由于将翻译成果纳入国家项目范围，使长期以来译作不被承认是科研成果的局面得到彻底改变，受到学界特别是高校教师的热烈欢迎。截止2013年底，受理申报600余项，批准资助200多项，涵盖20多个一级学科，已出版40多种，受到国内外学术界和出版界的普遍好评。

外方出版机构，多是具有国际影响力的知名出版社。如英国剑桥大学出版社、美国圣智学习出版社、德国施普林格出版社等。根据全球最大的图书馆目录数据库（Worldcat）检索显示，已出版成果被众多国外图书馆收录。如《中国民间组织30年》《中国经济转型30年》和《中国对外关系转型30年》分别被60多家图书馆收录。

《南沙争端的由来与发展》被菲律宾南海问题专家、前驻新加坡大使阿尔伯特·恩科米恩达（Albert Encomienda）称为"具有信服力的著作"。美国普林斯顿大学图书馆馆长卡林·崔纳（Karin Trainer）称赞《中华人民共和国国情词典》"总结并填补了外国对于近现代中国认知的某些的空白"。

外语教学与研究出版社于2012年在伦敦举办《中国经济改革发展之路》首发式，剑桥大学出版社将其收入"剑桥中国文库"（Cambridge China Library）丛书。社科文献出版社于2013年9月在莫斯科举行《中国特色社会主义理论体系探源》《民族复兴之路的回望与思考》俄文版首发式，国内外多家媒体报道。前不久，国务院新闻办公室和比利时欧洲学院共同建立的图书馆"中国馆"揭牌，展示了一批外译项目成果并被收藏，受到习近平等国家领导人、外国政要及学者充分肯定。

三、中国学术走出去的几点想法

近年来，对于中国学术走出去的初步探索，取得一定成效，但与国家文化发展战略的要求相比，才刚刚起步。全国社科规划办拟以加强和改进外译项目为重点，继续做好几件事。

一是紧扣中国主题选择资助项目，确保成果高品位高质量。一方面牢固树立精品意识，推选出体现国家当前最高学术水平的标志性研究成果，确保成果出得去、立得住、传得开。另一方面，精心组织遴选研究中华优秀传统文化的原创性学术著作，委托经验丰富的高水平翻译和出版发行团队，成规模地集中推动学术论著的外译外介，让更多的优秀成果走向世界。

二是加强国际学术出版信息的收集分析，增强工作针对性。做好相关信息收集和研究工作，是提高学术外译科学化水平的基础。目前，我们对相关信息的了解还不深入、不全面、不系统，比如，关于国外读者的关注热点和阅读习惯、国外学术著作的出版发行规律、国外汉学家的地域分布、语种分布、政治倾向和译介成果等等，知之不多，尤其在研究方面存在短板。今后要在这些方面下足功夫，提高学术外译的科学化水平。

三是从战略层面规划学术成果译介，形成传播合力。传播力决定影响力，话语权决定主动权。要从中国在全球发展的战略高度规划中国文化海外传播与发展，推动中国学术与国际学术的实践互动，着力实现外译成果"落地生根、开花结果"。我们拟加强与相关部门的沟通协作，建立健全合作机制，整合优质资源，科学设计、分步实施、持续推进；同时利用各种影响较大的对外交流平台，依托具有丰富对外交流经验的国内出版机构，"造船出海"与"借船出海"等多种渠道并用。我们还计划建立外译项目国际学术影响跟踪机制，建立共享性的"国际学术影响力追踪档案"，鼓励督促成果作者增强学术走出去的自觉与自信，积极参与高水平的国际交流与合作。

四是为培育高水平的外译人才队伍搭建平台。推动中国文化走出去，翻译人才是关键。学术成果外译，对译者学术水平和语言水平的要求很高，这比文学作品和通俗理论读物的翻译难度高得多。我们拟利用国家社科基金学术外译项目，努力为培养高水平的外译人才队伍创造条件，提供便利，特别是培养优秀中青年人才。当然，类似这次高级研修班的学习交流平台，无疑也是发现和培养优秀学术外译人才的好途径。

四、认识、建议与期待

一是关于中国文化翻译与传播。中华文化具有鲜明突出的民族特色，"越是民族的，越是世界的"，但只有通过翻译，才能把"民族的"变成"世界的"，否则，再优秀的文化成果，也只能是"关在笼子里的老虎"，影响力有限，无法展现"虎威"和旺盛的"生命力"，无法发挥巨大的"能量"。正如翻译使中国学人了解了亚里士多德的《诗学》，而不再只是津津乐道刘勰的《文心雕龙》，能够阅读汉译本莎士比亚戏剧，而可以与关汉卿的戏剧创作相比较。奥斯托洛夫斯基《钢铁是怎样炼成的》汉译本，曾经激励了中国无数青年勇往直前，不怕艰难，保尔·柯察金代表着人类的顽强毅力和坚强精神，成为人们崇拜的偶像。中国文化也只有通过外译，广泛传播，才能爆发生命力，发挥影响力。

二是关于精选具有人类文化普遍意义的优秀著作。翻译和传播中国文化，必然要有选择，有重点。要从推进人类健康发展的高度，优先选择那些最具民族特色、最具普遍意义和最有典型意义的优秀成果，选择有利于推动人类文明进步，有利于促进全世界和平和睦和谐，有利于深刻认识事物发展规律，有利于激发人们创造活力和传达正能力的优秀成果。

马克思、恩格斯著作的汉译和传播，改变了中国历史发展的进程；而孔子学说的外译，不仅被西方视为"东方的《圣经》"，而且让当代众多获得诺奖的自然科学家认为，21世界的人类生存，要从孔子那里汲取智慧。《孙子兵法》成为美国西点军校颇受欢迎的读物，而英国赫胥黎的《天演论》与法国卢梭的《民约论》都深刻地影响了中国学人的思想观念。这些人类文化的优秀成果无一不是通过外译向全世界传播。中国文化也必然走这样的路子，必须选择最有人类意义的著述，才能产生最好的长远的效果。

三是关于科学运用受众国语言概念。中国文化外译难度大，要求高。必须立足实效，充分考虑受众的文化背景和理解能力。世界各民族创造的文化优秀成果是人类共有的精神财富，只有通过广泛传播和相互借鉴，才能促进人类文明的健康发展。译者必须具备多民族、多语言汇通与转换的超强能力。原著的思想性、理论性与吸引力、感染力，是选择翻译必须考虑的重要元素。而翻译的科学性、准确性和生动性，决定着传播力、影响力和生命力。要精心选择有利于受众理解和接受的合适概念，提高传播的效果。利玛窦来中国传教，根据中国文化发展的实际情况，采用"补儒易佛"的策略，选择中国文化经典《中庸》《诗经》中的"上帝"概念，来代替基督教的"天主"，由于符合中国本土传统文化的习惯，而获得文化界包括当朝皇帝的理解与支持。最近，西方汉学家曾批评中国自己把"君子"译为"绅士"，偏靠西方话语，而"邯郸学步"，丢失了民族特色，实际上"君子"的含义之丰富要远远大于"绅士"。这都是很典型的案例。

最后，衷心希望各位专家学者，一如既往地支持中华学术外译项目，共同推动中国文化和中外学术的交流与传播。同时，也期待涌现大批世界著名的中国翻译家！

（杨庆存，男，博士，教授，博士生导师。现任国家哲学社会科学规划办公室副主任。中国宋代文学研究会理事。中国社会科学院兼职研究员，清华大学、北京师范大学兼职教授。在《中国社会科学》《新华文摘》《光明日报》等报刊发表学术论文百余篇，出版《宋代散文研究》《传承与创新》等专著多部，合著《宋代文学史》《历代文话》等多部。）

我们怎样向世界传播中国

杨 磊

中国国际广播电台以向世界介绍中国为己任。近年来，我们在国际传播中积极向世界介绍中国，传播中国价值观和文化理念，为我国的经济社会发展和社会交往营造了良好的国际舆论氛围。同时，我们也根据国内外形势的变化，不断创新传播理念和方法，在积极争取更多的话语权、塑造国家良好形象方面进行了有益探索。

中国故事母语表达

目前，世界希望更多地了解中国，中国也希望更好地融入世界。在这种形势面前，语言成为最主要的交流工具。由于文化传统的差异，汉语与世界大多数语言差异明显，表达方式极为不同，这就造成了语言又成为沟通与理解的障碍。如何让中国国际广播电台这座桥梁发挥更好的作用，我们从两个方面进行了努力。第一个方面，是在表达方式上强调国际化，注重运用国际社会容易理解和接受的方式介绍中国。"国际表达"包括三个方面的内容：一是根据外国受众的思维习惯、接受方式、信息需求，设计节目形式；二是通过第三视角表达和解读中国内容；三是借用国际惯例和规则对中国问题进行解释和说明。第二个方面，是在表达手段上注重母语传播。母语传播的最大优势是可以拉近感情，缩短距离。过去我们有38种外语节目和专业人才。我们每年收到反馈最多的不是英语节目，而是小语种节目。通过多年的实践我们认识到，小语种节目虽然覆盖面小了一些，但可以实现精准传播，具有较强的针对性。近年来，我们不断扩大了语种规模，目前使用65种语言进行对外传播，成为全球使用语种最多的国际媒体，我们的受众反馈总量也随之翻了数倍。

中国文化博大精深，每一个字每一个词都有它的起源和故事。讲好中国故事最好的手段是母语传播。母语传播首先可以增强亲近感，营造相互尊重的气场。在国外工作的人都有这样的体会，只要听到了京腔京韵，一种亲近感自然而生。人与人之间亲近了，沟通交流的障碍就会减少许多。母语传播可以增强针对性，减少相互理解的梗阻。各种语言表达方式十分丰富,成语、俗语等广泛使用,有些地域特征十分明显。脱离了一定的语言环境,它的生动性、准确性将大打折扣。母语传播还可以增强相互理解,赢得广泛的国际尊重。中国是一个大国,在与小国家打交道的过程中,我们能够主动地使用它们的语言,它们就尊重我们,把我们当成朋友,朋友之间说的话就容易被接受。举个例子,欧美国家的电视剧在非洲播出,一般都用英语或法语字幕,而我们的第一部在非洲播出的电视剧《媳妇的美好时代》用当地母语斯瓦西里语配音,取得了轰动效应,使得中国电视剧一举走进了非洲。

环球视野中国立场

随着经济全球化,政治多极化的发展,国际形势也发生了深刻的变化。任何一个国家都无法独自解决世界面临的所有问题,你中有我,我中有你,国际关系更加复杂多变。同时,随着中国综合国力和国际地位的提升,中国与外部世界的关系更加紧密。可以说,世界上无论发生什么情况,都可能与中国有关。所以,我们对外传播的主要内容已经不仅仅是中国,而是将中国融入整个世界。目前,我们的传播内容已经由过去的仅仅限于中国范围和世界的局部扩大到全球范围,也就是说除了把中国改革开放、经济建设和在国际事务中发挥的作用列入重中之重之外,利用更多的时间报道国际问题特别是国际焦点。由于中国的国际传播内容已经从一个国家、一个地区扩大到全球,如何在全球各类事务的传播中体现中国立场,就成为目前要着力解决的问题。对此,我们提出了"世界眼光,中国立场"的报道原则。世界事务千姿百态,国际问题复杂多变,在国际舆论场,总体上还是敌强我弱,我们话语权还相当有限。我们的话语权不强,原因有多方面,其中之一是我们的报道面不全,信息量不够,时效性不强,独家信息缺乏。"世界眼光,中国立场"的内涵是:中国国际传播的内容不应只限于中国事务,而应强调"全球视野,中国价值",进一步放眼全球,用中国价值来审视中国与世界,通过对国际事务的报道传递中国价值。这一传播理念既能体现中国立场,又能体现世界眼光,更好地让中国走向世界,融入国际社会。传播视野的开放与包容,将中国立场寓于客观报道之中,平和自然地传递了中国价值。

"世界眼光,中国立场"就是在突出中国立场和观点的基础上,推动中国的国际传播向更高的层次发展。为此,我们的传播平台也进行了相应的调整。过去,我们只制作短波节目,远距离地向国外发射。目前,我们的节目制作已经走出国门,在全球范围内建立了近百家海外分台和城市调频台,国际传播能力显著增强。

中国文化综合传播

一个国家的长期强大不仅取决于强大的硬实力,更取决于其强大的软实力。要让世界愿意接受中国的声音,首先要让她接受中国的文化,认同中国的价值。弘扬中华优秀传统文化有助于树立国家良好形象,提升我国文化软实力。

传播中国文化要做好三个方面的结合:

全球传播与本土传播相结合。全球传播的任务是完善传播平台的全球化布局。这方面西方国家已领先我们一步,中国也在加快步伐。中国媒体正在实施国际传播能力建设,国家汉办牵头的孔子学院发展迅速,海外中国文化中心数量也在逐年增加。本土传播的任务是加强针对性,消除跨文化传播误解,在传播内容、专业人才和机制营造方面前移,实现本土化。

综合传播与品牌传播相结合。综合传播是指在多媒体融合、全媒体发展的背景下,充分运用多种媒体形态,在各国法律允许的条件下,广泛开展多种形式的传播活动,提升中国文化的影响力。品牌传播是指有影响力的载体的支撑。像我们的金边中柬友谊台、老挝万象调频台等,都已形成当地品牌媒体,成为当地高层和普通受众了解中国、了解中国文化的主要来源。

媒体传播与多种形式传播相结合。中国媒体正在加快走出去的步伐,我们的目标是要使传播内容能够达到世界上每一个与中国利益攸关的重要地区。我们也高兴地看到,中国文化走出去也取得了丰硕成果。中国文化节、中国艺术节、中国图书节、中国武术节、中国电影节等越来越受到世界各国人民的喜爱。通过大家的共同努力,中国的文化、中国的价值、中国的理念一定会被更多的人理解、接受。

当前,文化在综合国力竞争中的地位越来越重要。我们要得到世界的理解和尊重,就必须大力增强中华优秀传统文化在世界上的影响,充分展现中华民族的优秀品质和中国人民坚定不移走和平发展之路的理念,不断提升文化软实力。

(杨磊,男,中国国际广播电台英语环球传播中心主任)

关注中国出版走出去进程中的译介工作

范 军

今天十分高兴有机会参加文化部外联局和中国翻译协会在北京语言大学举办了"中国文化翻译与传播"暨国家语言与翻译能力建设高级研修班。按主办方要求,我就中国出版走出去进程中译介相关问题进行介绍。

一、充分肯定译介在出版走出去中的重要作用

自 2003 年我国出版业实施走出去战略以来,版权贸易逆差从 2003 年的 15∶1 缩小到 2012 年的 1.91∶1。与 2002 年相比,2012 年我国对美、加、英、法、德五个传统发达国家输出图书版权总量增长近 122 倍,达到 2213 项。2012 年出版物实物出口金额为 9400 万美元,实现了快速增长。这些成绩的取得,译介在其中发挥了十分关键的作用。这主要表现在以下几个方面:

一是在选材方面更具时代感。如,《你了解中国共产党吗?》《历史的轨迹:中国共产党为什么能?》《朱镕基讲话实录》等一批反映中国模式、中国道路、中国经验、中国梦主题的外版图书纷纷走向海外,有效带动了中国图书国际地位的提升,译介在讲好中国故事方面也迈出了扎实的步伐。

二是在受众方面更具针对性。如,《狼图腾》《于丹〈论语〉心得》《兄弟》《山楂树之恋》等在境内畅销的文学作品的国际版权成为国际出版界热购的对象。其中,《狼图腾》已被翻译成 37 种语言。截至 2012 年底,其英文版全球销量已突破 45 万册,法文版销量 6 万册,德文版 7 万册;《于丹〈论语〉心得》已在海外出版 21 个语种、31 个版本,海外累计销售 34 万册。尤其值得一提的是,诺贝尔文学奖得主莫言已有 109 种作品版权输出到多个国家。这些高质量、有感染力的翻译作品,能够注重境外受众与我国政治文化的差异,增强了主流渠道认可度和主流人群认知度。

三是在扶持方面更具引导力。国家有关部门出台了一系列文件,支持引导中国图书走出去,强调加强译介工作。2007 年原新闻出版总署出台了 8 项走出去优惠政策,2011 年和 2012 年又相继出台了《新闻出版业"十二五"时期走出去发展规划》和《关于加快我国新闻出版业走出去的若干意见》。这些文件都有针对性地对出版译介工作提出了支持引导的政策。这包括建设中外作家库和翻译人才库，实施经典中国国际出版工程，推动中国图书对外推广计划和中外图书互译计划等措施。截至2012年底，经典中国国际出版工程实施5年，共有571个项目、2100种外向型图书获得了资助，累计资助金额超过1亿元。中国图书对外推广计划，与61个国家的486家出版机构签署了1095项资助协议，涉及38个语种的2201种图书。

二、清醒认识出版译介工作存在的问题

在充分肯定成绩的同时，也要清醒地看到出版译介工作存在的问题和面临的困难。

一是没有充分考虑境外受众的接受心理和习惯，影响了出版译介的效果。目前，一些译著者和出版者对境外受众缺乏深刻的理解和认识，常常把"我想让你知道的"等同于"你想知道的"，导致部分作品"自说自话"，缺乏吸引力和感染力。

二是欠缺政府管理部门、翻译界、出版界、学界的联动机制，出版译介工作往往政出多门、各自为战。目前，涉及译介的部门、机构、单位没有形成有机整体，致使应有的功能难以发挥。包括对出版译介效果的科学评估机制。据了解，目前不管是管理部门还是企业或是研究机构都还未建立起对出版译介效果进行专业评估的信息反馈系统，对境外受众接受程度也缺少准确清晰的研判。

三是翻译人才的缺乏导致许多图书还难以进入国外主流渠道。近年来，虽然对欧美的版权输出有较大增长，图书出口量较大，但港台、东亚、东南亚仍是图书输出的最大市场，在欧美的大书店里很难看到大陆出版的书籍。这其中的原因很多，但翻译人才尤其是优秀翻译人才的匮乏是重要的因素之一。

三、开拓出版译介工作的思考与建议

一是加强统筹协调，建立联动机制。应由政府管理部门牵头建立相应的机构，将翻译、出版商、专家和学者集合起来，形成翻译、出版和发行的联动机制。以信息共享、互联互通为重点，构建翻译人才库、重点项目库、中外作家库，搭建多语种的国家级译介信息服务平台，发挥出统一协调的功能。

二是科学制定规划、认真加以落实。要根据国际出版传媒市场的新变化和结构布局的新情况以及我国图书走出去阶段性特征，加快制定出一整套出版译介方面的发展规划，包括明确重点任务、财税银扶持、资源配置、重点工程、信息服务、中介机构、人才培养、宣传表彰等政策措施。

三是把握发展规律，实施本土化战略。要深入研究国际出版市场规律和国外

读者的阅读消费习惯，加强出版译介工作的针对性、时效性、艺术性。应通过实现本土化发展，注意发挥外籍译者的重要作用。不少外籍译者多是汉学家和翻译家，如英国汉学家阿瑟韦利、美国翻译家葛浩文等。他们既深谙本国文化，又喜欢中国文化，同时具有较强的语言表达能力，译作往往获得国外主流受众的认可。这对于中国图书进入国外主流渠道十分关键。

四是加大政策扶持，优化资源配置。要进一步出台和完善财政、金融、税收方面政策，充分运用各种文化发展基金，对重点单位、重点项目给予支持。进一步发挥中国图书对外推广计划与经典中国国际出版工程的功能，对工作业绩突出的单位和项目，在出版资源上给予优先配置和政策倾斜。

五是构建人才体系，建设人才队伍。要加强高层次专门人才的培养尤其是翻译人才的培养，鼓励各方开展多层次、多领域的专业人才互用计划、互培计划。进一步加大对中华图书特殊贡献奖的奖励力度，对优秀译作、重点单位和项目进行重点表彰奖励。

（范军，男，中国新闻出版研究院副院长、研究员）

关于中国文化带倾向的问题思考

郑铁生

我是天津外国语大学的教授,2007年我与校出版社策划过一个选题,即把中国文化和多种外语相结合,宣传中国传统文化艺术。由我编著中文《中华文化概览》,约20万字。而后请外语教授翻译为英语、日语、韩语,出版双语读本。这个选题当年便获得国家新闻出版署社科出版基金的资助,给大家带来极大的振奋。2010年接着又申报了《中华文化概览》法语、西班牙语、俄语三个版本,又一次获得国家新闻出版署社科出版基金的资助。2013年第三次申报了《中华文化概览》德语、葡萄牙语、阿拉伯语三个版本,第三次获得国家新闻出版署社科出版基金的资助。目前《中华文化概览》一共出版和待出版共九个语种。

编著《中华文化概览》中文底本的过程,我浏览了国内许多文化读本,对中国文化的底本问题有了自己的思考,特别是那些带有倾向的问题:(一)以中原文化等同中国文化,涉及什么是中国文化的内涵和外延。(二)阐释中国文化常常是"选篇集萃",缺乏文化内容的系统性和整体性。(三)什么是中国文化的生命力和优势?缺乏自觉地认识和应有的重视。

一、中华文化的内涵和外延

什么是中国文化?它的内涵和外延是什么,这看似很清楚,实际并非如此。长期以来许多学者在表述这个问题时,都自觉不自觉地把中国文化等同中华文化的发祥地——中原文化。早在春秋时代,孔子曰:"管仲相桓公,霸天下,一匡天下,民到于今受其赐。微管仲,吾其被发左衽矣。"(《论语·宪问》)是"束发右衽"还是"披发左衽",孔子把发式和服装的不同看成是夷夏之别的最直观表现,显然是一种以中原文化为正统的观念。由于孔子的地位和影响,他的这一概略的说法在后世流传广远,至今把"披发左衽"视为野蛮,视为与文明的区别。其实这就涉及一个中国文化的内涵和外延的根本所在。

中国文化不能仅仅局限于古代中原文化,而是一个以汉族为主多民族大融合的多元文化。当然,文化融合一般以文明程度较高,政治和经济实力较强为后盾的文化融合文明程度相对较低的文化，促成不同文化的融合，吸收具有生命力的成分，融合成一种更富有影响力的文化。我们从中国人文地理便可以清楚地看到这一点。

北方，西周、春秋、战国时期主要有匈奴、东胡、林胡、楼烦、乌孙、西域各族，这些少数民族大都以"戎""狄"的名称出现在史册。其中，匈奴是北方最大的少数民族。自从匈奴分裂为南北两部，公元49年南匈奴降汉，节节南迁，入居内地，与汉人杂居。其后，汉族与匈奴的关系虽出现复杂多变，但总的趋势是民族融合。

东北早在商朝初期居住着一个古老民族东胡。乌桓和鲜卑是东胡部落联盟中两个比较大的部落集团。汉高帝元年（公元前206年）匈奴冒顿单于灭掉了东胡。东胡剩余部落长期受匈奴的统治。汉武帝元狩四年（公元前119年）汉朝击败了匈奴，迁乌桓入塞，结束了87年受匈奴统治的历史。

西北山陕高原及河北太行山的东麓，主要是北狄，在春秋、战国时分散华北平原以及河北省的北部和中部。马长寿在《北狄与匈奴》一书中指出："秦、汉、三国时的狄人，除了姓氏以外，我们看不到他们有任何民族特征了。"

西南的氐和羌都是中国历史悠久的民族。早在商代就先后出现于历史记载。到了隋、唐时期，氐族已逐渐汉化了；羌族中居住在秦、陇地区的逐渐融合于汉。河湟地区的逐渐融合于藏，还有一小部分居住于四川西北岷江上游的仍为羌族，屡世绵延至今，和汉族的历史是同古同今。

由此可知，中国自古就是多民族不断融合的大趋势，既是汉族与多民族古今同在的历史，又是汉族与多民族大融合的多元文化。所以，中国文化不能仅仅局限于古代中原文化，这就是中国文化的基本内涵和外延。

二、中国文化的整体观和多元的范畴

目前出版的中国文化的底本一个不可忽视的倾向，就是"选篇集萃"，缺乏文化内容的系统性和整体性。这个问题是导致阐释中国文化缺乏深度和肤浅的基本根源。我们认为，文化只有在客观地反映人类对自然和人类自身活动的真理性认识的时候，才具有生命力，才能是各种文化思想推动整个社会不断向前发展的内驱力。而中国的传统文化博大精深、厚德载物，具有充分的精神底蕴和活力，所以中华民族才能在历史的发展演变中不断壮大，虽经无数劫难而终能重新走向辉煌。这就是说中国文化始终贯穿整体观和多元的范畴。

比如先秦时期孔子和儒家，老子和道家，还有法家、墨家等学派都有他们的各自独特的学术观点、思维方式和代表著作。也就是说形成多元的文化范畴。但很少注意到先秦诸子学说中遵循着一个共同的元典文化思想核心，这就是中国文化元典——《周易》所阐述的朴素的唯物辩证法：一阴一阳之谓道。宇宙间万事万物的对立统一规律，阴阳相推、日月运行，是变动不居的，这正是中国元典文化的认知思维和根本精神。

《周易》所阐述的朴素的唯物辩证法：一阴一阳之谓道。为儒道两家思想的展开提供了一种融通的可能和向度，其有关内容和核心范畴则成为儒道两家思想内在延展的基点和前提。《史记》《汉书》等历史文献中有关于孔子喜《易》、读《易》、学《易》、解《易》的明确记载。《论语》亦载："子曰：'加我数年，五十以学《易》，可以无大过矣。'"（《论语·述而》）我们再看《周易》与老子的关系：有无对举的哲学范畴，来源于《易经》；到了老子手里，则被大大地推进了、发展了。老子在《道德经》中首先从思辨哲学高度提出了道的"无名"与"有名"问题，接着，便论述有无之间的辩证关系，并提出了"有无相生"的著名观点。再看与《易经》《道德经》齐名为古代三大"经"书的《黄帝内经》，是一部具有人文科学特色的医学著作。阴阳学说是《黄帝内经》阐述人体生理、病理、疾病、诊断、防治和养生等的重要理论，贯穿在各个方面。以五脏为中心，把六腑、五气、五神、五志等构建成五脏系统，形成一个表里相依、内外相关的整体。简括地说，先秦诸子百家虽然个性纷呈，但都从不同的角度体现了中国元典文化的认知思维和根本精神。

中国元典文化产生的时代正是人类文化上的轴心时代。中国古代的圣人有孔子和老子，古印度的圣人有释伽牟尼，古希腊的圣人有苏格拉底、柏拉图都相隔不到五十年，出了四位对东西方文明影响极为深远的大圣人。释迦牟尼是佛教思想的创始人，西方哲学往上追溯最重要的哲学家就是苏格拉底、柏拉图，我们现在谈中国的思想史，就不能不谈儒家和道家。所以这个时代曾被称为人类文化上的轴心时代。

作为中国文化轴心时期的杰作——《周易》，在中国历史上长期被崇奉为"群经之首"和"大道之源"。《周易》所表述的自然哲学、人文哲学等思想，无不影响到中国文化的方方面面，可以说中国文化所有重要的思想与理论，都没有脱离《周易》的"思考和创造"，都离不开《周易》提供的"精神的动力"。其中"阴阳"的生化构成是《周易》的核心思想，所谓"一阴一阳之谓道"。因此，《易传》自觉地顺应这种大融合的趋势，提出了的著名命题："天下同归而殊途，一致而百虑。"从《易经》到先秦诸子所共同组成一部中国文化精神的生成史。始终贯穿中国文化的元典精神。

力避文化内容的庞杂散漫，除却强调中国文化的整体观而外，还要突出具体的多元的文化范畴，来体现它内在的系统性和整合性。比如佛教在中国历经近两千多年是一个非常复杂的过程，但可以简捷地概括为佛教中国化，或者说本土化以后，隋唐时期创造了中国禅宗和观音文化，形成中国佛教的范畴。特别是观音在中国的世俗化后，由男变女，寻声救苦，解危救困，传播佛法，普渡众生。上求佛道，下化众生。在广泛传播和深入普及到社会各个阶层的过程中，不仅成为中国传统文化的组成部分，而且对铸造民族的共同心理和形成民族的强大凝聚力，构建民族的传统伦理，有着重大的贡献。

从中国文化整体观的视野审视，把握不同的文化范畴，才能准确地解说具体的文化现象。比如龙文化是中国文化中流传最广、普及面最大的一个范畴。但由于封建帝制的覆灭，龙文化与现实生活形成断层，人们对在中国大地上最常见的龙之九子的形象，也逐渐陌生了。但历史文化遗址留存下的龙之九子的形象，几乎遍布所有文物古迹的地方。而有意思的是龙之九子个个不像龙，都是龙的变形：如庙宇宫寺里驮着石碑形如乌龟的是龙之子赑屃；蹲在殿宇屋脊上形如兽喜欢望远的是龙之子螭吻；立于监狱大门左右，形似狮虎威煞镇邪的是龙之子狴犴；古钟上犹如一个兽钮，性好吼叫，有神力的是龙之子蒲牢；经常出现在钟鼎彝器上好饮食的是龙之子叫饕餮；刻在香炉上好烟火的是龙之子狻猊；装饰在武器的柄把上，怒目而视，性好杀的是龙之子睚眦；佛像立于桥柱头上，性好水的是龙之子蚣蝮；形如螺蚌，性好闭口，立于大门的铺首的是龙之子椒图。这些龙子的形象因个个不像龙，所以有的就以形取貌，解说成各种兽类，与龙文化相差甚远。

三、中国文化的生命力和优势

中国文化的生命力和优势是几千年来的文化传统基因，依旧流贯在我们的身上，影响着现代中国人的思维、性格和行为，这才是需要我们大力开掘的根本内涵。而恰恰这个根本问题还没引起我们高度的重视。

《周易》作为中国思想史的重要源头之一，其"观物取象"的认知思维方式对后世的哲学、美学的发展影响深远而巨大。可以说现代中国人的思维方式就是在它的熏陶下锻炼成长和提高的。阴与阳是对立面的统一体，呈现相反相成的状态，阳中有阴，阴中有阳，互依互反，生生不已，变化无穷，这便成为事物运动变化的根源，也就是宇宙万物变化的根源。《易经》的重要思想是强调"变""动静有常，刚柔断矣。方以类聚，物以群分，吉凶生矣。在天成象，在地成形，变化见矣。"天地万物以阴阳之道生生不息，变化无穷。从根本上说，大自然的运动变化，是《易经》系统内在变化的蓝本。要顺应事物发展变化的规律，机警灵活，不拘常规地运用事物发展变化的规律，找准自己的位置，从而使自己永远处于一种恰当有利的位置。因此，它倡导的谦虚谨慎、勤恳诚实、积极作为、刚健柔顺、自强不息等精神早已内化为中华的民族性格，积淀为中华的民族文化心理结构，奠定了中华民族的文化传统。

再比如《黄帝内经》在现代社会，不仅国人视为瑰宝，而且越来越被欧美以及日本等国重视，其中个重要的原因和当代人们生活水平越来越高，讲求生活质量的思想相契合。《黄帝内经》中关于"天地人相参"的思想是处处体现的。人体内的脏腑与体表、肌肉、五官七窍都有联系。因此，任何一个局部，都与整体有联系，都可以反映出整体理念基础上的。由此提出一套预防疾病、增进健康、延年益寿的养生方法，其中有防重于治的可贵思想。最典型的就是《素问·四气调神大论》中说："圣人不治已病治未病，不治已乱治未乱，此之谓也。大病已成而后治之，譬犹渴而穿井，斗而铸兵，不亦晚乎。"目前，"治未病"已成为医学界的共识。

当前有些人说"简化字隔断了中华文明"，其实，恰恰相反。简化字早在《说文解字》中就出现了。"與"，左右下全删掉，简化为"与"。《说文解字》说这两个字相同，也就是说在古代是异体字关系。"蟲"，下面全删掉，简化为"虫"。在《说文解字》里是两个字，而"虫"在甲骨文里就出现了，比"蟲"还要早得多。"复"是"復"的简化字，而在《说文解字》同时都收入，只是"復"后来很少用了。当然这里仅仅举几个例证而已，下面略展开说明。

《朱自清讲国学》将《说文解字》列为首篇，表明其在中国文化体系构架中的文化分量和学术价值。《说文解字》是我国第一部字典，可称得上是辞书史上的奠基之作，对后世辞书编纂产生了巨大影响，同时也是训诂学上极有价值的宝贵资料。在中国文化史上享有"其功不在禹下"的崇高地位。同时也闪耀着睿智的现代语言学思想的理性光芒，现代汉字是由历史上的隶书、楷书直接演变而来的，它们中一部分是繁体的简化字。任何时代都有自己的主流人文需求和精神价值成果，20世纪五六十年代，中国国务院公布的《简化字总表》，共简化汉字2236个，百分之九十以上都是历史上出现的俗字，像甲骨文中"从"后来演变为"從"；甲骨文中"云"，后来出现"雲"，便和"说"的语义相分离了；甲骨文中"气"，隶变是以"氣"代"气"。像秦汉时期，出现许多简体字，如"報"简化为"报""東"简化为"东""當"简化为"当""稱"简化为"称"，書→书，樂→乐，車→车，貝→贝等。像唐宋时代出现"飛"简化"飞""糶"简化"籴"，塵→尘，鼕—冬，齣—出等，元明清大都如此，就不一一例举了。可以说，简化字是专家把历史上约定俗成的俗字选择出来，经过整理和改进，其写法只能有一种，又以法定的形式公布出来的。半个世纪实践证明，汉字由繁趋简是必然的发展趋势，简化字既符合《说文解字》归纳的中国造字的规律，又在中国走向现代化中发挥了无以伦比的巨大作用。

凡此种种都说明中国文化的生命力和优势是几千年来的文化传统基因依旧流贯在我们的身上，影响着现代中国人的思维、性格和行为。无论传承还是向外宣传中国文化，都应把这一部分作为核心内容。

上面简略地点明中国文化带有倾向的问题，之所以把这些问题摆出来，是因为当前中国文化的发展正处在一个经纬交错的交叉点上，要实现本土文化与域外文化的交流，又要实现传统文化与现代文化的融合。因此，我们必须搞清楚什么是中国文化的内涵和外延？什么是中国文化的整体观和多元的范畴？什么是中国文化的生命力和优势？只有这样我们才能使中国文化在全球化的舞台中扮演重要角色。

（郑铁生，男，天津外国语大学教授。中国红楼梦学会理事，中国三国演义学会副会长，中国修辞学会理事，中国对外汉语修辞学会副会长。在《中国语文》《南开学报》等刊物发表学术论文百余篇，出版《三国演义叙事艺术》《古汉语通论》等专著10余部。）

国际汉学中比较文学论著的翻译实践

刘 燕

一、国际汉学与比较文学的交汇

所谓"国际汉学"简称"汉学",是英语 Sinology、法语或德语 Sinologie 的译名,"Sino"源于希腊语、拉丁语,指的是"中国"。Sinology 是许多"ologies"(学科、知识或学问)中的一种,它们被创造出来专指 19 世纪出现的有关中国的学问或知识领域。1839 年出现了 Sinologist 或 Sinologue(汉学家),主要指"对中国语言、文学、历史等方面进行研究的学者";1860 年出现了 Sinology,它是"关于中国事物的研究"(the study of things Chinese)。1860—1880 年之间,这个希腊、拉丁语合成词及其派生词被普遍使用,这是汉语研究和中国总体研究被认为一种学术科目之时。① 汉语学界为了强调其研究主体为中国以外的学者,往往把 Sinology 翻译为"海外汉学""世界汉学"或"国际汉学"。中西比较文学旨在以跨文化的比较视域研究中西文学的同异及其融通之可能。而在国际汉学中,有不少汉学家长期致力于中国文学的研究,为中国文学在世界的传播立下了汗马功劳,其研究成果也为中国学者提供了一面别开生面、极富启发的"他者"之镜。由于汉学研究涉猎广泛,其中不少汉学家同时也是比较文学研究领域的著名专家。国际汉学的发展过程也是中国文化传播于世界的过程。早期的汉学主要是传教士把中国经典名著翻译为西文,涉及中国哲学、伦理、宗教、历史、语言、科学、艺术、文学等方方面面,为中国文化的西传奠定了基础。随之逐渐出现了有关中国文化经典与文学作品的译介与研究。早期大多数汉学家较多关注中国古典文化与古典文学。如翟理思(H. A. Giles,1845—1935)的《中国文学史》(1901);荷兰汉学家高罗佩(Robert H. van Gulik,1910—1967)的《古代中国房中术》(1961)。直到"二战"结束后,有关现代中国的研究逐渐纳入到美国汉学家的视野中,许多大学东亚系开设了中国研究(Chinese Studies),出现了费正清

---

① 参见杨乃乔主编:《比较文学概论》,北京大学出版社 2014 年,第 182 页。

(John King Fairbank，1907—1991）这类中国史专家。传统汉学以文献研究和古典研究为中心，现代汉学则以现实为中心，以实用为原则，以社会学的方法进行跨学科研究，更多地涉及政治、经济、科技和军事等领域。如今，更多的汉学研究是兼顾两者。至今为止，西方汉学蔚为大观，美国汉学最为兴盛，英法德俄次之，加、澳、瑞典、意大利、荷兰、捷克、斯洛伐克、匈牙利等也有一定的实力。

比较文学研究和汉学研究都属于跨文化研究，彼此交叉。他们之间你中有我、我中有你，有着难舍难分的血肉关系。"在国际学界，汉学、东方学与比较文学这三门科学虽然都有着自己的学科定义，然而，三者之间又有着潜移默化和不可或缺的交集性，它们有着共通的、敞开的国际性研究视域。"[①]

中国比较文学学者尤其关注国外汉学的历史发展与当代状况。这是因为汉学家们在专攻中国文学的同时也在做中外比较，他们提供的视角非常独特，如日韩汉学家以传统的考证、注释、校对、索引为基础，功夫非常扎实细致；俄苏汉学家从社会、历史等多维度考察作品的文学性与历史性，视野开阔，富有理解力和同情心。欧美澳汉学家尝试使用新方法开拓新领域，无论是影响研究还是平行研究、跨学科研究或翻译研究，得出的结论往往独具特色，令人启发。汉学家们持久的译介、注释、评价、研考、倡导，展示了中西文学沟通及其认同一种异质文化与文学的艰难过程。其艰苦的历程、成果的得失值得我们省察、反观。因此，有关各类汉学著作的翻译工作成为近十几年学界的热点。

20世纪以来，对于中国现代文学最早关注、成果卓越、影响巨大的一位是捷克汉学家、捷克科学院院士普实克（Jaroslav Prusek，1906～1980），他生于布拉格，1928年毕业于布拉格查理大学，随即去瑞典、德国留学，在著名的汉学家高本汉门下进修。1928～1937年在哥德堡、莱比锡、上海、东京等地大学读书；1934年获哲学博士学位；1945年起在大学任教。译有《呐喊》《论语》《浮生六记》《老残游记》《子夜》《话本小说选》《聊斋志异》；著有《中国文学史》《中国现代文学研究》《话本的起源与作者》《中国历史和文学》《抒情与史诗》等书。晚年主持编纂《东方学辞典》。鲁迅曾应邀为他的捷译本《呐喊》作序，称赞他尝试用文艺沟通中捷两国人民。普实克治学以文艺社会学方法为主，辅之以比较研究，多从社会环境或历史背景揭示文艺的起源和作品的特点。因研究深入，且成一家之说，在国际学术界颇有影响，是布拉格汉学学派实际的奠基者。普实克对汉学的研究涉猎很广，从对文学材料和文学史的一般研究，到对一

[①] 杨乃乔主编：《比较文学概论》，北京大学出版社2014年，第187页。

些问题的归纳与提出,涉及了文学最本质的东西;他能够从亚洲的主流甚至世界的主流研究中国文学;他对现代文学的主体性和个性问题表现出了极大的兴趣;他对传统的叙事性文学的艺术性与读者的关系问题,以及民间文学与大众文学的界限等都有独到的研究视角。普实克所创办主持的东方研究所突破了只注重中国古典文化研究的封闭式欧洲汉学传统,开始重视现当代中国的现状与发展及其在国际文化格局中的地位,开拓了欧洲汉学研究的新领域。

斯洛伐克科学院研究员、汉学家马利安·高利克(Marián GÁLIK,1933—)早年就读于布拉格查理大学,在普实克名下学习远东史和汉学,是其得意弟子,属于"布拉格学派"的代表人物之一,也是欧美享有盛誉的比较文学学者。1958年高利克到北京大学选修中国文学,师从吴组缃。除母语捷克语和斯洛伐克语,他精通英语、德语、汉语,同时也掌握俄语、意大利语、拉丁语等,翻译出版了茅盾的《林家铺子及其他短篇小说》(1961)和老舍的《骆驼祥子》(1962)。对梁启超、王国维、鲁迅、瞿秋白、郭沫若、冰心、巴金、老舍、曹禺、洪深、何其芳、冯至、冯乃超、顾城等作家的创作、思想和艺术有深入的研究。他的世界文学观念贯穿了其全部的研究进程,其《茅盾与中国现代文学批评》(Mao Tun and Modern Chinese Literary Criticism,威斯巴登:弗兰茨·施泰纳出版社,1969)、《初步研究指南:德国对中国现代知识分子历史的影响》(Preliminary Research-Guide: German Impact on Modern Chinese Intellectual History,慕尼黑,1971)、《中国现代文学批评发生史(1917—1930)》(The Genesis of Modern Chinese Literary Criticism, 1917—1930,布拉迪斯拉发—伦敦:Veda-Curzon Press,1980)、《中西文学关系的里程碑(1898—1979)》(Milestones in Sino-Western Literary Confrontation (1898—1979),布拉迪斯拉发—威斯巴登:Veda-Otto Harrassowitz,1986)等论著得到了国际汉学界的肯定。他一直致力于中西文学的比较研究,特别是在中国现代文学的研究领域里取得了重要的成就。高利克被斯洛伐克科学院授予2003年最高荣誉奖;2005年他荣获国际学术界誉为人文学术诺贝尔奖的"亚历山大—洪堡奖"。中国学者、《汉学研究》主编阎纯德评价高利克的贡献:"作为'布拉格汉学学派'的代表人物之一和比较文学领域的国际著名学者,高利克的贡献是双向的:无论是中国文化对西方的影响,或是西方文化对中国文化的影响,不仅体现在他的研究中,也体现了在东西方的学术精神中。""与中国文化始终保持接触,与中国作家学者保持亲密联系，这种传统被高利克教授承上启下地得以发扬光大。"①

国际汉学学术著作的翻译成为近二十多年来学界的热点。高利克的主要著作，如《中国现代文学批评发生史（1917—1930）》（1997、2000 社科文献出版社）、《中西文学关系的里程碑（1898—1979）》（1990、2008 北京大学出版社）、《捷克和斯洛伐克的汉学研究》（2009 文苑出版社）等三本书已有了中译本，对20 世纪 80 年代以来的中国比较文学界产生了较大的影响，故前二本书又一次再版。尤其是《中西文学关系的里程碑（1898—1979）》，高利克分析了梁启超、王国维、鲁迅、郭沫若、茅盾、曹禺、洪深（1894—1955）、冯乃超、何其芳、冯至、巴金、老舍和卢新华等人的代表作以及伤痕文学。此书被乐黛云教授称之为"集大成之作"："这本书不仅体现了他广博的世界文学知识，他对中国现代思潮与现代文学的深刻思考，以及他训练有素的实证研究方法与分析能力，而且也蕴涵着他对中国人民和中国文化深深的爱"。②

高利克的主要著作多以英文、辅以德语写成，其涉猎的范围从古至今，从东到西，从文化、文学到社会、学术界，内容庞杂广博，文史哲宗，除英语、德语外，还涉及到中文、法语、拉丁语、俄语、捷克文等多语种。国外汉学的翻译属于最艰难的翻译领域之一。译者既需要深刻了解国外汉学、西方文化和汉学家本人的研究领域及其研究成果，又需要有深厚广博的中国文学知识结构和跨文化视野。

近些年来，由于个人学术研究方向（比较文学与跨文化研究）的兴趣，我比较关注国际汉学的研究现状及其相关成果。本人曾经翻译过美国汉学家安乐哲的研究论文《古典中国哲学中身体的意义》《儒家与道家自我修持之共同基础》等，也翻译过《浪漫文学的机构形成》《革命的黑人女性：使我们自己成为主体》《在西方的注视下：女性主义与殖民话语》《在变化中：时装摄影与单身女郎》等后殖民主义或女性主义的论文。2007 年，我结识了高利克先生，受其委托，我开始参与其另一本书《影响、翻译和关联：〈圣经〉在中国研究选集》（Influence, Translation and Parallels: Selected Essays on the Bible in China, 圣·奥古斯丁：华裔学志研究所 2004）的翻译工作，这本著作是作者有关 20 世纪中国基督教文学的研究成果，涉及到对周作人、朱维之、茅盾、王独清、冰心、向培良、顾城、王蒙和三位台湾女诗人——蓉子、夏宇和斯人。书中也有关于《诗篇》的翻

---

① 阎纯德、吴志良主编：《捷克和斯洛伐克的汉学研究》，高利克著李燕等译，北京：学苑出版社 2009 年，第 248 页。

② 乐黛云：《中西文学关系的里程碑（1898—1979）》，北京大学出版社 2008 年，序第 3 页。

译、译介了吕振中对整部《圣经》翻译的研究论文,以《雅歌》和《诗经》中爱情诗歌为例的对比研究。本人主持翻译了其中的部分论文,如《公主的诱引——向培良的颓废版〈暗嫩〉与〈圣经〉中的"暗嫩与他玛"》《痛苦的母亲:对王独清〈圣母像前〉与基多·雷尼〈戴荆冠的基督〉的思考》《在客西马尼花园与骷髅地之间:中国现代文学中的耶稣受难日》《〈雅歌〉与〈诗经〉的比较研究》等论文(均已发表在学术刊物)。最近,我负责翻译其《歌德及其他:中德跨文化交流研究》一书,其中大部分为英语,也有部分德语论文。已经发表了《冯至及其献给歌德的十四行诗》《歌德〈浮士德〉在郭沫若写作与翻译中的接受与复兴(1919—1922)》。此外,已发表的译文还有《青年时代的鲁迅(1902—1909)》《我的研究心路:"圣经与中国现代文学"》《漫漫求索之路:汉学家马里安·高利克博士80岁寿辰访谈》等。以上译文主要发表在《基督教思想评论》《基督教文化学刊》《圣经文学研究》《国际汉学》《汉学研究》《中国现代文学研究论丛刊》《汉语言文学研究》等学术刊物。

二、高利克比较文学论文的翻译实践

高利克学识渊博,涉猎十分广泛,尤其是善用结构主义、形式主义、系统结构法、影响研究、类型学研究等方法,挖掘中国学界忽略的作家、作品或思潮,探寻中国自身无法看清的一些文学现象与文化特质,在世界文学的体系中发现中国现代文学的复杂性、独特性与创造性,其引用的资料文献浩瀚,得出的结论也富有启发,令人耳目一新。对于中国译者而言,其著作的翻译是一个极大的挑战。通过对高利克学术论文的翻译实践,我体会到国际汉学中比较文学翻译的重要性,积累了相关的翻译实践经验,同时也拓展了个人的学术研究。

***1.* 提供了有关中外比较文学的研究方法及研究范例**

例证之一:《雅歌》与《诗经》的比较研究

原文1:The stress of my studies is usually on genetic-contact relationships. This study and those which follow are an exception as there are no connections, direct or mediated, between the Song of Songs and Shijing whatsoever. This kind of research could be labelled either a typological or a parallel study. In comparative literature, typological (or parallel) studies are of the same value as genetic-contact (or influence) studies. According to Dionz uriin:"We can say that typology is that stage in the investigation of interliterary relationships and affinities at which practical comparison presents its results to the theoretical aspect, in which scholarly practice goes hand in hand which theory, constructing at the same time a bridge between the national-literary and the interliterary historical approach." This means that these studies can supply us with new information concerning the substance of the "literary fact", its specificities. In our case, it will be the specificity of poetic lyricism.

译文1：以往，我的研究侧重于渊源—接触的关系，但本研究以及随后的相关研究是个例外，因为《雅歌》与《诗经》之间并不存在任何直接或间接的渊源关系。这种方法也被称作类型或平行研究。在比较文学中，类型（或平行）研究与渊源联系（或影响）研究具有同样的价值。朱里申认为："类型学是考察跨文学的关系及其相似性的这样一种情形：实际中的比较可以为理论方面提供结果；在这个过程中，学术实践与理论密切结合，同时在国别文学和跨文学的历史趋势之间搭建起一座桥梁。"换言之，这些研究可以让我们对"文学事实"的本质，及其特征获得新的认识，这也正是文学研究的一大目标。就本文而言，这种特征就是诗歌的抒情性。

原文2：I think that today researchers in ancient Chinese lyric poetry should devote more energy to the study of the "lyric fact" and its specificity. "Lyricalness" in ancient Chinese poetry should be studied both in the intra-as well as inter-literary way.

译文2：我认为，如今中国古代抒情诗的研究者应该花更多的精力，来研究诗歌的"抒情实质"及其特征。而中国古代诗歌的"抒情性"的研究应该从文学内在性和文学间性这两个方面入手。

原文3：Traditional Chinese poetics is not primarily concerned with an investigation of the verbal texture of a work, with an exact differentiation or definition of poetic tropes or figures of speech, but it is interested in understanding the essential phenomena standing behind the work, or making its origin possible, in determining the philosophico-ethical hot-bed which or from which it originates. Like ancient Chinese literature, its literary poetics was also philosophically oriented with its world outlook. Unfortunately, it was also less lucid, far more inexact in its expression than that in European antiquity or in later European literary criticism. Thanks to the philosophical and ideological orientation, it was possible to assign the genre Song to the highest degree of the genre hierarchy in ancient Chinese literature, for this genre presented allegedly "in the very highest measure an incorporation of the Absolute-Dao".

译文3：中国传统诗学关注的并非如何组织作品的文辞结构以及诗歌比喻或修辞的区别与定义，而是如何理解作品背后的本质现象以及作品的创造过程，这决定了从中孕育产生的哲学—伦理的温床。中国传统诗学同中国古代文学一样，也是植根于看待世界的哲学方式。可惜，它的表述不太明晰，并且远没有古代或后来的欧洲文学批评那样精确。不过，有了哲学和意识形态的引导，我们可以把"歌"置于中国古代文学众体裁的顶端，因为这一体裁"在最大程度上，表现了绝对—道的融合"。

本文旨在分析《雅歌》与《诗经》这两部古代诗歌经典的抒情性（lyricalness）。第一段译文提出了类型学的研究方法，有助于理解全文的逻辑展开；第二段译文提出了中国古代诗歌的抒情性特征；第三段译文提及了中国诗学不同于西方诗学的思维方式及其特征。这要求译者对《雅歌》与《诗经》、中西比较文学方法论和中西比较诗学等方面熟悉。否则翻译此类文章会很吃力。

2. 提供了《圣经》及基督教对20世纪中国文学的影响研究

例证之二：《在客西马尼花园与骷髅地之间：中国现代文学中的耶稣受难日》

原文：Herbert G. Wells' book The New and Revised Outline of History: Being a Plain History of Life and Mankind, was probably the most influential history of the world among Chinese non-professional intellectuals in the 1920s and 1930s. It is important to notice that the Chinese could read, and certainly read, this influential book in there own tongue in full or partial translations. At least six of them appeared before the mid-1930s. Another great work the Chinese readers were very much interested in was the well-circulated Protestant Bible translation: Jiu xin yue quanshu. Guanhua hehe yiben (Old and New Testament of the Bible. Mandarin Union Version). The birth of modern Chinese literature is connected with this edition, especially those parts of the New Testament which had preceded it: the Gospels had already been published by the end of the 19th century. In 1920, Zhou Zuoren (1885—1967) lectured on this translation to colleagues and the students of Beijing University, the most influential intellectuals of the new China in the next decades: "I am reminded of someone ……" One may say that Zhou was a seer, and, at least for some time in the 1920s and 1930s, modern Chinese men of letters read and were influenced positively by the language of the Union Version, and sometimes also by its message.

译文：赫伯特·威尔斯（Herbert G. Wells）的论著《新修订版历史概况：一部生命及人类的通俗史》可谓 1920—1930 年间对中国非职业知识分子最有影响的一本书。值得注意的是，中国人阅读这本影响深远的书，主要是通过中译全本或中译删节本。在 20 世纪 30 年代中期该书至少出现了 6 个译本。另一本中国读者非常感兴趣的巨著则是盛行的新教《圣经》中译本：《新旧约全书》（官话和合本）。中国现代文学的诞生与此书密切相关，尤其是《新约》部分，早在 19 世纪末期福音书的中译本就已经出版了。1920 年，周作人（1885—1967）对北京大学的师生——这些未来几十年新中国最有影响力的知识分子，作了有关《圣经》中译本的演讲，他提到：" 我记得从前有人反对新文学，说这些文章并不能算新，因为都是从《马太福音》出来的；当时觉得他的话很是可笑，现在想起来反要佩服他的先觉：《马太福音》的确是中国最早的欧化的文学的国语，我又预计他与中国新文学的前途有极深的关系。"……有人甚至会说周作人乃是个预言家，因为在 1920—1930 年间的某个时期，中国现代文学的写作与阅读不仅深受《圣经》白话文中译本的影响，而且也受到福音本身的影响。

这篇论文详细介绍了冰心（1900—1999）、茅盾（1896—1981）、鲁迅（1881—1936）、徐志摩（1897—1931）和艾青（1910—1996）五位作家的早期作品中对"耶稣受难日"的这一基督教主题的中国式书写，引起我们关注《圣经》中译本及基督新教在 20 世纪中国传播及其影响。从以上这段译文可以看出，作者对《圣经》白话文中译本的高度重视，而且引用了威尔斯的论著和周作人的话（翻译时需要查找、回线引文的中文出处），研究视角在各种材料与实证的基础上加以推导，严谨而不乏卓见。这就要求译者对《圣经》的中译本及基督教信仰、神学等方面具有较好的功底，同时也熟悉 20 世纪深受基督教影响的中国作家或中国基督教文学的建构历史。原文中的拼音"Jiu xin yue quanshu"应为"Xin jiu yue quanshu"，乃作者笔误导致。

3. 重视德国文学对中国现代文学的影响研究
例证之三：《冯至及其献给歌德的十四行诗》
原文 1：Rereading my earlier views now, when writing an hommage to myold friend and colleague Professor A. Owen Aldridge, I have to add that the "astral universe" of Feng Zhi is not only full of really or seemingly small things reminding us of the drops of milks from the breasts of divine Hera and and

"small" people of his environment, but in its overall framework also alludes to the "stars" from the world of indigenous and foreign literature, art, philosophy, and religion.

译文1：如今重新审视我早期的观点，我要向我的老朋友和同事阿·欧文·奥尔德里奇教授致以深切的敬意，同时我还要补充说明，冯至的"星象宇宙"（astral universe）不仅弥漫着真实的、微不足道的事物和周遭"渺小"的人物，令人想起从女神赫拉胸前洒落的点点乳汁（银河），而且还暗指其诗歌的整体框架乃是从本土的或外来的文学、艺术、哲学和宗教世界中摘取的"众星"。

原文2：For his development during the year 1941, the Rilkean years between 1912 and 1922, the period of his work on Duineser Elegien and Sonnets to Orpheus, were important. Feng Zhi wrote these sentences about his experience from this study, which he found extremely attractive and exciting: "During the year before, during and after the World War 1, (Rilke) lived through ten years of sorrow and hesitation……Here we do not find any more his Meiyou ziwo (non-ego spirit), but his personality fuses with Wanwu (all things), and he on one side expresses his grievances, just like two lines from Tao Yuanming's (365—427) poems: Wanzu ge you tuo, /gu yun du wu yi "all the myriads creatures have their refuge, /the longly cloud alone has no support" On the other hand Rilke feels that in the world all is real, whether it has got its name or reminded nameless, notwithstanding its values. All this should be admired."

译文2：里尔克在1912—1922年间写的《杜伊洛哀歌》《致奥尔弗斯的十四行诗》对于其1941年的创作尤显重要。冯至对这段激动而兴奋的学习经历充满着怀念，后来他回忆说："第一次世界大战期间和战前战后他经历了10年的苦闷与彷徨，最后完成了他晚期两部总结性的著作：《杜伊洛哀歌》《致奥尔弗斯的十四行诗》，这里不再是没有自我，而是自我与万物交流，一方面怨诉——我借用陶渊明的两句诗——'万族各有托，孤云独无依'，一方面又感到世界上的一切真实，不管有名的或无名的，能否承受和担当的，都值得赞美。"

原文3：It is a pity that Feng Zhi's poetry, especially his volume of sonnets, has received only scant attention and therefore has not contributed much to the spiritual renewal of those who should become it addressees. It is also a pity that Feng Zhi in his old age (at least during the ill-famed Culture Revolution and its aftermath) put aside the ideals that in his youth and adult years connected him with Moses, Tao Yuanming, Hafiz, and Goethe.

译文 3：可惜冯至的诗歌，尤其是其《十四行诗》仅供广大读者阅读浏览，却未在他们中间引发一场精神的复兴。更为遗憾的是，冯至在其晚年（至少是臭名昭著的文化大革命及此后）抛弃了他青年和成年时期与摩西、陶渊明、哈菲兹和歌德等人一脉相承的理想。

从以上三段译文中可以看出译者需要对文章涉及的古今中外的作家有所了解，如陶渊明、里尔克、歌德与哈菲兹；熟悉希腊神话（女神赫拉及其乳汁与"银河"）；在发表过的中文杂志《外国文学评论》中找出冯至文章的引文，理解里尔克在其创作过程中的重要影响；找出歌德德语诗歌对应的权威中译本；在世界文学的坐标中对冯至创作的整体评价。如此等等，都是翻译过程中需要重视之处。

由此可见，在国际汉学中比较文学论著的翻译实践时，应当关注一下几点：（1）学术论文的翻译重在忠实于原文（直译），力求准确性与流畅性，这一点不同于文学作品的翻译（意译）。（2）译者必备的跨文化视域与专业研究领域中的知识背景。对我而言，这包括文学理论、外国文学、中国文学（聚焦于 20 世纪中国现代文学）、中外文学思想史、中西基督教文学、《圣经》与神学、国际汉学等等，尤其是基督教神学方面的训练与中西《圣经》读本的研究有助于该领域的翻译工作。（3）在翻译过程中的师生合作很重要。我会调动比较文学专业研究生的积极性，在他们初译的基础上，一起进行修订校对，指导他们有关专业方面的翻译实践。这样既提升了研究生的专业知识，也拓展他们的跨文化研究的视野。（4）与汉学家本人的沟通与协作。高利克先生是一位身体力行、不断参与中国比较文学、国际汉学活动的学者，他经常到中国参加国际会议或讲学，广结善缘，与许多作家、学者、译者、编辑和出版人都有密切的交往与深厚的友谊。在翻译过程中，遇到的问题，如学术名词、地名或相关资料出处、重要的术语、中文原文（引文）的查找与复现等问题，都可以通过邮件或面谈得以解决。有时候，由于作者掌握的资料有限或笔误，个别地方需要译者发现错漏并及时纠正过来。翻译的译文也会发给作者本人进一步校对，这保证了译文尽可能准确无误，不留下硬伤。

三、国际汉学、翻译与中国文化的世界传播

翻译推动了民族文学从原语文化向目标语文化传播，使其成为具有世界性多种语言阅读性质的作品。哈佛大学比较文学系教授大卫·达姆罗什（David

Damrosch)在《什么是世界文学?》中认为,"世界文学是在翻译中获益的书写";"世界文学是不同民族文学的一种椭圆折射(elliptical refraction)"。① 世界文学在民族文学走出本土在语际传播的流动过程中逐渐产生世界性的影响。翻译在一个民族文学走向世界文学的语际传播中具有审美价值的拣选性,如果一个民族的文学作品在翻译中有所失落,那么这些失落的作品正因为缺少世界文学的性质而只能存留在本民族的文化语境中,而那些借助于翻译跨越语际走出本民族的文学作品,其在文化身份与审美的普世价值上则成为了世界文学。在中国文学及文化走向世界的过程中,各国的汉学家们往往功不可没。如意大利"耶稣会"传教士利玛窦(Matteo Ricci,1552—1610)、比利时汉学家柏应理(Philippe Couplet,1623—1693)、英国传教士理雅各(James Legge,1815—1897)、法国汉学家沙畹(Chavannes,1865—1918)、伯希和(Paul Pelliot,1878—1919)、葛兰言(Marcel Granet,1884—1940)、美国汉学家卫三畏(Samuel Wells Williams,1812—1884)、费正清、郝大维、安乐哲等。在当代文坛中,瑞典汉学家马悦然、德国汉学家顾彬等都是中国文学界闻名遐迩的名字。倘若莫言的作品没有被翻译家、汉学家(瑞典)陈安娜(Anna Gustafsson)、(美国)葛浩文(Howard Goldblatt)、(意大利)李莎(Patrizia Liberati)等给予成功的翻译,没有马悦然在诺贝尔文学评委会中的极力推崇与引介,莫言是很难有机会获得2012年的诺贝尔文学奖的。如今,其小说《红高粱家族》《天堂蒜薹之歌》《生死疲劳》《丰乳肥臀》《酒国》与《蛙》等被翻译为英语、法语、意大利语与俄语等多种语言,跨越了语际成为被多种语言读者阅读的世界文学作品,使得更多的国外读者了解,使得中国当代文学成为世界文学经典的一部分。显然,中国文化的世界传播及其影响得益于一大批活跃在世界各国不同领域中的汉学家们。中国作家、学者、编辑、译者需要加大力气与之互动;中国教育部下的相关部门(如国家汉办)也在这方面大力支持,在世界范围内建立"孔子学院";设立外国人来华学习的留学项目;中国人民大学每年召开不同主题的"国际汉学大会"等等。同样,海外汉学家们也以自己的方式在推动着中国文化文学与世界其他国家的文化文学的交流、比较与汇通研究。如高利克本人在斯洛伐克、以色列、奥地利、台湾组织或参与发起了一些重要的国际汉学专题研讨会,如"中国1919年五四运动的国际文学与国内文学问题"(Smolenice Castle,斯洛伐克,1989年3月13—17日)、"中国文学与欧洲背景"(Smolenice Castle,斯洛伐克,1993年6月22—25日)和"以文会友:布拉迪斯拉发—维也纳汉学家学术讨论会"(2008年4月10—15日)等等,为中国文学在海外的传播与研

---

① David Damrosch,What is World Literature,Princeton University Press,2003,p. 281.

究立下了汗马功劳。

  总之，中国文化走向世界离不开国际汉学家们的辛勤工作；同样，国内对海外汉学及其学术著作的中译有助于中国学者及时了解国际汉学的最新研究成果，促进中西比较文学与跨文化研究的相互交流与合作，搭建起全球化时代的跨文化之桥。笔者强烈建议中国教育部、文化部、中国文联或中国翻译协会等相关单位有必要设立一个国际汉学家的荣誉奖项，授予给那些为中国文化的国际传播做出卓越贡献的各国汉学家们。

  （刘燕，女，文学博士，北京第二外国语学院教授，硕士生导师。研究方向：世界文学与比较文学、女性文学、中西现代主义文学、中西基督教文学。出版《现代批评之始：T. S. 艾略特诗学研究》等专著、译著多部，参编《从现代主义到后现代主义》《现代主义文学概论》等教材多部，在《外国文学评论》等刊物发表学术论文60余篇。）

《当代中国宗教研究精选》"民间宗教""基督教"和"马克思主义与宗教"卷英译工作心得体会

池桢

就翻译工作而言,我没有做过理论性的探讨。我想还是要从我过去几年中从事外译工作时遇到的问题以及自己的一些想法谈起,要说到目前翻译的形势和症结,我想主要分为以下几个方面:

一、如何更加有效地整合专业知识与外语能力?

在学术作品的外译工作中,由中文学术原创作品的作者进行翻译是最理想的选择。但在现实中,这样的情况很少见。主要以中文进行创作的学者,大多不能够提供自己作品的完整英译。这个时候,我们必须寻找外语专才。但是,不少外语专才又面临着相关专业知识缺乏的问题。比如说我接触到的中国摩尼教研究文献,其对古代历史知识和古汉语文献有着很高的要求。这种专业知识与外语能力分割的情况在比较纯粹的中国传统学术,如古文字、音韵、文献目录学等研究中比较普遍。这些学术是极具中国个性的大学问,如果能让它们被世界所了解,那会是一件大有裨益的事情。但是,合适的译者太难寻找了。那些真正精通双语的海外学者是值得信赖的,可惜他们的数量很少,特别是在涉及古老学问的领域,无论在国内还是海外,真正掌握古代文献、现代学术和外国语文的学者可谓凤毛麟角。根据我的经验,由有着较好外文能力的本土学者提供译稿,再交由专业的文字编辑(copyeditor)进行调整润色,这是目前比较可行的做法。但这么做,一样要面对专业知识与外语能力不能兼具的问题。比方说在《当代中国宗教研究精选·基督教卷》的英译本中,有一篇关于冯友兰先生的文章。其中提到冯先生认为,对老庄而言:"以为纯粹天然境界之自身,即为最好;自现在世界减去人为,即为至善。"Copyeditor 最终采用美国的一位当代学者的翻译,其为:"For Lao Zi and Zhuang Zi, 'the good in the present world comes from attending to the realm of Heaven. All that needs to be gotten rid of is the human realm.'"把他的翻译直译过来就是:"对老庄而言,当前世界的善来自于对天境的关注;需要被清除的是人境。"我个人不认为这位学者的英译准确地表达了冯先生的意思。但更好的解决方案,目前也没有。我觉得在学术作品的外译中,会有许多类似的问题。怎样才能让专业知识和外语能力更加有效地结合起来,以推动学术外译?我觉得这是一个值得深入讨论的问题。

二、在甄选中文原创学术作品时,应强调学术写作的规范和严谨

我在做《民间宗教》《基督教》和《马克思主义与宗教》三卷著作的英译过程中,用了很多时间来核对原文中的引文和注释。这里面的问题非常多。大体有这么几类。(1)引文和注明的出处不匹配。按照注释提供的信息,根本找不到引文。(2)在征引外文文献时,著作、文章、作者名称多有误,这让译者在核对原文时倍感困难。不仅如此,征引的格式也不规范。(3)对原始档案的注释不清楚或者出现错误。对历史类学术作品而言,原始档案是最权威的史料。但有的时候,根据作者提供的信息,无法检索到有关档案,只能放弃核对原文,最终给翻译作品带来不小的遗憾。(4)引文完全不加注。在正文中出现了加有引号的文字,但没有相应的注释,让译者和读者完全无法判断文字来自何处、出于谁手。(5)对古籍的注释只写作者、书名或者篇名,完全没有版本信息。

以上这些,是我在翻译过程中遇到的比较多的问题。译者遇到这种情况,如果可以和原文作者取得联系且作者乐意配合修订,那就可以让译文不留什么遗憾;但如果因为年龄等原因无法联系到原作者或者原作者无意花费时间修订,译者和最终的出版机构就无可奈何了。所以我想,出版社在选定将被外译的学术作品时,一定要突出强调学术写作的规范性,对注释等从严要求。无论是中文注释还是英文注释,都有被广泛接受的标准,所有入选的作品都应该无条件地遵守这些标准。没有达到这些标准的,应该尽可能地让原作者进行相应的修改。这么做,不仅仅是为了译者的方便及最终译文的整齐好看,也是要让海外读者对中文学术的严谨和缜密有非常直观的印象。

三、对当代中国宗教研究作品英译的一点拙见

我们的国家走的是社会主义道路,无神论是国家意识形态的重要根基之一。因而,海外读者群对来自无神论中国的宗教研究很感兴趣。六卷本英译《当代中国宗教研究精选丛书》的推出,可以让西方学术界、宗教界及对中国宗教问题感兴趣的一般读者,比较全面地了解当代中国学术界对宗教问题的认知、理解和阐释。我有幸参与到这套丛书的英译,算是有一些经验,不揣浅陋,我想对以后的宗教研究作品的英译工作提一点拙见:

我的想法是：可否推出中国神学研究专辑？主要的世界宗教都在中国落地生根，与中华文化传统并行不悖。在这种宽容与多元的氛围中，当代中国形成了具有鲜明个性的神学研究，它的学术、思辨和理性色彩更加浓厚，拥有更广泛的受众。通过持续译介高质量的中文神学研究作品，可以让全世界更好地了解中国宗教学术的特点和现状；同时，也可以帮助中国宗教研究界更有效地参加跨国学术对话，让世界更加真实、全面地了解中国宗教。

四、对中华学术外译项目的一点拙见

近年来，国家对学术外译的资助力度很大，有"中国图书对外推广计划""中华学术外译基金项目"等等；中文学术作品走向世界的路径和平台已经搭建起来。经过多年的努力，已经有相当数量的优秀中文学术著作的英译本在欧美出版。根据我的观察，在美国的主流大学和研究机构的图书馆中都可以借阅到这些图书。在地方上，类似的项目也已经出现。譬如，上海推出了自己的"中华学术精品外译项目"。国家与地方共同努力，随着时间的推移，相信会有大批的当代中文学术作品走向世界，中国的声音会被更多人听到，在学术研究领域中国会拥有自己的话语权。

在具体操作的层面，我对中华学术外译项目有一点建议，即"能否放宽对受资助著作字数上的要求"。按照目前的标准，受资助的著作最多只能有 50 万字。一般情况下，单本专著不会超过 30 万字；所以，这样的字数要求是合理的。但是对有一些著作而言，这样的字数上限显得有些不合适。比如说我现在正在翻译的《中国宗教通史》，原著 100 万字，结构宏大、资料详实，全面呈现了中国宗教从远古至今的发展，是一部得到公认的学术精品。如果能够完整地译介到海外，可以很好地弥补海外学者在研究中国宗教史时资料上的不足，同时纠正他们对中国宗教缺乏整体性认识的弊病。但是按照目前的规定，原著必须从 100 万字压缩至 50 万字，这也就意味着很多有价值的内容不得不被放弃，让人颇感遗憾。我想在以后的中华外译项目中，针对价值高、篇幅巨大的著作，可否放宽上限，将其完整地呈现在西方知识界？

五、成立"中国历史文献翻译与研究中心"的设想

最后，我提一个设想，是关于系统外译中国历史文献的。众所周知，中国最重要的历史典籍就是传世的二十四史。要想了解中国的历史、文化和各种传统，必须依靠二十四史。但迄今为止，还没有一部正史被完整地翻译成英文。在备受推崇的前四史中，《史记》的情况还算不错，全部 130 卷中，115 卷有了全译或者节译；美国学者倪豪士（William H. Nienhauser Jr.）甚至准备为英语世界的读者提供《史记》的全译本。《汉书》100 卷中，只有 13 卷有成熟的英译。《后汉

书》和《三国志》只有一些片段被翻译成英文。有鉴于此，我想，可否成立一个国家级的"中国历史文献翻译与研究中心"，通过这个"中心"，把中国本土学者、海外研究者和愿意投身历史文献整理翻译的人士整合在一起，用一个世代（30年）或者更长的时间，把中国历史正典陆续翻译出来，以飨世界各地的学者和历史爱好者。

这些是我对于英文翻译日后发展的设想，虽然英语翻译成熟，但专业知识以及翻译的整合问题还待考究，也希望早日发展出专业知识与英文水平相辅相成的翻译态势，促进中国文化传播，推动中外文化交流。

（池桢，男，上海社会科学院历史研究所古代史研究室副研究员，新加坡国立大学哲学博士，主要从事中国古代思想史及近现代中国政治史研究。著有《静静的思想之河——战国时期国家思想研究》，台北文津出版社2006年出版。）

东西方文化视野下翻译功能的反思
——兼及中国文化"走出去"翻译策略的思考

许相全

翻译是一种历史现象,有着源远流长的传统。不同文化传统和历史背景决定了翻译不同的表现维度,由此导致了对翻译功能认识上的差异。跟西方翻译相关的原型故事是圣经中的巴别塔事件。这个带有原型性的故事展示了西方翻译的两个维度——神本主义与人本主义,由此形成了翻译的两种功能——拯救与对抗。在东方,由于各文化核心区都有着根深蒂固的、成型的文化传统,在面对外来文化时往往表现出很强的本位主义,在翻译中表现出强烈的主体选择性,翻译起到的往往是更新和补充文化基体的功能。本文从巴别塔故事入手,考察西方翻译的两种功能,结合东方传统翻译,对近代以来东方翻译进行整体性考察,分析其中存在的问题,对中国当前文化"走出去"的翻译策略提供借鉴性思考。

一、翻译与拯救:西方翻译的神本主义维度

《圣经·创世记》(11:1—9)讲到巴别塔故事:一开始人类的口音言语都是一样,后来为了传扬自己的"名""免得分散在全地上",他们联合起来兴建通天塔。为了阻止人类的狂妄计划,上帝变乱人类语言,通天塔计划失败,人类失去僭越和冒犯上帝的力量。作为西方文化经典,圣经是西方文化的母体,巴别塔事件也因此成为西方人理解翻译的文化起点。德里达曾把该事件看成是"源头性神话、隐喻的隐喻、叙述的叙述、翻译的翻译",不仅表明翻译在所难免,而且在既定的神圣秩序中,欲成就、汇总、充盈、终结某件事的愿望是异想天开而绝无可能。[1]

巴别塔故事描述了圣经理解的人类语言的发生。就基督教而言,这个故事是要表现人类的骄傲。塔是骄傲的"化身""巴别塔建造者们利用了上帝所创造的石漆、砖块和土地,以及上帝赐给人的理性、智慧和聪明,甚至是手中的权利,来高举人自己的'名'",[2]僭越上帝地位。在这种僭越里,语言统一是先决条件,但僭越招来的是惩罚。变乱不仅导致不同民族之间无法交流,还使人类失去了跟

上帝"神圣语言"交流的可能性。人类经历了第二次语言的"失乐园",又一次表现出"堕落"的特征,遭受了第二次正式惩罚。现代基督教思想家把这一事件与"救世主"联系在了一起。在他们看来,既然这是"堕落",那么必然预示着会"有一个'救世主'(the Redeemer,指耶稣基督)到来。所以,从道德层面和实际效果看,巴别塔导致的语言混乱包含了'回归语言同一'(the return to linguistic unity)的前提,即对圣灵降临的期待。"[3]

语言变乱使得翻译变得至关重要。因为它能够消除变乱带来的人与上帝的隔阂,成为洞察和返回上帝旨意的有效途径。由此,基督教学者把"翻译"演绎为神圣事件,从中寻找到了拯救。"每一次翻译都是弥赛亚的拯救事件"[4]典型体现了这种观念,展示了翻译的神学维度。但翻译会造成无数差异,由此产生与原文相悖的理解。于是,翻译又形成了悖论。一方面它试图返回原点,倾听"圣训",另一方面,随着翻译展开,"众声喧嚣",又背离了"同一性"原则。所以,尽管翻译要回到"前巴别塔"时代,但又永远不可能回去。

早期基督教翻译家们已经觉察到翻译带来的拯救功能,他们非常审慎地对待圣经翻译。对于翻译可能带来的负面效应,他们通过强调译本与原本之间的对应关系来解决。七十士译本可以充分证明这一点,它"因为被认为得到神的启示而成为权威,其译法也因此影响到人们的阅读习惯以及后世的翻译策略"。[5]从表面上看,关于七十士译本演绎的是一个圣经式神话。根据传说,托勒密二世兴建亚历山大图书馆,为充实图书馆藏书,曾向犹太大祭司以利沙写信(这封信后来证明是伪造的),邀请十二支派文士将犹太律法译成希腊文。各支派分别派出六人,总数七十二人,分头翻译。因为上帝启示,最后译成的圣经竟完全一样。

原文是神启的,译文也必须是神启的,原文和译文都必须来自神,必须绝对对等,这种理念保证了经典的神圣性和纯粹性,克服了翻译多义性带来的混乱,保证了翻译拯救功能的实现。

二、翻译与对抗:西方翻译的人本主义维度

就人的立场而言,巴别塔隐含的是对抗。"修建塔(巴别塔)是古代的希伯莱先民与神的对抗情绪的外在体现,而塔也就象征着古代希伯莱先民对于属于自己的权力的朦胧意识。与神抗争的目的无疑就是要挣脱神的统治,把原本属于自己的东西——神手中的权力争夺过来。"[6]因而,翻译就成为语言变乱之后反抗上帝、重新确立人的地位的手段。当翻译无限进行时,人的力量会逐渐增强,从而瓦解神的统治。在西方文化史里,翻译带来的对抗以及由此产生的冲击力是显而易见的。

阿诺德曾指出:"西方文化中有两种大致是互为对立的力量,可以用人类的

两个种族来给它们命名,谓之希伯来主义和希腊主义。""西方的文化,就在这两种力量之间发展,有时候一端为强,有时候另一端为强。"[7]两种力量本质上是人性与神性的冲突,演绎的是神本主义与人本主义之间的对抗,其发展趋势是世俗逐渐瓦解神圣,人性不断扩张直至推倒神的统治。欧洲每一次世俗化运动都与翻译热潮密不可分。尽管不能夸大翻译的直接决定作用,但可以说翻译作为一种反抗既定秩序的手段,一直影响着西方文化发展的走向。

圣经翻译史隐含的就是翻译带来的对抗性。圣经原文是希伯来语,从文艺复兴开始,它被译为欧洲民族语言,圣经读者群开始扩大,教会垄断圣经的特权宣告结束。日内瓦圣经的译者廷岱尔曾说过,圣经应该"对普通人——那些拿锄头把子的人打开大门,而开门的钥匙就是通俗的语言"。[8]普通民众阅读圣经,对中世纪的宗教神权进行了最有力的打击和反抗,为民族主义、世俗国家的产生提供了基础。有研究者评价《詹姆士王钦定译本圣经》时也说到:"自出版以来,随着时间的流逝,其重要的历史地位愈发显赫。在英美国家甚至全世界其他英语社会中,从普通民众到著名作家,无不被这本英文版圣经紧紧团结在一起"。[9]

圣经翻译从内部导致了神圣文本的"贬值",世俗的人文主义翻译则从外部直接对抗基督教统治。从文艺复兴到启蒙运动,翻译的文化桥梁作用使欧洲文化逐步一体化,人本主义最终成为欧洲文化主流。

文艺复兴时期,大量希腊、罗马文化典籍被翻译成欧洲民族语言,直接促成了各国人文主义的发展。有研究者指出:"文艺复兴运动涉及到文化领域的各个方面,它本身就包含着规模空前的翻译活动。文艺复兴运动使得整个欧洲充满一种求索和征服客观世界的精神。这种精神反映到翻译界就表现为翻译家们不断发现新的文学领域,挖掘新的文化遗产,从其他国家借鉴新的思想,并将他们移植到本国。文艺复兴时期欧洲各国无论是在翻译理论还是在翻译实践方面都取得了很大的成就,出现了一批经典译著,涌现出了一大批翻译家。"[10]

在意大利,阿米欧翻译了希腊作家赫利俄多洛斯的《埃塞俄比亚人》以及普鲁塔克的《希腊罗马名人传》,后者的法译本远涉重洋到达英国,对莎士比亚产生了重要影响。蒙田也曾夸张地说到,没有阿米欧的译本,法国人甚至就不会写作。在英国,翻译同样起到了推动人文主义发展的作用。著名学者王佐良先生有过精辟评论:"首先是作为前驱,正是无数翻译作品造成了人文主义的心智气候;其次是殿后,就在王政复辟的年代翻译仍然活跃,不过注意力转到了法国作品。中间的岁月,即伊丽莎白女王在任的1558—1603年的半世纪内,翻译活动更为频繁,名译也最多,构成了整部英国文学史上的一个翻译高潮。"[11]当时的翻译家包括托马斯·诺思、约翰·弗洛里欧、乔治·查普曼等人。诺思的《名人传》

翻译于1579年，译自阿米欧的《希腊罗马名人传》。莎士比亚的希腊、罗马悲剧都取材于这一译本。弗洛里欧翻译了蒙田《散文集》，查普曼翻译了《伊利亚特》(1611)和《奥德赛》(1616年)，它们都成为当时的文学名作，影响深远。

从18世纪下半叶起，随着工业革命和现代科学技术发展，科技翻译出现，有力促进了科技在欧洲的传播。科技翻译使现代意义上的科学世界观得到普及，蒙昧的宗教世界观最终遭到遗弃。

就西方文化史而言，翻译起到了对抗神圣的作用。西方人通过翻译逐渐战胜了基督教世界观的封闭、愚昧，古典神圣话语被解构，上帝逐渐被人取代。翻译形成了一股巴别塔式的对抗力量。既然回到上帝身边已无可能，复乐园遥遥无期，那么人类将通过翻译重建巴别塔，攫取与上帝一样的地位。

三、翻译与补充：东方传统翻译的本位主义

在东方，翻译也是古已有之的活动。中古时期，东方形成三大文化圈——"东亚的汉儒文化圈，南亚、东南亚的印度教、佛教文化圈，西亚、北非的伊斯兰文化圈"，[12]文化圈内部都有过较为频繁的翻译活动，特别是核心区域的翻译活动更具代表性。由于中国属于核心区域之一，本文的东方传统翻译主要指的东方文化核心区的翻译。

核心区的文化特点主要是依靠本民族自身资源，在近乎封闭状态下建立起庞大而精深的文化体系，依靠复杂而强大的伦理或者宗教关系，形成了稳固的文化结构。就古代世界而言，东方文化较早寻找到了一条适应东方人存在形态的文化方式，显示了文化上的先进性，在中古相当长时期里领先西方。这种领先内化到民族心理上就是形成了强大的文化主体性和东方本位主义意识。当面对外来文化时，他们想当然地以自我为中心，认为外来文化是野蛮的、落后的。有研究者谈到古代中国文化时就指出："'天下观'是中国文化价值观念的核心，它是一种封闭型的文化心态，认为'普天之下，莫非王土'，中国是文化优越的天朝上国，外来文化都是低级的，必然为我所'化'"。[13]因而，在这些区域开展的翻译活动往往带有强烈的主体性和本位意识，翻译体现的是坚守本位的补充功能。

汉儒文化圈的核心是中国，"大规模的文字翻译活动发端于佛经翻译，佛经翻译始于东汉，迄于元代"。[14]近代以前，中国出现过两次翻译高潮：第一次是佛经翻译，大量佛教文献被译成汉语。但佛教没有征服中国，中国没有像印度周边国家一样，依靠佛教填补文化空白，使佛教成为本民族文化内核。中国文化强大的主体性使佛教最终内化为文化的组成部分，儒、释、道三教合一正是文化主体选择性的完美体现。第二次是明末清初的科技翻译。明清之时，西方传教士利玛窦等人把西方科技文献翻译到中国。但由于文化上的盲目自信，这些翻译没有

受到中国政府重视。这固然导致中国错过了一次自我更新和壮大的机会，但也从侧面表明了当时中国文化的主体性和自信力。

伊斯兰文化圈的核心是阿拉伯文化，它所处的地理位置注定跟翻译结下不解之缘。"伊斯兰教兴起以后，阿拉伯实现了统一，通过不断的对外征伐，形成了一个版图辽阔的大帝国。阿拉伯人进入了原先是罗马和波斯的属地，面对着那里高度发达的文明，深感要求得自身的发展，必须引进他人的科学文化。阿拉伯历史上的翻译运动正是基于这种考虑开展起来的。"[15]

阿拔斯王朝时期的"百年翻译运动"中，阿拉伯从希腊、罗马、波斯、印度那里翻译了大量文化典籍。有研究者曾指出："中世纪伊斯兰文化，尤其是穆斯林哲学、自然科学等方面的学术活动，就是通过大量的翻译媒介，受到浓郁的希腊、罗马思想的推动，并在波斯、印度伦理、宗教观念影响下产生并发展起来的。"[16]但尽管如此，阿拉伯文化的核心伊斯兰教的主体性地位从没动摇过。阿拉伯人还反哺欧洲文化。在文艺复兴时，西欧人不得不把一些翻译成阿拉伯文的古典文本重新译成欧洲语言，由此推动文艺复兴的开展。

印度文化更能说明东方文化的本位主义。由于本土文化强势，古印度基本上是文化输出国，它不翻译或很少翻译外来典籍。"翻译是单流向的（unidirectional flow），即由梵文译成外国文字"，印度"是纯粹的文明供应者"。[17]这固然又是一个东方文化封闭的个案，但也表明古印度文化的母体性特征，表明了一种更为强大的文化自信力。

因而，就东方传统翻译而言，它仅仅是对文化基体进行的补充，体现的是翻译的补充功能，不存在内部的反动因素。

四、东方翻译的近代选择：补充更新还是拯救对抗？

近代后，东方文化面对西方文明冲击，出现了前所未有的"变乱"，传统文化集体转型甚至解体，主体性被瓦解，从"我者"变成了"他者"。为了救亡图存，近代东方翻译活动空前繁荣起来。东方民族大都相信，通过翻译可以吸纳西方文化，实现民族自立自强。由于前提是西方文化先进，翻译基本上是单向的。它抛弃了传统翻译的功能，转而变成了一种自我拯救和对抗的手段。但除了个别国家（如日本）外，发生在东方的翻译活动并未达到应有效果。除了经济政治上依然处于弱势外，文化上也出现了东方"失语症"，这在中国表现得尤为明显。"随着全球化和现代化进程的不断加剧，'失语症'作为一种跨文明的话语危机已经渗透到（中国）社会文化的各个层面。"[18]原因何在？从翻译角度看，原因之一就是东方各民族盲目模仿西方，丢弃了自身翻译传统的优势，缺乏翻译的主体性和选择性。在近代的东方，把翻译作为拯救和对抗的手段在学理和实践层面都是有问题的。

就翻译的神学维度而言，救世主只能是上帝或者耶稣。到了近代，西方人承担了东方的"伪上帝"角色。在他们看来，东方只是处于被发现的状态，是一个被动的客体。因而，东方想攫取与西方同等的地位，甚至压倒西方，这就是"巴别塔"式的叛逆，是不能容忍的。当东方传统文化被"变乱"之后，西方文化接下来的事情就是要维护自己的"神圣"地位。因而，即使有拯救，那么也只能来自基督教文化，来自西方的"耶稣"。因而，除了武装侵略之外，他们还大肆倾销宗教文化产品，迫使东方皈依西方的宗教意识形态观念，从而巩固"伪上帝"的地位。东方试图通过翻译自我拯救，是不被"伪上帝"接受的。

就翻译的人本维度而言，人要借助语言统一反抗上帝。在西方，由于人与上帝是文化基因里两个基本要素，翻译中的对抗就是文化基体内部的自我批判、自我调整，它有一套内在的抗衡机制即两希文明之间的辩证关系。当东方"翻译"沾染上对抗色彩之后，它也必然得有对抗的双方。尴尬的是，东方文化里并无希腊式"人"的传统，也无基督教"神"的传统，没有人与神的对立。所以东方近代的翻译只是形似西方，通过"借"自己文化里没有的"人"的传统来反抗中国封建传统（貌似基督教的上帝传统）。

在翻译外来文化中，启蒙思想家们大力宣扬西方人的文化，以此对抗和打倒本民族根深蒂固的传统文化。这种对抗从一开始就是不公平的。从力量对比来看，在近代这一大背景下，东方传统文化在西方映衬下衣衫褴褛，相形见绌，孰优孰劣，似乎无可争议。因而，它无力对抗西方的"人"。换言之，借过来的"西方人"很强大，而本民族传统却极度"弱小"。尽管当时对抗激烈，但结果早已注定。近代以来，整个东方传统文化衰落的格局不能不说跟翻译策略有关。狂热式的缺乏主体性的翻译，最终带来的后果就是译入多，译出少。尽管东方在进行文化革命时，都以翻译为起点，但翻译没有起到对抗作用，只不过是打倒了旧有文化，而又消化不了新文化，最终无家可归。

再看当前中国文化的"走出去"，这一政策试图通过政府、学术机构以及个人努力加大中国文化典籍的对外翻译以此来提升中国文化的国际影响力。但正如处于"天朝上国"迷梦之下的中国封建统治者不会在意外来文化典籍一样，处于"伪上帝"状态下的欧美文化根本不会重视中国的文化典籍。实际上，中国文学作品已有不少进入欧洲文化市场，但他们从未过多关注。这已经不是文化典籍本身质和量问题，而是近代以来欧洲人对待东方一贯的态度和姿态问题。

因而，"走出去"的关键点在于文化主体性。拥有一个强大的文化主体性才是翻译的前提。讲到满清政府，国人很容易想到一句话就是"以天朝上国自居"，中国学生很早就明白封建统治者的盲目自大是近代以来中国落后的原因之一。但如果反观这句话，它何尝体现的不是中国文化的自信力呢？尽管不少研究者都诟病这种自信，但自傲是满清致命伤，缺乏文化自信力不也是近现代中国的一个弊病吗？只有具有强烈的文化主体性和自信力，在面对外来文化时才能以我为主进行带有民族性的文化创新。或者，说得更彻底点，如果文化足够先进，文化主体性足够强，即使不走出去，也会有外国人走进来。我们面对欧洲文化不就是这样吗？我们不是一直在用翻译走进"他们"吗？

参考文献：

[1]梁工.德里达与圣经文学解构批评[J].文艺研究,2013(6).
[2]吴立斌.对"巴别塔事件"的评鉴性研究[J].金陵神学志,2010(2).
[3][4]任东升.翻译研究的神学之维.外语研究,2014(4).
[5]蒋哲杰.文学翻译用意译,宗教翻译用直译？——哲罗姆翻译观之辨析[J].解放军外国语学院学报,2013(5).
[6]龙建人.语言的力量——《圣经·巴别塔》与贵州金沙民间传说《汉苗彝的来历》之比较[J].贵州文史丛刊,2010(3).
[7]陆扬.两希文化中的婚姻观念[J].河南大学学报(社会科学版),2009(3).
[8]刘丛如.不同时代的圣经英译本.中国宗教,2012(1).
[9]勒兰德·莱肯.最伟大的英文——《詹姆士王钦定译本圣经》的文学意义[J].刘颖译,圣经文学研究,2012.
[10]辛海燕.文艺复兴时期英国的翻译家及其理论概述[J].菏泽医学专科学校学报,2007(4).
[11]王佐良.英国文艺复兴时期的翻译家[J].外语教学与研究,1995(1).
[12]黎跃进.东方中古三大文化圈及其文学演变[J].衡阳师专学报(社会科学),1997(2).
[13]张松."天朝上国"眼中的殖民建筑[J].社会科学报,2003年/09月/11日/第004版.
[14]刘超先.中国翻译理论的发展线索研究[J].中国翻译,1994(4).
[15]周之森.阿拉伯历史上的翻译运动[J].阿拉伯世界,1982(2).
[16]张志忠."百年翻译运动"及其贡献[J].伊斯兰文化,2008(1).
[17]蒋骁华.印度的翻译：从文化输出到文化抗衡[J].中国翻译,2002(2).
[18]曹顺庆,黄文虎.失语症：从文学到艺术[J].文艺研究,2013(6).

（许相全，男，1979年生，河南南阳人，比较文学与世界文学博士，河南师范大学文学院副教授，主要从事比较文学与现代希伯来文学研究。主持教育部人文社科青年基金及省厅项目多项，发表学术论文20余篇，参编著作10余部。）

当代诗歌翻译即兴谈

赵 四

我的翻译工作主要是当代英诗中译,偶尔也有一些中诗英译的工作,确实非常直接,因为是和相关人士合作将我自己的诗歌从中文译成英文。因为是自己作品的翻译经验,私下觉得也还确实有些交流的价值。就我与朋友合作译出去的诗歌效果来看,是比较成功的。

我有相当多的英诗中译经验,所以深刻地理解"诗不可译"。如果你译介的是一位真正的语言大师型诗人的作品,你就一定会遇到这个问题。

首先,我们需要建立起一个概念,"现代诗歌"和"古典诗歌"相比,在"发生论"或者"创作学"的意义上来说,它有了天翻地覆的变化。面对许多诗人的作品你都可以大体忽略类似于古典诗歌那样的外在韵律特征,比如格律系统、韵脚设计等等。可能对于古典诗歌,这样对诗歌的理解是可行的,"诗歌是用最恰当的文字以最恰当的方式来表达最恰当的思想的文学形式"。这意味着先有的是"思想"(或至少是"经验")。但是,面对现代诗歌,你却会发现,它先有的不是"思想",而是"语言",所以美国文论家苏珊·朗格(Susanne K. Langer)说一般研究诗歌所问的传统问题是"诗人告诉了我们一些什么?他是如何将自己的经验传达给我们的?"而现代研究诗歌则应该问"诗人创造了什么?他是如何创造的?"(苏珊·朗格著,《艺术问题》,滕守尧等译,北京,中国社会科学出版社1983年版,第149页),因而对现代诗歌的理解必须具备有"生成性"意味的过程哲学认识。

关于"语言"是如何创造出诗歌的,这方面许多作家特别有见地的认识,大家可以参看法国文论家罗兰·巴特在1950年发表的文章《零度写作》。他清晰而卓越地分辨了古典诗歌与现代诗歌写作在"过程性"(也就是时间性)方面落点的不同而生成出的完全不同性质的诗歌文本。

"在古典主义艺术中,一种完全形成的思想可以产生'表述'它、'转述'它的言语。古典主义思想是无时间延续的,古典主义诗歌仅有对它的技术性布局必不可少的时间延续。在现代诗学中,情况正好相反,字词产生一种形式上的连续,在这个连续中,一种缺少这些字词便无以表达的知识或感情的密度渐渐地显示出来:所以,言语是带有更多精神构思的深蕴的时间,在这种构思中,"思想"早已整装以待,一点点地被字词的偶然性确立起来。这种字面上的运气会结出一种有意义的成熟果实,并预示着不再是一种"制造",而是一种可能的偶然事件的诗歌时间,是一个符号与一个意向的相遇。现代诗歌与古典主义艺术由于一种差异而势不两立,这种差异涉及语言的整个结构,除了同一的社会学意向之外,它们之间毫无共同之处。"

谈到"时间性"(生成性、过程性)、"存在"这些概念未免太哲学了,况且罗兰·巴特的认识不能解决"伟大的"诗歌以及诗人从哪里来的问题,所以只能算是对一部分诗歌现象的描述总结,所以我们还是谈翻译经验、具体操作比较重要。

诗肯定是有它"不可译"的层面的。古典诗歌中结合着每一种语言自身的各种要素所形成的韵律系统就是完全不可能翻译的,好的译者是一定会造出另外一个东西、一个系统来对应它的。我还是对外译中比较熟,所以我举过近年来在法语经典诗歌波德莱尔的《恶之花》翻译中出现的一个奇特译本的例子。《恶之花》虽然是法国(乃至在世界范围内)现代诗歌和古典诗歌的分水岭作品,但其中的大部分诗作是标准的格律诗,严谨的十四行诗(法国诗歌除了自由诗和散文诗以外,都是格律诗)。所以以往的汉译者,有把它译成旧体诗的,有按照原文格律来对应译的,有直接译成白话诗的,说实话,从这些译本中,我大体没有感受到波德莱尔的特殊魅力。当然,有人说王了一先生的旧体诗意译的译本语词极美、意境高渺,但总觉得波德莱尔那些对世界、对人类心理隐幽洞微的具"现代性"的诗作(波德莱尔是被称为第一个现代人的诗人),用旧体诗来读它,实在是觉得况味不对。其实就算波德莱尔没有用标准的格律诗的形式,他也仍是个不可译的典型,记得有学法语的老师聊天时说"读到波德莱尔的诗,就还是庆幸自己学了法语,他的诗只有读原文才能体会到那种无以伦比的美",这是因为他是个语言大师型的诗人,是瓦莱里说的他把"法国诗歌从三百年只有散文而没有诗的状态中拯救出来的诗人",是博纳富瓦说的体现了最高的"语言的真实"的诗人。

近来有一位译者刘楠祺,创造了一个《恶之花》的新译本,这个译本是我最喜欢的一个波德莱尔译本,刘楠祺按照自由诗和中国旧体诗歌的押韵方式结合起来创造出了一种既整饬、朗朗上口又意义比较清晰的译本。波德莱尔法语原诗的格律是"AAAA""ABAB"等,是一、四句或二、三句押韵的方式,而中国人耳朵习惯的押韵方式是一、二、四句押韵,所以刘楠祺的这个译本成功地创造了一套押韵方式让你体会到原诗是有整饬的自身音韵之美的，但却完全让你感觉不到有的为了押韵而押韵的译本的那种捉襟见肘，非常自如、浑然一体，还能感觉到诗作本来的用词精微。诗是"词"写出来的，词玩坏了，一首现代诗歌就彻底完了。波德莱尔为什么是分水岭的大诗人，就靠这么一本诗集就成了大诗人了，为什么？就是什么样的"词"能达到"语言的真实"这样的深度？就是波德莱尔的词。老一辈的外译中的译者很多手下都没有精微语词，也就是没有现代诗歌语词，因为他们同代人写的"白话诗"，就大多只不过是"散文分行"，而不是用精微语词写出来的诗，因而你也不能指望他们同代的译者手中就有"现代诗歌语词"，诗人手中都没有，译者手中怎么会有。所以有时我们读到的一看就是大词、泛词、空词、字典词，而不是带着细节的、氛围光辉，思想力量的"意象"词、"悖论"词等。

"现代诗歌"翻译，最难的就是译"语言大师型"的诗人的作品，具体要操作起来的话，我的一些观感是，当代的中诗英译多数译起来其实难度不是太大，因为中国百年汉诗你很难找到真正的语言大师型的诗人，所以我个人的观点是"现代汉诗"作为一种诗体，还是不够成熟的，一个文体的成熟是要出了大师才能够形成成熟传统的。中国有名的诗人基本上都是名诗人，而不是大诗人。但在世界范围内的现代诗歌，各大语种中都是出了大诗人的。所以差距的存在不是靠提倡和弘扬就能够弥补的，而是需要真正建立起有利于激发一代人的创造力的创作环境。这个环境在中国始终是缺乏的，到今天，仍是，但到今天毕竟好了一些，好在我们这一代人的成长过程有了不问一切、追求真知的可能性，而不是既有的社会环境已为我们造就了什么。前段时间，看到王蒙先生的文章，警醒地提出现在文坛有"平庸淹没高端"的趋势，这个真知灼见看到的就是我们这一代人，不管你积累了多少东西，活生生面对的现实创作环境。对此，我是有些发言权的，我自己的诗，出去在欧洲参加活动得到的赞美和肯定远比我在国内听到的多得多。我今年拟出新的诗集，整理了一下届时可以放在书封底的"名家荐语"，发现竟全是外国人的。这说明什么？欧洲毕竟识货的人更多？懂诗的人更多？不势利眼的人更多？那个文明才适合真正有创造力的人脱颖而出？我不想评论什么，但我坚信，"人"的完成是最重要的一步，有了敢于追求诗歌真理的"人"，百年汉诗的发展前景也许还是乐观的。

"现代诗歌"的"词"的自我生成性，也就是经由"词"的聚变、裂变而生成句子的能力是它最重要的特征之一（当然节奏、音乐性同样也是不可忽略的），如果译介对象是这个最根本意义上的"现代诗人"——现代诗歌是允许甚至鼓励放弃外在韵律系统的，它之所以仍然是诗，甚至是比历史上的诗歌更有自己的独到成就的地方就在于它的"词"的生命力量，它经由无意识工作机制的参与而迸发出的能够找寻到自己的方向去完成一首诗的"词"是最难在另一个语言中找到对等能量的替代品的。我可以造一个句子给你看，你就知道什么叫做现代诗歌的"不可译"了。"口吃口口声声的都是回声"，你如果翻译，就会译成"口吃的人说的每一句话都是回声"，或者"口吃的人表面上说出来的是回声"，无论你怎么译，它们都不是诗句。诗句中，有"口口声声"携带的文化内涵、褒贬色彩，有句首的"口"句尾的"声"在句中"口口声声"的表现，有除了这句诗能表达出来的以外任何散文翻译都会失去的东西。

所以，当我选择自己的诗英译时，我没敢选择我真正进行了这样意义上的"词"造出来的诗，或是结合着汉语的独有特性而进行了声音上的设计的诗，而是选择了"意象"造出来的诗。诗虽然肯定有它"不可译"的地方，古典诗歌的韵律系统是没有办法对等处理的，现代诗歌的上述"语词"精品诗歌是怎么译都会不如原文的。但多少年来，诗始终在译，那就说明它一定有它"可译"的理由。如果一首诗创造出了了不起的形象，或主要是用"意象"来写的，它基本就是可译的。我选择外译的一些短诗多是具真正原创性的创造出了前人没有造出来过的形象的诗，所以在数个语种当中都有最高层次的诗人给予我的诗作以充分的肯定。因为越是好的诗人，他越会看重另一个诗人身上的原创力。可以说，诗就是以"语词"为其工具保持人类思维中"创造"本能的一种艺术形式。

我外译自己诗歌的另一条重要经验是，译诗，最终一定得找个译入语言中的诗人来把关。他如果读了，觉得没什么别扭的地方，就可以放心了。这和外诗中译一样，最终能够译诗译得比较好的人，一定是诗人或有诗才而没当诗人的人。当然，不幸的是，我们当下真正抱着现代诗歌是"语言精品"诗歌观念的诗人不太多，如果译者虽是诗人，却是时下许多用粗糙语言、口语写诗的诗人之一员，那也没什么好说的了，是写诗、译诗的资格问题了。因为我的诗译介时没有选择语言难度大的，一起合作的我的英语老师英语又很好，还在美国进修时，专门选修过"英语诗歌写作"，所以最终译完，我请加拿大当代英语诗歌中最优秀诗人之一的 Tim Lilburn 先生阅读时，他大体上没什么障碍地立即就接收到了原作的创造性能量，不过他偶尔改动的一两个词也能立即让诗句的生动性、清晰性又有所提高。举个例子，我有一首诗，名为《翻译》。

翻　译

你是上帝的雷声，（You is Norse god, Thor）
我是你的回音。

你是万有者，
我是七个世纪的巴比伦人
记下的七千征兆。
有人用鸡毛蒜皮的赏心事，　（These 2 lines is from Wallace Stevens' Le Monocle de Mon Oncle
冒充你星空般的知识 "Yet you persist with anecdotal bliss/To make believe a starry connaissance."）
在你卸下神力被放黜之后；
我并不孤单，
海豚的唇吻唱出
我世代灵魂的乳白色。
一颗垂死的恒星是伪造的心，
天神已老，邪恶永存；
唯一崭新的事是被遗忘的事，
深海鱼群口大眼大
已长出发光器数种。
你令我大开眼界，
我是你的种子起程。
你是摧毁彩虹桥的旧日悲剧，
我是推导万有理论的现代策略；
你是上帝费尽心思
使你成为上帝的想法的建设工具；
我是一柄大锤
想要敲开上帝的脑壳。
所以，你是古老神性，
我是现代科学。

Translating

You are the thunder of God,
I am an echo of you.
You are the fullness of Him,
I am the seven thousand signs recorded
by the Babylonians in seven centuries.

They persist with anecdotal bliss
to make believe your starry connaissance,
after you are dispossessed of the divine strength and have abdicated.
I am not alone, with me
dolphins singing the milk white color
of my soul from generation to generation.
A dying star is a spurious heart;
Lord Odin is old, evilness everlasting.
The only newness is things being forgotten;
shoals of deep sea fish having big mouth, big eyes,
have grown several kinds of light organs.
You greatly widen my horizon,
while I am your seed starting my way.
You are the past tragedy of destroying Bifrst;
I am the modern strategy of deriving The Theory.
You are a constructive tool through which
god transforms you to be his endeavor;
I am a huge hammer
circling (wielding) toward cracking God's head.
So, you are ancient deity,
while I am the modern science.

Trans. by Tim Lilburn, Xuan Yuan and the author

In "Translating", line eight should read at the end "have abdicated." Same poem later, should it be The Theory and even later, I'd recommend substituting "circling" for "wielding."

孩 子

他们消失了，转眼
无踪。海浪涌动，卷走的时间
一个个打着卷的涡旋，卷发柔软，
笑容明亮。

明亮的他们消失了,成片成片。此前
他们是星星,在地球上黯淡的反光
Cherubim,借用了灵魂最初的模样
反光双翼的量子波长
但星星们离地球太远
反光震荡

打着卷的时间,柔软的天使
反光消失了,消失得太快。

Children

They disappeared, swiftly
without a trace. Coiling waves, whirled-away time
each and every spinning vortex, soft head curls,
bright smiles.

Acres and acres vanished, they of brightness. Before
they were dim reflections of stars on the earth.
Cherubim, borrowed the initial appearance of the soul,
the quantum fluctuations of their light-reflecting wings;
Stars, too far away from the earth,
reflection fluctuates.

Coils and coils whirled-away time, soft angels,
the reflections of stars disappeared, so swift.

Trans. by Tim Lilburn and Xuan Yuan and the author

In "Children," the phrase "missing the trace" isn't clear. Do you mean "without a trace" that this they disappeared without leaving any sign.

但我的几首诗译成西班牙语时的经验,比较能说明问题。首先是请的一位译过很多中国古典小说的西语汉学家译的,她的中文很好,阅读我的原诗没什么障碍,也很喜欢这些诗。但译完之后,我请一位西班牙语中的非常优秀的诗人 Juan Carlos Mestre 帮我阅读时,他说"作为卡斯蒂利亚语诗歌,这东西有点怪"。于是,他参照英文,帮我重新译了一遍,帮它们变成了西班牙语诗歌。所以还是那句话,诗最终得诗人读了是诗才行。

Niños

Desaparecieron, en un suspiro
sin dejar rastro. Olas en espiral, el tornado del tiempo
todos y cada uno en los vórtices giratorios, rizos suaves
luminosas sonrisas.

Partícula a partícula desaparecieron, ellos que pertenecían a lo luminoso. Antes
fueron vaga reverberación de las estrellas en la Tierra.
Querubines, tomaron prestada la inicial apariencia del alma,
temblaron las fluctuaciones cuánticas de sus luminosas alas.
Estrellas, demasiado alejadas de la tierra,
en cuyo resplandor titubeante se transforman.

Espirales y espirales en el tornado del tiempo, suaves ángeles,
que en un suspiro desaparecen en el centellear de las estrellas.

Traducción de Juan Carlos Mestre

Niños

Desaparecieron, en un guiño
sin una huella. Se alzaron las olas, y el tiempo se fue enroscando,
los torbellinos se enroscaron uno a uno, su dulce cabello enroscado
y sus rostros luminosos sonrientes.

Ellos, luminosos, desaparecieron, pedazo a pedazo. Antes
fueron estrellas, reverberación melancólica en la Tierra

querubines, tomaron prestada la apariencia primera de las almas,
reverberó la longitud de onda cuántica en sus alas
mas las estrellas se alejaron demasiado de la tierra,
la reverberación se estremeció

enroscando el tiempo, ángeles dulces
y la reverberación desapareció, desapareció con demasiada premura.

Traducción de Alicia Relinque

I think there are some things that seems to me a bit strange in Castilian. Any case, I'll read them more carefully and I'll try to give you a more accurate view or some suggestions.

梅斯特雷先生在另一封西班牙语的信件中说到一些具体的改动，说在西班牙语诗歌里，诗末行中出现两个"消失"，是很生硬、不当的，所以他用类似聂鲁达描写星光的语词作了改变。

（赵四，女，诗人、译者、诗学学者、编辑。本名赵志方，1972年生于上海，2006年毕业于中国社科院，获文学博士学位。2007—2010年在北京师范大学文学院从事博士后研究工作，方向为西方现代诗学。在外国文学类权威核心期刊等刊物发表各类学术论文30余篇，在《光明日报》《当代国际诗坛》《世界文学》《译林》《作家》《诗刊》《诗歌月刊》等报刊发表大量原创诗文、译诗、译文。出版有诗集《白乌鸦》，小品文集《拣沙者》，译诗集《萨拉蒙诗选》等。有诗作译为英、西、法、德、俄、阿拉伯、波兰、斯洛文尼亚、保加利亚、亚美尼亚语。应邀参加第35届十一月国际诗歌节（波兰，2012）、第28届维莱尼察国际文学节（斯洛文尼亚，2013）等国际活动。目前在《诗刊》供职，同时任著名诗歌翻译书系《当代国际诗坛》编辑主任、编委。）

京剧唱词英译初探

——从《中国京剧百部经典英译系列：大登殿》谈起

崔向伟

中国文化走出去的强劲东风，催生了《中国京剧百部经典英译系列》（孙萍，2012）（以下简称"英译系列"）第一辑的问世。京剧身为世界非物质文化遗产，至今依然具有强大的生命力和感染力，我们坚信，随着语言障碍的彻底打破，京剧一定会逐步走出国门，必将得到世界各国人民的真正了解和由衷喜爱。"英译系列"这一工程浩繁的宏伟项目，不愧为功在当代、利在千秋的盛世之举。

除了鲜明的民族特色和精美的表演形式外，这门综合艺术被冠以"国剧""国粹"的美誉，不仅因其博大精深的传统文化内涵，也是因其独具特色的文学语言韵味。充分认识并准确迻译京剧语言的文学价值和语体特征，是使京剧得以更好传播、展示独特魅力的关键环节，同时这也对翻译工作者构成了高难度的挑战。

一、准确理解原文的前提条件

在"英译系列"的《大登殿》（孙萍，2012：70）中，曲词部分有一段王宝钏与魏虎的对唱：

王宝钏　　妾身还要问一番
　　　　　人来看过金交椅
　　　　　骂一声魏虎狗肺男
　　　　　先前怎样将我害
　　　　　一一从头说根源
魏　虎　　有魏虎泪如梭
　　　　　遵声娘娘听我说
　　　　　害万岁本是丈人的错
　　　　　望饶恕我要念弥陀

"英译系列"的译文如下：

Wang Baochuan

    I want to ask him some questions

    I want to see him, and bring him before the golden sedan chair

    Wei Hu, you are a cruel and unscrupulous man!

    You have always sought to harm me by any means!

    Let's go into the details from the very beginning

Wei HU

    Tears gush from my eyes

    Your Highness, please permit me to explain:

    It was our father-in-law's fault that His Majesty was harmed

    If you would forgive me, I will always remember it with gratitude!

    上面的引例里，中文的"交椅"其实就是椅子，译者却理解错了！如果从来没听过没见过这个词，查下字典问问旁人，就不至于把交椅当成轿子来翻译了，这岂非憾事？

    往下还有，魏虎唱"害万岁本是丈人的错"，丈人是谁？凡是喜欢京剧的恐怕没有谁不知道：丈人是指王允，也就是王宝钏的父亲，而魏虎是王宝钏的姐夫。这种人物关系，在前面王宝钏的唱词中都已作了十分明确的交代，并不令人费解；而令人费解的反倒是英译"our father-in-law"，明明应理解为"我的"，这位译者为何理解成了"我们的"丈人？不知是疏忽所至，还是有什么别的原因，可这一加"our"不要紧，魏虎所哀求讨饶的人，从王宝钏这个"小姨子"一下变成魏虎的连襟——"一担挑"了！

    由此可见，这种粗枝大叶、不求甚解的做法，其英译的效果，不仅没能帮助英语读者弄清楚剧中的人物关系，还错误地传达了固有的伦理常识，增加了混乱和误解。"英译系列"高手如云，出现此类低级错误，实在令人痛惜！

    鲁迅先生在翻译俄国作家果戈里的《死魂灵》时，曾有"字典不离手，冷汗不离身"的由衷感慨和自我要求，先生的严谨态度，应是我们翻译工作者的楷模。

二、英译形神兼备的不懈追求

    京剧的表演形式为载歌载舞，所谓"唱念做打"中的"唱"，是表现剧中人物内心活动和思想感情的主要载体，而所唱的语言内容除了与唱腔的设计有着紧密的内在联系外，还有其自身的规律和语体特点。京剧的唱词句式整齐，上下对应，基本每句都合辙押韵，而且往往会一韵到底；像诗却不似诗那般讲究格律，不如诗又非完全的口语大白话，各种韵文多有牵涉，诗词歌赋巧妙穿插，既有叙事，又有抒情，独唱之外，还有对唱、合唱紧随其后，甚至常有念白镶嵌其中。京剧唱词的这一本质特征，使它独立于其他所有文学体裁之外。这种形式之美、音韵之美，其实是与内容密不可分、浑然一体的，译者对此不可不察。

在"英译系列"《大登殿》中，非常可惜的是，我们没有看到译者在唱词的"音美"和"形美"方面做出任何努力，这不得不说是一个更为巨大的遗憾。如果"英译系列"陆续推出的其他剧目，也像《大登殿》这样毫不顾及形式和音韵等起码要求的话，那么京剧这朵艺坛奇葩，在海外传播的过程中将会大大失色。

（一）译出"合辙押韵句式整齐"的特征

梅兰芳先生早年创编的《太真外传》中，有这么一段唱词：

　　脱凤衣换罗裙盘中立稳，
　　猛然间现出了一朵红云。
　　扬仙袂似柳枝随风飘引，
　　飞款款又似那点水蜻蜓。
　　我这里执绣旗望空祝定，
　　四时间十二月时序清平。
　　正月水仙正当令，
　　红杏梢头二月春。
　　三月碧桃逢笑面，
　　牡丹四月最风神。
　　五月石榴红似锦，
　　六月荷花清向人。
　　杜鹃七月胭脂胜，
　　天香桂子中秋辰。
　　九月菊花香满径，
　　十月梅花又占小阳春。
　　十一月降雪花开多茂盛，
　　腊月耐冬真可人。
　　十二花神听我命，
　　调和节候要均平。
　　阵阵香风荼蘼径，
　　群玉山头一玉人。
　　欲为三郎酬恩幸，
　　须有洒落风流杨太真。

这段唱词不但押韵，而且一韵到底，英文该如何呈现呢？囿于英文本身的构词特点，要同样做到一韵到底几乎没有可能。但是，如果因此就干脆不用韵，那么英语读者或观众又何以知晓京剧唱词是有韵的文字呢？

请看笔者的英译如下：

Silk clothes changed, on a plate I stand;
What a red cloud just to expand!
Fluttering sleeves like willows' sway,
And dragonflies on water stay.
Flag in hand, I pray the heaven
To set the months clear and even.
Narcissus blooms in January;
Apricot greets spring February.
In March the peach a cheerful face,
April's peony shows its grace.
Pomegranate in May turns red,
Lotus of June freshness to shed.
Azalea brings rouge in July;
August's osmanthus cheers the sky.
September scents chrysanthemum;
October presents plum blossom.
Snow falls like flowers in November;
Cool and pleasant is December.
Twelve goddesses, my words to take:
A well-timed climate you shall make.
Breezes of fragrance form a shade;
On hill of jewels is a girl jade.
If there's one your love to repay,
It must be Yang, the free and gay!

原文前六句，每句十个字，后面基本上每句七个字；英译则两行一韵，通篇保持每行八个音节，虽与英诗不能丝丝入扣，完全契合，却也大体上呈现出京剧唱词有别于"无韵之散文"的本来面貌。

梅葆玖先生根据自己几十年的艺术实践和探索，将京剧唱词定位为"词体语言"（吴迎，2011：025）。笔者以为这一提法非常精辟而准确，并且意义重大，既高度概括了京剧唱词的主要特征，又给研究和翻译工作提供了明确的方向和依归。据此笔者主张，可以借鉴英语诗歌的押韵传统，随机参照并对应安排每行的音节数量，灵活选用其格律手段，只要有本可依，符合英诗的局部要求和整体上的精神风貌即可。鉴于京剧"词体语言"独树一帜的特征，英译也有理由谋求独具一格，当否？

下面引个《梅兰霓裳》①（池浚，2013：184—185）中对唱的例子：

李隆基	在天愿作比翼鸟，
杨玉环	在地愿为连理枝。
（唱）	杨玉环长生殿今宵盟订，
李隆基（接唱）	与妃子结下了夫妇生生。
杨玉环（接唱）	臣妾身似黄姑鹊桥聘定，
李隆基（接唱）	贤妃子何止似天上星辰。
杨玉环（接唱）	天虽长地虽久有时而尽，
李隆基（接唱）	好盟誓永结下恩爱千春。
杨玉环（接唱）	长生殿乞巧筵死生守定，
李隆基（接唱）	天上星地下影照我长生。

道白加唱段，句式可谓十分工整，再看英译：

L：Flying birds in sky we would soar in pair；
Y：Joining twigs on earth each other we share.
　　Tonight here in the Palace of Long Life，
L：You and I vow to be husband and wife.
Y：I'm the girl on the bridge magpies have laid；
L：You are more than the Star of Weaving Maid.
Y：Even heaven and earth would have an end；
L：Our true love one thousand springs may attend.
Y：The pledge will be as steadfast as we are；
L：My long life is blessed by many a star.

（二）应对"句次变化格式反常"的策略

唱词的句次和结构也不是一成不变的，试看英语配音京剧《白蛇传》②（江

---

① 《梅兰霓裳》是中国戏曲学院根据《太真外传》所创排的新戏，于2013年5月17日在北京梅兰芳大剧院首演。

② 英语配音京剧《白蛇传》于2001年4月21日在中国戏曲学院首演，此剧采用了现场英语配音模式，即外宾通过戴耳机听翻译的方式观看演出。

月，2001：54—55）中的例子，并对照考量一下英译的应对策略：

> 你忍心将我伤，
> 端阳佳节劝雄黄；
> 你忍心将我诓，
> 才对双星盟誓愿，
> 又随法海入禅堂；
> 你忍心叫我断肠，
> 平日恩情且不讲，
> 怎不念我腹中还有小儿郎？
> 你忍心见我命丧，
> 可怜我与神将刀对枪，
> 只杀得我筋疲力尽、头晕目眩、腹痛不可当，
> 你袖手旁观在山岗！
> 手摸胸膛你想一想，
> 有何面目来见妻房？
> You were hardhearted to hurt me
> With the wine at the festival.
> You were so hardhearted to deceive me
> That despite the pledge to the double star
> You followed Fa Hai into the temple.
> You were just hardhearted, my heart to break…
> Having forgotten all my love so far,
> You didn't even mind for our babe's sake!
> You were hardhearted to see my defeat
> In the fighting with guards I had to meet
> When I felt dizzy, worn out and the pain,
> While you stood by and stayed in your retreat!
> Place your hand on the chest where your heart's lain;
> Don't you feel ashamed to face me again?

在《桃花扇》[①] 中，侯方域与李香君之间有一段互相唱和的文字，很有特

---

① 文中所引的译例，源于2009年为国庆60周年献礼、由文化部主持拍摄的京昆合演《桃花扇》数字电影，英译文字是影片的字幕。

点：

  侯方域

    铁窗、石窟、重门，

    凄风、冷雨、寒云，

    鬼语、冥音、幽韵，

    旧愁、新恨，

    孤魂、苦旅、黄昏！

  李香君

    帝城、宫苑、禁门，

    长空、落日、浮云，

    鼓乐、弦歌、曲韵，

    地愁、天恨，

    钗裙、血泪、晨昏！

  笔者英译时，感到巨大压力，没敢逐词逐句、亦步亦趋地效仿原文，担心那样的效果英语观众可能由于不习惯、不会很快地适应和接受，只在每行的韵脚上用了同样的词，以表现其特色：

  H：An iron-grating cave behind a rock shroud,

    Wind and rain, cold and chilly, with bleak cloud,

    Ghost's speech and nether sound mixed in faint tune,

    A sad soul is alone in the even!

  X：Imperial palaces forming a shroud,

    Vast sky seeing sun-set and floating cloud,

    Drumbeats and songs of strings rhyming the tune,

    A skirt sheds blood of tears morn and even!

  从上面的例子可以看出，中文的某些修辞手段和语言结构，很难直接转换到英文当中，这里既有客观原因，又有接受效果的现实考虑，而译者的任务就是在矛盾的两面之间找到统一性，寻求不偏不倚的解决办法。

  京剧的"词体语言"特征，不仅仅体现于唱词，在人物的念白里也比比皆是，如"引子""数板""定场诗""藏头诗"以及歇后语、俏皮话等等，这里不多论述。

  （三）探求"形神俱似化解难点"的途径

  京剧有的唱词，历史积淀和文化内涵十分厚重，比如前面牛郎织女的民间传说（臣妾身似黄姑鹊桥聘定），英语读者或观众未必知晓，但在唱词中只提其人，却不表其事,英译时当如何处置?省略不译恐有不妥,文化信息丢失;译出后加注,三两句话也难说清楚,况且在剧场演出时,也没有合适的时间和空间展示给观众,使得译者无门细表却又欲罢不能。这样的情况并不罕见,而且涉及面广,种类多样,体现出京剧在语言运用上同样博大精深的一面。再如英语配音京剧《白蛇传》中船夫的唱词:

> 最爱西湖二月天,
> 和风细雨送游船。
> 十世修来同船渡,
> 百世修来共枕眠。

首先说下"二月天"。我国古代使用的历法为农历,而农历的月份比公历往往要晚一个月左右,所以这里的二月,应是公历的三月。如果力求忠实于原文,一定会译成February,而英语观众就可能犯疑:中国也地处北半球,刚二月份就已经"和风细雨"温暖如春了?但要翻译为三月,又有擅自改写之嫌,实在难以两全。英语观众或读者的这类不解和疑虑,只能依靠海外受众已有的知识、开放的心态、本着探求陌生的异域文化视野去认知和消化了。

再说后两句中的"修",按照佛教思想,积德行善即是修行,这已在民间广为人知,但西方以基督教为主,佛教影响未必深入人心,怎么办呢?笔者将此段英译为:

> I love the lake in February;
> The wind is soft and rain's like thread.
> Tis pure luck to share a ferry;
> Those are fated, who share a bed.

此译避开了不同宗教可能带来的文化熏陶上的差异,代之以更为普世接受的共同信念,从而化解了在英文呈现上的这一翻译难点。

总之,适当增减词语,做些策略上的取舍和轻重上的选择,不仅可行,而且必要,但是必须要以充分而透彻地理解原文为前提,否则,准确而精当的翻译效果就难以产生。

三、结语

京剧唱词的英译呈现,能不能充分传达原文的意趣和风貌,即是一个标准与质量的问题,也是一个态度与追求的问题。译文要达到形神兼备,译者需进一步坚定信心,增强攻克难关的勇气和力量,这本是翻译工作者始终不渝的追求目标,更是这个时代赋予我们的历史使命。

本篇的探讨和译例,不过抛砖引玉,期待中外专家学者和译界同仁提出批评。

参考文献

[1]池浚.梅兰霓裳[A].周龙.梅兰霓裳创作文集[C].北京:中国戏剧出版社,2013.

[2]江月.为京剧走向世界插上翅膀[J]中国京剧,2001(4).

[3]寇树文(Tschudi,Daniel).大登殿[A].孙萍.中国京剧百部经典英译系列[C].北京:外语教学与研究出版社,2012.

[4]吴迎.从梅兰芳到梅葆玖[M].北京:中国青年出版社,2011.

(崔向伟,男,中国集邮总公司英文高级编审,中国戏曲学院研究生部客座教授,对外经济贸易大学英语学院外聘导师,研究方向:京剧的翻译研究和传播模式。)

对外文化翻译、传播与交流的五个层次

蒋好书

对外文化翻译日益成为国家软实力建设的重要组成部分,文化翻译能力也被当作国际传播能力的一部分,得到了更多有识之士的关注。如何在新的时代做好这方面的工作?结合本人从事对外文化翻译工作的一些经验和思考,我想提出"对外文化翻译与交流的五个层次"的概念,具体阐述如下:

一、对外文化翻译与交流的基本定位

在一个信息技术高度发展的新时代,对外文化翻译与交流工作正面临着全新的机遇和挑战,需要我们从根本上更清楚地认识自己、认识世界、认识文化交流与传播的基本规律,才能更好地提升本民族文化的翻译与交流能力,继而提升其影响力与软实力。为此,需要形成一种更本质的认识:

(一)从发展的角度看待中国文化。中国是一个建设中的国家,一个发展中的国家,中华民族也是一个不断融合与发展的民族,我们的人民、文化、社会、国家每天都在不断成长。作为语言工作者来说,通过准确、同样也在不断发展的语言和世界其他各国语言受众进行沟通,推动文化间的理解、对话和互相学习,是我们的基本责任。从对外传播的角度看,我们在跨语言交流中呈现的国家形象,应当是一个不断发展的、有诚信的、丰富立体的、积极开放的国家,是一个对世界和平和人类文明有贡献的国家,我们所呈现的中华民族,也应当是一个有理想、有追求、有品格、有创意的民族,是和各国人民平等友好相处的民族,值得国际社会的信任、尊重和喜爱。

(二)从开放的角度看待中国文化。中国不是一个封闭的国家,而是一个不断与其他国家发生互动的国家。从整个历史和世界文化的元素来看,我个人认为,中国文化作为一整套古老的、具有丰富多元传统和历史的文化,经过这一个多世纪的挣扎、对比、摸索和反思,已经发生了翻天覆地的变化,已经催生出一种前所未有的、更加自信、开放、活泼与创意的新文化。在未来世界的文化格局上,中国也正在作为一个维护世界文化多样性的大国成长起来,这就要求我们更加开放、智慧地学习其他国家、民族的优秀文化经验,不断提升、优化自己的文化内容,继续支持和代表后发国家和民族文化,推动世界建立更加公正合理、民主开放、多元共融的文化新格局,从而构建一个和平与和谐的新世界。

这些年从事的工作,也让我见证了许多中外文化交流的进步和成就,特别感觉到我们所有人其实正生活在一个文化创新的伟大时代,每个人的点滴工作汇聚在一起,都在推动中国与世界的交流、理解和共同进步。由于中国正处于这样一个新文化形成和上升的时期,国际社会必然对我们既充满好奇,却又不乏误解和警惕。如何推动我们的文化突破语言、成见、观念、表达的壁垒,推动中国文化融入世界文化,找到恰当的位置,成为一种公认的主流文化?这将成为我们这一代人的历史使命。在这一过程中,对外文化翻译工作必不可少。因为毕竟世界语言的多样性不但将长期存在,而且也将作为世界文化多样性的一部分,被各国政府当作国策来维护,所以文化对外翻译和交流工作大有可为,值得我们深入研究和讨论。

二、文化翻译与交流的五个层次

要真正做好具有中国立场和世界价值的、包括政治话语在内的文化话语的研究与传播,一定离不开对整个中外文化交流的语境、内涵和本质规律的研究和探索。在此,我认为有必要将文化翻译与交流分成五个层次,做出更加细致的分析和讨论。这五个层次可称是世界各种文化长期存在的层次,在国家、民族、社群层面都会长期存在:一是思想、宗教、信仰、核心价值观的翻译、对话与交流(文化原动力);二是文艺、创意、优秀代表作的互译和传播(文化情感原型元素);三是制度、法律、产业、教育体系的沟通和互相译介、借鉴(社会组织和治理方法模式);四是人员、词汇、生活、习俗的对话与交融(日常生活与文化习惯);五是自然、科技、信息等普遍性知识的规范及语言共享(共同认可的知识储备)。

通过这五个层次的分析,我们可以看出对外文化翻译、传播和交流在各个层次都有其内在的规律和方向,每个层次的工作者也应有不同的战略目标。例如,在思想层面,作为中华民族,我们最重要的是应当主动与全世界人民去沟通、交流和分享我们对于人类的生命、理想、价值等终极目标问题的认识。这个问题我们回避不了,我们常常和别人谈政治,但谈政治不可能不谈理想,谈理想不可能不谈信仰,而信仰的沟通不但是必要的,也是根本的。在文艺层面,我们通过文学艺术的互相译介,一方面可以分享我们的艺术创作者与不同的国家、民族的受众共享我们对人性、对世界、对社会、对人类的丰富情感,另一方面也应当通过创造性的语言和想象,提炼出更多具有传播潜力的原型元素,从而更好地表达我们的内在精神品质和丰富性。在制度方面，在漫长的人类历史中，每个民族和国家的制度从来都不是从天而降、各占一头的，也不是僵化不变、彼此隔绝的。不同时代的人，根据不同的社会和经济结构和需求，总是在不断发展和优化他们的制度，不同国家也常常是在不断变化的制度中互相对接、彼此学习和借鉴的，这个过程区别于政治场域内的宏大修辞，其实往往反倒是细水无痕、在不经意间实现的。而在这些制度的互鉴学习中，我们应该关注的是人类共同的人性和理想，并通过积极的、和平的话语，沟通、融合、优化彼此的差异。在民间和媒体交流层面，每个国家都有层出不穷的日常生活，在当前网络信息沟通空前频繁的时代，中外民间的人员流动、网络互通，各种新词汇、习语、新现象、新情绪等等更是随时互动，形成了空前繁荣的中外文化交流新图景。而在最后一个层面，即形成全人类共同的知识体系和词汇方面，我们正生活在一个以当代科学为主要思维框架的现代化时代，各个国家都在为加入现代世界的共同语汇、知识体系和科技语汇提供内容，从而形成一个巨大的人类的知识体系。

以上五个层次除了第四个层次即以民间互译和交流以外，其他各层次都可以体现一定的公共意志，因此，我想重点就第一、二、三、五层次具体谈谈我们到底该做什么、怎么做。

（一）关于思想、宗教、信仰、核心价值观的对话与交流

首先，我们需要了解全世界主要的思想、宗教和核心价值观是什么。目前学界比较普遍认可的一个观点就是核心文化圈的概念，比如儒家文化圈、犹太教圈、基督教圈、伊斯兰教圈、佛教圈等等，这些带有原发性和辐射力的文化圈绵延了几千年，对于每一个国家的政治形态、国民心理、思维方式和文化现状都有深刻的影响。在这其中，以犹太教、基督教为基础的文化圈，其核心的精神特性是认为自己是上帝的选民，要积极地入世，要开拓、研究、征服新的疆域，因此具有犹太教、基督教基础的国家，往往成为选择民主、科技、个人主义、改革制度最为积极的国家。在信仰方面，他们也普遍认为有必要以布道的使命感去主动改变别的民族，这是先发国家的优势。与此相比，以伊斯兰教、佛教、道教等传统信仰为基础或受到其深刻影响的国家，其信仰常常强调要顺应自然、顺应天道、保持集体秩序、用伦理约束自己，把内心信仰表现为社会上细致而具体的外在规范。在过去几百年全球化和现代化的进程当中，后面这种文化因为思想上的束缚和技术上的缺陷，很快成为被动的一方，成为被改造的对象，在主动接受改造与被动抗拒改造之间纠结徘徊，便容易引发剧烈的文化冲突与不适。

事实上，一个被动的文化主体面对一个主动的文化主体，除了自我调整、开放革新、自卫防守之外，也是有很多回应和"反改造"的，这有点像老子说的

"上善若水，利万物而不争"的境界。以儒释道、禅宗、东方哲学、素食等思维和行为方式作为时尚表达方式的当代西方文艺和影视作品、社会运动现在正方兴未艾，而移民、留学生、旅游、语言学习、网络互动等渠道的洞开，也让各个文化圈之间的界限，也从未像今天这样模糊。因此，在这样一种环境下，我们最需要防止的，反而是"文化例外主义"。不应该为了强调中国与其他国家不同，就把我们所有的学术体系、思想体系都隔绝在其他国家之外，这种保守的做法反而体现出我们对自己的文化信心不够，缺乏应对新事物的能力。如果真正有信心的话，我们中国的文化应当是全世界的一种主流文化，因为中国当代的文化和思想早已不同于传统的儒释道思想，我们已经主动吸收了西方最具民权意识和创新性的民主革命主义思想，即马克思主义，并将这种思想与中国传统的和平主义、人本主义反复磨合，逐渐形成了一种中国式的以民为本、敬重自然、科学思维而又具有自主创新精神的新文化，这也是一种集普遍性、开放性和进步性为一体，具有实证基础、实践基础和传播潜力的，不拘一格的新文化。

在我看来，这种新文化的内核，也即我们目前最为重视的"核心价值观"，首先是一种科学的信仰，是一个民族对于人类和世界的基本判断。只有有了信仰，才能有源源不断的文化传播的信心和动力。中国有过很多不同的话语：革命话语、和平话语、诗意话语、工业话语。这些话语的核心就是一种民本的信仰，追求平等、进步、善良的信仰，追求有价值生命的信仰。我们必须要提炼、坚持，并且笃信这种一致核心，才能形成稳定的基础，不会因外界的变化而变化。

谈及信仰，我认为一个民族的信仰是真实存在的，它应该高于理念，植于内心，应该包括该民族大部分主流群体对于整个人类本质的深刻认识和定位。中华文化的核心信仰是什么？我认为，一个和平、友善、自然、自律的"大同社会"，这个信仰不是到了现代才有的，而是中华民族好几千年的共同信仰，与共产主义有异曲同工之处，具有极强的生命力和历史底蕴。"大同社会"是什么含义呢？这里面就包含了民主和公平正义，"大同社会"对于平等的重视绝不比任何民族差，只会更多；从几千年前起，我们民族对于机会平等就是非常重视的。我们相信每个人的潜力，英雄不问出处，并希望"因材施教"，给每个人以发展的机会。同时，我们相信人和人沟通的可能性，常说"推己及人""将心比心"。我们相信人和自然在和谐发展的基础上也能达到平衡进步，希望"天人合一"。我们笃信和平与生活的价值，尽量不走极端、不使用暴力、连武术的最高境界也成了自律与参悟。我们中华民族是一个崇尚和平、友善、自然、自律的民族，是一个勤奋、自主、乐观、开放的民族。我们非常关注日常生活的"人道主义"，甚至在基本的人称代词语汇中都在努力把陌生人变成兄弟、姐妹、叔伯、长辈，试图营造一个由小及大的、互助友爱的家庭氛围。这些都是我们的特色。而谈到每个人的核心信仰，我觉得中华民族对于个人的追求，无论基于哪个信仰，也都可以体现为一种君子的作风：我们愿意做一个优秀的公民，精神上满足，思想上灵活，有操守、有诚信，能够协调纪律和自由、平衡欲望和超越，能自强不息、勤劳创业，喜欢正直仁厚、开放智慧。这些都是我们中华民族可以描绘的民族信仰，这种信仰不是因为一个党派而产生的，而是因为我们民族一直就有。我们执政党的本质就需要能信仰、保护这种文化，和我们的人民一起去发展这种文化。

谈到信仰、核心价值观，我认为现在已经到了需要深入研究这个领域的翻译和表达的时候了，因为很多词汇都已超出了学术范畴，具有了很强的普遍性。作为一个文化翻译工作者，我一直认为每当我们遇到任何课题，发现某个词汇在跨文化翻译中需要反复琢磨、甚至出现巨大认知歧异的时候，这就等于开启了一个文化对话的重要节点，必须加倍关注。比如说"唯物主义"一词，在英文中是Materialism，尽管这个词汇在哲学上有它产生的深厚背景，但对于大众来说，它和"物质主义"几乎是同一个词，完全可能被误解。"唯物"的"唯"字本身也值得商榷，"唯"字复译成英文是only，难道唯物主义的本质是说世界上"只有物质，物质决定一切，人不过是物质的组合品"吗？这种容易被误导的信息传递，真的到位吗？同样，"Atheist"（无神论者）这个词也常常被理解成Non-Believer，即没有信仰的人。无神论者真的就没有信仰吗？什么是信仰？精神追求是不是信仰？个人操守是不是信仰？没有名号，但对自然生命的珍惜敬畏是不是信仰？我们在日常生活中，不乏有人对他人的理想、信仰、虔敬、个人道德、艺术追求等等，从内心深处存在一种不理解、不尊重乃至看不起的简单情绪，动辄质问其实用或商业价值何在，"物质意义"何在，"能不能当饭吃""能带来什么利益"之类，难道中国人真的只是为了利益、为了吃饭而存在吗？这样浅薄的思路和表述，只会让中国堕落成为一个实用主义、物质主义、无法在信仰层面与其他人沟通对话的国度，失去我们整个对外文化交流的精神高度和动力。事实上，中国人一直以来都非常相信精神世界的价值，相信立德、立言、立行，相信精神、成就、影响力是永存不朽的，即使是共产主义者，我们在追悼会上也可以带着敬意说他永垂不朽、万世流芳——这和日常生活中的唯物主义、科学理性矛盾吗？一点也不矛盾。

因此，要想挖掘、表达、翻译和传播中华民族一直以来对于精神的追求，对于道德传承、文明进步的追求，我们应该突破语言表达的藩篱和教条，这一点非常重要。因为只有这样的信仰和表述，才是我们最真实的文化视角，才能对内树立我们自己对于我们民族道德理性和终极目标的信任，减少短视、粗暴、利益行为的泛滥，为我们整个民族的美学感受力、艺术表达力打下基础，也才能对外树立起全世界对中华文化的由衷尊重、敬意与欣赏并接受。其实，在中国哲学层面，建立在无神论基础上的"心"与"物""实"与"虚""有"与"无""存在"与"自由"等概念的辩证统一，一直是我们宝贵的精神遗产，是中华民族即使面对现代社会也可充分利用的思维资源。以前这些问题常常被当作禁区，关于具体词汇的翻译和意义转换也缺乏讨论，其实这个禁区应当尽快打破，鼓励更多词源学、哲学上的前瞻性探讨，让我们重新释放中国自身优秀思想的创造潜力，实现真正意义上中华文化核心价值观的精神解放和开放创新。因此我认为，在核心理论和思想的建设和翻译方面，我们要加大力度，多参考和融汇外国思想和精神领域的成果，做好自身精神遗产的清点和盘活工作，增加总量，细致思考，多做一些理论对话方面的翻译，实现一些重大理论问题的研究突破和成果传播。

（二）关于文艺、创意、优秀代表作的互译和传播

在文艺、创意、优秀代表作的互译方面，即通过各种各样丰富多彩的方式表达中国人的文化精神方面，我们也有很多应当做的事情。比如，重新梳理本国不同民族之间文化精品的关系，使之更加融洽，符合传播规律，形成良好的传播层次，同时，不断提高我们对外翻译和传播的能力和水平。在核心文化产品的传播方面，更需要开拓多元化手段，让代表中国文化精神的每个文化人物、文化故事都有更丰富的表达方式，鼓励各部门之间整合资源，把工作效果最大化。举例来说，中国要向世界推介李白这个诗人，不但可以出版诗集，还可以开学术研讨会，组织文物展览、舞蹈歌剧（作曲家郭文景就制作过李白的歌剧）、音乐民谣、朗诵会，组织儿童活动，制作动画漫画，策划旅游路线，开发人物形象衍生产品，做网上的竞赛互动活动等，甚至像命名一个"李白日"之类的事，从而形成更加清晰准确的影响力，体现中国文化开阔自信的视野和形象，让李白这个文化元素真正进入外国人的文化和生活语汇，成为文化体验。这样才能既宏观又有细节，既深厚又容易亲近。目前在中国文化走出去影响不够强，策划、传播和资助力量分散的情况下，需要更多人关注这一块，多抓精品，抓质量，抓效果，以小见大，尊重文化创意本身的传播规律来做事。

在语言方面则要大力提升本地化能力。我们要吸引优秀的外国人才，如汉学家、翻译家参与这些事业，让他们用最好的语言来表达我们最精华的内容，为他们提供服务条件，让他们主动、积极地传播优秀的中国文化。我们现在已经进入自媒体时代，每个信息的接受者同时也都是传播者，因此要珍视每个外国人对我们文化的兴趣，保护这种兴趣，并为他们的进一步传播提供机会。目前文化部正在根据中宣部的要求，搭建文化翻译网络工作平台，支持外国人积极参与中国文

化的翻译,为他们提供条件,完善词汇、项目、数字资源等方面的服务,让他们成长发展得更加顺利。这个网站(www.cctss.org)还在建设中,但是已经有许多外国人和机构表示了浓厚的兴趣,愿意和我们一起来做这项细致、有意义的工作。

(三)关于制度、法律、产业、教育体系的沟通

政治话语翻译,或曰"制度对话与译介"正是本次会议的宗旨。我认为这个领域最重要的是要透过现象看本质。我们现在不应该把重点放在如何让批判传统或成见很深的西方国家受众接受一个"完美的、不容批判的、防守性的"关于我们的制度的叙事,而应该把重点放在国家治理能力体系的整体描述中,如何脚踏实地地描述我们解决具体问题的思路与方式,如何与正在发展中的、与我们抱有期待的国家和国民探讨我们的有益经验,像实践"群众路线"一样多走进别的国家,走进其管理层、企业层、实干层,多做实事,做好事,扎扎实实扮演好中国制度在国际层面的"仁义"角色。

事实比言论更有力。关于制度对话和传播这部分,其实并不需要太多宏大叙事与修辞,反而像"非虚构文学",需要纪实、科学、朴实、清晰、透明的论述,通过数字、逻辑、论证分析、推理来进行表达与翻译,有事实基础的言论,将成为最能向世界证明中国人能力、诚意和制度有效性的东西。比如,我们的外向型企业在向世界各国投资、提升产品品牌质量、管理水平的同时,如果能比资本主义国家的企业更多一些责任感,能充分带动当地经济和文化的发展,能发自内心地热爱、团结和造福当地的老百姓,我相信外国普通民众自然会拥护我们,喜欢我们,而不会因为资本的竞争和可能的就业矛盾把我们看作利益敌对者。而有了发展中国家的合作基础,其他国家就更能赞赏我们的诚信,更加信任和支持我们对于世界经济平衡发展的信念和追求。

当然,在遇到具体事件时的外交话语则有不同的语言特点和要求,刚性、柔性、放松、严谨都需要互相搭配,这方面我们也在不断进步。特别要注意的是:在对外交流中,哪些部分是针对国内读者进行宣诫、召唤、抒情的内容,哪些是针对外国读者进行介绍、论证、启发的内容,必须要根据传播对象的实际背景、期待和语言习惯做出反应,要多译介有信息含量、逻辑严密、有思考价值和学术基础的东西。

目前在制度领域,或者说政治话语领域,中国受到的误解和质疑比较多。很多人,包括国内的老百姓,都非常喜欢讨论政治话题,很多措辞都是情绪激烈,充满了忧虑、怀疑与焦躁情绪。在我看来,这与我们在政治领域的官方表达方式往往过分粗糙而缺少细分的习惯也有关。其实,政治本身作为社会治理的一部

分，本身可细分为许多层面，例如政治信仰、政治理念、领导集体、管理决策、执政效果等，当官方叙事习惯于几个层面一起说的时候，民众也常常容易产生混乱的反应。事实上，当人们在讨论政治话题的时候，到底讨论的是哪个层面，是可以分析的。如果是政治信仰，那中国人的政治信仰仍然应该是大同社会，是人类的自由、平等、和平与幸福；如果是政治理念，那么所谓的左中右派、政府调节与监督机制等等，都应该是经济社会发展不同时间段产生的不同管理思路；如果是领导集体，那么涉及官员是否人格高尚、执政清廉、用人科学公正的问题，应该算是正常渠道可以监督的内容；如果是管理决策和执政效果，则可根据具体项目的实际情况，做出事前事后的详细分析，大家共同参政议政，形成更为合理的解决方案。所以，当我们把政治分解成不同层面的时候，是有不同的探讨方式和表达方式的，不应该把所有的话题都放在一个层面上，以免降低语言质量和传播效果，最后陷入冲突化语言、情绪化语言的死循环。我们自己要从打开原文局面这件事带头做起来，以后这个领域的对外翻译才有细分发展的可能性。我们要承认人无完人、体无完体，将政治争吵转为管理探讨，将情绪表态转为科学分析。

在这里，我特别想谈谈我对于"中国梦"的表述和翻译的认识问题。我特别希望能将"中国梦"描述成一种世界人民普遍都认同的梦，而不只是个人发展或者一个单一国家发展之梦，因为这样的表述会更有亲和力，也更符合中国梦区别于美国梦或者其他国家梦想之处。我曾经设想过一个宣传片来阐述"中国梦"。在参考了西方国家常用的人文类的广告修辞后，我想这个宣传片可以做得比较优美和简单，通过多层次的叙述来描写中国人各方面的状态。宣传片的英文词我想了一套，基本还押头韵，就是"We Live, We Love; We Work, We Think; We Play, We Pray; We Care, We Share. One World, Many Dreams."意思就是：中国人会生活，会友爱，会工作，会思考，会游戏，会祈愿，会关心，也会分享。万千梦想，汇于一个世界。我认为这样的叙述比较适合中国人和中国文化本身的特点，希望今后有机会和相关宣传部门的同仁一起继续商榷，或许可以尝试其传播效力。

（四）关于自然、科技、信息的语言共享

关于这个问题，我们中国人一定要对全球基本词汇的传播和交流有一个深刻的认识，要有意识地提高"创造有生命力的人类共同词汇"的能力，让中国的技术类、科技类、文化类的更多积极的专有名词直接进入世界主流语言词汇中去。这一点可能很多人没有注意到，比如中国宇航员、中国国货品牌、中国科技发明等等，反倒是外国记者常常用到。我们现在常用的一些词汇，如可乐、复印机等等，都是外国人对世界语汇的贡献，中国也要主动做这些推广，用我们的成果来丰富世界的语汇。

总之，我衷心希望，通过不同部门和机构、专业人士发挥各自的力量，齐心协力，我们能共同推动中国文化国际传播能力的建设，推动中外友好人士知识分子们的深层合作，加强中外文化交流的研究译介，从各个层面支持中国最优秀的文化走向世界，让中国文化发展得更好、更成熟，尽早成为世界主流文化，为中国梦内涵的不断丰富和目标的早日实现做出贡献！

（蒋好书，女，1977年生。1993—2000年，南开大学外国语学院英语系就读并保送研究生，获英美文学硕士学位。2006—2009年，北京电影学院文学系学习电影史，获电影学博士学位。文化部对外联络局翻译处处长。承担国家领导人、外国政要、文化部领导访问、会谈、新闻发布会、重要讲话发言等活动高级口译千余起，国际会议同声传译数十场，笔译和审校政府协定、文本、外宣、大型活动、文艺影视作品等稿件近百万字。中国翻译协会对外传播委员会中译英研讨会成员，定期参加《中国翻译》杂志中译英词汇研讨活动。曾参加并主持中国翻译协会对外传播委员会"走出去"研讨分会。）

网络资源对学术研究和专名翻译的作用
——以汉学史和汉学专名翻译为例

王国强

网络资源对学术研究的作用,每一个行业和每一个专业的人不太一样,按照我自己的理解,网络资源对于翻译和学术研究主要有以下几个方面的辅助作用:
一、网络资源对学术研究的影响
1、更快捷地了解学术史和最新的研究动态。可通过 Jstor 数据库、Amazon 书店、项目网站、学者们的个人网站、社交媒体等方式。
2、能够通过网络,获得海量的专业文献。以汉学史为例,通过谷歌图书(books.google.com)、互联网档案馆(archive.org)、法国国家图书馆"Gallica"(gallica.bnf.fr)等,可以看到丰富的前网络时代难以获取的相关文献。
3、在前两项的基础上,填补研究空隙和薄弱环节,并做出新的解释。
二、网络资源对专名翻译的作用
1、快速获取、利用已有成果。
2、对已有成果的疏漏进行补充、校正。
3、通过直接获取文献等方式,解决问题。
4、综合利用多种网络资源,破解疑难。

第一个通过网络了解到很多学术史,以及学术动态,因为我做汉学,以前我们没法看到国外的很多期刊,但是现在通过想看老牌的汉学杂志都可以有,可以了解到,可以上亚马逊看看新的书,有很多方式。最重要的,对于我们历史学的学术研究,可以看海量的专业文献,以前看不到,现在可以看我分享的数据库有几百个,最少有三百多个,谷歌图书、法国资料馆、互联网档案馆,我们中国文学把他们的书也提供一个连接可以衔接过去,这两个基础之上,对历史上大家关注比较少,或者以前了解不太多,这是从比较大的方面来讲,那么具体到对汉学专名的翻译,如果有网络资源的话,我们能够做以下几个方面的工作,就是对我们来说,有以下几个好处,第一个我们可以非常快地获取已经有的成果,其实我们很多前辈在翻译方面做了很多工作，现在很多书变化了，用的时候用网络资源很容易获得。另外我们现在看到的文献特别多，可以对网络汉学专名，对以前书里面有一些不足的话和错误的话可以进行补充和校正。第三个可以通过直接获取文献的方式解决很多专名翻译的问题，当然很多时候综合运用很多资源，有一个资源不能解决，大概的意思讲一下，汉学专名翻译，他的翻译不仅仅是语言学的问题，和历史与文化联合起来，国外很多朋友到中国来，因时间长自己取一个中文名，怎么翻译？没法翻译，仅仅语言翻译出来，不能说算错，但是我们觉得翻译得不够好，因为他自己有中文名，这些现在我们通过了，也不是说能把这些所有问题解决，但是能带来以前网络时代我们所无法解决的问题。

展开讲一下，因为我说了我是学历史的，跟大家提一个历史上比较有影响力的文学人，他叫黄云龙，台湾大学的教授，写了一本书，提出一个概念，就是E考据，我们有了网络和计算机，我们看到的文献，比上一代学者多，我们面临的是一个E考据的时代，这本书里面用了一个问号，没有那么肯定的语气，这两年我们的确深入感受到网络文献对我们学术研究的影响。宏观来讲，通过网络资源，可以从以下三个方面着手很多工作，比如说我自己做一个小广告，就是说大家看到我带领一个非常小的学校，去时候我发现有用的资料一本没有，我们学校有万人书库，但是谈到学习英文的方法途径，只能通过网络资源，十年来一直用网络资源，感觉到网络资源非常非常丰富，超出我们一般人的想象。2010年我有一个青年项目，全部利用网络文献，当然也委托一些朋友从海外弄回来一些，我做近代史研究的时候，发现中外文化交流的程度超出我们很多的想象，这是什么意思呢？就是近代有很多老外到中国来传教当外交官，五六十年待在中国，到中国来也做翻译工作，中国经典到现在还是没有办法完全超越的，他们做很多学术研究的工作，那个时候的出版社，很多他们出的书，不仅仅在中国卖，不仅卖给在中国的外国人，还能卖到欧美，卖到澳洲，甚至卖到非洲，非常国际化的，他们的书在很多城市同时出版，所以说我通过这些资源，有了一些新的认知，以前我们都认为他们是外行，他们不专业，不是学院派，但是这个奖项公布以后，是谁得奖，得奖的著作是什么，二战以前获奖的都是在中国的那些外国人，回去以后变成学院派了不是那么绝对，但是获奖大部分人都有长期在中国的经历的，这是总体来看的结果。

再谈一下专名翻译，比如电影的翻译，要把鱼刺去掉，但是因为翻译的时候，方向不一样，考虑也不一样，我们做学术研究，这种骨头要啃下来，传播讲慎重，但是我们首先要保证的还是讲究科学严谨，翻译的时候不能说怎么样就怎么样，一定要把这些骨头啃下来，还有许多人名、地名、书名等等有不一定的译法，汉学专名的翻译，与上述情形有很多相似之处。比如人名，很多汉学家都有中文名，不可以硬翻（如哈佛大学教授马若德（Roderick MacFarquhar），曾被译为麦克法夸尔）。好在前辈学者已经做了很多相关的工作，可供我们利用。比如笔者常用的工具书有：《近代来华外国人名辞典》《外国在华工商企业辞典》《近代中国专名翻译辞典》《近代中国华洋机构译名大全》等。他们对中国有研究，这种翻译是和历史和文化联系起来的，在我们很多人士看来很难啃，但是前辈做了很多工作，就是近代专名词典等，感谢很多老先生做了很多工作。翻译老外在中国办的企业有一点非常重要，比如公司办了几年卖给英国，公司名字变了，变了很多次，但是不论他的英文名怎么变，中文名从头到尾一样，看了词条就知道怎么一回事。

归根究底，网络资源对于汉学专名翻译有何作用呢？第一，网络资源可以让我们更便捷地利用已有成果。仍举《近代中国专名翻译词典》为例，可以通过"读秀"数据库捡得其中的词条，提高利用率。网络资源的好处之一就是快速，瞬间解决问题，当然也会出现错误（都有误差和错字率），最好核对原书。但是有这些工具书，我们可以解决很多问题，把前辈的工作解说一下，做研究参考书不能解决所有问题，我们需要动手解决一些问题，有一些疏漏，可以网络的方式简捷掉。

第二，已有成果虽为后来者提供了诸多便利，但也有些可补之处。如《近代来华外国人名辞典》的"尹兹谋"条（应为"尹慈谟"），说的是近代在豫北传教的加拿大传教士"Mackenzie, Mordoch"，但此人的生年信息在书中为空，但通过谷歌检索，立即就看到了他的墓碑的照片，上书1858年，问题就解决了。再如该书中的"高第"条，给出了多个汉名，查高第的相关著作，原名之下有一个"高"字，这说明此书将"高第"这一译法列于首位是很有见识的，应为标准中文名。

第三，在研究和翻译的过程中会遇到各种各样的专名，参考书工具书永远都不能解决研究中遇到的所有问题，很多时候还需要自己动手，去寻找、去考证。其方式之一，是通过网络资源获取直接文献来解决，这种方法对于书刊名最为有效。汉学家不仅有中文名，还经常为自己的著作起中文书名。公版书大都可以通过互联网档案馆等获取，如卫三畏《英华分韵撮要》和儒莲《汉文指南》就有中文书名。这样，就可以直接而稳妥地解决翻译问题。这是法国的汉学家写的一本书，前面是法文，后面是汉文启蒙，自己起了中文名。这是另外非常有名的汉学家，他的汉文指南，中文在上面写着，这种书，所以只有看到文献才能把他翻译出来，翻译才不会出错。

还有很多汉学家，他们有自己的中文名，我们也不能翻，我们怎么去看这些？比如通报有一个栏目叫玉树凋零，汉学家去世了有哪些经历和著作，有通用的中文名会登上，你去搜索数据库都有，每一个有名的汉学家去世都能看到他的中文名，还有比较当代的一些学者，例如陈爱兰，兰花的兰，我们上网页看，有中文网页和法文网页，中文一点法文名字出来了，这个最权威，通过本人审核，他是一个华裔的，在法国受的教育，是一个著名的汉学家，官方的网站上面登他的名字他要认可，准确翻译的中文名字是这样的。

第四，有的时候一个小小的专名翻译会非常麻烦，不过这也常常是值得追寻而又极有可能获得重要突破的问题。比如在《汉学丛书》（Variétés Sinologiques）中，有一位"Etienne Zi"（直译应为"艾蒂安"）的人。此公在《汉学丛书》中有三部著作，依次为第 5 号《中华文科试实则》（Pratique des examens littéraires en Chine，1894）、第 9 号《中华武科试实则》（Pratique des examens militaires en Chine，1896）、第 40 号《五团志》（Notice historique sur les t'oan 团 ou cercles du Siu-Tcheou Fou 徐州府，particulièrement sur ceux du district de Ou-toan，1914）。但其何许人也？除了其耶稣会士的身份之外，其余生平资料几成一谜题。甚至其国籍这样的基本信息，也成了问题。这个问题最后是通过大成老旧期刊数据库解决的，顺着线索找到了一篇研究"儒莲奖"的著作，得知他曾和黄伯禄一起得过儒莲奖，是一位值得关注的学者。推测是一位司铎，最后终于找到了他的"讣告"，读后方才释然。

最后，我想重复下学界前辈关于网络资源与传统纸质文献之关系的看法。必须强调，传统的治学方法和通过大量阅读纸质文献所获得的知识积累和学术素养，才是真正的学术基础。只有精通传统文献和有深厚专业积累的人，才能最有效地、最大限度地利用网络资源（比如关键词的选择、语言的突破等）。换句话说，网络资源在相当程度上是对传统纸质文献的一种补充；但若能利用好网络资源，可以做很多前网络时代学者所无法完成的研究工作，可以跃升到另一个层次。

（王国强，男，河南嵩县人，洛阳师范学院历史系副教授。复旦大学史学博士，"全国优秀博士学位论文提名论文"获得者，研究兴趣为西方汉学史。专著《中国评论与西方汉学》于 2010 年由上海书店出版社出版，在《清史研究》《史林》和《文汇报》等发表学术论文 10 余篇，现正主持国家社科基金青年项目"侨居地汉学"研究。）

国产影视剧英译研究

麻争旗

中国影视剧的发展已经有了一百多年的历史,与此同时,中国影视剧英译也有着近百年的历史。随着中国国际影响力的不断增强,中国文化走出去的步伐也在不断加大,越来越多的国产影视作品以各种方式走出国门,进入国际市场。在这样的背景下,尤其是近几年,有关如何通过翻译使作品更好地取得传播效果的问题,越来越引起社会各界的高度关注。那么,从学术的角度讲,国内的相关研究主要有哪些方法?关注哪些重要话题?取得了哪些重要成果?存在哪些不足?带着这些问题,本文拟从国产影视剧英文翻译、国产影视剧英译研究及中国影视译制体系构建三个方面进行思考,以期认识中国影视作品对外译介的实际问题,寻找中国影视作品英译研究的途径和方法。

一、国产影视剧英语翻译的问题

近年来,随着我国影视作品的发展和我国文化走出去步伐的加快,越来越多的国产影视作品被翻译到其它语言,在国外传播。我国电影的产量已达到每年近千部,其中大部分在国内上映时就加入了中英文双语字幕,反映出我国电影行业对影片翻译意识的增强。目前,国产电影的翻译主要以字幕为主,也有少数作品进行了配音翻译。除了电影之外,国产电视剧的对外译制也呈现出蓬勃之势。

从国家层面看,2014年1月,中国国际广播电台挂牌成立国家多语种影视译制基地。在此之前,国际台2012年成立影视译制中心,2013年使用英语、法语、阿拉伯语、豪萨语、斯瓦希里语、西班牙语、葡萄牙语和缅甸语等多种语言,译制80余部中国影视剧,并分别在尼日利亚、缅甸、坦桑尼亚、塞内加尔、埃及等国电视台播出由当地演员使用当地语言配音的《北京爱情故事》《金太狼的幸福生活》《妈妈的花样年华》《媳妇的美好时代》等中国电视剧,反响热烈。此外,一些民营公司也积极推进电视剧的对外译制,如四达时代2013年已译制配音40部、900多集国产电视剧、电影、纪录片,语种包括英语、法语及斯瓦西里语、豪萨语等非洲本地语言。国产电视剧的对外市场目前集中在亚洲、非洲等区域,欧美市场还有待开拓。

目前,中国电影英译主要以字幕翻译为主,所采用的翻译方式主要分为两种。第一种是我国电影公司的主动译制,属于主动输出;另外一种是国外电视台的引进。近几年,我国电影公司越来越重视字幕的翻译工作。大片的翻译往往请精通中文的英美人士担任,有的译者已得到业界的普遍认可,如 Linda Jaivin, Tony Ryan 等。一些成本较小的影片往往也会有英文字幕翻译,当然,译者的水平多数参差不齐。第二种,由国外电视台引进翻译,比如英国 BBC 电视台、澳大利亚 SBS 电视台(其中,一些媒介机构设有翻译与字幕制作部门)等。此外,网络上非常活跃的字幕翻译组大都翻译制作外国影视节目,很少对中国电影或者电视节目进行外译(网络字幕组主要倾向于韩剧和美剧的翻译,近年来一些字幕组开始翻译并传播英国电视剧,如神探夏洛克等)。

影视翻译的实践活动虽然取得了丰硕的成果,但是仔细考察则会发现,这其中也存在不少问题(英译汉、汉译英都有这个问题,字幕组的情况一样,其中对外翻译问题更突出)。比较突出的是忽略影视剧的文学性,即"剧"的意义。语言是审美组成部分,译者不只是"把意思说清楚就可以了",译文应发挥传情达意等多个功能。

还有一点是忽视对白的语境性。影视剧的翻译并不追求意义的独立性,而是要与故事、情节、画面、人物等要素紧密结合。换言之,影视剧的译作并不单独存在,而是伴随着观赏行为与观众见面。理解这一点至关重要。影视剧语言的非自足性决定了其翻译行为的非独立性。作为影视剧的译者,在进行"文本"转换的时候,不是关起门一边看"文本"、一边动笔"写"译文,而是必须考虑各种语境条件,必须想法设法使自己的译文和各种要素吻合,如画面动作、人物个性、作品风格、译入语接受习惯等,否则就会犯"两层皮"的毛病。具体来说,主要有如下几个方面的问题:

(1) 表达生活化

所谓表达生活化,就是语言贴近日常口语、贴近百姓口味。影视对白稍纵即逝,如果生涩难懂,就会影响普通观众的理解。从艺术感染的角度讲,语言跟日常话语接近,就显得熟悉、真实。反之,就显得陌生、虚假。

(2) 作品风格化

作品风格化,就是语言贴近作品的风格和精神主旨。影视剧讲述着各种各样的故事,其语言反映不同人物的精神境界和思想品格。译制片必须忠实原作的风格,译制语言必须反映人物精神、传达作品思想。在具体实践中,最常见的问题是句子离散,缺乏灵魂统帅,没有统一的风格。这需要译者从宏观上理解作品,抓住作品所宣扬的精神主旨,使译文与作品基调吻合、与人物精神面貌吻合,从而使译制的语言风格贴近原著的风格,这就是风格化的意义。

(3) 人物性格化

所谓人物语言性格化指的是语言贴近人物的性格特征,也就是给人物"贴标签",让每个人物都要自己的"语言身份"。影视剧人物往往具有鲜明的性格特征,这些特征往往通过语言表现出来。译制片要再现人物性格,就要做到"言如其人"。在翻译过程中,常见的问题是不管是什么人物,都用同一种语气、同一种说法,感觉像一个人,而且往往就像译者本人在说话,这就叫平面化。要克服这个毛病,译者需要观察和积累,需要体会不同的性格特征,如要学会如何给人物"贴标签"的方法。

(4) 思想情感化

所谓思想情感化指的是语言贴近人物的思想情感。大凡感人的故事都离不开一个情字。影视剧的语言也是如此。译制片要再现原作的情感,译制的语言就必须准确地反映人物的情感,然而,人的情感是丰富的、细腻的,语言表达情感是微妙的。在翻译的过程中,常见的问题是,言不由衷,似乎不是真心话。要克服这个问题就要设身处地,替人物着想,以达到思其所想,感其所感,言所其欲言的境界。

(5) 修辞与美感

语言不仅可以传情达意,以情动人、以理服人,语言本身也可以是审美对象,这就是语言的形式美。语言是有灵性的,这其中就包括语言具创造美感的生命力。同样的意思有不同的说法,有的听起来平淡无味,有的则很有意思。在翻译过程中,常见的问题是,只管说对,不管说好,也就是不管文采。这种态度对于影视剧反映来说是很不可取的,译制片追求的是创造屏幕魅力,追求语言之美应成为译者的重要使命。

(6) 节奏问题

影视剧翻译的任务不仅在于把意思说对,而且在于把话说好,目的是增强屏幕感染力。由于英语和汉语在节奏上有很大不同,所以翻译的语言表达跟画面人物的言语表演之间出现错位是常有的事情。由于缺少理论支持,"对口型"的传统往往局限于经验和感觉层面。而节奏问题,在我们国产影视作品的英译上还是个尚未思考到的问题。

以上分析主要是从总结我国译制的丰富实践经验中得到的。中国影视对外翻译的研究理应在思考和总结我国译制工作的基础上,解决实际工作中的问题。这其中既涉及思想认识问题,也涉及具体的技术和艺术问题。从目前情况看,解决认识问题似乎更为突出。

二、中国电影英译研究的问题

国产影视剧对外翻译是国家实施"走出去"战略的重要手段,加强对外翻译可以有效地促进我国广播影视作品的输出。然而,从宏观上,国内目前没有关于如何通过对外翻译的手段来促进国产影视作品对外传播的系统的理论指导,存在着认识上的模糊性。

比如,把对外翻译跟引进翻译割裂开来,没有建立引进和输出协调发展的理念和运行机制,缺乏系统的观念和系统管理的有效措施;再比如,把文化输出跟市场效益等同起来,把暂时利益跟长效机制割裂开来,没有建立多元化、多层次市场开发和品牌培育的理念和有效机制;还有,把用人机制跟人才教育割裂开来,没有建立可持续发展的理念和有效机制。这其中最突出的是把理论研究跟实用性对立起来,不重视基础研究,不强调文化输出先于、大于、重于市场效益的基本战略思想。

从历史的角度看,国产影视作品英语译制研究已经取得长足的进步,然而,从横向来看,则处于初始阶段。通过 CNKI 进行搜索"影视翻译",可以得到4593 篇论文查询结果。这些论文绝大部分是关于外国电影在我国的译制研究。在为数不多的关于国产影视作品的翻译研究中,有相当一部分是关于中国电影片名的翻译研究,或者运用某个西方翻译理论来研究某部或者某几部中国电影的英译问题,基本上处于"浅析""初探""探微""试论""略论"等层面。关于中国电影的英译系统的研究目前仅一部专著《中国无声电影翻译研究》(1905—1949)。当然,这些成果从一定程度上奠定了中国影视作品英译研究的基础,其价值不可小觑。但总体看来,在理论深度和广度上,存在认识上的模糊性和片面性,其中概念的厘定成为制约整个影视剧翻译研究(包括对外译制研究)的主要屏障。具体有如下三类问题:

首先,在影视剧翻译的研究过程中,一些学者对有关核心概念的内涵和外延模糊不清。其中最突出的是用字幕翻译、影视翻译来代替影视剧翻译这一概念,其结果是用语言翻译的技术性特征掩盖影视剧翻译的实质性特点,缺乏透过现象看本质的理论深度。

比如,钱绍昌在《影视翻译——翻译园地中越来越重要的领域》中认为影视语言具有五个特点,即"聆听性、综合性、瞬时性、通俗性和无注性",而这五个特征常被用来当作研究"影视翻译""对白翻译""字幕翻译"的认识前提。可是,这五个特征中哪个是"剧"的本质特征呢?如果不是本质特征,那么,在此观念下的研究也就不能成为真正意义的影视剧翻译研究,只能属于宽泛的具有影视媒介特征的一般文本的范畴。

关于字幕翻译的说法也存在表意模糊的问题。比如，李运兴在《字幕翻译的策略》中认为字幕翻译是一种特殊的语言转换类型，是原声口语的浓缩的书面译文，并指出"时空制约与缩减法"是字幕翻译的基本策略。研究证实，李运兴的这些观点也被许多字幕翻译研究者效法。这篇文章在知网上被下载 9704 次，引用率高达 792 次，这说明大部分字幕翻译研究者较为认同李运兴的观点。比如，周红民教授在其《社会与翻译》一文中认同李运兴在《字幕翻译的策略》中提到的观点，认为字幕翻译主要涉及两个因素：时间和空间，由于时空的制约，字幕译者常常要采用缩减的翻译策略，缩减法在实际操作者可分为三种：浓缩、压缩性意译和删除。

笔者认为，字幕翻译如果作为一种宽泛的概念是可以独立存在的，但是，以字幕翻译代替影视剧翻译的做法是片面的、不科学的，也是不严谨的。影视剧翻译就是影视剧翻译，其核心指的是以对白为主的影视剧中的语言的翻译，不管所译的结果是为了配音还是为了加印字幕。至于这两种目的是否会对翻译提出不同的要求，那也顶多是技术层面的某些操作性的问题，比如在一幅画面里最多不能超过多少个字、或者在什么地方不能换行之类，在此方面，甚至有人拿所谓的说的速度大于读的速度的"科学依据"来证明"删减压缩"是字幕翻译的必然原则，对此种种，笔者不以为然。绝大多数国产电视剧都带有与人物对白完全同步、完全一致的中文字幕，许多人都有边听对话边看字幕的习惯，这些字幕并不因为时空的限制而被压缩或删减，也不会为了便于理解而变文雅为通俗、变繁琐为简洁、变诗篇为大白话、变深刻为浅薄等等。其实，美剧的对白同样有与之同步的完全一致的英文字幕，而这些英文字幕也没有像有些字幕研究者所认为的由于这样或那样的原因被删减压缩或简化。那么，翻译这些字幕为什么要刻意寻找某种理由来破坏其完整性呢？

其次，在近三年来的案例研究主要集中在对某部影视剧字幕翻译的特殊性问题的探讨上，尚未归纳总结出影视剧翻译的规律和特点。如谭锦文和李洪青《电影字幕英译中的创造性叛逆——以"一代宗师"字幕翻译为例》、丁晶华的《从〈赤壁〉管窥影视剧字幕的翻译——浅析关联理论指导下的影视剧字幕翻译》等。此类研究一般缺乏理论深度，且文章同质化程度较高。

第三，一些试图探讨影视剧翻译研究方法的文献中，对字幕翻译和影视剧翻译链的相关概念缺少必要的界定。如段志聪在《英语影视剧字幕翻译方法研究》中提出了字幕翻译方法中的一些常规性问题，但概念的不确定性使研究对象不明确。段志聪从字幕翻译出发，认为字幕翻译的常用方法有："直译法、替代法、增译法和浓缩法。"其中在案例分析研究中,以英语影视剧英译汉为例,王荣在《从关联理论看字幕翻译策略——〈乱世佳人〉字幕翻译的个案分析》一文中以字幕翻译为概念结合案例《乱世佳人》分析之后认为,浓缩策略一般浓缩的翻译策略、化暗含为明示的翻译策略和归化翻译策略。以华语影视剧中译英的研究中,纪凤菊和宋继平在《〈英雄〉英文字幕翻译策略探析》中认为,"浓缩、压缩性意译和删除以及直译、归化、抽象化等方法也可以在字幕翻译中运用。整体看来,这类研究倾向于使用字幕翻译的概念,而且对翻译中的缩减法较为认同。

再比如伍蓉蓉《英美影视剧字幕特点及其翻译策略》中认为"口语化、时尚性、服务性和时空受限性"是英语字幕的特点,同时提出英语字幕可践行的策略是"口语化策略、针对目标人群因人而异(策略)、缩减策略和注释策略"。在这里,除了口语化跟"剧"的语言特征相关外,其他概念,包括所谓的"时尚性、服务性和时空受限性"特征以及"针对目标人群因人而异(策略)、缩减策略和注释策略"都超出了本体对象(剧)的范畴。比如用"因人而异"之法来翻译美剧,那是什么结果?会不会大城市一个版本,农村一个版本,大学一个版本,少儿一个版本,妇女一个版本?

以上可见,字幕翻译研究往往忽视影视剧的"剧"的特征,也就是把"剧"中的对白文本从影视剧传播语境中剥离出来,忽略了其艺术性及其"在场"的传播功能。笔者认为,影视剧翻译研究必须牢牢扎根在"影视"和"剧"这两个基点之上,把问题的核心放在探讨译文如何同时满足这两方面的条件上,而不是局限于以时空条件、阅读速度等技术因素作为依据来寻找如何缩减、如何简化的技术策略,因为从技术的外表研究艺术的本体无异于缘木求鱼,自然不能揭示本质性的特征。

除了基本概念以及核心理论外,国产影视剧翻译研究还有许多尚待开放的领域,其中包括译制制度研究,包括运作机制和教育机制。如果没有制度保障,什么理念和策略都将落空。国家主管部门正在大力推动中国文化走出去,作为研究者,需要提供为政策制定有益的研究,以供参考。党和国家高度重视对外文化传播,但是,作为对外文化传播中的重要内容的影视作品,在如何走向世界方面,却没有系统的理论研究,其中最为突出的是缺乏制度、机构和教育的保障机制。制度问题也包括市场规范化,比如,目前网络上火热的字幕组在翻译加工后的传播是否对原产影视剧的版权有侵权的嫌疑?字幕组的译文出现语言不规范、可读性差、缺少艺术美感等问题,是否应该有相关的监管制度?

译制历史研究。关于中国早期无声电影的翻译研究,我们已经进行了有益探索。但还远远做得不够。新中国成立60年来,积累了丰富的引进译制经验、民族语译制经验和对外译制的经验。这些经验可以为我们今天中国影视剧走出去提供宝贵的参考,而这些宝贵的翻译史料都没有得到很好的挖掘。

译制人才培养。译制教育问题也应纳入整个理论研究的范畴。译制人才的培养是译制工作可持续发展的根本保证。从这个意义上讲,译制教育研究的根本使命在于建构我国影视剧翻译人才培养的基本理念,包括发展和完善已有的译制教学制度,探索多语种译制学科体系、课程体系和教学方式,其目标就是充分发挥高校的教学资源,使之成为译制人才培养的集体。从另一方面讲,译制教育研究也为新时期高校人才培养模式创新,尤其是为复合型人才培养的探索提供广阔的发展空间。比如,从开拓和双赢的意义讲,目前我国已经建立了国家多语种影视译制基地,从理论建设和人才培养的高度看,在大学建立相应的研究基地就成为了必要。

三、国产影视译制体系建设

译制片在我国是个宽泛的概念,既包括电影译制,也包括电视译制;而从引进和输出的角度看,既有把外国的电影电视剧译制成汉语的情况,也有把国产的影视剧译制成外语的工作。其实,除了上述情况外,译制工作还包括把外国以及国产的影视剧译制成少数民族语的情况,也就是民族语译制问题。我们可以从对内译制、对外译制和民族语译制三个方面,来建立完整的译制体系。

首先对内译制,在过去的60年里,我国的译制业沿着有中国特色的道路摸索前行,不断总结经验,不断打造自己的品质,不断完善自己的理念,执着地培育着一个越来越成熟的译制市场,形成了一个良性循环的有机的译制传播生态系统,其中包括专业机构、专职人员梯队、专门的学术团体(包括专门的网站,比如中国配音网、中国影视译制网)、大学教育专业课程设置(比如中国传媒大学译制方向本科课程和专业硕士课程)、发行销售网络,以及一大批支持、热爱译制片的观众群。

译制片是国人了解世界的窗口,是克服语言障碍的必要途径。同时,译制又是一种积极有效的民族语言保护措施。一方面,有了译制,广大老百姓不必通过学会一种外语来达到欣赏外国影视节目的目的。另一方面,译制犹如设置一道坚固的天然语言屏障,能有效地抵制外来语言文化的冲击、渗透。译制可以通过规范的、美的语言来消融、抗拒、防范不美、不规范,甚至是低劣、粗俗、淫秽的语言对社会语言环境可能造成的破坏、腐蚀作用。

对外译制,文化走出去是国家的重大战略。如何通过译制的手段使国产影视剧走向世界,尤其是如何借鉴过去引进译制、民族语译制的经验,大力发展对外译制,特别是多语种对外译制,是我国影视剧外宣中的创新之路,具有重要的战略意义。

影视作品作为覆盖广泛、传播迅捷、贴近受众的文化传播载体，是加强中外人民相互了解、增进彼此友谊的重要渠道。中国优秀电视剧、电影、动画片和纪录片，译制成了英语、法语、豪萨语、阿拉伯语等多种外语版本。这些译制作品为中外人民之间增进了解、加深友谊，为中国和世界各国扩大人文交流、发展友好互信，发挥了重要作用，做出了积极贡献。建设国家多语种影视译制基地，顺应了当前全球影视产业激烈竞争的潮流，对加强中华文化传播、拓展中国影视剧海外市场具有重大意义。

最后民族语译制，所谓民族语译制片就是将汉语影视剧翻译成蒙古语、维吾尔语、藏语、苗族语等少数民族语。我国于20世纪50年代中期就开始了少数民族语电影的译制工作，并在各少数民族地区逐渐建立了专业的译制单位，培养专业的配音演员。经过几十年的努力，我国的少数民族语电影译制工作得到了很大的发展，产量有了大幅度增长，译制技术不断进步，译制艺术不断成熟。党和国家十分重视少数民族语译制工作，先后颁布了多个文件进行指导规范国家民族语译制的相关工作。目前，国家已经在少数民族地区建立了十个民族语译制中心，现在平均每年提供几十部影片和上千集电视剧的版权，免费进行少数民族语言的译制。民族语译制的工艺和技术也在不断与时俱进，越来越达到现代化的水平。随着国内数字电影技术的发展，少数民族语电影译制也进入了数字化的制作新阶段。

少数民族语译制工作者将许多优秀的影视剧译制成各少数民族地方方言，让广大少数民族同胞欣赏到优秀的影视作品。发展少数民族语译制是符合中国国情的一项重要举措，对于促进国家统一、维护民族团结、保证地方稳定、推动少数民族地区经济发展、繁荣民族文化等方面都具有十分重要的推动作用。

我国的特殊国情决定了我国是汉语和方言并存的语言文化，普通话一统天下的局面还为时过早。作为一个统一的多民族国家，如何在语言存在隔阂的情况下保持民族的团结和高度统一；如何将党和国家的政策传达到每一个国民心中，让他们真正了解党和国家对少数民族地区同等关注的态度，而不受敌对势力和妄图分裂分子的挑拨和教唆，民族语语言的译制发挥了极其重要的政治捍卫的作用。

我国国土幅员辽阔，与14个国家领土接壤，分别是俄罗斯、哈萨克斯坦、吉尔吉斯斯坦、塔吉克斯坦、蒙古、朝鲜、越南、老挝、缅甸、印度、不丹、尼泊尔、巴基斯坦、阿富汗。这些国家中，哈萨克斯坦与我国的新疆维吾尔族自治区、蒙古与我国的内蒙古自治区、印度与西藏自治区都有相通相近的语言。由于语言的互通性，我国这些少数民族与周边国家的往来甚至多于与内陆地区的往来。以藏语为例,藏语分为卫藏、康巴、安多三种语系,其中安多语为藏族历来的贵族语言,它流行的地域除我国青海外,还流行于印度北部等藏民居住地(包括10余万流亡在海外的藏民居住地),特别是达赖流亡政府所在地达兰萨拉,以及不丹、尼泊尔、锡金的藏民区。根据有关调研,在印度等地区的藏族群众也有通过视听媒体获得我国发展状况的迫切需求,而大多数长期受到达赖分裂集团蒙蔽的流亡藏民不懂汉语,因而无从获得正确的舆论引导。因此,对境外上述地区加大宣传中国的力度,进行有关中国发展变化真实情况的宣传将是长期的和必要的。在这方面,民族语译制工作显然具有十分重大的现实意义。民族语译制片不仅对民族语地区产生了很大的影响,而且已经有大量作品影响到周边国家,如何把民族语译制跟对外译制结合起来,形成全面系统的对外译制机制,对于走出去工程具有重大的现实意义。

我们坚持影视文化系统论的观点,把引进译制、民族语译制和对外译制看作一个互为有别、又相互依存的统一体,那就是中国的译制大系统,这个系统代表着有中国特色的译制文化,成为国家影视文化的重要组成部分。坚持译制文化系统的观点具有突出的重要意义。因为,按照这个思想,引进就不单纯为了丰富娱乐市场,而是同时进行语言文化保护;民族语译制也不单纯为了让边远山区的人们拥有接触现代传媒的权力,而是同时为了巩固边疆、促进民族地区发展;那么,对外译制也就不单纯是为了迎合西方观众猎奇的心理,获得西方人的好感,最后赚几个美元,而是具有更加长远的语言文化渗透的意义。

(麻争旗,男,博士,中国传媒大学外国语学院教授,国际新闻专业博士生导师。学术研究主要集中在翻译与跨文化传播领域。在《现代传播》等刊物发表相关学术论文20余篇,出版学术专著《影视译制概论》,译著有《媒介事件》《文化模式与传播方式》《跨越文化障碍:传播的挑战》《新闻的生产:关于事实建构的学问》等。自1991年以来,为中央电视台"正大剧场""国际影院"等栏目翻译电影、电视剧50多部,电视连续剧、系列片600余集,其中《失踪之谜》《居里夫人》双获全国优秀译制片"飞天奖"。)

浅析图片说明的英译

韩清月

很多文章、图书和新闻报道都配有图片，图片对正文加以佐证、补充或强化，比文字更直接、更形象。图片说明的主要作用是突出图片形象、延伸图片内容、阐述图片意义。一则绝妙的说明可以令图片锦上添花，给正文"画龙点睛"。因此，要重视图片和图片说明的翻译。但在实际工作中，很多译者并不重视图片说明的翻译，往往不看图片，只根据图片的中文说明进行翻译，导致图片说明与图片内容不符，不能传递出图片的深层含义。还有的人不看正文，导致图片说明与正文重复，或选词、意图不一致，甚至矛盾，不能起到对正文进行补充或"点睛"的作用。也有许多编者的图片说明缺少空间意识，译文拖沓冗长，导致排版困难。这些问题会削弱图片的效果，不仅不能衬托或强化正文，反而可能起负作用。本文将对上述问题进行分类分析。

一、看见图片方动笔

为什么译者一定要看见图片才能动笔呢？这是因为，有时候单从中文文字说明辨别不出图内事物或人物的性别、数量和物体形状等基本事实，如果盲目翻译，容易搞错或闹笑话。

比如，翻译类似"泥人""可爱的虎仔"等表述笼统的文字时，译者需要知道图片中泥人和虎仔的数量，从而决定是采用单数还是复数。关于性别，中文人名并不能准确透露信息，一个"其"字就能指代其人，略去"他/她"之别，英文有时则须确定是用 he 还是 she。

笔者审定过一段介绍老北京生活的配图文字："磨刀磨剪子的，肩上扛一条板凳，两端各装粗细磨刀石。"这个"板凳"应该是能坐俩仨人的"四条腿的条凳"bench，而非只能坐一人的"独腿/三腿板凳"stool。译者未看图片，将"板凳"错译成 stool。

下面这个例子更能说明图文相符的重要。在介绍《反分裂国家法》获十届全国人大三次会议表决通过时，配图说明是"《反分裂国家法》0 票反对获通过"，译者处理成 Unanimously approval of the Anti-Secession Law。这显然和图片信息相悖，因为图中计票器明确显示"赞成2896票，反对0票，2票弃权，3人未按表决器"，这不能算是"无一例外全票"通过。如果译者看过图片，还会用 Unanimously 吗？为了核实信息，译者可上网查询，或向作者或摄影者求证。

二、显而易见的内容不必译

对于一目了然的事情，如男女性别、上下左右等方位，不必一一提示。举例说明：

例1. 中国女兵

原译：Chinese women soldiers

分析：一看便知是几位女兵，不必用 women 加以强调，反可能令人反感。有时中文会出现类似"三位中国女兵"的文字，英译不必亦步亦趋说明是 three Chinese women soldiers，用 PLA soldiers 即可。

人物的性别不必一定译作 man 或 woman，可用 he 或 she 区别。为显示男女平等，现在多用 chairperson 和 spokesperson 等词。

例2. 政协委员张艺谋（右）和政协委员张会军（左）在交流问题

原译：CPPCC member Zhang Yimou（R）talking with CPPCC member Zhang Huijun（L）

分析：这是介绍中国政协制度的配图。译文和原文在形式上保持高度一致，不仅重复"政协委员"这个头衔，还特别指出左右之分。其实图片中只有两人，既然张艺谋在右，左边的定是张会军。作为国际知名电影导演，尤其是2008奥运开闭幕式总导演，张艺谋在海内外的名气当然要大一些；文字说明可突出张艺谋，并提及奥运会，唤起读者对他的记忆。

改译：Zhang Yimou（R），director of the 2008 Beijing Olympics opening and closing ceremonies, always catches the spotlight during the annual CPPCC session.

例3. 2008年5月8日，胡锦涛和日本首相福田康夫在东京共同出席中日青少年友好交流年日方开幕式，并同两国青年亲切交谈。

原译：May 8, 2008, President Hu Jintao（R）together with Japanese Prime Minister Yasuo Fukuda（L）at the opening ceremony of the China-Japan Youth Friendly Exchange Year in Japan, engaging in amiable conversation with Chinese and Japanese youth.

分析：这个图片一目了然："左右"只需指明其一；两人"共同出席""同青年亲切交谈"的表述也可略去不译。

改译：May 8, 2008, President Hu Jintao (R) and Japanese Prime Minister Yasuo Fukuda at the opening ceremony of the China-Japan Youth Friendly Exchange Year in Japan.

三、准确理解中文是关键

要做好翻译，首先必须准确理解中文，译者有时还要借助常识、知识储备做出判断。主要翻译案例有：

例1."神舟7号"于2008年9月25日发射升空，三名航天员进入太空。9月27日，翟志刚顺利出舱，实现太空行走，这是中国首次空间出舱活动。

原译：Shenzhou VII was launched on September 25, 2008, when three astronauts stepped out of the spaceship. On September 27, Zhai Zhigang stepped outside the spacecraft and completed a spacewalk, performing China's maiden spacewalk, making China the third country in the world to master the key technology to put a man into space.

分析：作为对外传播从业者，译者应了解国内外大事。原译对"三名航天员进入太空"的理解与事实不符，这里的"进入太空"指的是乘飞船遨游太空，其中一位出舱进行了"行走"。

改译：Shenzhou VII was launched on September 25, 2008, with three astronauts on board. On September 27, Zhai Zhigang came out of the spacecraft and completed China's maiden spacewalk.

例2. 2008年5月15日，通往汶川县映秀镇的高架公路桥被震断，救援人员只能徒步挺进。

原译：On May 15, 2008, a highway bridge linking Yingxiu with the outside world was damaged by the earthquake, blocking the way of the relief troops. Rescue workers had to advance on foot.

分析：中文表述有些模糊：5月15日究竟是路桥被震断的时间，还是救援人员徒步挺进的时间？译者需要做出判断。这个例子说明：中文表述如不清晰，译文不能跟着犯糊涂，否则，可能和正文相矛盾。

四、用最少的文字传达最多的信息

图片说明应言简意赅、突出重点。为了节省空间，使译文简洁明了，可以使用短小的词，多用介词，使用名词作前置定语，或省略冠词。有些专有名词（机构、头衔）的英译很长，可采用缩写，或换个方式表达。

例. 现行宪法修正案2004年3月14日在十届人大二次会议上高票通过，3月15日一早，《中华人民共和国宪法》修正案就摆上了北京王府井书店的两会文件专柜。

原译：The Fourth Amendment to the Constitution of the People's Republic of China was adopted at the Second Session of the Tenth National People's Congress on March 14, 2004. Early in the morning of March 15, the copies of the amended Constitution were put on the shelves of Wangfujing Bookstore in Beijing. （51字）

分析：这个例子比较典型，是对中国法制状况的配图。由于正文已提过"中华人民共和国"和"全国人民代表大会"，也都给出了全拼加缩写，图片说明中是否还要——全拼？提过"3月14日"之后，"3月15日一早"怎么表达？"摆上专柜"如何翻译？原译有51个字，修改后只有31个，文字缩减后，意思却清晰得多。

改译：The Amendment to the Constitution was adopted at the Second Session of the Tenth NPC on March 14, 2004. The following morning, the amended Constitution became available in Beijing's Wangfujing Bookstore.

五、译出图片的"画外之音"

很多图片并非专为配合正文而拍，图片说明也并非专为配合正文而写，在叙述角度和文字表述上都与正文存在一定的距离，如果直译图片说明，效果并不好。因此，如何架起图片与正文之间的桥梁，就要靠译者了。

很多时候，图片的意义不在于画面，而在于画面所体现的背景信息或象征意义。如果中文没能传达出这些信息，译者有责任多想一步：译出"画外之音""画龙点睛"、升华主题，以充分发挥图片的作用，加深读者对正文的理解。举例来说：

例1. 喇嘛正在用手机通话

原译：Lamas using cell-phones

分析：这个图片很有意思，图片说明却很直白。在编写或翻译图片说明时，简单直白的画面描述最容易，也是最偷懒的做法。针对这个图片，我们可以换个角度，阐释手机这个现代通讯工具和喇嘛这一特殊人群的关系，展示社会的变化。Newsweek（2009-7-27）有个类似的图片，所配说明是：Religions now embrace the mobile. 这是"正话正说"，还可以"正话反说"，译作：Cell phones, not a gadget used by the laity only.

例2. 他至今仍保留着1977年参加高考的准考证

原译：A man who has retained his certificate from the 1977 university entrance examination

分析：图片中一个人拿着自己的准考证，他显然比当年老多了。他见证了中国的巨变，但图片的主题不是他，而是准考证，是那场改变了万千人命运的考试。

改译：A historic certificate: In 1977, China resumed the university entrance examinations, changing the lives of countless people 或 This admission card brings back memory of the 1977 college entrance exam.

例 3. Building for the future On a construction site in Shanghai

分析：这是 Time（2010-4-19）为中国经济报道"How to Think About China"一文所配的一幅图片。类似的图片，中文说明一般都会提到"农民工"和"建筑工地"。但这则说明突出的却是"建设未来"，引导读者从眼前的脚手架，想到美好的未来。只需加一个小标题，寥寥数字，就能达到"画龙点睛"、升华主题的效果。

六、文字轻松风趣，增加阅读乐趣

中文图片说明很多都写得抽象空洞，而英文更重灵活和趣味。这是由中西文化差异所造成的。在翻译旅游画册、文化生活等轻松话题时，要努力译出新意，以轻松风趣吸引读者。

以《对外传播》杂志 2009 年第 6 期为例，其封二题为"贵阳文化外宣多姿多彩"的报道配有数幅图片："外国游客体验贵阳民俗风情"（学跳民族舞）、"在开阳县的农家，外国游人兴致勃勃地磨豆腐"（学推磨）和"外国游客做客贵阳布依山乡"（品尝农家菜）。这些图片都很活泼，说明写的却中规中矩，这是典型的中式写法。相比之下，英文更重幽默风趣。

笔者审定过的英文旅游指南 Streetwise Guide Beijing（《吝啬鬼游北京》），书中有几幅类似的图片。记录街头舞扇子的人们："Am I doing it right" 使用口语，似二人对话，和图片相映成趣。记录公园练太极的场景，其说明是：Tai Chi: martial art or moving meditation You decide. 使用第二人称 you，增加亲切感：太极究竟是武术还是养生，谁练谁知道。可以想见：若直译贵阳的中文说明，其效果会相差许多。

Streetwise Guide Beijing 是一部外国人全程参与（选题策划、文字编写、图片拍摄、排版设计）的图书，文字轻松风趣，贴近外国读者的阅读习惯，这正是我们可借鉴之处。译者可参照国外报刊或相关话题的平行文本，对中文图片说明进行改译，以增强图片的效果。下面再看几个例子：

使用类比，是图片说明翻译常用的一个技巧。介绍北京世界公园时，所配说明 You can go around the world in one day, rather than in eighty. 借用了凡尔纳著名科幻小说 Around the World in Eighty Days（《环游世界八十天》）的书名，增加英语读者的亲切感；楚河汉界、下象棋：Somewhat differing from international chess, here a river separates the opponents. 用国际象棋类比，易于英语读者理解。

图片说明还可活跃气氛。如书中对北京游乐园摩天轮的配图说明另辟蹊径，调侃式的提醒 Hold on your wallet when riding 让人忍俊不禁；颐和园：Don't be fooled by the name. The Summer Palace welcomes guests year round. 这一玩笑让图片立刻生动起来。即便是一个普通的报摊，其图片说明也充满了动感：Extra! Extra! Read all about it! 我们看到了图片，也听到了摊主的叫卖，这个"画外之音"配得实在绝妙。

玩文字游戏，是图片说明翻译常用的另一个技巧。对 Touch "接触酒吧"的配图说明 Get in touch at Touch 巧妙地使用同一英文字 touch，令人浮想联翩。而 Have "sum" dim sum at Horizon（在 Horizon "海天阁"品尝广式点心）则利用英文单词的谐音制造了特别的效果。

这些图片本身并无新意，所配英文说明却都很精彩，可以说：文字的精彩胜过图片，令人印象深刻、回味无穷。

总的来说，翻译图片说明不仅要对文字进行转换，更要对图片内容及其含义和相关背景做出正确的解读。译者一定要结合图片内容和正文文字，乃至排版的版式进行构思和修改。翻译时，准确理解是关键。显而易见的内容，尽可省略，力图用最少的文字传达最多的信息，译出图片的"画外之音"，并适时通过轻松风趣的笔触，增加文字的趣味性。译者还要发挥创造性，运用习语、俗语，使用头韵、尾韵、谐音等，提高文字的吸引力。如能觅得"点睛之笔"，译者再创作的效果可能超出原文。本文选取的实例均来自对外传播的翻译实践，参考译文仅为说明问题之用，欢迎同行们提出更好的建议。

(韩清月，女，外文出版社英文资深翻译)

浅谈中国文化交流传播

陈伯祥

一、传播中国文化不仅仅是翻译四书五经等典籍

听说我们搞了个宏大的图书选题出版计划,准备向世界系统地推出中国各种典籍,古典文史哲作品。现在先秦诸子百家的著作,已出版了大部头完整的译文。我听了感到又喜又忧。

高兴的是,这些经典著作是我国古代文化的精髓,我们终于那么重视传统经典作品的传播了。那担忧什么呢?担忧效果。效果如何?有没有跟踪?不要以为我是杞人忧天。我曾长期在驻外使馆文化处工作,成捆成捆的外宣出版物躺在仓库里,连白送也没人要的例子很多。我们不能只是为了传播而传播,不考虑效果;我们不能仅仅为了传播而花巨大的人力、财力去翻译;我们不能陶醉于将中国多少典籍译成了多少种外文,出版了多少多少书而沾沾自喜。在我看来,这些著作,读者对象主要是学术界、研究机构、汉学界。我认为,首先考虑广大普罗大众这一读者群的兴趣和需要,更应重视当代中国大众文化的传播。不要以为大众文化不是阳春白雪,就不是经典,其实正是大众的,传播起来更快。时代变了,在竞争如此激烈的今天,比如说,拉伯雷鸿篇巨著《巨人传》Gargantura et Pantagruel、哲理非常深刻的迪卡尔(René Descartes 1596—1650)的《我思故我在》(Je pense, donc je suis)还有多少人去看这些书?当代韩剧在中国大行其道,也充分说明了这一点。20年前《渴望》在越南电视台播映,一到晚上,万人空巷,怎么了?都回家看《渴望》了。去年由驻坦桑文化参赞穿针引线,把我们的一个电视剧引进坦桑,对白配上斯瓦西里语,当地观众非常爱看。我们可以从这样的例子中得到启发。

我这样说,不是反对翻译经典典籍,而是想说,翻译出版我国经典典籍,要细水长流,不能倾盆大雨,要更多地关注翻译传播当今的中国文化。

二、影视作品是传播中国文化的重要产品

电影也是一种产业(industrie cinématographique),既具有文化又具有政治、经济等内涵,传播方式多样化(影院、电视台、网络、光碟,甚至现有手机、交通工具),这就使电影已经成为人们日常生活中接触到的最普及的文化产品,对社会、对个人都会产生重大影响。

美国、法国等西方国家十分重视通过电影向他国人民传播他们的文化、文明、生活方式、价值观。我记得20世纪90年代初,为了保护本国的影视产业,"反对美国的文化帝国主义""反对美国文化垄断""保卫法国文化特性",不让美国影片无限制地进入欧洲市场,法国搞了个"文化例外"(exception culturelle)案,强调影片并非一般性商品。我手头没有美国每年生产影片的数量,但总数可能没有我们多,可是美国影片占据了世界总放映时间的一半以上。是法国人卢米埃尔兄弟Les frères Lumières发明了电影,但是美国却开创了电影事业。美国以其雄厚的经济实力和先进的高科技手段,让美国电影走进了世界各国的千家万户。现在全世界的年轻人都在看美国电影。美国电影为美国带来巨大的经济利益,当年《泰坦尼克号》一部美国大片,拿走了中国3.2亿票房。可知道,中国当年的总票房才14.4亿。一部电影,就拿走了中国票房收入的五分之一。美国电影也已经成为美国推销他们价值观和文化理念的重要工具。美国用薯条、大片、芯片、牛仔裤正在征服世界各国的年轻人。我们的电影怎么样?我们还拍不出美国这样的大片,可是我们利用电影这个手段来传播我们的文化,也是可以有所作为的。我们作为翻译,在让中国电影走出国门充当中国文化传播的桥梁中,可以起到我们应有的作用。文化部、广电总局长期坚持不懈地在做这方面的工作。我觉得,要译好一部电影,首先要把片名译好。20世纪20至40年代,外国电影不少都有一个优雅的片名,如《魂断蓝桥》(原名是Waterloo Bridge,滑铁卢桥),《飞雁惊鸿》(Dancing lady,舞女),《绿窗春困》(女生宿舍,Girl's dormitory)等等,实在令人叫绝。

而译好中国电影片名,就不能千篇一律的直译,要根据影片的主题、思想内容,用贴切的语言翻译,这样才可以吸引更多的观众,让他们走进影院。在这方面,周总理的建议给了我们重要的启示,他曾经建议把《梁山伯与祝英台》译成《中国的罗密欧与朱丽叶》。

所以,我在翻译的过程中,也对片名进行了适当加工,例如:

《最爱》→Pour toujours;《萧红》→Fleur fanée

所以我们在翻译电影时不能一味的追求忠实原文,对白要尽量简短、口语化;现在我们有的电影对白语言很粗俗,我在翻译、审改的过程中做了适当处理,尽量淡化。例如《失恋33天》中有这样一句话:"明天我们有一个聚会,你去找几个小三来热闹热闹。"译者把"小三"译成"妓女",这就太过头了。我就把这句话译成：tu vas chercher quelques filles pour animer la fête de demain. （明天我们有一个聚会，你去找几个小妞来热闹热闹。）

三、关于直译和意译

什么叫直译？什么叫意译？究竟用直译好还是意译好？这个问题翻译界争论了几十年，可从来也没有什么定论，大家的理解也不一样。

直译，Dictionnaire de l'Académie Franaise 字典的解释是这样的：

Traduction littérale, celle qui est faite mot à mot.

Robert 词典的解释是：

Celle qui suit le texte lettre à lettre.

那么逐字翻译就是直译。

意译，Dictionnaire de l'Académie Franaise 字典的解释是：

Traduction libre, celle où l'on ne s'est pas asservi à suivre exactement le texte.

Larousse 词典的解释是：

Celle où le texte n'est pas exactement suivi.

也就是说，不严格拘泥于字面的翻译称之为意译。

鲁迅是主张"硬译"的。当今已经没有人去"硬译"，去逐字逐句翻译了，因为"直译"太死，可是"意译"又太灵活，容易走样。比如《国际歌》中译文歌词，非常流畅，好像词作者是中国人，可是懂法文的人一看，有的译词离原文意思太远：

Nous ne sommes rien, Soyons tout.（我们是卑贱者，贱民，让我们主宰一切。）

中文译词"不要说我们一无所有，/我们要做天下的主人。"里原文意思太远了。

关于直译还是意译，我们中译法研讨会也碰到过几次，引起过议论，不过因为时间有限，没有做深入探讨。要我说，我既不主张直译，也不主张意译，我们应当遵循严复提出的"信、达、雅"翻译标准。"信"通常理解为要忠实原文，要准确。"达"即通顺、流畅，"雅"是指要保持原作风格，译文要优美。在这三项标准中"信"即"准确"是第一位的，尤其翻译政治性文章，所以我们研讨会研讨新词也一直是把"准确"放在首位。还有一个问题，如果我们碰到汉语中一些形象的比喻、成语，是应该"直译"还是"意译"，我认为看情况，应该尽量两者结合起来。

例如："哀鸿遍野""沉鱼落雁""狐假虎威"等等都可考虑意译，这样译文就很形象。

四、应当整合我们的文化传播资源和翻译资源

应该整合我们的对外文化传播的资源。我觉得现今的对外文化传播的资源过于分散，有文化部，新闻出版广电总局，国务院新闻办，中央编译局、侨办、教育部，有中央的也有地方的，自成体系，各自为战，这就一定程度上浪费了宝贵的人力资源，也制约了外宣水平的提高，有时还会碰车。还是以电影为例，我为文化部、广电总局翻译、审改外宣用的法文电影台本已有10余年，可是我发现，两家外宣用故事片有时是重复的（因为公认优秀的影片不多），这家请你译了，隔一段时间那家又送来了同样的影片。电影不属于文化部领导，这在全世界是没有的。维也纳金色大厅一年有很多很多中国文艺团体在那里演出，剧院总经理看了偷着乐。早在10多年前，驻奥文化参赞就向国内写调研报告，对这种现象提出批评。原来出国演出须经文化部审批，后来管不住了，这种风气愈演愈烈，连中学合唱队也去演出，回国后身价倍增。门票不少是白送，有时白送也没有人去观看，有位歌唱家在今年的两会上说"自己开了个坏头"。为什么出现这种现象？

既然同是为了对外文化传播，同是电影，为什么不可以联合起来，成立一个统一的对外文化传播和翻译团队，形成合力，这样省时、省力、省钱，最重要的是可以保证译文质量。如果有单位肯牵头，我敢说，我们中译法研讨会就可以把这个翻译任务包下来，而且译文质量有保证。

这个办法我认为也同样适用于书刊出版。现在放开了，不少单位都可以出版法文书刊，可他们连一个懂法文的人都没有。

五、中译法、对外文化传播是立足本国还是依靠洋人？

外文局黄友义副局长说过："翻译工作的专业特点决定了翻译工作者更擅长于从事外语翻译成母语的工作。"

我完全认同这种观点。10几年前文化部在中国美术馆搞了个法国印象派大师画展，展览解说词是法国人在他们国内就译好，而且已印制在展板上，我一看中译文很差，病句、不通顺的句子比比皆是，但我也没有办法，因为生米已经煮成了熟饭。这是法译中，一般法国译者将法文译成中文很难做到得心应手。

上个月，一位旅法华裔画家要把评论他画作的文章译成中文，他在法国找不到合适人选，转来转去，最后托人找到我们中译法研讨会，请我译，画家对我的译文表示非常满意。

所以一般来说，从外语译成中文我们更行，而从中文译成外文外国人要比我们强。

可是我们中国的国情比较特殊，我们急于要把我们自己的东西翻译出去介绍

给世界，如果我们只把欧美文艺作品译成母语汉语，不能把母语汉语的东西译成外语，那么欧美文化势必将继续主宰这个世界。更重要的是，我国博大精深的文化不是为数不多的外国中文译者能完全掌握的，他们未必能真正理解其内涵。

例如我们文化部做过一个关于杨利伟上太空的专题片，其中有一句话是：某年某月某日，党和国家领导人胡锦涛、吴邦国、温家宝、贾庆林亲切接见杨利伟。译者把"党和国家领导人"译成"les diecteurs du pays"，译文已经法国人修改，要我终审签字。连"党和国家领导人"这个短语都不会译，把作为政体的国家译成地理概念上的 pays 而不是 Etat 的人，竟有勇气接受笔译任务。而且译文是经过好几个人之手（初稿、审校、定稿）后送到我这里来的。我在上面用红笔打了 3 个大问号退回去。更可笑的是，后来又经过重新修改的译文送来后发现，译文变成了：Hu Jintao, secrétaire général du PCC et Wu Banguo…, dirigeants de la République Populaire de Chine…我们主管这一工作的人对翻译公司提出严厉批评，对方称译文经过法国使馆某官员修改。真是可笑，可气！我们还做过中国地理的专题片，那也是 10 几年之前的事了。某译者（法国人）把黄岩岛译成"Scarborough"（斯卡巴洛礁），我审稿时把它改成黄岩岛汉语拼音，把译稿退回去请他认可时（因为还有其他文字改动），他非得跟我较劲，又把黄岩岛改回他原来的译法，这一下我可不干了，在关系到国家主权的问题上我绝不让步，我坚决主张按国务院规定的拼音翻译地名，废弃过去西方人（有的还是老牌殖民主义者）使用的南海诸岛译名。我决定打一场笔墨官司，写了一封长信（原件至今我还保存着），申述我的理由，某领导终于发话了，并作出批示，说应按我的意见办。如今南海风云迭起，更加证明我做对了。

10 多年前，我对黄岩岛历史不清楚，反正心里明白，黄岩岛自古就是中国领土。后来菲律宾这个无赖出来胡闹后，我查阅资料才知道，是中国最早发现了黄岩岛。1279 年，元世祖忽必烈派天文学家郭守敬进行"四海测验"。"四海测验"的测量点就是黄岩岛。中国人自古称之为黄岩岛，西方人叫"Scarborough"（斯卡巴洛礁（Scarborough Reef）。1935 年，中国水陆地图审查委员会将黄岩岛列入中国版图。

1947 年底，中国内政部正式编制出版的《南海诸岛位置图》将黄岩岛划在"断续国界线"（即九段线）内。该线是具有法律效力的历史性界线。美国曾向台湾当局申请，并经批准后，才在 1956 年至 1958 年派海军到黄岩岛进行地质勘察。1983 年，中国地名委员会受权公布的《中国南海诸岛部分标准地名》将黄岩岛定为标准名称。

最近我们中外文化交流中心又做了个专题片，里面有句话叫做"发展资本市场"，某法国译者把它译成"développer le marché du capitalisme en Chine"（中国要发展资本主义市场），明显不妥。

所以要想正确无误地传达中国的声音，介绍我们党和国家的方针政策，就要立足于本国，就必须依靠自己，这个任务理所当然地落到有志于翻译事业的中国译者身上。

有人认为我们译的东西法文不地道，中国式法文多。

以前，时至至今，在文学界有一个轮调，我们得不到诺奖是因为我们译者没有把他们的作品翻译好，翻译水平差。

这实在是个冤枉。

拿不到诺奖怎能归咎于中国翻译？翻译翻译，就是又翻又译，翻开就译。翻译不制造大师，不能制造大师级作品。要从其他方面找找原因。现在的作家创作的条件已经够好的了，他们有宽敞的办公室，有工资，有创作假，鲁迅那个时代的作家，常常要为柴米油盐操心呢！外国作家也没有中国作家那样优越的创作环境。

北青报4月12日刊登题为《我们不读小说了》文章中说，现在的作家无法对巨变作出一个丰富、深刻的解读。当代文学存在的问题：视野与思想力匮乏，小说文本的主题与结构千篇一律，尤其是语言。

没有好小说，在国际上得不到大奖，怎能归罪于翻译？

对于这种因为翻译而得不到诺奖的谬论，为什么翻译界没有人出来反驳？为什么没有人出来仗义执言为翻译界说话？

我记得《北京周报》创刊时，《参考消息》刊登过法国语言专家赞扬我们译文质量的文章，说我们的文章没有任何语言错误。

我并不反对请外国人撰稿、译稿、改稿，但是要强调以我为主。大会上听说我们搞了一个中国图书对外推行计划，以资助稿费形式鼓励外国译者、外国出版机构翻译出版中国图书，已资助多少多少个外国出版机构，资助金额达几千万之多，这个数字可不小。我对这个计划本身没有什么意见，但我想问，我们有没有参与审核译稿？有没有把关？外国人翻译的不一定都正确，我在上面已经举了不少例子。

总之，我的意思是，中译外，还是要立足本国，依靠自己的力量。

六、适当提高翻译人员的待遇，努力建设一支优秀的高水平的翻译队伍

一方面，我们高水平的笔译奇缺，一方面，我们高水平的翻译工作者似乎没有得到应有的尊重和使用，翻译稿费还是太低。

我国各行各业中部分高级知识分子享受国务院特殊津贴，虽然数目不大，也就是每月几百元,可是这是一种待遇,一种荣誉,一种肯定。这种荣誉是不能用金钱来衡量的。可是唯独翻译界没有一个人获得国务院特殊津贴。是不够格还是被遗忘?

中译法研讨会中(自然不限于中译法研讨会)不少人毕生从事翻译工作,有的长期担任过国家领导人的翻译,有的几十年如一日,孜孜不倦地翻译国家领导人选集、党和国家重要文选,有的默默地在电台、电视台无私奉献,转达中国好声音。他们中不少人都有著作、译著。像这样的中译法人才,可以说在我国是屈指可数,难道这些人中的某些人就不配享受国务院特殊津贴?

还有一个问题,我至今弄不懂,常常纳闷:全国翻译专业资格考试只设一、二、三级,资深翻译,又称资深翻译家,不考试,只通过主管单位评审获得这个荣誉称号,与工资不挂钩,而且要年满65岁。翻译到了65岁,已经退休了,才有可能弄个空头荣誉称号,有什么用?我觉得,这种做法不利于翻译事业发展,不利于培养高水平翻译人才。

(陈伯祥,男,1942年生。正译审。1960—1965年就读于北京大学西方语言文学系。早年在北京第二外语学院任教。后一直供职于中华人民共和国对外文化联络委员会和文化部。曾在中国驻比利时使馆、驻阿尔及利亚等使馆工作十余年之久,先后任二秘、一秘及局级文化参赞。长期担任文化外交主要译员。文化部外宣影片中译法终审,全国翻译专业资格(水平)考试法语专家委员会专家。2010年获"资深翻译家"荣誉称号和证书。有《苦儿流浪记》《我的父亲雷诺阿》《童仆的一生》《法语俚语》《法国艺术歌曲506首》等多种翻译、著作出版,并主编《新编法语教程》《实用法语动词变位手册》《法语语音》等多部教材。)

汉译法个人素质的培养

侯贵信

一、翻译综合素质的含义

所谓综合素质指的是翻译的政治立场（观点）、政策认知力、社会阅历（经验）、文化知识（知识修养）、语言功底（能力）、翻译技巧（翻译的技术）以及工作态度（责任心）等。

所以我们说，一名翻译的素质，或说能力，是一个全面的、综合的指标，是需要在长期的翻译实践中逐步获取的，不可能一蹴而就。在下面的论述中，我们将主要谈及语言功底和翻译技巧的培养锻炼问题。

二、翻译职业的艰辛

1. 艰辛来自于工作的难度大。我们常说语言是交流思想的工具，这里的两个关键词是"语言"和"思想"，翻译是运用另外一种语言交流思想，传达情感，达到了解和沟通的目的。这样的目的，或者说使命即意味着译者肩负任务的难度。因为社会情况是复杂的，人们的情感是丰富多样的，不同的国家更是千差万别。

2. 艰辛来自于新形势、新事物、新技术的不断出现。形势发展变化很快，新情况、新事物层出不穷，增加了我们认识、了解形势和问题的难度，译者难于跟上事物的发展，担任翻译工作会颇感吃力。

3. 艰辛来自于语言本身处于发展中，新词语、新提法几乎每天都在产生。坚持不断地学习成了翻译的必修课，因此翻译在自己的职业生涯中不能有丝毫的停顿，否则就会因为与形势、语言的差距拉大而落伍。

4. 艰辛来自于中文。我们的母语中文是优美的语言，极富表现力，中文具有的鲜明特点增加了翻译工作的难度。

三、如何才能做好汉译法（关于翻译素质的培养，即翻译能力建设问题）

1. 关于翻译标准问题

什么是好的译文：

最全面、最简洁的概括依然是"信、达、雅"（fidélité，fluidité de style et élégance）原则。用我的话，也可以表述为四性，即忠实性、准确性、完整性和生动性。换句话说，对于翻译质量的要求基本可以分为三个不同层次：第一（基本要求），完整传达原作的思想意图，译入语通顺，做到了这一点，译文是合格的；第二，译文简洁、生动，表现力强，使读者充分理解原作者的意图；第三，更进一步，如果译者能够做到译出语和译入语两种文字用词造句和表达方式的一致或接近，做到译文神形兼备，则更是高出一筹，堪称理想境界。

优秀的译文应该做到，或基本做到两种语言语义（思想）、风格乃至文体的对等。（高标准的要求）。

这里我们谈的是翻译，而不是编译，编译完全是另外一种工作。编译是综合，是反映作者的主要思想（精神），而不是全部内容，采用的语言和表达方式也可以有较大差异。

2. 如何达到以上标准

①注重全面素质的提高，包括立场观点、社会阅历、知识修养、语言功底、翻译技巧和工作态度等方面。这里面的每一点都是重要的，不可缺少的。今天我们重点谈语言能力和翻译技巧两个方面。

②一名翻译必须有扎实的语言功底，中外文都要好。在翻译中体现（达到）两种语言的互动。

根据我的实践经验，我们在学习、研究、提高法语水平时应该注意以下几点：

第一，要求很好地掌握法语中最常用的几百个单词（400—500个），包括名词、动词、形容词、介词等，像 avoir, être, faire, prendre, mettre, bon, beau, par, comme, avec, à, de, en, que, qui, quel, lequel, dont, où, mieux, meilleur 等等，以及这些常用单词组成的基本、常用词组、句型。对这些词汇的了解必须是全面、深刻和完整的，即他确切的原意、各个引申含义和他所组成的主要词组。

例如：démocratie 这个词既指一种政治理论（doctrine politique, selon laquelle la souveraineté doit appartenir à l'ensemble des citoyens），也指一种政治组织（organisation politique, dans laquelle les citoyens exercent cette souveraineté），还指一种政治制度，即所谓的民主政治（un régime, tat pourvu d'institutions démocratiques; tat organisé suivant les principes de la démocratie）。所以，démocratie 在不同情况下，应该分别译为"民主""民主政治""民主制度"等。反之，这三个词，我们都可以用 démocratie 来表示。

又例如：plaisir 一般翻译为愉快、快乐、快活、高兴。但是根据上下文，应该有不同的译文，如：plaisir de lire 要译为"阅读（读书）的乐趣"，C'est honteux de s'adonner aux plaisirs de la vie.（以骄奢淫逸为耻）。而在 rechercher du plaisir 中，要翻译成"追求享乐"。mener une vie de plaisirs 则可以译为"享乐"或"吃喝玩乐"。

所以说，我们学外语，要求是要研究做学问，而不是一般意义的学习。所谓研究，首先是分析、研究语言的特点，中文的特点，外文的特点，在掌握两种语言的特点、两种语言的异同的基础上，研究获取翻译的技术和技巧。

第二，要经常使用工具书。就是要天天查词典，查外文词典，如 Le Petit Robert，Le Petit Larousse，以及 Google 谷歌网、Yahoo France、Wikipédia（网上维基词典）、Mediadico、Linternaute Encyclopédie 等多种网上词典。科技的进步和国际关系的发展、变化为我们创造了各种良好的条件，我们应该充分加以利用。

第三，关于日常生活中的学习、积累。包括听广播、看电视、读报，等等，并且注意紧跟形势进行学习。做一个有心人，多思考，随时随地学习，随时随地思考，思考两种文字的互译，随时都会有收获。学习应是无所不在，为自己创造更多的机会，比别人多的机会。在中国可以学，如果临时出差、出游到法国或其他法语国家更可以学。

下面举一些例子，是我平时思考中法互译的收获：

"暗香"如何翻译，如果你是个有心人，有随时随地思考的习惯，当你听到 un parfum discret 你就会联想到"暗香"这个词。而幽香、清香则应译为 parfum délicat

La violence et l'oppression font partie du quotidien (de qn)；

… reste quotidien ……是家常便饭（天天发生的事情）；

（闹得）满城风雨 Toute la ville en parle.

换乘站（例如地铁）station de correspondance；

我们天天开车或坐车，会看到交通部门关于路况的显示牌上有"车多流量大""行驶缓慢"或"车辆行驶畅通"，相对应的法文应该是 circulation intense、circulation ralentie 和 circulation fluide，这些是我们在法国的道路显示牌上经常可以看到的。

另外，当你看到法文 attention, danger de mort 或 travaux, déviation 或 arrêt sur demande 你就会联想到中文的习惯表述"小心，生命危险""前方施工，车辆绕行"（déviation des véhicules pour cause de travaux 或 Travaux, déviation!）、"招呼站"等等。所以，如果平时注意学习、积累，我们就可以自然地把相对应的中、法文联想到一起。这样，我们就做到了，既是翻译，又是自然的语言和情感表达，使我们在中外文互译中达到两种语言互动，相互促进，同时提高。

我们要特别注意跟踪形势进行学习（即联系当前发生的事件，思考、学习相应的词汇）：

例如：国内外发生的大事，中文是怎么说的，法文又是怎么说的，我们要紧跟形势去思考。

几年前发生非典（SRAS），讲到"发热病"maladies fébriles；

最近发生的马航客机 MH370 飞机失联事件，有很多中、法文报道，如果我们在了解、阅读这些报道时，把两种文字的有关词汇、用语联系起来思索，印象会更深刻，记忆会更牢，我们定会学到不少准确的中法文表达方法，使自己受益。

又如不久前墨西哥南部发生地震，我们就可以跟踪有关报道，学习地震的相关词汇、用语。

语言在发展，新词汇、新用法不断出现，我们要不断学习，更新知识，随时学习、掌握新词汇、新术语。

例如："高端"

高端研讨会 séminaire, forum haut de gamme

高端市场 marché haut de gamme

高端旅游 tourisme haut de gamme

例如：达人，红人 Homme du jour, Homme à la mode, l'homme dont on parle

例如：gouvernance（exercice du pouvoir pour gérer les affaires nationales; méthode de gestion d'une entreprise）治理；

améliorer la gouvernance internationale de l'environnement 改善国际环境管理；

gouvernance du développement durable 可持续发展的治理；

gouvernance électronique 电子政务；

Gouvernance et régime de propriété intellectuelle dans une économie d'apprentissage 学习型经济的治理和知识产权制度；

Nous avons besoin d'une nouvelle gouvernance, plus ouverte et participative. 我们需要更加开放、多方参与的新的治理方法；

③潜心翻译事业，在长期的中译外的翻译实践中磨练翻译能力，提高翻译水平。我这里强调的是一个"练"字，通过笔译磨练本领，这是提高翻译水平的最好方法之一。要有10年、20年以上的磨练。当然，不是工作时间越长水平就越高，但是没有相当长的翻译实践也肯定不会达到很高的水平，这就是时间与水平的辩证法。

下面我想通过一些翻译实例，说明汉译法的原则或技巧，即第一步准确把握中文含义，第二步找到恰当的法语词组、句型，生动、完美地传达思想。

——《中国已经实现了由温饱到总体上达到小康的历史性跨越》，如何翻译"解决温饱"，我翻译为 La Chine a réalisé un bond historique en passant d'une société à l'abri des besoins essentiels / élémentaires à une société de moyenne prospérité. 这一用法也是从别人那里学来的（非盟主席让·平的一本书《非洲之光》）。所以，翻译必须善于学习，并不断改进学习方法。作为法语翻译特别要学习法国和法语国家文件、文章以及有关领导人的发言、讲话等，以汲取营养。我们要学习使用他们的用词和表达方法，尽可能地避免中国式的法文。

——关于"和为贵"如何翻译，我们必须根据具体情况，使用适当的句型。

根据具体所指，我们可以选择以下句型：

L'entente humaine est préférée à toute chose.

Il ne peut y avoir que profit dans une entente, que préjudice dans un conflit.

Il n'est que de s'entendre.

Rien n'est plus précieux que la paix / la bonne entente / la coexistence pacifique.

Faire la paix, c'est la meilleure solution.

La paix est le meilleur choix.

La réconciliation est la meilleure solution pour toutes les parties.

——"同舟共济，共克时艰"，我们翻译为 …se sont montrés solidaires et ont travaillé de concert pour surmonter les temps durs / les difficultés du moment. 我们也可以翻译为：Nous sommes dans le même bateau.

通过这几个例子是想说明译者在做翻译时，应该采取哪种思路。此外，中文文字特点问题，我们中文用词强调"准确、具体"，词义往往要体现在词的表面上，因此用词多有重复，例如我们会在同一篇文章中见到很多个"积极""进一步""有效""切实"等，这需要译者发挥能动作用，对这些词做恰到好处的处理，从用词造句上发挥译者作为再创作者的作用。这里也提出了译者的忠实和再创作两者之间的辩证关系。

④翻译的另外两个核心问题

——丰富的语言和文字修养问题。任何语言都是十分丰富的，法语如此，我们的中文更是如此。要求我们在翻译时双向思维，做到两种文字互动，相互推动、促进。我们可以举出几个例子：

——金钱万能（钱能通神，金钱主宰世界，有钱能使鬼推磨）在法文中，类似的说法我们也可以举出十种以上。L'argent，matre du monde. / L'argent mène le monde [l'homme]. / Avec l'argent, on peut tout. / Avec l'argent, tout est [devient] possible. / L'argent est tout—puissant. / L'argent peut faire bouger les Dieux. / Avec de l'argent, on peut mettre les Dieux eux-mêmes de son cté. / Clé d'or qui ouvre toutes les portes, c'est a la magie de l'argent. / L'odeur de l'argent suffit à soler [saouler] les hommes.

——与时俱进 Il faut être de son époque. / être en phase avec son temps [l'esprit du temps] / vivre [avancer] avec son époque

——说与做相差十万八千里（相去甚远）Il y a loin du dire au faire [de la parole à l'action / du projet à sa réalisation / du projet à la chose.] / Promettre et tenir sont deux

——流芳百世（名垂青史，青史留名，载入史册）être immortel / s'immortaliser / passer [être passé] à la postérité / rester éternellement gravé dans les esprits [mémoires] / laisser son nom [s'inscrire] dans l'histoire / qn est entré dans l'histoire [dans l'immortalité / dans l'éternité / dans les annales de l'histoire] / avoir sa place dans l'histoire

——中译外，包括翻译外国文学作品，译者一定要进入角色。演员演戏要进入角色，翻译也是如此。翻译要能够站在作者的立场和角度上，去体会、理解作者的观点和思想感情，把握作者的真实思想和意图，抓住深层次含义。在此基础上，才是把体会、理解到的东西用准确、生动、丰富乃至优美的中文表达出来。这后一点就是中文修养问题了。现在回想起来，在20世纪80年代翻译法国银行家罗特希尔德的回忆录《奋斗》时，由于自己的阅历、经验和知识等方面的局限，对作者的一些思想、感情可能认识、体会的还不够深，不够透，一些细微的东西可能没有在译文中表达出来。而2009年底至2010年初翻译非盟主席让平的《非洲之光》情况就有很大不同，随着阅历的增长和经验的丰富，特别是对非洲情况的进一步熟悉，翻译起来感到顺手，尽管由于中、法两种语言的反差，有一些句子翻译起来仍然有一些难度。

总之，翻译的道路是漫长的，我们永远也不可能达到完美，但我们的每一次努力都会使自己离完美都更接近一步。

四、关于翻译技巧（méthodologie de la traduction）

（翻译的技术 compétences techniques du traducteur）

根据翻译实践，从中、法文的语言特点出发，我总结出以下主要翻译技巧、方法和需要重点关注的问题：

1. 加减字法

一般而言，在很多情况下，从法文到中文，需要加一两个字，或多个字，从中文到法文，需要减一两个字，这就是我们常说的翻译的"加减字法则"。

例如：Il s'est spécialement déplacé pour vous. 他特意来看你。

例如：给你一个意外的惊喜 réserver (à qn) une surprise；"意外"两字可以不翻译，如果要加，只能说 réserver une bonne (heureuse) surprise。

例如：C'est une affaire strictement personnelle. 这纯属个人私事。（"个人"和"私"的重复）

例如：Son état empire, s'aggrave. 他的健康状况恶化了。（加"健康"）

例如：être simple dans sa mise et d'une exacte propreté 衣着简朴，干净整齐（根据中文四字组合的特点，翻译为两组四个字的词组）

例如：Le débat international n'est pas abstrait ou lointain. 国际问题辩论不是抽象或遥远的（加"问题"）

例如：Des lectures qui enrichissent l'esprit 阅读丰富精神世界

例如：notre sensibilité politique（我们的）政治敏感（性）

当然，在另外一些情况下，中译法要加字，因为中文中有省略。如：计划得到广泛认可（广泛支持）。Le projet recueillit une large adhésion auprès du public.

2. 拆句重组法（一个句子的重新组合，包括句型的改变，词性转换，即动词、名词、形容词、副词等相互转换等多项内容）

例如："人民，只有人民才是创造历史的动力。"Le peuple, le peuple seul, est la force motrice, le créateur de l'histoire universelle.

例如："开展长期的经济合作"inscrire la coopération économique dans la durée；développer une coopération économique qui s'inscrit dans la durée

例如：建立持久的互利合作关系 ancrer durablement des rapports de coopération mutuellement bénéfique

例如：为长期合作奠定了牢固基础 poser solidement les bases d'une coopération inscrite dans la durée

例如：坚定地追求一个目标 être constant dans la poursuite d'un but（副词和形容词之间的转换）（我们当然也可以译为 poursuivre fermement un but）；

例如：（une association）développer et diversifier ses activités 开展活动，丰富活动内容（词性转换）；

例如：J'ai toujours eu pour principe de ne faire jamais par autrui ce que je pouvais faire par moi—même. 我的原则是，自己能做的事，绝不请他人代劳

例如：中心的问题是 La question qui importe est de savoir⋯

例如：影射攻击⋯⋯ Par des attaques voilées, il a laissé entendre que⋯

3. 简化法

例如："进行了广泛会谈，内容丰富" mener des entretiens sur un large et riche éventail de sujets

例如："任重道远，还有一段很长的路要走"（nous avons encore）un long et difficile chemin à parcourir（avant de...）或译为：Et le chemin sera long du projet à sa réalisation.（不一定非译为 avoir une lourde responsabilité à assumer et un long chemin à parcourir）

4. 学会多使用自反动词（中文中没有的形式）

例如：你根据什么这么说？ Sur quoi vous vous basez pour dire cela

例如：当前形势的主要特点是 La situation actuelle se caractérise principalement par⋯（要比翻译成 La principale caractéristique de la situation actuelle est⋯更好）

例如：一国的稳定不能建立在别国动荡和危机的基础之上。La stabilité d'un pays ne saurait se btir / se baser sur les agitations et les crises d'autres pays.

例如：发展应是联合国改革的主线。Le développement doit s'imposer comme un sujet principal de la réforme de l'ONU.

例如：⋯⋯打得火热 La plus grande intimité s'est établie entre⋯

例如：建立国与国之间相互尊重、平等相待、不同文明相互借鉴、交流融合的和谐环境。Créer un environnement harmonieux où les pays du monde se respectent et se traitent d'égal à égal et où les différentes civilisations s'inspirent et s'enrichissent mutuellement.

例如：主权是不能谈判。La souveraineté ne se négocie pas.（Un droit qui ne se négocie pas）.

例如：他的愿望实现了（他实现了自己的愿望）。Son souhait s'est accompli.

例如：姗姗来迟 se faire attendre（tarder à venir；s'attarder；arrivée tardive）

例如：Ce ne sont pas des choses qui s'achètent. 不能用钱买；是用钱买不到的。

例如：我们对日贸易逆差达两千万欧元。Le déficit de notre commerce avec le Japon s'est creusé à [pour atteindre] 20 millions d'euros.

例如：Il s'est enfin démasqué：il s'est montré sous son vrai jour. 他终于暴露了，他暴露在光天化日之下。

5. 学会多用 *faire faire*

例如：让事实说话 faire parler les faits

另外，如：faire avancer, faire progresser（推动），faire durer（维持），faire prospérer l'économie（繁荣经济）等，例子是很多的，举不胜举。

6. 学会多用无人称句型（*il est...；il a été...*）

例如：国际形势发生很大变化。Il s'est opéré un grand changement dans la situation internationale.

7. 学会多用被动式

例如：我们翻译"出席""在场""参加"等，完全可以说…a été présent…

例如：在这件事上，他起了决定性作用。Son rle a été déterminant dans cette affaire. （我们当然可以译为：Il a joué un rle déterminant dans cette affaire.）

8. 多用"*avoir*""*être*"等常用动词造句

为此需要掌握很多句型、词组。

例如：avoir la folie des grandeurs：avoir le got du colossal, et par ext. une ambition démesurée 追求荣华富贵；avoir le got, l'amour des grandeurs 爱慕荣华。

例如：être 组成的句型，例子很多：

être étroit d'esprit 狭隘；

être né l'un pour l'autre 有缘分；

être d'un caractère conciliant（d'une humeur accommodante）；

être du soir 夜猫子；（couche—tard, aimer se coucher tard；être actif le soir）；

être jeune de corps 身体年轻；être jeune de cur 心理年轻；être jeune de caractère 性格年轻；être jeune d'esprit 思想、精神年轻；être jeune de visage 长的年轻；

9. 关于"用一个形容词、副词、介词、名词、动词以及短语形式"翻译，表达一个完整的概念，即翻译一句话（而不是造一个有主语、谓语、宾语的完整句子），使我们的语言更加生动、简洁，提高翻译质量

我（患）有高血压 Je suis hypertensif.（souffrir d'hypertension）；

拉肚子的病人，腹泻者 malade diarrhéique；un, une diarrhéique（avoir la diarrhée）；

在这些成果的基础上 sur cette base fructueuse；

3000多万人受到艾滋病困扰 Plus de 30 millions de personnes sont séropositives ou sidéennes.（使用形容词，而不是动词）；

中国拥有古老的文化（中国是文明古国）pays de vieille culture / de vieille civilisation（au lieu de dire：La Chine possède une vieille culture⋯这里名词+de+名词）；又如：中法两国有悠久的农业生产历史 Riche de leur longue tradition agricole, la Chine et la France⋯这里用 riche de 表示拥有；

（进一步）加强（增进）相互了解 pour une meilleure compréhension mutuelle 或 promouvoir une meilleure compréhension réciproque）这里用形容词 meilleure 代替动词"加强"；

承担刑事责任 être pénalement responsable；

摆在我们面前重大而紧迫的任务 Voilà une tâche lourde et pressante qui nous attend；

科学知识丰富人生 La science enrichit（qn）；

缺乏进取精神 absence de volonté de progrès；

勇于表达自己的观点 avoir le courage de ses opinions（注意法语的特点，这里不需要加 exprimer 等动词）；

他们的丰功伟绩在我国人民革命史上是不可磨灭的。Leurs grands mérites s'inscriront, impérissables, dans les annales de la révolution du peuple chinois.（使用一个形容词）；

企图永远霸占某国 chercher à perpétuer l'occupation d'un pays（使用一个动词）；

为长期合作奠定了牢固基础 poser solidement les bases d'une coopération inscrite dans la durée；

继续中法文化年的势头 prolonger l'élan des Années croisées；

非洲局势发生了令人欣慰的进展，但有些地区冲突仍在继续 La situation en Afrique a connu des progrès encourageants, malgré la persistance de certains conflits régionaux.（使用短语，不使用动词）；

10. 使用原形动词（动词，动词＋补语，动词＋*que*＋补语，动词＋动词，动词 *être*＋形容词，做主语）

Travailler est un devoir indispensable à l'homme social. 劳动是作为社会的人应尽的义务；

Donner est plus doux que recevoir. 奉献比索取更令人快乐；

Récriminer n'est pas se justifier. 诬陷他人并不能为自己辩解；

Fumer nuit à la santé. 吸烟有害健康；

Boire de l'eau du robinet tue. 喝自来水会致命；

建设一个更加美好社会，是人类孜孜以求的美好理想。Construire une société meilleure［qui l'emporte dans l'ordre de la bonté, de la qualité, de l'agrément］est le bel idéal pour lequel l'humanité n'a jamais cesse d'uvrer；

Croire que… serait une grave erreur.（例如：认为美国主义是不可战胜的，那将是一个极大的错误。Croire que l'impérialisme américain est invincible serait une grave erreur）；

Promettre et tenir sont deux.（许诺与兑现是两码事）；

tre franc et sincère est mon plus grand talent；

Faire en sorte que la France et la Chine se rencontrent mieux est aujourd'hui, j'en suis convaincu, une tche d'ordre historique, qui mobilise les richesses inépuisables de nos traditions respectives, pour inventer, au terme d'un siècle tourmenté, de nouvelles formes d'échanges et de coopération.

Arrêter de fumer diminue les risques de voir apparatre un cancer du poumon.

Croire en Dieu est un pur acte de foi ou une conviction d'amour

Vouloir; c'est pourvoir.

Comparer, c'est juger.

Comprendre, c'est déjà aimer.

Avancer en ge, c'est s'enrichir d'habitudes.

Refuser de servir, c'est faire passer son intérêt personnel avant l'intérêt général.

Je n'ai pas voulu poser cette question avant le Traité simplifié car la poser avant aurait tout bloqué.（2007 年 8 月萨科奇使节会议讲话）

Opposer l'Union (européenne) à l'Otan n'a aucun sens parce que nous avons besoin des deux.

原形动词的否定式（ne pas être＋形容词）也可以做主语，例如：Ne pas être ponctuel est sa première faiblesse. 不守时是他的主要毛病。Ne rien faire est la solution la plus coteuse 无所作为是代价最大的解决办法。

（侯贵信，男，中国外文局全国翻译高级职称评审委员会委员、全国翻译资格（水平）考试法语专家委员会主任委员、中国译协理事、译协对外传播翻译委员会副主任、译协中译法研讨会主任。2002年12月被授予外交部外语专家称号（终身），2012年12月被中国翻译协会授予翻译事业特别贡献奖，2013年12月获全国翻译专业资格考试突出贡献奖。历任外交部翻译室法文处处长、翻译室副主任、中国驻马赛总领事并兼驻摩纳哥总领事、中国驻塞舌尔大使。发表译著400万字以上，主要有《法国资产阶级大革命》《奋斗》（银行家罗特希尔德回忆录）《德斯坦回忆录》（两卷）《契诃夫传》《中国铁路》（校译）《非洲之光》等。）

莫言作品在法国的译介与解读
——基于法国主流媒体对莫言的评价

周新凯 高 方

2012年备受瞩目的诺贝尔文学奖揭晓，我国著名作家莫言被授予诺贝尔文学奖，成为首位获此殊荣的中国本土作家。引发了国内媒体的"狂欢"与国外媒体公众的普遍关注。莫言的小说《红高粱家族》《蛙》等作品多次获得国际文学奖，其作品亦被译成多种语言，如英文、法文、德文、意大利文等，莫言的获奖对于中国当代文学的外译与传播而言，具有某种开拓性的作用，对中国文学作品走向世界，也将产生深远的影响。

一、莫言作品在法国的译介历程简述

从来没有哪个奖项像诺贝尔这样影响巨大，一经"开奖"便波及深远引发热议。莫言获奖后，法国大量主流媒体与文学专刊纷纷撰文发表系列评论文章，其中包括《世界报》（Le Monde）、《新观察家》（Le Nouvel Observateur）、费加罗报（Le Figaro）、法新社（AFP）与文学半月刊（La Quinzaine littéraire）等一流杂志与媒介。事实上，法国媒体、评论界一向将莫言视作中国当代文学的头号标志性人物。正如中国问题专家皮埃尔·阿斯基（Pierre Haski）曾经表述的那样"莫言毫无疑问是中国当代文学的头号人物""当今最犀利的文笔之一"。《文学双周刊》认为莫言是一位"令人激动的""极为罕见"的作家①。《世界报》2012年亦刊文道："把中国当代小说推上世界文学舞台的这一代作家，从贾平凹到余华，从苏童到阎连科，莫言无疑是最有代表性的"。"毫无疑问，现实与虚构的融合使莫言陶醉其中，他处于中西传统、寓言式文学与现实主义文学的交叉点上。莫言无疑是当今最伟大的小说家之一"。② 法国电视一台报道称："莫言是世

---

① 杭零：《中国当代文学在法国的译介与接受》，第118页。
② Nils C. Ahl, Mo Yan : le Nobel pour "celui qui ne parle pas", LE MONDE, 15.10.2012.

界上最著名的中国作家之一"。①

法国,是除中国本土以外,出版莫言作品最多的国家。莫言也是在法国被译介最多的中国当代作家。莫言的诸多作品很早即被译介,从1990年的《红高粱家族》《天堂蒜薹之路》(1990)、《筑路》(1993)、《十三步》(1995)、《酒国》(2000)、《丰乳肥臀》(2004)、《铁孩》(2004)、《檀香刑》(2006)、《生死疲劳》(2009)、《蛙》(2011)、直至今年(2012)译介的《牛以及三十年前的一次长跑比赛》等。莫言多部作品的法语译者、普罗旺斯大学中国语言与文学教授、汉学家诺埃尔·杜特莱这样评价道:"莫言的作品内容丰富,中国当下社会中的诸多主题——例如社会关系、腐败、传统的印记等等,他都给予关注,表现出了人类与社会关系的复杂性""莫言总是在尝试不同的写作风格。比如,《酒国》像是一本侦探小说,《丰乳肥臀》是一部宏大的史诗般的小说,足可以和托尔斯泰、巴尔扎克和马尔克斯的作品媲美;《檀香刑》有民间戏曲的印记;《蛙》的最后一部则是一出有萨特风格的戏剧……"(欧洲时报,2012)。法国媒体与公众把莫言誉为"拉伯雷"式的作家,从媒体与专家的普遍赞誉中,可见莫言作品在法国受欢迎的广泛程度。

从1990年开始,莫言在法兰西的译介差不多已走过四分之一的世纪,他的作品在法兰西语境中获得了新的生命,有着与在中国不一样的解读。事实上,"一个作家,要开拓自己的传播空间,在另一个国家延续自己的生命,只有依靠翻译这一途径,借助翻译,让自己的作品为他国的读者阅读、理解与接受。一个作家在异域能否真正产生影响,特别是产生持久的影响,最重要的是要建立起自己的形象"②。借助于翻译,作家与作品才能在异域的空间中得到艺术生命的延续与形象的树立。而形象的确立与艺术生命的再现需要读者的参与才能实现。正如萨特说过的那样"在写作行动中包含着阅读行动,后者与前者辩证地相互依存,这两个相关联的行为需要两个不同的施动者。精神产品这个既是具体的又是想象出来的客体只有在作者和读者的联合努力之下才能出现"。同样的,接受美学的代表人物尧斯认为:"艺术作品的历史性不仅存在与他的再现或表现的功能中,也必然存于它产生的影响中;在生产美学和再现美学的封闭圈中把握文学事实,此举剥夺了文学的一个维面,而这个维面与文学的审美特性和社会功能,又有着必然的和内在的联系,这就是作品产生影响的维面和它的接受维面。文学

---

① Le "Rabelais chinois" Mo Yan prix Nobel de Littérature 2012, TF1, 11. 10. 2012.
② 许钧,宋学智:《20世纪法国文学在中国的译介与接受》,湖北教育出版社,2007年,第184页。

首先面对的是读者"。① 在下文中，我们拟通过不同视角下具体评价的梳理、分析与评析，来考察在法兰西的文化语境下，莫言作品的形象与特点是如何被翻译与塑造的，其人其作品又经历了怎样的接受与解读。

二、莫言在法兰西语境中的多重解读

1. "莫言的与众不同之处，在于他强大的写作能力，以及独创又多元的写作风格。"

莫言独特多样而又大胆自由的艺术表现方式、魔幻现实糅合的写作手法与民族性多元化的语言特色吸引着法国读者。总体说来，对于莫言的写作艺术，瑞典皇家学院在颁奖词中有如下的总结，概括了异域读者眼中莫言最令人欣赏的文学特色："莫言的小说杂糅幻想与现实，历史与社会视角，莫言创造的世界之复杂性令人想起福克纳和马尔克斯的作品，同时他又在中国古老文学与口头传统中找到新的出发点。"

诚如莫言作品的重要法译者杜特莱所言，"莫言的与众不同之处，在于他强大的写作能力，以及独创又多元的写作风格"。《世界报》亦撰文写到"莫言的语言感情丰富""莫言是位糅合了真实、虚幻、趣味性等特点的作家。他的作品构造复杂，人物难以捉摸，叙事暧昧含糊。这就是为什么莫言不担心审查的原因（丰乳肥臀除外，未通过最终二审）。他善于使用隐喻……"② "莫言在写作中加入大量山东农村的寓言故事、民谣、小调、乡村谚语，既丰富了作品内容，又给小说蒙上了其特有的中国韵味"。在莫言身上，多样丰富的写作与叙事风格、本土化的中国话的语言特色得到了异域读者的接受与认可。法国著名的《费加罗报》发表专文，对莫言在中国语境的成长与创作做了分析，指出"中国一直对西方伟大的文学作品敞开着大门。莫言阅读了大量的名家作品：巴尔扎克、普鲁斯特、左拉、司汤达、莫泊桑、新小说、米歇尔·图尔尼埃（Michel Tournier）。正是因为借鉴了卡夫卡、福克纳、马尔克斯与他的魔幻现实主义，莫言才具有如此重要的影响。现实与虚幻的糅合使他沉醉。然而，他的本意并非复制西方小说而是构想出真实反映中国的故事。同时，莫言运用讲故事与寓言的写作手法来规避严苛的审查制度。"③

事实上，法国的媒体对莫言一直非常关注，一方面，他们从对审查制度的规避的角度来看莫言非同一般的叙述手法，另一方面则对莫言神奇的讲故事能力大

---

① 宋学智：《翻译文学经典的影响与接受：傅译〈约翰·克利斯朵夫〉研究》，上海译文出版社，2006年，第173页。

② Nils C. Ahl：Mo Yan：le Nobel pour "celui qui ne parle pas"，LE MONDE，15.10.2012.

③ Bruno Corty：Le Chinois Mo Yan，Prix Nobel de littérature，LE FICARO，11/10/2012.

加赞赏:"《生死疲劳》显示出莫言的聪明之处,它看去不是一本政治小说,而是一个神奇故事,让人以孩童惊叹不已的心态来阅读,一个男子五次投胎转世、令人目瞪口呆的故事。"① 汉学家尚德兰在评价莫言的作品《铁孩》时也特别强调这一点:"时而残酷,时而温情,或带有情欲色彩……透过孩子的眼睛,世界被描绘的像在一部巨大的诗篇里,没有成人的面具、戒备和卑劣……为法国读者提供了一把解读莫言的叙述天才和诗意世界的隐秘的钥匙"。②

对于莫言的写作特色与风格的形成,法国媒体普遍认为与其成长经历相关。2009年《世界报》发表署名文章,指出:"莫言1955年出生于中国东部山东省一个农民家庭,原名管谟业,由于文革不得不于12岁离开学校去工作。痛苦的童年生活给他的写作带来很多灵感,写了很多关于中国社会中腐化、堕落、独生子女政策和农村生活问题的文章。莫言本人说过'饥饿与孤独是我写作的两大源泉'"。"在博览了大量外国作家的作品后,莫言打开了创作思路。法国作家普鲁斯特、图尔尼埃、哥伦比亚作家加西亚·马尔克斯的作品,使莫言找到了以寓言、神话作为艺术题材及自由的写作方式,从而避开了官方的审查"。该文还称,"莫言以具有讽刺意味、反传统、拉伯雷式富有色彩的文笔,创作了十部长篇、二十部中篇和几十篇短篇小说,获得多项中、外文学奖。目前在文学界里,将诺贝尔文学奖颁给莫言的呼声很高。"③

莫言作品的法译者杜特莱表达了相似的看法,他在法国主流媒体《新观察家》上撰文:"在莫言身上最令人感兴趣的,是最开始他是一位农民的儿子。多亏了军队他才能够上学,但没能进大学。这给予他做的写作事业许多真实性的经历,然而对于一位伟大的作家来说这些还是不够的。他也看了许多世界文学大师的翻译成中文的作品,比如福克纳、马尔克斯、俄罗斯小说家等等。他的笔触扎根于山东农村与所有他接触的东西中。他跟我说他在每本书中都尝试新的写作形式,确实,这使得他的文风在中国具有一种独一无二的特性。"④ 杜特莱认为莫言独一无二的特性,还在于他的"无限的大胆"。在某种意义上,法国译家和评者看重的是莫言大胆地糅合了众家之长,用最出人意料的方式,用最本土的语言,展现中国的现实。各种西方的文学表现手法对他来说只是趁手的工具而已。

---

① Frédéric Joignot: l'Extraordinairehistoire d'unRabe laisenChine communiste, LeMondemagazine, 3, 03.10.2009.
② MO Yan: Enfant de fer. C. Chen-Andro. Paris: Seuil, 2004.
③ Frédéric Joignot: l'extraordinairehistoire d'unRabelaisenChine communiste, LeMondemagazine, 3, 03.10.2009.
④ Nol Dutrait:《Mo Yan est un ogre!》, Nouvel Observateur, 11.10.2012.

他形成了自己独特的文学创作手法,有世界文学的特点又不失民族性。深深吸引着异域的读者,这也许就是其作品展开的双重空间。

2. 莫言笔下的人物,是"世界性的"

审美视野的融合与读者审美期待的相契,是文学作品吸引读者的关键。从目前发表的一些媒体评论看,法国读者在文学审美视角融合方面对莫言的作品有着特别的期待。法国读者们在莫言的作品中能够找到符合他们审美传统的多种元素,进而与作品产生共鸣。事实上,在不同地域,同一部文学作品会被给予不同的解读,这是受文学历史与审美传统等因素所影响而形成的。在法国这片崇尚自由、深具文学传统的国度上,法国不同层次不同领域的读者对莫言作品进行了丰富且多层次的解读与诠释。

莫言小说最初的译者之一西尔维·甘迪尔(Sylvie Gentil)在《世界报》撰文,对莫言作品所能引起的读者反应做了分析,指出"在他的作品中融合了性与酷刑的场景,战争的摧残,莫言都用一种拉伯雷式的粗犷方式进行处理。他也从描述中找到快感,如一场屠杀的盛宴"①。译者杜特莱对此深有同感,他打过一个非常形象的比喻,说"莫言是个食魔:他如饥似渴地汲取着西方的叙事传统、中国的传奇故事、大众戏剧、流行歌剧。""此外他对生活中肉欲的实体感触灵敏,比如我们的身体,比如此中流淌的所有液体,譬如眼泪、唾液、精液……正因如此,他的描述非常露骨,正如我们在《丰乳肥臀》中看到的那样,亦如《檀香刑》中他唤起了读者的所有痛苦。他的文笔与高行健完全不同……"② 诺奖的授予与专家读者的判断不谋而合,获诺奖后,《世界报》有文章这样诠释:"首先,因为莫言(正如他的笔名一样)能使人意识到一本书强于一段长长的演讲。其次,因为瑞典皇家学院刚刚加冕了这位讲述了中国人民历史的作家,等于告诉全世界:他小说中的人物堪比伟大作家巴尔扎克、福克纳、马尔克斯创造的形象——他们是世界性的,同时他们就是他们自己。"③

在文学审美方面,法国对莫言作品的普遍接受可从《丰乳肥臀》这本书的畅销中得到证实。《丰乳肥臀》的法译本在法国引起了巨大的反响,根据法国某文化网站 2007 年的统计数据,这本小说位居当年读者浏览最多作品的第二位。2000 年翻译出版的《酒国》与 2004 年面世的法译本《丰乳肥臀》是莫言在法国最令人感兴趣的作品,为莫言争取到了广泛的读者。国内有学者的研究指出:在

---

① Mo Yan, nouveau Nobel de littérature, ou "Celui qui ne parle pas", Le Monde. fr avec AFP et Reuters.
② Nol Dutrait:《Mo Yan est un ogre !》, Nouvel Observateur, 11. 10. 2012.
③ Mo Yan, Prix Nobel de littérature, LE MONDE, 2012.

法国读者看来，莫言作品之所以得到法国读者的认同，产生影响，是因为莫言的作品具有某些法国文学的特质，他们在莫言对历史的思考和描述方式中还看到了文艺复兴时期的人文作家拉伯雷的影子。在法国，拉伯雷被认为是民间诙谐文化和荒诞讽刺文学的代表，而在《丰乳肥臀》这幅令人目眩的中国历史画卷中，莫言具有创造性的、气质磅礴、激情澎湃的语言，讽刺夸张的描写，民间故事的风格，对荒谬现象的有力批判都不禁令法国评论者联想到拉伯雷的《巨人传》。不论是与马尔克斯的心有灵犀，还是与拉伯雷的气质相通，莫言在《丰乳肥臀》中表现出的思想特质和文学特质都特别能引起法国读者的共鸣，激发他们的文学亲近感。①

勒夫费尔曾经指出"翻译文学作品树立什么形象，主要取决于两个因素。首先是译者的意识形态：这种意识形态有时是译者本身认同的，有时却是'赞助者'强加于他的。其次是当时译语文学里占主导地位的'诗学'"。② 从如上法国读者对作品的解读评价中可以看出，受法国小说传统影响的拉伯雷式的怪诞粗鄙、大胆多变的风格与写法被法国读者广泛接受，在中国规避审查、抵抗主流意识形态的某些影射性的特点在法兰西的语境中被放大，产生了基于误读之上的某种接受与共鸣。

3. 直面历史，"莫言有敢于触及中国当代社会最尖锐问题的勇气"

阅读作品，进入中国历史与现实，是法国文学界接受中国文学作品的一个重要原因。就莫言的作品而言，在很大程度上，法国读者特别期待透过莫言作品对中国文化、社会、政治增进了解。莫言在接受媒体访问时曾经讲过："我获奖主要因为我的作品的文学素质，我的文学表现了中国人民的生活，表现了中国文化和民族风情，同时我一直是站在人的角度上，立足于写人，我想这样的作品就超越了地区和种族的、族群的局限。"③ 莫言"作为老百姓"的文学观、以小见大，试图用真实自由的笔触从刻画底层人民普通百姓的生活来展现了整个中国的文化、社会、民族、政治画面，这些因素确实强烈地吸引着异域的读者与大众。

译者杜特莱对记者这样说过："莫言的作品内容丰富，中国当下社会中的诸多主题——例如社会关系、腐败、传统的印记等等，他都给予关注，表现出了人类与社会关系的复杂性"。他补充道："莫言有敢于触及中国当代社会最尖锐问题的勇气。而他总是从人性的角度来思考和写作这些问题。这就使他获得了一种独

---

① 杭零：《中国当代文学在法国的译介与接受》，第127页。
② 许钧，宋学智：《20世纪法国文学在中国的译介与接受》，湖北教育出版社，2007年，第195页。
③ Comment Mo Yan est-il devenu le premier Chinois, Nobel de littérature le Quotidien du Peuple en ligne, 12. 10. 2012.

立的身份：他既不是异议人士，也并非官方作家，而是一位深植于社会与人民中间的独立作家"。(《欧洲时报》，2012）主流电视媒体法国电视一台评价与杜特莱的看法相当一致，认为"通过他现实主义的甚至有些粗野的笔触，莫言描绘了在中国发生的突然的变革，从共产主义中国前的日本侵略时期，一直到文化大革命和其他的共产主义风暴时期"。①

确实，法国读者、媒体与专家对莫言现实主义的笔触，对其作品中投射出的个人命运、社会困境、历史悲剧与人性的沉沦等内容尤其关注与看重。法国汉学家、翻译家何碧玉认为，莫言的《红高粱》之所以成为无可争议的杰作，是因为它风格的感官性和惊人的力度，同时也因为它对农村和中国历史的全新呈现。② 在尼尔斯看来，"《丰乳肥臀》讲述了一个年轻的男孩子在他的母亲怀中恋着母亲的乳房直到成年的故事。但是故事刻画了整个中国半个世纪的历史。"③《世界报—周刊》于2009年刊发的《在共产主义中国的一位拉伯雷式作家的非凡传奇》一文更是直接："莫言在《生死疲劳》中，以其独特的叙述方式，将残酷混合着夸张，以超现实主义来表现可怕的现实，讲述中国乡村社会自建国以来50年间的变迁。文章称：莫言将读者带入那些饥饿农民的脑子里，倾听那些不能表达出来的反叛言语，诲人不倦的村干部之间，荒谬的对话妙语如珠，可以让人感觉到恐惧的来临。在阅读这本书时，可以了解中国集体化的悲剧是怎样发生的。"④

在某种意义上，对不少读者而言，读莫言的作品，是看中国现实在某种意义上被遮蔽了的阴暗面："借助魔幻与隐喻，作家抨击了官僚主义与共产主义的流弊。他找到了他的路。在1993年，他出版了几部巨作，譬如《酒国》，在作品中他模仿侦探小说的写法，用完全拉伯雷式的手法虚构出卖肉孩的非法交易，展现出如黑社会般的党的干部兴奋到死的丑态。"⑤

莫言本人说过："我承认，小说中涉及到共产党领导的'土改''文革''改革开放'，我都是站在超越阶级的角度去写的……我想以具体的人为出发点去理解并解释历史。"⑥。皮埃尔·阿斯基认为莫言是一个停留在辽阔的"灰色地带"

---

① Le "Rabelais chinois" Mo Yan prix Nobel de Littérature 2012, TF1, 11. 10. 2012.
② RABUT. I: Le clan du sorgho, La Gazette d'Actes sud, n. 203, 2004-03.
③ Nils C. Ahl: Mo Yan : le Nobel pour "celui qui ne parle pas", LE MONDE, 12. 10. 2012.
④ Frédéric Joignot：l'Extraordinairehistoire d'unRabe laisenChine communiste, LeMondemagazine, 3, 03 octobre2009.
⑤ Bruno Corty：Le Chinois Mo Yan, Prix Nobel de littérature, LE FICARO, 11. 10. 2012.
⑥ 莫言：《说吧莫言，作为老百姓写作：访谈对话集》，深圳：海天出版社，2007年，第338页。

的作家，这也是很大一部分中国文化创作的特点，即远离主流意识形态中心，但并不与其决裂，既不吹捧附和也不全盘否定，在一个相对有限的空间内，最大限度地发挥自己的思想自由与创作自由。他认为莫言的笔名虽然取"莫要多言"的意义，但作家并非缄默不语，恰恰相反，莫言认为"作家是政治家天然的敌人"，他对自己的定位就是要揭示人民所经受的不平等和不公平，不是以人民的代言人的身份，而是以千千万万人民中的一员的身份发出个人的声音。①

在具有人文主义传统的法国，对于莫言作品在社会与人性层面的解读展现出一定的倾向性。《世界报》曾刊发社论，作者强调指出："这些出生于1919年五四革命后的作家丰富了中国文学，颠覆了中国延续了千年的旧文学传统。他们并非某一种意识形态的倡导者，而是'更关注个体'。在这方面莫言非常突出。'个体'对于莫言来说，是被困在荒谬矛盾的政策螺旋中的人物，例如《蛙》中的堕胎助产士，作品批判了独生子女政策的异化现象；再如《生死疲劳》中被迫害的土地所有者，故事展现了中国五十年间农村土地革命的喧嚣历史。"②有评论者在具有政治倾向性的网站上对阅读莫言作品的必要性做了阐发："在作品中，莫言经常用辛辣的幽默笔触，抨击中国制度的各种问题，如任人唯亲、腐败问题、官僚主义等。""莫言时而被比作拉美派别的'魔幻现实主义'作家，时而被比作'拉伯雷'式作家，为了了解今日之中国，大量阅读莫言的作品是非常有必要的，中国经济飞速发展取得了令人瞩目的成就，但也存在着很多问题，比如严酷制度下被视若草芥的小人物、普通个体的痛苦遭遇"。③

从以上这些评论中，不难看出，法国读者对莫言小说的接受，看重的是莫言作品对社会底层民众的苦难生活的反思，对社会问题比如不公正现象深刻的批判，对现实黑暗处的揭露。钱林森教授在《中国文化在法国》一书中，特别提到"当代中国和世界复杂多变的政治文化形势，使法国对中国文学的关照不可能采用单一的视角。而二次大战后来自中、西方的各种频繁的政治干预、特别是我国文学自身在创作和研究方面所形成的非文学模式，又不能不使法国和西方的中国现代研究者产生一种非文学的影响。如果说，很少从纯文学的角度考察文学是法国汉学界几个世纪以来对中国的研究所形成一个传统，那么这一传统在20世纪六七十年代的法国研究中国现当代文学中似乎表现得更突出了。""部分译者和批评者把现当代文学作为中国的'晴雨表'欣赏现当代文学为了了解中国社会动

---

① 杭零：《莫言在法国的翻译与接受》《东方翻译》2012年第6期。
② Brice Pedroletti：Mo Yan et la dure loi du Nobel，Le Monde，12. 10. 2012.
③ Pierre Haski：Mo Yan，prix Nobel de littérature，l'écrivain qui mangeait du charbon…Rue 89，1. 10. 2012.

向的政治、社会资料"。① 看来,这一接受因素至今仍然产生作用。在很大程度上,莫言的作品以一种生动的方式多角度地扩展着法国读者对中国文化、历史、政治与社会的认知,丰富与加深了法国大众对中国社会等各方面的了解。与此同时,莫言等当代作家的系列作品也在不断修正着法国社会与大众对中国形象与社会的片面认识,进而促进人民之间的相互理解与交流沟通。

三、结语

通过如上简要的考察,我们可以看出:一方面,翻译赋予了莫言作品新的生命,丰富、拓展并延伸了他的艺术价值,使得这部作品在异域的土壤上开出了绚烂的花。事实上,莫言作品在异域的不同解读有助于我们进一步认识其作品在原语国所忽略的方面,进而开启其作品在原语国被重新审视、解读与阐释的可能。另一方面,莫言的作品在被译介到法国的过程中,也经历了某种具有误读性的接受与解读过程。但不能不承认,莫言"无限大胆的"的写作历险、颇具颠覆性、甚至"粗野"的语言特色,拉伯雷般、福克纳式的糅合幻想与现实,历史与社会视角的犀利辛辣的手笔,以及其作品对社会对政治的批判和对人性的揭示,引发了法国读者对其作品的广泛认可,对此,我们应该予以关注与研究。

(周新凯,女,1983年生,南开大学外国语学院讲师,南京大学博士。研究方向为法语语言文学、翻译学。)

(高方,男,南京大学外国语学院教授,南京大学以及巴黎第八大学博士。博士学位论文《中国现代文学在法国的翻译和接受》于2010年被国务院学位委员会与教育部评为全国优秀博士学位论文。2008年入选南京大学青年骨干教师支持计划。2011年9月起任南京大学人文社会科学高级研究院短期驻院学者。江苏省翻译家协会副秘书长。)

---

① 钱林森:《中国文学在法国》,广州:花城出版社,1990年,第23页。

文学作品中的人名法译

宫结实

一、缘起

2013年，我核定了《江河日月》法文版。

《江河日月》的作者为冯俊科。河南温县人。1980年毕业于北京大学哲学系，研究员。现任北京市新闻出版局局长、北京市版权局局长，北京出版发行业协会主席，首都出版发行联盟主席。散文集《江河日月》被评为第五届冰心散文奖。

作者用一种近乎原生态的写作方式，书写了记忆里中原大地上独具特色的乡亲与村事。在这些并不遥远的往事里，演绎着中国人特有的艰辛和幸福、质朴与崇高。记忆中那些小村庄、小人物、小事情，构成了作者记忆中不可或缺的珍贵片段，细微而真实。在作者平静如水但又力透纸背的叙述中，蕴藏着足以打动人心的审美力量，在浮躁、世俗和功利的年代里，这种力量足以温暖和抚慰你我的心灵。

该书描写了众多人物，这些人物的名字很有特色：不仅有王基盛、刘全、李林这样的常规姓名，还有麦垛、王茅池、王老根这样农村特有的名称，更有狗蛋、二蛋、三蛋；王老四、王老六、王老八等反映排行的名字。

该书着力描写的几个人物更有各具特色的绰号，如：咬蛋虫、老跑、王老标、老黑妈。

原译者一律用汉语拼音将书中人名转写为法文，如：Goudan, Wang Laosi, Yaodanchong 等。法语读者基本上得不到汉语读者所获取的同等信息。

翻译是为了沟通。译者应使译文读者得到的信息与原文读者得到的信息尽可能地相同。

文学作品中的人名，往往超越了作为人物指称代号的作用。它可以代表人的性格、还可以影射人物的命运等等。如：

突然，狗蛋、二蛋、三蛋、马二旺、马三旺等人骂声连天，拳脚齐上，把吴亩三打得躺在地上，半天没有起来。（《江河日月》之"咬蛋虫吴亩三"）

中文读者很容易明白，"狗蛋""二蛋""三蛋"是农村特有的名字；"马二旺""马三旺"是亲兄弟。"亩三"含有"一亩三分地"的意思，而加上姓氏"吴"，意义又大不同。

这些文化信息，要不要向法语读者传递？如何传递？成为摆在笔者面前的一个问题。

对外翻译与出版不同于一般的图书出版，其质量和水平直接影响到对外传播的效果，也可以毫不夸张地说，影响到对外合作与交流，影响到我们国家软实力的建设，影响到我们国家的国际形象和人文环境。

作为外宣图书核定稿人，不能抱着"文责自负"的态度，把可能出现的问题归咎于初始译者，而是坚持"守土有责、守土负责、守土尽责"的原则，切实保证外宣图书的质量和水平。

妥善解决中国人名的法译问题，需要寻找依据和参照。依据当然是国家相关标准；而名著名译是再好不过的参照。

二、人名译写原则

新中国成立前，国际上普遍使用威妥玛拼音①译写中国人名、地名。而法国也有特有的译写系统，如 EFEO (École française d'Extrême-Orient)：

中文	汉语拼音	威妥玛拼音	EFEO
秦始皇	Qin Shihuang	Ch'in Shih-huang	Tsin Chi Hoang
慈禧	Cixi	Tz'u-Hsi	Tseu-hi
蒋介石	Jiang Jieshi	Chiang Kai-shek	Tchang Ka-chek
毛泽东	Mao Zedong	Mao Tse-tung	Mao Tsé-toung
邓小平	Deng Xiaoping	Teng Hsiao-p'ing	Teng Hsiao-Ping
北京	Beijing	Peking	Pékin
广州	Guangzhou	Canton	Canton
厦门	Xiamen	Amoy	Amoy
青岛	Qingdao	Ch'ing-Tao	Ts'ing Tao

我们不难发现：同一个中国人名、地名，经常会出现不同的拼写。也因此出现了将"孟子（Mencius）"回译为"门修斯"，将"蒋介石（Tchang Kaï-chek）"回译为"常凯申"的笑话。

1958年，第一届全国人民代表大会第五次会议正式批准《汉语拼音方案》。1974年，中国文字改革委员会发布《中国人名汉语拼音字母拼写法》（1976年修

---

① 1867年，英国人威妥玛（Thomas Francis Wade）撰写了汉语教科书《语言自迩集》，成功发展了用拉丁字母写汉字地名的方法，一般称作"威妥玛拼音"或"威妥玛式（Wade System）"，成为中国地名、人名及事物名称外译的译音标准。

订)。1988年,国家教委、国家语委联合发布《关于公布〈汉语拼音正词法基本规则〉的联合通知》。1996年,国家技术监督局发布国家标准《汉语拼音正词法基本规则》(GB/T 1615—1996)。

2000年10月31日通过,并于2001年1月1日开始施行的《中华人民共和国国家通用语言文字法》第十八条规定:"《汉语拼音方案》是中国人名、地名和中文文献罗马字母拼写法的统一规范,并用于汉字不便或不能使用的领域。"

国际标准ISO7098(中文罗马字母拼写法)写道:"中华人民共和国全国人民代表大会(1958年2月11日)正式通过的汉语拼音方案,被用来拼写中文。转写者按中文字的普通话读法记录其读音。"

汉语拼音是将汉字转写为拉丁字母的规范方式。中国人名译名一律使用汉语拼音,姓在前,名在后;姓和名分写,姓和名的开头字母均大写。

改用汉语拼音字母作为我国人名地名罗马字母拼法,是取代威妥玛式等各种旧拼法,消除我国人名地名在罗马字母拼写法方面长期存在混乱现象的重要措施。

三、借鉴

汉语拼音方案公布后,法国出版了一系列中国文学名著译本,如Gallimard出版社先后出版了《水浒传》《红楼梦》《金瓶梅》和《西游记》等中国四大名著,且都收入Bibliothèque de la Pléiade系列。这些名著译本均采用汉语拼音译写人名。

1.《水浒传》 *Au bord de l'eau*;*Jacques Dars*;*Gallimard*,*1978*

姓和名全部按照现代汉语拼音方案音译。该书还专门介绍了汉语发音:Prononciation des mots chinois。姓在前,名在后;复姓和双音节名用连字符(-)连接。绰号直译。

姓名	Nom et prénom	绰号	Surnom
宋江	Song Jiang	呼保义	le Héraut-de-justice
鲁智深	Lu Zhi-shen	花和尚	le Bonze-tatoué
呼延灼	Hu-yan Zhuo	双鞭	Double-fouet
阮小二	Ruan-le-Deuxième	立地太岁	Trépas-instantané
阮小五	Ruan-le-Cinquième	短命二郎	Mort-prématurée
阮小七	Ruan-le-Septième	活阎罗	le Yama-vivant
扈三娘	Hu-la-Troisième	一丈青	Vipère-d'une-toise
顾大嫂	la grande sur Gu	母大虫	la Tigresse
孙二娘	Sun-la-Cadette	母夜叉	l'Ogresse

2.《红楼梦》 *Le Rêve dans le pavillon rouge* (*Hong lou meng*); *Traduction, introduction, notes et variantes par Li Tche-Houa et Jacqueline Alézaïs*; *Gallimard, 1981*

《红楼梦》中人物极多，形成一个庞大的体系，每个人都有独特的名字，从人物的取名，可以领会到作者在人物取名方面的高超，文中的人物的取名不单与其命运、身份地位、文化涵养、性格等相一致，还巧用历代诗词来取名，这与整个《红楼梦》的故事密切相关，也是推动文中情节发展的一个重大因素，取名艺术是《红楼梦》中的一大闪光点，也是我国古典小说中少见的一大艺术特色，是我国文学史上的一朵奇葩。

书中所有的姓氏均用汉语拼音；所有的名字（或称呼、绰号）均直译（曹雪芹、冯唐除外）。

① 姓＋名（姓用汉语拼音；名为直译）

贾宝玉	Jia Jade magique	邢岫烟	Xing Brume de Montagne
林黛玉	Lin Jade sombre	贾琏	Jia Vase de Jade à Millet
薛宝钗	Xue Merveilleuse Epingle de Coiffure	贾政	Jia le Politique
王熙凤	Wang Phénix triomphal	薛蟠	Xue Dragon lové
史湘云	Shi Brume de Rivière	甄宝玉	Zhen Jade magique

② 姓＋称呼（或绰号）

林妹妹	Soeurette Lin	薛姨妈	Tante Xue (la)
刘姥姥	Vieille mémé Liu	尤二姐	Deuxième-née des sœurs You
史大姑娘	Grande demoiselle Shi	尤三姐	Tierce-née des sœurs You
薛小妹	Petite sœur Cithare	赵姨娘	Concubine Zhao

③ 名（直译）

妙玉	Jade mystique	小红	Petite Rougeote
晴雯	Nuée d'Azur	平儿	Petite Quiète
紫鹃	Cri de Coucou	秋桐	Sterculia d'Automne
袭人	Bouffée de Parfum	玉钏	Bracelet de Jade
龄官	Rectrice des Ages	鸳鸯	Couple de Sarcelles

④ 绰号（尊称、昵称）（直译）

宝哥哥	Grand frère Jade	二丫头	Petite Deuxième-née
宝姐姐	Grande Sœur Joyau	凤姐	Grande Sœur Phénix
二太太	Seconde Dame	傻大姐	Grande Sœur l'Idiote
二小姐	Deuxième-née des Demoiselles Printemps		

3.《金瓶梅》*Fleur en Fiole d'Or*；*André Lévy*；*Gallimard*，*1985*．
该书中对人名的处理有些不同。

① 姓＋名（一）（姓和名均用汉语拼音；均为男性）

西门庆	Ximen Qing	花子虚	Hua Zixu
陈经济	Chen Jingji	韩道国	Han Daoguo
翟谦	Zhai Qian	蒋竹山	Jiang Zhushan

② 姓＋名（二）（姓音译，名直译并置于姓之后，多为男性）

武大	Wu l'Ané	王三官	Wang le Troisième
杨大郎	Yang l'Ané	贲四	Ben le Quatrième
刘二	Liu le Cadet	王六儿	Wang la Sixième

③ 姓＋名（三）（姓音译，名直译并置于姓之前；多为女性）

潘金莲	Lotus-d'Or Pan	宋惠莲	Lotus-de-Bonté Song
李瓶儿	Fiole Li	葛翠萍	Ecran-de-Jade Ge
庞春梅	Fleur-de-Prunier Pang	韩爱姐	Aimée Han
李娇儿	Charmante Li	郑爱月儿	Lune-d'Amour Zheng
孟玉楼	Tour-de-Jade Meng	吴银儿	Argentine Wu
孙雪娥	Belle-de-Neige Sun	张如意儿	Désirée Zhang
吴月娘	Dame-Lune Wu	常时节	Toujours-Là Chang
李桂姐	Cannelle Li	应伯爵	Le-Comte Ying

④ 姓＋称呼（姓音译，称呼直译）

林太太	dame Lin	周守备	commandant de garnison Zhou
西门大姐	grande demoiselle Ximen	王婆	la mère Wang
西门官哥	Petit-Mandarin Ximen	尚举人	Shang le Licencié
西门孝哥	Frérot-du-Deuil Ximen	黄真人	Huang le Parfait

⑤ 名字（女性多直译，男性多音译）

玳安	Caouane	小玉	Petit-Jade
来旺	Laiwang	玉箫	Flte-de-Jade
迎春	Accueil-du-Printemps	应春	Yasmine
秋菊	Chrysanthème	月桂	Cannelle-de-Lune

4. 《西游记》 *La Pérégrination vers l'Ouest*; *Texte traduit, présenté et annoté par André Lévy*; *Gallimard, 1991*

该书中的中国常规姓名音译，绰号或称呼直译。

唐僧	le moine chinois
陈玄奘	Chen Xuanzang
三藏	Tripitaka
孙悟空	Singet (Conscient-de-la-Vacuité)
悟空	Conscient-de-la-Vacuité
行者	Singet/le Novice
齐天大圣	le Grand Saint égal au Ciel
大圣	Singet/le grand saint
美猴王	le Beau Singe-Roi
弼马温	épizoologue
猪八戒	Porcet
八戒	Hui-Défenses
悟能	Conscient-de-ses-Capacités
天蓬元帅	amiral des Roseaux-Célestes
沙僧、沙和尚	Sablet (le moine)
悟净	Conscient-de-la-Pureté
卷帘大将	général des Rideaux-Roulés
如来（佛祖）	le Bouddha/l'Ainsi-venu
玉（皇大）帝	l'empereur de Jade
（太上）老君	le seigneur Laozi
观世音菩萨	bodhisattva Guanyin
阿傩	Ananda
迦叶	Kasyapa
托塔天王	le roi céleste porteur de pagode
哪吒	Nata
李靖	Li Jing
张紫阳	Zhang Ziyang
吕虔	Lü Qian
王小二	Wang le Cadet
春娇	Grce-de-Printemps

以上四部作品均在法国翻译出版，且均为古典文学作品。

5. 《茶馆》 *La maison de thé*; *Editions en Langues étrangères, 1980*

为了加强针对性，我们又查阅了由中国外文出版社出版的现当代文学作品《茶馆》的法译本。姓和名原则上用汉语拼音；只有称呼和绰号直译。

131

① 姓＋名

王利发	Wang Lifa
秦仲义	Qin Zhongyi
崔久峰	Cui Jiufeng
康顺子	Kang Shunzi
宋恩子	Song Enzi

吴祥子	Wu Xiangzi
康大力	Kang Dali
二德子	Er Dezi
车当当	Che Dangdang
丁宝	Ding Bao

② 称呼（绰号）＋姓

老陈	Vieux Chen
老林	Vieux Lin

老杨	Vieux Yang
傻杨	Yang l'Imbécile

③ 姓 ＋ 排行（尊称、排行、头衔、绰号）

常四爷	Chang-le-Quatrième
马五爷	Ma-le-Cinquième
庞四奶奶	Pang-la-Quatrième
康六	Kang-le-Sixième
李三	Li-le-Troisième

松二爷	Song-le-Deuxième
沈处长	Directeur Shen
庞太监	l'eunuque Pang
刘麻子	Liu-le-Grêle
唐铁嘴	Tang-le-Prophète

④ 绰号

小心眼	Petit Esprit

综上所述，中国人名的法译无论在国内还是在国外均遵循以下原则：

1. 用汉语拼音译写中国人名。姓在前，名在后；复姓和非单音节名字均连写；姓和名的首字母大写。
2. 姓氏均用汉语拼音音译。
3. 名字或音译或直译。
4. 称呼、排行、绰号等一律直译。

四、缺憾

译者，异也（Traduire, c'est trahir）。任何翻译都不可能实现原文信息与译文信息的完全对等，也不可能实现形式上和风格上的完全一致。

《红楼梦》的法译本虽然达到了相当的高度，但也不可避免地存在种种缺憾。

曹雪芹在设计人物姓名时，大量运用谐音，暗示人物的"命运"与"归结"，并对人物进行"褒贬"判定。但是，法译本不仅无法向法语读者传递这种暗示或褒贬，反而与中文原文所要传达的信息相去甚远。如：

贾宝玉/甄宝玉	假宝玉/真宝玉	Jia Jade magique/Zhen Jade magique
元春、迎春、探春、惜春	原应叹息	Printemps initial / Accueil au Printemps/Désir du Printemps/Regret du Printemps
冯渊	逢冤	Feng Source
娇杏	侥幸	Grce d'Abricot
卜固修	不顾羞	Bu Perfectionnement solide
单聘仁	擅骗人	Shan l'Invité à la Bienveillance
贾雨村	假语存	Jia Village sous Pluie
甄士隐	真事隐（去）	Zhen Ombrage de Clerc
秦钟	情种	Qin Cloche d'or
詹光	沾光	Zhan le Lumineux

《红楼梦》三位主人公（宝玉、黛玉、宝钗）的名字你中有我，我中有你，相互牵连："宝玉"二字，一分为二，"宝"字和"钗"相连，成了宝钗；"玉"字和"黛"字相连，成了黛玉。这种设计，在相当程度上，概括了《红楼梦》中的情节：宝玉原本钟情于黛玉，结果却与宝钗联姻。预示了三人之间纠葛不断、不可分割的关系。

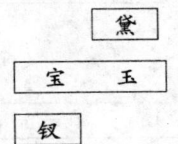

然而，法译本中三人的名字（Jade magique、Jade sombre、Merveilleuse Epingle de Coiffure）却让人无法产生这种联想。

曹雪芹在设计人物姓名时，还巧妙地利用汉字的特点，预示贾家一代不如一代。如：贾家第一代用水字旁（源流）：贾演、贾源。第二代用人字旁（仁）：贾代善、贾代化。第三代用文字旁（文质彬彬）：贾敬、贾赦、贾政。第四代用玉字旁（黄金一代）：贾珍、贾琏、贾琮、贾宝玉、贾环。第五代用草字头（枯叶败草）：贾蓉、贾兰（蘭）、贾芸等等。

法译本显然无法向法语读者传达这种信息。

完全对等是不可能的，但译者应尽力实现一定程度的有效翻译。

五、《江河日月》解决方案

1. **第一方案：我们参照《红楼梦》的处理方法，尽可能把名字直译**

① 姓 ＋ 名：姓音译；名直译

常根	Chang la Racine		王老根	Wang Vieille Racine
冯勤	Feng le Travailleur		王立山	Wang la Montagne escarpée
李虎战	Li le Guerrier-Tigre		王茅池	Wangla Fosse de Latrine
李林	Li la Forêt		王木头	Wang le Bois
李树林	Li le Bois		王三茂	Wang Troisième Exubérance
李长林	Li Grand Arbre		王树	Wang l'Arbre
刘全	Liu le Complet		王细英	Wang la Fleur maigre
马细	Ma le Mince		王增	Wang la Multiplication
牛小方	Niu le Petit Carré		吴亩三	Wu le Domaine privé
铁安	Tie la Sûreté		张峰	Zhang le Pic
王冲水	Wang Chasse d'Eau		张朋	Zhang l'Amitié
王黑粥	Wang la Bouillie noire		张旺	Zhang la Prospérité
王基盛	Wang Fondation imposante		郑忘瞧	Zheng Oubli de Regarder

② 名：直译

狗蛋	Couilles de chien		二细	Deuxième Mince
二蛋	Couilles le Deuxième (Deuxièmes Couilles)		荣荣	Gloire
三蛋	Couilles le Troisième (Troisièmes Couilles)		缸圈	Cerceau
天法	Loi céleste		土井	Puits de Terre
麦垛	Meule de Blé			

③ 名 ＋ 称呼：直译

通伯	Oncle la Communication		洪爷	Grand-père la Crue
古伯	Oncle le Vieux		老武	Vieux Martial

该方案没有被采纳。原因有三：

（1）法籍专家（20多岁的女孩）认为 Couilles / testicules（蛋）过于粗俗。外籍专家不代表其他法语读者，但她是译文的第一读者，我们必须尊重她的意见。

（2）将名字全部直译代价大、收效小，得不偿失。

（3）大部分人名的寓意对故事的发展没有直接关系。对于特殊情况，我们完全可以进行个别处理。如加注：

人们背后不再叫他天法，而叫他天杀。

On ne l'appelait plus Tianfa (littéralement Loi céleste), mais Tiansha (Proie céleste).

2. 最终方案：我们参照《茶馆》的做法,将姓和名音译,将称呼或绰号直译

① 姓 ＋ 名：音译

常根	Chang Gen		王基盛	Wang Jisheng
李虎战	Li Huzhan		王茅池	Wang Maochi
牛小方	Niu Xiaofang		吴亩三	Wu Musan
王冲水	Wang Chongshui		郑忘瞧	Zheng Wangqiao
王黑粥	Wang Heizhou			

② 名：音译

狗蛋	Goudan		二细	Erxi
二蛋	Erdan		荣荣	Rongrong
三蛋	Sandan		缸圈	Gangquan
天法	Tianfa		土井	Tujing
麦垛	Maiduo			

③ 姓（名）＋ 称呼（排行）

林八爷	Grand-père Lin le Huitième		王老六	Wang le Sixième
李二	Li le Second		王老八	Wang le Huitième
王老四	Wang le Quatrième		王老满	Wang Vieux Man
通伯	Oncle Tong		老靳	Vieux Jin
古伯	Oncle Gu		老武	Vieux Wu
洪爷	Grand-père Hong		二爷	Deuxième Grand-père

④ 绰号

咬蛋虫	mordeur de couilles/testicules		二憨	Second Imbécile
老咬	Vieux Mordeur		瘸根	Gen le Boiteux
老跑	Vieux Coureur		王大喷	Wang Grand Vantard
憨俊	Jun l'idiote		王老标	Wang Vieil Afficheur
儿子	Filston		老黑妈	mère de Vieux Noir
戏子	Comédienne			

六、结语

对外翻译涉及国家形象,代表国家的翻译水平。译者应充分重视。

在进行对外翻译和交流时,译者应严格遵守国家的有关法律法规。

文学作品中的人名往往有一定的寓意,与故事的发生、发展、结局有着直接或间接的关系。译者应将这一信息尽可能地传达给目的语读者。

(宫结实,男,1963年生。1985年毕业于北京大学西语系法语专业,1994—1995年在法国普罗旺斯大学进修,获语言学硕士学位。现任外文出版社首席法文专家。2004年起任全国翻译专业资格(水平)考试法语专家委员会委员;1998—2013年任外文出版社法文部主任;2002—2013年任中国翻译协会中译法研讨会秘书长。2008年第十八届世界翻译大会学术委员会委员。

翻译审定了大量涉及重大历史事件和政治问题的图书,主要译著有《中国气功图谱》《四十八式太极拳》《易筋经十四段功法录》《足疗治百病》《中国书法》《中国玉器》《中国传统工艺》《礼记图典》等。编纂的双语工具书有:《新编法汉汉法词典》《汉法时事词典》《法汉小词典》《汉法小词典》《汉法新词语汇编》《法汉实用词典》《汉法最新综合实用词典》等。)

汉译法的体会

唐家龙

我 1962 年从南京大学外语系毕业后，分配到外文局属下的北京周报社。在我工作的法文部，庞浩、程永光等翻译家主持业务工作，先后还有几位出色的改稿员。在这样的环境下工作，我真是幸运。

在笔译工作中，虽很少去研读翻译理论，但一直遵循着"信、达、雅"的翻译原则，首先保证"信"与"达"，然后力求"雅"。国际译联（Fédération internationale des traducteurs）在其制定的"翻译宪章"（Charte du traducteur）中说："任何译文都应忠实于原意，准确表达原文的思想和形式，遵守这种忠实的原则是翻译工作者法律上与道德上的义务。然而，正确的译文不应同逐字翻译混为一谈，因为翻译的忠实并不排除文字上的必要改变，以便能够用另一种语言在另一个国家体会到原作的形式、气氛及其内在含意。"（Toute traduction doit être fidèle et rendre exactement l'idée et la forme de l'uvre originale-la fidélité constituant pour le traducteur à la fois un devoir moral et une obligation de nature juridique. Il ne faut pas confondre cependant traduction fidèle et traduction littérale-la fidélité de la traduction n'excluant pas une adaptation nécessaire pour rendre la forme, l'atmosphère, la signification profonde de l'uvre, sensibles dans une autre langue et un autre pays. 这同我们的"信、达、雅"是一致的。

在翻译实践中，我认为翻译应在"信、达、雅"的原则下采用以直译为主、意译为辅的直译与意译相结合的方法。在一般情况下，直译是能表现"原作的形式、气氛及其内在含意"的。但由于各国文化，习俗上的差异，有时直译不能做到这一点，于是要采用意译，也可以说是解释性的翻译，作"文字上的必要改变"。

翻译首先是求信与达，然后求雅，三者能同时做到，当然更好。翻译水平是基于译者的母语水平和外语水平之上的，是在长期的学习、实践中提高的。初学者能做到信、达已不易，而雅则是长期的奋斗目标。但有些译者追求所谓的文字美，把句子造得长而复杂，很难读懂。我认为应多用通俗易懂的句子，正确表达意思。

各类文章的翻译在掌握"信、达、雅"的尺度上应有不同的要求。按国际译联的分类，翻译主要分成三类：即文学翻译、新闻翻译和科技翻译。我长期在北京周报社和中国文学出版社从事中译法，退休后也没有停止翻译。就我的经历而言，我觉得文学和新闻翻译都有其难处和易处。新闻翻译最重要的是迅捷，要事实正确，时、地、人不出任何差错。译者就得抓紧时间，不能"慢工出细活"，当然也不能粗制滥造。文学翻译不仅要信、达，更要雅。最难的是要译出原作的风格。这对国内培养出来的翻译或是留洋的翻译都是相当难的。所以翻译，特别是文学翻译，要中外译者合作，而且是高水平译者的合作才能译好。

作为职业翻译，如何译好，我想首先要热爱翻译工作，孜孜不倦的学习、思考（不光是语言，还要学政治理论、人文科学、法律等各方面知识）、不断地对中、法两国的文化、文明进行比较，分析，对译事总结经验。一般一个好译员都是在母语、外语方面有扎实的基础，知识面广。因此，我们既需要理论，也需要实践，而且更多地需要实践。

我们学外语的，不管是做笔头或口头的翻译，做好都是我们的首要任务。但翻译是一项永远留下遗憾的工作。你译了一本书、一篇稿，过了一些时候再回头一看，就觉得有些地方译得不够好，大可以改进。

下面具体谈一点我的体会。首先是在北京周报做的翻译工作，这里不讲编译合一的问题，因为这同翻译不是一回事。

要把中文稿件译成法文，主要是两方面的问题：一是词汇，二是表达方式、造句。

在动手前，应找一、两篇同类的法语文章仔细阅读作为参考。现在有因特网，查找更方便了。但如果是一篇生疏而又难懂的文章，准备工作就费事多了。关键是我们在工作中要注意积累，有了积累，就省事多了。

另外，对原文要作必要的加工（因为作者不一定会考虑到这一点）。这些起码的加工包括：

——对中国的朝代都要加上年代。同样的道理，对中国的名人，也要加上生卒年代，也可以用提到同时代的外国名人作为参照。

——港台海外华人，少数民族地区，特别是西藏、内蒙、新疆的人名地名，要查找是否有其习惯的译法，港台人名一般是按照广东话拼音的，同我们的汉语拼音不同。这样的名人很多，可以在百度或 Google 上找西文写法。

——引言应引用原文。如果实在找不到原文，则将译文改为简接引言。

——必要时要做背景介绍、解释，这在对外介绍中国时十分必要。

组织、构建清晰明了的句子是译作的关键。可以选定一、两个适合自己阅读的作家，也就是你认为你容易看懂又易于模仿的作家，把他或他们的作品反复地研读，把特别欣赏的句子记录下来作为你翻译时的参考范句。随时翻阅法语字典也是学习的好办法。阅读我们日常生活中常遇到的事和物在字典上是如何表述的，这对提高语言表达能力帮助很大。在泛读作品或报章杂志时，要时时不忘对中国和法国的语言和文化进行比较。一有心得就记在本子上。积累到一定程度时，译稿自然就得心应手多了。另外，向翻译家学习也是十分重要的。向自己的错误学习也是极有效的学习方法。凡是经外籍改稿员润饰过的译文，都要仔细阅读，从中发现自己在法文理解上的疏漏和表达方式上的不足，但也不能盲从。凡有不同意处，要同改稿员讨论。凡自己在语言上的不足之处，一定要长记性，不要重犯。我常看到个别新手将"最近五年来"译为 ces dernières cinq années，应译为 ces cinq dernières années。

一旦我们掌握了基本的翻译技巧，汉译法就不会感到很难了。

一般来说，我们不能按照中文的字序来翻译。首先要找好主语，这对构建一句简洁明了的句子十分重要。要对每一句进行分析，打腹稿，看用什么做主语可以造出一句好句子。往往中文句子中后面的内容要放在前面译。

如：牛吃草，鸭吃谷，各有各的福。

A chacun son bonheur, aux vaches l'herbe, aux canards le grain.

下面分析几句句子作为例子。

"为了进行伟大的建设工作，在我们的面前，摆着极为繁重的任务。"

Notre travail d'édification grandiose pose devant nous une tche extrêmement ardue.

译者将伟大的建设工作作为主语，用 poser 作动词，繁重的任务作宾语，构成了简洁明了的好句子。

"过去有些地方缺少长期打算，既未注意节省人力、物力，也未注意发展生产，吃了大亏。"

Dans le passé, certaines régions ont payé très cher pour avoir manqué de prévoyance et négligé d'économiser les ressources humaines et matérielles et de développer la production.

将"有些地方"作主语，译出后，就译吃了大亏 payé très cher，因为 avoir manqué de prévoyance et négligé d'économiser les ressources humaines et

139

matérielles et de développer la production.

"干部中一切不经过自己艰苦奋斗、流血流汗，而依靠意外便利、侥幸取胜的心理，必须扫除干净。"

Nous devons débarrasser complètement nos cadres de l'idée que nous pourrons remporter des victoires faciles grâce à des hasards heureux, sans avoir à lutter durement et à les payer de notre sueur et de notre sang.

译者首先译"扫除干净"，再用连接词将四字成语译出。这四字成语的翻译也译得好。

"在多数情况下，一个伟大的斗争过程，在其开始阶段、中间阶段和最后阶段的领导骨干，不应该也不可能是完全同一的。"

Dans la majorité des cas, le groupe dirigeant ne doit ni ne peut rester d'une composition immuable au début, au milieu ou à la fin d'une grande lutte.

将"领导骨干"作主语，巧妙地处理了句子。

"许多人在提倡民族化、科学化、大众化。"

Nombreux sont ceux qui réclament une transformation totale, orientée vers un style national，scientifique et populaire.

译这类句子，要做到"信、达、雅"，一般人会觉得很难。这句句子的翻译应好好的体会。

"我们是马克思主义的历史学者，我们不应当割断历史。"

Abordant l'histoire en marxistes，nous ne devons pas en rompre le fil.

这又是值得我们学习的范句。

有时整个句子很长，要用一句短句作主语，那就要用 Le fait que…或 Que…也可以将句子单独译出，再用 Ceci…，Cela…，Ce qui précède…

掌握各种表达方式十分重要，这样才能把句子的各个部件连接起来。表达方式多得不胜枚举。如 Par suite de, en vertu de, Etant donné（que），vu（que），attendu（que），grâce à，A force de，Du fait que，Du moment que，Faute de，Sous prétexte de，La raison en est que，Ainsi，C'est ainsi que，C'est seulement ainsi que，C'est pourquoi，C'est pour cette raison que，De manière（de façon，de sorte）que，Tel est，A tel point que

En dépit de，malgré，bien que，quoique，sans que，si…que，quelque…que，pour…que，qui…que，quoi…que，où…que 等等。

如要强调一点，就可以用 C'est…qui（que）…来造句子。

例如 C'est ma sur qui fait la cuisine, et pas Maman.

掌握动词也很重要。在周报工作时，由于我不知道 butter 这个动词（garnir (une plante) de terre qu'on élève autour du pied. 我用不少字来作解释，后看到改稿才恍然大悟。

总之，要从别人的好文章、好作品中吸取营养。

如果要写鼓舞、激励人的话，可以参考戴高乐的"战争回忆录"。我抄下了几句话，对我们会有启发的。

Que la France joue ce rle, voilà la grande bataille gagnée! Que cette bataille soit gagnée, voilà les portes de l'Europe ouvertes! Que ces portes soient ouvertes, voilà déclenchée la marche en avant!

Le devoir envers la France, le devoir envers l'Europe, interdisent l'hésitation, la fausse prudence, les lches ménagements.

Je sais, parce je le vois, que notre alliée est chaque jour plus forte que la veille. Je dis, parce que je le sais, qu'un irrésistible courant entrane le Nouveau Monde au secours de la liberté.

还有告诫：

En effet, quand on pactise avec le diable, je veux dire avec l'ennemi, c'est pour aller de crime en crime.

Si cette bataille était perdue, c'en serait fait pour longtemps de l'indépendance franaise, et c'en serait fait de l'Empire.

好的译文也是学习的好材料。在学习中，我也记下一些，有空时就看看，这也是一种学习方法。

如：言者无罪，闻者足戒。

有则改之，无则加勉。

Nul n'est coupable pour avoir parlé, c'est à celui qui écoute d'en faire son profit.

Si tu as des défauts, corrige-toi; si tu n'en as pas, surveille-toi.

铁肩担道义，妙手著文章

C'est à nous, homme de fer, de faire aboutir la juste cause

C'est à nous, hommes de lettres, d'écrire des chefs-d'uvre.

下面谈谈文学翻译。我在实践中体会到翻译既是科学，更是艺术，因为翻译有一定的规律，但更需要译者发挥想像力进行再创造，使译文更优美，这是艺术。我觉得文学作品难译得多，因为文学作品往往是通过讲故事刻划人物以反映作者对生活的感受，描写的都是日常生活中的事，用词特别丰富，有个性、有色彩。我们在译为法文时，要表达这些个性、色彩决非易事。我们对法语词语的细微差别往往体会不到，或不深刻，因为法语不是我们的母语，因此常会用词不当。译文学作品，一定要有文学功底，这在于平时的大量阅读原著，博闻强记，至少要做到让不懂汉语的外国改稿员能读懂译文，可以下笔润饰。对专家的改稿，译者一定要好好拜读，对改动好好研究以提高自己的外语水平。外国专家因不懂汉语很可能改走了意思，对改动不合适之处，要同专家讨论，这样中外合作就可以产生一部比较好的作品。

"中国文学"法文版上刊登过我译的"书剑恩仇录"的片段（La gratitude et la haine nées du Livre et de l'Epée）和沈从文的"三三"（Sansan, sur la troisième）。读者来信都表示肯定。我觉得老一代作家的作品，我们还可以尝试，但不敢译新潮的作家，因为他们的文笔我们这一代人感到陌生。说实话，我不到逼上梁山，不敢翻译文学作品，自知译不好。更不敢译诗。如要译，那只能读一下法国作家的作品，再动手。但国内有高手，这是同他们个人的经历有关。现在出国的人很多，希望在他们之中出一些高手。

我在此选了何如教授译的"梦李白"同大家一起欣赏，从中学习怎么译诗。

梦李白 Li Bai apparu en songe

死别已吞声
生别常恻恻
江南瘴疠地
逐客无消息
故人入我梦
明我常相忆
恐非平生魂
路远不可测
魂来枫林青
魂返关塞黑
君今在罗网

何以有羽翼
落月满屋梁
犹疑照颜色

La mort des êtres chers nous étouffe de larmes;
L'absence des amis tient le cur en alarmes.
Des miasmes répandus sur le Jiangnan terni,
Pas un mot n'est venu sur le sort du banni.
Il m'apparut enfin, il m'apparat en songe.
Au plus fort du penser où son départ me plonge,
Qui sait si ce n'est pas l'ombre d'un être éteint
Comment le deviner, tant l'exil est lointain
J'ai vu l'ombre venir par des forêts d'érables
Et quitter la frontière aux cols impénétrables.
Mais tu sais, Li Bai, tu es dans un réseau,
Pourrais-tu donc t'enfuir sur l'envol de l'oiseau
Quand la lune effeuillée a peuplé la toiture,
J'ai cru te voir encore en ta belle nature.

最后，我想大家都用上了电子字典和翻译软件，我们的工作条件比过去好多了。遗憾的是，翻译软件离真正的实用还差很远。但即使如此，我们还是应当利用先进的技术。

（唐家龙，男，1940年生，外文出版社译审）

浅析汉译法中容易出现的一些问题

姜德山

我想以一个法语学习者、读者和译者的角度参与今天的讨论。新中国成立以来,我国的翻译事业获得了巨大进展,特别是在外译中方面取得了巨大的成绩,出现了许多高质量的译文作品。反观在汉译外方面,虽然做了大量的工作,各方面进步明显,也取得了一些成绩,但和母语国家的文字质量相比差强人意处不少,特别是缺少让人眼前一亮的高质量翻译作品。现就这方面的问题作一浅显分析。

"文心雕龙"中对字词、句子和篇章的关系有精辟的论述,指出"因字而生句,积句而生章,积章而成篇",要"字无妄,句无玷"。而我在平日阅读稿件和中译法的各类作品中却发现不少用词不当,句子语意不清,甚至错误的情况。这些不好或有错误的字词或句子主要有以下几种情况:

1. 句法和语法方面出现错误。如搞不清 espérer 和 souhaiter 后面哪个用直陈式,哪个用虚拟式;不清楚 avant que 后面要用虚拟式,而 après que 却一定要用直陈式。应当说 Il est aussi grang que moi,而不应当说 il est aussi grand comme moi。类似的例子还有很多。

2. 不合乎逻辑(illogique)。如有一篇稿件中将北京要建的一个商业中心写成有三万平方公里之大,而译者每想到整个北京的面积才是其一半多一点。将"诛九族"翻译成 anéantissement des 9 générations。这样读者不禁会发问,怎么九代人能生活在同一个年代呢?

3. 表述不清楚(manque de clarté)。如 J'ai vu la voiture de notre directrice qui est peinte en noire 是汽车还是经理被涂成了黑色? Je connais bien ce jeune interprète, le fils de mon ancien camarade, qui vient souvent chez moi. 是年青的翻译还是我的老同学常到我家来? 更严重的是还有的译者没有搞清 souverainet 和 suzeraineté 的区别,将后者当成前者来使用,导致出现严重政治错误。

4. 句子冗长,生硬刻板(expression trop longue; phrase lourde; lourdeur du style)。这方面的问题主要体现在罗嗦,重复用词,多余或过多的修饰等。

如，应当是 par exemple 不是 comme par exemple，"最近几年来"应当是 ces dernières années 而不是 depuis ces dernières années，应当是 aujourd'hui 不是 au jour d'aujourd'hui。此外，我们的政论性文稿应当切实考虑如何将长句子变成短句子，去掉一些在法文中没实质性意思的赘词，使得文章更清楚更明晰更容易被外国读者接受。

5. 枯燥乏味（monotonie, phrase fastidieuse）。由于表达手法的匮乏和运用法文的能力有待提高，在译文的行文中使用很多过于平淡和一般性的词语，这就造成读者阅读时感到文字枯燥，索然无味。大量反复使用过于一般化的词汇，如 avoir, être, faire, mettre, les gens, la chose 等等。其实翻译中可以而且应当使用一些更鲜明、更有色彩的词语以提高译文的可读性。如动词 mettre une affiche sur le mur，可以将动词换成 placarder；mettre au second plan 将动词换成 reléguer，faire du tort à 将动词换成 nuire；Devant nous il y a une chane de montagne 将动词换成 se déployer 等等。

6. 语音不和谐（cacophonie disgracieuse）。将 est arrivé à Addis-Abeba et a eu un entretien cordial et amical avec qn 改成 s'est entretenu cordialement avec；将 fabriquer des briques 改成 confectionner；将 intégré étroitement 改成 étroitement intégré。这样在阅读时会感到更舒服，更中听。

当然在行文中还有一些其他方面的问题，在此不一一赘述。

产生这些不足或错误的主要原因是基本功不扎实和运用法语的能力不足。有些法语单词容易出现拼写错误。如将 pèlerin 写成 pélerin，将 pèlerinage 写成 pélerinage，将 règlement 写成 réglement，将 réglementation 写成 règlementation 将 ethnie 写成 éthnie；不知道在 en matière de 后面不应当再用冠词。有的知名译者甚至将名词阴阳性搞措。其实克服这些错误只是举手之劳，记忆不清的时候多查阅一下字典即可避免。另外在时态和阴阳性搭配中出现的错误也只需译者在校对中认真核对，多加注意也能减少或完全不会产生。

其次，在汉译法中一些译者并没有完全搞清楚中文的准确含义，这就直接导致法文译文出现偏差。如将"变天账"翻译成 poème sur les changements du ciel；将"大器晚成"翻译成 les grands récipients de terre cuite s'achèvent tardivement，其实中文的意思是 arriver tard à la renommée réussie dans sa carrière 或者 à ses vieux jours；将"正宗荣氏大鼓"翻译成 ballade de l'école de Zheng Zongrong 等等。这样的例子也可以举出很多。

由于文化传统、生活环境、习惯、思维方法和对事物分类不同，因而中法两种语言存在巨大差距，这给从事汉译法的中国译者造成了巨大困惑，稍不小心就会掉入陷阱。如何克服非母语障碍是中国人做好汉译法必须解决的重大问题。比如一个简单的"开关"概念在法文中却是"点燃"和"熄灭"的概念。法文中是 allumer, éteindre la lumière, 是 allumer la télévision, arrêter la TV, 但关水龙头却可以说 fermer le robinet de l'eau 或 couper l'arrivée de l'eau ou du gaz; "国际社会"法文不是 société internationale 而是 communauté internationale; "国际风云变幻"是 les aléas de la situation internationale, 不能翻译成 les changements du vent et des nuage, "三思而后行"不能翻译成 après trois méditations, 法文却可以说 y repenser deux fois ou réfléchir deux fois avant d'agir; "铜器和铁器时代"这里的"时代"法文应当用 ge 而不是 époque; "制造业"法文不是 secteur de fabrication 而是 secteur manufacturier。另外像"亲密战友""淘汰落后产能""统一教材""建设荒山""冷兵器""热兵器""不冻港"等等许多词汇如果用中式思维去翻译肯定会出纰漏。

还应当指出的是中文里有大量具有民族特色的语汇。如"包装一台晚会""上眼药""小儿科""三只手""二百五""黑司机""黑社会""闯关东""开口子""互交白卷""摸底""拼设备"等等都需要译者用心加以分析，找出符合法语习惯的翻译方法。一般而言，处理类似情况是可以采用"归化法"和"异化法"两种方式变通解决，但绝对不能一刀切。我在阅读中发现，一些从事汉译法的法国人更倾向于使用异化的方式。其好处是较生动，更多地保存了中国的文化元素，但缺点是离开上下文或不加以解释，往往让国外读者看不明白，甚至感到怪异。我们中国译者则缺少这方面的胆识，往往为了避免生硬翻译而"淡化"处理。比如"心怀鬼胎"这个词，使用"concevoir ou ruminer de noirs desseins"就已经很好了，但非要处理成 ruminer ses télébreux dessins comme si un embryon de démon se ft agité en lui, 这故然并非不可，但似乎有点过头了。这和将"长吁短叹"翻译成 soupirer tantt long tantt court 似乎是一类情况。

对于中国译者来说，由于法语不是我们的母语，所以在翻译中经常会遇到吃不准的情况。如法国人说 un jour ou deux, 能不能说 un ou deuxjours ; jusque juin 2013, jusqu'au juin 2013, jusqu'en juin 2013 哪个更好，更正确。我们拿捏不住。这是中国译者在从母语翻译成外语时遇到的最大困惑。

鉴于这种情况，又由于许多中国译者长期脱离或不生活在法语的母语环境里，所以大量阅读，加强学习和积累尤为必要，也是提高克服非母语障碍，提高翻译水平的必经之路。在学习中应认真领会法国人在表达类似的思想和场景中是如何表述的。以便在日常的翻译中找到参照物，也就是说尽可能地去模仿。最基本的方法是集腋成裘地积累，但笔记一定要便于查找，比如作卡片，按汉语拼音排列；另一种方法是分门别类作笔记，将工作中遇到的各种翻译主题加以归类。如我们翻译时事政治，可以将"会谈，会晤""选举""军事冲突""暴恐""自然灾害"等等在法国报刊中是如何表述的，他们使用什么样的基本句型记录下来，作为我们翻译的参照物。也可以将"动作""心理活动"（喜怒哀乐等），"气候气象"（雨雪云雾风雷等）各抄录一些法文母语表述的句型，作为自己翻译的参考。比如中文说"脸红了"法文如何表述呢？有的译者会翻译成 son visage devient rouge ou elle a des joues rouges，这谈不上错，但显然没有味道。法国人是如何表述的呢？他们会用许多手段。相关情景他们会说 la rougeur envahit son visage；avoir les joues rosies；sentir ses joues se teinter de rose；joues s'enflamment；joues s'empourprent；joues rougies par；mettre des couleurs aux joues；joues se colorent d'une teinte rose；faire monter le rouge aux joues de qn；甚至动词 rosir，副动词 rosissant（e）也可派上用场。再比如，中文"腿软了""累趴下了"，一个缺少必要积累的译者会翻译成 avoir les jambes molles. 但我们看法国人是如何表述这一概念的呢？他们会说"rompu de fatigue, les jambes me dérobent；ses jambes ne le portent plus, les genoux pliaient sous lui；ses jambes fléchirent sous lui；les jambes défaillrentsous lui；ses genoux faibles menaaient de céder sous lui"等等。表述方法显然比我们丰富的多，而这也恰恰是我们的短板和欠缺之处。

　　汉译法的译文质量首先取决于词语的正确选择和句型句式的运用。在做出正确选择的情况下才能造出好的高质量的句子。在造句中一定要坚持句型的多样化，也就是说注意句子的长短，是用简单句还是用复杂句，是用主动式还是被动式，是用及物还是不及物动词，还是自反动词，何时强调，何时倒装，何时疑问，这些都要进行全方位的思考，既要有机结合又要交替使用，这样句型才能丰富多彩，引人入胜。要造出好句子避免坏句子有必要在认识上明确几个判定的标准，那就是什么样的句子才是好句子呢？学习中我个人认为可以归纳出以下七项标准。

　　1. 正确，否则一切无从谈起（justesse des termes et de la structur de la phrase）

　　2. 清楚逻辑性强（clarté ou netteté，idées logiques）

　　3. 用词准确（précision ou précision de style）

　　4. 句子本身并与其它句子和谐（harmonie de la phrase et harmonie avec d'autres phrases）

　　5. 色彩鲜明（couleur：phrases jolies ou élégantes en cas nécessaire）

6. 富于启示和想像力（phrases qui plaisent à l'intelligence, qui flattent les yeux）

7. 悦耳动听（euphonie ou termes employés qui flattent l'oreille）

年青译者一定要善于使用各种法语工具书，尤其是法国出版的工具书，因为我们编辑出版的辞书虽然各自都有一定参考价值，但误导读者处也并不鲜见。在网络时代我们不应仅仅满足于在网上寻找出对应的译法，就拿来照用。因为不同的语境应当用不同的表述方法，不能以不变应万变，道理不言自明。现推荐我自己搜集和经常查阅的几种工具书。

Dictionnaire des difficulés du franais

Dictionnaire des difficultés de la langue franaise

Dictionnaire du bon franais

Nouveau dictionnaire des difficultés du franais moderne

Dictionnaire d'orthographes et des difficultés du franais

以上字典可以帮助你在使用法语时少犯错误。

Dictionnaire des idées par des mots

Dictionnaire analogique

Dictionnaire des idées

以上字典可以极大地拓宽你的词语选择范围。

Dictionnaire des synonymes

Dictionnaire des synonymes analogieset antonymes

以上字典可以帮助你找到最准确的词。

Dictionnaire des verbes

这本字典可以帮助你正确使用动词。

Dictionnaire du style

这本法德字典可以帮助你造句时将动词、名词、形容词、副词正确地搭配。

许多英文辞典也往往会给我们很多启发，成为我们的好帮手。

此外建议译者多读法国报刊和难度适中的近现代文学作品，不要拘泥于名著的阅读，因为前者更容易学会和模仿。

因时间关系，一些议题不能展开详细介绍和讲述。愿与大家进一步交流，与大家在学习和工作中共勉。

（姜德山，男，1944年生，中国国际广播电台译审。）

20 世纪德语世界对中国文化的翻译

李雪涛

一

中国文化海外传播确实源远流长，欧洲近代开始才有真正意义上的在西方的传播。最早的时候，由于天主教会的参与而使用拉丁文，后来才过渡到民族国家的语言。东亚的日语和韩语除外，中国典籍翻译成外语的英语可能是最多的，其次的可能就是德语、法语这些语言了。

跟盎格鲁撒克逊的传统不同，德语世界有着其自身的独特传统。德国汉学家所做的努力，在某些方面是超过英语世界的汉学家的。举例来讲，20 世纪 30 年代的时候，奥地利汉学家赞克（Erwin Zach，1872—1942）已经把李白的全部诗歌翻译成了德文。到目前为止，德译世界有 104 个《道德经》的德译本。德语世界的学者在中国典籍的德译方面的确做出过很大的贡献。

翻译实际上绝不仅仅是一个文本的转换问题，它同时也是讨论问题的出发点。直到 20 世纪上半叶，德国汉学依然有着其自身的特点。这些特点之一是大部头的学术史巨著的出现：福兰阁的《中华帝国史》(Otto Franke, Geschichte des chinesischen Reiches. 5 Bde. Berlin 1932—1952)、高延的《中国宗教制度史》(Jan Jakob Maria de Groot, The Religious System of China, Its Ancient Forms, Evolution, History and Present Aspect, Manners, Customs and Social Institutions Connected Therewith. 6 Vol. 1892—1910)、佛尔克的《中国哲学史》(Alfred Forke: Geschichte der alten chinesischen Philosophie. Hamburg: L. Friederichsen & Co., 1927; Geschichte der mittelalterlichen chinesischen Philosophie. Hamburg: Friederichsen, de Gruyter & Co., 1934; Geschichte der neueren chinesischen Philosophie. Hamburg: Friederichsen, de Gruyter & Co., 1938)等等。这些有关中国历史、宗教、哲学的历史著作中，有大量的经典著作的翻译，可以说这些汉学家是在翻译的基础上所做的研究。这些著作不仅影响了德国的汉学家和东方学

家等专业人士,同时对主流的哲学家、思想家也产生了巨大的影响。比如德国同善会的传教士哈克曼(Heinrich Friedrich Hackmann,1864—1935)于1927年出版的《中国哲学》(Chinesische Philosophie. München: Verlag Ernst Reinhardt,1927)就曾给了哲学家雅斯贝尔斯(Karl Jaspers,1883—1969)以极大的启发。后来我在翻译雅斯贝尔斯的《大哲学家》"龙树"一章的时候,就惊讶地发现,雅斯贝尔斯竟然会引用《四十二章经》中的"佛言:吾法念无念念,行无行行,言无言言,修无修修"(第18章),以及《景德传灯录》(卷三)中的禅话"皮肉骨髓之教诫""打磨廓然无圣"。以上三个部分分别可以在哈克曼的书中第246页、269页及以下找到德文的译文。由于哈克曼对中国哲学特别是中国佛教非常熟悉,在他的著作中有很多的引文都是他直接翻译的,这些也影响到了诸如雅斯贝尔斯等哲学家对中国哲学的关注。

所以这一切都是与翻译相关的。今天在全球化的潮流中,中国文化如何为外部世界所认识,如何发挥我们的能动性?这些问题都是我们眼下要予以认真考虑的。我本人也参加过多次国家社科基金组织的"中华学术外译项目"的评审。在2010年第一次参加的时候,我就提出来,学术外译项目应当分三个层面来予以设计:1、翻译什么?2、谁来翻译,3、谁来出版?

第一个问题实际上是选题的问题。选题的时候一定要征求国外学者的意见。以往我们过多强调我们的主体性,自己来选,基本上照顾不到国外读者的阅读兴趣。我认为,我们在北京很难确定柏林应当读什么中国的书,东京应当读什么中国的书。因此我建议,应当同所在国的学者或汉学家共同选择并确立选题。这样既能确保中国的主导地位,同时也能兼顾到所在国读者的阅读习惯和兴趣。

第二个问题实际上是译者的身份问题。这个问题一再被讨论,很多国内的专家认为,西方汉学家的翻译,错误百出,译不出来中国文化的精髓,所以要求中国人自己来将我们的古典著作翻译成英文、德文、法文等外国语文。但是我们翻译成外文的这些文学作品,在所在国真的会有什么影响吗?我对此表示极大的怀疑。我常常举例来讲,尽管英国人觉得莎士比亚(William Shakespeare,1564—1616)是世界级的文豪,是英国人的骄傲,但英人也还没有认为应当由英国的汉学家将莎士比亚翻译成中文,在中国传播。对于我们来讲,我们一定不会认什么英国某位汉学家的翻译,而会认同朱生豪(1912—1944)先生的译本。

第三个问题是出版社的问题。在中国我们都知道,如果要读中国古代作品的话,要去看中华书局的书,而国外哲学、社会科学的名著,我们要看商务印书馆的"汉译世界名著译丛"。谁来出版当然很重要,如果汉语的莎士比亚译作是由英国汉学家翻译,一家英国出版社出版的,在中国基本上不会有什么市场的。对于我们来讲,要读人民文学出版社,或者上海译文出版社的,而不是英国哪家出版社的书。因此,中国经典的外译著作,也只有由当地知名的专业出版社出版,才能为学术界和一般的民众所接受。

二

20世纪德语世界对中国文化的翻译,这是一个很大的题目,实际上我根本不可能在一刻钟的时间内讲清楚。因此,我会从20世纪德国汉学的特点入手,接下来选取三位著名的翻译家,来对20世纪德语世界的中国经典、文学翻译情况,做一个"管窥"。

欧洲汉学发展到20世纪跟传教士时代大不一样了,从那个时代开始,学者们开始将历史学的方法和观念引入汉学研究领域,换句话来说,在此之前人们对于中国文本,很少有一种学科意识,并不能够批判性地进行一种文本分析。大部分传教士所做的工作是对汉学的这些文本进行神学上的再阐释。

德国汉学从20世纪开始,汉学家真正以批判性的思维阅读中国的文本。1950年德国汉学家傅海波(Herbert Franke,1914—2011)在瑞士出版了他的《汉学》(Sinologie, Bern: A. Francke AG. Verlag, 1953)。在书中,傅海波给"汉学"下的定义是:"汉学是人们用来表明借助于中文的原始资料,用语文学的方法来进行的中国历史和文化方面的研究。"这也就是说,如果一位研究者使用英文、法文、德文的翻译所做的研究,并不算是汉学研究。而如果要进行汉学研究,就必然要做翻译的工作。翻译又分两种,一种是大家都看得见的,将中文文本翻译出来,然后出版发表了,或者写在文章里。也还有另外一种翻译工作,汉学家直接读中文,但用西文进行汉学研究。实际上,进行汉学研究本身就表明,汉学家在自觉不自觉地进行着翻译工作。

翻译究竟是什么呢?我一直在思考这样一个问题,是一种文本转换,当然了。但仅仅是一种文本转换吗?对于汉学家来讲,中文文本的被迫翻译和转换,产生了新的多元的视角,同时也增加了看问题的深度。文本转换是很多汉学家进入中国研究的一个路径,如果没有这样的一个路径,那么他可能就不会如此的不同。对一个文本的翻译,实际上是一个陌生化的过程。这也是为什么海外汉学家们常常有跟我们不同的认识的原因。

因此,翻译对于汉学家来讲,既是挑战,同时也是他们讨论各类问题的出发点,绝不仅仅是被动的文本转换工作。有关伽达默尔(Hans-Georg Gadamer,1900—2002)的阐释学,顾彬写道:"1966年,我读了他(伽达默尔)的书《真理与方法》,到现在我仍然相信,该书呈现的这种诠释学哲学,不仅是两个个体的存在性相遇的事情,而且也关乎不同文化、不同人民之间的相遇。"不同民族之间的相遇当然涉及到了理解的问题,实际上翻译也是理解的另外一种形式。

德国波鸿鲁尔大学的罗哲海(Heiner Roetz,1950—)教授曾经坦言对"国学"提出质疑,认为"国学"至少缺乏翻译,从而也就缺少了从另外一种语言、文化进入中国学术思想的路径。实际上很多的问题是在语言转换的过程中发现的,进入了另外的一个语境,可以获得对中国学术理解的一个新维度。所以他对翻译非常看重。顾彬在此基础之上又进了一步,他指出,在翻译的过程中,同样能够通过汉语和中国文化,更好地理解自己的文化。从这点来讲,如果是没有广义的翻译概念的话,汉学研究根本就不会发生。

三

下面我简单梳理一下 20 世纪德国最重要的三位翻译家,卫礼贤刚才谈的已经比较多了,孔舫之和顾彬还没有人谈。他们三个翻译的内容是不完全一样的:卫礼贤所翻译的内容是中国经典,孔舫之基本是中国的章回小说,而顾彬则是中国现当代文学的内容。从他们发表出版的翻译作品来看,他们三个确实贯穿整个 20 世纪的年代:卫礼贤从 1902 年第一本译作出版,到 1930 年在德国去世,他的中国经典翻译贯穿整个 20 世纪;孔舫之从 1919 年翻译出版《卖油郎独占花魁》之后,到 1961 年去世,他的译作不断重印;顾彬从 20 世纪 70 年代开始出版现当代中国文学作品的译作,到现在依然活跃在中国文学的德译的舞台上。

卫礼贤用了 20 多年的时间翻译了《论语》《孟子》《大学》《中庸》《家语》《礼记》《易经》《吕氏春秋》《道德经》《列子》《庄子》等涉及到儒、道等中国文化的最根本的经籍几十部之多。这些译本迅速使中国传统思想和文化进入了德国思想界主流之中,影响到黑塞(Hermann Hesse,1877—1962)、荣格(Carl Gustav Jung,1875—1961)这样的大作家和思想家。卫礼贤的《太乙金华宗旨》译本,曾引起了西方最重要的思想家对中国文化的重视。荣格在"第 2 版前言"中提到:

我已故的朋友卫礼贤——他也是本书的编者之一,在将这本《太乙金华宗旨》寄给我的一刻,正是我自己的研究发生问题的时候。自 1913 年以来我一直在专注于集体无意识的过程,尽管也得到过一些结论,但很多地方让我觉得问题很多。这些结论不仅仅超出了"学术"心理学所知道的一切,同样也超出了医学心理学,以及纯粹个体心理学的界限。此处涉及到一种无所不包的现象学,迄今为止的范畴和方法都无法运用。我 15 年努力的这些结论,由于没有什么地方提供过一种比较的可能性,故而无法予以定论……

卫礼贤给我寄来的这个文本帮助我摆脱了困境。它包含了我在诺斯替教派信徒（Gnostiker）那里枉费心血也没有找到的东西。因此这一文献对我来说是一次令我高兴地契机,我可以把一些重要的研究成果至少以一种暂时的形式发表出来。

《易经》的译本,刚才两位学者特别谈到了,这是一个改变了西方对中国文化认识的文本,非常重要。他向劳乃宣的请教实际上不仅仅是翻译,实际上是传承了中国的解经的传统。卫礼贤的优势在于,他有很好的德国文化的修养,因此他的译本以他优美的德语,很快进入了德国主流的知识界。

孔舫之是一个很有意思的人,一生都在翻译中国的章回小说,甚至没来得及结婚。他从 1920 年代开始,翻译中国古典小说,并且从 1925 年起主要为莱比锡的岛屿出版社（Insel-Verlag）进行翻译。1930 年孔舫之翻译的《金瓶梅》（Kin Ping Mei oder Die abenteuerliche Geschichte von Hsi Men und seinen sechs Frauen, Leipzig 1930）取得了空前的成就,创造了在销售方面的诸多突破。进入 1930 年代之后,孔舫之逐渐与岛屿出版社的社长安同吉本贝尔格（Anton Kippenberg, 1874—1950）产生矛盾,因为后者希望在合同上就约定要对原文进行大量删节。孔舫之的"翻译"实际是改写,同时他的德语很好。他会将中国古典小说中故事的多个线索,变成一个或两个线索,这样就可以将故事讲得非常精致。因为如果太多头绪的话,德语国家的读者很难把握住小说的线索。刚才我说孔舫之是有意思的人,也还是因为他会将他所有译作的发行量都一一记录下来。这些珍贵的资料,也为我们今天研究他,提供了非常重要的一手文献资料。

孔舫之翻译过《红楼梦》《水浒传》《金瓶梅》《十二楼》《隔帘花影》等几十部中国古典文学作品。同时也翻译过当时属于当代文学作品的《子夜》。正因为他对德语读者的照顾,他的译本在德国拥有大量的读者。汉学家傅海波就曾坦言,他是因为小时候读了孔舫之的中国古典文学作品的译本,才开始对中国感兴趣的。孔舫之翻译的很多小说,一直到现在还在重印,你在德国的旧书店中也能够一再看到。尽管德语读者在阅读此类的中国古典文学作品的译本时,也会考虑到其中异国情调（Exotismus）的因素,但孔舫之却通过他的译本做到了向西方读者证明中国文学艺术固有的价值和世界性的意义,从而也改变了中国古典文学在那里的陌生和误解的氛围。而在 1980 年代的时候,波鸿鲁尔大学的马汉茂（Helmut Martin, 940—1999）教授曾组织翻译了一系列有关文革、伤痕文学、改革文学的中国当代文学作品。但一般的德国读者并不把这些书当作文学作品来阅读，他们实在想了解中国的时候，才去读这些书的。1949年以来，在西方读者的眼中，中国当代文学作品只能作为国家意识形态和民族寓言加以解读，他们所肯定的常常是这些文学作品的外部的非文学的意义和价值。孔舫之的成功之处在于，透过他的译本让德语读者理解中国固有的宇宙、自然和人的观念所具有的独特的诗学性质，与西方文化之间有着不同的精神和美学意蕴。

由于孔舫之在翻译方面做出的杰出贡献，1955年德国外交部文化局和巴符州文化部为他提供了为期5个月世界旅行费用，可惜当时他没有办法到中国来，于是他启程到了香港，在那边待了4周，之后途径澳大利亚、美国和加拿大，重又回到了德国。在香港的时候，当人们听说他是中国古典文学的德译者的时候，都对他肃然起敬，他回到德国后也常常对此津津乐道。

孔舫之的译本在德语世界产生很大影响，他于1932年获得莱辛奖（Lessingpreis）以及其他胸章，以表彰他在中国古典文学德语翻译方面所做出的杰出贡献。不过在专业圈中，有人对孔舫之的翻译评价颇高，而有人则严厉地批评说，孔舫之的中国文学译本根本不是严格语文学意义上的翻译。

接下来我们看一下顾彬教授。从20世纪70年代开始，顾彬翻译了一百多本的中国的散文、小说和诗歌作品，如鲁迅的散文、小说，北岛、杨炼、欧阳江河、王家新、翟永明、梁秉钧（也斯）等的诗歌，同时也出版过《20世纪中国诗歌选》之类的选集。近年来，他也致力于撰写、翻译十卷本的中国古代典籍，其中的《论语》《老子》《孟子》《庄子》已先后在德国 Herder 出版社出版了。这十卷本的中国古代典籍选读是普及版，主要是供大学生和对中国感兴趣的当代人阅读的，除了原文、拼音、翻译之外，还有顾彬教授的评论性文字，还是很有感召力的。

顾彬翻译的特点是什么呢？他首先是诗人，其次他是诗歌翻译家；他是位作家，他才翻译中国的小说。这也是为什么他的德文译作是好的文学作品的原因。此外，顾彬并不仅仅是一位译者，他也是一位学者。从他的博士论文《论杜牧的抒情诗》、教授论文《空山》，到十卷本的《中国文学史》，他都是从翻译出发来进行汉学研究的。

作为学者的顾彬的这一特点，跟孔舫之是不太一样，后者基本不做研究，一心一意只做翻译。作为翻译家，顾彬和卫礼贤有类似的地方，就是翻译只是他们汉学研究的一部分，同时也是他们研究的出发点和基础。

四

作为20世纪最有影响的德语世界的这三位翻译家，他们的共同点有哪些呢？

首先他们三个人都在中国生活过：卫礼贤的时间最长，长达 25 年，主要是在青岛和北京。孔舫之只有 3 年，从 1909 到 1912 年，先是在北京做翻译官，后来去哈尔滨的德国总领馆做了副总领事。顾彬从 1974 年来北京语言学院学习汉语，到 2011 年被聘为北京外国语大学的特聘教授，前后算来他在北京也待过了几年，并且跟中国学术界、文学界有着非常好的关系。

再者是这三位译者都曾从事过文学创作，我觉得这一点他们可能和其他的译者不太一样。只有自己从事文学创作，才能更好地运用自己的母语进行翻译。翻译到了某种程度根本不是对外语的理解问题，而是自己母语表达的丰富度。此外，卫礼贤和顾彬都是信奉基督新教的，我想他们信奉自己就是为劳作而生的（Homines laborantes）。

我想今天我们谈论的这个话题非常重要，翻译对于中国文化在德国传播起着决定性的作用，而海外汉学研究是一门真正能够彰显中国文化世界性意义的学问。不可能每一个外国人都会学汉语，但通过译本的阅读，可以让更多的人了解中国文化，对中国感兴趣，同时参与到中国文学、哲学、宗教的研究中来，这样的话，中国文化真正当代的、世界性的意义，才会被揭示出来。

还有一点我要强调的是，我们千万不要把翻译仅仅看作是翻译本身，翻译对于汉学研究来讲，展示了一个新的认识和研究的维度，同时它也是汉学研究的一个出发点。

（李雪涛，男，1965 年生。德国波恩大学文学硕士、哲学博士，北京外国语大学教授、中国海外汉学研究中心副主任、《国际汉学》副主编。主要从事德国汉学、德国哲学以及中国佛教史的研究。目前担任教育部重大哲学社会科学项目"20 世纪中国古代文化经典在域外的传播与影响"的总协调人。2009 年获得教育部"新世纪优秀人才"称号。主要专著、编著、译著有：《日耳曼学术谱系中的汉学——德国汉学之研究》（专著，2009）、《德国汉学：历史、发展、人物与视角》（主编之一，2005）、A Multilingual Dictionary of Chinese Buddhism（主编之一，1999）、《佛像解说》（翻译，2003）、雅斯贝尔斯《大哲学家》（主译，2004），并主持翻译了德国汉学家顾彬（W. Kubin）教授主编的十卷本《中国文学史》。发表《论雅斯贝尔斯"轴心时代"观念的中国思想来源》等论文 80 余篇。）

"道"的诗性再现

华少库

一、"道"的德译

《道德经》德译本最早是于 1870 年出版的。最新译本是 2011 年出版的。据著名汉学家顾彬教授的统计，目前《道德经》德语译本有 104 个译本。一个语种的译本达 104 部，在世界上可谓绝无仅有。《圣经》广为翻译，但其译本数量都没有达到这样多的程度。《道德经》体现了特有的风格，"思"与"诗"的融合，哲学理念与诗歌美学浑然一体。德国浪漫主义哲学家谢林哲学与诗歌的融合看作为哲学的最高境界。《道德经》在两千年前达到这一点。《道德经》用诗歌的形式表现哲学理念，应该说体现了德国哲学家梦寐以求的最高境界。这也是为何这本古老的典籍在德国一直引起关注的原因之一。

"道"是中国先秦时期产生的重要概念，也是中国学术发展史上一个最为核心的理念，但是在卫礼贤翻译《道德经》时，统一是用 Sinn 一词来表述"道"。"道可道，非常道，名可名，非常名。"《道德经》第一句话就表达了语言对"道"所具有的遮蔽和解蔽的双重功效。"道"是本体论意义上的最高存在，而最高存在是处于语言表达的彼岸。如康德自在自为的"物自体"，黑格尔的"绝对精神"，都是无法最后定义的。《道德经》的"道"作为本体论最高存在，同样是无法定义而处于语言表达的彼岸。"吾不知其名，故强字之曰道。"

卫礼贤把"道"统一迻译为 Sinn，体现了其特有的理解能力。卫礼贤有着十分良好的教育背景，对自己本国文化、文学有非常深刻的理解。Sinn 在中古德语中的含义是 das Fhrte Suchende，语意为寻找踪迹，转意为道路。在现代德语中，其含义为内心世界的指向性，思想能力，感知能力以及话语、图像和行为的想像力。如：Er hat einen Sinn für Humor. Er hat keinen Sinn für Rechtigkeit. 就是对事物的一个内在的理解感悟力，恰恰是迻译"道"可以用上的。

卫礼贤在选择"道"的德译时，提及了《浮士德》第一部中浮士德翻译《圣经》时曾想用 Sinn 这一词。在《浮士德》第一部里，浮士德在考虑怎么翻译《圣经》里"太初有道"一句时，开始打算用 Sinn 来表述。用了歌德《浮士德》中的词语，可以使无中国文化基础的德语读者，联系到德语典籍中的词汇而领悟到译文的含义。

二、《道德经》德译本的诗歌形式

就《道德经》的诗性再现这一题目，我在此把原文与译文加以比较。"道可道，非常道，名可名，非常名。"

卫礼贤的德语译文为：
"Der Sinn, der sich aussprechen läßt,
ist nicht der ewige Sinn. Der Name,
der sich nennen läßt,
ist nicht der ewige Name."
这一段德语译文为隔行押韵。

"无，名天地之始。有，名万物之母"两句中，"无"与"有"的对立统一，卫礼贤用西方诗歌特有的首韵形式加以表达：
Jenseits des Nennbaren liegt der Anfang der Welt.
Diesseits des Nennbaren liegt die Geburt der Geschpfe.
"故常无，欲以观其妙。常有，欲以观其徼。"的德语译文为：
Darum führt das Streben nach dem Ewig-Diesseitigen
zum Schauen der Kräfte,
das Streben nach dem Ewig-Diesseitigen
zum Schauen der Rumlichkeit.

该两句在德语译文中分为四行，并以德语诗歌 ABAB 交叉尾韵的形式，产生了隔行押韵的音韵效果。"此两者同出而异名，同谓之玄。玄之又玄，众妙之门"为第一章最后四句。卫礼贤按德语诗歌 ABBA "环抱韵"来进行每句最后一个词的音韵处理：
Beides ist eins dem Ursprung nach und nur verschieden durch den Namen.
In seiner Einheit heit es das Geheimnis.
Des Geheimnisses noch tieferes Geheimnis
ist das Tor, durch das alle Wunder hervortreten.

《道德经》中这些语言节奏感和音乐美感是以中国文化为背景，以汉语语言为信息传递载体的。这就意味着《道德经》译为德语时，不能仅仅是从汉语到德语的词与句的单纯转换。尽管思维和语言密不可分，同一思想内容可用不同的语言表达，同样的审美情趣可通过不同的语言载体呈现，但这并不意味着汉语和德语在语言上有相同的意义而可以进行直接转换，因为这两种语言都局限于自己特定的文化背景中，它们各自在源远流长的历史中形成了自己独特的思想和艺术表达方式。正因为使用汉语语言的读者和使用德语的读者拥有对自己所属的语言系统独特的表达方式，因而德语读者对《道德经》文本信息和语言美感的接收渠道与汉语读者的接收渠道大相径庭，这也就决定了只有通过语言和句式的转换，赋予《道德经》以德语的诗形，才能使译本拥有自己的诗性乐感律动，从而在德语的语境中呈现一种新的诗性美感。

三、《道德经》诗性词语的美感再现。

《道德经》的迻译，也是数目众多的诗性词语的转化过程。作为先秦典籍，《道德经》充满了诗性词语，其深刻的哲学理念通过联想、想象、隐喻、象征等诗歌艺术的表现手法加以表达。中国古典诗歌中，"引譬连类"的"比兴"是一种较为典型的艺术手法，诗人以类比的方式抒发情感，其中心是"比"，其发端是意。"引譬连类"的比兴艺术手法可把先寓于诗人内心世界的情感、理念，借助可以类比的物像表达出来。在这样的诗性语言所构成的艺术境界里，语言符号的"能指"和"所指"之间是一种比附的关系。而理解这种"能指"和"所指"关系的前提，则是特定的民族文化语境。然而要把特定的"比兴"进行中德语语境的转换，必然受到中德两国语言体系和历史文化传统巨大差异的双重制约。这种制约的结果，则是原文中的"比兴"在德语中的对应缺失。因此诗性词语的选用，以再现原文的语言美感，是卫礼贤必然要面对的挑战。在此以《道德经》第六章的翻译为例："谷神不死，是谓玄牝。玄牝之门，是谓天地根。緜緜若存，用之不勤。"

  Der Geist der Tiefe stirbt nicht.
  Das ist das Ewig-Weibliche.
  Des Ewig-Weiblichen Ausgangspforte
  Ist die Wurzel von Himmel und Erde.
  Endlos drngt sich's und ist doch wie beharrend,
  In seinem Wirken bleibt es mühelos.

而"玄牝"一词的迻译，则表现了他的独具匠心。"谷神不死，是谓玄牝。玄牝之门，是谓天地根"，同时又"緜緜若存，用之不勤。"可见"谷神"这位永恒不死的玄妙母体成为了"道"的化身。"她"就是"道"。用这种比兴的方式，哲学本体论最高概念"道"通过"谷神""玄牝"这些充满诗性的词语,展现了一个创造一切的母体——女神形象,更为生动地说明了"道"的神秘性和普遍性。她是万物之母,化育一切,自高伟大,又变化莫测、深远微妙。作为受过良好高等教育的卫礼贤熟知德国文学经典,他选用了"Das Ewig-Weibliche"——"永恒女性"的表述来翻译"玄牝"一词。"永恒女性"一词出自德国伟大诗人歌德最为著名的作品《浮士德》结束时的诗句。在《浮士德》结束时,歌德写下了这样的诗句:"跟随永恒女性,我等向上、向上。"

《浮士德》全剧结束时,在宗教神秘主义气氛中,浮士德的灵魂在多名悔罪女子、天使以及飘然而至的光明圣母的伴陪下,在神秘的合唱声中升向天堂。《浮士德》中文译者杨武能先生认为,把"永恒女性"解释为人类赖以生存、繁衍和发展的仁爱,较为符合歌德的人道主义思想。此外"永恒女性"在德语中是具有诗性含义的名词,由形容词转化而来,本身就表现了歌德极具天赋的语言表达能力。"永恒女性"是理念的人格化,同时又具有神秘的色彩。更为重要的是"永恒女性"是理念的诗性化表达。在歌德看来,女性的温柔、慈爱、圣洁、和平构成了人道主义的精神内涵,犹如耀眼的光芒,引导人类走向光明的未来。与《浮士德》全剧的女性人物相联系,足见"永恒女性"这一诗性表达的言约旨远以及其象征性和暗喻性所具有的意蕴深邃。

"玄牝"和"永恒女性"都是中德各自语境中的诗意符号,其"能指"和"所指"毫无保留地彰显了两个民族各自的思想特征和历史文化传统。正如十九世纪德国语言学家洪堡特认为的那样:"语言是一个民族现象,各民族的语言在结构形式、意义内涵上有所不同,一定的民族语言与一定的民族性和文化特征相维系。"这就意味着"玄牝"和"永恒女性"作为充满深刻意蕴的诗意符号,其真实含义,也只能存在于原文的语言环境之中,任何异族语言的替代都无法表达出其深刻的含义。这也是任何中外经典著作翻译必然要面对的事实。然而,经典著作尽管表现了不同语言的差异性,同时也体现了人类对世界本原、社会行为的规范以及人类发展的前因后果的探索和思考。这一共性,决定了中德思想的可沟通性。作为一个杰出翻译家,卫礼贤犹如一座桥梁,使中德不同的思想世界得以沟通、交流。要构筑这样一座桥梁,就需深潜于语言相异性的表层之下,寻找不同"能指"所具有的"所指"共性或类似性。卫礼贤的着眼点在于"永恒女性"这一诗性词语所包含的神秘性和含蓄性。在《浮士德》最后一场,场景是森林、岩壁和旷野,圣隐修士们悠闲的坐卧在沟壑和洞穴间,呈现了一幅充满了神秘气息的基督教天堂色彩的图景。浮士德得救的灵魂、圣母、天使和悔罪圣女同台出场,在神秘合唱声中,"永恒女性"的表述出现了,同时也结束了全剧。她指谁?

歌德没做任何说明。"永恒女性"的神秘，正应对了"玄牝"之"玄"。"道"只可意会，不可言传。作为其别名，"玄牝"也只能大约为"玄妙莫测的母体"或"玄妙莫测的女神"。这样，在玄妙、含蓄的层次上，"玄牝"与"永恒女性"有了交汇点。

（华少庠，男，1958年生，博士，西南交通大学外国语学院教授，外国语言学与应用语言学专业硕士生导师，教育部大学外语教学指导委员会委员。研究方向为德语文学、欧洲文化。出版专著3部、译著2部；发表学术论文30余篇。）

库恩（Franz Kuhn）与《水浒传》的德译

张 欣

在今天这个全球化的时代，不同国家、民族间的跨文化交流日益密切。中国文化走向世界也有多种途径，如传播中国文化，教授汉语的孔子学院和孔子课堂，中国主题活动，各种媒体关于中国的报道等等。而在 20 世纪上半叶，由于各种客观条件限制，普通大众能够参与并感受到的中西文化交流更多是落实在笔头上，将承载着中国传统文化的古典小说翻译成西文就是一条重要途径。这当中离不开作为译者的外籍汉学家的辛勤劳动。弗朗茨库恩（Franz Walter Kuhn，1884—1961）就是其中有代表性的一员。

库恩出生于德国一个东方学研究世家，受过专业的汉学学术训练，也有在中国作为外交人员的工作经历，出于对中国文学与文化的热爱，他最终放弃了稳定的公职，以翻译、推介中国古典文学为自己的终身事业，集毕生之力，翻译了中国长篇小说 13 部，中短篇小说 50 余部，还有寓言故事、笑话若干。其代表译作有：《好逑传》《金瓶梅》《红楼梦》《水浒传》《三国演义》《今古奇观》《儿女英雄传》等。其译作语言优美，情节流畅，不仅在德语国家大受欢迎，且被转译为英、法、意等多国文字，在整个欧洲亦有相当影响。库恩通过文学翻译向德语国家普通民众推介中国文学与文化，对 20 世纪上半叶的中德文化交流做出了不可磨灭的贡献。

今天给诸位介绍的是库恩的代表作之一，《水浒传》的德语译本——《梁山泊的强盗》（Die Ruber vom Liang Schan Moor，1934）。它是德语区第一部以一百二十回《水浒传》为底本的译本，选题贴近平民生活，兼具文学性与可读性，在德语国家累计出版 10 次，转译为意大利语、弗莱芒语、荷兰语、斯洛文尼亚语等文字，发行量在库恩的译作中名列前茅。德国普通读者在各类报纸、期刊、售书网页上发表了近 70 篇评论文章，多数为赞扬、肯定意见。

作为中国古典四大文学名著之一的《水浒传》在西方广为流传，仅在德语区就有五个片段、两个编译本和一个全译本，其中影响最大，读者最多的是库恩的译本。直到今天，如果德语国家读者想要阅读《水浒传》，他们的首要选择仍是库恩的编译本，而非德语全译本。库恩的译本之所以能够脱颖而出，与其结合内外部因素，采取宏观上的编译，微观上以归化为主，异化为辅的翻译策略有很大关系。

作为翻译实践者的库恩尽管有独到的翻译观念，但甚少发表专门讨论翻译理论的学术论文。他对自己采用的翻译策略、方法及理念的论述多散见于译后记、书评和其它杂文中。下面这段摘自《水浒传》译后记的引文很好地反映了库恩个人的翻译理念。这段德语引文的大意为：

"将中国古典小说翻译为欧洲文学，只有两种方法可供考虑：或是完整的、严格遵循语文学，供专业界使用的翻译，或是一种自由翻译，一种针对卖书和买书的大众，有生命力的新创作。我的任务是，为德国读者将原文从在中国的民间故事，转变为德式的民间故事。所以我的译本在逐字翻译、艺术转述和自由加工间变化。"

库恩的这段自述不仅是对《水浒传》翻译手法的介绍，也是对他翻译观念的整体概括。在将中国小说转换为欧洲文字时，译者始终面临"不忠的美人"这一难题。语文学意义上的逐字翻译很难吸引普通读者的阅读兴趣；符合读者审美观念的节译与改写多为对原文的概述，很容易丧失文字本来的表现力。而库恩采取的"在逐字翻译、艺术转述和自由加工间变化"的翻译策略较好地解决了这一问题。

具体到《水浒传》译本，从宏观来看，库恩对《水浒传》采取了编译的处理手法。这里不妨借用谢天振教授的理论给编译做如下定义：所谓编译，是指译者为了理清原著的情节线索，以简洁明快的形式介绍原著，而对原著作了大幅度的改动，如删除与主要情节线索关系不大的语句、段落乃至篇章，根据原文编写、改写句子，甚至有时还会出于某种需要添写、改动故事情节。简而言之，编译就是节译加改写。

库恩的翻译活动具有承继性。《水浒传》译文作为库恩在岛屿出版社的后期作品，与之前翻译的《金瓶梅》《红楼梦》等作品在翻译手法上既有联系，也有区别。与前作相对，对《水浒传》的归化处理倾向尤为明显。他对《水浒传》原文从形式到内容上既有保留，也作了相应改动，力图在原语与译入语迥异的文学样式、语言及文化语境中寻找一个平衡点。如他将原文的章回体形式比照西方小说的模式进行改造，舍弃回目对偶文字的形式，根据内容拟定小标题；去除西方叙事文学中不存在的说书艺人全能视角；根据自己对书中人物形象的定位翻译书名；保留原文本身具有的，易于德语国家读者接受的线型结构基础上，通过分卷分章深化原文暗含的逻辑层次；通过情节的整合与删节，突出冒险经历主线，坚持译文流畅易懂的特点；结合强盗小说中的主人公在西方读者头脑中的固有印象，深化、改造人物形象等。

在微观层面，库恩在贴近译入语读者的归化和保留原文特色的异化之间综合考虑，未将二者绝对对立，而是灵活地根据语境，采用不同的表述翻译同一类，甚至是同一个文化现象。但明显以"归化"策略为主，保留原本中国文化色彩的机会相应减少，只是在不会产生理解障碍的前提下，选择性引入直白浅显的意象，或通过选用合适的词汇给予读者暗示，融入了自己的创造性劳动。

国际译联将 2012 年国际翻译日（International Translation Day，ITD）的主题定为"翻译与跨文化交流（Translation as Intercultural Communication）"。可见翻译不仅是语言文字上的转换，更有文化间的相互碰撞与交融。

20 世纪上半叶，在中德两国的政治、经济、文化实力均不对等的情况下，库恩及其赞助方岛屿出版社投入相当的精力，策划出版了中国小说系列，长期而系统地将中国古典文学直接由中文翻译成德语，引入以德语国家为主的西方世界，并获得了巨大成功，这在中国典籍外译史上都是极其罕见的。通过总结他们翻译合作模式中的经验教训，可以为中国典籍外译提供必要启示，使之更有针对性。

首先是选题方面的启发。以《水浒传》为例，库恩选择翻译《水浒传》，既根据它在原语环境中的传播，肯定了原文的文学价值，也发现了它作为客观反映历史与民间生活的文献价值，结合译文读者的期待视野，选取他们感兴趣的民间故事，借文学翻译进行民俗文化的初步介绍与普及工作。如果仅以原文在原语世界中的重要性作为选题标准，而忽略译文的可接受性，很容易出现事倍功半的效果。所以我们在做典籍外译的选题时，必须充分考虑到译文读者的阅读兴趣，避免一厢情愿，以我们的主观臆断来判断翻译方向。另外，中国古籍的翻译必然会涉及版本问题。当时库恩手头有多个《水浒传》原文版本可供参照，为了顾及赞助人对篇幅的要求，以七十回本为翻译的主要内容；因这个版本的结局破坏了小说的整体结构，从文学的角度来讲，不像一部文学作品应有的结局。在库恩看来，叙事有始有终，清楚交代人物最终命运的一百二十回本才最符合他心目中的结局，故选择将这一版本的结局以概述的形式呈现给读者；还专门寻找带木版画的版本，配有相应的文字说明，让读者在阅读同时得到艺术享受。库恩对于版本的选择是译者综合文学审美、学术价值与美学享受的结果，他选择版本时还参考过胡适等中国学者的研究成果，他的选择标准及与原语国家学者的交流意识对现在的汉译外工作有着重要的借鉴意义。

其次是翻译策略选择的启示。翻译并非在真空中进行，而是在具体的社会环境中，由译者通过带有创造性的改写，所做的语言与文化层面上的双重转换。译者对翻译策略的选择既体现了个人的翻译观念与美学倾向，也受到客观条件的种种限制。虽然处于两次世界大战间隙的德国民众普遍对资本主义生产方式和西方文明感到厌倦，有了解中国文学与中国文化的主观需求，但东方文化并不足以动摇西方文明在他们心中的地位。读者亦不可能摆脱西方文化在其头脑中根深蒂固的影响，本民族的文学与文化传统依然占据主导地位，译入语一方在政治、文化等方面都属于强势一方。在这种背景下，翻译策略必然会以译文的社会环境与读者需求为导向。更为重要的是，库恩的赞助人，岛屿出版社社长安东基彭贝格（Anton Kippenberg，1874—1950）直接在宏观层面干涉库恩的翻译活动，他以翻译合同的形式规定译文的翻译进度、篇幅等内容，确定编译的总体翻译策略。库恩翻译好初稿后，基彭贝格就是译文的第一个读者。他需要通读初稿，从整体把关，在与库恩的通信中提出修改意见。赞助人的意见在很大程度上左右着库恩翻译策略的贯彻与调整。根据德国魏玛歌德与席勒档案馆所藏档案显示，基彭贝格在与库恩的通信中要求《水浒传》译文的篇幅不能超过 600 页，超出部分不付稿酬。因为他认为德语读者不喜欢阅读长篇小说。为了适应赞助人的要求与大众读者的阅读习惯，库恩只能舍弃全译，采取编译；在读者普遍缺乏对原语文化背景的必要了解时，也只能以归化为主，异化为辅。在信息日益过剩，生活节奏加快的当今社会，读者的阅读方式也发生了一定变化，篇幅较长的全译本并不一定是唯一正确的选择，而编译本在某种程度上可能更容易为读者接受。此外，库恩从未将归化与异化截然分开，而是根据不同的语境，灵活选用。我们在典籍外译时，也不必将归化与异化绝对对立，过分拘泥于其中一方，而要视具体情况处理，既要设身处地为译文读者着想，又要坚持一定的文化自信。

（张欣，女，北京第二外国语学院德语系讲师）

卫礼贤对中国古典作品的译介

孙立新

对于卫礼贤,大家肯定都有所了解。我们也经常会从一些介绍文章中看到,卫礼贤原来是一个传教士,后来改变了身份,通过研究中国的学说,翻译中国的经典,变成一个汉学家了。对此,我的看法不同,卫礼贤实际上是一个人,三重身份,也就是传教士、汉学家和翻译家,这三者密不可分,卫礼贤并没有改变其传教士身份,他的汉学研究和翻译工作,与其传教活动有密切关系,虽然随着时间的推移,有一个提高,有一个发展,但他的一些基本思想,在他做传教士时就已经奠定了。

不过,我们也应当看到,卫礼贤不是一般意义上的传教士,他也说,他来到中国以后,没有为任何一个中国人举行洗礼,没有要求任何人加入教会。卫礼贤之所以这样说,是因为他的宗教思想与众不同,包括如何看待教会的问题。

简单说来,卫礼贤对上帝充满敬仰,认为上帝对所有人都是很关爱的,不仅仅关爱基督教徒,也关爱中国人。无论是否加入教会,只要你是一个人,上帝就会关爱你。这样一来,是不是一位教徒,就无关紧要了。这个思想是和一般传教士的思想不一样的。对此,我们今天没有时间多说,我写过专门的文章,大家有兴趣可以看一下。今天我主要谈一下卫礼贤的翻译工作,特别是他的《易经》翻译。

卫礼贤翻译了大量中国古典作品,并且除了译著以外,还有许多是发表在报刊杂志上的译介文章。我想重点谈一下卫礼贤的翻译方法,对此,大家可能是比较感兴趣的。首先一点就是拜中国文人为师,虚心学习,认真研究,精心翻译,特别是在翻译《易经》的时候。卫礼贤自己说的很明确,《易经》是劳乃宣口授给他的。他把劳乃宣讲的内容用德文记录下来,再把德文翻译成中文,给劳审阅,在征得劳的认可后,翻译才算结束。可以说,《易经》的翻译是一个合作的成果,当然有主次之分,卫礼贤发挥了主要作用。

还有一个就是,剥离附加的思想,特别是宋代朱熹的理学思想,他认为这种思想已经距离先秦的思想很远了。在《易经》中，还有很多迷信的东西，如像数、阴阳学说等等，这些都是古代没有的。卫礼贤以古本为翻译的蓝本，主张回归到最原始的，或者是最初的状态。

再一个方法就是直译和意译相结合。你们可能比我更懂，你们都是搞语言的和搞翻译的。中国文字要翻译成外文，中文和外文之间的关系相当复杂，很多不是一一对应的关系，需要意译，意译就带有一种解说性质。

除了在翻译文字上的，或者是字词方面的意译之外，卫礼贤在翻译的过程中，还夹带大量的个人的注解。当然形式不太一样，有的就是在翻译的段落当中，在旁边加上一些注释，这些注释都是他的解释，他的一些理解。有的是在前言、引言或者是书后的附录当中，写一个长篇大论的解说，比如论述孔子和老子的生平，他们的一些基本思想等等。这也是一种解说。翻译和解说这两者是结合在一起的。这当然会出现问题，也就是说有的时候做的过分了，分不清哪些是中国人的，哪些是孔子的，哪些是卫礼贤的了。

还有类比的方法，或者叫比较的方法，类比更确切一些，卫礼贤经常把中国的一些思想，中国古代先哲的一些思想，和德国的、甚至是古希腊罗马的、基督教的思想放一起进行对比。当然卫礼贤基本上是以求同为主的，他知道，东西方文化之间有很大的不同，但他更关心的还是人类的统一，东西方文化之间的统一，所以他在类比的过程中，也往往以求同为主，而不是刻意地去找一些差别。

即便有一些差别，但卫礼贤经常是刻意回避的。

再有翻译风格问题，比如说以诗译诗，因为中国古典的作品都是言简意赅的，所以卫礼贤尽量用符合中文的表达方式的德语语句进行翻译，他在这方面做了很多的努力。卫礼贤翻译的作品，可以说这也是他所有译著的一个总的特点，也是他所有著作的一个特点，就是通俗性、文学性，他不是为了搞书斋里面的研究的，他的翻译是面向社会推广中国文化的。所以在卫礼贤的作品当中，创造性非常明显，他本人也有相当自觉的意识，在理解掌握中国古典作品的基础上，努力去阐发一些新的观念。

关于卫礼贤的作品，中国学者大都是赞誉的，肯定的，以为卫礼贤的翻译作品在西方各种译本当中是最好的，甚至最出色的等等。其实在西方，包括在德国，也有很多人是持批评意见的，或者说既有肯定又有否定。肯定的评价当然大家可以看到一些，还有一些批评的意见大都被忽视了。例如有的人指出，卫礼贤不是真正的汉学家，没有受过科班训练，没有进行严格的研究，对中文字词缺乏考证，在表述中文词义方面值得怀疑。还有其他问题，刚才我也提到了，例如说卫礼贤过于随意，把许多东西方的，东方文化和西方文化不同的背景之下的东西混杂在一起,难以区分,等等。时间关系,我就不详细介绍了。

现在的问题是,在翻译中国古典作品时,我们究竟要以什么为标准。中文和外文之间到底能不能进行翻译。到现在为止,人们大都主张"忠实"的原则,也就是说要准确无误地用外文表达中文的原意,然而,中国古典作品的原意到底是什么?这一点谁能说清楚?不光外国人,中国人自己也一直在打架,各种各样的注释和解说层出不穷,你能说谁是最准确的?这是说不清楚的。

所以王国维曾经感叹道,"中国语之不能译为外国语者何可胜道";托马斯库恩则讲"不可通约性",或者说"不可翻译性"。

可以认为,"跨语言的古本今译是处在不同历史阶段的两种语言的转换,这里不仅有空间上的置换,而且有时间上的跨越。事实上,古文本在经历了横向和纵向的跨越之后,已经成为新的文本"。

既然是新的文本,是否忠实的问题就不重要了,更重要的搞清楚译者的动机和目的是什么,他的翻译是如何进行的,翻译所产生的效果怎样?阅读译作,我们不仅可以看到古代人的一些思想,也可以看到现代人的思想。古代人的思想,我们到底能不能理解,这是另外一个问题。虽然不是绝对不可理解,至少可以触摸、接触,或者靠近一些。但更重要的,我们阅读译著,我们学习译著,要为我们自身考虑,为我们自己所用。

下面,我仅以卫礼贤翻译的《易经》为例,来说一下他到底是如何进行翻译的。我手头有一本从德文本译为英文本再从英译本回译到中文的译著,这是两个《易经》爱好者做的。但是他们把握不准,要我帮助看一看。我没有时间完全投入这一工作,只好让我的一个博士生来做,也准备让她以德译本《易经》为研究对象,写一篇博士论文。现在我只简单地谈几点。

首先,在卫礼贤看来,《易经》不仅是中国先哲完成的一部智慧之书,也是人生的指南,不仅可以从历史上来加以把握,还可以利用它来指导现实生活。因此,他急于将这部书介绍给处于生存危机的西方人。

刚才我提到了,这项翻译是个合作的产物,但到底中国人在这里参与了多少,卫礼贤起了多大作用,因为书中没有明确的界定,我们无法断言,但有一个基本事实是,中国学者不懂德语,不可能对德文本进行检查和修订,德译本的最终还是由卫礼贤完成的。

卫礼贤在翻译《易经》或者说解说《易经》的时候,还是做了大量工作的,并且我也看到,他提出一些观点,还是很有意思的。比如说他否定了许多后人附加到《易经》上观念,如阴阳说。卫礼贤指出,阴阳概念在古本《易经》中是没有的,是后人发明的。古代人不讲阴阳,而是讲"刚柔"。某个事物刚柔两性运动就导致了事物状态的变化。对于有的人将阴阳观念说成是生殖器崇拜，卫礼贤觉得更是荒谬。

还有对卦爻符号的解释，卫礼贤说，表示刚的横线和表示柔的中间断开的线，也毫不神秘，它们仅仅是记录占卜结果用的，一条连续的横线表示"是"的结果，一条中间断开的横线，表示的是"否"的结果。还有阴本来的意思是阴天，阴云笼罩，阳是光亮的意思。对于阴阳的解释，卫礼贤借鉴了梁启超的研究成果。

卫礼贤还特别强调《易经》的思想不是二元论的，没有西方的两极对立思想，祸福是一体的，自身转化的，祸就是祸，福就是福，这个解释也是很有道理的。

卫礼贤是一个传教士，他精通《圣经》和基督教神学、教义，他认为《易经》实际上也是中国最古老的经典，性质是同《圣经》一样的，《易经》里面谈的也是天地人，各方面的原始状态，所以《易经》和《圣经》有很多相似的地方，并且也确实能找出来很多相似的地方。在翻译的时候，卫礼贤也有意识地使用了一些基督教词汇，比如说用德文的 heil 翻译"吉"这个中文字。前者是教徒的问候语，带有强烈宗教色彩。还用德文的 reue 来翻译"悔"，用 offenbaren 来翻译"见"，等等，都带有基督教色彩。

不过，卫礼贤并非只讲宗教，只谈基督教，他的翻译还是有一定灵活性，比较认真地分析了同一个中文字在不同语境中的意义的变化，并相应地更换德文词进行翻译。

他也不固守基督教观点，不以基督教为标准来衡量一切事物。他看到中国人的一些思想是与基督教不一致的，例如中国人讲的是幸福论，讲福德，德可以使人得福，而按照基督教的观念，福祸都是上帝决定的，人不能自得。但是卫礼贤并不刻意强调这种差异，他更重视东西方文化之间的相同性和相通性，求同存异，而不是夸大差异。

卫礼贤不仅强调中国文化与基督教的相同性，还强调中国文化与波斯文化的相同性，同歌德思想的相同性，并在书中举了许多例子。他的总体观念是，东西方文化是相通的，是可以进行综合的，未来的人类需要超越时空，超越民族界限，综合东西方文化，创造一个普遍的，普世的世界文化，这也是指导他翻译和解说《易经》的主要思想。

最终的结论是，卫礼贤翻译的《易经》是否准确复原了中文原著的旨意和思想，我们无法说清楚，对于这些思想，卫礼贤的引用和解释，或许会有误差，不仅在讲中国的时候不完全对，讲西方也不一定都对，对此，我们必须高度警觉。

但有一点，我们可以肯定，《易经》的版本是卫礼贤的，是他的思想的表述，或者是他的期望的表达。

还有，我们已经看到，卫礼贤的翻译作品在西方产生了比较大的影响，但是我们不要沾沾自喜，因为这种影响并非来自中文原典，而是来自卫礼贤的解说，不是中文原典，而是卫礼贤的思想影响了西方人。值得庆幸的是，卫礼贤的思想还是比较崇高和比较伟大的，所以我们可以期望卫礼贤的译本将来发挥更大的影响和作用。

（孙立新，男，1962年生。历史学硕士、哲学博士。北京师范大学历史学院教授，世界现代史专业博士生导师。兼任中国德国史研究会理事、《书写历史》杂志编委、《海外中国学评论》杂志编委。已写作、参与写作和翻译中德文专著、译著、论文集和校译著作10部，在中德文杂志报刊和学术论文集中发表论文、译文和书评70余篇。）

中医典籍的德译

张雪洋

中医典籍的德译是一个很丰富的题目,我对它的研究刚刚起步,今天只是针对一种中医典籍,大致列出它的一些比较重要的德译本,并主要介绍其中的一个重要译者。不足之处请诸位专家老师多多指教。

从这个题目来说,我们首先要限定一下什么是"中医典籍"。现在我们一般认为,中医典籍可分为医经、医论、本草、医方、医案、医话等。现在所公认的中国四大医书,是《黄帝内经》《难经》《伤寒杂病论》《神农本草经》。黄帝内经是现存最早的中医典籍,分为素问和灵枢两部分。《难经》是阐发《内经》的疑难和要旨的一部书,传说是扁鹊作的,共八十一难,所以也叫《黄帝八十一难》。很长一段时间,德国医学汉学家认为《难经》只是解释《内经》的疑难,是从属于《内经》的,但是很显然《难经》和《内经》应该算作是两本相对独立的中国古代早期的医学著作。这个问题社科院的丁元力老师已经阐述地十分清楚了。①《伤寒杂病论》是张仲景所撰,中国第一部理法方药皆备、理论联系实际的中医临床著作。《神农本草经》是现存最早的中药学专著。

我的题目中所指的就是这一类的中医典籍,并不包括德国人所写的现代的中医理论著作和对中国现代中医理论著作的译介,虽然在西方语言中有很多关于阐释中医理论和实践的著作,并且对中医基础理论的现代教材也多有译介。这些工作也很重要的,比如说德国中医汉学家满晰博(Manfred Porkert),他早在1973年已经译介编写了《中医学理论基础》。之后也提出了很重要的翻译方法,譬如用拉丁语翻译中医词汇等,但是我们今天暂且不谈这一部分医学汉学家的贡献,而是主要看一看中医典籍的德译。

第二个关键词是"德译",广义来说,可以包括两个部分:一是德国人的翻译,二是用德语来做的翻译。如果说"德国人的翻译",那么最早的"德译"中

---

① 丁元力.《难经》并非解答今本《内经》疑义之作[J]. 中医文献杂志. 2010(03).

国典籍可能要算 Andreas Cleyer（克莱尔）在 1682 年在法兰克福出版的《中国医法举例》（Specimen Medicinae Sinica, sive Opuscula Medica ad Mentem Sinensium）。但是这本书已经有学者专门论证过，是波兰的来华耶稣会士卜弥格翻译的，卜弥格的手稿辗转到 Cleyer 手中后，他署上了自己的名字出版了。但如果我们撇开这段公案，这本书的出版算是在欧洲出版的第一部关于中医的专著。

与这本三百多年前用当时的通用语言——拉丁语写成的欧洲第一部中医论著遥相呼应，当代重要的医学汉学家文树德教授在柏林组织了巨大的人力物力，用当代的通用语言——英语正在翻译李时珍的药学巨著《本草纲目》。即使使用非母语，德国的翻译工作依旧处于世界的前沿。

然而我今天的重点在于"德译"的狭义的意义上，即用德语翻译的中医典籍。更准确地说，今天主要介绍《黄帝内经》的德译版本。就像一开始提到的，这里所说的"黄帝内经"不止包括"灵枢"和"素问"，也会涉及《难经》，因为当时的德国人认为《难经》是属于《黄帝内经》的。2013 年 Unschuld 最新出版的《黄帝内经》全译本，内容其实也是《素问》和《难经》的全译本。当然，文树德先生是很清楚《难经》和《内经》的关系的。

我现在能找到的《黄帝内经》的重要版本有六个，其中两个还是英语的，纯德语的有四个。为什么这两个英语的我要写出来，因为它们和德语也有很大的关系。

首先，最早的是 Franz Hübotter 在 1929 年出版的《难经》全译本。需要说明的是，他并没有出一本专门的《难经》的翻译，而是写了一本《中华医学》，全名是《20 世纪初期的中国医学及其发展史》[1]，里面有《难经》的全文翻译。

第二本是一个美国人 Ilza Veith 翻译的《素问》[2]。她从 1945 年到 1949 年用了四年时间，翻译了《素问》81 章中的前 34 个章节。这个翻译版本在当时十分重要，从它问世一直到 1978 年 Henry Lu 的英文全译本出现，其间将近四十年，这个版本一直是西方研究和引用《素问》的唯一西文版本。有意思的是，这个版本是根据当时的一个德国的化学家的一份翻译手稿润色校勘而成的。

---

[1] Franz Hübotter. Die chinesische Medizin zu Beginn des XX. Jahrhunderts und ihr historischer Entwicklungsgang. Leipzig: Verlag der Asia Major, 1929.

[2] Eine englische bersetzung der Kapitel 1—34 des Su Wen. Verlag: University of California Press, California, 1966. (erste Auflage 1949)

第三本是一份 1974 年出版的《灵枢》① 全文德语翻译，这是一个德国人 Claus C. Schnorrenberger 和一个中国人 Kiang Ching-Lien 合译的。我暂时还没有查到这个中国人是谁，但是据说这个中国人他不是一个医生，但会说德语，而这个德国人 Claus C. Schnorrenberger 是一个医生，但他不懂汉语，他们两个就这样合作进行翻译。所以说他们《灵枢》译本并没有把原文和评论分开，而是混在一起的，但是根据读者的反馈，说这个版本读起来是很流畅的，但如果作为学术研究的话，可能就有一些不是很靠谱的地方。1987 年这本书又出了第二版，现在在市场上还可以找到。这至少说明在这十几年内没有出现另外一本可以完全代替它的翻译版本。

第四本就是德国人文树德先生在 1986 年出版的《难经》② 英文全译本。他这个《难经》的翻译是一个非常非常厚的版本，其中不仅仅是对中文原文的翻译，而是在每一"难"下面都引了 20 多位中国历代的医家对这一章的注释和评论，全部翻译了附在这一章下面，所以是一个很有分量的版本。

第五个版本是 1993 年 Wolfgang G. A. Schmidt 出版的《素问》③ 前 30 章的德文翻译，虽然只有前 30 章，但是很难得这是一个德文的版本，并且有可能是第一个《素问》的德文版本。

去年，Unschuld 先生终于出了"素问"和《难经》④ 的德语全译本，但是这个德语译本只是一个原文的翻译，没有像那个英译本里面有那么多的历代医家的评注。但这个应该算是最新的，也是翻译质量比较高的德译本了。

后面这五本书，现在还可以在市场上找到，虽然有些可能不好找，但是第一本，即 Franz Hübotter（许宝德）的《中华医学》就只能在图书馆看到了。所以下面我主要介绍一下许宝德其人：

许宝德 1881 年在魏玛出生，他从小就很喜欢学语言，小学的时候就学了希伯莱语和波兰语，1901 年学习医学，并在 1906 年获得了医学的博士学位。在学

---

① Claus C. Schnorrenberger u. Kiang Ching-Lien: Des Gelben Kaisers Klassiker der Akupunktur Huang-ti-nei-ching-ling-shu; 2. Teil d. Werkes Huang-ti-nei-ching / hrsg. von Claus C. Schnorrenberger. bers. von Claus C. Schnorrenberger u. Kiang Ching-Lien. Mit Kommentaren von Frau Kiang u. Claus C. Schnorrenberger. Hippokrates, Stuttgart, 1. Auflage. 1974.

② Paul U. Unschuld: Nan Jing - The Classic of Difficult Issues, Eine englische Übersetzung des "Klassikers der Schwierigkeiten". Verlag: University of California Press, USA 1986.

③ Wolfgang G. A. Schmidt: Der Klassiker des Gelben Kaisers zur inneren Medizin, eine Teilübersetzung des Su Wen (Kap. 1—30). Herder, Freiburg i. Breisgau. 1993.

④ Paul U. Unschuld: Antike Klassiker der Chinesischen Medizin: der Text vollstndig und unkommentiert in deutscher bersetzung/Paul U. Unschuld. Berlin：Cygnus-Verl. 2013.

医学的同时，他也学习中文和满语，并在柏林做助理医师期间完成关于《战国策》(Chan-kuots'e) 的哲学博士论文，1912 年在莱比锡大学获得哲学博士学位。当他在伦敦跟随 Sir Victor A. H. Horsley 进修脑外科时，他同时在巴黎上 Edouard Chavannes（沙畹）的汉学讲座。可能沙畹的汉学课程激起了他对东方更大的热情，他回到柏林后，他在行医的同时学习阿拉伯语、土耳其语、波斯语、亚述语，几年后又学习藏语。1914 年他凭借资格论文：《Chinesische und tibetisch-mongolische Pharmakologie》（中国和藏蒙药物学研究）获得了柏林大学，现在的柏林自由大学医学史专业授课资格。在担任柏林大学医学系医学史讲师的同时，他一直计划到远东传教士医院，并且已学习了汉语和日语。①

1914 年一战爆发，他不得不中断学术研究，而去当了战地救护军医，直至战争结束。1921 年他到了日本，他梦寐以求的东方。1921 年他在东京通过了日本医师资格考试，并且从 1921 年到 1925 年一直在日本九州岛的熊本大学 (Hochschule Kumamoto) 做医学讲师和德语教师，同时供职于法国传教士麻风病医院 (Lepra-Krankenhaus)②。

1925 年许宝德来到中国，1926 年他通过了顺势疗法考试并获得处方权，并且在湖南益阳 (Jiyang)③ 的一所挪威传教士医院做主任医师。有意思的是，在此期间，他的宗教信仰从一个新教教徒转变到了信仰佛教。

1927 年他重新回到柏林大学去授课，并且在 1928 年和史怀哲 (Albert Schweitzer) 一起在瑞士做了巡回演讲。1929 年就出版了我们之前提到的那本重要的《中华医学》，这个里面包括了《难经》的全文的翻译。

在出版了这本被认为是他最重要的作品之后，许宝德决定移居到中国。所以从 1930 年到 1951 年，他一直在青岛居住了 21 年。但是很不幸的是，他没能在青岛安度晚年，因为在 1951 年 8 月 28 日，他被判以"资产阶级及反共产主义" (Bourgeois und Anti-kommunist)④ 的罪名，抓到牢里待了 16 个月以后遣返回德国。他的书、手稿、X 射线设备、手术设备和个人财产也都充公了。这时的许宝德已经 71 岁了，被遣返回德国后一无所有只能重新开始作为柏林自由大学的名誉教授，向少数学生教授中医和中医史，后来也用顺势疗法行医。他将他行医与授课后的空余时间都用来研究中医史，并且在 1957 年的时候，出版了《die

---

① Schweiz Zeitschrift für Ganzhaitsmedizin 2010；22：157—165；p. 157
② Fritz D. Schroers：Lexikon deutschsprachiger Homöopathen. Georg Thieme Verlag, 2006. p. 66
③ 根据此文中的地名翻译：文树德：西方的中国医学史研究：成就、方法及展望，麦劲生译，香港浸会大学历史系。
④ Schweiz Zeitschrift für Ganzhaitsmedizin 2010；22：157—165；P. 159

Chinesisch-Tibetische Pharmakologie und Rezeptur》（汉藏药理与配方），书中使用了本草纲目的植物图片。

　　最后再简要介绍一下《中华医学》这本书：这本书中包括了《难经》的全文翻译，李时珍的脉学著作《濒湖脉学》的部分翻译，还引用了很多《内经》和《针灸甲乙经》里面的内容。他在书中使用了大量的汉字来表示中医中的专业术语，一是因为他当时没有标准读音的汉语字典，一是方便后来认识汉语的读者能清楚地知道他要表达的中医术语。当然，他在书中对中医术语的翻译还是有很多需要商榷的地方，比如对于"经脉"，他用 Adern（血管）这个词来翻译，这显然是和中医的原本概念有出入的，现在一般翻译成 Meridian 或是 Kanle。对于中医中很重要的"气"这个概念，他用了一个拉丁语的词 Pneuma 来翻译，这个词是"精神、元气"的意思，虽然有些相似，但是现在我们一般直接翻译成"Qi"就可以了，这也要归功于西方人对中医和中国文化越来越多的理解。

　　　　　　　　　　（张雪洋，女，北京外国语大学在读硕士研究生）

白居易诗在日本的传播与影响

冯海鹰

有关白居易诗歌流传到日本的最早纪录，在日本官方的《日本文德天皇实录》的中承和五年（851）9月26日藤原丘守传中有这样的记载：

（承和五年，藤原丘守）出為大宰少貳。因撿校大唐人貨物、適（之）得元白詩筆奏上。帝甚耽悦、授從五位上。

《日本文德天皇实录》记载了从嘉祥3年（850）至天安2年（858）文德天皇在位期间的历史。文中的"元白"指的是元稹与白居易。承和五年，也就是公元838年藤原丘守在检查大唐来的人和货物时，得到了一本《元白诗笔》，将其献给了当时的淳和天皇，天皇大喜，封他为从"五位上"的官职。

值得注意的是在这段记述中可以看出当时发现的白居易诗是与其他诗人的共著，白居易与元稹是同时出现在日本国史中的。除此之外在《日本国见在书目录》中我们还能够找到其他的相关记载。《日本国见在书目录》成立于宽平三年，即公元891年前后，比《日本文德天皇实录》晚大约40年，该书按类别分为40家，记录了大约1万6790卷隋唐时期的书目。其中"四十惣集家"书目中的《劉白唱和集》和《杭越寄詩》前者为白居易和刘禹锡的唱和集，后者是白居易与元稹的唱和集，而《劉白唱和集》其成立时间大约在公元829年前后，这两本书与《元白诗笔》同样，也不是白居易个人的诗集。白居易自己的诗集在该书"三十九别集家"中有三册：《白氏文集七十》《元氏長慶集二十五》以及《白氏長慶集二十九》。《白氏文集》完整版首次流入日本是在武宗皇帝会昌四年（844），日本留学僧人惠萼在苏州南禅寺逗留期间，将供奉在南禅寺的《白氏文集》全文抄写带回了故乡。当时带回去的手抄本已经失传，但是重抄本的一部分流传至今，就是现在日本的金泽文库本，以下引用金泽文库本《白氏文集》第五十九卷末的识语：

175

会昌四年夏五月二日、写得
勘了。惠萼。
郷人發近（進？）、不能再勘之。
白氏後集卷第五十九

可以看出这段识语是由惠萼本人撰写的，受武宗会昌年间废佛运动的影响，他来到大唐后没有能够如愿去五台山学习，只好逗留在苏州南禅寺，却发现了白居易的诗集。惠萼于承和14年、即公元847年回国，《白氏文集》应该是在这个时候被带到日本的，这与正史记载发现《元白诗笔》的时间基本是同一时期。

《白氏文集》与其他诗人的诗同步传入日本，但是尽管如此，白居易的诗却远远超越了其他诸多的诗人，成为平安时期最受瞩目和欢迎的汉文学作品。藤原公任的《和汉朗詠集》中所收的汉诗约580首，中国人写的汉诗有230首，收录了大约80位作者，其中中国诗人30名。在这30名中国诗人的230首诗中，白居易的诗有140首居首位。第二位是元稹的诗，有11首，白居易与元稹这两者之间的悬殊一目了然。再来看一下成立于10世纪中叶的大江维时的《千载佳句》，它所收录的全部1083首诗中有514首都是白居易的诗，另外66首是元稹的诗，18首是刘禹锡的诗。

那么为什么白居易的诗能够有如此之高的威望，在思考这个问题时我们往往喜欢在他的诗作里面找线索，而忽略了一些最基础的东西。《白氏文集》最终完成是在会昌五年（845）的五月，次年白居易辞世。也就是说公元829到844年白居易诗流传到日本的时候诗人还健在。白居易出生于大历7年（772），在李白（701—762）去世后10年、杜甫去世后两年。而李白和杜甫的诗广泛受到瞩目并非盛唐而是在北宋以后，白居易生活的中唐时期李白和杜甫还没有很高的知名度。与他们俩人相反，白居易在生前他的诗就已经被社会所认可，并且广为流传。

禁省、觀寺、郵堠、牆壁之上無不書，王公、妾婦、牛童、馬走之口無不道，至於繕寫
模勒，衒賣於市井，或持之以交酒茗者，處處皆是。…略…自篇章已來，未有如是流傳
之廣者。（《白氏長慶集》元稹序）

从元稹的这段《白氏長慶集》序中不难看出白居易诗在当时脍炙人口、家喻户晓的情景。而白居易的名声自然也会通过渡唐的留学僧人传到日本。惠萼及其他众多来到中国的日本僧侣争先抄写白居易的诗集也就不难想象。而且白居易本人是知道这一事实的,《白氏長慶集》后序中有以下记载：

集有五本：一本在廬山東林寺經藏院,一本在蘇州南禪寺經藏内,一本在東都聖善寺鉢

塔院律庫樓,一本付姪龜郎,一本付外孫談閣童。各藏於家,傳於後。其日本、新羅諸

國及兩京人家傳寫者,不在此記。(《白氏長慶集》後序。下线笔者。)

这其中"蘇州南禪寺經藏内"的那一本,正是惠萼抄写的文集。
也就是说白居易的诗能够超越其他众多的中国诗人在日本流行的最基础的原因,是由于当时中国本土对白居易的推崇。其次还有一个相对不明显的原因,那就是白居易所处的社会地位。贞元十六年(800)29岁考入进士；贞元十九年(803)成为秘书省的校書郎；元和元年(806)盩屋县尉；元和二年(807)集賢校理；同年11月翰林学士；次年門下省左拾遺……虽然白居易几度左迁,但他始终保有一定的官职。而同样是千古诗才的李白、杜甫,科举当然不用说,他们甚至没有相对稳定的生活。与"王公、妾婦、牛童、馬走之口無不道"不同的是,日本平安时代吟颂、鉴赏汉诗的大都是贵族阶层,而一个没有一定社会地位的诗人是不符合平安贵族们的兴趣爱好的。

除了上述历史背景原因之外,当然白居易诗本身的特点也不可忽视。这也是大部分学者的研究焦点。事实上白居易诗之所以被平安贵族们所喜爱有一个很重要的物理上的原因——节拍感。白居易的诗读起来琅琅上口,而容易朗读是他的诗能够迅速传播的原因之一,这是众所周知的。但是这个原因促使它在中国的传播与促使它在日本的传播情况完全不同。在日本,很早就有吟咏和歌的习惯。到了平安时代,赠答歌等对歌形式十分流行。贵族们相互对吟和歌,在这种一来一往中寻找乐趣。而在吟诵的和歌中加入一部分汉诗,能够体现咏歌人的学识和教养。和歌的音节是以五、七、五的形式出现的,白居易的诗由于节拍感好,很容易被吸收到这当中去,自然贵族们会选用他的诗。这也是平安时期的文学作品中《新樂府》的引用频率之所以很高的原因。因为《新樂府》中的白居易诗正如他本人在序里所写的,从一开始就非常注重音乐效果："其辭質而徑,欲之者易諭也。""其體順而肆,可以播於樂章歌曲也。"(《白氏文集》卷第三、諷諭三"新

樂府"并序)。也就是说,使用声音语言形式进行对歌的习惯,是白居易诗能够在日本古代文学中备受青睐的一个重要契机。

在内容上白居易的诗政治性和思想性相对较弱,有很多"闲适诗"和"感伤诗",这一类诗中抒情的部分很容易被平安时代的文人们借来为我所用。虽然这种引用大多已经脱离了原诗本身的意思,而是只取其中的片段或感情色彩,但是引用者们对这种断章取义并不介意。就这一点已经有很多先行研究论述过,在这里不多介绍。但需要注意的是这种受容是对某个特定的对象有偏向性的。而每一个特定对象的偏向性背后都有其缘由。这里,我们先来分析一下白居易的《琵琶行》。

日本古典文学中引用白居易的《琵琶行》可谓数不胜数。而且根据最近日本研究者的统计这些引用大多数都是在作品里出现琵琶这种乐器的时候。但有趣的是,虽然每当作品中出现琵琶这种乐器时《琵琶行》的章节就会被引用,而白居易倾注了千万感慨描绘的那一大段琵琶的音乐效果却找不到一部作品引用(原豊二「《琵琶行》の音楽史的考察[続]——平安期の受容をめぐって——」、《立命館文学》第630号、立命館大学人文学会2013年3月)。其实笔者认为更精确地说《琵琶行》的引用不是在琵琶这种乐器出现的时候,而是在出现琵琶演奏场面的时候。比如《枕草子》中琵琶这种乐器出现了六次,其中演奏场面有三次,这三次每一次都引用了白居易的《琵琶行》。《源氏物语》中琵琶出现的次数高达25处以上,其中演奏琵琶至少有16次,虽然这16次不是每次都会引用《琵琶行》,但是这种乐器出现的频度之高多少令人费解。其实,《源氏物语》中《琵琶行》的引用相对比较少,这与《源氏物语》的作者紫式部和《枕草子》的作者清少纳言之间的对抗意识有关,是紫式部有意所为。关于这个问题在拙论:「『枕草子』に対する『源氏物語』のライバル意識——『白氏文集』の受容を中心に——」(『学芸国語国文学』第46号、東京学芸大学国語国文学会平成26年3月)中有详细的说明。

琵琶在奈良时代通过中国传入日本。当时唐代的琵琶有多种类型,较早期的有五弦琵琶,之后出现了四弦琵琶。白居易《琵琶行》里所描述的是四弦琵琶。日本现存最古老的琵琶是奈良正仓院所藏"螺钿紫檀五絃琵琶",这把琵琶是在印度制造的。从"螺钿紫檀五絃琵琶"上镶嵌的图案上可以看出,古代琵琶的弹法和现代有所不同,后唐之前是将琵琶横放使用琴拨片弹奏,后唐以后渐渐演变成将琴竖起使用手指的弹奏法。也就是说白居易的时代,琵琶是横过来弹奏的。琵琶演奏法传入日本是在平安前期,藤原贞敏于承和5年(838)作为第12批遣唐使来到中国,在长安跟随琵琶高人学习琵琶之后带回日本。但是我们无从知道当时的日本人对中国的琵琶演奏究竟理解了多少，也难以考证藤原贞敏将琵琶演奏法带回日本后平安贵族们的演奏水平如何。白居易的很多作品中都有对音乐效果的描写，这说明诗人自身对音乐的兴趣。《琵琶行》中惟妙惟肖地刻画出琵琶奏出的美妙旋律，使我们甚至能够触摸到诗人的感动。但是平安文学中却找不到这类引用，这些现象能够说明什么？笔者认为平安时代的贵族们对于琵琶这种乐器形式上的追求要胜过对它功能上的追求。而之所以造成这种现象的原因就是异文化所持的"他者性（Otherness）"。对于平安贵族们来说，琵琶的魅力首先在于它是一种外来的艺术品，能够点缀贵族们奢华的生活，其次才是它的演奏功能。这与对汉诗断章取义式的引用形式是同样一个道理，诗文原本的意义并不重要，重要的是引用者知道这首诗的词句。琵琶作为乐器的魅力并不重要，重要的是拥有琵琶这部乐器。这也是为什么琵琶会反复出现在平安文学作品中的原因。举一个不恰当的例子，正如我们现代的文学作品、影视作品中喜欢加入咖啡厅等情节来渲染气氛是同样的道理。而白居易的《琵琶行》正好能够迎合平安贵族们的这种心理。

除了白居易的《琵琶行》之外，还有一部被引用频度相当高的作品，那就是《长恨歌》。如果说琵琶这个符号在平安文学中代表高雅、奢侈的生活，那么《长恨歌》又是为什么呢？答案很简单，《长恨歌》被普遍引用的部分集中在玄宗皇帝与杨贵妃的恋爱故事上，尤其是杨贵妃死后的故事，而唐玄宗政治上的失败导致安史之乱等记述没有被引用。国王与妃子的恋爱故事在平安贵族社会中是最具话题性的事件之一，尤其受女官们的喜爱，而女官们往往就是文学创作和传播的主体。

尽管平安文学对汉诗文的受容大都由于作品内容的一部分与平安文化的嗜好吻合而被广泛引用，但也不凡有并非作品自身原因的。这里以《白氏文集》卷四、新乐府中《李夫人》的诗为例进行说明。

这首诗在平安文学中知名度很高，但是在中国本土它并不是白居易诗作中受人瞩目的一首。那么为什么它能够在平安文学中洛阳纸贵，其中一个原因是我们所说的文学作品的互文性（Intertextuality）。通常一部较早期的作品会影响较晚期的作品，被后来的作品引用或者借用。《李夫人》这首诗最早是在天延3年（975年）前后成立的《蜻蛉日记》里被引用。《蜻蛉日记》卷四中两次出现了"人非木石皆有情"的诗句。之后这首诗又被《源氏物语》所引用，引用范围扩大到整首诗，引用次数上升到七次。而继《源氏物语》以后这首诗又被《榮花物語》继续引用。从原诗到引用的作品、从引用的作品到再引用的作品，这之间有一个按时间顺序相继影响的过程。但实际上这个过程并非只是从早期作品到晚期作品的单方向，而是双方向的，也就是说较晚期的作品同样也会左右较早期的作品的解读和社会影响力。《李夫人》是一个典型的例子，这首诗原本并没有受到瞩目，但是由于历史上的名著相继引用其诗句而使它的知名度不断上升，而由于知名度的上升、重新阅读、解读它的人群增多，被引用的几率就会更加增高。一部作品的流行有的时候是在必然和偶然之间成就的。

　　以上是白居易诗在日本流传的缘由及流传情况。首先其原因最基本的是白居易在中国本土的名声，以及白居易所处的社会地位；第二是因为白居易诗中明显的节拍感很容易被和歌所吸收；第三是因为在内容上白居易的诗能够迎合平安时期贵族们的心理；第四是除了必然原因之外还存在一些例如文学的互文性所造成的相对偶然的原因。

　　一种文化被另一种文化所吸收的时候，往往在其过程中会出现错位。但是错位式的理解仍然可以在另一个文化中生根发芽，以其他形式展现在人们眼前。这是文化传播不可避免的过程。反过来说，如果我们想了解某个文化是否是它固有的还是外来的，只要追溯到它的发生就可以做到。文学作品的引用、被引用也是如此。在判断日本古典文学中某个情节是否是引用的白居易诗文时，仅凭两者有相似处是不足以下结论的，还必须寻找其他线索。举个例子，《源氏物语》"桐壶"一卷中，宠妃桐壶病危即将辞世，由于人死不允许在皇宫中，辇车要带皇妃出宫，天皇在她临终前赶到桐壶的身边与她告别。

　　まみなどもいとたゆげにて、いとなよなよとわれかの気色にて臥したれば、いかさまにと思しめしまどはる。輦車の宣旨などのたまはせても、また入らせたまひてさらにえゆるさせたまはず

　　上面这段文字描写了天皇看到桐壶衰弱不堪的样子伤心得不知如何是好，辇车几度要走都被天皇阻止的情景。这部分情节引用了白居易《李夫人》中"夫人病時不肯別"的诗句。这一事实已经被大部分研究者所接受。但是从内容和形式上来看，面对临死的爱妃，君王不肯离去这一场面似乎没有什么特别，这与白居易的"夫人病時不肯別"之间似乎不存在必然的关联。要解读这一问题就必须了解日本皇族的生活。在日本天皇没有人身自由，尤其是平安时期，天皇既不可能在自己所希望的时间任意去拜访皇妃，也不可能按照自己的意志在皇妃身边想不离去就不离去。也就是说《源氏物语》中的这段描述是不符合当时的实际情况的。而能够让当时的作者唤起这样的构思的，只有中国的文学。在日本的古典文学中这种异文化的借用随处可见。前面论述的"琵琶"这种乐器在平安文学中的

频繁出现就是一个例子；除此之外例如清少纳言《枕草子》中引用《长恨歌》的"梨花一枝春待雨"也是如此。为了形容梨花之美，作者借用了白居易的这一诗句。但是众所周知，在日本本土的文化中没有对梨花的赞赏，推崇梨花的美并不是日本式的审美观，而是受汉诗的影响。白居易的诗与其它众多的汉诗在日本的传播，远远超越了文学的范畴，而是从美术、音乐、日常生活等各个方面给平安时代的贵族社会注入了新鲜的血液。

（冯海鹰，女，1990年赴日，2006年在日本取得文学博士学位。现为清华大学外文系日语专业副教授。主要专业方向日本近代文学、欧洲文学理论。）

日本出版界眼中的"辛亥革命百年"

何明星

2011年,是辛亥革命100年,中国出版界出版了300多种图书,以此纪念辛亥革命在中国现代化进程中所具有的伟大历史意义。与中国一样,日本出版界也出版了一些辛亥革命的图书。中日出版界这种不约而同之举,充分体现了重视当下、不忘历史的东方文化传统。但据笔者观察,日本辛亥革命的图书出版与中国有很大不同,梳理中日出版界之间的这种同与异,既具有出版史的意义,也有学术思想价值。

中日之间的不同,主要体现在如下几个方面:

第一,中国出版界大约有100家出版社参与出版,有组织、有规划,突出带有中国的特色。如人民出版社联合各辛亥革命发生地——四川、湖北、江西、浙江、上海、陕西、天津等省市的"人民出版社"共同推出的大型丛书"辛亥革命全景录",介绍了辛亥革命在各地爆发的背景、过程以及对当地政治、经济、社会风俗等方面的影响,全景式地展现了这段历史风貌。除图书之外,还有电影、电视剧、音像制品等,辛亥革命的纪念意义更强。而日本出版界,则基本上是从市场的纬度出发来看待辛亥革命100年这样一个历史事件,涉及辛亥革命图书的出版社有讲谈社、早稻田大学出版社、筑摩书房、勉诚出版、芙蓉坊等。在日本亚马逊网站上,与辛亥革命主题相关的图书,大约有600多种,但2011年新出版的不多,大约在10种左右,其余都是此前出版,最早的还有1960、1970年代图书的再版。看得出,日本出版界也有借助纪念辛亥革命100年的话题推销以往库存图书的意思。

第二,中国出版界对于辛亥革命的图书出版是全方位的,既有新的研究出现,但也有已有研究成果的整理,文献整理的色彩较重。比如中国社会科学出版社推出的"辛亥革命与孙中山"名家论丛,选编《辛亥革命改变了中国——金冲及自选集》《辛亥学脉,世代绵延——章开沅自选集》《孙中山与辛亥革命——张磊自选集》等多位名家的自选集。此外还有中华书局历时40年、编辑出版整套

36 册《中华民国史》；人民出版社出版的《孙中山传》；中华书局出版的《孙中山全集》（全 11 册）；广东人民出版社出版的《辛亥革命与中华民族的觉醒》；人民出版社和上海辞书出版社出版的《辛亥革命的前前后后》；中国人民大学出版社出版的《辛亥革命的影像记忆》；世界图书公司出版的《壹玖壹壹：从鸦片战争到军阀混战的百年影像史》；中国大百科全书出版社出版的《辛亥革命实绩汇编丛书》；商务印书馆出版的《百年国士》（4 册）等等。

但日本有关辛亥革命的新书，既有史料的挖掘和再发现，也有新视角的最新研究成果，从学术、思想价值方面要更具有日本特色。比如《情报战争与参谋本部——日俄战争与辛亥革命》（2011 年由日本芙蓉坊出版）、《大光谷瑞与国际政治社会——西藏、探险队、辛亥革命》（2011 年由日本勉诚出版社出版）、《辛亥革命百年眺望——民国时期的美术形象》（2011 年由勉诚出版）、日台关系学会编辑的《辛亥革命 100 年与日本》（2011 年由早稻田大学出版社出版）。

其中最值得关注是 2009 年出版但在 2011 年热卖的两本书，分别是保阪正康的《帮助孙文辛亥革命的日本人》（2009 年由筑摩书房出版，397 页）、小阪文乃的《推动辛亥革命的日本人（孙中山与梅屋庄吉）》（2009 年由讲谈社出版，282 页），因为视角新颖受到日本主流媒体《朝日新闻》的推荐①。这两本书在亚马逊网站一直受到日本读者的追捧，反馈也最多。

（保阪正康的《帮助孙文辛亥革命的日本人》，图片来源：日本亚马逊网站）

---

① 丸川哲史（明治大学教授），"辛亥革命 100 年丸川哲史さんが選ぶ本"2011 年 10 月 09 日，朝日新闻，http://book.asahi.com/reviews/column/1200.htmlpage。

第一本的作者保阪正康,日本评论家和作家,1939年生于札幌,同志社大学毕业,由出版介入写作,长于日本近代史研究,出版过医学研究等学术性作品,还是第52届菊池宽奖的获得者,该书以介绍唯一在孙中山临终前守护的日本人山田纯三郎为主线,由于史料珍贵,赢得了日本社会的广泛关注。第二本的作者小阪文乃,是支持孙中山革命的日本友人梅屋庄吉的曾外孙女,她在英国读完小学、高中后,毕业于日本立教大学社会学部旅游专业,现主要经营位于东京日比谷地区的松本楼。松本楼曾经是孙中山、宋庆龄在日本居住过的地方,2008年胡锦涛访日时曾专程到梅屋家族经营的松本楼参观。该书的中文版由世界知识出版社2011年7月份出版,中文名特别加上了"孙中山与梅屋庄吉",为《孙中山与梅屋庄吉——推动辛亥革命的日本人》,南方日报曾发表对作者的专访①。

(小阪文乃的《孙中山与梅屋庄吉——推动孙文辛亥革命的日本人》,
图片来源:日本亚马逊网站)

从日本读者对这两部图书的反馈中可以发现三点,第一,对于在帮助中国100年前推翻清王朝的辛亥革命的日本人,今天的日本社会不应该忘却,这一点获得很多日本读者的认同。例如署名"ダニ啓"的日本读者在保阪正康的《帮助孙文辛亥革命的日本人》一书的亚马逊网站上留言到:

今天日本人已经完全不熟悉孙文了吧,本书详细地介绍了孙文与明治时期日本人之间的关系。

---

① 雷辉,"小阪文乃解密梅屋庄吉与孙中山鲜为人知的盟约",南方日报,2011年9月26日

全书基本结构是以山田纯三郎为中心，而其他的日本人只是简单地提及了一下，如对战后留在中国大陆，为中国福利事业做出贡献的宋庆龄，她与日本的关系应该充分介绍。假如看过爱波斯坦的《宋庆龄》的话，就了解她逐渐脱离日本政府的过程中，宋庆龄与梅屋庄吉是不可或缺的重要人物……本书虽然在宫崎弥藏去世年份、黄兴与宫崎弥藏会面的时间点、宋庆龄与孙中山结婚时年月等细节部分有一些错误，人物介绍也是按照场景依次出现，读起来像文学作品，但对于今天已经完全不知道孙文与辛亥革命、不知道辛亥革命与日本人的关系、不知道这一段历史的日本读者而言，还是值得阅读的一本书。[①]

署名为 hiro（青森县弘前市）的读者留言到：

研究昭和史的保阪先生作品很多，这本书是早期作品，对于作者本人而言，可能这是记忆较为深刻的东西吧。本书触及的只是山田良政、山田纯三郎兄弟俩，他们是日本东北地区人，生前大部分事迹没有介绍过，因此知名度无法与宫崎兄弟、萱野长知等人相比，在他们的故乡青森地区也很少有人知道。保存资料最多是山田兄弟的后人三男顺造先生，他一直在撰写父亲的传记，但不幸中途染病而亡，这本书保阪先生根据他的遗志而写成的。

本书最大的亮点是孙文的遗嘱。汪兆铭起草由国民公开发表的孙文遗嘱中提到了中苏携手反对帝国主义等，与这本书对山田纯三郎的介绍有异。以三田先生朴实、注重实际的性格来看，后者是可信的。在保阪先生的代表作《昭和陆军研究》一书中也有对孙中山之孙、孙治平先生的采访，在孙文去世之时，山田纯三郎就在旁边，因此孙文遗嘱依然是一个谜。

书中展现了与中国民众一起进行辛亥革命的纯朴的日本人形象。孙文和山田兄弟、与宫崎滔天的交流、以及当时日本政府的做法，对这些历史事实的了解，有助于日本处理今后中国与日本、日本与中国台湾的关系。[②]

从以上留言可以发现，希望当代日本社会记住当年帮助中国辛亥革命的日本人曾经的贡献，是一致的。同时，这两位留言的日本读者大概是学界人士，不仅指出了当下日本人阅读此书的意义，还指出了书中的一些错误。但孙文遗嘱是否称得上是一个谜，中国学术界没有任何反响，不知道到底是一个学术新发现呢，还是日本学术界自己"猜想"，不得而知。

第三，日本读者大多注意到了 100 年前的日本人守承诺、重信义的精神，值得当代日本社会反思和学习。 在小阪文乃的《推动辛亥革命的日本人（孙中山与

---

① 详见日本亚马逊网站 http://www.amazon.co.jp/
② 详见日本亚马逊网站 http://www.amazon.co.jp/

梅屋庄吉)》书后留言里，还有署名为"ダニ啓"的读者留言道：

在疏于历史教育的现代日本，可能这一代人几乎都不知道孙文与辛亥革命，在当时相信只有中国的民主化才能实现亚洲的独立与和平的人不多。其中就有作为"浪人"的梅屋庄吉，是少有的为辛亥革命提供了巨额资金、而不分中国人、日本人，无私援助他人的人。孙文与梅屋第一次见面时就达成了支持辛亥革命的口头约定，梅屋就一直坚守这个约定努力实现之。在现代人看来，梅屋先生看重长远、注重名声、看淡金钱，一旦约定，决不背叛，这种生活方式可能过于古板和陈旧了。但这种精神，作为人之为人的精神不应被历史埋没，而应被许多人所学习和继承。①

署名为"ゴリタロー"(東京都)读者认为，

庄吉最喜欢的座右铭是"富贵在心"，其意思是财富与尊贵不是财产和名声，而是人们心中的那个东西。庄吉完全接受了这种思想，因此才能在那个剧变时代在整个亚洲社会游刃有余。

这样的评价多少有些拔高了梅屋庄吉的动机，其实以梅屋庄吉为代表的一批日本上层人士，既有支持孙中山发动革命以瓦解清朝势力而保护日本免遭侵害，也有一旦革命成功后从中国获取巨额政治经济利益的驱动，在这一点上，梅屋庄吉已超越了一个商人的思想境界。

第四，大部分日本读者对于日本出版界推出的辛亥革命图书的反馈，更多地着眼当下中日关系，反思 100 年前中日曾经携手合作推翻清王朝，对于未来的中日之间，合作路径应该是一种必然选择。有位署名为 Gori "the 11"(東京都)日本读者直接以"中日携手"为题，在保阪正康的《帮助孙文辛亥革命的日本人》书后留言道：

了解了这些协助中国辛亥革命的日本人的事迹，就知道正义、道义为什么活生生的了。为什么不能选择一条中日携手这样的道路呢？②

署名"龟村达男"的读者在小阪文乃的《推动辛亥革命的日本人(孙中山与梅屋庄吉)》书后留言里写到：

2008 年，中国国家主席胡锦涛访日时，笔者曾经在日比谷松本楼餐厅为胡主席做孙中山先生相关资料的解说员。这家餐馆的一楼常年陈设着宋庆龄夫人所喜欢的钢琴。一些香港客人在松本楼聚餐后，常常受到感动，并带着自己的太太再次来餐厅。

---

① 详见日本亚马逊网站 http://www.amazon.co.jp/
② 详见日本亚马逊网站 http://www.amazon.co.jp/

任何一个国家与中国人的对话,都是时髦的丰富的新鲜的,因此本书叙述的不是一般性的话题。

去上海宋庆龄陵墓参观时,发现有各种宋庆龄头像在售卖,反响最好的是本书刊载的关于宋庆龄的故事。本书是完全没有偏见,若是翻译成中文的话,是送给中国朋友最好的礼物……真心祝愿这本书的读者与中国人成为真心朋友①。

对于这两本图书读后感所反映出来的日本民间思想,日本第一大报《朝日新闻》曾经有过呼应,该报在2011年10月12日报道说,辛亥革命至今仍然是日本人关注的话题,因为当初曾经有众多的日本人为辛亥革命提供帮助和支持。报道呼吁日本借辛亥革命百年纪念之机,加强日本与中国的关系。报道提到,日本首相野田佳彦日前在国会发表政策讲话时曾表示,孙中山拥有众多的日本朋友,野田佳彦此番提及孙中山与日本的关系可能反映出野田佳彦希望以辛亥革命百年纪念为契机,借此启动修复与中国紧张关系的进程。不过《朝日新闻》同时指出,如果日本不直面过去的历史,而只是借助于关注辛亥革命这样的话题,是无法与中国建立稳定友好关系的。报道还呼吁,明年(2012年)将迎来中日两国正式建交40周年,两国应当利用这一具有里程碑意义的时机来构建多层次关系。报道同时称,作为已经恢复大国地位的中国,应该在对日关系问题上采取具有"面向未来"的态度。

辛亥革命100年,由出版到学术,由民间到媒体,由个人到政府,逐渐具有了政治外交色彩。

通过梳理辛亥革命100年这样一个历史话题在日本出版界以及普通读者中间的反响可以发现,中日之间其实在很多方面是逐渐趋同的:比如重在当下、不忘历史就是一个共同的学术思想传统;同时辛亥革命作为一个共同的历史记忆,确实能够带给更多的普通民众一些深刻的反思,对于今后中日之间的友好合作具有相当的促进作用。但同时,一些显著不同也是存在的,比如日本学术界的核心思想观点仍然认为继承辛亥革命传统的是台湾,而不是现在中国大陆,这在日台关系学会编辑的《辛亥革命100年与日本》等书里体现的很明显。除此之外,中国出版界重在运动式地组织、协调,大家一起上品种、做选题,而日本出版界则侧重市场角度,自发地出版一些图书,在史料的挖掘上要比中国学术界深入得多,这一点也值得中国学术界、出版界借鉴。

总之,在历史面前,就像一条大河流过不同的村庄,有的村庄侧重取之灌溉耕作,有的则侧重洗涤清洁,因为是同一条江河水,不论同与异,中日学术界、

---

① 详见日本亚马逊网站 http://www.amazon.co.jp/

出版界都在吸收着一份共同的营养。

（何明星，男，1964年生。文学博士，北京外国语大学中国海外汉学研究中心教授，国家社科基金特别委托项目中国文化海外传播动态数据库项目专家。长年致力于中国书刊史、对外出版传播史研究，发表学术论文100余篇，并有《著述与宗族——清人文集编刻方式的社会学考察》《从文化政治到文化"生意"——中国出版的"革命"》《中华人民共和国外文图书出版发行编年史》等多部专著出版。）

浅谈 Web2.0 时代对外传播的媒体融合
——以中国国际广播电台日语频道 2014 年春"我是樱花播报员"为例

王小燕

以用户生成信息为特色的互联网 Web2.0 的普及，再一次对传统媒体的存在方式带来了深度冲击。开播至今，已有 70 余年历史的中国国际广播电台（CRI）如何迎接时代挑战，在传媒阵营中保持一席之地、在对象国民众中继续发挥影响力，是每一个国际广播人所面临的挑战。

在思考这一问题之际，"媒体融合发展"成为中国深化改革的关键词之一，笔者认为，媒体的深度融合一方面表现在各媒体自身在传统媒体与新媒体的整合利用上，另一方面，也应该体现在各媒体之间的横向联系需得以加强之上，而后者对于中国的对外传播而言尤其有着重要的意义。

本文以笔者所任职的"中国国际广播电台（CRI）日语部"为例，结合 2014 年春，我们自主策划、笔者亲任策划、协调人的跨境、跨平台传播案例——"我是樱花播报员"，总结 CRI 日语部在践行"媒体融合"上的具体实践，并对中国的对日传播如何践行媒体融合做出肤浅的思考，请大家批评指正。

一、从"CRI 日语广播"走向"CRI 日语传播"

1941 年 12 月 3 日，延安清凉山的窑洞里第一次传出了日语广播的电波，这一天后来成为了中国人民国际广播事业的开播纪念日。

1949 年 4 月 20 日，来自北京的日语广播正式开播，自那以后，来自北京的的电波就一天也没有停歇过。

使用中波和短波面向日本国内的听众，介绍中国的政治、经济、外交、文化、人民生活等，是日语广播最主要的业务。2000 年起，"国际在线日文网"正式上线，CRI 日语传播从此改变只有广播的单一传播形态，逐步走上从"日语广播"向"日语传播"的转变。2011 年起，随着社交媒体的兴起，"CRI 日语频道"的新浪、腾讯微博、微信公共账户、优酷视频公共账号以及 Facebook 等相继开通。2014年1月18日，中华网日文网也在CRI日语部的运营下正式上线。

截至目前为止，CRI日语传播已发展成包括无线广播、多媒体网站、社交平台的全媒体，产品形态涵盖音频、视频、图片、文字报道、短帖（社交媒体）等。受众方面，地域局限性减少，通过网络收听节目、浏览网页的网民数量不断增加，也有不少中国各地的日语学习者加入了受众行列。以国际在线日文网为例，2014年的月点击率为100万PV，流媒体的月均点击播放次数为5000次。

二、来自传播技术的挑战

广播最早出现于20世纪20年代，距今已有近百年的历史。

1920年，美国匹兹堡KDKA电台正式开播，成为历史上第一个商业电台。在中国，中国人自办的第一座电台——哈尔滨广播无线电台于1926年10月正式开播。

而在CRI日语广播的传播对象国日本，国内广播开播于1925年。1945年8月15日，裕仁天皇"终止战争"的宣言正是通过广播首发的（"玉音放送"）。

广播在1940年代是方兴未艾的新媒体，中国人民对外广播事业正是诞生于这样的大背景下。

新中国成立后，来自北京的日语广播（日本听众习惯地称之为"北京放送"）因其对新中国快捷、及时、权威的播报，一段时期，曾是日本了解中国时必不可少的一扇窗口，每天抄听"北京放送"的新闻也曾是日本各大媒体的日课。作为传统的广播媒体，"北京放送"在日本人获取中国信息上的重要地位，贯穿了整个"CRI对日广播"时代。

据统计，来自日本的听众与来信在1975—1978年期间创下了高峰，分别为7万人、434封（1975年）；8万人、987封（1976年）；7万人、6223封（1977年）；6万人、2870封（1978年）（《中国国际广播大事记》，中国国际广播出版社，1996年）。70年代中期，中日邦交刚刚恢复正常化，日本民众渴望了解中国，但苦于渠道不畅通，在这样的背景下，日本听众对北京放送的关注是空前的。当然，70年代末兴起的中日友好交往的蜜月期、改革开放带动中国焕发新活力，广播节目不断推陈出新等也是利好因素之一。

在这样的背景下，"北京放送听众之会"东京支部以及全国组织在日本相继成立，该会定期出版编辑报纸、组团前来中国参观旅游，是当时日本民间一股强劲有力的友好力量。

但是随着改革开放的推进，日本游客组团来华越来越便利，日本媒体常驻北京的特派员人数也不断扩大，渠道的多样化削弱了用户对于"北京放送"的需求，反映在听众来信上，1980年的听众与来信数量为3万人、8378封，后来一路走低，1989年降至9461封。

客观说来，短波广播发展到世纪之交时，已经是非常成熟的媒体，作为媒体而言的先进性已消失殆尽。另一方面，日本听众的高龄化、日本人口结构的老龄化也在加剧。"北京放送听众之会全国组织"于2000年宣布解散，目前仅有长野等少数几个地方，还保持着与日语部的紧密联系。绝大部分听众是以独立的个体在收听。来信方面，在网络等新媒体的带动下，CRI日语传播每年的听众来信、邮件、留言数稳定在1万封左右。

如何像昔日勇敢地向引领风骚的"广播"媒体发起挑战，开创国际广播那样，积极拥抱时代新挑战，更广泛地吸引日本受众的关注，与日本主流社会保持密切联系，是CRI日语部步入"日语传播"时代后，必须要直面的重要课题。

互联网的普及，使得CRI日语广播从单一的电波广播向立体化传播的转变成为可能。而以社交媒体的异军突起、以客户生成信息为特点的Web2.0的兴起，使得跨境的实时、互动传播变得更为简捷便利。笔者认为，当多方位媒介平台的格局搭建成形之后，如何整合好相关平台，使得各种传播形态之间相得益彰，发挥出最佳传播效应，这是Web2.0时代国际传播人必须要面对的挑战，谁能吸引更多受众的关注与参与，谁就将拥有更大的话语权。

三、来自当下中日关系的挑战

在思考、践行媒体融合的过程中，对日传播还面临着来自时局的制约，那就是中日关系因2012年9月，野田内阁执意将中日两国存在领土争议的"钓鱼岛"收归国有，激化了对峙局面，两国民众对于彼此的好感度也降至历史最低点。在这样的大背景下，如何选择可吸引双方网民积极响应的主题，是另一个挑战。

灵感来自身边、也来自平时的积累和思考。

国际台的院子里，栽种着十几棵来自日本长野的樱花树，是长野听众为纪念国际台新大楼乔迁而捐赠的。正因为此，每年花季，日语部都会在官网上每天直播花开的情景。

而既往的采访也让我们得知，樱花虽美，但作为外来种，能在土壤碱性强的北京扎根生长、开花，既是有心人的热切期盼，更是园丁、技师们悉心照料的成果。象征着中日友好的樱花，一路绽放的过程，竟然和中日友好的心路旅程如此相像。如此想来，想必中国的每一片樱林背后，都有一段值得深挖的故事。

在传统媒体为主的年代，媒体最常见的做法就是自己去挖掘、介绍这些故事，自然，这样的深挖是必要的，也非常有价值。但媒体本身的人手有限，如果外出采访的话，还将涉及差旅费、外联等事宜，而樱花的花期又短，全部靠记者亲自前往采访报道的传统思路，会使信息收集的范围大受局限。可否发挥全媒体时代的特色,在媒介融合的前提下,充分调动网民投稿的积极性,让 CRI 日文网中日两国的网民,在樱花绽放的季节,都来当一把樱花播报员呢?这正是本次策划诞生的大背景。

四、案例分析:CRI 日语传播"我是樱花播报员"

让"樱花"为纽带,让中日双方听众、网民在同一平台上展开交流,是我们对于两国民间友好交往的一份祝福,也是作为媒体而做出的一次亲身实践。

***1.* 关于内容及本策划的初衷**

"樱花"在日本人心目中的地位无以替代,那么,对于中国人而言,春天的"花"又是什么?"樱花"在中国也被民众欣赏和喜爱吗?樱林在中国各地是如何形成的?看到樱花时,人们会想起什么?我们希望能得到中国网民的回应。

第一步,我们通过 CRI 日文官网和国内社交平台发布了招募"樱花播报员"的消息,并在官网开设了如下专题:

又是一年花开时
花开的节奏
东西南北　稍有错落
但东亚大地上
春天的脚步声
听起来并没有太多的不同

争艳的花儿　　唤醒了大地
　　那奼紫嫣红中的樱
　　是来自东瀛的美丽
　　它开遍了中国
　　在满树的花下
　　人们在唱歌 跳舞 Coseplay……

　　本专栏
　　聚焦中国各地的樱花故事

　　无独有偶，近年在中国，人们对樱花的关注度越来越高。一方面，日本游的兴起激发了人们亲往日本赏樱的热情。另一方面，随着国内育苗技术的改良，樱花在全国各地的种植规模日益扩大，至 2014 年春，全国各地越来越多的地方注意到"樱花"所能带来的经济效益，大小"樱花节"遍布全国。

　　媒体对于樱花的播报也越来越多，在近年的相关报道中，重视"樱花产业""樱花事业"的发展、强调樱花的起源来自中国、樱花原生品种的 80% 在中国等内容也越来越多，如：

　　——2013 年 8 月 20 日人民网刊载【中国樱花产业奏响美丽集结号——"美丽中国·盛世樱花"发展论坛暨中国樱花产业协会成立大会在穗成功举办】，其中提到，2013 年 8 月，民间公益组织中国樱花产业协会在广州揭牌；
　　网址：http://leaders.people.com.cn/n/2013/0820/c356819-22632605.html
　　——2014 年 3 月 14 日 广州天适集团董事长何宗儒做客人民网旅游频道，就"樱花产业发展与美丽中国建设"接受专访；
　　网址：http://travel.people.com.cn/GB/136588/382725/index.html
　　——新华网新华时政频道 2014 年 3 月 25 日刊载了题为【赏中国原生态樱花 清凉寨 10 万株中华樱花竞相绽放】的报道，介绍了 24 日由江汉大学、清凉寨景区联合在武汉黄陂举行的首届"中国中华樱花研讨会"，据悉，来自全国山水研究行业的近 20 名专家和学者参会。
　　网址：http://news.xinhuanet.com/local/2014-03/25/c_119927485.htm
　　——2014 年 3 月 17 日《扬子晚报》刊载题为【无锡太湖鼋头渚国际樱花节开幕 首现"夜樱"奇景】报道，介绍了被誉为"中华第一赏樱胜地"无锡太湖鼋头渚国际樱花节开幕的消息,在当地旅游部门的推介下,"三月赏樱花,何必去日本"成为醒目的招牌词。

网址:http://www.yangtse.com/system/2014/03/17/020543811.shtml

乍看起来,"中国原生态樱花"与"日本樱花"之间,一场不见硝烟的较量即将拉开帷幕,而中国各地之间,又竞相争夺"中华第一"的称号。

在相关媒体的樱花报道中,人民网"日文网"及其"日本频道"、日本驻华使馆、日本政府观光机构的微博、微信公共帐号等中文传播的日方媒体上,也有不少报道与宣传。如何才能突出CRI的特色?

经过商议,首先确定的是传播定位,单纯的商业宣传、旅游胜地介绍并不符合"CRI日语传播"的定位,通过介绍中国人对于春天、对于樱花的真实感受,让日本受众的心灵产生共鸣,使两国受众可以在"CRI日语频道"这一共同的平台上互动交流,增进彼此的友好情感,这才是我们的期望。换言之,我们希望"樱花"能成为跨越国境,沟通心灵的桥梁,我们还期待,中国各地的网友投稿能激发日本受众的热情,发来来自日本的"樱花快讯"。

2. 组稿方式及反馈

本次策划在"CRI日文网""CRI日语频道"的微博、微信平台上同时发起了征稿启事,所征得的稿件摘选后刊登在了CRI日文网"樱花播报"专题上,并从中摘选播出了3期广播节目,相关内容在社交平台上进行了推介。

"我是樱花播报员"以网民自主投稿为主,但相关网络专题的组稿方式、报道形态是多样的,主要包括:

No.	种类	大致内容	形态
1	自主采编	直播:CRI今天的樱花	视频+图文 从花开至花谢,共8天,每日更新
2	编译	①各地樱花的开放情况、赏樱信息 ②国内主要赏樱景点的介绍 ③国内与"樱花"相关的专题研讨会	新闻+图片
3	听众、网友投稿、来信	来自听众及网友的播报	图片、音频、视频

在不到3周的时间里,共收到50多封中日网民的投稿,虽然总数不多,但作为一个小小的尝试,让我们确认了这次策划的意义。

从投稿地点来看,国内包括昆明、南京、上海、杭州、武汉、济南、天津、北京、成都等地；日本遍布东京、京都、兵库、爱知、神户、琦玉、大阪等地。

从稿件内容上看，有对身边樱花盛开美景的描述（如武汉大学学生的投稿）、有对赏樱美好回忆的介绍（如：成都外校高中生的投稿）、有为何要对母校捐赠樱花林的真情吐露（如：天津外校73届毕业生的投稿）、有对樱花美景的美好向往（如：天津外校在校学生的投稿）、也有上班路上随手拍下的速写式照片（如：南京、上海等地网友的手机照片投稿）。

其中有一些投稿让我们倍感珍惜，如，来自北京的听友张珊在发来的邮件中写道：

"我是一名现居北京朝阳区的中国听众，看到"さくらの花見リポーター"的募集，今天路过家旁边的小区公园时，看到有几棵樱花树，就拍了几张照片。自2009年到去年，我一直在日本名古屋大学留学，每年都会参加几次"花見"，所以对于樱花非常喜欢与亲切。虽然，今天在小公园拍摄的樱花从数量与质量上都与日本的樱花相距甚远，但是它们同样传递着春天到来的信息与希望。

在日本的时候就经常通过网络收听CRI日语频道的节目，并且在兼职对外汉语教师的课堂上，经常将其网址介绍给日本学生们，大家也都很喜欢，谢谢您们。"

最后的一段话，让我们第一次知道她与CRI日语广播的故事。如果没有"樱花"这个由头，她也许不会主动和我们联系。

而中日网民之间的互动，也如期得以实现。如，对来自山东师范大学学生的投稿，网名"李清照迷"的日本网友发来了如下的回馈：

感谢你发来的艳丽的八重樱来信！我是一个5年前曾在山师大短期留过学的日本阿姨。当时已是晚春，不曾知道校园里还有这样美丽的八重樱，你的照片，让我回想起在山师大的校园生活，记得每天一大早，就有很多同学出来晨读，大部分人读的是英语，读日语的人很少，那段时光真让人怀念。祝你学习进步！

发自"李清照迷"的回馈我们也是第一次收到，有趣的是，一个月之后，有位来自大阪的听众第一次到访了CRI日语部，从交流中我们得知，她正是早春起一直关注"樱花播报"专栏的"李清照迷"。

在收到的投稿中，还有多名中国留学生发自日本的赏樱报告，这也出乎当初的预料。这也让我们深深感受到，在社交媒体发达的今天，地域越来越不成为障碍，好的主题才是能否吸引众人参与的关键。

3. 听众反馈

樱花专题启动之后，很快就收到了来自日本的投稿，第一封发来樱花照片的听友来自琦玉县，他用手机拍摄下他上班途中的樱花树，连着拍摄了好几天。虽然画质不太清晰，但是他的来信让我们看到日本受众对于本次策划的关注和肯定。

关于日本受众对本次策划的关注，在此摘录几封听众来信。

阿元（名古屋）

中国朋友发来了名古屋的樱花照？吓了我一大跳，是我熟悉的风景哦。

细谷正夫（东京都）

我刚给贵台发出收听报告，提出"希望能看到中国各地樱花的动态"，没想到第二天就从首页上看到了，这速度可真快啊！后来才意识到，并不是我的信立竿见影，一定是贵台工作人员的想法和我的建议不谋而合了！

北京的樱花，不、不，中国各地传来的樱花照片，真让人大饱眼福！

高岛正文（东京都）

我仔细欣赏了"中国樱花播报"的网络专题，看得饶有趣味！

听说玉渊潭公园精心培育了包括染井吉野在内的多个樱花品种，而东京西北部的高尾，有一座"多摩森林科学园"，这里有一片"樱花保护林"，大约种植有250种、1700多棵樱花树，其中包括贵台网页专题里也有介绍的大山樱、大岛、关山、一叶、普贤象、有明等珍稀品种。衷心希望日中之间能就樱花品种的保护展开交流啊！

第一封信表达了中国网友"闯入"到自己地盘的惊诧和肯定。根据日本官方2013年发布的数字，旅居日本的中国人已达约70万人，在日本人居住的现实空间里，对于中国人的"闯入"早已司空见惯，但在中国的对日传播里，中国网友的"闯入"还并不多见。诸如这般的"闯入"，换言之是一种跨平台、跨境的沟通，可以预见，随着媒介融合的不断深入，这样的"闯入"日后会越来越多。

第二封信则很好地折射出来自日本受众方的需求，而策划人员先行感知了这样的用户需求，对于受众或显在、或潜在的需求作出了提前、及时的应对。

第三封信的发信人提出了具体建议和线索，对于今后进一步加强两国的樱花交流，是求之不得的公共信息。

以这三封信为代表，此次策划的意义在听众的反馈中得到了确认。

五、从"樱花播报员"思考 Web2.0 时代，如何做好对日传播的媒体融合？

综上所述，"樱花播报员"是 CRI 日语部在 Web2.0 时代，思考如何践行多媒介融合而做出的一次小小尝试。这其中的成功以及不足之处，都可以成为今后进一步加深思考、做好实践的参考与借鉴。

1. 关于主题的设计

在樱花主题的选择上，前文也提及，中国各地围绕樱花及其相关产业的开发，有一些暗中较量，这一方面是中国社会富裕起来，人们对于外出旅游、欣赏春光表现出更大的需求所致；另一方面，其中也有国人一些微妙的心理起伏，那就是，原产中国的樱花传到日本之后，经过爱花人代代培育，樱花园艺品种大增，樱花成日本春天的代名词而享誉了世界（注：相关报道，如 2014 年 10 月 21 日，人民网刊载《樱花是引爆人潮的"核武器"》)，对于这样的现状，中国的企业家、有心人颇感焦躁。

但也要注意到，在中国经济规模的扩大备受世界瞩目的当下，如果在对日传播中，过分强调、宣扬国人的追赶情绪，难免会引起受众方不必要的联想。但是换个视角，如果对话题的设计侧重在对"美"的发现、培育、追求、玩赏之上，则可以充分体现东亚各国文化、技术相互交融、相互促进的历史。避开诸如"谁才是樱花的代表"的争论，关注在对于"美"的培育和呵护之上，就一定能找到、甚至孕生很多美好的故事。

中国的经济增量不断扩大，百姓的生活水平以及实际购买力都在增强，但一段时间来，与中国人相关的一些正常举动也容易被外媒抓住话柄加以炒作，如"中国人吃鱼推高水产品价格"（2013 年 6 月 19 日英国《金融时报》报道）、中国资本在北海道收购地皮，真实用意在于购买水资源等等。

可以想见，中国社会的"樱花热"在 2015 年、乃至今后较长一段时间仍将持续，虽然截至到目前为止，"樱花"还没有成为引发两国舆论大打口水战的导火索，但在中日关系大环境欠佳的前提下，难保未来没有类似事态的发生。

而中国的外文传播媒体，尤其是国家重要的对日传播平台之一，今后仍值得在这一主题上继续做文章，正面引导双方舆论，为两国的友好交往、国民情感的改善注入正能量。

2. 关于媒介融合度、语言及稿件形态

"我是樱花播报员"策划主要通过国际在线日文网以及 CRI 日语频道微信、微博等国内社交平台征稿，相关稿件主要在官网的"樱花播报员"专题页面上发布，微信和微博、大广播也配以节选性介绍。

1) 由于"樱花"这一主题的贴近性，中国国内征集而来的投稿成为一剂催化剂，引发日本网民积极加入，实现了两国受众就同一主题展开互动交流的预期目的。作为一次尝试，"樱花"主题的可行性得到了验证。但另一方面，这次互动交流的规模并不大，若想进一步扩大规模，今后仍需内外积极开展媒体合作、媒介融合，尤其是加强面向日本境内的社交媒体的传播力度及影响力。目前，CRI日语广播在日本国内的主流SNS上，仅有Facebook一个平台上设有公共账号，今后有必要在进一步摸清受众使用习惯的基础上，重新布局境外社交媒体的运营。

2) 语言方面，此次收到的稿件部分为中文投稿，由工作人员翻译成了日语后，采用双语刊载。正如人民网同时运营"日文网"（日文）和"日本版"（中文）两个网站那样，个人认为，在两国受众喜闻乐见、愿意多多交流的领域，为达到更好的交流互动的效果，根据需要，采用双语推送也是值得考虑的路径。

3) 稿件形态方面，视觉化表达、多媒体展现是受众投稿的特点，网络为多种展示提供了可能。

如，天津外国语学校的在校学生发来"又是一年樱花季"的作文，写出了她对于校园樱花苗木盛开景象的憧憬，表达出希望能进一步深入了解日本文化的思绪，文笔清新、情感真实。文章翻译成日文后在网页专题上与随文寄来的图片一同展示，同时由日籍播音员高桥惠子配乐朗读后，在对日大广播中播出，文字、图片、声音配合不同的媒体形态的需要，分别展示，相互密切联系，但各有特色。

4) 组稿方面，"我是樱花播报员"策划并非只是守株待兔式的等待网民投稿，CRI日语部工作人员根据需要，从策划阶段起，有时也主动参与、或是指导前方"播报员"的报道，从而确保了报道的质量。社交平台扩大了传媒的到达率，在"樱花播报员"的策划中，一名名热心的网民和听众通过与后方工作人员的沟通，真正意义上成为了CRI日语部春天里的临时播报员。

如，来自武汉大学日语专业学生的录音报道，从采访开始前，报道小组就从前方多次打来电话，询问细节，工作人员予以耐心解答，作出了具体可操作的指导，节目的后期编辑由CRI工作人员完成。

武汉大学的樱花因其最早由侵华日军栽种，每年日本媒体也都予以积极报道，在日本的知名度也很高，所以这次来自武大学生的现场报道很大程度上满足了日本受众的关注与好奇。

这期节目在对日大广播中播出后，获得了听众很好的评价，如琦玉县狭山县听众森井先生特地来信大力称赞武大学生们日语水平高超。名古屋的听众阿元女士称赞,报道生动活泼,听得很开心。

但也有沟通做得不尽到位的例子,成都外校日语高二(9)班的同学在班主任老师——一位 CRI 日语广播忠实听众的带动下,全班参与了这次樱花播报员的活动,发来了他们自主创意、全班同学参加的视频,创意本身生动活泼,很好地勾划出了中国年轻人心目中的"樱花"形象,但可惜的是,事先沟通不足,画面质量及声音收录效果也不理想,最终 15 分钟的素材被大刀阔斧地删减成 2 分钟短片。

这也提醒策划人员,策划听众参与型活动时,一方面是吸引更多人的参与,另一方面也要在确保稿件质量上动脑筋。

3. 对于中国的对日传播进一步践行"媒体融合"的思考

2014 年 8 月 18 日,中央全面深化改革领导小组第四次会议审议通过了《关于推动传统媒体和新兴媒体融合发展的指导意见》,舆论认为媒体深度融合热潮将至。笔者认为,结合到中国对日传播而言,媒体的深度融合一方面表现在各个媒体自身对于传统媒体与新媒体的整合利用上,而另一方面,还应该体现在各媒体之间的横向联系需得到加强之上。

目前,使用日语进行传播的中国国家媒体包括:

	媒体名称	特色	传统媒体形态
1	中国国际广播电台日语部	多媒体(音视频节目、敏捷、快速)	广播
2	《人民中国》杂志社	平面媒体,月刊杂志(图文报道)	杂志
3	人民网日文版	前身为"人民网日文频道",2008 年在日本成立"人民网日本株式会社",率先实现了在对象国的公司化运作	报纸
4	中国网日文网	中国外文出版发行事业局管理的国家重点新闻网站	
5	新华网日文网	中国最大的国营通信社运营的日文官网	通信社
6	北京周报	与"中国网日文网"同为外文局管理,原为纸质媒体,现仅保留网络版	周刊

上述媒体的母体或为广播、或为平面印刷媒体,或为通信社,但目前的共同特色是都在运营着各自的官方网站,其中部分媒体开在社交平台、APP 开发等方面也做出了积极的尝试。

虽然有人指出,互联网早已跨越 Web2.0,步入了所谓 Web3.0 时代,但依托于传统媒体衍生而出的中国对日传播仍然没能摆脱外宣媒体时代的烙印,虽然同处一个阵营,肩负着相同的使命,但某种意义上,各媒体仍沿用传统媒体的思路,产品中存在部分内容的重复。

可以想见的是,作为肩负共同使命的传媒,各媒体之间在各自发挥特色的前提下,需要合力形成掷地有声的中国声音。而在这过程中,确定恰当合适的主题,通过具体策划的合作加强相互协调与沟通,相互促进相互学习,是值得为之努力的方向。

在围绕媒体融合的交流及操作上,中国的各日语传媒体之间,乃至中日两国媒体之间在2014年有一些值得关注的动态。

2014年8月26日,为提升传播效果,互通有无,CRI日语部所运营的【国际在线日文网】与人民网日本株式会社签署合作协议,根据协议,双方将在相互转载网络新闻资源、联合策划及采访重要新闻事件、共同举办线上及线下活动、相互丰富社交媒体内容等方面展开合作。

2014年11月28日,由日本共同社和中国国际出版集团共同举办的首届"日中对外传播媒体研讨会——交流与对话"在东京举行。日本共同社和《人民中国》杂志社、中国网、人民网、新华网及中CRI等双方使用对方语言发布信息的媒体代表出席了此次研讨会。研讨会分两部分进行,主题分别为两国关系恶化时如何发布信息、如何传播民间和地方的声音?

以出席这次研讨会为契机,5家与会的中国对日传播媒体加强了横向合作,经商议决定,自2014年12月起,每周1至周5,每天由一家媒体轮值,推出该媒体近期关注的热点,并同步在五家媒体官网的首页上进行联合推介。这是中国对日传播媒体步入互联网时代后,第一次在多边之间以主动推进的方式开展的合作,具有划时代的意义。

虽然目前5家媒体的合作还处于起步阶段,具体形式也只是同步在网站上发布相互推介的稿件,但笔者相信,这样的互动代表了今后一段时期中国对日传媒之间在媒体合作、媒介融合上的发展方向,也是值得进一步深耕的领域。同时,这样的互动也为下一步5家传媒联动开展大型传播活动共同合力,加大对日传播力度,向日本受众勾画立体生动的中国形象,并且为进一步加强中日民间的理解与互动做出了有意义的铺垫。

而随着5家媒体合作的持续,一个个具体的策划案将成为深化合作的契机。从这个角度来说,2014年春由CRI日语频道推进的"我是樱花播报员"策划,或许可提供些许参考与借鉴。

笔者想强调的是,在推进联合策划的活动时,一定要找好切入点。在以用户生成信息、互动为特色的Web2.0时代,对外传播媒体不仅是宣传国家形象的工具，更是促成不同国度的人们进行心灵沟通的桥梁。选择好主题，调动汇集到同一媒体平台上的中日双方受众的参与积极性，让对日传播更多地吸收来自两国民众的心声，在敞开心扉的互动交流中发挥好媒体作为交流平台的作用，做到润物细无声，为加强中日两国民众的交流，也为中国在日本争取更多的"粉丝"而努力，是中国对日传播媒体不可推卸的责任。

而具体到 CRI 日语传播下一季的"樱花"策划，适时确定并公布"消息树"的开花信息、举办樱花主题的汉俳大会、樱花摄影展、作文征文等各种方案也正在商议当中。期待明年点缀了两国春天的美丽"樱花"，继续为加强中日民间友好交往而绽放。

（王小燕，女，中国国际广播电台日语部）

翻译本体探究

张 敏

"翻译学"或"翻译研究（translation studies）"概念的内涵由美籍翻译学家詹姆斯霍姆斯（James Holmes）厘定并得到了学界共识。霍姆斯将翻译研究分为描写翻译研究、理论翻译研究和应用翻译研究三大模块，用以构成翻译研究的学科范畴。近年来，伴随着历时与共时的学术论争，形成了译界三大学派，即语言学学派、文艺学派和文化学派。学派是学术交流和学术争鸣的平台，学派以多样个性来充盈学术的普遍性，构成翻译学研究的特殊性。翻译学依靠"译学学派→译学理论→译学大师→译学学科→译学创新"的推力发展壮大。在翻译学的学术平台上，译学者们千年如一日地耕耘播种，译之功德无量，"观夫翻译之功，诚远大矣……"[①]翻译的学问原本就是一门最为古老而现代的人文学，在全球化、数字化、信息化的时代背景下，翻译学作为人文学科的一门显学有了更长足的发展，但尚未形成明晰的学科理论范畴体系。后现代解构思潮的影响使翻译研究超越了语言学与文艺学方法论的传统格局，趋向多元文化系统的研究，正在形成一种跨学科、多元互补的文化学研究模式。在翻译研究领域被无限拓宽的同时，也潜在着一种翻译学科解构的危机。为此，笔者尝试探索翻译本体之内涵以求索译之为学之原理。

一、翻译本体的回归

翻译是人类历史上一种复杂的交流现象，是客观存在的事实，学者们将此作为客观研究对象。国内学者研究的重点在应用翻译学上，多关注"如何翻译？"而鲜有思考"为何翻译？"的问题。因此，翻译的理论常常停滞在翻译的表面"现象"上徘徊不前，尚未关注翻译现象的本质、翻译的源头、翻译的价值及翻译行为的终极意义等深层次的根本问题。更高更深层次的翻译理论探究有待本体方法论的介入。本体论探讨的是形而下世界的形而上存在的根据，主要用于描述

---

① 唐释道宣撰：《续高僧传》卷四篇末。

事物现象与本质的关系。翻译作为一种客观存在的现象本质、翻译现象的普遍性与特殊性、翻译的一般规律与各种翻译的单一规律的关系、翻译的价值意义等等,皆可归为翻译本体的研究。

　　本体论原是个哲学概念,探讨形而下世界的形而上存在的根据,研究在这个世界上存在的所有精神或物质的现实背后是否都具有个体抽象的原理或依据。17世纪,德国经院学者郭克兰纽(Goclenius,1547—1628)最早使用本体论(Ontology)一词①。该概念由 ont + ology 构成,"ont"源出希腊文,是 on(όν)的变式,相当于英文的 being "存在";"ology"表示"学问""学说";即是关于"ont"的学问。亚里士多德认为哲学研究的主要对象是实体,研究实体或本体的哲学是高于其他一切科学的第一哲学,而实体或本体的问题是关于本质、共相和个体事物的问题,因此本体论的研究应转入探讨本质与现象、共相与殊相、一般与个别等的关系。在西方近代哲学中,笛卡尔首先把研究实体或本体的第一哲学叫做"形而上学的本体论"②。近几十年,"Ontology"这个哲学概念被人工智能界赋予了新的定义,从而被引入信息科学中。本体理论已应用到计算机界,在人工智能、计算机语言以及数据库研究中发挥着重要作用。在实际的应用中,知识管理、人工智能、情报学,任何一个具有大量需要归类和划分信息的部门及领域都可成为本体论的应用对象。在翻译研究领域里,笔者根据翻译研究中的基本概念,尝试勾勒出翻译共享概念模式图表如下。

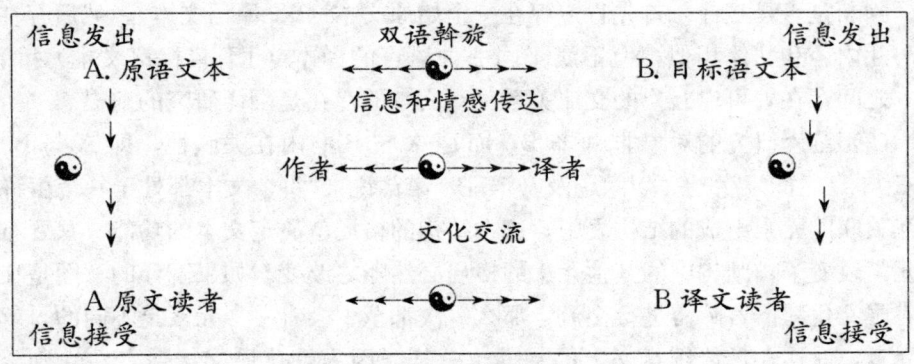

图 1　翻译共享概念模式图

---

①　黄楠森:《新编哲学大辞典》,山西教育出版社,1993 年,270 页。
②　全增嘏:《西方哲学史》上册,上海人民出版社,1983 年,493 页。

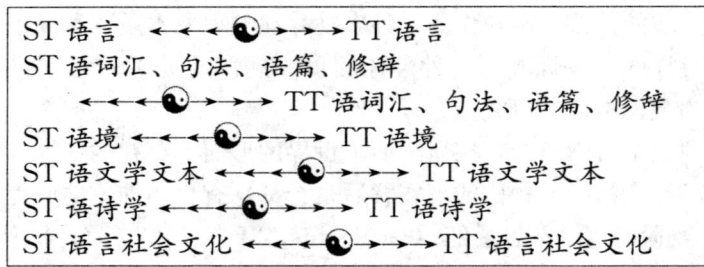

图 2　ST 与 TT 文本基础语言翻译概念示意图

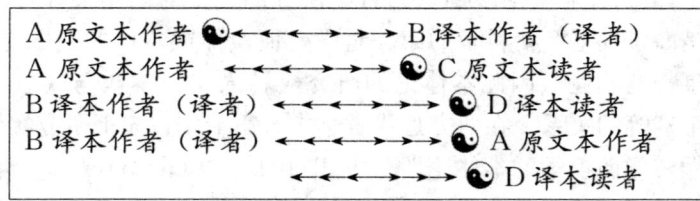

图 3　文本作者、译者与读者关系示意图

笔者对以上图表做以下说明：

（1）翻译研究范畴包括两种以上的语言之间进行转换过程中的一切命题，而不单指哪一项或哪一个问题。如图表 1 所示，翻译研究的视野应该是一个多维空间。判断是否是翻译，首先肯定存在一个始原文本（ST 原语文本），然后存在一个与此内容和文体相似，但不属于同一种语言的译本（TT 目标语文本），两个文本之间存在着可以互换的交流关系。双文本的存在是翻译研究的前提。

（2）翻译研究的对象非 A 非 B，而是 A 与 B 的内在关联性，即 A 与 B、B 与 C 与 D 之间发生的一切问题及其辩证。诺德说："每个文本都处于一个由许多相互关联的元素组成的结构之中，这个结构的格局就决定文本的功能。只要有一个元素改变了，结构中的其他元素的格局必然随之改变。如果翻译的意图是让人们克服文化和语言障碍进行交流，那么每次都至少会有一个元素是不同的，就是接受者，就连在最传统意义上的翻译也一样，因为就算译文接受者在性别、年龄、教育、社会背景等方面都与原文接受者完全相同，他们之间也会有一个'小小的'差别，就是属于不同语言文化社群。"[①]

（3）译者具有双重责任，既要对原创作者负责，又要对译本接受者的读者负

[①] 诺德：《翻译的文本分析模式：理论方法及教学应用》，北京：外语教学与研究出版，1991 年，24 页。

责,译者必须充分理解原作者的苦心,又要尽可能地体恤读者的感受。译者永远脚踏两只船,穿梭徘徊于二者之间定夺译语,进行着见仁见智的语言文化斡旋。

(4)在翻译研究领域的多维空间中,作为头号主角的译者驰骋东西,掌控着忠实维度的主动权,发挥着翻译的能动作用,因此译者是翻译的第一主体,与作者和读者之间处于间接主体,构成三维关系。经过第一主体的调解和努力,翻译的结果是达成三方利益共存的合意方案。

(5)图示中穿插于各概念之间的☯太极符号可说明翻译概念的意义。《周礼》曰:"北方曰译者,译即易,谓换易言语,使相解也。"①一言以蔽之,译即易也。"易"有变易、平易、简易之义,翻译是两种语言之间的意义转换,符际翻译及理解与创作都是一个动态变易过程。译学便是在变易中寻求平易而达到简易。由周易八卦形成的太极图即这一原理的斡旋文化符号。

图4　太极图

翻译研究的目的是寻觅翻译活动最普遍的规律,传承人类最精华的文化瑰宝,抛弃糟粕和一切不必要的负担,一切从简。对于翻译这一本质的认识,迄今为止学者仍未达成共识。翻译存在的本原,翻译所具有的本质属性,译之所以为译,即本体的是之所以为是等基本问题,还未找到适合的方法去认识。而众学者在不遗余力地拓宽翻译学科的范围以求研究出路,殊不知学术的根本不在范围的宽窄,而在于对本质问题的深度求解。求解之路在何方?路就在脚下。翻译之所以成为翻译、翻译的制约因素、决定译与非译的因素等均可在翻译文本本身和成就文本的变易过程中求证。因此说"译"即"易""易"传"异",翻译在变易之中求不易之理,以确保翻译自身的交易使命。英国学者乔治(斯坦纳(Geoge

---

① 《周礼》卷三十四,秋官序官象胥疏。

Steiner）说："文学艺术的存在，一个社会的历史真实感，有赖于没完没了的同一语言内部的翻译，尽管我们往往并不认识到我们是在进行翻译。我们之所以能够保持我们的文明，就因为我们学会了翻译过去的东西。"① 不管我们是否能够认识到这一点，翻译研究的深度就在于——人类究竟使用怎样的交易手段相互诠释文化并传承文明。

二、翻译本体与主客体

译文文本皆来自原语文本，之所以译文文本会产生变化，是因为翻译的主体——人作为存在者，在翻译过程中进行了跨文化的仿而效之，使异文化在不同的文化背景中再生。译文本中体现着翻译主体的文化创造力。因此，从主体理论入手，观察把控翻译现象的主角特征，这是翻译本体研究的核心切入点。切入之后我们会发现翻译研究涉及多重主体与客体，并由此产生出多质性、趋同性和关联性特征。

翻译过程涉及原文、译文及原文作者、译者、读者等多种因素。什么是中心？什么是边缘？孰为主孰为次？围绕这一问题，出现了作者中心论，文本中心论、读者中心论、译者中心论，译本中心论等多种翻译研究范式，并由此产生出多套理论，学者因此而各持己见，争论不休。为了澄清这一基本问题，首先要分辨出翻译的主体与客体及其关系，以下示意图表显示了翻译的主客体关系。

主客定位	主客关系
主体＋客体	作者与原语文本
主体＋客体	译者与目标语文本
主体＋客体◐（主体＋客体）	译者与作者与原语文本
主体＋客体◐（主体＋客体）	译者与读者与目标语文本

图 5　翻译的多层主客体关系示意图

翻译首先是两种以上语言的转换，涉及 A 语言与 B 语言，即原语与目标语言，原语文本与目标语文本。在翻译活动中，仰仗译者，两种语言要素之间得以交流。译者无疑是第一主角，处于翻译的中心枢纽地位，发挥着最主动最积极的作用。译者身兼多重身份，之前有作者，之后有读者。对于原文来说，译者是读者，对于译文来讲，他又是作者。对于原文本来说，作者无疑是主体，而对于译

---

① 乔治·斯坦纳:《通天塔——文学翻译理论研究》,庄绎传译,中国对外翻译出版公司,1987年,22页。

者来讲，原文作者又是客体，也是两面派。译者作为翻译主体，面对的客体是三元复合结构：文本、作者、读者。如此，形成翻译的主体与客体交叉共存的状况。这种多重主客体的关系，体现出翻译主客体相互作用的内在性质。

在各种主客关系之中，中西传统译论都强调原文第一与"忠实""对等"的原则，译者与译作的地位绝不可超越原作和原作者。而文化多元系统学派则强调翻译的外部因素在翻译中发挥主要作用，认为译者与原作是"操纵"关系，翻译策略应从翻译目的出发可以叛逆超越，这便在翻译原则上发生了分歧。其实这也是译界长期以来争论不休的问题之一：译本与原文本孰高孰低？译者与原作者谁为主仆？译者对原文本进行翻译是采取"忠实"还是"操纵"态度？译者有多大的叛逆自由度？为此，译界喋喋不休地议论翻译策略方法，诸如直译与意译、归化与异化、对等与不对等等等，却常常反映出二律背反的悖论。译者总是处于两难境地，摇摆不定，莫衷一是。充分显示出上图表所显示的复杂的主客关系给翻译带来的多质性特征。在翻译中，译者可成为翻译的第一主体；在翻译后，翻译所涉及的所有主体都可以成为翻译学研究的客观对象。例如，目标语翻译结果为何是五花八门的，而不是相对统一的呢？以下仅举韩中翻译的一个实例说明多质性带来的"八仙过海各显神通"的翻译结果。

原文：국민과 함께 출발하는 새 정부의 국정 목표는 국민행복, 희망의 새 시대를 여는 것입니다.

译文1：以开创国民幸福和希望的时代为目标，新政府将与全体国民共进。

译文2：今天和大家站在这样一个新的起点上，新政府将致力于引领国民进入幸福和希望的新时代。

译文3：新一届政府将同国民携手，以国民幸福、开创希望的新时代作为国政目标。

译文4：与国民一起全新出发，本届政府制定了"全民幸福，希望新时代"的施政目标。

译文5：新一届政府即将扬帆起航，我们的最终目标就是要开创人人幸福、充满希望的新时代。

译文6：我们将与国民们一同出发，新一届政府就任目标是开启国民幸福与希望的新时代。

译文7：新一届政府将以国民幸福为执政目标，与大家携手启程，共同开创出一个充满希望的新时代！

译文8：新一届政府的执政目标是与国民携手并肩，共同开创幸福美好的新时代！

上面的例子是八位译者同时翻译了同一个韩文句子,结果出现了八种翻译方法。这类"八仙过海"式翻译并非偶然,而是一种普遍现象。因为在翻译的过程中,译者们各自徘徊在 ST 与 TT 语言与文化的选择中,进行艰苦的翻译创造活动。译者"之所以要在原语文化和译语文化之间保持平衡,其原因就在于翻译的根本使命:文化交流和借鉴。翻译是一个辩证的存在,它在'将文本拉近读者'和将'读者拉近文本'之间摇摆。总的趋势是:如果读者能够接受,如果语言资源条件许可,应力求'将读者拉近文本',也就是译文应尽力向原文趋同。"① 翻译的根本目的是展示原语文化,然后是建设译语文化,这是由翻译的趋同性质所决定的。趋同使交际达到最佳效果,无论是在语言意义的转达上、还是在语言修辞的调节上,还是在语言风格的再现上,最大程度的趋同都蕴含着"过"与"不及"的两种可能性。冯友兰教授解释中庸说:"'中'的观念《在中庸》里充分发展了……'中'的真正含义是既不太过,又不不及。公元前三世纪宋玉描写一位美女说'增之一分则太长,减之一分则太短,著粉则太白,施朱则太赤'。这番描写是说她的身材、容貌恰到好处。'恰到好处'即儒家所谓的'中'。"② 中庸是中国传统的哲学方法或智慧,意思是说不偏于一边的叫做中,永远不变的叫做庸,将这种哲学用于对翻译的理解极有裨益。翻译活动展示出翻译主客体的辩证,主客体常处在"过"与"不及"之间摇摆不定,此时能够调解二者关系的非二元对立,而是中庸之道。

如果我们将翻译解释为一种行为或活动的话,译者是这场活动中的唯一行动者,可被看作是翻译主体;但是如果将翻译活动看作是一个过程的话,在这个过程之中涉及到的原文作者、译者和译文读者也可成为翻译主体。那么,翻译的主体是单一主体,还是各成一体,亦或三位一体呢?翻译活动历史悠久,西方笔译活动起源于"圣经"翻译,东方的笔译肇始于"佛教经典"翻译。进行翻译活动时,大部分翻译家抱着对宗教信仰的虔诚和顶礼膜拜的态度,坚持"虔诚""忠实""求信"的翻译原则。他们要么以原文本为中心,强调翻译是复制原文语言;要么以原作者为中心,强调译者必须和原作者心灵相通,鲜有顾及译者和读者地位的。20 世纪 50 年代,尤金·奈达明确指出翻译的成功应以读者的反映为衡量标准。此后学界开始关注翻译活动的诸多要素,开始探讨翻译活动的主体及翻译主体性研究的范围与空间,提出了翻译应该兼顾读者和作者的期望,译者应根据

---

① 赵彦春:《翻译学归结论》,上海外语教育出版社,2005 年,82 页。
② 冯友兰:《中国哲学简史》,北京大学出版社,1985 年,204 页。

作者在原文本中对期待对象的态度决定译文的行文体式、语言风格及审美选择。由此便涉及到了翻译主体性及主体间性的问题。

所谓翻译的主体性，指翻译主体为实现翻译目的在翻译活动中表现出的主观能动性。马克思认为，人的主体性包括主观能动性、自主性、自为性，是行为主体在主客体相互作用中表现出来的特性。① 他还认为，主客体关系以主体间的交往为中介，主体性不仅表现在"他们对自然界的一定关系"，还表现在劳动体相互间的一定关系中。即意味着人的主体性还包括不同的主体在一定的社会历史条件下为变革某一客体而进行的相互交往的特性。这种主体和主体之间的交往特性，就是"主体间性"或"主体际性"，是人的主体性的重要组成部分。② 主体性表现为各自为主；主体间性表现为各为其主或互为其主；翻译的主客体关系呈现出交互主体或互为主客体、主体之间或主客之间的交互关系。翻译活动有赖于多重主客彼此之间的关联交往，这种交往使翻译得以成形，由此体现出翻译的关联性特质。

在理解、阐释与再创作的翻译过程中，"作者、译者、读者都有着相对独立但又相互作用的地位，形成一个各种因素起着相互制约作用的活动场。在这个活动场中，从传统的原作者独自阐释，走向了作者、译者和读者之间的积极对话，而译者处于这个活动场最中心的位置，相对于作者主体、读者主体，译者主体起着最积极的作用。当我们定义翻译主体性的时候，显然要考虑作者和读者的主体作用，但居于中心地位的则是译者这个主体。"③ 无疑译者是翻译的第一主体，其次作者主体、译者主体、读者主体都可以成立。翻译通过三者交流互动，超越主客二分的思维和二元对立的逻辑方法，实现自我主体与对象主体的共生性和平等性。只有努力揭示作者、文本、译者、译本、读者等要素之间相互依存、相互渗透的辩证关系，认识翻译多元主体结构，翻译活动有赖于主体之间彼此交往，才能使翻译在不同文化之间建立起平等对话的关联性，以实现翻译的桥梁与媒介文化交易使命。

三、翻译本体的隐显之别

"君子之道费而隐"，所谓"费"指广大，"隐"喻精微。出自《中庸》十二章的这条名言道出了翻译本体的学问特征，亦可曰"译学之理显也隐也"。上面我们透视了翻译本源，从里到外、由外向里地关照了翻译本体的一些特质；下面

---

① 马克思：《马克思恩格斯选集》一卷，人民出版社，1995年，107页。
② 马克思：《马克思恩格斯选集》四十二卷，人民出版社，1979年，382页。
③ 许均：《"创造性叛逆"和翻译主体性的确立》《中国翻译》2003年，第1期，10页。

还须自上而下、自下而上地认识翻译本体的本与末及本末的外在关联特征。通俗地讲，即翻译理论与实践、译理与译技的关系，二者之间如何提供出更多的形而上学与形而下学相契合的链接点。

19世纪开始，翻译一直被看作是应用语言学的分支。迄今在国内学科排名之中，一级学科是语言学，二级学科是应用语言学，三级学科才是翻译学。这反映出一个现实，即始于奈达的翻译语言学一直是现代翻译理论研究的重心。以文本（ST原本与TT译本）为依据，通过对文本确定不变的内核，探索建立翻译转换的对等模式。从语素、词汇、词组、句子、段落、语篇，在文本结构的各个层面进行分析研究，在语言形式与语义内容两方面总结归纳翻译方法与技巧，力求从ST文本到TT文本语言的普遍性与个性问题中寻觅语言转换的规则化，为了体现翻译学的科学性，翻译的语言学派几乎穷尽了文本语言结构层面的所有问题。其理论贡献在于，在大量具体的翻译语言实践的实证中抽象出翻译理论与原则来，由实践上升到理论，在翻译理论的操作系统（怎样翻译?）、评价系统（什么是佳劣译?）、解释系统（为什么这样翻译?）、方法论系统（将翻译经验与技巧归纳为相关命题，翻译学术语的生成及专有学术概念的集结构成理论体系）几个方面初步构成了翻译学科理论范畴体系的雏形。

其问题在于，翻译理论的科学性与艺术性的撞车。仅靠语言学派的翻译理论无法解释文学翻译作品中的"叛译性""抗译性"等问题。翻译的工具论与艺术论形成一种二律背反的两极悖论，成为译界争点。其理论的不足在于，"翻译之不从属于语言学、符号学、传播学及美学等学科，是因为这些学科的基本理论和方法都无法用于解释翻译学研究中的最本质的问题——斡旋或转换。斡旋是翻译行为的本质，也是翻译研究的支点，整个翻译学研究都是围绕着斡旋展开的。如果说传播学跟翻译学研究有关的话，那么它研究的是转换结果的传播问题，而转换结果的传播则属于后翻译阶段的问题并不是翻译本身。"① 翻译的转换由ST到TT语言与文化，因此翻译研究的天然特征具有比较性，对比语言学与比较文学的方法是译学研究浑然天成的穷理基础。但是仅此，在翻译理论研究上明显不足。双语对比和双文本比较研究还不能解决如何透过现象看到翻译的本质? 还不能解决好翻译评价、翻译目标等翻译研究的根本问题。

21世纪的翻译研究延续了20世纪末的研究趋势。一方面，翻译学者们运用现代语言学的转换生成理论、应用语言学、认知语言学、功能语言学、交际语言学、话语理论、文学译介学等方法进行研究；另一方面的重大变化是不再局限于

---

① 林璋："论翻译学的基础研究"《面向21世纪的译学研究》，商务印书馆，2002年，174页。

语言或文学或外语教学的研究模式，开始从文化层面关注语言文化环境给翻译造成的影响，如埃文佐哈尔提出的多元系统论，将翻译转向一种跨文化的传递行为目的与效果的研究。翻译研究的范畴拓展之宽前所未有，有关翻译的语言学研究方法、文学译介学研究方法，文化学符号学研究方法、哲学研究方法、功能学研究方法、数据库研究方法、社会心理学研究方法、信息传媒学研究方法论层出，形成了当代翻译理论研究的多元化发展趋势。因此被称为"多元理论期""综合各种理论模式，多元理论期的翻译研究已基本是对翻译学科进行形而上与形而下的双重建构；建构整体与局部的系统（宏观翻译与文本结构）、言内与言外的系统（语言与社会文化）；建构静态与动态的系统（语言文本与心理过程）。各种范式的同时存在促进了翻译学科的多元认识，形成了互动、互补的系统结构."①翻译研究方法正在靠向本体论，值得一提的是以往所坚持的二元论方法开始有所转变。"翻译研究中的二元论分析是将原文和译文作为两个相对项进行认识和研究，这一方法强调将原文作为译文的依据，将译者看作作者的从属个体。这种理论模式在认识论基础上体现了'逻各斯'中心主义思想，预设原作与原作者中心的、本原的存在，通过对文本确定不变的内核的探寻建立翻译转换的对等方式。这一认识论思想几乎渗透在所有语言学翻译理论的研究中，它是翻译理性认识的历史积淀，自有翻译及其理性思考以来，二元认识论一直具有主导性。"②

翻译的研究包括两种以上语言之间进行转换过程中的一切命题，双文本的存在自然是其前提，对这种存在进行研究是翻译的任务。即翻译所研究的是从 ST 文本到 TT 文本，又反复进行的整个动态认知过程。在这一过程中所关联到的一切语境、文化要素、心理作用、美学观念、译者的素质能力，以及译者的伦理观念等都会构成翻译元素的改变。翻译是翻译主体在一个多维空间中进行的思维活动，其思维方式也必须适合于这种背景，要克服二元论方式，形成三维乃至多维转换模式。如下图所示：

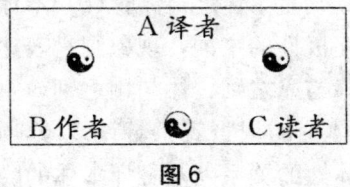

图6

---

① 姜秋霞："翻译研究理论方法的哲学范式———翻译学方法论之一"《中国翻译》2004 年第 6 期。
② 姜秋霞：《翻译方法论研究导引》，南京大学出版社，2012 年，61 页。

```
┌─────────────────────────────────────────────────────────┐
│                    ST 原语文本                           │
│                     ☯      ☯ ……                         │
│  TT 译文本 1☯ TT 译文本 2☯ TT 译文本 3☯ TT 译文本 4☯ TT 译文本 5│
└─────────────────────────────────────────────────────────┘
```

图 7

尽管我们承认译者是第一翻译主体，但鉴于翻译多重主体与多重主客体的动态转换特征，翻译研究的范式需要相应的模式，即图 6、图 7 所显示的三维、多维模式。译者、作者、读者可以各为主体；原文本可以产生各具千秋、相互媲美的多重译文。翻译研究探索的是译者脚踩两只船之后发生的一切明"显"的问题，他以第三者身份的介入所带来的后果直射译学之"隐"。翻译研究者观察这样一个多维的动态过程，其中涉及到翻译研究的基本概念，由此延伸关联，可持续开展相关领域概念的集结，建立对翻译知识的共同理解，引申翻译领域的学术命题及学科概念，从不同层次及相互关系的形式化模式上贯通概念之间的链接关系，由此导出翻译语境论、翻译美学、双语生态学、比较翻译学、翻译解释学、翻译认知学等翻译学系统中的专有概念与统一性解说。翻译的术语概念及其生成，构成了人们对翻译的理解，成立了有关翻译这门学问的道理。冯友兰教授曾经说过："一切的学问都是人类主观对于客观的认识。"[①] 我们对于翻译本体特征的认识也应如此。

结　论

近年人文学科的文化转向辅以多学科的交叉穿合，表现在翻译学领域中，其有利的一面是使人们开始透过现象看本质，转向重"译理"轻"译技"；不利的一面则是过于拓宽学科范围，费而非隐。成宗英认为："在中国哲学中，本体与现象，本质与过程，实乃真实之两方面，这两方面绝不可分开。故孔子在言'逝者如斯夫'的现象时，已透露出本体意识。但本体与现象之差别仍有以下数项：(1) 本体是实质实在，现象则是本体之显露；(2) 本体是不变之体，现象则是变化之用；(3) 本体是表达终极性的主词，现象则是表达指述性的术词。基于这三点，本体与现象之别，乃隐与显之别，体与用之别，主词与述词之别即实体与属性之别。"[②] 如果我们以本体论的视野观察翻译现象，可以发现翻译研究的重要切入点，即翻译本体与主体性的关系以及翻译本体的隐显特征。

[①] 冯友兰：《中国哲学史新编》第 3 版，人民出版社，1982 年，2 页。
[②] 杨自俭：《译学新探》青岛出版社，2002 年，162 页。

翻译之所以成为翻译，判定翻译本身作为一种存在的因素首先是双文本，即由 ST 原语文本与 TT 目标语文本共同构成了翻译，翻译研究的客观对象是 ST 与 TT 二者的转换及辩证，其次是翻译与人存在的关系。文本的人化现象表现在翻译文本的存在与人的存在关系上。翻译活动由人来完成，译者是翻译活动的第一主体，与原作者和读者形成间主体关系。文本的物化是译者"以文见化"的人化过程，译本的存在体现了译者的文化创造力。以文为化的文化交流正是主体意义所在，同时也体现出翻译的终极价值。

翻译学作为人文学科最古老的一门学问，在吸收了语言学和文学方法论的基础之上，发展成为一门跨学科的学问，具有人文学科的典型特质，可以贯通人文学的传统学科并能自成理论体系。翻译研究的角度、范畴、方法、重点、目的、模式都与对比语言学和比较文学不完全相同。由于其范畴的广泛性和跨学科特性，所以不能囿于对比语言学或者比较文学的学术框架而发展。但文化多元系统的研究范式脱离了翻译本位范畴而略有偏颇，也未能支撑起翻译理论体系大厦的建构。"中西传统译学都停留在翻译这一'形而下'的操作范畴，没有触及翻译'形而上之'的本体范畴"[①] 既往的研究多囿于翻译的操作方法层面，还未能在翻译研究的基础上抽象出一个范畴化的理论体系。在全球化与数字化时代背景之下，学术的演化特点是系列交叉学科的兴起，研究领域越来越综合化。如果不把各种分支知识纳入一个宏观的背景，便很难分辨各个分支知识之间的是非曲折、关联与冲突。因此，有必要坚持一种统一性的解释，这不仅能够更好地分辨各种分支知识之间的缝隙和空白，还可以更好地进行知识创造。威尔逊言："一种统一的知识系统是确定尚未探索的实在领域的最可靠的手段，它使我们清楚地认识到我们知道什么，并提出最有意义的问题供人们去探索。"[②] 翻译本体论的构建具有一定的层次性，若将翻译的主要概念、基本术语及其关联范畴设置为特定的应用本体，那么所有翻译范围中的共通概念和特征则会具有一定的通用性。大道至简，鄙意以为道可道非常道，译可译非常译，他山之石可以攻玉，借助哲学理论资源可叩开译道大门，故尝试从本体论、主体论、方法论的角度思考译学模式，探究了翻译本体研究的诸问题。

参考文献：

[1]黄楠森:《新编哲学大辞典》,山西教育出版社,1993年。

---

① 赵彦春：《翻译学归结论》，上海外语教育出版社，2005年，87页。
② 威尔逊：《论契合：知识的统合——科学人文》田洺译，北京：生活.读书.新知三联书店，2002年，133页。

[2]仝增嘏:《西方哲学史》上册,上海人民出版社,1983年。
[3]诺德:《翻译的文本分析模式:理论方法及教学应用》,北京:外语教学与研究出版.1991年。
[4]乔治·斯坦纳:《通天塔——文学翻译理论研究》,庄绎传译,中国对外翻译出版公司,1987年。
[5]赵彦春:《翻译学归结论》,上海外语教育出版社,2005年。
[6]冯友兰:《中国哲学简史》,北京大学出版社,1985年。
[7]马克思:《马克思恩格斯选集》一卷,人民出版社,1995年。
[8]马克思:《马克思恩格斯选集》四十二卷,人民出版社,1979年,382页。
[9]许均:《"创造性叛逆"和翻译主体性的确立》《中国翻译》,2003年第1期。
[10]林璋:"论翻译学的基础研究",《面向21世纪的译学研究》,商务印书馆,2002年。
[11]姜秋霞:"翻译研究理论方法的哲学范式——翻译学方法论之一",《中国翻译》,2004年第6期。
[12]姜秋霞:《翻译方法论研究导引》,南京大学出版社,2012年。
[13]冯友兰:《中国哲学史新编》第3版,人民出版社,1982年。
[14]杨自俭:《译学新探》青岛出版社,2002年。
[15]威尔逊:《论契合:知识的统合——科学人文》,田洺译,生活.读书.新知三联书店,2002年。

(张敏,女,1954年生,博士,北京大学韩语系教授,博士生导师。研究方向:朝鲜韩国语翻译理论研究、韩国宗教思想研究。在国内外学术期刊发表学术论文40余篇,出版《立言垂教》《朝汉翻译教程》《韩国思想史纲》等专著,《中韩翻译教程》《韩中翻译教程》《中韩互译教程》等教材10余部。)

中外专家团队合作在发展文化翻译中的作用浅析

葛万青

一、文化翻译在发展国家关系中的重要地位和作用

1. 文化在发展国家关系中的作用

2013年3月,中国国家主席习近平在俄罗斯莫斯科国际关系学院发表演讲时说:"国之交在于民相亲,人民的深厚友谊是国家关系发展的力量源泉。"民何以相亲,深厚友谊建立的基础是什么?我想这就是两国人民对彼此的文化、风土人情的了解。

当代科学技术的迅猛发展,促进了各种传播媒介的现代化,再加上各国自觉或不自觉地对外开放,使文化交流迅速发展。不同文化在珍视自己文化的基础上,对异质文化不同程度的认同和吸收也在不断地扩大和增强。文化交流是加深各国人民之间相互了解的重要手段,也是国家间加强合作的重要组成部分。不同民族、不同地域文化之间的相互了解和融合有利于消除偏见,促进世界和平。反之,文化隔阂则可能导致分歧和冲突。正因为如此,国家间发展关系,无不重视文化互通的重要作用。

2. 中俄文化交流滞后于政治联系

以中俄关系为例。近年来,中俄关系发展迅速,两国致力于发展全面战略协作伙伴关系。自2006年以来,中俄先后相互举办"国家年""语言年""旅游年",在其框架下举办了一千多项丰富多彩的活动。在2014—2015年共同举办"青年友好交流年"。所有这些活动都旨在为增进两国人民的交往沟通搭起一座桥、推开一扇窗。

2013年3月,习近平把俄罗斯作为他就任中国国家主席后出访的首站,他在和俄罗斯总统普京发表联合声明指出,中俄面临的战略任务是把两国前所未有的高水平政治关系优势转化为经济、人文等领域的务实合作成果。

政府间的大力推动旨在改变一种现状,那就是双方文化交流明显滞后于政治关系发展的现状。

中俄间的文化交流是滞后于时代的,无论是俄罗斯人对于当代中国,还是中国人对当代俄罗斯,都缺乏了解。即使在两国学术界,也常出现这样的现象:中国学者开口必谈普希金、托尔斯泰、《钢铁是怎样炼成的》,而大多数俄罗斯学者研究的则是李白、杜甫和《红楼梦》等中国古典名著。

2011年我曾参与报道第十二届世界俄语大会,其间采访了上海外国语大学一名叫庄馨丽的学生,她表示,作为俄语专业的学生,自己很想多读一些介绍当代俄罗斯面貌的中文书籍,但她发现,这样的书籍写得深入的并不多。

去年,我曾采访过几个来中国旅游的俄罗斯年轻游客,让我吃惊的是,35岁的德米特里·拉扎连科来华之前对当代中国的全部想象竟然是"农业国家,人口众多,技术落后,领袖是毛泽东,人们手拿'红宝书'"。

3. 中国文化传播现状

迅速崛起的中国正在引起全世界人民的瞩目。越来越多的外国人开始关注中国,对汉语、中国功夫、中医感兴趣,希望了解中国的历史、文化、经济奇迹、人民生活等方方面面的情况。以教授汉语和传播中国文化为宗旨的孔子学院今年迎来创建10周年。10年间,450多所孔子学院和660多个中小学孔子课堂已遍及全球121个国家。截至去年,孔子学院全球注册会员达到85万人。孔子学院在海外的迅速发展恰恰证明了中国文化对世界的巨大吸引力,或者说世界对中国文化的巨大需求。

但相比于西方文化在中国的渗透,中国文化在世界舞台上的辐射力和影响力还相对滞后。文化是一个国家软实力的体现,怎样去展示这种软实力也是一门学问。我们都知道,韩剧和韩国影星近年来在中国,特别是在年轻人中非常流行。韩剧之所以受到中国观众的欢迎,其中一个很重要的原因在于韩剧翻译制作的优良,总体来说,我国电视台引进的一些韩剧,无论从台词的翻译,还是人物的中文配音制作,水平都是比较高的,能够使中国观众在观看时较为准确地体会到原语言所要表达的潜台词、意境和感情色彩。不知不觉中我们对于韩国的饮食文化、韩国家庭的生活面貌、风土人情有了一定的了解,这不能不说是韩国文化传播策略的成功。

中国文化走向世界的过程中,文化翻译无疑是重要的一环。但专家普遍认为,中国文化"走出去"的步伐,遇到的主要问题之一恰恰是外文翻译人才,尤其是高端文学翻译人才的缺失。

莫言获得了诺贝尔文学奖,他作品的瑞典文译者陈安娜功不可没,据说她花了六年时间来翻译莫言的一篇作品。如果没有像陈安娜这样的翻译家,莫言的作品也不可能转换成多国文字,他也不可能站在诺贝尔奖的领奖台上。

2012年3月,"中国图书对外推广计划"第六次会议召开,与会专家就尖锐地指出,我国很多优秀作品由于没有合适的翻译而无法真正走向世界。有相当数量的图书外文质量不尽如人意,一是语言本身质量差,翻译生硬,简单地堆砌词汇,意思走样,甚至出现政治错误;二是翻译艺术不高,外国读者接受度低,达不到跨文化交流的目的。

二、文化翻译作为一种更高层次的翻译实践领域的目的和要求

***1.* 文化翻译的原则**

文化翻译作为一种更高层次的翻译实践领域,对译者的翻译技巧、翻译理念、乃至译者自身的文化、文学修养提出了更高的要求。

中国翻译界先驱严复提出翻译的三原则:"信、达、雅",成为我国翻译界对翻译标准的普遍共识。"信、达、雅"这三个原则,"信"指的是"忠实、准确""达"是指"流畅",雅是指"尔雅",如果一篇译文在内容上是忠实的,在语言上是通顺的,在风格上是得体的,就应该是一篇不错的译文。

但是在不同类型的翻译中,对这三原则的要求又不尽相同。比如国家间签署的法律文件,或两个企业间的经济合同,我认为重点做到"信"和"达"就可以了,也就是译文要忠实于原文,做到信息的准确传播;但文化翻译就不同,简短的文字背后可能隐藏着独特而丰富的文化内涵,如何将这种文化内涵传达给受众,是个难点。而文化翻译中的文学作品译介应该是所有类型的翻译中要求最高的,不仅要翻译准确,语言流畅,还要做到语言优美。如果做不到"雅",经过语言转换的作品,其文学价值就会大打折扣。这类翻译的难度在于,文学语言丰富多彩,往往充满文化色彩浓郁的比喻和意象。它要求译者自身有一定的文学功底,不仅对原文的意味有深刻的了解,还必须熟悉掌握目标国家的语言表达习惯、文化背景等等。一个汉语词汇在外语中可能有很多译法,在翻译中应该选择哪一个,就需要译者考虑到整篇作品的风格,文章的语体色彩等诸多因素。以下,我想就个人在新华社对外部俄文编辑室工作中的翻译实践谈几点体会和浅见。

***2.* 中国新闻对外传播中必须掌握的文化翻译技巧**

中国新闻的对外传播,就是向世界发出中国声音、讲述中国故事,介绍中国政治、经济、文化、社会等各个领域面貌。而对于每一个从事中国新闻对外传播的编辑、记者而言,不断打磨和提高"新闻翻译语言"成为工作的重要组成部分。

外国读者的兴趣点向社会和人文类新闻深入

作为职业的外宣工作者，我们常常会思考这样的问题：外国读者对哪些中国新闻感兴趣？哪些新闻更能吸引境外受众的眼球？如何写作才能打动读者的心？这是我们做对外报道工作首先要解决的问题，建立在市场调研基础上的对外报道才能更有针对性，才能提高对外报道的效率和影响力。2012年第一季度，我曾对俄罗斯国家通讯社——俄塔社的涉华报道稿件进行调研，希望从中获得一些启示。

2012年1—3月，俄塔社共播发中国新闻608条，日均6.68条。从数据上看，这个数字比19年前有较大幅度的增长。从报道领域来看，时政新闻占其中国新闻报道总量的33.72%。特别是针对伊核、朝核等国际热点问题，俄塔社密切关注中国政府的态度。经济新闻占比30.59%，其中包括重要经济指数、经济政策调整等。而剩下的"半壁江山"则被人文领域的报道所占据，涵盖社会、文化、科技等各个领域。在2012年2月27日，俄塔社在一天内连续播发3篇中国报道，讲述的都是围绕小人物、小事件发生的事情，这三篇稿件分别是《河南76岁捡垃圾老人将1.32万现金和38张银行卡送还失主》《上海披萨店标榜位于"法租界"，引发风波向民众道歉》《68岁退休老人驾三轮车环游全国宣传环保》。由此可以看到，代表中国声音的并非只是政府官员，普通人的小故事也在塑造着当代中国的形象，从某种角度讲，这种形象更加有血有肉，有吸引力。

外国读者对中国新闻的需求以及其关注领域的延展为我们的对外报道带来了更广阔的空间，也给我们的工作提出了更高的要求。我们不仅要改革创新时政新闻的报道手段，更要关注经济、社会、地方以及涉及对象国新闻的报道，选取最佳视角、挖掘最生动的故事来打造报道精品。

文化传播讲求贴近性

"三贴近"（即贴近实际、贴近生活、贴近群众）是媒体无论是国内报道，还是对外传播中都必须遵循的重要原则，遵循了贴近性的原则，才能有力增强对外宣传工作的针对性、实效性和吸引力、感染力。

在俄文专线的报道中，有一类稿件我们称之为涉俄报道，也就是涉及中俄关系、中俄交流领域的报道，这是俄语国家受众关注的重要方向之一，而这恰恰是符合了新闻的贴近性原则。我们的涉俄报道，不仅被外电转载几率高，而且转载质量也相当好。近年来，我社俄文专线创造了一系列被外电长篇转载甚至是全文转载的成功案例。如《20年哈洽会见证中俄边贸步入新时代》一稿，从"一船西瓜换一船尿素"到总成交额逾千亿美元的哈洽会，展现了20年中俄经贸关系的发展，被俄塔社以5500字符的超长篇幅转载；《冬妮娅的幸福和烦恼》的女主角冬妮娅大婶生活在中国唯一的俄罗斯民族乡，改革开放带来的巨变让她欣喜，另一方面，生态环境与传统文化所面临的冲击也令她烦恼，稿件播放后再次被俄塔社大幅转载；《神秘"东方列车"驶过中俄关系变迁》是俄文专线在中俄建交60周年到来之际播发的独家报道，稿件选取了一系列具有鲜明时代特色的细节，俄罗斯后贝加尔通讯社将这篇稿件全文转载并发表评论，称之为一篇"引人入胜的报道"。

当然，不是只有涉俄报道才对俄语国家读者具有"贴近性"。与其他欧美国家一样，俄罗斯人对狗也是情有独钟。2012年第一季度，俄塔社播发的中国新闻中竟然有5篇与养狗有关。其中负面报道2条：《京城盗狗团伙活动猖獗》《北京西城区一餐馆推销狗肉火锅以金毛犬照片做广告激起动物保护者和市民愤怒抵制》，中性新闻1条：《西安市出台规定，养34种大型犬》，正面报道2篇：《25岁中国女孩成为狗最好的朋友》《北京退休老人照顾180条流浪狗》。外媒记者巧妙地抓住养狗这一独特视角，为当今中国和中国人的生活勾勒出一幅生动的素描。

俄罗斯的莫斯科和中国的北京一样饱受堵车之苦，并且也一直在探讨道路治理政策，对于北京的治堵措施，俄罗斯媒体一直很关注。2009年，我综合多篇中文稿件编发的《北京私家车限行之利与弊》，描写了限行措施对普通北京市民生活的影响，支持者和反对者的声音，各方对治堵措施的探讨等等，文章播发后被塔斯社几乎全文转载。其中，俄塔社在第二段的位置转载了我所举的一个例子："家住东北四环外的律师刘清泉在限行当日早晨6点15分就从家里出发去上班了，比平时整整早了一个小时，晚上，他则不得不等8点以后再开车回家。刘清泉的无奈之举缘于北京不久前出台的私家车限行措施。"俄媒体之所以会详细转述这个例子，原因还是在于贴近性。新中国成立后，我国的很多建设都是在"苏联老大哥"的帮助下进行的，而北京城市的规划当时也模仿了莫斯科模式。因此这个例子对于俄罗斯人来说在理解上没有障碍，并且更加形象生动。但如果针对其他一些国家的受众，对于"东北四环"这个概念，可能就需要作一下解释了，或者是回避掉。

发出中国声音，充当耳目喉舌

然而，文化传播的贴近性并不代表我们的稿件要一味迎合外国读者的口味，新华社首先是国家通讯社，是党和国家的耳目喉舌，我们有责任发出中国声音，阐述中国观点，以及正确解释中国现象。

政治类稿件首先必须服务于国家的外宣大局，符合外宣口径。比如外交部发言人阐述中国在钓鱼岛问题上的立场态度，我们在处理起来就需要尽量忠实于外交官的原话。我有一个体会，就是在学习外媒对此类稿件的报道中，也要保持谨慎，因为外媒的用词往往带有它们自身对某一事件的立场和感情色彩，未必和中国媒体所要表达的立场完全一致。

还有一种情况，就是外媒对于中国现象的误解误读，对此作出针对性的报道，往往能起到不错的采用效果。

仍然是治堵。2010年底，北京推出限号措施，俄塔社记者在北京交通委员会举行的新闻发布会上获知这一消息后第一时间发稿，可见俄罗斯媒体对这类信息的关注度。但在其稿件中我发现，对于"2011年起北京小客车牌照通过摇号无偿分配"这一信息，俄方记者或许因为语言障碍问题未能理解，并想当然地写成"北京将效仿上海，对汽车牌照实行拍卖"。我决定针对这一外媒误读编译一条稿件，但文章一开头，我就遇到了困难，在俄语中，没有与我们这里所说的"摇号"完全对应的表述，与之最接近的就是"лотерея"，也就是英语中的"lottery""抽奖、彩票"之义，于是，我决定就以这个词为突破口来解释这一政策。我把标题定为《北京：想买车吗？中了"彩票"再说吧》，首先给读者设置一个悬念。而导语是：对于梦想成为私家车主的北京市民，明年起，需要在类似抽奖的程序中赢得车牌号，愿望才有可能实现。稿件被俄塔社两次分别以不同角度转载，题目分别为《明年起北京车牌将用抽奖的办法进行分配》和《汽车成为北京"难治之疾"》。我认为，这篇稿件的成功之处有两点：首先，中国治堵之策是贴近俄罗斯民众生活的话题，第二，文章专门针对外媒盲点进行解释性的报道，恰恰符合对方的需要。

翻译实践中应充分考虑不同国家间的文化差异

在翻译实践中应注意两国文化的异同，巧妙地利用两国文化中的相同之处，可以使读者更好地理解、接受，有效的规避文化之间的差异，可以避免阅读过程中的误解甚至抵触。

我们在翻译中常会遇到一些成语和俗语，在俄语中也有类似的说法，但又不完全相同。这时我们就要避免想当然地逐字词的转换，比如比喻新生事物迅速大量地涌现出来的"雨后春笋"，俄语中有"Как грибы после дождя"——"雨后蘑菇"的说法，"无风不起浪"，在俄语中常说的则是"Дыма без огня не бывает"——"无火不升烟"。

再比如，同一个词到了俄语中，可能会有好几种不同的译法，要根据上下文判断用哪个更为贴切。比如中国新闻中经常出现"全面发展""全面深化""全面加强"等说法，但到了俄语中，则不能千篇一律地翻译成"всесторонний"，有些情况下，需要用"всеобъемлющий""комплексный""полный""тотальный"等，关键在于掌握这些词之间的细微差别。再比如"促进两国关系健康发展",我们习惯性地翻译成"стимулирование здорового развития двусторонних отношений",外国专家长期以来也默认了这种译法,但也有的专家指出,俄罗斯人只说"здоровое развитие ребенка",也就是孩子的健康发展,用它来形容国与国之间的关系,俄罗斯读者看来就会觉得很奇怪,甚至有些可笑。专家指出,这里用"гармоничное развитие"更为妥帖,"гармоничный"在词典里是"相称的,协调的"意思。

去年底有一条中文稿件,标题是《计划生育40余年 中国少生4亿多人》,编辑把这句话处理成"Политика сдерживания рождаемости предотвратили появление на свет около 400 млн новых граждан Китая",从中国人的角度看,这句话似乎没什么问题。但稿子到了专家那里,专家就提出了问题:在外国人看来,特别是不了解中国计划生育政策的人,读到这句话,第一反应可能会是"中国采取了抑制出生率的措施,从而阻止了4亿胎儿的出生",也就是"中国采取措施杀死了胎儿",这显然就产生了歧义。因此,经过专家和终审发稿人最终商议,将这句话改成"Политика сдерживания рождаемости сократила население Китая примерно на 400 млн человек",也就是"得益于抑制出生率的措施,中国人口减少约4亿"。在中国,采取的是抑制人口过快增长的政策,而出生率逐年下降的俄罗斯却正好相反,国家鼓励生育并对多生孩子的家庭予以奖励。所以,怎样让在这个问题上具有巨大文化反差的俄罗斯读者理解和接受这篇报道所要传达的信息,就有必要对我国计划生育政策的初衷、人口过快增长给人民生活带来的负担做必要的解释。在新闻翻译中,适当地添加背景是弥补文化差异的必要手段,这就如同文学作品正文下面的注解,能够帮助读者更好地理解。

三、中外译者合作模式的传播优势

以往的实践中,大量的翻译作品通常是由一国的翻译家来完成的,比如说中国翻译家从事俄译汉工作,俄罗斯翻译家从事中国作品的汉译俄。实践表明,中俄两国翻译家组成翻译团队,无论在新闻翻译实践还是在文学翻译实践中都可以取得非常好的效果,这种翻译模式值得我们重视和进一步推广。

2013年9月,资深翻译家、原外文出版社总编辑徐明强先生接受记者专访。我注意到,在谈及好的翻译在中国文化"走出去"步伐中的作用时,徐明强提到,在介绍中国文化和文学方面做出很大贡献的汉学家中,有不少与中国或中国家庭或多或少都有联系,要么他们和中国人结婚了,要么他们在中国大陆或者台湾生活了很长时间,就像戴乃迭和杨宪益、沙博理和凤子、陈安娜和陈迈平等等。他们翻译上合作、语言上互补,是夫妻翻译团队。

中外团队合作在俄文专线外宣报道中的优势也屡次得到证明。过去,我们的稿件都是由中国编辑编发，经外国专家在语法上进行纠正和润色，最后由终审发稿人签发。近年来，俄文室尝试让外专参与稿件，特别是文化类稿件的创作过程，取得不错的效果。

去年初，来俄文室应聘的两名俄罗斯专家在试用第一天翻译的稿件就双双被俄塔社采用，尤其是一条稿件《中国"睡城"分布图：北京广州"失眠"上海"浅睡"》，几乎被全文转载，由此可见"母语发稿"优势巨大。

2014年3月，由台湾戏剧导演赖声川执导的《让我牵着你的手》和《海鸥》，以两戏连台的形式在北京保利剧院进行演出。这两个剧本取材于俄国文学巨匠契诃夫的生活和作品。我们让外国专家参与了这篇稿件的采写，取得了意想不到的效果。

这位外专是一个从学校毕业不久，对中俄的文学作品都非常感兴趣，有一定的文学功底。她写了一篇特写，下面是这篇稿件的部分倒译版本。由于个人水平有限，在翻译中或许使原作者优美的文笔打了折扣，但我仍想把她译出来，和大家分享这篇优美的新闻作品：

天朝之国的"契诃夫之夜"

烛光，小提琴和吉他奏出一个个动听的音符……俄罗斯最著名的抒情歌曲《黑眼睛》的旋律在大厅里回荡。一个声音响起："但愿你能了解，我是多么地想念你！"另一个声音说："深深地吻你，深深地，我亲爱的，愿上帝保佑你。"

夜幕降临，红色和橘色的布景勾勒出隆重而不失诙谐的舞台基调。今晚的中国首都之夜属于安东帕夫洛维奇契诃夫和他的妻子奥莉加克尼佩尔—契诃夫，以及契诃夫作品《海鸥》的主人公们。

周五，北京保利剧院正在上演赖声川执导的话剧。这位来自台湾的著名导演通常只倾心于展示自己的作品，但这次是个例外。今晚，赖声川同时为观众们带来了两个剧目《让我牵着你的手》和《海鸥》，前者展现了契诃夫和妻子奥莉加的爱情，后者被称作是俄国经典著作的"名片"。

在《让我牵着你的手》中，观众能感受到鲜明的契诃夫风格。故事情节并不复杂，展现的是人和人的内心世界——中央戏剧学院导演系教师王良波说。

……

烛光，越来越多的烛光。契诃夫曾给他的妻子奥莉加写过约400封信，而奥莉加给丈夫的信也有这么多。契诃夫：无数次地拥抱你。妻子：吻你，我的不同凡响，可亲可爱的丈夫，吻你的眼睛、脸颊、双唇和后脑。

"话剧编排非常棒！"来自英国的观众汉纳姆说，契诃夫的作品常常是静态的，对观众来说，要在95分钟的时间里聚精会神，静心聆听一封又一封情书，是件困难的事。但这出剧做到了，故事总在不断地变化中，所有的道具也都是动态的，你甚至都没发觉，变化是什么时候发生的。你不禁感叹，时间怎么过得这么快。

到处是烛光，它们在舞台上、在主人公写信的书桌上跃动。

小提琴和吉他演奏出欢快的和悲伤的乐曲。舞台一会儿被灰冷的夜空所笼罩，一会儿又透出黎明时分那深红色的微光：当爱人就在身边，心变得那样温暖；当亲人远去，周围是那样冰冷。

……

幕布被拉起。舞台前只剩下烛光。在伸手不见五指的黑暗中，已逝的丈夫用爱照亮妻子，一如那烛光！《我牵着你的手》……

……

《我牵着你的手》和《海鸥》的连台演出相得益彰。赖声川把"海鸥"的故事背景搬到了20世纪30年代的上海郊区。剧中的人们常聚在一起打麻将，女人们穿着中式旗袍，男人们要么身着长袍，要么穿西装打领带。但导演赖声川最大胆的创意，是把《海鸥》改编成喜剧。

"我想契诃夫本人也会希望这是出喜剧，"赖声川说。

《海鸥》的剧本是赖声川自己翻译的。

……

在一次采访中赖声川说，有时他感到，在内心深处有一位神交至深的好友，他就是契诃夫。

……

在这篇稿件中，作者以舞台道具蜡烛为线索贯穿整篇行文，"烛光……越来越多的烛光……到处是烛光……只剩下烛光"，蜡烛的变化烘托出舞台情节的不断深入，作者以优美的文笔向俄罗斯读者展现了中国艺术家解读下的契诃夫。整篇稿件优美流畅，宛若一首抒情诗，这是众多中国俄语工作者难以企及的。

中国文学作品译介工作中，中外专家团队合作，也可以最大限度地优势互补。把汉语翻译成俄语，如上所说，俄罗斯专家有着巨大的"母语优势"，但对于外专而言，汉语水平再好，对于中文的理解恐怕也难以做到百分之百。而中方专家则能更准确地把握原作的意境。

今年初，我和一位外专娜佳一起将阿来的作品《月光下的银匠》翻译成俄语。娜佳曾将《狼图腾》译成外文，在文学翻译方面较有经验，对于她在共同翻译中给予我的巨大帮助我在这里不再赘述，仅举几个外专对中文理解欠妥的例

223

子。小说中有一句话，"少年人就别开了脸去看天上的云"，专家最初翻译的是"Подросток только отвернулся на это и пошел смотреть на облака"这里中文里的"去"只是一个连接词，没有实际意义，应该译为"Подросток отвернулся и посмотрел на облака"。而专家显然没有理解这点，所以翻译成"少年就别开了脸，走去看天上的云"。还有一句，"管家下令开枪，老土司带着少土司走来说：'慢'"，这个"慢"，专家最初直译成了"Помедленнее!"而事实上，这里的"慢"是"且慢"的意思，应该译成"Постой"。

由此可见，这种中外合作模式，对于弥补双方在对方国家语言上的不足，具有十分显著的效果。

文化翻译是国与国之间文化交流的一座桥梁，而桥梁不可能只有一个桩。如果把中外翻译人才比喻成这座桥的桥墩，那么中外专家合作则会使这座桥更加坚实更加宽阔。

（葛万青，女，毕业于北京外国语大学俄语学院，新华社对外部俄文编辑室编辑、记者）

《史记》在俄罗斯的收藏与翻译[①]

柳若梅

中国古代最重要的典籍之一《史记》不仅为中国历代史家提供了典范,也被世界各民族广泛关注。早在魏晋南北朝时期,《史记》已流传到高丽王国;在当代韩国,自 20 世纪 60 年代中期至 1999 年,在韩国已出版的韩文《史记》翻译本(包括全译本和节译本)共 20 余种[②]。公元七世纪,《史记》随第一批遣隋使被带入日本,和译《史记》方面,自 15 世纪桃源瑞仙的"国字解"《史记》至今,《史记》的全译本和选译本达上百种之多[③]。19 世纪末,《史记》英文摘译首先出现在《皇家亚洲文会会刊》上,此后 20 世纪美国杂志上发表过《史记》的多种摘译本,20 世纪 50 年代和 80 年代分别有两次大规模翻译《史记》的高潮[④]。20 世纪 70 年代英国汉学家摘译过《史记·列传》中的内容,1994 年牛津大学出版社出版了英国汉学家雷蒙‡道森(Raymond Dawson)《史记》选译本[⑤]。《史记》的德文本最早见于 19 世纪中期,20 世纪 50 年代《史记》德文摘译相继出现。在法国,最早最大规模翻译《史记》的法国汉学家沙畹,1895—1905 年间出版了《史记》第一至四十七卷的法文译注本,在 20 世纪 60 年代,法译本又补充了《史记》卷四十八至五十二[⑥]。俄文全译注释本《史记》是世界上惟一一种欧洲语言的全文译注本,《史记》自 18 世纪进入俄国直至 21 世纪被全文俄译注释的过程,折射了中国文化在俄罗斯传播的历史轨迹。

《史记》早在俄罗斯汉学刚刚起步的 18 世纪便已传往俄国。1753 年,彼得堡科学院为恢复毁于火灾的珍宝馆,专门到中国采购馆藏品,其中便有《史记》。在

[①] 本成果为教育部重大基地项目"近代以来的中外史学交流"(07JJD770119)之子项目"中国史学在俄罗斯"的阶段性成果,本研究得到北京外国语大学世界亚洲信息中心的资助。
[②] 见诸海星之《〈史记〉在韩国的流传及影响——以翻译介绍与研究现状为中心》,载《汉学研究通讯》(台湾)2004 年第 4 期第 12—13 页。
[③] 见覃启勋之《论〈史记〉东渐扶桑的史学影响》,载《湖北社会科学》1988 年第 11 期第 63 页。
[④] 见吴原元之《略述〈史记〉在美国的两次译介及影响》,载《兰州学刊》2011 年第 1 期第 159—163 页。
[⑤] 见李秀英之《〈史记〉在西方:译介与研究》,载《外语教学与研究》2006 年第 4 期第 303—305 页。
[⑥] 同上。

1766年为科学院图书馆的中国书籍所编的目录中,《史记》也在其列。俄罗期汉学发展的历史为俄罗斯各地的图书馆积累了版本各异的《史记》。进入20世纪,随着俄国对中国了解的增多和中俄接触的深入,俄罗斯社会和学界已不再满足于笼统地了解中国,因而在汉学人才的培养上也体现出了更为专业化的趋势,1912年起俄国汉学发展的重镇——彼得堡大学东方系开始将《史记》纳入其教学内容。1930年以后在科学院亚洲博物馆的基础上成立的科学院东方学研究所,继承19世纪俄罗斯汉学重视中国史籍的翻译与研究的传统,于1934年由阿列克谢耶夫(В. М. Алексеев)、带领其弟子舒茨基(Ю. К. Щуцкий)、瓦西里耶夫(Б. А. Васильев)、杜曼(Л. И. Думан)、彼得罗夫(А. А. Петров)、戈尔巴乔娃(З. И. Горбачева)、西蒙诺夫斯卡娅(Л. В. Симоновская)组成《史记》翻译小组,开始了翻译《史记》的巨大工程。遗憾的是,此后接踵而至的苏联政治风暴和第二次世界大战的爆发阻碍了这一计划的实施。20世纪50年代,经历了政治波折和战争的苏联汉学界再次将《史记》的翻译提上日程。1956年,帕纳秀克(В. А. Панасюк)的《〈史记〉选译》①在莫斯科出版;1958年,在苏联最重要的汉学期刊《苏联的中国学》(Советское китаеведение)第四期刊登了佩列洛莫夫(Л. С. Переломов)译注的《史记·世家·陈涉世家》②。自1972年起,苏联科学院院东所汉学家越特金(Р. В. Вяткин)开始陆续出版《史记》③的俄译全本,到2010年,共计9卷译注详备的《史记》文全译本全部出齐,成为令世界瞩目的俄罗斯汉学界成就。《史记》俄文全译注释本,是《史记》当今世界上唯一的外文全译本④。俄罗斯人收藏和翻译《史记》的历史,是中俄文化交流史的具体体现。

一、《史记》在俄罗斯的收藏

17世纪起,俄国有了关于中国的确切描述。18世纪,彼得一世所进行的大规模的社会政治经济改革,使俄罗斯国家生活的各个领域都发生着实质性的变化,欧洲启蒙运动风潮吹向俄国,俄国同西欧在国家科学、文化方面的密切接触将欧洲启蒙运动中的人文主义、纯理性主义思潮传入俄国知识界。热衷于从东方、中国寻找推动欧洲发展有利因素的欧洲,对于中国文化的态度直接影响着俄国。在彼得一

---

① Избранное. Пер. В. П. Панасюка. М., 1956.
② Сыма Цянь о Чэнь Шэне. Пер., выступление и ст. и комментария Л. С. Переломова. Советское.
③ Исторические записки (Ши цзи). Пер. и комментарии Р. В. Вяткина. Т. I-IX, М., 1972—2010.
④ 越特金的《史记》俄文全文译注本是世界上第一个欧洲语言的《史记》全译本。在汉学传统悠久的法国,著名汉学家沙畹自1895起发表《史记·孔子世家》法译本,1969年又出版了沙畹的选译的《史记》的另外5卷法文节译本,书后附有后代汉学家翻译的《史记》第四十八卷至一百三十卷目录。在美国,1958年开始出版了两卷本《史记》的文学译本,1994年至2008年间,发表了倪豪士主持翻译的5卷本英文节译本。

世倡议下于1714年建立起来的珍宝馆①,中国图书是其藏品中很重要的一部分。1724年彼得堡科学院成立后,珍宝馆的藏书构成了科学院图书馆。遗憾的是,1747年的一场大火使科学院图书馆的藏书毁于一旦。1753年,俄国向中国派出了履行恰克图条约的第六批商队②,科学院派科学院的医生叶拉契奇(Ф. Л. Елачич)随这批商队前往中国,为科学院图书馆补充购买书籍③。曾为俄国东正教驻北京使团随团学生的科学院翻译罗索欣为叶拉契奇拟定了采购书目。此行叶拉契奇在中国滞留了3年,收集到中国书籍42种,其中包括《广域记》《大明一统志》《史记》《资治通鉴》《资治通鉴纲目》《汉书》《北史》《南史》等④。18世纪科学院几次为馆藏中国图书编目,如1766年邀请外交部翻译列昂季耶夫⑤整理目录,1798年,来到科学院担任图书馆管理的德籍学者布塞⑥也曾编目。最终得以出版的布塞编科学院中国图书目录显示,当时科学藏书计238种,分为哲学、国家、军队类(如《书经》《诗经》《易经》《礼记》《老子》《大清律例》等),历史地理类(如《春秋》《史记》《汉书》《明史》《大清一统志》等),天文和地理类,医学类,小说类(《金瓶梅》《水浒传》等)、启蒙

---

① 1703年,俄皇彼得一世将首都从莫斯科迁往新城彼得堡,彼得一世私人收藏的一些珍奇物品也同时运至彼得堡,暂时存放在皇宫夏宫。1714年建立了俄国第一家博物馆珍宝馆,其藏品中包含各种语言的书籍。随着珍奇物品的日益丰富,图书也越来越丰富。1718年专门成立了对公众开放的珍宝馆图书馆。1725年彼得一世去世后,彼得一世的图书馆和珍宝馆图书馆都转入了刚成立的科学院图书馆,成为科学院的最初藏书。

② 1727年(雍正五年)中俄签订恰克图条约,其第四条规定,准两国通商,俄赴华商队人数不得超过二百人,每间三年进京一次。条约签订后俄国于1728年派出了第一批商队,1732年派出第二批商队,1736年派出第三批商队,1745年派出第五批商队,1753年派出第六批商队。

③ 叶拉契奇一行是俄国首次有目的地进行有中国物品收藏,从中国带回的除上述书籍外,还有中国的珍奇物品273种。由此彼得堡科学院的珍宝馆成为欧洲中国物品收藏最丰富的博物馆。但此行并没有完全弥补上1747年科学院火灾所遭受的损失,这一目标直到1768—1774年间帕拉斯率领的科学院的第二次西伯利亚考察时才得以完成。详见 Введение в этнографию, издательство Ленинградского университета, 1991, стр. 161.

④ 柳若梅等著,《沟通中俄文化的桥梁——俄罗斯汉学史上的院士汉学家》,外语教学与研究出版社,2010年。第17页。

⑤ 列昂季耶夫(А. Л. Леотьев,1716—1786)是第三届和第四届俄国东正教驻北京使团的随团学生,1743年来到北京,1755年回国后被任命为外务委员会翻译,开始了他在俄罗斯汉学史上成果卓著的汉学家生涯生 活于俄国启蒙运动时期的列昂季耶夫为满足俄国社会的需要,大量翻译发表以中国文化为主要内容的中国典籍,1764—1788年间翻译发表以中国文化为主要内容的中国典籍约20种[详见《中国书目》(П. Е. Скачков, Библиография Китая. Издательство восточной литературы. Москва. 1960.)之第 748、808—811、877、899、999、1259—1262、1285、1485、1796、5095、10783、11779、14475、14481、14487、15022、17666 条],是俄国社会直接从中国得到关于中国的准确信息的最主要的来源。

⑥ 布塞[Буссе Иван Фомич(Jonhann Heinrich Busse),1763—1835],德国人,1794年起被聘为彼得堡科学院副教授,1800年起为荣誉院士。1797—1799年间担任彼得堡科学院图书馆馆员。

类(《千字文》等)等等①。叶拉契奇的中国购书之行是科学院首次有目的地前往中国采购图书。18世纪时期彼得堡的中国藏书量在欧洲来讲是首屈一指的。

19世纪俄国向中国派出的东正教使团开创了俄罗斯汉学的蓬勃发展的局面，其中1807年入华的第九届东正教使团团长比丘林(Н. Я. Бичурин)研究成就卓著，使俄罗斯汉学位跻欧洲汉学之列，因而被俄罗斯汉学界称为"俄罗斯汉学的奠基人"。1818年，俄国沙皇亚历山大一世批准向使团颁发工作指南，其中就规定了为使团图书馆收集图书②。1850年，俄国东正教驻北京使团在驻地专辟出地方存放图书③，此后东正教使团成员和俄国驻华外交公使馆人员都付出不少努力，后来俄国政府又专门拨款为东正教驻北京使团图书馆官费购书，1877年，初具规模的图书馆形成。到1889年，俄国东正教驻北京使团已拥有中文图书近八百册，其中虽无《史记》全本，但却藏有明代凌迪知摘录《史记》字句、按类编次而辑成的《太史华句》④。

俄国东正教驻北京使团成员的藏书并非全部留在北京成为日后使团图书馆的馆藏内容。在使团设立图书馆之前，使团成员的个人藏书，大都在他们归国时带回俄国，形成了目前俄罗斯各地各类图书馆中文善本的重要来源之一。如1821年回国的比丘林"带回了12箱汉文和满文书籍……带回的书籍有：5部汉语字典，2部满语字典，中国历史著作(43册，2箱)，汉文和满文的满族历史，四书，十三经，清、辽、元历史方面的书籍"⑤。1830年回国的第十届俄国东正教驻北京使团团长加缅斯基也"将大量中文和满文书籍运往俄国，其中有一百多本都送给了伊尔库茨克的学校，在彼得堡公共图书馆、莫斯科大学图书馆、彼得堡神学院图书馆和亚洲司都有加缅斯基购回的图书"⑥。喀山大学派出的随第十二届东正教使团入华(1840年到达北京)的瓦西里耶夫回国时也带回了不少中国书籍⑦。瓦西里耶夫在彼得堡

---

① 同上。
② 斯卡奇科夫 著、柳若梅 译《俄罗斯汉学史》中译本，社会科学文献出版社，2011年，第181页。
③ Китайская библиотека и ученые труды членов императорской российской духовной и ипломатической миссии в г. Пекине…, СПб. , 1889. Стр. 8.
④ 同上，第11页。
⑤ 《俄罗斯汉学史》中译本第130页。
⑥ 同上，第185页。
⑦ 前引书中提到，"在北京时期瓦西里耶夫就开始了解中国典籍，那时他在完成喀山大学交给他收集书籍的任务。对这项任务他十分尽心，买到的每一本书都仔细研究，最终带回了汉语、满语、藏语和蒙语书籍849种，共计2737册"。见《俄罗斯汉学史》中译本第320页。

大学东方系编写的讲义《中国文献史资料》①中介绍中国典籍，并展现他为自己的562种藏书所编的书目，其中"史部"（Книги исторические на китайскоя языке）第一种便是《史记》，为司马迁《史记》与裴骃的《史记集解》、司马贞的《史记索隐》和张守节的《史记正义》的合订本②，遗憾的是，书中对其《史记》并未有详细著录信息。2012年，圣彼得堡大学孔子学院资助出版的瓦西里耶夫中文藏书目录③中，与《史记》相关的书籍有两种——《史记菁华录》和《史记》。《史记菁华录》④为清代钱塘人姚祖恩从篇幅长达57万字的《史记》中抽挹精华，选篇约10万字篇幅并加以点评，分析《史记》的章法结构和字法句法，钩稽喻意，《史记》选评本中的优秀之作，自康熙六十年辛丑（1721年）梓行以来，常被作为学史的入门书籍，后又作教材使用。1897年成立的上海商务印书馆创办之初教科书出版为其主业，特别是史学教科书，《史记菁华》应该在这之列。该书现藏于圣彼得堡大学东方系图书馆⑤，但未必曾是瓦西里耶夫的私人藏书。因为瓦氏最后一次来华是在1890年前往伊犁。现在这部书目中所著录的《史记菁华录》，既然为上海商务印书馆的石印本，应该刊印时间不会早于1897年，因而不是瓦西里耶夫1840—1850年间随俄国东正教驻北京使团驻札北京期间所得。瓦西里耶夫回国后先后在喀山大学和彼得堡大学主持汉语和满语教学，1890年为看望在维尔内（今阿拉木图）的女儿而前往顺路前往伊犁，期间未见购书记录。1900年瓦氏去世。因而这部1897年之后刊印的《史记菁华录》应该是后来专门为彼得堡大学东方系的教学而购，或来自其他由中国返回俄国的外交人员，如1902年由俄驻华公使馆回国的波波夫等。《圣彼得堡大学东方

---

① Материалы Истории Китайской литературы. Лекции, читанныя заслуженнымъ профессоромъ С.—Петербургскаго Императорскаго Университата. В. П. Васильевымъ. Лит. Иконникова, П. Рыбацк. ул. Д. №8. Съ разрешением проф. Васильева скрепилъ В. Ловяшинъ. 该书为石印本。

② 见前引书第24页。

③ 圣彼得堡国立大学孔子学院，叶可嘉、马懿德，《圣彼得堡大学东方系图书馆收藏王西里院士中国书籍目录》，Институт Конфуция в Санкт-Петербургском государственном университете, Завидовская Е. А., Маяцкий Д. И., Описание собрания китайских книг академика В. П. Васильева в фондах Восточного отдела научной библиотеки Санкт-Петербургского государственного университета. Санкт-Петербург, 2012.

④ 前引书第402页，ВУ 264，史记菁华录，索书号 ВУ 264，封面、版心书口题：史记菁华录。出版年代不详。上海商务印书馆。石印本。1函（加8份副本），3册，6卷。46＋42＋48叶。书的面积：202×132 СМ。版框：158×118 СМ。半页7行，行8字。有双行注释。单黑鱼尾，线装。书保存得很好，是修补的，每函加欧式封面。内容：1册：康熙辛丑年题辞（1721年）；目录，卷1—2。2册：卷3—4。3册：卷5—6。

⑤ 1855年，沙皇俄国将当时俄国与东方学相关的各院校力量集中于彼得堡，创办了彼得堡大学东方系，喀山大学的所有教授、教师、部分大学生、图书及古钱币研究室的一部分迁往彼得堡。此后，彼得堡大学成为俄国东方学人才的培养基地，半个多世纪的时间里（至1899年海参崴又成立东方语言学院）培养沙俄中国事务所需的几乎所有人才。见《俄罗斯汉学史》中译本第291—348页。

系图书馆收藏王西里院士中国书籍目录中的《史记》①,附牌记图片,言"同治五年首夏金陵书局校刊九年仲春毕工",说明该书为清代校刊的金陵书局本("局本")《史记》。局本《史记》是唐仁寿、张文虎校勘《史记集解索隐正义》的合刻本,共一百三十卷,同治五年开始刊刻,历时四年,于同治九年完成,是明清《史记》刻本中的一流善本②。《目录》中称该书为"上海扫叶山房石印"。"扫叶山房"明代后期洞庭席家弟子与人合伙初创于松江、苏州,取古人"校书如扫落叶"之意命名,在康熙及乾嘉年间经历了几代辉煌,至咸丰年间,清兵与太平军在苏松一带激战,殃及席氏书坊在战乱中损失颇大。迫于形势,扫叶山房迁于上海,先在县城设立分号,此为后来的上海扫叶山房南号,光绪年间的1888年又在棋盘街设立北号。扫叶山房在中国印刷史上较早采用石印技术,光绪年间以后,其石印本始流传坊间。③ 扫叶山房存在的时间与瓦西里耶夫在华时间地点不符,因此,该书也非来自瓦西里耶夫早年的个人藏书,应属后来进入彼得堡大学图书馆的藏书。扫叶山房石印书籍在俄罗斯收藏完整。1912年阿列克谢耶夫进入亚洲博物馆工作以后,通过在华外交官和俄国东正教使团人员与扫叶山房、二酉堂等印书楼建立了联系,购买了两家印书楼刊印的全部图书④。亚洲博物馆的图书后来成为俄罗斯科学院东方文献研究所图书馆。

1974年,苏联科学院科学出版社东方文学总编室出版了《斯卡奇科夫中文写

---

① 叶可嘉,马懿德,《圣彼得堡大学东方系图书馆收藏王西里院士中国书籍目录》,圣彼得堡,2012年。Завидовская Е. А., Маяцкий Д. И. Описание собрания китайских книг Академика В. П. Васильева в фондах Восточного отдела научной бибилотеки Санкт-Петербургского государственного университета. Санкт-Петербург. 2012. 第410页,ВУ 268,史记,索书号 ВУ 268。扉页、版心书口题:史记。出版年代不详。上海扫叶山房石印。石印本,6函,22册,130卷。册约120页。副本数:函一有8份副本;函二有9份副本;函四有8份副本;函五有4份副本。书的面积:259×187CM。版框:188×13CM。半叶11行,竺22字。有双行注释。单象鼻,双黑鱼尾,线装。书保存得很好,被修补,每函加欧式封面。内容。函一,司马贞史记索隐序;司马贞史记索隐后序;裴骃史记集解序;张守节史记正义序,开元二十四年(736年);张守节史记正义;史记目录;史记1—12。函六。史记106—130。

② 该本的特点是不主一本、择善而从。在《史记》原本方面,以明末毛氏汲古阁《史记集解》一百三十卷为底本,参校了钱泰古、汪远孙、吴春照所校宋元残卷,另参以明代王延吉本、游明本、柯维熊本、凌稚隆评林本及清代武英殿本等,考证各本之异同,择善而从。对于三家注文,同样不主一本。《集解》用毛氏汲古阁本,《索隐》用毛氏汲古阁覆北宋大字本的《索隐》单行本,《正义》用明刻前参以明柯本、凌林、清殿本。汇而校之。见董焱的《清代〈史记〉的研究成就》,载《社会科学论坛》2007年第4期(下)第176页。

③ 关于扫叶山房,见马学强之《江南席家与扫叶山房》,载《史林》2009年第6期,第10—22页。

④ Азиатский музей—Ленинградское отделение института востоковедения АН СССР. Издательство 《Наука》, Главная редакция восточной литературы. М., 1972. Стр. 86。

本和地图目录》①，收入斯卡奇科夫相关收藏333种。在"自然科学"内容中，第一第十三届东正教使团（1850年到达北京）随团康斯坦丁·安德里阿诺维奇·斯卡奇科夫（Констатин Андрианович Скачкова，1821—1883），中文名"孔气""孔琪""孔琪庭"，1860年使团期满归国后又继续担任俄国驻中国塔城领事，1867—1879年间又相继担任俄国驻天津领事和俄国驻华各开放港口的领事，在华生活时间较长。斯卡奇科夫在中国期间，"曾利用一切机会买书，我仔细检视了伦敦、巴黎、柏林、维也纳各图书馆、彼得堡亚洲博物馆及公共图书馆内的汉文藏书后，给自己制定了一个方针，即在中国主要只购买上述各馆所没有的善本书籍"②。斯卡奇科夫的中文写本现存于俄罗斯国家图书馆（莫斯科）手稿部，刻本则藏于该馆的东方部。其中写本约900种，就包括司马迁《史记》之《天官书》③。该书应是斯卡奇科夫1848—1859年间作为第十三届使团随团学生在北京生活期间收藏，是他了解和研究中国天文学的重要资料之一。在这段时间里，适逢俄国东正教驻北京使团利用被驱逐出北京的天主教传教士留下的天文观测仪器，建立了天文观测站。曾在里舍尔耶夫斯基接受天文学教育的斯卡奇科夫受命筹建和管理使团天文观象台④，坚持每日进行天文观测。这一时期在北京，斯卡奇科夫"研究过《五礼通考》，编制过星宿名录，附有译名并指出其在天河系中的位置"。⑤ 斯氏后来于1874年在彼得堡的《国民教育部杂志》上发表的《中国天文学的命运》⑥一文，应是在北京长期生活期间主持天文观测站工作所得。

俄国东正教驻北京使团成员由北京带回俄国的中文和满文书籍，有的是彼得堡科学院等科研机构或大学指定订购带回的，有的是使团成员的个人藏书在回国后卖给了俄国一些机构。因此，这些藏书去向不一，目前俄罗斯国家图书馆（圣彼得堡）、俄罗斯科学院东方文献研究所图书馆是两处主要的收藏地点。

---

① А. И. Мелналкснис, Описание китайских рукописных книг и карт из собрания К. А. Скачкова. Главная редакция восточной литературы. М.，1974. 该书中译本为：[俄]麦尔纳尔克经斯著，张芳译、王茜注释、李福清审订，《康·安·斯卡奇科夫所藏汉籍写本和地图题录》，国家图书馆出版社，2010年。

② 前引书第9页。

③ №206(667) 评林会星辰传 (Пин линь хуй сн чэнь чжуань) Описание небесных тел с комментариями. Раздел 天官书 Тянь Гуань шу из 史记 《Ши цзи》со сводными комментариями. А. И. Мелналкснис, Описание китайских рукописных книг и карт из собрания К. А. Скачкова. М.，1974. стр. 142. 中译本见前引书第134页：№206(667)评林会星辰传。《史记》天官书部，集注。

④ 《俄罗斯汉学史》中译本第220页。

⑤ 李福清（Б. Л. Рифтин），《与众不同的俄罗斯汉学研究与收藏家斯卡奇科夫》《康·安·斯卡奇科夫所藏汉籍写本和地图题录》中译本第3页。

⑥ Судьба астрономии Китая. - 《Журнал Министерства народного просвещения》, 1874, 5, с. 1—31. (Отд. отт. - СПб.，тип. В. В. Балашева. [б. г.], 31 с.)

在圣彼得堡的俄罗斯国家图书馆出版的中文写本和善本书目①中的中文善本目录中,据 1941 年登册记载,该馆藏有《史记》②一函,共 8 册,为第 1—17 卷,来源于彼得堡科学院院士布罗塞③的收藏。著录内容为:"刻本,非全本,存 1 函,8 册(1—17 卷),原为 130 卷。作者司马迁(公元前 145—85 年),注释者裴骃(宋)、司马贞、张守节(唐)。刊印者为陈子龙(字卧子)和徐孚远(字闇公),素位堂板。附两刊印者所做的序,第一篇序言的时间为崇祯庚辰年(即崇祯十三年)(1640 年)。函套及第一册封面上盖印'元'和'文锦堂藏书'。目录中明确著录其《史记》非全本,只存一函 8 册 17 卷,该书其余卷册藏于俄罗斯科学院东方文献研究所图书馆。"④据此在俄罗斯科学院东方文献研究所 1973 年出版的中文善本书目⑤中查找,其中《史记》⑥刻本与圣彼得堡国家图书馆藏《史记》可以相呼应。两相对比,圣彼得堡国家图书馆藏《史记》,只存包含 1—17 卷的第一函计 8 册,而此处存 3 函 24 册计 112 卷,非全本是由于缺少第 1—17 卷。两者均明确著录为含《史记》三家注并徐、陈《史记测议》本。由是观之两者合二为一可成一套完整《史记》百三十卷全本。但两者间也存在矛盾之处,圣彼得堡国家图书馆藏《史记》明确著录为"素位堂"刻本,且第一函和第一册的封面都盖有"文锦堂藏书"的印章;而俄罗斯科学院东方文献

---

① Российская Национальная Библиотека, Китайские рукописи и ксилографы Публичной библиотеки. Систематический каталог. Санкт-Петербург, 1993.

② 史记 Записки историка. Ксил. Неполный экз. В наличии 1 тао, 8 б., содержащие 1—17 цз. (из 130-ти). 15,5×24,5; 14,5×19,6. Авт. Сыма Цянь 司马迁/145—85 до н. э., коммент. Пэй Инь 裴骃(династия Сун), Сыма Чжэнь 司马贞, Чжан Шоуцзу 张守节 (династия Тан). Издатели Чэнь Цылун 陈子龙. 2-е имя Воцзы 卧子, Сюй Фуюань 徐孚远, 2-е имя Аньгун 闇公. Выгравировано в издательстве Сувэй-тан 素位堂. Предисл. обоих издателей. Первое предисл. датировано годом Чун-чжэнь гэн-чэнь (1640). На тао и обл. Б. 1 нумерующий штамп 元 первый (из первых) и штам 2,2×2,2 с текстом: 文锦堂藏书 Книга хранящаяс в изд-ве Вэньцзинь-тан. —Российская Национальная Библиотека, Китайские рукописи и ксилографы Публичной библиотеки. Систематический каталог. Санкт-Петербург, 1993. Стр. 46.

③ 布罗塞[Марий Иванович Броссе(Marie-Félicité Brosset),1802—1880],彼得堡科学院法裔院士,东方学家,格鲁吉亚、亚美尼亚研究专家。

④ Российская Национальная Библиотека, Китайские рукописи и ксилографы Публичной библиотеки. Систематический каталог. Санкт-Петербург, 1993. Стр. 46.

⑤ Б. Б. Вахтин, И. С. Гуревич Ю. Л. Кроль, Э. С. Стулова, А. А. Торопов, Каталог фонда китайских ксилографиов института востоковедения АН СССР, Т. 1. М.: Главная редакция восточной литературы. 1973. стр. 177.

⑥ 前引书第 177—178 页。史记,[同人堂梓行,1806 年新镌]。司马迁著。裴骃集解。司马贞索隐。张守节正义。徐孚远、陈子龙测议。ШИ ЦЗИ. Сыма Цянь—авт., Пэй Инь, Сыма Чжэн, Чжан Шоу-цзэ—комм. Сюй Фу-юань, Сэнь Цзы-лун—комм. 3 т., 24 б., 113 цз. Деф.: некомпл. (нет цз. 1—17). 24. 2×15. 8, 19.9×13. 6,9 и 18/20. (此处俄文内容为:史记。司马迁著,裴骃、司马贞、张守节注释,徐孚远、陈子龙注释。三函二十四册百十三卷。缺点:不全,缺一至十七卷。开本为 24. 2×15. 8,19. 9×13. 6,9 和 18/20。)

研究所图书馆藏本却著录为"同人堂梓行,1806年新镌";此外,两处藏本开本略有差异。此相合与相异之处需待比对原本方能辨析明了。"素位堂"和"同人堂"均为明清时期中国刻书重镇苏州的刻书坊家。而关于"文锦堂",在李文藻的《琉璃厂书肆记》中提到,乾隆年间北京琉璃厂有书肆三十家,"文锦堂"为其中之一。在1864年俄国驻华公使馆设立之前,在华俄罗斯人除进行贸易的俄商外,大都以北京为主要居留地点。因此,布罗塞收藏的《史记》应为俄国东正教驻北京使团相关人员为其在北京购得。国内出版的古籍善本书目中,上海古籍出版社的《中国古籍善本书目·史部·上》①中著录有《史记》三家注与徐陈测议合刻本有3种:一种只标明"明崇祯刻本";一种同为明崇祯刻本,附有清吴熙载跋;一种为"明末素位堂刻本、清朱骏声批校"。《中国古籍善本总目·史部》②中也与俄藏《史记》版本接近的也是这3种。在俄罗斯科学院东方文献研究所图书馆,另藏有两种《史记》残本。其一为前述藏本的副本,但只有18册120卷,缺47—57卷。其二为《史记》三家注本,只存1函8册58卷,缺47—104卷。除《史记》外,该馆还藏有广雅书局1887年版的梁玉绳《史记志疑》③全本(计24册36卷)和民国版(1924年)的崔适的《史记探源》④。

二、《史记》在俄罗斯的翻译

1. 从古至今俄译《史记》的历史

俄国关于《史记》的最早翻译见于18世纪。18世纪初叶,俄皇彼得一世为引俄入欧而在俄国的政治、经济、军事、文化等各个领域推大规模改革,改革的推进需要一大批视野开阔、头脑深刻、知识丰富的人才。为此,俄罗斯国家在国内大举兴办教育的同时将大量贵族子弟派往国外学习,成就了一批有益于国家发展的有识之士。他们回国后,利用国内俄国报刊出版的繁荣⑤,大规模地向俄国民众传播欧

---

① 《中国古籍善本书目·史部·上》,上海古籍出版社,1998年,第18页。
② 翁连溪编校《中国古籍善本总目》,线装书局,2005年。页二一一。
③ Каталог фонда китайских ксилографиов института востоковедения АН СССР, Т. 1. Стр. 179. 史记志疑,[б. м.],广雅书局刻[史学丛书本],1887. 梁玉绳撰。ШИ ЦЗИ ЧЖИ И. Лян Юй-шэн — авт. 24 б. ,36 цз. 29,4×17,7; 21,3×14,5; 11/23.
④ Каталог фонда китайских ксилографиов института востоковедения АН СССР, Т. 1. Стр. 178. 史记探源,北京,大学出版部,1924。崔适著。ШИ ЦЗИ ТАНЬ ЮАНЬ. Цуй Ци—авт. 2 б. ,8цз. 22,5×13,7; 16,5×10,5; 13/33.
⑤ 在彼得一世统治时期,1703年俄国拥有了第一份官方正式出版的报纸《公报》(Ведомости)(1727年更名为《彼得堡公报》(Санкт-Петербургские ведомости),1728年出版了俄国第一本杂志《历史、物种起源、地理月报》(Месячные исторические, генеалогические и географические примечания в Ведомостях)(1728—1742年间发行)。在18世纪的近百年间,俄国书刊出版自由,直至1794年大革命爆发始开始实行书刊审查制度。18世纪启蒙时期的俄国共出版各类期刊约200多种。

洲的先进技术和思想文化,并由此拉开了俄国启蒙运动的序幕;而18世纪后半叶,欧洲启蒙思想在叶卡捷琳娜二世统治下的俄国大行其道,以法国为中心的中国热甚至也随之被裹挟着进入俄国,回应着俄国因独享俄中陆路贸易在国际市场上为俄国带来高额利润而引起的俄国对中国日益浓厚的兴趣。正是在这股来自于欧洲中国热的风潮中,司马迁的生平与著作被介绍给了俄国知识界。俄国著名知识分子、宫廷翻译家维廖夫金①于1786—1788年间在彼得堡摘译出版了法国耶稣会士钱德明②的15卷本《关于中国历史、科学、艺术、风俗、道德、习惯之记录》③。俄译本为六卷本④。第一卷为中国历史,第二卷为《大学》和《中庸》的译本,第三卷为历史年表,第四卷为论埃及人与中国人、蚕、棉花植物,第五卷为中国的重要人物,第六卷为伟人、植物。在第五卷中介绍了司马迁的生平以及《史记》一书。中国的早

---

① 米哈依尔·伊万诺维奇·维廖夫金(М. И. Веревкин,1732—1795),18世纪俄国知识界的重要人物,翻译家、文学家。曾为莫斯科大学、喀山中学等教育机构的负责人,1763年起受女皇委托专门翻译西欧书籍。1790年维廖夫金在彼得堡翻译出版了钱德明的《孔子传》(原为《关于中国历史、科学、艺术、风俗、道德、习惯之记录》之第十二卷)。

② 钱德明(Jean-Joseph-Marie Amiot,1718—1793),法国耶稣会士,1750年入华,1751年抵北京,在北京期间经历了1773年的罗马耶稣会解散,被称为是耶稣会最后一位在华传教士。详细信息可见:[法]费赖之著,冯承钧译《在华耶稣会士列传及书目·下》,中华书局,1995年,第873—905页;康志杰,《最后的耶稣会士——钱德明》,载《世界宗教文化》2002年第3期,第20—21页。

③ [法]费赖之著,冯承钧译《在华耶稣会士列传及书目·下》第880页中有如下记载:德明所遗之撰述,业经其忠诚明智之友人伯尔坦、比尼翁、鲁西埃暨《关于中国之记录》之刊行人巴特(Battrux)、布雷克吉尼(de Breequigny)等在法国刊布。其标题为《关于中国历史、科学、艺术、风俗、道德、习惯之记录》,北京诸传教师合撰。一五卷,四开本,一七七六至一七八九年间巴黎出版。[第十六卷由萨西(Sylvestre de Sacy)于一八一四年刊行,在巴黎和斯特拉斯堡两城出版。]……一八一五年刊《百科杂志》评是书云:"任何国家之记录,无如是编之可宝贵,凡不偏不党,具有见识之人,所欲得之一切重要参考资料,皆备载焉。是为吾国教士传布信仰,发扬科学热心之成绩。"

④ М. Веревкин (пер.). Записки, надлежащие до истории, наук, художеств, нравов, обчаев и проч. Китайцев, соиненные проповедниками веры христианской в Пекине. Изданы в Париже с воли и одобрения короля в 1776 г., на российский же язык переложены в 1785 г., губернии Московской, Клинской округи, в сельце Михалеве. Т. 1—6. М., униве. Тип. У Н. Новикова, 1786—1788. Т. 1, 1786, 5+364 с. (История). Т. 2, 1786, 267+10 с. Прил. + (1) с. 《Буквы китайцев: Та-гио, Тшон-ущнг》, т. е. 《Дасюэ》и《Чжунъюн》). Т. 3, 1786, 318 с. (《Древности китайцев, доказанные памятниками. Объяснение рисунков и таблиц》.). Т. 4, 1787, 345 с. (《Розыски об египтянах и китайцах, шелковичные черви, хлопчатобмажные растения》.) Т. 5, 1788, 3+272 с. (《Великие мужи народа Китайского》) Т. 6, 1788, 252 с., 1 портр. (《Великие мужи, растения и кусты》.)

期耶稣会士百余年深入研究中国史籍的认识①,极大地丰富了俄国关于中国的知识。

自 1715 年入京的俄国东正教驻北京使团被称为"俄罗斯汉学家的摇篮",是俄国所需要的关于中国的知识主要来源。俄国与中国相邻的地区在中国西北部和北部,在俄国认识中国的过程中,俄罗斯人首先关注的是与之打交道的满清的现状和历史,并由此推衍至满族与中国北部和西北部各民族的关系、中国北部和西北部各民族历史等。19 世纪之前的俄国,汉学处于酝酿的萌芽阶段。1807 年入华的俄国东正教第九届使团,在华近十四年,团长比丘林被后世学者誉为"俄罗斯汉学的奠基人"。比丘林在北京期间勤奋阅读翻译中国典籍,《史记》《御批通鉴纲目》《前汉书》《后汉书》《金史》《魏史》《北史》《隋史》《全唐书》等都在他涉猎的范围之内②。回国后以在京期间积累的资料为基础展开学术研究,5 次获得当时俄国奖励人文科学的最高奖杰米多夫奖。在 1851 年出版的三卷本的《古代中亚各民族资料》③中的第二卷中翻译使用了司马迁《史记》第 110 篇"匈奴列传"和第 123 篇"大宛列传"。该书中比丘林向对中国这个国家知之甚少的俄国进行介绍:中国古代和中世纪的历史说明,中国与其相邻和相距较远的东南亚和中亚各民族之间曾有着密切的联系,一度推行扩张政策。在此比丘林翻译使用了《资治通鉴纲目》和《史记》中相关资料进行论述。

在苏联时期,《史记》的翻译一直在中国研究的核心机构——苏联科学院东方

---

① 在叶卡捷琳娜二世统治时期的译书活动中出版了不少欧洲关于中国的书籍,如 1774—1777 年出版了杜赫德的《中华帝国及其所属鞑靼地区的地理、历史、编年纪、政治和博物》(Дюгальд Ж. Б. Географическое, историческое, хронологическое, политическое и физическое описание китайския империи и Татарии китайские, снабденное разными чертежами и разными французского перевденное Игнатьев де Теильсом. СПб. Ч. 1,1774; ч. 2,1777.),1780 年摘译出版了柏应理的《中国哲学家孔子》(Описание жизни Конфуция, китайских философов начальника. Пер. с лат. М.),1788 年由法文俄译出版了比利时耶稣会士鲁日满的五卷本《鞑靼中国史》(История о завоевании Китая маньчжурскими татарами, состоящая в 5 книгах, сочиненная г. Воже де Брюном B. et P. D. M. , перевел с французчкого А. Р.), 等多种。详见 О. Л. Фишман, Китай в Европе: миф и реальность. М. , стр. 390—391.

② Л. И. Думан, О труде Н. Я. Бичурина 《Собрание сведений о народах, обитавших в средней Азии в древние времена》, И. Я. Бичурни и его вклад в русское востоковедение. М. ,1977. Ч. 2, стр. 21.

③ Н. Я. Бичурин, Собрание сведений о народах, обитавших в Средней Азии в древние времена. В трех частях, с картой на трех больших листах. Сочинение монаха Иакинфа, удостоенное императорской Академией наук Демидовской премии. - СПб. , тип. Военно-учеб. Зав. ,1851, ч. I, XXXIV +III+VII+484 с. ; ч. II, IV +179 с. ; ч. III, VI+273c. , geogra. Указатель мест на карте к истории древних среднеазиатских народов, 116 +VIIc. 当代的俄罗斯汉学家为该书重新撰写序言并做注释,于 1950—1953 年间在莫斯科和列宁格勒(今圣彼得堡)推出再版的三卷本:Собрание сведений о народах, обитавших в Средней Азии в древние времена. Ред. Текста, вступ. Статьи, комментар. А. Н. Бернштама и Н. В. Кюнера, т. I-III. - М. - Л. , изд. АН СССР, 1950—1953. (ин-т этнографии им. Н. Н. Миклухо-Маклая).

学研究所的工作计划之中。1930年,苏联科学院成立了东方学研究所,科学院院士阿列克谢耶夫为该所中国室负责人。中国室的中国史研究便是从翻译《史记》开始。1934年,阿列克谢耶夫计划带领其弟子舒茨基、瓦西里耶夫、杜曼、彼得罗夫、戈尔巴乔娃(З. И. Горбачева)、西蒙诺夫斯卡娅(Л. В. Симоновская)着手翻译。由于种种原因,翻译工作没能完计划进行,留下了阿列克谢耶夫翻译的散篇手稿。第二次世界大战爆发后,苏联科学院东方学研究所被疏散到乌兹别克斯坦的塔什干地区,1942年12月起,阿列克谢耶夫主持战时东方所负责中国研究的汉蒙研究至的工作。在1943年阿列克谢耶夫和龙果夫共同制定的东方所汉学研究工作计划就包括"继续并完成司马迁《史记》的翻译"一项。阿列克谢耶夫的翻译的《史记》后来几次出版。阿氏《史记》译稿共十七篇,大都为《史记》各篇总括性内容的部分,涉及五帝本纪、项羽本纪、秦楚之际月表、高祖功臣侯者年表、孔子世家、外戚世家、萧相国世家、伯夷列传、管婴列传、平原君虞卿列传、范睢蔡泽列传、屈原贾生列传·屈原、酷吏列传、游侠列传、滑稽列传、货殖列传、太史公自序。

30年代阿列克谢耶夫带领苏联科学院东方学研究所计划俄译《史记》虽然没能按计划完成,但营造了苏联汉学界研究中国历史的气氛和学术基础。在中国历史研究中,注重不同时期生产力与生产关系的性质,研究中国社会在漫长的历史变迁过程中意识形态的变迁,并由此关注不同时期的农民起义和变法运动,逐渐形成了苏联汉学史上的一个重要的研究方向。研究陈胜吴广起义的汉学家佩列洛莫夫①,在完成关于陈胜吴广起义的学位论文后,于1958年翻译发表了《史记·陈涉世家》②。

20世纪的第二次世界大战之后,进入恢复阶段的苏联汉学关注《史记》。特别是1949年中华人民共和国的成立,汉学研究在苏联东方学领域的位置更加重要,迎来了关于中国文学作品俄译的一轮高潮。1956年,苏联翻译家帕纳秀克翻译出版了节译本《史记》③,翻译了司马迁《史记》中"列传"部分之十七种:管晏列传、老子韩非列传、司马穰苴列传、孙子吴起列传、伍子胥列传、苏秦列传、张仪列传、乐毅列传、廉颇蔺相如列传、屈原贾生列传、吕不韦列传、刺客列传、李斯列传、黥布列传、淮阴侯列传、韩信卢绾列传、司马相如列传。

也是在20世纪50年代中期,苏联科学院中国学研究所副所长越特金(Р. В.

---

① 稽辽拉(Л. С. Переломов,1928—),中国革命家稽直之子,历史学博士,俄罗斯科学院远东研究所高级研究员,俄罗斯儒学基金会主席。研究方向为中国历史上的农民起义、先秦诸子百家思想、儒家思想。

② Сыма Цянь о Чэнь Шэне, пер., вступ. ст. И коммент. Л. С. Переломова. -《Советское китаеведение》,1958, №4, с. 192—205.

③ Сыма Цянь. Избранное. Пер. с кит. М.,Гослитиздат. 359 с.

Вяткин)酝酿全文俄译《史记》及注释。1957年,在德国马堡召开的第十届国青年汉学家国际研讨会上,越特金就司马迁在史学史上的作用问题发言的同时,公布了苏联科学院中国学研究所即将全译《史记》的计划①。在原本选用方面,越特金选用了最早的《史记》三家注合刻本——黄善夫本,并结合1959年中华书局以金陵局本为底本的顾颉刚注《史记》为蓝本进行翻译。在翻译过程中,译者与中国史学界保持密切的学术沟通,与顾颉刚等中国学者通信,并利用访学中国的机会与中国学者交流,并把中国史学研究状况介绍给苏联同行。与欧美学者如美国汉学家顾立雅(G. Kril)、费正清、拉铁摩尔(O. Lattimor),卜德(D. Bodde)、倪豪士(U. H. Ninhauzer),英国汉学家特维切特(D. Tvitchet)和里耶维(M. Lievi),德国汉学家弗兰格(G. Franke),捷克汉学家波柯拉(T. Pokora)等的通信也开阔了越特金的视野。在中国学研究所,越特金与本所古文功底过硬的同事塔斯金②合作翻译,1972年推出了新版俄译注释本《史记》的第一卷,包括《史记》第1—4篇,即《五帝本纪》《夏本纪》《因本纪》和《周本纪》,1975年推出了第二卷,包括《史记》第5—12篇,即《秦本纪》《秦始皇本纪》《项羽本纪》《高祖本纪》《吕太后本纪》《孝文本纪》《孝景本纪》《孝武本纪》。此后越特金独自翻译《史记》其他部分的内容,在1995年去世前出版了《史记》俄译注释本至第六卷(至此共出版了俄译《史记》至第60篇)。越特金去世后,其后人在莫斯科大学亚非学院汉语教研室主任高辟天(A. M. Карапетьянц)的推动下先后于1996年和2002年推出了《史记》俄译注释本的第七卷和第八卷,《史记》前110篇俄译得以问世。2010年在越特金诞辰百年之际,俄译注释本《史记》的最后一卷——第九卷得以问世,从而宣告世界上第一个欧洲语言全译注释本《史记》诞生。在俄译注释本《史记》推出的过程中,俄罗斯学者一直保持精益求精的学术态度,2001年,俄罗斯《史记》研究的重要学者——莫斯科大学的高辟天、俄罗斯科学院东方学研究所圣彼得堡分所的克罗尔(Ю. Л. Кроль)和尼基季娜(М. И. Никитина)对第一卷和第二卷《史记》俄译注释本进行修改,于2001年和2003年出版了越特金和塔斯金合作翻译的《史记》俄文译注本前两卷的修订版,修订内容包括《史记》俄文译注本的前十二篇。

2. 不同时期俄译《史记》的特点

自18世纪起《史记》在俄罗斯百余年的翻译历程,也折射了俄国学术文化的发

---

① В. Н. Никифоров, Заметки о конференции молодых китаеведов. -《Советское китаеведение》,1958, No1, с. 231.

② 塔斯金(Таскин Всеволод Сергеевич,1917—1995),生于赤塔州,1936年毕业于哈尔滨东方学院法律系东方经济专业,1957—1961年间在苏联科学院中国学研究所工作,1961年后在苏联科学院东方学研究所工作,主要研究方向为契丹史、中国北部少数民族史。

展历程和俄罗斯汉学的发展历程,同时也反映了俄罗斯标准语的变迁,反映了俄罗斯汉学家和史学界对"翻译"理解的变迁。

俄译钱德明关于司马迁及其《史记》介绍的 18 世纪下半叶是俄罗斯民族文化发展成长的突变期,《史记》在丰富俄国关于外部世界的国家、民族、伟人的知识的同时,为俄国自身的文化发展提供了参照。

19 世纪 30 年代起,俄罗斯汉学的奠基人比丘林出版的关于中国的大量书籍,为俄国进一步认识和了解中国提供了依据。比丘林著作中大量关于中国的信息虽按当时的学术规范较少注明出处,但仔细比对可以明确地查索到其渊源。由于"匈奴列传""大宛列传"在比丘林著作在作为介绍中国边疆民族被转述借用,因而这里的翻译与当今的逐字逐句翻译差别很大。另外,阿列克谢耶夫看来,"比丘林的翻译常常比较随意、不确节、存在漏译,使用的是半教会斯拉夫语的风格"①。这是当代苏联学者比较认可的一种看法。杜曼有如下较为典型的对比:

公卿皆曰:单于新破月氏,乘胜不可击。

比丘林译为:Государственные чины были того мнения, что с торжествующим неприятелем, недавно побудившим юучжы, трудно воевать.

塔斯金译为:Все сановники сказали: Шаньюй только что разгромил юэчжи, нельзя (сейчас) нападать на одержавшего победу.

两种译本的不同既反映了对原文理解的差异,也反映了不同时期俄语语言面貌的差异。

苏联 20 世纪汉学领袖阿列克谢耶夫对于俄译中国典籍有着独到的见解。首先在原本的选取上,早期欧洲传教士入华使得不少中国思想文化典籍的欧洲语言译本较早地传入欧洲,也推动了现代欧洲汉学对中国文化典籍的接受和再译。由于俄语与欧洲语言在语言特点上的亲属关系,因而对于俄罗斯学者来说,阅读欧洲语言文本相比于阅读中文原本,难度大大降低。不过,阿列克谢耶夫认为,尽管很多中国典籍都存在欧洲语言译本,但为准确向俄罗斯介绍中国文化,俄译中国典籍不应当从欧洲语言译本间接翻译,从中文原本直接翻译。在翻译过程中,既不能漏译,但又应当克服逐字逐句"死译"弊端,在准确理解中文典籍的前提下,选用与原文相配的语言风格和表达手段,在综合理解的同时运用流畅的语言进行俄文翻译。下面是阿列克谢耶夫翻译的《滑稽列传》中的语句:

孔子曰:"六艺于治一也。《礼》以节人,《乐》以发和,《书》以道事,《诗》以达意,

---

① Шедевры китайской классической прозы в переводах академика В. М. Алексеева: в 2 кн. М. , 2006. Стр. 152.

《易》以神化,《春秋》以义"。太史公曰:天道恢恢,岂不大哉! 谈言微中,亦可以解纷。

Конфуций говорит: "Шесть знаний для правительственного дела—одно. "Устав поведенья ученых" - он создан, чтоб дать распорядок людям. "Канон музыкальный и древний"—он создан, чтоб вызвать гармонию в жизнь их. "Писанья античных времен"—они для того, чтобы дать руководство в делах. "Кантаты, стихи и гимны"—они созданы для того, чтобы мыслям дать жизнь. "Канон мировых пермен"—он создан, чтоб дать изменение жизни в богов. "Канон Весен-осеней" создан, чтоб нам говорить о чести нашей и долге. Граф величайший астролог тут скажет так: Путь Неба велик и велик, и разве же он не громаден? В простых разговорах, в совсем незначительных фразах ведь встретиться может такое, что разрешит и сложную задачу.

这一段译文中可以看出阿列克谢耶夫翻译时特别注意翻译语言的工整,"子曰"中的6个句式工整的语句,译文中也以结构相同的语句相对,头两句都使用了…создан, чтоб…的结构,第三句起考虑到了俄语语句风格不致于单调,自"《诗》以达意"起,在结构上略有调整,使用了…для того, чтоб…,两句之后再次使用…создан, чтоб…与前两句相呼应。而"谈言微中,亦可以解纷"一句,阿列克谢耶夫理解为:在简单、不经意的语句中也会遇到能够解决复杂问题的内容:В простых разговорах, в совсем незначительных фразах ведь встретиться может такое, что разрешит исложную задачу。俄文处理得灵活流畅而不不失准确。

在阿列克谢耶夫的译本中,"太史公"都译为"Граф величайший астролог",体现了译者力求准确扣紧原文的翻译态度。

阿列克谢耶夫与《史记》的不解之缘,与苏联时期的汉学发展史密切相关,因苏联的政治风暴而归于悲剧命运。1904—1906年间,阿列克谢耶夫前往欧洲访学,法国汉学学派、特别是法国汉学家沙畹成为对阿列克谢耶夫学术成长产生重要影响的人物。按阿列克谢耶夫在学术上追随沙畹的师生关系,阿列克谢耶夫的《史记》俄译应与沙畹的《史记》法译本在风格上形成一致。1916年,阿列克谢耶夫应邀在法兰西学院和吉美博物馆举办了六次关于中国文学的讲座。1937年这六次讲座的内容在巴黎被结集出版①。此时正值苏联大清洗运动进行得最为严酷之时,阿列克谢耶夫法国出版著作一事被解读为背叛苏维埃国家,此后阿列克谢耶夫

---

① La Littérature Chinoise: Six conférences au Collège de France te au Musée Guimet (Novembre 1926) par Basile Alexéiev. - Fnnales du Musée Guimet. Bibliothèque de Vulgarisation. ,1937, t. 52.

一度被禁止从事字典和语法研究之外的其他任何问题研究。因此,由于苏联政治风暴的冲击,阿列克谢耶夫没能像沙畹那样展开《史记》的学术翻译,现存并出版的阿列克谢耶夫《史记》译稿只相当于阿列克谢耶夫准备组织《史记》翻译的译前案头工作内容。

  20世纪50年代中华人民共和国成立后,苏联文艺学思想在中国广泛传播,中国文学理论界关于现实主义问题的论争及其后关于现实主义与浪漫主义相结合的文学思想的确立,都与苏联文论形成了直接的交流与回应。中国文学就是随着这样的直接交流的洪流而进入了俄罗斯人的视野。继1954年《三国演义》俄译本问世后,大量中国古典文学作品被译成俄文出版。一批翻译家脱颖而出。20世纪50年代《史记》的摘译本正在这样的背景之下得以出版。因此阿列克谢耶夫译本和帕纳秀克①(В. А. Панасюк)译本都属于《史记》的文学译本。《史记》的文学价值在于其开创了我国纪传体文学的先河,其文采在"列传"部分体现得尤为明显。也许正是由于这一点,阿列克谢耶夫和帕纳秀克的译本都很推崇《史记》的"列传"部分,翻译原本选取上以"列传"为主,翻译风格上也属于不做史学注释的文学翻译:面向一般读者、注重再现作品的艺术价值、不拘泥于原文的文字、允许进行适当的修改。

  1960年,越特金就《史记》的俄译请教苏联科学院院士康拉德②,康拉德建议越特金在《史记》的翻译中应注重司马迁对于历史进程的理解,注重司马迁在描述历史现象时流露出其不的创造性见解,关注司马迁的史观。康拉德认为,尽管西方史学史上,塔希陀、希罗多德、修昔底德等古典史家构成了西方史学的基础,司马迁的《史记》却可以丰富古典史学的内涵,并可能随着《史记》的翻译而形成具有世界意思的古典史学观③。越特金在翻译过程中充分接受康拉德的见解,在《史记》五大部分的翻译中一一做注,为俄语读者再现作者司马迁所处的历史语境。越特金推崇法国汉学家沙畹翻译《史记》④的方式,即服务于研究的学术翻译。与为一般读者而译的文学翻译不同,越特金和塔斯金为俄译本做了大量注释。在具体的翻译手法上,处理得严谨、细致,试比较《史记·屈原贾生列传》中"屈原"部分的越特金

---

  ① 帕纳秀克(В. А. Панасюк,1924—1990),苏联科学院东方学研究所高级研究员,苏联著名翻译家,除摘译出版了《史记》外,《三国志演义》《红楼梦》《说岳全传》《三侠五义传》《平妖传》等俄译本都出自其笔下。

  ② 康拉德(Н. И. Конрад,1891—1970),语文学博士,苏联科学院院士,研究方向为中国思想史、古代汉语、日本语言、文学和历史。

  ③ Н. И. Конрад. Неопубликованные работы, письма. М. ,1996,с. 5. 转引自 Российская академия наук, Институт востоковедения,越特金列传 Юэ Тэ-цзинь ле чжуань, Судьба востоковеда Р. В. Вяткина. М. ,1998. Стр. 50—51.

  ④ 法国汉学家沙畹在1895—1905年间发表了《史记》前四十七篇的法文学术翻译本的《史记》法译本。

译本和阿列克谢耶夫译本:

标题:

中文:《屈原贾生列传》第二十四

阿译本:Отдельное повестовование о Цюй Юане①

越译本:Цюй Юань, Цзя-шэн ле чжуань——Жизнеописание Цюй Юаня и Учителя Цзя②

正文第一段:

屈原名平,楚之同姓也。为楚怀王左徒。博闻强志,明于治乱,娴于辞令。入则与王图议国事,以出号令;出则接遇宾客,应对诸侯。王甚任之。

阿译本:

Цюй Юань——ему имя было Пин. Он был сородичем Чуского дома, служил у Чуского князя Хуая приближенным 《Олевым докладчиком》. Обладал обширною наслышанностью и начитанностью, память у него была мощная. Он ясно разбирался в вопросах, касающихся государственного благоустройства. Был искусный оратор. Во дворце он с князем обсуждал государственные дела, издавал приказы и куазы, а за пределами дворца имел поручение по приему гостей и беседам с приезжавшими удельными князьями.

越译本:

Цюй Юань по имени Пин(此处加了注释)происходил из рода правителей царства Чу и являлся одним из приближенных чуского Хуай-вана(此处加了注释). Цюй Юань был весьма начитан, обладал сильной волей, хорошо разбирался в делах управления и в том, что касалось всяческх смут, а также был искусен в составлении различных указаов. В дворце он обсуждал с ваном государственные дела и намечал планы, готовил распоряжения и указы; вне княжеских покоев встречал и принимал гостей и беседовал с чжухоу. Ван очень доверял ему.

作为文学翻译的阿译本对原文进行的修改,译成俄文意为"屈原的故事",且这里只取关于屈原的内容,而舍弃了关于贾谊的内容。而作为学术翻译的越译本,则

---

① Шедевры китайской классической прозы в переводах академика В. М. Алексеева: в 2 кн. М. ,2006. Т. I, стр. 131.

② Сыма Цянь Ши цзи(Исторические записки). Избранное. Т. II. Перевод и комментарий Р. В. Вяткина. М. ,2006. Стр. 186.

先是以对音的方法逐字将原文中汉字注音来进行音译，之后再进行回译①，回译为"屈原和贾先生的生平"（此处"先生"意指"老师"）。从译者的角度来看，阿译本注重译本的交际功能——面向普通读者故取平易的风格，越译本立足于译本为学术研究服务，注重原文的文化表现形式，注重源语文化，在力求使读者明确源语作者意欲表达的含义的同时，还以加注的方法，以洋洋八百余字介绍屈原和中国先秦诗歌，介绍诗歌中所体现的中国古代思想——老子、庄子思想，以及苏联汉学家波兹涅耶娃论屈原的观点，接着还介绍了《史记·屈原贾生列传》已有的阿译本（俄文）、帕纳秀克俄译本、各类英译本、法译本、德译本、日译本以及中国的白话译本，并进一步介绍了关于《史记·贾生列传》的研究成果，介绍了屈原诗歌遗产的俄译本和俄译译者。大量的补充背景知识，向作为学者的读者传递了充足的信息，从而充分保证了语际交际的成功。

正文中阿译本作为故事性文学作品，以简单直白的语言和口头叙述的风格，使用短小的句式。而越译本则语言严谨，层次分明，译文紧扣原文，并加入了介绍中国古代文化背景的注释。

结　语

自欧洲人进入中国起，《史记》就被这些外国人看成是了解中国和中国人的重要文献。在这一点上，俄罗斯人也不例外。俄罗斯人利用与中国直接壤的便利，近三百年间积累下各种不同版本的《史记》，这些版本的甄别有待于中国学者的进一步挖掘。同时，俄罗斯人收藏《史记》的历史，间接折射了中俄文化交流的历史，为我们打开了了解俄藏中文善本典籍、了解俄罗斯人认识中国的中国人的角度的窗口。而俄罗斯翻译《史记》的历史，反映了俄罗斯人接受中国文化的历史轨迹。通过《史记》俄译本挖掘其中所体现的中外史观差异、中俄文化差异，《史记》俄译本为我们展开比较史学研究、跨文化研究、翻译学研究乃至中国文化"走出去"研究提供了难得的、重要的研究范本。

（柳若梅，女，北京外国语大学中国海外汉学研究中心教授，博士生导师）

---

① "回译指将已被译成另一种语言的文字再翻译回源语言的过程，也可以指将用另一种语言表达的源语文化再度本土化的过程"，见杨清波、杨银玲《专有名词的汉译与译者的素养》，载《上海翻译》，2012年第4期，第65页。

阿列克谢耶夫《聊斋志异》俄译版本百年流变

高玉海

瓦西里·米哈伊洛维奇·阿列克谢耶夫（1881—1951）在《聊斋志异》的俄文传播史上可谓首屈一指，甚至可以说，《聊斋志异》真正在俄罗斯读者中产生重大影响的是阿列克谢耶夫的译文。阿列克谢耶夫从1910年开始发表聊斋译文直到他去世前夕，仍不断地翻译和修改译文，并撰写了不少关于《聊斋志异》的论文。国内较早关注这方面的著作有王丽娜《中国古典小说戏曲名著在国外》[①]、宋柏年《中国古典文学在国外》[②]、马祖毅《汉籍外译史》[③] 等，近些年国内外许多学者对阿列克谢耶夫翻译《聊斋志异》的情况进行了梳理和研究，如李明滨的《俄国蒲松龄研究巡礼》[④]、李福清的《聊斋志异外文译本补遗》[⑤]、《聊斋志异在俄国——阿列克谢耶夫与聊斋志异的翻译和研究》[⑥]、《阿列克谢耶夫院士译聊斋》[⑦]、李逸津的《20世纪俄苏聊斋志异研究回眸》[⑧] 等，尤其青年学者岳巍、李绪兰在这方面做了较为细致的梳理，取得了可喜的成果，如《聊斋志异在俄罗斯的翻译和阿氏译本的影响》[⑨]、《试论阿列克谢耶夫对聊斋小说标题的俄译》[⑩]、

[①] 王丽娜，《中国古典小说戏曲名著在国外》，北京，学苑出版社，1988年。
[②] 宋柏年，《中国古典文学在国外》，北京，北京语言学院出版社，1994年。
[③] 马祖毅、任荣珍，《汉籍外译史》，武汉，湖北教育出版社1997年。
[④] 李明滨，《俄国蒲松龄研究巡礼》《蒲松龄研究》2000年第1期。
[⑤] 李福清、王丽娜，《聊斋志异外文译本补遗》《文学遗产》1989年第4期。
[⑥] 李福清，《聊斋志异在俄国——阿列克谢耶夫与聊斋志异的翻译和研究》《聊斋学研究论集》，北京，中国文联出版社，2001年。文章亦载《汉学研究通讯》2001年第4期。
[⑦] 李福清，《阿列克谢耶夫院士译聊斋》，白春仁，《中俄文化对话》（第一辑），哈尔滨，黑龙江人民出版社2008年5月。
[⑧] 李逸津，《20世纪俄苏聊斋志异研究回眸》《蒲松龄研究》1999年第1期。
[⑨] 李绪兰、岳巍，《聊斋志异在俄罗斯的翻译和阿氏译本的影响》《蒲松龄研究》2008年第3期。
[⑩] 岳巍、李绪兰，《试论阿列克谢耶夫对聊斋小说标题的俄译》《蒲松龄研究》2009年都2期。

《六十年来聊斋志异在俄罗斯的传播》①、《聊斋志异在俄译综述》②、《聊斋志异俄译版本述略》③、《俄罗斯聊斋学研究述评》④ 等等，但上述论文或因论者未必亲眼目睹原著文本，或因辗转引用不十分准确的文献，或因论者主观的疏忽遗漏，仍然有不少需要补充和修正之处，本文试对阿列克谢耶夫翻译《聊斋志异》情况做更为详细的梳理，期望与学界商榷。

一、散见于期刊杂志的阿列克谢耶夫《聊斋》译文

阿列克谢耶夫最早翻译《聊斋志异》单篇作品是在 1910 年，直至他出版最后一部《聊斋》译文集的 1937 年期间，他先后翻译和发表了多篇《聊斋》单篇作品译文，但多数被学者忽略或语焉不详。

1910 年阿列克谢耶夫在立陶宛首都出版的白俄罗斯刊物《我们的田野》报刊第 23—24 期、第 28 期用白俄罗斯语言先后发表了《崂山道士》《汪士秀》两篇译文⑤。

1922 年阿列克谢耶夫以《狐狸的王国》为总题名，在《东方》杂志第 1 期发表了包括《婴宁》《胡四姐》《潍水狐》《狐惩淫》等四篇在内的聊斋作品的俄译文⑥。王丽娜《中国古典小说戏曲名著在国外》中误认为这是"阿列克谢耶夫最早的四篇《聊斋》译文"，马祖毅《汉籍外译史》也承袭了此说。

1923 年阿列克谢耶夫在《谈话》杂志第 1 期发表了聊斋小说《云萝公主》的俄译文。⑦ 王丽娜、马祖毅均误把发表时间记为 1925 年。

1925 年阿列克谢耶夫在《东方》第 5 期以《中国法官的才能》为总标题发表了包括《于中丞》(一)《于中丞》(二)《折狱（一）》《折狱（二）》《诗谳》《太原狱》《新郑狱》等 7 篇聊斋小说的俄译文。⑧ 这 7 篇聊斋小说 1988 年在其女儿班科夫斯卡娅编选的《聊斋志异》中首次恢复了《中国法官的才能》的题目，并做了编选说明。

---

① 岳巍，《六十年来聊斋志异在俄罗斯的传播》《蒲松龄研究》2010 年第 1 期。
② 岳巍，《聊斋志异在俄译综述》《大家》2010 年第 10 期。
③ 岳巍，《聊斋志异俄译版本述略》，冯骥才，《心灵的桥梁——中俄文学交流计划国际学术研讨会论文集》，天津，天津大学出版社 2010 年 7 月。
④ 岳巍，《俄罗斯聊斋学研究述评》《山东社会科学》2012 年第 1 期。
⑤ 俄文分别是：[Пу Сун-лин. Ляо Чжай чжи и].【Даос з гор Лао】Пер. с кит. -Наша Ніва. Карльберг. 1910, 10 (23 июня), №23—24. [Пу Сун-лин. Ляо Чжай чжи и]. Гульня мячам у падводным царств1… Пер. с кит. —Тамже, 8 (21 июля), №28.
⑥ 俄文名称是：【Лисье царство】Из рассказов Ляо Чжая (XVII—XVIIIвв.). Пер. с кит. В. М. Алексеева. — Восток. 1922, кн. 1.
⑦ 俄文名称是：[Ляо Чжай}.【Царевна заоблачных плющей】Пер. с кит. — Беседа (Берлин). 1923, № 1, май—июнь [Вместоимениавторанадназваниемновеллы стоит имяпереводчика: Проф. В. М. Алексеев].
⑧ Ляо Чжай.【Таланты китайского судьи】. Пер. с кит. В. М. Алексеева. —Восток. 1925, кн. 5.

1934年阿列克谢耶夫在列宁格勒出版的《苏联科学院院报》第6期发表《聊斋小说中儒生的个性与士大夫意识的悲剧》一文,文中包括《聊斋自志》全文的俄文翻译,① 这是《聊斋自志》首次俄译。这篇文章后来被收入阿列克谢耶夫纪念文集《中国文学》(1978年)、《中国文学论集》(2002年)中。

1935年阿列克谢耶夫在《东方》第1辑《中国与日本文学》发表了聊斋小说《绿衣女》的俄译文②,这是《绿衣女》首次俄译,该小说俄译文在阿列克谢耶夫生前出版的四种聊斋小说俄译本中均未收入,20世纪五十年代的再版中也没有收入,首次收入文选是1959年莫斯科国家教育出版社出版的《中国文学作品选》。③ 后来1988年由阿列克谢耶夫的女儿班科夫斯卡娅选编出版的《聊斋志异》中增入。王丽娜误将1935年发表的《绿衣女》和1934年发表的《聊斋自志》认为是"1925年《东方》五月号载有阿列克谢耶夫所译的《绿衣女》和《聊斋自志》"。

综上,阿列克谢耶夫散见于报刊杂志的《聊斋志异》单篇俄译文共有15篇,不包括《聊斋自志》,见下表:

散见于期刊杂志的阿列克谢耶夫《聊斋》译文一览表

发表时间	发表刊物	作品名称	说　明
1910年	《我们的田野》	《崂山道士》《汪士秀》	白俄罗斯语
1922年	《东方》第1卷	总名"狐狸的王国":《婴宁》《胡四姐》《潍水狐》《狐惩淫》	
1923年	《谈话》第1期	《云萝公主》	白俄罗斯语
1925年	《东方》第5期	《于中丞》(一)、《于中丞》(二)、《折狱》(一)》《折狱》(二)》《诗谳》《太原狱》《新郑狱》	
1934年	《苏联科学院学报》第6期	《聊斋自志》	论文中包括
1935年	《东方》第1辑《中国与日本文学》	《绿衣女》	

二、阿列克谢耶夫生前出版的四本《聊斋》译文集

1922年阿列克谢耶夫的第一本《聊斋志异》选译本《狐妖集》在彼得堡国

---

① Алексеев В. М. Трагедия конфуцианской личности и мандаринской идеологии в новеллах Ляо Чжая. —Изв. АН СССР. VIIсер. ,Отд—ние обществ,наук. 1934, № 6.

② Ляо Чжай. 【Новеллы】. Пер. с кит. ,вступит. ст. и примеч. В. М. Алексеева. —Восток. Сб. 1. ЛитератураКитая и Японии. М. —Л. ,Academia,1935.

③ Китайская литература. Хрестоматия. Сост. Р. М. Мамаева. Т. I. Древность. Средневековье. Новое время. М. ,1959.

家文学出版社出版①，该书被列为高尔基组建的"世界文学丛书"之一。《狐妖集》选择了《聊斋志异》中29篇与狐狸有关的聊斋故事，书前有译者写的序文。序文中他首先谈俄国人与中国人对狐狸的概念，并分析了聊斋小说中狐仙形象的几个方面：一方面，狐仙侵入书生的生活，献给穷书生幸福，帮助好人，另一面狐仙则惩罚那些自私自利的人。该译文集具体包括《婴宁》《胡四姐》《狐嫁女》《酒友》《莲香》《丑狐》《狐梦》《狐女》《潍水狐》《毛狐》《狐妾》《青凤》《胡四相公》《胡大姑》《九山王》《狐惩淫》《汾州狐》《捉鬼射狐》《荷花三娘子》《武孝廉》《农人》《郭生》《王兰》《司训》《冯木匠》《秦生》《雨钱》《双灯》《冷生》等29篇。此书出版当年即有诗人阿·迪尼亚科夫在《最新新闻》杂志10月号发表的评论文字，几乎同时还有评论家弗·科里亚任在《出版与革命》杂志第8期发表的评论文章，1925年著名东方学及日本学评论家尼·伊·康拉德也在《东方》杂志5月号评论了此书。② 不过，在这本书的序言中误将蒲松龄的生年写成了1622年（应为1640年），这一错误直到1970年艾德林选编的《狐妖集》时才在《编者按语》中特别予以更正。

1923年，国家文学出版社出版了阿列克谢耶夫编译的第二本聊斋小说选，题为《神僧集》，因为大部分故事与僧人或道士有关③。书前也有译者的序文，书内选了43篇与道士、和尚有关的聊斋小说，具体包括《画壁》《种梨》《崂山道士》《长清僧》《成仙》《鞠乐如》《仙人岛》《赌符》《长治女》《医术》《珠儿》《道士》《局诈》《向杲》《江城》《巩仙》《僧术》《青娥》《番僧》《白秋练》《丐僧》《续黄粱》《白于玉》《单道士》《钟生》《豢蛇》《颠道人》《宦娘》《罗祖》《司文郎》《橘树》《酒虫》《龁石》《鸟语》《崔猛》《驱怪》《寒月芙蕖》《孙生》《画皮》《死僧》《杨大洪》《李生》《小谢》等。序言中阿列克谢耶夫专门谈到了和尚与道士的形象。这个译本问世当年也有评论家古德津发表在《新书》杂志第4期上的评论文章，1925年康拉德的评论文章中也提到了这本译文集。

1928年，列宁格勒思想出版社出版了阿列克谢耶夫翻译的第三部《聊斋志异》选译本，题为《异闻集》（也可译为"志怪故事"）④，该书选译了《聊斋志

---

① ЛяоЧжай. Том первый. Лисьи чары. Из сборника странных рассказов Пу Сун—лина (Ляо Чжай чжи и). Пер. и предисл. В. М. Алексеева. Пб., MCMXXⅡ［1922］(Всемирная литература).

② 李福清《阿列克谢耶夫院士译聊斋》，白春仁主编《中俄文化对话》（第一辑），黑龙江人民出版社2008年。第232—233页。

③ Ляо Чжай. Монахи—волшебники. Из сборника странных рассказовПу Сун—лина (Ляо Чжай чжи и). Пер. и предисл. В. М. Алексеева. М. —Пг., MCMXXⅢ［1923］(Всемирная литература).

④ Ляо Чжокай. Странные истории. Пер. с кит. оригинала, предисл. и примеч. проф. В. М. Алексеева. Л., 1928.

异》中的 22 篇奇闻怪事，具体包括《彭海秋》《狐谐》《恒娘》《真生》《偷桃》《胡氏》《陈云栖》《萧七》《甄后》《小二》《小翠》《娇娜》《细柳》《嫦娥》《王子安》《宫梦弼》《鸦头》《周三》《佟客》《封三娘》《妖术》《辛十四娘》等。该书也有阿列克谢耶夫写的较短的前言，前言中他还谈到了蒲松龄的神仙思想。李福清《中国古典文学研究在苏联》附录"中国古典文学俄译本简明表"中没有收录这本译文集，而误将 1937 年出版的《异人集》写成了《异闻集》。宋柏年《中国古典文学在国外》中漏掉《狐谐》一篇而误作 21 篇聊斋小说。

从 20 世纪 20 年代末起，苏联国内情况变化很大，阿列克谢耶夫早已选译好的第四本聊斋故事译文集，交稿给出版社之后等了十多年，到 1937 年才由苏联科学院出版社出版，取名为《异人集》①，书中选译了 62 篇聊斋故事，具体包括《白莲教》《长亭》《杨疤眼》《金陵乙》《胡四娘》《捉狐》《青梅》《柳生》《巧娘》《沂水秀才》《狐人瓶》《禄数》《褚遂良》《红玉》《盗户》《刘亮采》《钱卜巫》《张鸿渐》《彭二挣》《乩仙》《浙东生》《董生》《布客》《上仙》《邵临淄》《河间生》《何仙》《姬生》《某乙》《贾儿》《蛙曲》《王成》《鼠戏》《阿绣》《邢子仪》《灵官》《陆押官》《马介甫》《跳神》《凤仙》《铁布衫法》《伏狐》《雹神》《小梅》《戏法》《焦螟》《局诈》（一）、《局诈》（二）、《犬灯》《镜听》《云萝公主》《黄九郎》《侠女》《一员官》《小官人》《于中丞》（一）、《于中丞》（二）、《折狱》（一）、《折狱》（二）、《诗谳》《太原狱》《新郑狱》等，此外，在这本《异人集》正文前面有《聊斋自志》的译文。② 此书在 1938 年有格里茨在《图书与革命》杂志发表的评论文章。

这本《异人集》中的 62 篇小说都是从前没有发表过的，除了俄文篇名之外还有汉字打印的中文原名，并采用了 1886 年的上海石印本《聊斋志异》的插图，扉页之前还加贴了杨柳青荣昌画店的彩色麻姑年画的复制品。在前言中，阿列克谢耶夫又详细谈到一个非常重要的问题，即《聊斋志异》的翻译原则和技巧问题。

综上，阿列克谢耶夫早期四个《聊斋志异》译本共翻译了 156 篇作品以及《聊斋自志》序文。但没有包括 1919 年用白俄罗斯语言翻译的《汪士秀》、1935 年《绿衣女》两篇。李明滨在其《俄国蒲松龄研究巡礼》文章中统计阿列克谢耶夫四本聊斋译文一共有 150 篇，这是错误的。可参见下表：

---

① Ляо Чжай. Рассказы о людях необычайных. Из серии новелл Ляо Чжай чжи и. Пер., предисл. и коммент. акад. В. М. Алексеева. Ил. кит. художников. М.—Л., 1937 (Акад. наук СССР. Ин-т востоковедения).

② 阿列克谢耶夫《聊斋自志》的俄译文，最早发表于 1934 年。载列宁格勒出版的《苏联科学院院报》1934 年第 6 期，后收入《中国文学》1978 年；又收入《中国文学论集》2002 年第一集。

阿列克谢耶夫生前出版的《聊斋志异》译文一览表

出版时间	书名	出版地	篇数	页码	序跋
1922年	《狐妖集》	彼得格勒	29	158	译者自序
1923年	《神僧集》	莫斯科—彼得格勒	43	273	译者自序
1928年	《异闻集》	列宁格勒思想出版社	22	256	译者自序
1937年	《异人集》	苏联科学院出版社	62	494	译者自序

三、五十年代阿列克谢耶夫《聊斋》译文集的再版

20世纪五十年代苏联国家文艺出版社开始再版阿列克谢耶夫的翻译,具体在1954、1955、1957年各出版一次,关于这三次出版情况,有学者指出"其中50年代的三次再版译文中,许多地方编辑做了改动,与阿列克谢耶夫原来的译文很不一样,关于这一点,2000年《聊斋》译文版本的编者,阿氏的女儿班科夫斯卡娅女士在后记中多次给予批评和指责,称与此事有关的人是狗熊式的朋友"①。

1954年书名《蒲松龄(聊斋):异人集》②,该本是阿列克谢耶夫的弟子费德林将《异人集》重新编为59篇,由莫斯科国际文学出版社出版,284页。书前置有费德林所作《蒲松龄》一文。1955年出版的书名为《蒲松龄(聊斋):狐妖集·异闻集》③,此译本由费德林将《狐妖集》选出28篇,《异闻集》选出21篇,合并重新编为49篇,也由莫斯科国家出版社出版,296页。岳巍在《聊斋志异俄译版本述略》中误认为这个选本为"费德林将《狐媚集》扩编为49篇"④。此书费德林也撰有《蒲松龄》一文,置于译本之前。1957年出版的书名为《蒲松龄(聊斋):神僧集·异人集》⑤,是费德林从《神僧集》选取43篇(全选),从《异人集》选取62篇(全选),计105篇,合编为一本,书名可直译为《出家人与不寻常的人的故事》,563页,也由莫斯科国家文学出版社出版,书前仍置《蒲松龄》一文。

此外,20世纪五十年代阿列克谢耶夫翻译的俄文《聊斋志异》作品还入选

---

① 李绪兰、岳巍,《聊斋志异在俄罗斯的翻译和阿氏译本的影响》《蒲松龄研究》2008年第3期。
② Пу Сун—лин (Ляо Чжай). Рассказы о людях необычайных. Пер. с кит. акад. В. М. Алексеева. Ред. и послесл. Н. Т. Федоренко. М.,1954.
③ Пу Сун—лин (ЛяоЧжай). Лисьи чары. Странные истории. Ред. и послесл. д—рафилол. наук Н. Т. Федоренко. М.,1955.
④ 岳巍,《聊斋志异俄译版本述略》,冯骥才主编《心灵的桥梁——中俄文学交流计划·国际学术研讨会论文集》,天津大学出版社2010年,第249页。
⑤ Пу Сун—лин(Ляо Чжай). Монахи—волшебники. Рассказы о людях необычайных. Ред. ипредисл. д—ра филол. наук Н. Т. Федоренко. М.,1957.

过一些中国文学作品选本,主要有1954年苏联读书出版社出版的《巧匠:中国故事、传说、神话、寓言、谚语、谜语》①,选入了阿列克谢耶夫翻译的聊斋作品《种梨》。1959年莫斯科教育出版社出版的马马耶娃主编的《中国文学作品选》②,选入了阿列克谢耶夫翻译的聊斋故事12篇,并附有马马耶娃撰写的评价文字,其中包括首次入选的《绿衣女》。

综上,20世纪50年代出版的三种《聊斋志异》选译本,后两种合计154篇译文,其实基本包括了阿列克谢耶夫生前四种选译本的全部(只是《狐妖集·异闻集》删掉2篇)。见下表:

20世纪50年代以后出版的《聊斋志异》一览表

出版时间	书名	篇数	页码	序跋
1954年	《异人集》	59	284	费德林《蒲松龄》跋
1955年	《狐妖·异闻集》	49	296	费德林《蒲松龄》跋
1957年	《神僧·异人集》	105	563	费德林《蒲松龄》序

四、20世纪70、80年代阿列克谢耶夫《聊斋》译文的再版

20世纪70年代至90年代初苏联解体之前,阿列克谢耶夫《聊斋志异》译本多次再版,主要有1970、1973、1983、1988年出版的阿列克谢耶夫的聊斋小说翻译选本,总印数超过了十万册。

1970年出版的《聊斋志异》译本各种文献资料介绍较为少见,该书名为《蒲松龄:狐妖集》③,实际也是阿列克谢耶夫生前四个选译本的选编本,是阿列克谢耶夫的弟子艾德林选编的,包括《狐妖集》中的15篇、《神僧集》中的15篇、《异闻集》中的10篇、《异人集》中的21篇,共计61篇作品,383页。书前有艾德林撰写的"编辑说明",艾德林修正了一直以来把蒲松龄的生年写作1622年的错误,改为1640年。④ 书前附有阿列克谢耶夫1922年为《狐妖集》撰

---

① Пу Сун—лин. Как он садил грушу. Пер. с кит. В. М. Алексеева. — Чудесный мастер. Китайские рассказы, сказки, басни, притчи, пословицы, загадки. Чита, 1954.

② Китайская литература. Хрестоматия. Сост. Р. М. Мамаева. Т. I. Древность. Средневековье. Новое время. М., 1959.

③ Пу Сун—лин. Лисьи чары. Рассказы Ляо Чжая о чудесах, В пер. с кит. акад. В. М. Алексеева. Ил. кит. художников. М., 1970.

④ 岳巍,《六十年来聊斋志异在俄罗斯的传播》《蒲松龄研究》2010年第1期。岳巍错将1970年《狐妖集》的名字与1973年《聊斋志异》相混淆。按:1970年出名为版名为"蒲松龄:狐妖集",1973年"蒲松龄:聊斋志异"。

写的"前言"。

1973年艾德林选了阿列克谢耶夫翻译的聊斋小说90篇编辑成书,名为《蒲松龄:聊斋奇异故事集》①,这也是阿列克谢耶夫生前四种译本的选编本,选第一种译本的译文14篇,第二种译本的译文24篇,第三种译本的译文11篇,第四种译本的译文41篇,共计90篇,576页,由莫斯科国家文学出版社出版。书前印有艾德林所作《瓦·米·阿列克谢耶夫及其聊斋译本》一文,他根据1962年上海古籍出版社出版的张友鹤辑校的《聊斋志异会校会注会评本》校对了阿氏的翻译,并对译文做了必要的修改。这个译本在每一部分前面都保留了阿列克谢耶夫生前为四种译本撰写的前言。

1983年莫斯科国家文学出版社出版了书名为《蒲松龄:聊斋志异》②的译文集,书前也有艾德林所作《瓦·米·阿列克谢耶夫及其聊斋译本》一文,该书包括《狐妖集》中的20篇、《神僧集》中的20篇、《异闻集》中的13篇、《异人集》中的48篇,共计101篇作品,430页。上述艾德林编选的三种《聊斋志异》俄译本都开始加入了精美的插图,而且内容忠实可靠,必要的校改也完全是在阿列克谢耶夫原译文的基础上进行的。王丽娜误将这本聊斋译文集当作两本书编入其《中国古典小说戏曲名著在国外》一书中。

1988年国家文艺出版社出版了新的《聊斋志异》俄译本③,这是阿列克谢耶夫的女儿班科夫斯卡娅(1927—2009)的选编本,选本书名同上,作为国家文艺出版社大型丛书"中国文学丛书"中的一种,印行了一万册。该书选取《狐妖集》中的29篇、《神僧集》中的17篇、《异闻集》中的22篇、《异人集》中的27篇,新增加了《绿衣女》《药僧》《金永年》《瞳人语》等4篇,共计99篇作品,559页。李逸津在《20世纪俄苏聊斋志异研究回眸》一文中统计为100篇,盖误将《中国法官的才能》作为小说标题计入在内所致。④ 其中《绿衣女》并非首次发表,只是作为阿列克谢耶夫翻译的《聊斋》选集首次入选而已,岳巍认为此书编入《绿衣女》的译文是1935年发表以来第一次编入版本,其实早在1959年出版的《中国文学作品选》中就已经选入了包括《绿衣女》在内的12篇聊斋

---

① Пу Сун—лин. Рассказы Ляо Чжая о чудесах. В пер. с кит. акад. В. М. Алексеевой. Ил. кит. художников. Предисл. к сборникам и коммент. В. М. Алексеева. Сост., подгот. текстов и вступит, ст. Л. З. Эйдлина. М.,1973.

② Пу Сун—лин. Рассказы Ляо Чжая о необычайном. Пер. с кит., акад. В. М. Алексеева. Сост., подгот. текстов и вступит, ст. Л. З. Эйдлина. М.,1983.

③ Пу Сун—лин. Рассказы Ляо Чжая о необычайном. Пер. с кит., предисл. и коммент. акад. В. М. Алексеева. М.,1988(ил. кит. художников из литограф, изд. конца XIXв.).

④ 李逸津,《20世纪俄苏聊斋志异研究回眸》《蒲松龄研究》1999年第1期。

小说的俄译文。① 而这次编入的《药僧》《金永年》《瞳人语》等三篇则系首次发表，都是根据阿列克谢耶夫的手稿编入的，书前附有一篇由阿利克谢耶夫在1935年和1937年写的两份手稿合并而成的序言，包括《聊斋自志》译文。

1988年，苏联真理报出版社还出版了一种名为《蒲松龄（聊斋）：神僧集·异人集》的《聊斋志异》选译本②，该本可视为1957年选译本的"修订本"，是从《神僧集》选取39篇（按：较初版《神僧集》删去了《仙人岛》《江城》《白于玉》《司文郎》等四篇译文），从《异人集》选取62篇（全选），编为一本计101篇，书名仍为《出家人与不寻常的人的故事》，560页，书前有费德林的"编选说明"，阿列克谢耶夫的《蒲松龄》一文。岳巍在《聊斋志异俄译版本述略》中没有提及这个版本。见下表：

20世纪70年代以后出版的《聊斋志异》一览表

出版时间	书　　名	篇数	页码	序　　跋
1970年	《狐妖集》	61	383	艾德林《说明》，译者《狐妖集》序
1973年	《聊斋志异》	90	576	艾德林序文
1983年	《聊斋志异》	101	430	艾德林序文
1988年	《聊斋志异》	99	559	译者序文
1988年	《蒲松龄：神僧集·异人集》	101	560	费德林《说明》，译者序文

五、苏联解体之后阿列克谢耶夫《聊斋》译文的再版

20世纪90年代初苏联解体之后，随着时代的发展变化，俄罗斯翻译和研究中国古典文学作品的数量明显减少，大多出版的是老一辈翻译家的作品，其中阿列克谢耶夫翻译的《聊斋志异》也是众多旧译新出中的佼佼者，现举要如下。

1994年，莫斯科教育新闻出版社出版了由汉学家索罗金选编的《聊斋志异》，书名为《蒲松龄：聊斋志异》，编者从阿列克谢耶夫翻译出版的《狐妖集》选出5篇、《神僧集》选出8篇、《异闻集》选出4篇、《异人集》选出4篇，共计21篇作品，书前有索罗金撰写的"选编说明"，240页。岳巍在《聊斋志异俄译版本述略》中没有提及这个版本。

1999年，俄罗斯圣彼得堡出版了一种小开本《聊斋志异》③，该书根据1973

---

① 岳巍，《六十年来聊斋志异在俄罗斯的传播》《蒲松龄研究》2010年第1期。
② Пу Сун—лин（Ляо Чжай）. Монахи—волшебники. Рассказы о людях необычайных. Пер. скит., предисл. и коммент. акад. В. М. Алексеева. Сост. Н. Т. Федоренко. М.，1988.
③ Пу Сун—лин. Рассказы Ляо Чжая о чудесах. Пер. с кит. В. М. Алексеева. СПб.，1999.

年出版的《聊斋志异》选编而成，选《狐妖集》中的9篇、《神僧集》中的15篇、《异闻集》中的8篇、《异人集》中的24篇，共56篇作品，396页。书后附有阿列克谢耶夫生前为《狐妖集》撰写的序言摘编。岳巍在《聊斋志异俄译版本述略》中没有提及这个版本。

2000年，圣彼得堡东方学中心出版了一大本《聊斋志异》，这是把阿列克谢耶夫译的聊斋小说四本合为一本①，具体包括《狐妖集》29篇、《神僧集》43篇、《异闻集》22篇、《异人集》62篇，此外还增加了《绿衣女》《药僧》两篇，《瞳人语》作为翻译例文也收录在摘要之后，合计159篇作品。如果《聊斋自志》也算作1篇的话，刚好160篇作品。这样，此版本与最初的版本相比较则新增加了《绿衣女》《瞳人语》《药僧》三篇。著名汉学家孟列夫和研究宋代笔记小说的阿里莫夫校对了艾德林未校的七十篇，纠正了一些错误与疏漏之处。该书收录了1922年、1923年、1928年、1937年选本的序言及阿列克谢耶夫在1934年发表的两篇关于蒲松龄的文章（一篇是《聊斋小说中儒生个性与士大夫意识的悲剧》，另一篇题为《论中国古代文学普及问题》）。书中每篇小说都配有精美的插图，是从1886年《聊斋志异》石印本借用的，附录有编者阿列克谢耶夫女儿班克夫斯卡娅撰写的长篇后记，题为《聊斋的朋友与冤家》，文中用许多档案材料描述了她父亲一生与《聊斋志异》的有关活动及对他的翻译的各种评价。该文章已经被翻译成中文连载于《蒲松龄研究》2003年第1期至2004年第4期。这个译本对俄罗斯的蒲松龄小说爱好者来说，可以说是最全的、最可靠的、最为权威的本子。

2003年，莫斯科一家叫做"ЭКСМО"的出版社出版了《狐妖之术》，该书选《狐妖集》15篇、《异闻集》10篇、《异人集》21篇，共计46篇，432页，选编的作品除了《偷桃》《一员官》等故事外，大多数都是与狐狸有关的聊斋故事，但总体上不是很严谨的版本。

2007年，俄罗斯科学院东方文学出版社又依据阿列克谢耶夫的译本出版了由汉学家李福清担任责任编辑的《异闻集·异人集》②，399页；2008年出版了

---

① Пу Сун—лин. Странные истории из КабинетаНеудачника (Ляо Чжай чжи и). Пер. с кит. акад. В. М. Алексеева. Сост., подгот. текста, послесл. М. В. Баньковской. СПб., 2000 (Центр «Петербургское востоковедение»).

② Пу Сунлин. Странные истории. Рассказы олюдяхнеобычайных. Пер. с кит., предисл. и коммент. акад. В. М. Алексеева. отв. ред. Б. Л. Рифтин. М. Вост. лит. 2007.

《狐妖集·神僧集》①，319 页。这两个选本是根据阿列克谢耶夫最初的四个版本编选的，并根据中国学者的研究成果修正了一些误读和疏漏之处，封面采用精美的聊斋故事的年画，李福清还在《狐妖集·神僧集》中附录了他发现的阿列克谢耶夫生前未发表的《鸿》《象》《赵城虎》等 3 篇聊斋小说译文。苏联解体之后《聊斋志异》俄译本见下表：

21 世纪以后出版的《聊斋志异》一览表

出版时间	书　名	篇数	页码	序　跋
1994 年	《蒲松龄》	21	240	索罗金序
1999 年	《聊斋志异》	56	396	阿列克谢耶夫跋
2000 年	《聊斋志异》	160	784	班科夫斯卡娅序
2003 年	《狐妖之术》	46	432	前言
2007 年	《异闻集·异人集》		399	
2008 年	《狐妖集·神僧集》		319	

综上所述，阿列克谢耶夫自 1910 年翻译发表《聊斋志异》中的《崂山道士》小说始，至 1951 年去世为止共翻译发表聊斋小说 160 多篇，其中散见于期刊杂志的聊斋小说俄译文有《崂山道士》《汪士秀》《婴宁》《胡四姐》《潍水狐》《狐惩淫》《云萝公主》《于中丞》（一）、《于中丞》（二）、《折狱（一）》《折狱（二）》《诗谳》《太原狱》《新郑狱》《绿衣女》等，加上《聊斋自志》共有 16 篇②。在他生前出版了《狐妖集》《神僧集》《异闻集》《异人集》等四部聊斋小说译文集，其中《神僧集》中的《局诈》与《异人集》中的《局诈》（一）、《局诈》（二）实际上是把蒲松龄《聊斋志异》中《局诈》的三个故事分为了三篇，岳巍在《试论阿列克谢耶夫对聊斋小说标题的俄译》一文中所论极是③。在阿列克谢耶夫去世以后，他翻译的聊斋小说不断再版，直至当今仍然在继续再版，由此足见其在翻译和传播《聊斋志异》方面的巨大贡献。

---

① Пу Сунлин. Лисьичары. Монахи—волшебники. Пер. с кит., предисл. и коммент. акад. В. М. Алексеева. отв. ред. Б. Л. Рифтин. М. Вост. лит. 2008.
② 据李福清先生回忆说，后来他在阿列克谢耶夫的家里发现了四篇未发表的《聊斋志异》俄译手稿，分别是《金永年》《鸿》《象》《赵城虎》，在李福清主编的纪念阿列克谢耶夫的《中国文学论集》中附录。实际上，《金永年》在 1988 年班科夫斯卡娅选编的《聊斋志异》中已经选入。
③ 岳巍、李绪兰，《试论阿列克谢耶夫带队聊斋小说标题的俄译》《蒲松龄研究》2009 年，第 2 期。

参考文献:

［1］Алексеев Василий Михайлович Труды по китайской литературе. В двухкнигах Книга 2. Москва. Издательская фирма Восточная литература РАН. 2002 г.

［2］Китайская классическая литература. Библиографический указатель русских переводов и критической литературы на русском языке. Москвка. Всесоюзная государственная библиотека иностраннойлитературы(ВГБИЛ). 1986 г.

［3］白春仁主编,《中俄文化对话》(第一辑),哈尔滨,黑龙江人民出版社 2008 年 5 月。

［4］冯骥才主编,《心灵的桥梁——中俄文学交流计划国际学术研讨会论文集》,天津,天津大学出版社 2010 年 7 月。

［5］马祖毅、任荣珍,《汉籍外译史》,武汉,湖北教育出版社 1997 年。

（高玉海,1969 年生,男,浙江师范大学教授,博士,主要从事中国古代文学教学和研究,研究领域为中国古代小说、中俄文学交流等。出版专著《明清小说续书研究》《明清小说序跋释论》等。）

与俄罗斯汉学家合作翻译中国当代诗歌

谷 羽

把中国文学作品向国外介绍,中国学者与外国汉学家合作是一种行之有效的方式。在这方面,我想谈谈自己的经验和体会。

1988年11月到1989年12月由国家教育部公派到列宁格勒大学进修,当时我已经翻译了一些俄罗斯当代诗人的诗歌作品,分别收入在高莽先生主编的《苏联当代诗选》(外国文学出版社,1984)和《苏联女诗人抒情诗选》(漓江出版社,1985),这两本诗集翻译介绍了苏联当代四十多位诗人的作品,从阿赫马托娃、帕斯捷尔纳克,到卫国战争一代诗人西蒙诺夫、德鲁宁娜,再到大声疾呼派的叶夫图申科、沃兹涅先斯基、丽玛·卡扎科娃,悄声细语派的鲁勃佐夫、索洛乌欣,还有弹唱诗人维索茨基等等,可以说对苏联从20世纪20年代到80年代,重要的诗歌流派与代表性诗人都有所涉猎与介绍。

出国之前我还有一本翻译诗集《一切始于爱情——罗日杰斯特文斯基诗选》已经交稿,后由外国文学出版社在1991年出版,列入《小白桦诗丛》。高莽先生为这本诗集撰写了前言,他写道:

"谷羽同志作为学者到苏联进行考察去了,留下这部译稿让我写篇前言。我义不容辞。

我很高兴写这篇前言,一则是谷羽译诗态度认真,他邀请我写前言盛情难却,二则是我与罗日杰斯特文斯基还算熟悉,在一起谈过诗,拉过家常,在一起朗诵过诗还谈及过他的诗集在中国出版的问题。过去,罗日杰斯特文斯基的诗的中译文散见于我国报刊,这次作为一个集子出版,就使读者能够比较全面地了解这位在苏联很有声望的诗人的创作的特色。"

高莽老师翻译过罗日杰斯特文斯基的几十首诗,我曾提出跟他合出一本翻译诗集,高莽老师跟我说:"你该自己出一本翻译诗集了。"他提携和扶助后来人的精神让我感动。

出国之前大致有个进修计划,我想除了听课学习,进一步了解苏联诗歌创作，收集图书资料，提高听力和口语水平，还要抽时间拜访我翻译过的那些诗人，比如：丽玛·卡扎科娃、瑙薇拉·马特维耶娃、罗日杰斯特文斯基、谢尔盖·米哈尔科夫、多马托夫斯基、拉苏尔·卡姆扎托夫、尤里·库兹涅佐夫等等。出乎意料的是刚到莫斯科第二天，见到的第一个诗人是彼得·维根。他问我翻译过那些诗人的作品，我大致做了介绍，然后问他，读过哪些中国诗人的作品。他想了想说："李白、杜甫。""当代诗人呢？"他摇摇头，后来说："我知道艾青。"这次交谈给我留下的印象很深，中国翻译界介绍过他们那么多诗人和作品，为什么一个诗人对中国当代诗歌了解得那么少呢？这让我有点儿心理失衡，后来我逐渐明白了，俄罗斯汉学家翻译介绍中国古典诗歌比较系统，出版的译作较多，当代中国诗歌虽然也有翻译介绍，比如著名汉学家车尔卡斯基翻译过《蜀道难，50—80年代中国诗选》《太阳的话——艾青诗选》，但总体情况是译者较少，翻译的作品不多，因而很难产生广泛的影响。列宁格勒大学东方系主任谢列布里雅科夫教授有个形象的说法："你们翻译俄罗斯文学作品，像流淌的江河；我们翻译中国的文学作品，像一条小溪，所幸没有断流。"用他这句话来形容中俄当代诗歌翻译交流的状况倒也确切。

到了列宁格勒大学以后，我的导师格尔曼·瓦西里耶维奇·菲利波夫教授对我非常好，他是专门研究与评论诗歌的学者，又是苏联作家协会会员，他知道我翻译诗歌，就告诉我说，尽量去接触和访问诗人，这样我又认识了列宁格勒诗人舍夫涅尔、库什涅尔，年轻诗人埃里克·施密特科、普拉霍夫、汉学家孟列夫、陶尔奇诺夫，文学编辑阿拉·舍拉耶娃、伊戈尔·叶果罗夫等人，跟他们交往，对我帮助很大，同时也进一步了解到，他们对中国当代诗歌的了解确实有限。

出国的时候我带了《朦胧诗选》，当时冒出一个念头，跟俄罗斯诗人合作，翻译中国当代诗歌。我把自己的想法告诉了埃里克·施密特科和普拉霍夫，他们表示很感兴趣。于是我选择作品，逐词逐句翻译出初稿，交给他们加工润色，我看他们的译稿有出入的地方，再跟他们商量修改。就这样在不太长的时间内翻译出了几十首中国当代诗歌。主要有北岛、顾城、芒克、车前子、王家新等诗人的作品，还有牛汉、流沙河、邵燕祥、雷抒雁等老一代诗人的作品。

幸运的是那一年戈尔巴乔夫访问中国，当时的苏联报刊需要介绍中国文学作品，于是我们翻译的中国当代诗歌作品陆续在列宁格勒《接班人报》（1989年5月16日）、《列宁格勒工人报》（同年5月9日）、《胜利报》（5月27日）发表，还有一组诗题为《年轻的中国诗人》发表在《星》杂志（1990年第11期）上。

从列宁格勒回国以后，当时还想继续翻译中国当代诗歌，并且跟一些诗人取得了联系，但是由于找不到合适的合作者，再加上需要上课，这件本该继续的工作就中断了。更多的时候是把俄罗斯诗歌翻译成汉语，同时进行研究撰写有关俄罗斯的论文。

时光如流水，一晃20年就过去了。到了2011年10月，一个偶然的机会，我在俄罗斯 Яндекс 网上认识了开设千家诗网站（Стихи тысячи поэтов）的汉学家鲍里斯·梅谢里雅科夫，他把中国古诗《千家诗》全部译成了俄语，以汉俄对照的方式发布在网站上。我把他的事迹写成文章发表在中华读书报，题为《梅谢里雅科夫翻译千家诗》（2011年12月28日国际文化18版）。经过一段时间的通信，我提出来合作翻译中国当代诗歌，由我来选择作品，翻译出逐词逐句的初稿，他再加工润色，进行诗化处理，他表示愿意进行尝试。几乎与此同时，经过北京师范大学张冰教授介绍，我又认识了彼得堡诗人阿列克谢·菲里莫诺夫，他对中国文化和当代诗歌很感兴趣，表示愿意帮助我们在彼得堡报刊发表译文。这样20年前翻译当代诗歌的工作又得以继续。近两年多以来，我们陆续翻译了二十多位诗人的120多首诗，老一代诗人有曾卓、牛汉、孔孚、鲁藜、灰娃、王尔碑等，中年诗人有食指、王向峰、段光安等，年轻诗人有陈东、樊忠慰等。其中60多首已经在《盛典之门》《第二彼得堡》等杂志和丛书中发表。

我认为中国学者与俄罗斯汉学家合作翻译中国当代诗歌可以做到优势互补，我们选择作品的优势，和他们的语言优势相结合，能够保证译作的质量。意见不一致时可以彼此协商，进行沟通修改，减少误译或曲解。由于得到喜欢中国诗歌的俄罗斯诗人的帮助，有了发表渠道，自然能逐渐扩大影响，俄罗斯读者接触中国当代诗人的作品多了，必然有利于中俄文化交流。

在合作翻译中国当代诗歌的过程中也遇到一些棘手的问题，比如音韵的处理，一些具有民族特色的词语如何传达，这些都有待进一步解决。让人感动的是，我在和许多诗人、诗人的子女联系时，得到了他们的热情帮助、理解和支持。我给芒克先生打电话，他特别痛快地说："我的诗，只要你喜欢的，随便挑选。"灰娃老师寄来两本自己的诗集，还向我的合作者表示敬意与问候。她还说："翻译诗歌很不容易，就像早晨摘一朵带露水的玫瑰，太难了。"这些都让我铭记在心，不敢忘记。

我希望有更多的学者，翻译家来做这件事，把优秀的中国当代诗歌介绍到国外去，让更多的外国读者了解中国当代诗人和他们的作品。

（谷羽，男，1940年生，1965年毕业于南开大学外文系俄语专业。南开大学外语学院教授，硕士生导师，普希金研究会副会长、俄罗斯文学研究会理事，曾任天津市译协副秘书长，天津市作家协会会员。2003年退休。主要译著有：《俄罗斯名诗300首》《普希金爱情诗全编》《普希金童话》《我记得那美妙的瞬间》《克雷洛夫寓言九卷集》、费特诗选《在星空之间》《迦姆扎托夫诗选》《松花江晨曲——中国俄罗斯侨民诗人诗选》《一切始于爱情——罗日杰斯特文斯基诗选》《茨维塔耶娃诗选》；《无所归依——别列列申诗选》《永不泯灭的光——蒲宁诗选》《太阳的芳香——巴尔蒙特诗选》《雪野茫茫俄罗斯——勃留索夫诗选》等；小说《在人间》《契诃夫中短篇小说选》和《恶老头的锁链》；传记《茨维塔耶娃：生活与创作》、主持翻译《俄罗斯白银时代文学史》。参与翻译的作品有《苏联当代诗选》《苏联女诗人抒情诗选》《普希金抒情诗全集》《莱蒙托夫全集》《普希金文集》《普希金全集》《白银时代·诗歌卷》《俄罗斯当代诗选》《陀斯妥耶夫斯基中短篇小说集》等。1999年获俄罗斯联邦文化部颁发的普希金奖章及荣誉证书。）

搞好影视剧翻译，促进中外文化交流

吴瑞根

随着中国改革开放的不断深入，这个东方大国一日千里，取得了举世瞩目的成就和进步，令全球震惊。世界愿意了解中国，中国也愿意了解世界。于是，翻译在中外交流中的地位日趋重要。

为此，中国中央电视台、新华社、中国国际广播电台和外文局分别向世界报道中国在政治、经济、军事、文化、体育、教育卫生和社会等方面所取得的成绩和进步。为增进西班牙语观众对中国的了解，中央电视台于2004年1月1日开办了西语节目，同年10月1日正式推出西语、法语两种语言混合播出的西法语频道。开播后受到了西法语地区观众的欢迎，于是该台于2007年10月1日开办西语频道和法语频道，两个频道每天24小时播出以新闻为核心的各种节目，以中国视角客观、公正地报道发生在中国和世界各地的新闻，以外国人感兴趣的内容展示当代中国的政治、经济、文化、体育和社会发展的成就，让西语国家的人民了解中国。

在2004年央视开播西语的筹备阶段，一支由新华社、外交部、国际台以及外文局下属单位《今日中国》、图书社、《北京周报》等十几名离退休干部组成的"白发工程队"主动求战。我是其中一员。我们这些退休人员，愿意用西班牙语为央视西语频道从事笔头翻译，为推动中外文化交流尽点微薄之力。至今十几年时间过去了，有些因年龄和身体的原因已经退出，但大多数仍继续坚守，较好地翻译了不少影视剧、纪录片、科技篇章、风景名胜和体育节目。我们这支央视的编外队伍，与其西语频道结下了不解之缘。

日前，央视西语频道的相关同志邀请我参加由文化部外联局举办的《中国文化传播与翻译》研修班，并让我谈谈《西语频道文化栏目和影视剧的翻译》专题。当时我一听就蒙了，脑子一片空白，因为一是毫无思想准备，二是虽然这十多年来一直帮央视做这方面工作，但是从未考虑和总结过此类翻译的特点、要领和技巧，给归纳出个一二三来。也就是说，只知其然，不知其所以然。于是，电话中向她求教，让她帮我想想从何处入手？之后，我又打电话请教了我们"白发工程队"几位经验丰富、水平高超的同事和专家，他们个个伸出援助的手，给我出主意想办法，要我牢牢抓住影视剧的特点从那里切入并展开。

影视剧的翻译不同于一般的文字翻译（虽然它也有文字脚本），因它是通过影像、场景和剧情来进行的。我们翻译承担第一道工序，从中文译成西语，然后交给外国专家根据影像对语言文字加以修改和润色并定稿。最后一道工序是在机房叠加西语字幕。经领导检查合格后即可在电视台对外播出。一般的文字翻译定稿付印后读者见不到原稿，只能看你的译著，无法鉴别你的翻译是否忠实和符合原文。然而，影视剧的翻译，观众就能通过影像和片印字母的对照立刻判断出你的翻译对不对，确切不确切。

其次，一般的文字翻译不受篇幅限制。众所周知，中译外，字数肯定比原来要多，有时还会翻番。尽管篇幅增加，只要译得准确地道，符合外文的规范，就不会影响译著的质量和水平。但是影视剧翻译却受到时间和空间的限制，因为每个影视剧的制作均有时间规定，如电影一般1.5小时至2小时；电视剧一般20～50集，每集约50分钟，这说的是片长时间。至于每个镜头时间更是短暂，一般以帧、秒计算。与此同时，前面提及影视剧的译文要加在画面下方，不能遮盖原拍好的影像。此外，外国观众观看我们的影视剧时，要一边看影像，一边看字幕，十分累人，特费眼睛。为了让他们能看懂其基本剧情和主要内容，就要求我们的翻译必须准确、简练、词句短小精悍，但能表达主要意思，做到不走样，以减少观众的视觉疲劳，增加文娱欣赏的愉悦感。

此外，影视剧一般是通过人物对话来展开和发展剧情，刻划人物性格和表达其内心世界。所以其翻译一定要"口语化"，我们的译文用词必须短小精悍、朗朗上口，切忌咬文嚼字、冗长，拖泥带水。

综上所述，影视剧翻译的基本特点和要求如下：

1. 准确，忠实于原文并符合剧情、场景及人物特点，黑的不能说成白的；大的不能说成小的，因为观众有影像对照，不能胡翻乱译。

2. 文字要简练，词句应短小精悍，三个中文句子的意思最好能浓缩成一句，如实在不行，变成两句，以适应西语字幕的需求。

3. 口语化，对话部分的翻译所用的外语要上口，简洁、明了、易懂，切忌使用文绉绉的文学语言。

4. 忠实于原文，但又不拘泥于原文。翻译古代电视连续剧中时而遇到繁琐的宫廷礼数、称呼，我们就应有所舍弃。

5. 古诗词、古文词句的翻译先要查询工具书或请教专家以弄清楚原意，切忌误解、瞎乱猜测。否则以讹传讹，贻害无穷。

除影视剧外，我们还承担了央视西语频道几个文化栏目的翻译，如《中华艺苑》《神州行》《科技天地》《体育节目》和纪录片，由于翻译的内容和类别各异，其特点和需注意的问题也不一样，由于时间关系我不再一一列举。我只想简单介绍一下流行歌曲的翻译。此类翻译确实难为了我们这帮老头，因为大多数不喜欢、不感冒，也不懂得。其歌词有时一句不挨一句，前言不搭后语，呈跳跃式的，让译者有点"丈二和尚摸不到头脑"。为了把握好此类歌曲的主要意思，动手翻译前须通读几遍歌词，将原意先弄明白后再动手翻译，能达到事半功倍的效果。

没有文明的继承和发展，就没有文化的弘扬和繁荣。文明交流互鉴，是推动人类文明和世界和平发展的重要动力。搞好各类文字翻译（包括文化栏目和影视剧的翻译）就能促进中外文化交流，提高中国的软实力，扩大中国文化对世界的影响。反之，就会阻碍我对外文化交流，影响中国与世界之间相互了解。

（吴瑞根，男，新华社前驻墨西哥拉美总分社记者）

对外文化传播中有关翻译的几个问题刍议

王世申

非常感谢大家参加"中国文化翻译与传播"高级研修班并跟我一起研讨对外文化交流工作中关于翻译的问题。我没有专门学过翻译理论，对于翻译理论不是很了解。在过去三十几年中，我一直在文化部外联局机关以及驻巴西、阿根廷和秘鲁使馆文化处工作，从事对外文化传播与交流。其主要任务就是在加强调研的基础上，通过商谈、签订并落实文化交流执行计划，把中国的文化艺术介绍给各驻在国人民，推动双边文化艺术各界人员和项目的交流。在工作的过程中对翻译工作的重要性我有一些粗浅的体会，今天抛砖引玉，以期引起大家的深入讨论。在座的各位专家在自己的工作中都有许多宝贵的经验和意见，目前正在对外文化交流工作第一线工作的年轻的朋友们也有很多新鲜的经验。这些经验的交流必定会进一步促进对外文化交流事业的发展。

首先讲一讲翻译在对外文化交流工作中的重要作用。为中国文化对外传播做出过重大贡献的爱泼斯坦曾经说过，"外语是决定外宣效果的最直接因素"。他解释说，"一篇好的中文稿，也就是说，一篇符合对外宣传要求的中文稿，在一个外语水平不高、又不懂对外宣传的译者手里，可以变成一篇外国人不爱看、也看不明白的外文稿。同样，一篇文字不怎么好、有些地方不大符合对外宣传要求的中文稿，在一个外语水平高又懂对外宣传的译者手里，却可以变成一篇外国人爱看、易懂的外文稿。"这里他所强调的正是对外文化交流工作中翻译的重要作用。翻译自己的中外语文水平的高低以及口头和文字表达能力与技巧的优劣直接关乎工作效果。对此，我在多年的工作实践中深有体会——对方听得懂听不懂，懂的多与少，跟你的翻译确实有很直接的关系。

其次，我讲一讲在翻译中应尽量避免的错误做法。一个是死译、硬译、谷歌式的"置换法翻译"。关于这个问题，今天上午开幕式上几位专家的发言，都已经谈到过。刚才赵振江老师的发言，谈的也是诗歌翻译里要避免死译、硬译、"置换法翻译"。我翻译过几部西班牙文的小说，根据我自己的体会，我是比较倾向于在忠实于原文主要思想以及主要修辞风格的情况下,能够发挥译者的文采进行二度创作,在很大程度上不能逐字地硬译、死译。在对外文化交流工作中,涉及到很多方面的内容,在翻译的时候也要避免死译、硬译。另一个是要避免源于中文思维的 pekiñol。20 世纪 60 年代,西班牙语外国专家对当时《北京周报》的语言提出过这样的批评意见。那上面好多关于中国的报道、中国故事的介绍讲的都是一口 pekiñol,不是真正的 español。当然,这里涉及的问题很复杂。正如今天上午开幕式上有的专家所讲的,我们有一些政策、方针和指导思想,在译成外文时译者是没有余地的,不可能随便动的东西只能那样翻译,不允许你换别的说法。中国特色社会主义的实践,包括这个词组本身,要求必须那样翻译。即便如此,在最近的一些文件翻译当中,专家们在讨论这个问题的时候,做了一些工作,有些短语的译法还是尽量地避免了不纯正西班牙语的出现。

再次,我讲一件对翻译者素质的基本要求。

第一点,我们要认识到,我们所从事的对外文化传播工作不单单是文化的问题。现实的形势,要求从事这个工作的人不仅要懂文化,还要懂政治、懂外交,对外文化工作中避免出现政治性错误,避免给外交工作造成被动局面。举两个简单的例子,一是作为我国基本政治制度之一的中国共产党领导的多党合作和政治协商制度中共产党是执政党而各民主党派都是参政党。"民主党派"怎么翻译?望文生义地翻译成 partidos democráticos 就十分不妥了——难道作为执政党的中国共产党就不民主了?因此译成 partidos no comunistas 较为符合历史和现实。二是在谈到台湾问题的时候,常出现"中国大陆"这一词组。如何翻译?是译成 China continental,还是译成 la parte continental de China?前者显然不妥——似乎还有一个 China insular,因而有承认两个中国之嫌,而后者则较为严谨。同样,在其它时事新闻比如西藏、钓鱼岛、南海等等问题的对外传播中,都会遇到很多类似的问题,都要避免产生政治和外交错误。

翻译基本素质的第二点要求,是要熟悉我们的交流对象,做到知己知彼。对交流对象的了解,首先是他们的文化背景。西葡语国家主要集中在欧洲的西班牙和葡萄牙本土以及广阔的拉丁美洲,他们的文化渊源、文化传统、宗教都是一样的。做对外文化翻译工作对这个历史和文化背景,包括古代希腊、古代罗马、文艺复兴时期的一些重要思想家的思想、众多文学艺术家的创作及其主要作品要有一个基本的了解。他们的文化传统,比如说诗歌、音乐、戏剧、建筑、绘画、雕塑都是一样的传统,对此也要有一个起码的了解。如果能够做到这一点,有的时候就可以借鉴他们传统文化里面的表现形式(比如歌剧里的宣叙调、咏叹调)来介绍中国文化(比如戏曲里西皮、二黄的某些唱段)的东西。再比如,了解他们的人文伦理传统，在翻译电视剧台本或者电影剧本的时候，有些家庭成员之间的对话就可以根据西方家庭成员之间的关系和具体情境翻译，不必拘泥于中文的内容（比如"你回来了？""我回来了。"等）。此外，在对外交往中也要尊重对方的宗教及其习惯，做介绍的时候也要考虑到对方的感受。有时候跟当地的朋友聊天，他们会问到你信什么教。如果你直言你没有任何宗教信仰，那么你在他们心目中的形象就十分令人担忧了。其实，虽然我们大多数中国人不像西方人那样严格地参加宗教组织和参加宗教仪式，但我们的文化基因中还是有明确信仰的，至少是受到儒家思想的影响，而儒家思想则有"孔教"之称。

同时，还要熟悉他们的语言习惯。举两个例子。我们汉语常说讨论某个问题，西班牙语里也有一个对应的单词 discutir。但在西语里这个词有争论、争辩、表示异议、讨价还价的微妙含义。因此，除"讨论"的问题确实存在较大争议、双方各执一词的情况外，一般不用 discutir，而视情况用 abordar、tratar 为妥，否则会使对方产生双方激烈争论而难以达成共识的错觉。另一个例子是我们许多对外传播的文章，如自然和文化遗产的介绍、重大活动的报道等等，有太多的八股式华丽而空洞的辞藻，一般来讲都不符合现代西班牙语的语言习惯，会把对方弄到云里雾里，不知道你到底要说什么。因此在翻译时应尽量避免这一类的文字。

此外，还要了解思维与体制的差异。在思维差异方面，中国文化从古代到近代、到现代都很强调群体、整体、全局；而西方文化比较强调本体、个体、局部。我们在介绍中国文化的时候，不要从空洞的大道理讲起。其实，普遍的道理就存在于具体的故事之中、存在于每一个个体和局部之中。我们做对外文化传播交流工作也应该更好地理解并运用普遍性存在于特殊性之中、共性存在于个性之中的哲理。由于体制的差异，翻译在词汇的运用中也有不同，比如我们常说的"宣传"，其实就是传播、推广，在西语里对应的应该是 difusión，而不是 propaganda。后者包含有夸大其词、类似商业广告甚至蛊惑的含义。

对于翻译素质的要求，还有一点是比较重要的，就是要加强中西语言文化的修养。首先要精通西班牙语，要大量阅读西班牙和拉美经典名著和当代名家作品，培养西语思维习惯和敏锐细腻的语感，熟悉并掌握其表达的特点。大家在中学和大学里都学过语文课和中国文学课，因此都有一个经验，你中文表达能力和水平的高低，跟你中文的底子，包括文言文和现代汉语，甚至是你的阅读量，有很大的关系。你阅读得多，你涉猎得广泛，你的语言自然会提升上去。同理，你若想西语要精，就要大量阅读西班牙语经典名著，你读得越多越熟悉，你的表达会越到位。

另外一点是要有较深厚的中文功底，先秦以来各时期古籍的阅读和理解、现代汉语的文字表达都是很重要的工夫。

此外，还要涉猎丰富的文化艺术知识。比如，我们做对外文化传播工作经常会涉及西藏问题，其中当然有很强的政治性。但是讲到西藏问题不可避免地的要谈到达赖喇嘛、藏传佛教、喇嘛教派，这又牵涉到世界主要宗教之一的佛教、我们中国政府的宗教政策等等。再比如，我们的工作也会涉及到文物和考古，这跟历史知识又紧密相关。谈到武术、气功，又与中国传统医药有很多的关联。介绍中国的古典文学、当代文学，如果能与西葡拉文学做一比较说明则会有出其不意的理想效果。中国的杂技、皮影、各地丰富多彩的民间艺术、民俗等非物质文化遗产，这些文化艺术知识最好都有广泛的涉猎。

最后，讲几个在翻译中经常遇到的具体问题。

1. 我在文化部外联局二三十年，翻译过一些对外影视节目的对白跟字幕。我自己的体会是：第一，简单的句子口语化，要很简短，字幕打上去以后不能太长；复杂的句子采取意译，只要能够把意思表达出来就行。第二，保持前后语义连贯，易读易懂。第三，人称与时态要方便观众理解人物关系与故事的来龙去脉。

2. 中国成语的翻译，要尽量使用西语常用的成语。

3. 中国特色文化样式的翻译，可以借鉴日本文化对外传播的经验。柔道、空手道、相扑、歌舞伎、艺妓、樱花、清酒、忍者、禅、任天堂、复印机等词汇在他们的对外传播中一律采用音译，于是地球人都知道它们是 JUDO、KARATE、SUMO、KABUKI、GEISHA、SAKURA、SAKE、NINJA、ZEN、NINTENDO、XEROX。它山之石，可以攻玉。我个人的意见，中国传统文化中许多东西都是独一无二的，完全可以采取使用汉语拼音音译的办法。就像二胡、琵琶译作 ERHU、PIPA 一样，清明、端午也可以译为 QINGMING、DUANWU，元宵、粽子、月饼也可以译作 YUANXIAO、ZONGZI、YUEBING。西方了解东方文化，在过去一个多世纪，从十九世纪后半叶开始，实际在很大程度上都是通过日本来了解的。刚才赵教授也讲了，我们对外文化传播要得到加强，中国文化翻译要得到加强，软实力要得到提高，跟中国经济的发展分不开，没有经济做基础其他的等于纸上谈兵。最近我们强调提升中国文化软实力，在我国经济总量已然跃居世界前列的今天，我们完全可以借鉴日本文化对外传播的历史经验，让全世界通过音译汉语拼音都知道这些东西的原产地都是中国。

4. 网络语言的翻译。随着信息化快速发展，传播手段与方式越来越多样化，网络语言越来越被普遍使用，其翻译宜遵从对象国年轻人网络语言习惯。

5. 人名、地名的翻译准则。宗教、历史名人要遵循约定俗成的原则。例如，碰到腓力、乔治、约翰、约瑟的话,按照习惯西班牙语就应翻译成 FELIPE、JORGE、JUAN、JOSE,蒋介石译为 CHIANG KAI-SHEK、清华大学译为 UNIVERSIDAD DE TSINGHUA、福尔摩斯译为 HOLMES。

国际时事政治里面涉及到的人名,还是遵照权威媒体和新闻单位都使用的译法,即以新华社译名室为准。

日裔、华裔姓名、港澳台人士的翻译要遵循名从主人的原则。例如玛利亚·儿玉译为 MARIA KODAMA、萧锦荣译为 SIU KAM-WEN、刘德华译为 ANDY LAU。

少数民族人名、地名,以1978年9月国务院批转的中国文字改革委员会、外交部、国家测绘总局、中国地名委员会《关于改用汉语拼音方案作为我国人名地名罗马字母拼写法的统一规范的报告》为准。文改会和国家测绘总局此前修订了《少数民族语地名汉语拼音字母音译转写法》。国家测绘总局编印了《汉语拼音中国地名手册(汉英对照)》。

6. 各学科专门术语的翻译,要查询相应学科的专业字典。

最后提两点建议。中国文化翻译传播对于中国文化走出去,对于提升中国文化软实力,甚至对于促进整个人类文明的进步发展,对于加强人类文化多样性的建设确实具有重大意义。同时,它也是一项很复杂繁琐的系统工程。

第一个建议,由中央外宣办牵头,译协、外文局、外联局等部门共同举办与此次研修班类似的文化翻译培训研修活动,并具体制定中国文化翻译的中长期规划。

第二个建议,各有关部门更多地关注以 PPS、GIF、动画短片、短视频、电游、APP 等新媒体的开发,将中国文化艺术的丰富内容制作成系列作品并积极在互联网上大力传播。

希望大家就上述各点展开讨论并给予批评指正。谢谢大家。

(王世申,男,1944年生。1967年毕业于原北京外国语学院西班牙语系西班牙语语言文学专业本科。1981年11月毕业于北外西语系文革后首届研究生班,获文学硕士学位。同年,开始在原对外文委(现文化部外联局)美大司工作,从事对外文化交流与传播工作。1990年代以来,先后任中国驻巴西、阿根廷和秘鲁使馆文化参赞。作者对拉美各国历史文化有较广泛的了解和深入的研究,著有《阿根廷文化》(2001)、《秘鲁文化》(2010)、《安第斯高原的传说——秘鲁》(2010),并在《中国文化报》《中外文化交流》杂志和《今日中国》等报刊发表拉美文化艺术评介。)

《红楼梦》翻译二三事

赵振江

1987年2月,我接到西班牙格拉纳达大学秘书长胡安·弗朗西斯科·卡萨诺瓦(Juan Francisco Casanova)先生的来信,称他们需要一位中国西班牙语学者为西文版《红楼梦》定稿,并说经与中国驻西班牙使馆文化参赞张治亚先生咨询,认为我是最合适的人选。此前,我与张治亚先生本无交往,只是我译的阿根廷史诗《马丁·菲耶罗》在布宜诺斯艾利斯展出时,他是我驻阿根廷使馆文化参赞,因而对我的翻译有所了解。接到邀请信时,我喜忧参半,难做抉择。喜的是机遇难得,能为弘扬中华文明做点实事;忧的是将《红楼梦》译成西文,谈何容易!我既不是红学家,西班牙文水平又绝对达不到翻译《红楼梦》的水平,实在难当此任。后来听一位同事说,出版西文《红楼梦》是北京外文局与格拉纳达大学的合作项目,已有成稿,我的任务无非是对照中文校阅一遍,其余时间仍可在那里研究我的西班牙语与西班牙语美洲文学,我这才下了决心,于1987年7月来到了这座西班牙南方的历史文化名城——格拉纳达(Granada)。

格拉纳达一词源于阿拉伯语,本意是石榴,曾是摩尔人在伊比利亚半岛的最后堡垒。据说,当年天主教国王费尔南多在攻克该城(1492)前曾说:"我要像剥石榴一样,一粒一粒地攻克这座城市",后来人们便称其为格拉纳达。记得我刚到此城时,一位开饭店的朋友主动向我介绍说:"赵老师,你知道吗,格拉纳达就是手榴弹的意思"。我非常感谢他的热情好客,但却深感当地的华侨文化素质不高,尽管在西汉字典上对"granada"确实有此一解。

到了格拉纳达大学以后才知道,事情并非如我所想。一是他们对翻译《红楼梦》并非迫不及待,大学里的人都已照常放假,到海滩避暑去了;二是我要做的远不止校订,而是大改乃至重译。但既然事已至此,退路是没有了,只好"既来之,则安之"。大学里无人上班,我无事可做,正好利用这段时间把带来的《红楼梦》和相关的参考书好好看一看。说老实话,《红楼梦》,此前我读过好多遍了。记得当年在"五七干校"劳动时,与理科系的几位老师同住一个房间。他们研究不了"数理化"了，正好有点闲功夫念念文学作品。当他们读《红楼梦》时，我常常在旁边接他们的下茬：他们读"披阅十载"，我就说"增删五次"；他们读"纂成目录"，我便说"分出章回"……于是他们误以为我把《红楼梦》背下来了。其实哪有那么回事！无非多读了几遍而已。在我国的四大古典文学名著里，我对《红楼梦》一直情有独钟。

1987年9月，终于盼到了开学。我第一次拜会卡萨诺瓦先生就明确提出：我需要一位西班牙语水平很高的合作者。理由很简单：西班牙语不是我的母语，靠我一个人是根本无法完成这项工作的。经研究，校方推荐正在攻读博士课程的青年诗人何塞·安东尼奥·加西亚·桑切斯（José Antonio García Sánchez）与我合作。

对我个人来说，这是一场"遭遇战"。原以为外文局提供的译文无须大动，哪里想到光是前两卷就用了两年半的时间。同样，西班牙方面的朋友们也没有思想准备，开始时竟要我们在三个月内完成第一卷。果真如此，那就只能"萝卜快了不洗泥"了。然而对这样一部古典名著中的精品是马虎不得的。改译到第十回的时候，我们觉得不能再继续下去了，需要推倒重来。我们又重新制定了工作方案：不求进度，反复推敲，该重译就重译，一定要尽力确保译文质量。

《红楼梦》乃"天下第一奇书"。"字字看来皆是血，十年辛苦不寻常"。伟大的文学巨匠曹雪芹呕心沥血写了十年，尚未完成全璧。现在要把它译成另一种完全不同的文字，岂能一蹴而就！一位西方的哲人曾说过：翻译即背叛。言下之意，完全忠实于原文的翻译是不存在的。在我国翻译界，自从严复（1853—1921）提出"信、达、雅"这三条标准之后，至今仍在争论与探讨之中。后来又有"表层含义与深层含义""形似与神似"等理论以及"化"的主张，然而始终都是在"务虚"，在实践中，并无可操作性，完全要靠译者的理解能力和文字水平。文字水平高低靠长期积累，非一日之功，至于"天赋"与"灵气"，就更不取决于人的主观意志了。但是，一丝不苟、精益求精的精神是做任何事情都需要的，对于翻译这样一部文学名著就更是必不可少了。如果不这样做，不仅对不住曹公的在天之灵，也愧对家乡父老。老实说，由于经验的缺乏、时间的局促和资料的不足，我们的译文有许多不尽如人意之处，但从态度上说，我们尽了最大的努力。

首先碰到的是版本问题。红学家们一致认为，脂砚斋评抄本最为珍贵。但二百多年了，流传至今的脂评本不仅是凤毛麟角，而且残缺不全。诸如甲戌本（脂砚斋重评石头记）、乙卯本、庚辰本（脂四评本）、戚序本、舒序本、蒙古王府本、梦觉本、甲辰本、郑振铎藏本（仅存两回）、梦稿本、列藏本（藏于前苏联列宁格勒）等。这些抄本有些虽有影印本或校勘本问世，但一时到哪里去找呢。更何况当时是仓促上阵，未能与红学界的专家们交换意见。于是只有以手头上有的，人民文学出版社于1982年出版的，由红楼梦研究所校注的新版本为依据，对外文局提供的译稿进行全面的修改或重译。新版本以庚辰本为底本，所以十七十八两回尚未分回。我们参考其它版本，还是分成了两回。说实在话，对于《红楼梦》的版本问题，就是在红学家之间，也是见仁见智，众说纷纭，我们这些"槛外人"的发言权就更有限了。

版本选定了，接下来要讨论我们对译文的设想。我们的共识是，作为第一个西班牙文译本，要面向一般读者，因而不应太繁琐，不应有太多的注释。否则，会使人读不下去。但有许多对中国读者无需注释的地方，对外国读者就非加注不可。比如"系属兔的阴人冲犯了"这句话，对一个中国读者毫不费解，可对一个西班牙普通读者就必须加注，而且要从我国的十二生肖说起。又如，全书有四百余个人物，他们的名字大都语义双关，如何翻译这些人名就是个棘手的问题。我们比较了其它外文译本，有的对人名采用意译的办法。这样做的好处是可以把双关的语义较容易地表达出来，也便于外国人记忆。但缺点是人物的名字冗长，而且显得滑稽，如贾雨村变成了"雨中的村庄·贾"（Pueblo bajo la Lluvia Jia）。人物的姓氏还是要用拼音，况且隐含的语义如"原应叹息"（元、迎、探、惜）等无论如何是不可能包含在正文中的，仍需要注释。考虑再三，我们还是采用了"汉语拼音加注释"的办法。但问题并未完全解决，有时同样会碰到意想不到的困难。比如香菱，即甄士隐的女儿英莲，被拐卖到薛家后改名香菱，后来又被夏金桂改作秋菱。这个名字本也没有什么出奇之处，可谁知当我们注释其含义时，发现西班牙没有菱角这种植物，自然也就没有西班牙文的名字。在植物学中，菱又分为两角菱、四角菱和乌菱三种。香菱之菱究竟是哪一种呢 如果一定要译成"菱"，那就要用拉丁文。在西班牙文中，突然出现一个拉丁文单词，无异于在花生米中掺一粒石子，吃到它时会硌牙的。在外文局提供的译稿中，把菱角译成了荸荠，这显然与一位楚楚动人的少女形象相去甚远。经过一番探讨以后，我们只好把香菱之菱译成了睡莲。她与英莲之"莲"是同族，声音亦好听（Nenúfar），似乎也与人物的形象相符。不知曹公英灵，以为然否。这仅仅是翻译过程中一个小小的插曲。无论效果如何，我们总算尽心尽力了。

对我们来说，最困难的部分是重译书中的全部诗词。为了保证译文的忠实，我们采用了这样的工作方法：首先由我做两种翻译，一种是不管西语的语法结构，逐字硬译，"对号入座"，使何塞（我的合作者）对原诗的本来面目有个总体印象，以弥补他根本不懂汉语的缺欠，并向他讲解中国古典诗词格律的艺术特征;但这样的翻译,他往往看不懂,莫明其妙;因此,我要按照规范的西语做另一种翻译。何塞在这两种翻译的基础上进行加工润色,并使其符合西班牙语诗歌的韵律。然后,我们一起讨论定稿。定稿后,还要把它交给埃赫亚(Javier Egea)、蒂托(José Tito)、古铁雷斯(José Gutiérrez)等几位诗人朋友传阅并听取他们的修改意见。因此,可以说,西文版的《红楼梦》是一项集体劳动成果,是友谊与勤奋的结晶。

应当说,西文版《红楼梦》问世后引起了热烈的反响。"国家报"和一些地方报刊以及电台、电视台都做过报道。第一卷出版后,在格拉纳达大学的文化中心马德拉萨宫(Madraza)举行了隆重的首发式,并邀请了北京外文局著名翻译家、红学家杨宪益先生等一行三人参加了该项活动,同时在格拉纳达大学校部举办了《红楼梦》人物画展。在穆尔西亚(Murcia)的文化季刊《拾遗》(Postdata)上发表了小说的第十七回,并附有何塞与我合写的文章,《曹雪芹与红楼梦》。在专门发表新作的杂志《比特索克》(Bitzoc)上发表了小说的第十八回。在格拉纳达大学校刊的特别副刊上发表了小说的第一回以及何塞·蒂托写的短评:《红楼梦:雄心勃勃的出版业绩》。在《ABC》杂志1989年第2期"书评家推荐图书"栏目中,14位书评家中有两位同时推荐了《红楼梦》。在《读书》(LEER)和《吉梅垃》(GUIMERA)等文学杂志上也相继发表了评介和推荐文章。格拉纳达大学副校长卡萨诺瓦教授在西文版《红楼梦》前言中说:

"……它为我们提供了无比丰富的故事情节,从而使我们对中国文化和智慧的无限崇敬更加牢固……对格拉纳达大学来说,此书的出版意味着极大的光荣和优越感,因为我们首先将这智慧与美的遗产译成了西班牙文……"

一九八九年五月三日,《理想报》曾为西文《红楼梦》的出版发表了一篇对格拉纳达大学出版社社长巴里奥斯先生的专访。他说:"这部中国小说的译本在全国各地所引起的反响,促使我们要改变自己的方针:我们要与那些丑陋的令人反感的图书决裂……"

西文版《红楼梦》第一卷(2500册)于1988年出版,一个月售完,紧接着便出了第二版。第二卷于1989年出版,同年10月,我就回国了。1996年我再次赴格拉纳达大学讲学,并校订了第三卷的译稿,但我的合作者却因工作调动,暂时离开了格拉纳达大学。因此,该卷的出版一拖再拖。后来,我的另一位朋友,曾在北京大学留学、现任教于格拉纳达大学的汉学家阿丽霞·雷林克·艾莱塔(Alicia Relinque Eleta)又参与了校订工作,才使得该卷于2005年出版。

需要指出的是，格拉纳达大学版的《红楼梦》，是按该校与北京外文局的协议出版的，因此，前两卷的译者署名为TUXI，即"西语图书"的译音，我与何塞是"审校、修订、注释"。15年后，第三卷出版时，才将我们三人署名为译校者。

2009年，西班牙一家有名的出版社（Galaxia Gutenberg 即 Círculo de lectores）从格拉纳达大学出版社购得了版权，分两卷再版了西文《红楼梦》（但不知出于何种原因，他们去掉了高颚的名字）。该书已于2010年10月发行（5000册），其中半数在上市前已被其成员提前订购了。

（赵振江，男，1940年生，北京大学西语系教授，博士生导师。研究方向：西班牙和西班牙语美洲文学。已发表专著四部，译著二十余部。西班牙国王、阿根廷总统和智利总统曾为他授勋。2009年获中坤国际诗歌翻译奖。2014年获鲁迅文学翻译奖。）

浅谈文学翻译

王 军

一、对文学翻译的认识

我发言的题目叫"浅谈文学翻译",或者叫"浅谈文化翻译"。经济、政治、科技等领域的翻译,所采用的词汇、词组及其他表达方法相对比较固定;而文化领域的翻译,尤其是文学翻译,则具有极大的灵活性,译文的质量取决于译者对原作品的理解和语言的表达能力;因而,做好文学翻译需要有更高的语言理解和表达能力。

首先,我要说,文学翻译工作者是英雄。为什么说他们是英雄呢?因为,在一定意义上讲,准确无误的翻译是一个无法达到的目标,准确无误的文学翻译就更是无法实现了。人与人之间的理解是相对的,不理解是绝对的;可沟通性是相对的,不可沟通性是绝对的。意大利人常说 Tradurre è tradire(翻译就是背叛),就是这个道理。儿女出自父母,每天与父母生活在一起,还经常争吵得天翻地覆;夫妻已融为一体,也经常会争吵不休;其原因往往是相互间不能理解,更何况去理解与我们关系甚远的某个人的思想呢,而文学翻译却恰恰要求我们做到这一点。

20世纪初,这种相对主义的哲学思想在意大利著名作家皮兰德娄的面具文学作品中展示得十分清楚,在现代的抽象艺术中也得到了充分的体现。当代接受美学的出现,也说明了读者对一篇文学作品可以有不同的解读。那么,我们是否可以说,一部翻译作品,只不过是译者自己对原作的一种解读呢?即便是对两种语言都十分精通的译者,他的译作也只能是译者的个人解读,与原作是有一定差异的。

在一定意义上我们可以说,各位同仁正在做着明知不可为而为之的事情。明知不可为而为之的人,不是英雄,就是不识时务者,那么我们应该将翻译者看作英雄还是不识时务者呢?我认为他们是英雄,因为,是文化的发展要求人们去做不可为之事,全球一体化的时代造就了翻译这种伟大的事业。从绝对意义上讲,文学作品是不可译的；散文作品不可译，诗歌更不可译。然而，各国文化之间需要取长补短，我们又必须翻译文学作品，其中也包括诗歌；因此我们也只能尽一切努力勉为其难地去做那些不可为之事。

文学作品由内容和形式两个部分组成，按照著名的意大利文学评论家德桑蒂斯（De Sanctis）的观点，文学作品是由内容和形式完美组合而成的。内容和形式缺一不可。在翻译中，我们既要尽量体现原作的思想内容，又要尽量体现原作的艺术形式，即尽量体现文学作品的语言风格和文体形式，否则翻译作品就不能被看作是真正意义上的文学作品，而只是一种文学作品的介绍。因为文学就是用艺术的语言和某种文体表达思想的一种艺术形式，去掉了语言风格和文体形式，只保留译文的内容，译作与其他翻译作品就没有了区别，因而，也就不应该被认为是文学作品了。如果老舍作品中的老北京人，翻译成外文时，都操起了文质彬彬的大学教授的语言，老舍作品中浓郁的北京乡土气息荡然无存，其艺术魅力也就不存在了。我们在翻译文学作品时一定要注意艺术形式问题，不注意这个问题，我们的翻译就不能被称为文学翻译。然而，我们现在的许多文学翻译作品都达不到这个要求。

翻译小说时要注意文体形式和语言风格问题，翻译诗歌时也要注意这一点。我们一直在讨论，诗歌能不能翻译。如果不翻译，等同抛弃西方古典文学，只保留当代小说，因为大多数西方古典文学作品是诗歌。有许多人说，用散文体将其思想内容翻译过来就可以了，前面我已经讲过，这样便完全丧失了诗歌的文学作品的形式，是不可取的。然而，主张用散文体翻译诗歌的人则会说：你没有看见吗？许多翻译大家都用散文体翻译诗歌，比如，北大已故著名教授杨周涵先生和田德望先生，他们就是这么翻译《埃涅阿斯纪》和《神曲》的。我无缘认识杨周涵先生，但我拜访过意大利文学前辈研究者田德望先生，并与他聊了三、四个小时。他明确对我说，他没有时间、精力及能力（开始翻译《神曲》时田老已七十多岁）把《神曲》译成诗体，对此他表示十分遗憾，并希望后人能把《神曲》译成诗体。杨周涵先生也在《埃涅阿斯纪》中译版前言中明确写道，由于时间、精力和能力不足，没有可能把它翻译成诗体，他也希望后人能将这部西方极其重要的史诗译成诗体。说没有能力翻译成诗体，是两位前辈的谦虚，没有精力和时间是他们的实际情况，而译成诗体则是他们的愿望；作为后来人，我们必须努力地去实现前辈的愿望，这样才能一代一代不断地促进翻译事业的发展。有些人会说，连杨周涵、田德望等翻译大家都不敢把诗歌翻译成诗体，你怎敢出此狂言？我不赞成他们的说法。如果我们有条件，有时间和精力，为什么要使经典的诗歌作品完全丧失它的艺术形式呢？诚然，我们用格律诗体翻译诗歌时，会遇到更大的困难,经常会力不从心,达不到既忠实原作又使中国读者喜欢的目的,甚至可能译文的韵律会显得幼稚可笑;但我仍然认为这样比完全抛弃诗歌体和韵律节奏好。完全抛弃等同未考试就已经交了白卷,未开战就已经宣布失败;用诗体翻译,即便译文不够精彩,但至少是一种努力和探索。

二、文学翻译的首要任务是理解

第二个问题是文学翻译的首要任务是什么?首要任务是理解。理解对了,译文就可能与原文相符;理解错了,译文必定是错误的,译文中的语言再美,也只是译者的写作,而不是翻译。理解是翻译的起始点,起点错之分毫,终点谬之千里,就像射箭一样。在文学翻译中,由于理解不同,同样的原文便会出现差别极大的译文,外译汉如此,汉译外也如此。

最近某出版社出版了意大利文艺复兴时期的史诗《疯狂的罗兰》的摘译本,理解错误太多。我举一个最简单的例子,在史诗第一歌第一节的译文中,Troiano一词被译成了"特洛伊",造成了极大的笑话。众所周知,特洛伊的故事发生在3000多年前的古希腊文化的早期,而《疯狂的罗兰》记述的是1200年前查理大帝率领众骑士抵抗撒拉逊人侵略的故事,两个事件相距2000余年。Troiano一词确实有特洛伊人的意思,但此处却是一个人名,他是率军来犯的非洲王阿格拉曼的父亲。错误理解语言和缺乏历史与文化知识,是造成这一严重谬误的原因。

外译汉中存在理解问题,汉译外中也存在理解问题。我在几个意大利文版的《论语》中,见到了因理解不同所造成的不同译文。如"君子"一词,在三个版本中,至少出现了五个译文。甚至在同一个译本中出现几种译法:signore(举止和品味高雅之人),saggio(智慧之人),nobile(高贵之人),uomo virtuoso(有道德之人),uomo nobile d'animo(灵魂高尚之人)。其实,我认为,哪一种译法都没有准确、全面地诠释出汉语中"君子"的含义。"仁"一词,也至少有3种译法:benevolenza(对他人的友善精神),perfezione morale(道德的完善),virtù perfetta e interiore(内在的完美德行)。"孝"一词也有许多译法,如:pio(顺从),pietà verso i genitori(对父母的爱),pietà filiale(儿女之爱),pietà e obbiedienza(爱与顺从)。我不想再列举其他例子了,只想说,一种文化所凝练出的最典型地体现这种文化的词汇,往往具有很深广的含义,不十分精通这种语言,不对该语言所表现的文化有极其深刻的了解,是很难准确理解这些词汇的,更难以用有着巨大文化差别的另一种语言中的某一个词汇将其解释清楚;在翻译中我们应十分重视这一点,努力弄懂原文的全面、准确的含义,以避免误导译文的读者,导致他们对辉煌的中华文化或其他文化的误解。前面说过,"翻译就是背叛"，但这绝不是我们随意背叛的理由，我们应该努力少背叛，尽量不要有质的背叛。

三、尽量全面、准确地译出原文的含义和所要体现的精神，避免因直译而毁坏文化符号和文学意象

我要讲的第三点是，应尽量全面、准确地翻译原文的含义和原文所体现的精神，避免因直译而毁坏文化符号和文学意象。

经常有人打着所谓的忠实原文的旗号，而去背叛原文。东西方语言相差甚远，不可能词对词字对字地进行文学翻译。要求翻译者句对句、词对词地进行直译，原文采用一个形容词、动词或名词，译文中也应该采用一个形容词、动词或名词，原文采用两个形容词、动词或名词，译文中也应该采用两个形容词、动词或名词，其结果一定是背叛原文的含义和精神。殊不知，外文的一个词汇中经常包括汉语的数个词汇的含义，反之，汉语的一个词汇中也经常包括外文的数个词汇的含义；因而，上述所谓尊重原文的翻译要求是极不科学的。

如果在译文中用所谓与原文相同或近似的词汇和表达方法能够表述与原文相同或近似的含义，我们何乐而不为呢？采取这种直译的方法，至少可以避免由于我们自己的错误理解所造成的错译；前面我们已经讲过，错误的理解是完全可能的，因为人与人之间的可沟通性是相对的，不可沟通性是绝对的。然而，前面我们还讲过，一种文化所凝练出的最典型地体现这种文化的词汇、文化符号和文学意象，往往具有很深广的含义，很难在另一种相距甚远的语言与文化中找到相对应的词汇、文化符号和文学意象，因此我们不得不努力地理解原文的含义，"消化"它，将其转化成另一种文化和语言的营养，以滋养译文。

不顾译文读者是否接受，以尊重原文为理由，一味地直译是十分有害的。因为当直译不能准确地表现原文所含有的文化内容时，直译并不是尊重原文，而是对原文内容和形式的重大背叛。这里，我想举一个实例，来说明这个问题。许多年前，一位首长访问意大利，在他的一篇发言稿中，有一句话，其大概意思是"中国正在全力以赴地建设四个现代化"，这句话被一词不差的直译成意大利语；当有人提出不同意见时，翻译者认为，这样的翻译是尊重原文。其实，在意大利文中，这句话是不通的，因为四个现代化一词是抽象名词，只能使用"实现"一词与其搭配，不能使用"建设"一词。这样的翻译只能给意大利人一个错觉，他们会认为，翻译用词不当，或中国领导人语言水平太低；这种错觉是我们翻译工作者应该尽量避免的。

我还要提醒大家，要十分注意各国文化之间的差异问题，它决定了译作是否能够准确地表述原文的含义。中西方文化之间有很大的差异，这些差异把截然不

同的文化血液分别注入到了中西方人的不同的血管之中。

我们在意大利语文学教学实践中,经常遇到这样的现象:学生读完一篇意大利文学原文作品之后,当老师问他们有没有词汇和语法问题时,学生回答说没有,语法现象都已经学习过,生词也都查阅过词典;当老师问是否明白了作者所要表达的意思时,学生又经常犹豫不定,不知如何回答,或者做出很不准确的回答。这是为什么呢?这是因为,造成人们理解文学作品困难的不仅仅有语音、语法、词汇等纯粹的语言因素,还有许多非语言因素,这方面的例子是不胜枚举的。

我们选用了意大利当代著名小说家埃里奥维托里尼(Elio Vittorini)的作品《西西里对话》中的一段文章作为本科二年级下学期的精读课文,文章中,作者讲述了自己乘船返回家乡西西里的过程。其中有这样一段描写:甲板上,作者迎着强烈的海风,大口大口地吃着刚刚买来的家乡的奶酪,尽管奶酪具有西西里奶酪传统的很强烈的辣味儿,他却感觉味道很淡。在表示"味道很淡"时他使用了"白"作为形容词。中文中很难使用表示色彩的形容词来描写味道,此处,语法和词汇知识对理解简单的形容词"白"就显得不够用了,因此,还需要有意大利式的想像力,这种想像力的大小肯定是取决于对意大利文化的了解程度。

意大利人阅读汉语文学作品时也同样会遇到类似的问题。我在意大利米兰大学任教时,曾经辅导过一位学习汉语的意大利女学生,当时,她正在准备毕业论文,翻译一篇关于中国古代生活的小说;小说中有一段两位士大夫之间的对话,女学生觉得对话中的某些句子十分古怪,无法理解,比如:"犬子不才,实难当此重任"。在中国的传统文化中,"犬子不才"只是文人之间惯用的一种谦辞,丝毫没有骂儿子是狗的意思。再如,"他拂袖而去"。离去就离去吧,为什么还要拂袖呢?中国古人穿长袖袍子,"拂袖而去"即愤然离去。如果不了解这些重要的文化因素,是永远不会正确理解上述语言的。

文学作品,尤其是诗歌作品,都充满了具有象征意义的文化符号和诗的意象,外国文学如此,中国文学亦如此。在翻译文学作品时,一定要十分注意不同文化中的不同的文化符号和意象的转移和变化,在转移时一定要尽量避免文化符号和意象的毁坏和发生质的变化。

比如,"龙"是中国文化中的一个重要的图腾,是众所周知的中国文化符号,《辞源》中说,龙"是古代传说中的一种善变化能兴云雨利万物的神异动物",一般为正义力量的象征,而翻译到意大利语时被译成 dragone,意大利语词典对 dragone 词义的注释为,"一种令人难以置信的妖怪,形似长有翅膀、口中喷火的巨型爬行动物",是一种恶势力的象征。我没有认真考证过最初是何人、何时把"龙"一词翻译到西方语言的,也没有考证过为什么把"龙"译成 dragone,也许是因为两者外形有些许相似吧。采用此种译法时,或许西方人有意丑化中国,或许当时食不果腹的中国人还顾不上中国在世界上的文化形象;总之,今天看起来,此种译法不利于在世界上树立良好的中国文化形象。

在中国传统文化中,白色服装为孝服,而在西方,白色服装却象征着纯洁,因而新娘子要穿白色婚纱。中国文学中,夜晚的月亮常常会引起人们对亲人的思念,如李白说:"举头望明月,低头思故乡",苏轼说:"人有悲欢离合,月有阴晴圆缺,此事古难全。但愿人长久,千里共婵娟"。这里婵娟指月亮女神嫦娥,而在西方文学中,月亮女神狄安娜却是一位冷面美女,禁欲女子的象征。在中国文化中,"鸳鸯"代表着男女之间忠贞不渝的爱情,而直译成西方语言就变成了一种"东方的鸭子",没有了任何浪漫色彩。再如,中国文化中,常用"芙蓉"和"桃花"等形容女子的美貌,而西方则常用玫瑰与百合形容女子的美丽和纯洁,比喻爱情。中国文化中,常用出污泥而不染的荷花和挺拔坚硬的竹子来比喻人的正直和刚正不阿,而西方文化中则没有这样的比喻。

不注意上述我们所说的文化差异,就会惹出许多笑话,如:捧着菊花去西方人家中做客,在外销的床单上印上大朵菊花等;因为菊花是中国古代文人十分喜爱的高贵的花朵,如孟浩然在诗中说:"待到重阳日,还来就菊花",陶渊明也在诗中说:"采菊东篱下,悠然见南山"。

正是因为各民族之间存在着文化差异,我们这个世界才丰富多彩,才十分美好,但差异又为我们制造出许许多多的相互理解的困难。众所周知,每一个民族都在自己文化、历史和传统的基础上形成了自己独特的具有象征意义的文化符号,这些符号十分美妙和具有诗意,因为它们可以引起人们奇异的联想;对本民族来讲,这些符号并不难理解,因为人们已经习惯了它们,而对其他民族的人有时却十分神秘和充满了奥妙,因为在其他民族的血管中流淌着不同的文化血液。因此,把具有明显民族文化特点的文化符号从一种民族语言转移到另一种完全不同的语言之中并非易事,需要翻译者十分小心,否则,便会因为在转移的过程中文化符号发生质的变化,使译文毫无意义,甚至无法理解。

那么如何解决这一问题呢?我认为除了精通本国和对象国语言之外,还要努力、认真地学习本国和对象国文化,从而有能力敏锐地察觉两国文化符号之间的异同。在能够保证文化符号和文学意象不发生变化,至少不发生质的变化的情况下,我们可以采取词对词的直译方式,否则便应采用词组的形式,尽量全面准确地诠释原文词义;当翻译像"龙"这样的词汇时,如果在西方语言中不可能找到准确表示其含义的词汇或词组,我主张不译,只用拼音注明其发音,然后再用注释加以解释；这样比错译造成不良影响要好得多。其实，这种做法在翻译中是十分常见的；如把民主译成"德谟克拉西"，把发动机译成"马达"，把涡轮机译成"透平"，把"大字报"译成 dazibao，把"一大二公"译成 yidaergong，这样的例子不胜枚举，之所以这样翻译，都是因为无法找到准确诠释原文含义的词汇所致。

（王军，男，1952 年生，北京外国语大学教授、博士生导师。研究方向：意大利语言与文学。出版专著 3 部、教材十余册、词典一部，翻译文学名著和理论著作 7 部，撰写各类学术论文 20 余篇。2012 年 6 月被意大利共和国总统授予"意大利之星骑士勋章"；2013 年获北京市优秀教师荣誉证书。）

邻邦眼中的中国形象
——以蒙古国主流媒体涉华报道为例
A Study of China's Image in Her Neighboring Country:
A Sample Analysis of Reports about China in the
Mongolian Mainstream Media

Erdenesuvd Enkhtaivan（蒙古国）

2009年《环球时报》总第2035期刊登了一篇题为《蒙古人心态复杂看中国》的文章，文章除了常规地介绍了蒙古国政治经济现状以外还把蒙古国普通老百姓生活情况和他们对华人的态度等多方面的情况也呈现给了读者，文章提出了虽然"中蒙贸易18年增长82倍，但两国没有与之相对应的民间感情""经贸交流增长迅速、民间感情还不牢固"的问题。

本人作为在上海外国语大学读硕士的蒙古国留学生，将这篇文章翻译成新蒙古文后，在个人博客上发布，仅在第二天蒙古国另有2个主流新闻网站转载文章，而且网民反应热烈程度出人意料。蒙古国最有权威的《今日报》2010年1月23日一期还整版刊登了这篇文章。总之，这篇文章在蒙古国引发的热议产生了本文关于蒙古媒体中的中国形象的研究。

蒙中两国作为共有4600公里边界线的邻邦，相互存在着重要的战略利害关系。自建交以来，两国友好合作简直是主流，但两国关系中仍存在着一些负面问题。两国专家和学者们认为，由于蒙古国家安全战略政策与中国威胁论、历史观差异、西藏和台湾问题、西方国家干预、蒙古媒体涉华报道失实等多种因素，蒙古国民众反华情绪持上升趋势。

本文从新闻传播学的角度对蒙古国较有权威的《今日报》涉华报道进行内容分析后发现，蒙古国主流媒体中所塑造的中国形象主要是：很危险的中国、经济强大的中国、最重要战略伙伴。

研究方法

本文对 2010 年蒙古国主流大报之一《今日报》涉华报道进行内容分析,试图得出蒙古国媒体中呈现的中国国家形象。本研究所选用的样本通过搜索蒙古国《今日报》电子数据库(www.mongolnews.mn)获得。检索的方法为标题包含"中国""中华人民共和国""北京"和"上海"等,检索的时间范围是《今日报》2010 年全年涉华报道。本文对蒙古国《今日报》269 篇涉华消息进行量化和定性分析。此次内容分析以"篇"为分析单位,即每一篇报道视为一个分析单位。

选择蒙古国《今日报》是因为目前它是蒙古国最具影响力的报纸,发行量大,覆盖范围广,具有一定的代表性。《今日报》是蒙古国实行民主化改革以来的第一个自主刊物,创刊于 1996 年,以读者数量占第一位。据《今日报》进行的调查分析,该报读者的 90% 多是首都居民,80% 是受过高等教育,高层管理人员的比例高达 50%。笔者认为,《今日报》基本符合本次研究考察对象的条件。

研究主要发现

一、蒙古国《今日报》对中国的关注程度相对较高

通过数量分析发现,《今日报》与中国有关的新闻报道共有 269 篇,每日平均报道量为 0.73 篇,平均每个月的新闻报道量为 22.4 篇。《今日报》涉华报道篇数的月份分布还是比较平均的,报道量基本上保持稳定的状态,表明对中国发生的事基本能做到及时报道。随着近年来中国经济快速发展,其能源供应越来越紧张,中国企业主要对蒙古国矿产资源开发领域大量投资。2011 年,蒙古国成为了中国进口焦煤第一大来源国。蒙古国目前所面临的最大的风险同样来源于采矿业:蒙古国经济过分依赖矿产出口,特别是向中国出口[①]。总之,中国给蒙古国经济发展一边带来机遇,一边带来挑战。正因为如此,近年来,中国经济发展以及中国社会的各种变化更加引起蒙古国媒体重视。

二、翻译类报道占多,消息源 60% 来自西方媒体

通过分析还发现,在全部 269 篇报道中,149 篇是转载自外国媒体的翻译类报道,而且在媒体消息源中西方媒体占 61.3%。由于转载自外国媒体的翻译类报道占总体报道的一半以上,因此很难说《今日报》对中国的报道是完整的、全面的、公正的。由于实际能力的不强,除了蒙古国通讯社外,其他媒体没有驻外

---

① "新自由主义造就蒙古"新贵"",天津《每日新报》,10 月 8 日,B10 版

记者,因此大部分转载自外国媒体的国际新闻。《今日报》也没有驻华记者,和某个中国新闻媒体单位没有合作交流,因此在其涉华报道中的国际新闻都是转载自中国和外国媒体的报道。他们国际新闻的消息源往往是西方媒体,包括美国、英国、俄罗斯、法国等。当然语言障碍是蒙古国记者不能直接从中国媒体得到信息源的重要因素。但是,中国媒体国际公信力低于西方国家媒体国际公信力很可能是蒙古国媒体很少引用中国媒体的消息源的另外一个因素。但是经过倾向态度分析发现,《今日报》国际消息类在报道形式方面基本上保持了客观中性的风格,而在表现出主观色彩的文章中,以负面为主。具体说,中立客观的报道有75.8%,负面的15.4%,正面的8.8%。

三、犯罪类报道最多,但严重缺乏中方消息源声音

对《今日报》关于中国的报道主要涉及的话题进行进一步分析发现,报道话题种类比较多,但是关于中国人犯罪的报道最多,有51篇,占全部样本的18.9%;其次是经贸合作,36篇,占13.3%;再次是矿产资源开发,27篇,占10.3%。《今日报》关注的前三个话题互相有一定的联系。全部犯罪类新闻报道的68.6%主要讲述在蒙古国的华人华裔以及中资企业的一些犯罪行为,而且其28.5%谈在蒙古国境内的中国矿业公司违法活动,17.1%谈蒙中两国民间冲突事件,11.4%谈在蒙古国的中国人杀人犯罪等。"危险的中国"形象主要体现在占多数的犯罪类新闻议题上。但是,这里还值得一提的是在国内发稿的犯罪类报道严重缺乏中方声音的问题。在全部犯罪类报道中,谈到在蒙古国境内的中国人犯罪或违法行为的共有27篇,消息源有45个。其中来自中方的消息源仅有2个,匿名消息源有6个,其余的37个都是来自蒙方的消息源。这就说明《今日报》涉华报道带有一定的偏见。但是记者不会中文,在蒙古国的中国公司保密性太强,在蒙古国的中国工人素质不高或不爱说话等原因往往会对记者获得信息增加难度的。这也很可能导致《今日报》涉华报道缺乏中方声音。

四、个人和组织形象最坏,政府和组织形象积极乐观

为了考察《今日报》中国报道对报道对象的态度倾向,本研究对报道中涉及的主要对象进行统计分析发现,持负面态度比例从高到低依次是针对中国个人、中国企业、中国社会、中国政府、中国组织。持中立态度比例最高的是针对中国政府,其次是中国组织,再次是中国社会;如果将持正面和中立态度的报道归类为积极的形象呈现,持负面态度的报道归类为消极的形象呈现,可以得出,中国各社会群体在《今日报》的基本形象特征是:中国个人在报道中消极的呈现比例大于50%;中国企业形象也不容乐观,消极和积极的形象呈现各占一半;中国组织、中国政府和中国社会的形象相对比较积极。这一结论提醒中国应该重视中

国公民和中国企业形象的塑造，并采取相关措施提升中国国家总体的国际形象。

五、中国综合形象：经济强国、危险国度、战略伙伴

《今日报》所报道的中国国家形象主要是：经济强大的中国、最重要战略伙伴、危险的中国等。从报道倾向来看，以中性客观报道为主，正面和负面比较均衡。

"经济强大的中国"形象

蒙古国《今日报》反映的中国经济形象都是正面的。在所有269个样本中，经济贸易话题占13.3%。在倾向态度方面，没有一篇负面报道，持中立态度的占83.3%，其余的16.6%是正面报道。总体来说，蒙古国媒体对中国的经济报道都是积极的。"2009年金融危机中中国经济增长达8.7%，大高于世界经济增长""2010年中国制造业产出占全球19.8%，高于美国的19.4%""中国大笔购买欧洲和美国国债"等一系列经济报道自然使蒙古国媒体对中国经济发展持肯定的、积极的态度。"21世纪将是中国的世纪"这一说法也是已经得到了蒙古国全社会的极大支持。

"危险的国家"形象

《今日报》2010年涉华报道中，犯罪类消息所占的比例最多。其中比较突出的是在蒙古国的华人犯罪以及中国公司违法行为。对报道主题对象的倾向分析也说明，《今日报》对中国个人和中国企业的负面报道比例最大，分别为72.2%和47.6%。在蒙古国的中国公民和中国企业负面形象影响中国整体国家形象，并把中国塑造成一个"危险的国家"。

这一结论提醒中国应该重视在国外的中国公民和中国企业形象的塑造，并采取相关措施提升中国国家总体的国际形象。这也有利于中国和从中国发展共同受益的其他周边国家之间的友好关系得到进一步加强，经贸合作得到进一步顺利实现。

"重要战略伙伴"形象

应中国国务院总理的邀请，蒙古国总理苏赫巴特尔·巴特包勒德于2011年6月15日至17日对中国进行正式访问时，双方决定将蒙中睦邻互信伙伴关系提升为蒙中战略伙伴关系，并发布了联合声明。声明中指出，双方加强在政治、经济、人文交流等领域的合作，维护共同利益，不断丰富蒙中战略伙伴关系的内涵。《今日报》2010年涉华报道中，话题为访问信息、经贸合作、矿产资源开发、教育文化和艺术等报道中呈现出的中国形象都是"最重要战略伙伴"的形象。《今日报》访问信息、经贸合作、教育文化和艺术类报道都是以中立和正面态度为主的，没有一篇负面报道。而与矿产资源开发相关报道中持负面态度的占

7.4%，其余的都是积极态度。总体来讲，《今日报》对中国政治、经济、教育文化交流的报道是比较全面的、公正的、积极的。这也就是说明，蒙中两国政府把睦邻互信伙伴关系提升至战略伙伴关系的及时性和重要性。

详细研究分析

第一节 关于中国报道数量分析

本研究搜索到《今日报》与中国相关的新闻报道共有269篇，每日平均报道量为0.73篇，平均每个月的新闻报道量为22.4篇。也就是说，每三天至少会有2篇中国相关报道出现在《今日报》上。从月份分布来看，《今日报》涉华报道篇数的月份分布还是比较平均的，报道量基本上保持稳定的状态，表明对中国发生的事基本能做到及时报道。

2010年《今日报》涉华报道中，100个单词以内的居多。有148篇，占全部的55%；其次是100到300个单词的报道，共87篇，约32占%；两者相加，即300个单词以内的报道，占了所有报道的87%。由此可见，《今日报》中的中国报道中以短消息为主，深度报道的篇幅多集中于300到800个单词。

经过进一步分析，发现《今日报》国际消息类的94.6%报道字数都在300个单词以下，国内消息类是偏长一点，字数在300到800个单词的报道约占30%，800个单词以上的报道占10%。究其原因是《今日报》国际消息类都是转载其他国际媒体的消息，而国内消息类一般都是《今日报》记者的现场报道，因此报道篇幅比国际消息类还要多一点。总之，以上的数据可以折射出蒙古国对中国的关注程度总体上还是比较稳定平和的。

由于近年来的蒙中两国经贸合作越来越密切，中国对蒙古国经济发展的直接和间接影响日益加深的当前情况，自然使得蒙古国民众和蒙古国媒体加大对中国的关注力度。蒙古国《今日报》也对中国的关注程度比较大，涉及中国的新闻报道也占其消息类的重要组成部分之一。

第二节 报道方式分析

（一）报道体裁

报道体裁是根据每篇报道的内容来区分的。《今日报》所有符合调查样本标准的新闻报道中，消息类204篇，占总体的75.8%，新闻特写类报道25篇，占总体的9.2%。这两种用来传递信息的基本新闻形式占所有考察样本85.1%。另外，通讯类和访谈类各有13篇，各占到了4.8%。而评论类11篇，占总体的4%，翻译类3篇，占总体的1.1%。

这里需要特别指出的是，《今日报》翻译类报道虽然仅占1.1%。但是由于下面几种原因,确定其翻译类报道很复杂。第一,由于没有驻外国记者,《今日报》国际消息类报道都是转载自外国媒体报道。第二,虽然《今日报》版面很明确,有"世界消息"为名的版面,主要发布国际消息。但是该报许多涉华消息分布在矿业、社会、娱乐、政治和经济等其他版面上。根据报道内容做进一步分析,发现149篇(55.3%)是国际新闻类,120篇(44.7%)是国内新闻类。据我们计算,《今日报》269篇涉华报道中的152篇(58.3%)属于翻译类消息。

(二)发稿地

由于蒙古国新闻写作格式的特征,蒙古国新闻报道一般不注明发稿地,因此确定《今日报》发稿地比较复杂。但是,按照报道内容分析,发现2010年《今日报》没有一个报道在中国或者别的国家发稿,其涉华报道的44.7%是在蒙古国报道,其余的55.3%是因为属于翻译类,发稿地不明确。如果将翻译类报道也视为都在蒙古国发稿的报道,那就可以认为,《今日报》涉华报道全部都在蒙古国发稿的。

(三)稿源

《今日报》关于中国的报道43%是自己的报道,1.7%是转载自蒙古国国内媒体(指蒙古通讯社),55.3%是转载自其他国家媒体和通讯社。

总之,蒙古国《今日报》关于中国报道基本都是简单的消息类报道,缺乏解释性的深度报道。《今日报》所有涉华报道的44.7%是国内消息,55.3%是国际消息。因为《今日报》没有驻外记者,其国际消息都是转载自其他国家媒体的翻译类报道,也就是说《今日报》国际消息的稿源不是自己的记者,发稿地也都是蒙古国。

第三节 报道内容分析

关注焦点这类指标主要想弄清楚蒙古国媒体关注中国的是哪些方面,这就要对文本采取比较细致的内容分析,量化的指标也是比较细化的,具体分为:涉及的话题、涉及国家地区、涉及的对象、涉及人物、报道层面和涉及的地域这六个方面,下面分别加以说明。

(一)涉及话题

对《今日报》关于中国的报道主要涉及的话题进行进一步分析发现,报道话题种类比较多。在所有新闻报道中,关于中国人犯罪的报道最多,有51篇,占全部样本的18.9%;其次是经贸合作,36篇,占13.3%;再次是矿产资源开发,27篇,占10.3%;访问信息和灾难事故,报道篇数分别为23篇和19篇,各占8.5%和7.1%。在整体上看,报纸对人权问题、腐败问题、台湾问题、战争冲突、民族宗教等话题的关注相对较少。这一点就表明,蒙古国《今日报》涉华报道议题选择与西方媒体有稍微不同。

《今日报》关注的前五个话题当中,经贸合作、矿产资源开发以及犯罪这三类话题互相有一定的关系。总之,几年来,蒙中双边经贸合作关系日益活跃,对蒙古国投资的中资矿业公司数量增加,去蒙古国的中国工人数量也猛增,随之蒙古国当地民众与中国公司和工人之间多次发生纠纷和冲突。因此,《今日报》涉华报道主要集中在上面三个话题上。下面是对这个问题的分析和相关数据。

从整体话题来看,犯罪类最为突出,犯罪类新闻报道的68.6%主要讲在蒙古国的华人华裔以及中资企业的一些犯罪行为,31.4%讲在中国和其他国家的中国人和中国企业的违法活动。经过进一步分析,发现涉及在蒙古国的中国人和中国企业犯罪行为的新闻报道28.5%是联系到在蒙古国境内的中国矿业公司,17.1%谈蒙中两国民间冲突事件,11.4%谈在蒙古国的中国人杀人犯罪等。

据蒙古国引外投资与外贸局发布的最新数据显示①,截至2010年底,蒙古国引外直接投资总额达到15亿美元,其中在蒙古国注册的中资企业投资额占53%。蒙古国央行最新报告表明,2010年蒙古国引外直接投资总额的89%都集中在矿业领域上。矿产资源开发毕竟是中国企业在蒙古国投资的最重要领域之一。

中国企业对蒙古国矿产资源开发领域的直接投资额已呈逐年增加的趋势了。无庸置疑,这一方面将对进一步促进蒙古国经济快速增长发挥很大的作用,同时提供良好的条件,但是另一方面让当地民众担忧不已。究其原因是,在蒙古国境内采矿的中国个人和一些小型公司在采矿过程中严重违反蒙古国法律法规,不把环境再生工作做好,给当地生态环境带来很大污染,使当地民众感到十分不安。目前,这种违法行为已经无处不在,并受到当地民众的广大关注和强烈抗议。

蒙古国科学院国际问题研究所学术秘书长旭日夫教授在《南邻发展与蒙古国》为题的文章中也强调这一点写道②,"中国经济发展给蒙古国一边带来优势,一边带来挑战。近年来,中国威胁论在蒙古国社会中比较流行。有许多人认为,中国快速发展对蒙古国民经济安全造成危机。中国正在吞食蒙古国矿产资源,如煤、石油、锌、金、铜、稀土、铁矿石等;为了提高其在蒙古国战略性重要行业中占有的地位,有政策性地采取的措施也在明显增加。此外,在蒙古国的中国人和一些中国小公司违背蒙古国法律的现象接连不断地发生,如大量污染自然环境,不缴纳应纳税款,走私非法物品,签证过期而非法居留,偷偷打"黑工"

---

① 【蒙】《蒙古经济》杂志,2011年5月,第二期,http://economics.gogo.mn/news/87246
② 【蒙】《今日中国》杂志,2007年,第1期,第6页。

等。这就会更加刺激蒙古国社会对中国威胁论的担忧之心。"

蒙方统计还表明，2010年蒙古国贫困人口数量并没有减少，失业率还是11%左右。不过，在蒙古国数量越来越多的中资企业以及中国工人好像就等于"火上加油"。据统计，在蒙古国注册的中资企业数量已经达到了5303家。从蒙古国移民局发布的数据来看①，截至2010年底，来自90个国家的1万多名外国公民在蒙古国境内从事劳动。其中61.4%是来自中国的技术工人，同比增加87%。去蒙古国的中国工人数量猛增现象对于生活在贫困线以下的蒙古国总人口三分之一来讲的话是一件很不受欢迎的事情。再说，去蒙古国的中国技术工人的90%以上都是男性，文化素质不高，对蒙古国语言文化和蒙古国社会背景的了解很少，而且和蒙古国女性未通婚而生孩子等现象成为中国工人遭到蒙古国民众强烈反抗的因素。由于上述原因，近年来，在蒙古国时常发生两国普通公民之间的民事纠纷和冲突事件。

《今日报》涉华报道话题当中占第四和第五位的是访问信息23篇（8.5%）和灾难事故19篇（7.1%）。经过进一步分析，发现《今日报》访问信息都体现在国内消息类上，而灾难事故类消息都体现在国际消息类上。这就说明，《今日报》比较关注双边政治关系，而灾难事故消息却都是转载自其他国家的媒体，因此其议程设置与《今日报》没有很大关系。

总之，有诸多宏观和微观因素不利影响蒙古国媒体中的中国国家形象的塑造。其中，在蒙古国的中国工人和中国公司的不道德行为就是破坏蒙古国民众对华的友好心态的最大因素，而且已成为了蒙古国媒体关注焦点。

（二）涉及国家、涉及对象、涉及人物

《今日报》关于中国的报道主要涉及的国家除了中国（49%）和蒙古国（32%）以外，其余的19%主要涉及的国家是美国、俄罗斯、日本和澳大利亚等。《今日报》涉及对象前几位分别是中国政府112篇（41.6%）、中国企业42篇（15.6%）、中国社会32篇（11.8%）、中国个人20篇（7.4%）、中国组织19篇（7%）。《今日报》所选269个样本中有127篇涉及了人物，其中44%的主要人物是首脑和政治人物，31%涉及的是普通人，25%是专家、公众人物和记者等。这一数据表明，《今日报》主要关注的还是政治人物，而对于普通民众的关注相对较少。

（三）涉及的层面和地域

《今日报》269篇中有195篇（72.4%）是国家政府和地方政府层面的交往，

---

① "有3140名外国籍人在蒙古国矿业领域从事劳动""Shuud"网络新闻，2011年 http://www.shuud.mn/p=3031。

42篇（15.6%）是民间交往，31篇（12%）是涉及的层面不明确。数据说明，《今日报》关注的是国家政府层面的交往，对于民间交往的关注相对较少。这也和上面涉及人物的数据是对应的。

《今日报》269篇报道中有180篇提及了事件发生的地域，其中122篇（68%）涉及的地域是首都等大城市，如乌兰巴托、北京和上海，24篇（13%）是一般城市和城镇，34篇（19%）是农村等欠发达地区。这也说明，《今日报》一般城市和欠发达地区的关注相对较少，只关注首都和大城市。

第四节 新闻来源分析

《今日报》的269个样本中，消息源共有364个，平均每个报道有1.35个消息源。

进一步分析消息源的种类，发现蒙古国《今日报》，政府和官员的消息源占到40.9%，其中来自蒙古国政府和官员64.4%，中国政府和官员28.8%，其他国家政府和官员6.8%。除此之外，媒体和组织也是主要的消息源，分别占到25.5%和16.2%。数据说明，《今日报》涉华报道中选择的大都是比较权威的消息源，而来自普通民众的看法和观点非常少，仅占6%。

（一）国际消息类报道消息源分析

《今日报》消息源当中，蒙古国媒体占6.2%，中国媒体占32.5%，其他国家媒体占61.3%。所有媒体消息源的11.9%是被国内消息类引用，其余的88.1%是被国际消息类引用。

这里特别指出的是在所有269篇关于中国的报道中，120篇是国内消息类，149篇是国际消息类。因为国内消息类稿源都是《今日报》记者，所以很少引用外国媒体消息源。而《今日报》国际消息类都是转载自中国和其他国家媒体的翻译类报道，因此至少应该注明其稿源和引用消息源。但是在149篇国际消息中，无消息源的有36篇，无消息源又没有注明稿源的有78篇。仅有69篇关于中国报道注明稿源的同时至少提及一个消息源。据进一步调查发现，69篇国际消息类涉华报道中共有75个来自外国媒体的消息源。

对这些外国媒体消息源作进一步分析发现，如果按照国家来分，则中国8个媒体的26篇消息，英国7个媒体的26篇消息，俄罗斯有7个媒体的9篇消息，美国有4个媒体的10篇消息，法国、德国、韩国和菲律宾等这四国媒体各有一篇消息。

中国媒体	Xinhua agency	14	英国媒体	BBC	5
	China Daily	7		Bloomberg	9
	CCTV	2		Reuters	9
	china.org.cn	1		The Guardian	1
	"Guangzhou daily" newspaper	1		The Telegraph	2
	Taiwan "Apple daily" newspaper	1		The Architects' Journal	1
	Hong Kong "South China Morning Post"	1		"Financial Times"	1
	Global times	1	总共 26		
总共 26			美国媒体	Forbes journal	2
俄罗斯媒体	Vedomosti daily newspaper	1		CNN	1
	Itar—tass agency	1		Wall Street Journal	1
	interfax news agency	1		"Associated Press"	6
	Governance journal	1	总共 10		
	Rianovosti news agency	1	其他	DeutcheWelle	1
	ORT1 TV	1		AFR agency	1
	RBC news agency	3		yonhap news agency south korea	1
				"Philippine Daily Inquirer"	1
总共 9			总共 4		

  对这些引用了外国媒体消息源的报道再进行态度分析发现,69篇消息当中,9篇(13.1%)是负面,7篇(10.1%)是正面的,其余的53篇(76.8%)是中立的态度(在确定态度时,虽然内容负面,但报道里面没有明显负面的词语,我们就把它算为"中立"的态度。)

  《今日报》关于中国的报道中,西方媒体消息源比中国媒体消息源占有的比重还要大。为什么蒙古国媒体要舍近求远？语言是主要原因。蒙古国媒体工作人员掌握英语和俄语的比较多,而掌握中文的较少,语言的障碍使得蒙古国媒体不能直接从中国媒体得到信息源。

  2011年10月10日,与《今日报》国际消息部主任恩赫图亚女士通话时,了解到《今日报》国际消息部现有三名翻译编辑,《今日报》国际消息主要通过英文和俄文信息渠道来获取的①。她还坦率地告诉笔者,《今日报》目前没有驻华记者,和某个中国新闻媒体机构没有进行信息交流。因为他们国际消息部没有会直接处理中文消息来源的编辑,所以涉华报道主要从英文和俄文媒体得到信息源,也同时偶尔从中国新华网英文版上获得消息源。笔者认为,中国媒体国际公信力低于西方国

---

① 2011年10月10日,和《今日报》国际消息部主任恩赫图亚女士进行电话访谈,获得了上述信息。

家媒体国际公信力很可能是蒙古国媒体很少引用中国媒体的消息源的另外一个因素。

(二)国内消息类报道消息源分析

在所有属于国内消息类的 120 篇关于中国的报道中,消息源共有 195 个,平均每个报道有 1.625 个消息源。从表面上看,《今日报》新闻专业化程度相对高。但是,经过进一步分析发现,在所有消息源当中,中方的消息源仅有 32 个,其他国家消息源有 5 个,其余的 158 个都是蒙古国单方的消息源。数据说明,《今日报》国内消息类的涉华报道中表现出的只是蒙古国单方的声音,而基本上没有中方的声音。这可能容易导致新闻报道失实或报道倾向性。这样缺乏消息源的报道也许会不利于蒙古国媒体对中国形象的塑造以及普通受众对华的印象。

以犯罪类消息为例,共有 35 篇报道中涉及犯罪行为,其中 27 篇谈到在蒙古国境内的中国人犯罪或违法行为。这 27 篇报道共有 45 个消息源,其中来自中方的消息源仅有 2 个,匿名消息源有 6 个,其余的 37 个都是来自蒙方的消息源。这就可以说明《今日报》记者不太专业化或者其涉华报道带有一定的偏见。但是记者不会中文,在蒙古国的中国公司保密性太强,在蒙古国的中国工人素质不高或不爱说话等原因往往会对记者获得信息增加难度。这也很可能就是导致《今日报》涉华报道缺乏消息源的原因之一。

第五节 报道倾向性分析

(一)样本总体倾向

蒙古国《今日报》关于中国的中性客观的报道 174 篇(64.6%)、正面的报道 41 篇(15.3%)和负面的报道 54 篇(20.1%)。进一步对双边议程进行态度分析,发现正面的有 17%,中立的 62%,负面的 21%。对中国议程的态度分析结果表明,正面的有 12%,中立的 67%,负面的 21%。从总体上看,《今日报》在报道形式方面基本上保持了客观中性的风格,而在表现出主观色彩的文章中,以负面的为主。

经过进一步分析发现,《今日报》国际消息类和国内消息类报道倾向性有一定的区别。国际消息类中立客观的报道有 75.8%,负面的 15.4%,正面的 8.8%。国内消息类中立客观的报道有 50.8%,负面的 25.8%,正面的 23.4%。究其原因是《今日报》国际消息都是转载自其他国家媒体的翻译类报道。虽然有些国际消息内容负面,但是《今日报》编辑翻译时一般不使用负面的词语,因此其国际消息中立客观的态度还是主流,表现出主观色彩的报道也比较少。而《今日报》国内消息类报道中持中立态度的占总体报道的一半以上,负面和正面报道所占的比例基本上差不多。

(二)议题报道的倾向

《今日报》不同议题的中国报道所表现出的倾向也有区别。通过统计分析,在各自报道领域内,负面报道倾向比例最大的分别是犯罪与法律、人权问题和环境保护问题。犯罪类报道的负面倾向比例占所有犯罪类报道量的64.7%。环境保护和人权问题,各有7篇文章。人权问题报道都是持负面的态度。话题为环境保护的报道负面倾向比例占该领域总体报道的28.5%。

(三)对报道主体对象的倾向

为了考察《今日报》中国报道对报道对象的态度倾向,本研究对报道中涉及的主要对象进行统计分析,发现持中立态度比例最高的是针对中国政府,其次是中国组织,再次是中国社会;持负面态度比例从高到低依次是针对中国个人、中国企业、中国社会、中国政府、中国组织。针对各报道对象,报道持正面态度比例相对较低,其中报道对中国组织的正面倾向比例最高,为26.3%,对中国企业的正面报道比例最小,为4.7%。中国组织主要指在蒙古国的中国教育文化组织,中国企业指的是在蒙古国境内开展业务的采矿公司企业。

如果将持正面和中立态度的报道归类为积极的形象呈现,持负面态度的报道归类为消极的形象呈现,可以得出,中国各社会群体在《今日报》的基本形象特征是:中国个人在报道中消极形象的呈现比例大于50%;中国企业形象也不容乐观,消极和积极的形象呈现各占一半;中国组织、中国政府和中国社会的形象相对比较积极。这一结论提醒中国应该重视中国公民和中国企业形象的塑造,并采取相关措施提升中国国家总体的国际形象。

参考文献:

[1]《蒙古经济》杂志,2011年5月,第二期,p8

[2]《今日中国》杂志,2007年,第一期,p6

[3]《蒙古国新闻媒体业监测报告2010年》,蒙古国环球国际组织,2011年,p18

[4]《2008年全球新闻自由状况研究报告》,美国新闻自由社,2009年

[5]《蒙古国新闻业得失总结与记者采编时的难题调查》,蒙古国新闻学院出版社,2010年,http://www.journalism.mn/index.phppid=4&sec=view&id=1000033

[6]《中国和蒙古国关于建立战略伙伴关系的联合声明》,中华人民共和国外交部,http://www.fmprc.gov.cn/chn/pds/ziliao/1179/t831612.htm

[7]"全国牲畜总头数达到了3.1千万",蒙古新闻网,2010年12月24日,http://finance.sina.com.cn/stock/usstock/c/20111027/120210703667.shtml

[8]"新自由主义造就蒙古'新贵'",天津《每日新报》10月8日,B10版,http://www.wyzxsx.com/Article/finance/201110/267032.html

[9]《The Neo-Nazis of Mongolia: Swastikas Against China》,《时代》,2009年,http://www. time. com/time/magazine/article/0,9171,1910893,00. html

[10]"有3140名外国籍人在蒙古矿业领域从事劳动""Shuud"网络新闻,2011年 http:// www. shuud. mn/p=3031

[11]"赴华蒙古国留学生创业博览会在京举行",蒙古驻华大使馆网站,2011年 http:// www. mongolembassychina. org/index. phpmodule=news&sec=details&nid=114

[12]《蒙古人对外国及国际组织的态度调查》,蒙古政治教育学院与亚洲雨情表项目, http://academy. org. mn/darkhan/index. phpoption = com_content&view = article&id = 48%3Aopinion-of-mongols-about-certain-countries-and-international-organizations-&catid = 1%3Alatest-news&Itemid=50&lang=mn

[13]刘朋,《国家形象的构成》,http://www. cjas. com. cn/n6369c34. aspx,2011年10月10日,和《今日报》国际消息部主任恩赫图亚女士进行了电话访谈。2011年10月12日,和《人民日报》驻乌兰巴托特派记者霍文进行了电话访谈。

(Erdenesuvd Enkhtaivan,男,上海外国语大学的蒙古国留学生)

对老挝传播中的"主我"与"客我"

赵晓虹

说到跨文化、跨语言、跨国别的中外翻译,我不禁联想到传播学中的"主我"与"客我"理论,也不禁做一些不完全恰如其分的类比。譬如,我们以前的外宣概念,是不是就是基于我们、我们中国的角度,基于中国文化下的思维习惯和方法,在向外界极力表达我们想表达的"主我",容易自说自话、自得其乐,而作为外国受众、作为信宿,他们反馈回来的、他们眼中的"客我"不少时候却都不尽如预期,甚至事与愿违。如何让两者有机结合,良性互动是值得我们每一位传播者思考的课题。鄙人才疏学浅,对语言学、传播学等诸多学科领域也知之甚少,在此仅结合对老传播多年的实践谈一些个人体会,不到之处,请各位多多批评指正。

中国国际广播电台诞生于战火纷飞的1941年。从诞生之日起,国际广播就担负起党和国家"喉舌"的神圣职责,成为中国对外宣传的重要组成部分。在数十载的发展沿革中,特殊的政治使命使得国际广播更多地满足于国家机器的定位。因此,国际广播人的宣传意识和导向意识较强,"主我"占据绝对优势:

很长一段时间内,国际广播人策划、制作的节目内容主要围绕党和政府每一阶段的中心工作,突出强调的是意识形态要求,生产的是"宣传品"。这一时期的国际广播节目形式单一,往往呈现"我说你听"的态势,无论是播音还是内容都有较浓的说教味儿、宣传味儿,内宣、外宣区别不大。中国国际广播电台老挝语广播创办于1956年,正值老挝抗击外来侵略者的战争时期,中国的对老广播打破了西方媒体的垄断,受到老挝人民的广泛喜爱。但到了文化大革命时期,受"极左"思想影响,老挝语广播完全照搬内宣内容,符合对象国习惯的柔和语调也被指责为"骂敌人都不疼"。这样一来,老挝受众很难理解对老广播中的"红色海洋"内容,纷纷对"吵架式"的播音提出批评,听众流失严重。

改革开放之后,国际广播人的观念有了较大变化,努力探索具有对外广播独特传媒特征、艺术特征的新形式,更加关注具有中国元素的文化和民生等"软"

内容。在广播形式、播音等方面上追求个性、原创性和独特性，节目/栏目创作者的个体理念、播音员的个人主持风格逐步形成。与此同时，也更加注重收集受众反馈，广播节目提升到"我想你听"的阶段，"叫好又叫座"个人广播"作品"开始涌现。以老挝语广播为例，随着2006年万象调频台的开播，类似《93播放室》这样的"1+1"，即一中一外主持人搭档、既有中国元素又有对象国视角的节目也广受欢迎。可以说，此类国际广播节目中主创人员的个人色彩表现得较为浓厚，对外传播基本完成"宣传品"到"作品"的发展阶段，但尚未大规模形成具有品牌影响力、美誉度和二次销售潜能的"产品"，难以进行积累，难以实现循环、多平台利用。

近十几年来，随着媒介技术的迅猛发展，随着媒体融合的加剧，老挝语广播努力完成了单一媒体向综合媒体、传统媒体向现代媒体、对外广播到国际传播的转变，多形态、多平台的全媒体传播已初具雏形。

国际在线老挝文网（laos.cri.cn）于2003年12月开通，是全球第一家老挝文动态网站。尽管老挝人口不足700万，互联网普及率不到2%，但老挝文网站受众单月点击率一度高达13万。在雅典奥运会、北京奥运会等重大体育报道中，老挝文网站还在受众关注的赛事电视直播后随即上网发布消息，做到了和新华社等媒体同步发布。

万象调频台FM93开播于2006年11月，由中老两国最高领导人——中国国家主席胡锦涛和老挝国家主席朱马里赛雅颂共同启动开播按钮，成为中国第一家由中外最高领导人亲自启动开播的电台。2011年创建的万象节目制作室则是中国国际广播电台无驻站点地区首家节目制作室。同年10月，中国国际广播电台老挝分台暨万象节目制作室正式挂牌成立。2013年11月，万象调频台再次进行增时改版，每日播出时长达19小时，其中由万象工作室承担的本土化直播节目占全部时长的三分之二以上。大大提升了节目的针对性和可听性。

2013年，老挝语又自主创办了《悦生活》杂志，这是一份在老挝独立拥有正式期刊号的平面媒体，是我台外语刊物中唯一一份综合性月刊。该刊物每册80页，每月发行量为1万册。2013年由在北京印刷发送至老挝发行改为老挝本土化印刷发行，实现了从赠阅发展到订阅，从免费广告到收费广告的突破。2014年，《悦生活》明确了中老双语特色定位，充分发挥万象节目制作室的采集优势，加入了大量老挝内容，使得本土化与中国元素相得益彰，既能吸引想了解中国的老挝人，也能吸引在老挝的中国人。

今年以来，FM93移动收听客户端、社交媒体（微信账户、脸书账户）也纷纷推出。

紧跟媒体发展潮流，结合老挝国情，依托短波广播、在线广播、调频广播等多媒体渠道和平台，以受众喜闻乐见的方式方法向老挝报道中国，向老挝报道老挝，向老挝报道世界，打造中国对老挝传播和中国人了解老挝的第一媒体品牌也算是我们对老传播者的媒体梦吧。我们多年来的努力也受到了老挝上下的一致好评。老挝国家主席朱马里将中国国际广播电台誉为："老挝媒体的一部分"。老挝主流媒体则表示，中国国际广播电台无缝对接的母语对老传播内容已成为他们报道中国和报道世界的重要信息源。2013年9月，老挝国家主席朱马里在接受国际台老挝语部记者的专访时也对国际台老挝语网站详实丰富的内容给予肯定。

尽管如此，我们应该清醒地认识到，对老传播万里长征才走了第一步。"主我"的展示平台不可谓不多，但效果却没有登峰造极。这诚然有其客观原因：

一直以来，老挝和越南保持着特殊团结友好关系。而日本自1991年以来成为老挝最大的援助国，年均援助数额超过1亿美元。在老挝官员或民众中不少人都下意识地觉得日本可亲、越南可信。加之美国"重返亚太"战略的实施，受众严重的中国"客我"总差强人意。

当我们在日常的翻译、传播中其实也需要慎之又慎。比如，为进一步完善国家对外开放格局，和老挝接壤的云南省提出要加快建设成为中国面向西南开放的重要桥头堡。"桥头堡"一词在《现代汉语词典》里的解释有三：

1. 为控制重要桥梁、渡口而设立的碉堡、地堡或据点。
2. 设在大桥桥头的像碉堡的装饰构筑物。
3. 泛指作为进攻的据点。

上述三种解释都和战争、对峙相关，如果我们直译成老挝语，这让受众作何感受？个人建议，此处应该翻译成为窗口、前沿更为妥当。

比利时语言学家耶夫·维索尔伦在其研究的语言顺应论中指出，语言具有变异性、商讨性和顺应性。语言使用过程就是语言选择的过程。的确如此，语言是文化的载体，是文化的主要表现形式。只有了解各种文化间不同的价值取向、行为模式和风俗习惯以及传播媒介特点，才能实现文化对接，令母语传播达到预期效果。

总而言之，在国际传播中，充分意识"主我"与"客我"之间的不同，和造成这种不同的内在文化因素，我们才能在对外传播中发挥切实有效的作用。母语传播可以成为加深不同国家、不同文化之间沟通往来的"船"，但倘若"主我"当道，即使说着同样的语言，也很可能跨越不过彼此误解的"沟"。

（赵晓虹，女，中国国际广播电台老挝语部副主任）

波斯"柔巴依"从转译到直接译自原文的启示

张 晖

"柔巴依"和"鲁拜"

什么是"柔巴依"?

"柔巴依"原意:"四个一组"。当"柔巴依"作为诗体时,便是"四行诗"之意。这种波斯诗体,由四行组成,第一、二、四行押尾韵,即 aaba 的韵律形式,酷似中国的绝句。"柔巴依"形成于公元9~10世纪,原是一种民歌,鲁达基(公元 850—940)是最早运用这种诗体创作的诗人。笔者认为:这种诗体与中国绝句如此相似绝非偶然,极大可能是从中国的绝句演化而来的。① 但是这种诗体成为"柔巴依"后,便具有了波斯诗歌的特质。从内容上看,主要包括两个方面:一是用以表述哲理,一是用以表达爱情。

在波斯文学中,许多诗人都写过"柔巴依"诗歌,笔者曾翻译出版过《痴醉的恋歌——波斯柔巴依集》②。该诗集中收入了 48 个诗人的诗歌。但是最著名的"柔巴依"诗人当属欧玛尔·海亚姆。欧玛尔·海亚姆本是一位数学家、科学家、天文学家、哲学家,现在伊朗至今还在使用的太阳历,便是由他制定出来的。但是他作为诗人,能被世人所了解,当归功于英国诗人爱德华·费茨吉拉德。他将波斯诗人欧玛尔·海亚姆的"柔巴雅特"("柔巴依"的复数)译成英文出版。欧玛尔·海亚姆的"柔巴依"带有深邃的人生哲理,具有朴素的唯物主义思想。费茨吉拉德翻译欧玛尔·海亚姆"柔巴依"的时间是 1859 年,达尔文的《物种起

---

① 见张晖《中国绝句与"柔巴依"》:《文汇报·文汇笔会》2007 年 6 月 13 日第 11 版。从时间上说,中国绝句要比波斯"柔巴依"的创立整整早 4 个世纪。中国绝句传入伊朗有两条渠道。一条是通过丝绸之路,由商人传入。有些商人及其后裔熟悉中国绝句,如唐代的李珣(公元 885?—930? 年)便善吟诗词。另一条渠道是通过回鹘(hú)的西迁。回鹘受唐代文化的影响较大,后西迁到阿姆河和锡尔河一带(现在乌兹别克共和国、塔吉克共和国境内)。这里正是伊朗萨曼王朝的属地,是波斯诗歌之父鲁达基的故乡。

② 张晖译《痴醉的恋歌——波斯柔巴依集》,漓江出版社 1991 年 12 月出版。

源》恰恰也是在这一年问世的。两部书，一部文学书，一部科学书，表面看来毫不相关，却在叛逆神学这点上惊人的吻合。欧玛尔·海亚姆"柔巴依"像达尔文的《物种起源》那样，很快在世界上流传开来，主要原因在于它们都能够适应时代的潮流。

英国人对于费茨吉拉德的欧玛尔·海亚姆《柔巴依集》十分喜爱，于是其他翻译家也竞相将他的诗歌从波斯文翻译成英文出版，形成不同的版本。据伊朗学者赛义德·纳菲斯博士的统计，欧玛尔·海亚姆诗歌的英译本有32个。尽管如此，就影响程度而言，无一可与费茨吉拉德的译本相比。该译本到1925年已再版139次。之后，欧玛尔·海亚姆的"柔巴依"便相继被译成各种语言（绝大多数是从费茨吉拉德的译本转译的），流向世界每一个角落。计有法文译本16种，德文译本8种，乌尔都文译本11种，阿拉伯文译本8种，意大利文译本5种，土耳其文和俄文译本各有4种，丹麦文、瑞典文、亚美尼亚文译本各有2种，有一种译本文字的就比较多了。

那么，世界上共有多少种语言翻译、出版了欧玛尔·海亚姆的"柔巴依"诗集呢？难以作出详细统计，但是仅仅纽约图书馆便收藏着500多个版本。

欧玛尔·海亚姆的"柔巴依"诗集在英国，乃至世界形成热潮后，也引起中国知识分子的注意。早在"五四运动"之前，1919年2月胡适便将两首欧玛尔·海亚姆的"柔巴依"转译成汉语，称之为"绝句"①。三年后，郭沫若读到费茨吉拉德所翻译的欧玛尔·海亚姆《柔巴依集》，欣喜若狂，立即将101首诗歌全部译出，题名《莪默·伽亚谟：鲁拜集》，发表在《创造》季刊第一卷第三期（1924年2月）上。后来出版了单行本，并再版多次，成为我国影响最大的"柔巴依"译本。

郭沫若将"柔巴依"一词译成"鲁拜"，系明显的错译。因为原诗体称作"roba'i"，在"a"和"i"之间有断音符号——我查阅了各种英文版本，无一例外都有断音符号——即正确的读法应为"柔巴依"（"roba'i"），而不是"鲁拜"（"robai"）。谁知郭沫若的这一错译，竟成为人们的约定俗成。人们索性便一直错了下去。直到20世纪80年代，黄杲炘的译诗②才开始将"鲁拜"改为"柔巴依"。

---

① 这两首诗歌，其中一首题名《希望》。胡适在后记中写道："（民国）八年二月二十八日译英人Fitzpezald 所译波斯诗人 Omar Khayyam（d—1123 A.D）的 Rubayyat（绝句）诗第一〇八首。"（载于《胡适全集》卷十）。

② 黄杲炘的《柔巴依集》，上海译文出版社1982年出版。

概述转译欧玛尔·海亚姆"柔巴依"诗歌的盛况

对于郭沫若所译的《莪默·伽亚谟:鲁拜集》,闻一多十分赞扬,并撰写《莪默·伽亚谟之绝句》一文,刊于《创造》第二卷第一期上。文中也有他本人从费茨吉拉德的译本中转译的数首诗。对于胡适翻译的一首"绝句",徐志摩也曾撰文与之讨论。胡译为:"要是天公换了卿和我,该把这糊涂的世界一齐打破;再磨再炼再调和,依着你我的安排,把世界重新造过。"徐认为胡译不准,他的译诗为:"爱啊,假如我能勾着这运神谋反,一把抓住整个儿寒尘的世界;我们还不趁机把它完全捣烂,再按我们的心愿,改造它一个痛快。"——这些事例都成为大诗人们对于译诗严肃认真、相互切磋的佳话。

在郭沫若出版了《莪默·伽亚谟:鲁拜集》后,又有很多人相继从英文或其他语言将欧玛尔·海亚姆的诗歌进行了转译。这种转译的盛况,在中国堪称为"最",任何外国诗歌的翻译都未出现过。我们不妨将这些译本作个排列:

1934年,朱湘译15首(收入《番石榴集》,上海印书馆出版);

1935年,吴剑岚、伍蠡甫译本(英汉对照,上海黎明书局出版,被列为"西洋文学名著"之七);

1939年,孙毓棠译本(排列较整齐的新诗韵体形式,刊于上海《西洋文学》月刊上);

1942年,李意龙译本(旧体诗形式,用毛边纸印刷,自费出版);

1942年,潘家柏译本(新诗无韵体形式,依据英国理查德·勒·卡林尼的译本转译);

40年代,李霁野还以五、七言绝句形式译出数首,收入其全集中。

此外,陈四益曾撰文说:赵宋庆也曾翻译过欧玛尔·海亚姆的诗歌,数量达500首,但未出版。①

1949年以后,大陆与台湾来往隔绝,但有趣的是不约而同地都对欧玛尔·海亚姆的"柔巴依"感兴趣,不断有新的译本出现。

先看台湾,先后推出六个译本:

1952年,黄克荪译本(七言绝句形式,复印50册,后于1956年12月由台北启明书局出版);

1971年9月10日,陈次方译本(英汉对照,译于1959年,台北晨钟出版

---

① 陈四益在《也说〈鲁拜集〉的翻译》中写道:"另一位,也是我的老师赵宋庆教授。此事闻之于鲍正鹄先生。据说是译了全部五百余首,目的是为了研究苏轼的诗是受到了鲁拜的影响。但这项研究不曾有结果,译稿也随着赵先生的去世而不知去向了。"该文刊于2007年7月的《文汇报·文汇笔会》。

社出版）；

1971年9月10日，孟祥森译本（英汉对照，译于1959年，台北晨钟出版社出版）；

（出版社还将陈、孟两个译本合并一起，以《狂酒歌》之名出版。出版社负责人白敬先说："这个集子太叫人喜爱了。"）

1972年3月，施颖洲（菲律宾华裔）译12首，题名《露薤集》（收入台北皇冠出版社出版的《世界名诗选译》中。译者记载：译于1972年4月岷）。

1985年2月1日，虞尔昌译注101首（在台大外语系英文杂志《助读》上连载）。

1985年7月29日，唐德刚译4首（刊于台北《中国时报·人间副刊》上）。

在大陆方面，从英文或其他语言对欧玛尔·海亚姆的"柔巴依"诗歌的转译工作也有很大成果，现列举如下：

1982年，黄杲炘译注101首（每行12个字的新体诗形式，上海译文出版社出版）。

1985—1987年，柏丽分别以七绝和新诗形式译154首。其七绝形式的译诗从1987年2月开始在美国纽约《海内外》上连载，1990年以《怒湃译草》为书名出版①。

1991年，俞灏东、杨秀琴从俄文译22首，题为《欧玛尔·海亚姆诗选译》②。

六七十年代王蒙从乌兹别克文转译了欧玛尔·海亚姆的"柔巴依"数十首。后来当记者问他受哪个外国文学家影响最大时，在他列举的几名文学家中，便有欧玛尔·海亚姆。

从上述介绍的情况可以看出，我国对于欧玛尔·海亚姆诗歌的转译工作取得了何等的成果！欧玛尔·海亚姆的"柔巴依"的转译工作，有如下几个特点：

1. 转译欧玛尔·海亚姆的诗歌早于一般外国诗歌的翻译——在"五四"运动之前就已开始。

2. 欧玛尔·海亚姆诗歌的转译者人数众多，不仅反复转译，乐此不疲，而且所持续的时间很长，达六七十年，不论在哪个历史阶段（民国时期、抗日时期、两岸隔绝时期）都不曾断绝。

---

① 柏丽《怒湃译草》，人民大学出版社1990年出版。
② 俞灏东、杨秀琴所译欧玛尔·海亚姆的诗载于《国外文学》1991年第1期第238—242页。这些诗译自苏联《科学与宗教》杂志1987年第8期（19首）和1989年第5期、第7期（3期）。

3. 在参与译诗或参与讨论的人中，许多是社会名流，包括胡适、郭沫若、闻一多、徐志摩、王蒙，也有一些著名教授，如朱湘、李霁野、唐德刚等。这种情况在其他外国诗歌的翻译与研究中，不曾出现。

4. 对欧玛尔·海亚姆诗歌的转译形式多种多样：有的借助于古诗的外壳（绝句）；有的以新诗形式陈述；有的韵律严格，字数齐整；有的自由洒脱，豪放不羁。称得上是百花齐放，各有千秋，这种现象在其他外国诗歌的翻译中难得一见。

为什么翻译家们都喜爱以欧玛尔·海亚姆的诗歌作为对象，不厌其烦地反复翻译呢？

——这实际是一种时代的需求。中国的封建社会长达数千年，随着社会发展，也需要像欧洲那样的文艺复兴。文艺复兴的核心内容是：肯定现世生活，承认并尊重人的价值，主张人本主义。而这些内容，在欧玛尔·海亚姆的诗歌中表现得淋漓尽致。即使与文艺复兴的三位先驱但丁（1265—1321）、彼特拉克（1304—1374）和薄伽丘（1313—1375）相比，也毫不逊色。然而形式因为只有四行，颇似中国的绝句，形式十分亲切，而且根据自己的情况，可以翻译一二百首，甚至更多，也可以翻译其中的几首，可以灵活掌握。——大概就是这些原因，使得翻译家们的思想与欧玛尔·海亚姆的"柔巴依"产生共鸣，竞相翻译起来。

不管怎样，可以说转译欧玛尔·海亚姆诗歌的盛况是中国诗歌翻译史上的一大奇观。这种现象至少可以说明：当人们真正了解了东方文学的魅力时，会怎样的喜爱！

对于欧玛尔·海亚姆的"柔巴依"进行转译的盛况，是东方文学的骄傲！

转译诗歌的致命弱点

世界上有不同的民族和国家，他们都有各自的语言文字。这些民族和国家并非孤立存在着，常常有文化和经济上的往来，这就需要相互学习对方的语言文字。这种学习不可能所有人都去进行，往往需要专门从事翻译的人。翻译的内容是多种多样的，有政治、法律方面的，有经济贸易方面的，也有文化艺术方面的。其中文学是指以语言文字为工具形象化地反映客观现实的艺术，包括戏剧、诗歌、小说、散文等。文学翻译较其他内容的翻译要困难些，而最困难的翻译便是诗歌。诗歌难译的原因有两个：

其一，诗歌是感情的产物。

诗歌（主要指抒情诗）的特点是以语言来表达感情，而感情又是一种个性非常强的东西。因而，翻译是一种再创造。再创造出来的东西，当然也必然带有强烈的个性，但这种个性，已不属于原诗人，而是属于译者了。译作优劣的标准，就是译作中所表达出来的感情或精神是否与原诗贴近。如果译诗不能体现原作的感情或精神，就不能称之为好的作品。

其二，诗歌语言精炼且有韵律。

诗源于古代的歌。"歌"由词（语言）与曲（音律）两者结合而成。在"歌"中词和曲是不可分割的两个组成部分。但随着社会的发展，有人擅长作词，有人擅长谱曲，逐渐形成各自独立的科目。擅长作词者发展成为诗人，擅长谱曲者发展成为音乐家。诗歌的特点是语言精炼且有韵律和节奏。诗歌基本上都是有韵律和节奏（无韵自由体诗例外）的。如果原诗有明显的韵律和节奏，而经过翻译的诗歌，没有韵律和节奏，不能说是成功的译作。

只有优秀的诗歌才值得翻译，而优秀诗歌都是感情（内容）和韵律的有机结合。译诗只有将原诗的感情和韵律都能较完美地表现，并使之达到有机的统一，才能称作佳译。

明白了诗歌翻译的上述两个特点，现在我们来看诗歌转译的问题。

转译所依据的诗歌并不是原诗，而是第三种语言的译诗。就诗歌翻译的特点来说，译诗永远也不可能与原诗相吻合。因而这种从第三种语言转译的诗歌，所体现的已不完全是原诗人的思想、感情、韵律——它已经过翻译家的"改造"。比如中国翻译家们进行转译的依据，并非欧玛尔·海亚姆的《柔巴依集》原诗，是费茨吉拉德的译诗。这种译诗，是费茨吉拉德对欧玛尔·海亚姆诗歌进行理解之后，以自己语言文字（英文）所表达出来的思想、感情、语言韵律。以这样的译诗进行再创作时，距离原诗（欧玛尔·海亚姆的《柔巴依集》）已经很远，很难与原诗相吻合。

关于这个问题，下面我们举两个例子进行说明。

转译诗歌致命弱点的例证

在转译的欧玛尔·海亚姆的《柔巴依集》中，影响最大的是郭沫若的《莪默·伽亚谟：鲁拜集》，特别是闻一多还发表了《莪默·伽亚谟之绝句》一文进行评论与赞扬，进一步肯定了这一"权威"译诗。闻一多对于第一首译诗十分赞赏，并以自己的译诗作为衬托，更突出了郭译的优点。下面我们就来依据欧玛尔·海亚姆的原诗对于郭与闻的译诗作些分析。

先看郭沫若的译诗：

　　　　醒啊！太阳驱散了群星，
　　　　暗夜从空中逃遁，

　　　　　灿烂的金箭
　　　　　射中了苏丹的高瓴。

闻一多的译诗为：
　　　　　醒啊！石弹抛进了天碗，
　　　　　已经驱得群星四散；
　　　　　东升的猎人放出光绳，
　　　　　又套住了苏丹的塔顶。

现将英文原诗录于后面，以供读者参考：
　　　　　Awake! For morning in the bowl of night
　　　　　Has flung the stone that puts the east has caught：
　　　　　And lo! The hunter of the east has caught
　　　　　The sultan's turret in a noose of light.

闻一多对郭译赞扬说：

　　那层叠的句法，复杂的修辞，加以那浓郁荒诞的东方色彩，可算全诗中最难翻译的一首了。然而译者（指郭）捉住了它的精神，很得法地淘汰了一些累赘的修辞而出以十分醒豁的文字，铿锵的音乐，毫不费力地把最难译的一首诗译得最圆满。

　　这首诗的原文是波斯文。笔者先将原诗作出直译：

　　　　　太阳将早晨的绳索套在了屋顶，
　　　　　"白昼"的吉霍斯鲁击响了铜鼓；
　　　　　饮酒吧！清晨时爱的召唤——
　　　　　彼此"请饮"之声响彻天宇。

　　下面将其中的一些词作个解释。
　　"早晨的绳索"指的就是阳光。如果照此直译，中国读者就会莫名其妙，即使加注，也很难将"阳光"与"绳索"联系在一起，翻译的目的是为了使中国读者能够理解，因而笔者认为：在这种情况下，译者在翻译时可以按照中国人的习惯进行表达。

301

"'白昼'的吉霍斯鲁击响了铜鼓"句：霍斯鲁是传说中古代伊朗一个国王的名字。"吉"是对贤王的尊称。他在位160年。在波斯诗歌中，往往用他的名字代指国王。因而此句中的"吉霍斯鲁"可以"国王"代之。"'白昼'的霍斯鲁"所指的就是太阳。据说古代国王出征或外游，多是乘坐大象，在大象的一侧系着一个合金碗（大约是青铜碗）。当国王乘上大象后，将一个合金骰子抛进合金碗中，发出巨大的声响。人们听到声响后便动身出发。"碗"（一般译作"杯"）的原文为"贾姆"，此词的另一解是"铜鼓"，其词义系从"碗"（或"杯"）转化而来。因而在译诗中，可译为"铜鼓"。这句诗的含意即：太阳这个国王启程行进了，意指开始了新的一天。

第三、四句：在原诗中，"爱的召唤"所指的就是"请饮"之声。

这首诗的主旨是：天亮了，太阳升了起来，诗人一醒来便与友人酣饮狂欢，相互祝酒。应当了解：欧玛尔·海亚姆的诗歌属于哲理诗，作为译者应从哲理的角度去理解这首诗歌。这首诗是诗人以饮酒来表现狂傲不羁，不为世俗的绳索所约束的精神。

对于此诗，笔者试译如下：

> 当屋脊披覆第一缕熹微晨光——
> "白昼"帝王将象侧的铜鼓击响。
> 酣饮吧！清晨时刻，让爱的召唤——
> "请饮"的劝酒之声在天宇回荡。

我们再来看英文译诗及郭、闻二人的转译。这些译诗和转译，存在着两个明显的问题：

其一，英译本不理解"吉霍斯鲁击响了铜鼓"其实是个典故，因而译诗的随意性较大。闻诗直译为"石弹抛进了天碗"，使人莫名其妙：碗的底在上面，一抛不就掉下来了吗？如何抛得进？再说以"石弹"比喻太阳，合适吗？

其二，原诗的核心内容是饮酒，而在英译诗及中文的转译中，却失去了这个核心。以为该诗所讲的就是太阳升起来了。如果真是这样，其诗的哲理性何在？

不可否认，无论费茨吉拉德的译本，还是郭沫若的转译本，乃至闻一多的转译诗，若不对照原诗，而单纯从译诗或转译本身来看，都属上乘，正是这个原因其影响才较大，但若站在欧玛尔·海亚姆诗人角度看，却都没有表达出原诗的真意。这里还需要指出的是：就费茨吉拉德的译本来说，虽然已成为英国文学中的组成部分，并在世界文坛产生很大影响，但从版本的角度看，价值并不高。据英国学者爱德华·赫伦·艾兰的核对，费茨吉拉德的译本有 49 首译自一个加尔各答抄本，44 首是把两首诗捏合为一首再行翻译，两首是根据尼古拉本译的，两首是诗人哈塔米的，两首是诗人哈菲兹的。①

译诗本来就很难表达原诗的含义和诗人的感情和精神，若能体现原诗的感情和精神的六七成，已很不容易了。如果再在这些译诗的基础上进行转译，即使译得再好，若同原诗相比较，恐怕最多表达出三四成就很不错了。也就是说，转译者无论怎样的高明，发挥出怎样高的水平，若同原诗相对照，其译作也必定是件失败的作品。

从波斯原文直接译出的诗歌"起步较晚，但起点很高"

过去我国由于某些小文种不曾有人学习和掌握，因而对于这些文种中优秀的文学作品，只好从通用文种转译。这种现象在 20 世纪 80 年代以后逐渐有了转变。比如波斯文学，过去都是借助第三个文种进行转译。但是在 80 年代以后，陆续出版了一批直接译自波斯原文的波斯古典文学作品，而且译文质量得到国内外学界的肯定。这有两部书为代表。

一部为《波斯古代诗选》，此诗集全部诗歌均系从波斯原文直接译出，其中有相当一部分诗歌已出版有诗集。该《诗选》是张鸿年在此基础上进行编辑，并补充后形成的。因而，这部书可以作为当时波斯界的翻译水平。此书译者为张鸿年、邢秉顺、张晖、元文琪，系"外国文学名著丛书"之一，人民文学出版社 1995 年 5 月出版。该书荣获 1998 年第三届全国优秀外国文学图书奖。

一部为《波斯经典文库》。这实际是一套"文库"，包括六位世界级诗人的七种十八卷诗歌的全集。即：

1. 菲尔多西的《列王记全集》（6 卷）（译者：张鸿年、宋丕芳）。

《列王记》共 12 万行，为波斯史诗，其在世界文学中的地位，不亚于荷马的史诗《伊里昂记》和《奥德修记》。

2. 莫拉维的《玛斯纳维全集》（6 卷）（译者：穆宏燕、张晖、元文琪、宋丕芳、王一丹）。

莫拉维在波斯文学中被誉为"知识的海洋"。

3.《哈菲兹抒情诗全集》（2 卷）（译者：邢秉顺）。

哈菲兹的抒情诗被介绍到欧洲后，曾受到恩格斯、歌德、黑格尔等人的热烈赞扬。

4. 萨迪的《蔷薇园》（1 卷）（译者：张鸿年）和《果园》（1 卷）（译者：张

---

① 见张鸿年译《波斯哲理诗》第 31 页，注⑳。

鸿年）。

萨迪曾是在世界范围内开展过纪念活动的文化名人，其《蔷薇园》中的名句"亚当子孙皆兄弟"，已作为联合国阐述其宗旨的箴言。

5. 海亚姆的《鲁拜集》（1卷）（译者：张鸿年）。

这部译诗集收入"柔巴依"诗296首。译诗集初版于1991年，原名《波斯哲理诗》①。

6.《鲁达基诗集》（1卷）（译者：张晖）。

鲁达基是"波斯诗歌之父"。

这套"书库"全部由波斯原文译出，湖南文艺出版社2002年1月出版。

《波斯经典文库》一出版就受到世人的瞩目：江泽民主席于2002年四月访问伊朗时，作为国礼馈赠伊朗总统哈塔米。之后荣获多种奖项，计有：于2003年2月荣获伊朗伊斯兰共和国第十届国际图书奖；2003年9月荣获第六届全国优秀外国文学图书奖一等奖，12月又荣获第六届国家图书奖荣誉奖。

除这套"书库"中张鸿年所译的欧玛尔·海亚姆诗歌外，还有三部直接从波斯原文翻译成汉语的译作，即：

1. 张晖译《欧玛尔·海亚姆：柔巴依诗集》（收入"柔巴依"诗189首），湖南人民出版社1988年12月出版）。该诗集曾交由湖南大学教授、诗人彭燕郊审阅，彭认为："此译诗超过了以往出版的所有译诗，有出版价值。"力主将其作为"诗苑译林"中的一种出版，除平装外，还印制了精装本。

2. 邢秉顺译《鲁拜集》（收入"柔巴依"诗154首），该诗集载于人民文学出版社1999年出版的《鲁达基、海亚姆、萨迪、哈菲兹作品选》。

3. 穆宏燕译《欧玛尔·海亚姆：四行诗百首》，译诗载于2002年伊朗tandees出版社出版的《欧玛尔·海亚姆：柔巴依集》中，该书附有大量插画，由波、阿、英、法、中五种文字出版，每种语言都收入100首诗歌。

从上述译著可以看出，翻译波斯诗歌的工作，已经进展到完全摆脱借助于第三种语言进行转译的阶段，而是直接从波斯原文翻译成汉语。人民文学出版社《波斯古代诗选》的责任编辑曾感慨地说："从波斯原文直接翻译文学名著的工作，虽然起步很晚，但起点很高！"

东方文学直接从原文翻译诗歌的意义

波斯文只是众多东方文种中的一种。东方文学中的诗歌从原文直接翻译，而不再通过第三种文字转译，有什么重要意义呢？

---

① 该诗集于1991年由文津出版社出版。

第一，提高了东方文种诗歌的译文质量：

译文质量包括两个方面：其一，内容的准确性，其二，是否有诗歌的韵味。两者相比，前者更为重要。从原文直接翻译的小文种的诗歌，较之转译的诗歌，对内容的理解及把握，会更加准确。至于诗歌凝练与韵味的问题，有些译诗已属优秀的译作，有些随着译者译诗经验的不断积累，译诗水平也会不断提高。

第二，为东方文学的研究提供了更多资料。

现在全国师范院校的中文系都开设了东方文学课程。由于近几十年来东方文学翻译作品的不断增加，使该课程的内容也不断丰富。可以料想，东方文学随着从原文直接翻译出的作品的增加，也定能推动东方文学的研究工作，并使东方文学的教学更加丰富、生动。

第三，使人们更加重视东方文学。

东方有不少民族和国家，在古代曾有辉煌的文明，只是到近代才落后下来。而随着西方资本主义的兴起，也出现了"西方中心论"。一些到西方学习的学生，也接受了这种观点，将其带到国内，使得在国内也产生一定影响。反映到一些辞书、书籍中，便表现出来对东方文化重视不够的倾向。

然而随着东方文学直接从原文翻译、出版数量的不断增加、质量的不断提高，以及研究工作的不断深入，笔者坚信：人们定然更加关注东方文学，还东方文学以应有的世界地位。

祝愿东方文学的翻译、研究获得更大成就！

参考文献：

[1]《东方文学学科:建设与发展》,东方文学研究集刊(3),北岳文艺出版社 2007 年出版。
[2] 张鸿年《波斯文学史》,北京大学出版社 1993 年出版。
[3]《中国翻译家词典》,主编：林煌天,1997 年湖北教育出版社出版。
[4]《中国大百科全书·外国文学卷》,中国大百科出版社 1982 年出版。
[5]《国外文学》1991 年第 1 期,北京出版社出版。
[6] 张晖译《柔巴依诗集》,湖南人民出版社 1988 年出版。
[7] 张鸿年译《波斯哲理诗》,文津出版社 1991 年出版。
[8] 柏丽译《怒涛译草》,人民大学出版社 1990 年出版。
[9] 黄杲炘译《柔巴依集》,上海译文出版社 1982 年出版。
[10] 张晖译《痴醉的恋歌——波斯柔巴依集》,漓江出版社 1991 年 12 月出版。
[11] 张晖《波斯"柔巴依"和中国绝句》,1992 年 8 月 3 日《人民日报(海外版)(副刊)》。
[12] 张晖《中国绝句与"柔巴依"》《文汇报·文汇笔会》2007 年 6 月 13 日第 11 版。

（张晖，男，在中国外文局工作，已退休）

古典文献的翻译与文化补偿
——再谈《中国文化读本》的阿译感悟

张甲民

"古典文献的翻译与文化补偿"是翻译运作的深层问题,此前笔者曾做过北京大学哲学、美学和宗教学理论家叶朗和朱良志两位教授的大作《中国文化读本》的阿拉伯语转译工作,要参与文化补偿问题的研讨,最便捷的途径还是返回这个译本去梳理曾经的思绪。

《读本》一书"力求讲出中国文化的精神所在、中国文化的内在意味、中国文化的核心价值,力求进一步展示中国人的心灵世界、文化性格、生活态度和审美情趣,并注意发掘中国文化中具有普世价值的意义世界"[①]。可以说,正因为这一情结,作为这一翻译任务领命人,没读几章就已深深为之所动,而情不自禁地向两位作者表示将力争原原本本加以表现。其实,这"原原本本"也并不仅仅是面对作者,而且同时也是面对阿拉伯友人的一个郑重宣示。面对当今中、阿民族深化了解和增进合作的关系进入了一个更新、更高层次的历史时刻,作为阿拉伯语言文化工作者,一般都会作出这个承诺的。

兑现承诺,就翻译运作而言首当其冲需要的是两个到位——语义认知到位和语言表现到位,古典文献的翻译尤应如此。

孔子说:"志于道,据于德,依于仁,游于艺。"一句话四个分句,国人眼里言简意赅。四个分句四个行动,施事一方是谁?若不现身译文,整个语段的意思就会让人丈二和尚摸不着头脑。作者随后评说——"这是孔子教育思想的总纲""教育的目标是使受教育者以行道作为自己的理想,以提高人生境界",问题迎刃而解。于是,有了下段译文:

"قال كنفوشيوس ينبغي **على المتعلم** أن "يتطلع إلى الناموس، ويستند إلى الأخلاق، ويجنح إلى الرحمة ويبرُع في فن وفنّ."

翻译操作,意思和文字两者随时随地纠结一起。孔子的话,文字结构、语义

[①] 引自李岚清为《读本》所作的《序》。

承载、节奏感受，等等译者反复思虑，力求语义认知与语言表现双双到位，但从整体看，这种到位还超不出一般意义的到位；实际上文化意义的到位才是深层到位，特别是古典文献翻译。这一点，译者用到一个字，想往深里走进一步。汉文中的"道"和阿文中的"الطريق"异曲同工，既可实体，也可虚体。但译者担心"الطريق"一词可能引起某种俗化倾向，而直接选用"الناموس"（namus），一个语义厚重的古词，表示一种自然天成即天经地义之"道"，认为这与历代国人心中孔圣的身份更为匹配，力求从语义这个侧面反映文化补偿的要求。

  上段，笔者的话锋似乎更多指向与语义相关的文化补偿，但这不等于轻看语言层面。翻译运作，原语言和客体语言、话语结构基本通同的情况并不罕见，但决不能因为这种语言的"普世"表现而放松对语言处置的严格要求。譬如"教育的目标是使受教育者以行道作为自己的理想，以提高人生境界"一语，一般性处置就很可能形成两种文字对应明显的汉化效果，如：

"هدف تعليم كنفوشيوس هو أن يجعل المتعلم يتخذ من قطع الطريق تطلعاته حتى يرفع منزلة عقليته؛"

  因此，一句话没写完心里就已打起鼓来，如此处置语言呆板生涩，引起语义传达的损耗将是必然。语言是外壳，承载是文化，这种损耗无论大小，归根结蒂都会是文化层面的损失。从这个认知出发，"教育的目标是使受教育者以行道作为自己的理想，提高精神境界"一语最早的阿语草底便迅疾定成如前的式样：

"وقد كان (كنفوشيوس) يرمي بالتعليم إلى أن يعمل المتعلمُ سعيا وراء **"الناموس"** باعتباره **المثل الأعلى مدى حياته**، حتى حتى يرفع منزلة **عقليته**."

  译者采取这个表达方式，心中出现一幅图景——教育的箭头直指天际，那里有着教育者的人生之道——人生的理想境界"，语言风格不失游牧文化之豪情。语言的产生和发展与文化生态密不可分，语言因此而附有文化色彩；有了这种色彩，外壳的承载还能不更加给力？！

  就古文献与"文化补偿"的关系而言，语义到位是主体问题，但往下我们还是不能不主、副两者绑着一起说！

  如果说前文"道"一词的处理不那么容易的话，那么"天"一词面对一神教，难点就更加突显了。《读本》孔子篇讲"在孔子之前，商代和周代，天命论是流行的观念，也就是把'天'看成是有意志的人格神"。我们的翻译与原文结构和上述语言运作两者比较，不少地方都采用了音译加解释的办法，以传达原语言内涵，如：

"إن 'تيان' (tian) أي **السماء** (天) في الثقافة الصينية لفظة ذات مدلولات عدة أولها عبارة عن **السماء**، وثانيها عبارة عن **إله** ذي إرادة؛ وقد كان الثاني مفهوما شائعا في عهدي 'شانغ' و'تشو'؛ وكنفوشيوس كان آخرَ من تأثر بنظرية الإرادة السماوية هذه."

对应"天"字，这里一方面音译为"**تيان**"（tian），一方面用阿语"**السماء**"（即天）解释。而原文中作者追加的"孔子在多数时候是将天看作是自然界"一语，我们同时也如实表达，译作：

"**إضافة إلى كون تيان أي السماء في نظره عبارة عن الطبيعة غالبية أوقاته.**"，反映中国人原始宗教天人合一的意念。

又如讲到孔子要求人们保持一种对天敬畏的心理时说："获罪于天，无所祷也。这种对天的敬畏和信仰，体现了古代中国人的宗教精神"。这段文字，我们的翻译是：

"**من أغضب السماء** (读 al-samaa 即天) **فلن يكون له ما يدعو إليه**. وهذا هو ما يمثّل المهابة والعقيدة اللتين كان الصينيون القدامى **يعانقونهما بين يدي** السماء. إن المهابة والعقيدة **نحو** السماء من هذا النوع لأتينا تجسيدا لمغزى العقيدة الدينية لدى الصينيين في العصور الماضية."

原文也好，译文也好，这里讲的都是中国人原本关于神的认知。"神"作为类名词，要加冠词（al），但弄得不好就会和真主或上帝分不清界限而有混同一神的嫌疑。这样，我们就须注意使用"**الإله**"（神灵）一词，而不可借用"**الله**"（真主）这个特定词语；虽然拼音并无多少差异，只是书写式样还是要有所区分而已。平日翻译的一些文字，关于"天"也有借用"主"一语的，但总不忘添加一个汉文"天"的语素，写作"**الربّ السماوي**"，表示中国人所指的那个天、而不是一神教的那个天的天神；但通常讲到一神教时还是要用到"**سماوي ج سماوية**"（天）这个字眼，因为"一神教"阿拉伯语里的讲法就是"**الأديان السماوية**"。我们如此重视词语表达，目的只有一个：显示交流真诚，既增加了解又保持差异，是谓"和而不同"。

21世纪，随着世界经济一体化进程，《读本》一类的中华书文向世界展示中国人的心灵，会把天下人心拉得更近。

孔子关于人的学说有两个重要概念，一个是"仁"，一个是"礼"。

"**تتضمن نظريّة كنفوشيوس حول الإنسان مفهومين جوهريين أحدهما "رن" (Ren)، والآخر "لي" (Li) أي (即) الرحمة (仁) والطقوس (礼).**"

"仁者，人也，亲亲为大。"由"亲亲"出发，推广为普遍的爱。实现的方法就是"忠恕之道"。忠即"己欲立而立人，己欲达而达人"，恕即"己所不欲，勿施于人"，

"**من يكن قد تحلى بالرحمة يكن هو الإنسان، والحب لذي الرحم يكون هو الأكبر.**"

و "رن" لدى كنفوشيوس قد كانت تعني تعميم الحب انطلاقا من حبّ ذي الرحم وامتدادا إلى الحبّ الشامل. أمّا الوسيلة إلى تحقيقه، فهي "**الوفاء والسماح**". وأمّا **الوفاء** فشأنه شأن "**فإذا أردنا نحن أن نقوم بما أردنا وضعنا على بالنا مَنْ أراده كما أردنا، وما أردنا نحن أن نبلغ ما نبلغه وضعنا على بالنا مَنْ أراده كما أردنا**". أمّا السماح فشأنه كأنّ "**لا تفرضْ على غيرك ما لا ترضَى عنه.**"

行内专家看译文，音译和阐释的双重手法，对于克服深层交流的语言障碍不失为一个办法。"仁"音译成'رَنْ'再转用"الحبّ"（爱）和"الرحمة"（慈）来加以表达；"忠恕"又直接转用"الوفاء والسماح"加以表达，等等就是明证。文化可以不同，但文化因子当中一定有着太多的相同或相近、相通之处，通过多个层面的补偿活动，但愿不同文化间的互动越发顺畅，最终能进入一个大顺大发的时代！

作者在《读本》中提到"今天，孔子说的'已所不欲，勿施于人'被认为是人类应该共同遵守的'黄金规则'写进了《走向全球伦理宣言》（1993年）"。非专业读者面对这一报道更可广泛了解不同文化的交流实在是彼此间一种规模宏大的文化补偿运动。设若大家都来为这种补偿出力，世界和平的希望就会更大！

孔子讲"礼"（Li-لي），阿拉伯语文学者用"الطقوس، الآداب،الأنظمة والأعراف"之类的词语阐释。"礼之用和为贵"我们译作"لي، ذات نفع لما فيها من عزّة تناغم"，就人类文化交际中的某种缺失而言，这无疑是一份十分重要的补偿。

"文化补偿"是本文的关键词，我们给予广义理解，不止于具体和表层的追加和补足。要成功做到这一点，精确了解母文化内涵是关键。没有这一条"原原本本"只是一句空话。如"反者道之动"老子学说的基本内涵，面对这个词组，译者差不多是一个月后才渐有所悟。这说明什么，说明时空差距，作为现代当代人与古人比，我们的文化境界在呈现丰满升腾的同时也遇到了种种前所未有的境况，这已是不争的事实。从当下语境出发，我们更要心中有数地把握古典文献的精粹，补好古典文化这一课，方有可能准确表达中华文明的优秀传统。

老子说"反者道之动"，作者讲这里的"反"，两层涵义，一是相反的反，一是返回原地的"反"①。两层含义互相关联，反映老子哲学的独特智慧，译文表达的就是这个意境。

قال لاوتسي: " ما يسمّى بالعودة يمثّل حركة الطريق" ، و" الطاو" أو "الداو" ترجمة صوتية للفظة الطريق؛ فـ "العودة " في هذه الحيثية، كما قال الكاتب، ذات مدلولين أحدهما **حركة الارتداد عما كانت**، والأخرى هي **الحركة العائدة إلى حيث انطلقت**، معنيان متباينان لكن مترابطان، الأمر الذي يعكس الحكمة التي ينفرد بها لاوتسي.

"在阐述相反相成的思想时，老子惯用'正言若反'的思路。老子说：'天下皆知美之为美，斯恶已；皆知善之为善，斯不善已。故有无相生，难易相成，长短相形，高下相倾，音声相和，前后相随。是以圣人处无为之事，行不言之教。万物作焉而不辞。'"

---

① 古文中两个字眼表达相同含义。

"عندما قام لاوتسي بتفسير لفكرة حول تكامل الضدين، لجأ إلى ما اعتاد اللجوء إليه من منهج تفكير حول **'الكلمة السليمة إلى ما ينقلب ضدها'**؛ حيث قال: **'إن شاعت المعرفة بالجمال في المعمورة، شاعت البشاعة؛ وإن شاعت المعرفة بالخير فيها شاع الشرّ. على هذا، نشأ الوجود والعدم بعضهما من بعض، وتكامل الصعوبة والسهولة، وتناظر الطول والقصر، وتقابل الارتفاع والانخفاض، وتآلف الصوت والنبرة، وتتابع المتقدم والمتخلف. على سبيل المثال، إن الحكيم حين يقابل شيئا لا يعمل فيه وقد عالجه، ولا يتفوه ببنت شفة وقد أعطى تعليما، شأن ذلك شأن الكائنات أو المخلوقات، إذ هي تنمو ولا لفظة من بعضها'**."

在文字功夫上，这里语符包装的转换，在个人能力范围内，本着规范典雅和兼顾双方特色等，所作努力见仁见智，不同译者会有不同表现，更重要的还是原本文化意境的到位。

《读本》作者解释说，老子的意思并不是强调事物相反相成、互相转化，那种将老子哲学等同于黑格尔辩证哲学的说法是没有根据的。老子是通过对人认识活动的分析，来否定知识判断的意义，从而宣扬他的所谓"反"的第二层意思：往复回环的生命之道。

"فبين من مقال لاوتسي أنه ما كان من قصده أن يشدد نبرته على تكامل الضدين والتحول المتبادل بينهما. هذا، فلم يكن هناك ما يدعم الحجج القائلة بالمعادلة بين فلسفة لاوتسي والفلسفة الديالكتيكية لهيغل، وإنما قام لاوتسي بتحليله عبر نشاطات المعرفة لدى الإنسان لينكر قيمة التقدير بواسطة المعرفة، لأمر الذي يساعده على نشر المدلول الثاني لديه ضمن ما يُسَمّى عنده بحركة العودة باعتبارها طريق الحياة الذي يمتد باستمرار ليكرر نفسه على صورة دائرية."

译文如何这里不再细究，这里只想强调一点，那就是理解准确的重要性。不准确，我们就无法理解老子和黑格尔的区别何在，进而也就无法进行这段艰深的翻译运作。联系实际，事物的发展通常都跑不掉一个矛盾不断调节的进程，生活如此，工作亦然；但不管微观怎样正负交替、物极必反，最终统统都要汇入那宏观运动的大回环。如此考虑，译者对老子这一学说的翻译有了较强的信心。

"老子说：'玄德深矣远矣，与物反矣，然后乃至大顺（指自然）'。这里的'反'，不是相反，而是返回，是往复回环、流动不已的生命。老子哲学的最高概念'道'的根本特性就是'反'，就是归复于自然而然、无往不复的生命流动世界。"这段文字译文如下：

قـال لاوتسي: "الفضيلة عميقة معانيها، بعيدة أغوارها، إذ هي تعود بما في العالم حتى يصل إلى ما كانت عليه من الطبيعية." أما "أن تعود" في هذا المعرض، فهي لا تعني حركة الانعكاس، بل تعني حركة العودة وهي الحياة التي تنساب على الدوام وتكرّر نفسها على صورة دائرية. إن الخاصية الجذرية من الطاوية باعتبارها أعلى مفهوم من فلسفة لاوتسي، هي العودة إلى الفطرية — عالم الحياة التي تنساب باستمرار لتتقدم إلى ما كانت عليه ودون رجعة."

再对照上面的文字，我们自信心就更足了。"反者道之动"一语，是在对老子做了较多了解的基础上才翻译出来的。

"自然无为"（فلسفة لاوتسي القائلة بالطبيعية وعدم الفعل）一语并不难译，值得注意的是她的深刻寓意，现在世界上乱事、坏事、丑事太多，不就是因为一些人为了一国、一家、一己的"美"和"善"而违背自然、倒行逆施的结果吗？面对世界，中国人拥有自己的解决办法，所以作为译者的我们要推介自我文化，同时又学习他人，取长补短，彼此增益，祈求天宇变得更加广阔。

《读本》智慧与信仰、创造与交流、艺术与交流、民俗与风情，四大篇37章，章章节节引人入胜。本文在论述翻译文化补偿这个问题的过程中，虽然为数不多的引文都未超越其中第一、第二两章，但是这也基本能够满足本题论述的要求，因为所有37章在中国哲学、美学的光照下，都是一个美妙无穷的大世界，其价值的核心无非两点，一是孔子的"和谐"，一是老子的"共生"，其实两点就是一点——和谐共生，此说略借一例便可一目了然。

和谐共生是中国文化的精髓，《读本》中这种思想贯穿方方面面，《围棋》是《读本》的最后一章。说到"棋"，几乎所有棋种排兵布阵和计谋施展，全都为置对方于死地而后快；但围棋与众不同，一局围棋只是一场竞争，竞争的结果是看黑、白两种棋子所占场地的大小，一种和谐共生的天人大观，中华文化的意境跃然纸上！开始，译者不懂这些，下笔不免茫然，待弄懂语义所在时才知自己翻译的对错。这再次表明外语工作者的笔头能否发挥它文化补偿的作用，关键还是自我补偿的程度。

反观《读本》阿语版，不管是客观的工作挑战，还是主观的自我挑战，自己已经尽了最大努力，但又并非没有失误。关于"圣人"一词的理解和翻译，在笔者心中很长时间都是一份纠结。当初笔者发自内心写下"نبيّ الصين"（中国先知）一语，没感到有何不当。笔者太熟悉了，前前后后在阿7个年头，听这声对孔子的评价不是一次两次。面对这个字眼，审定人起初也并未提出异议。翻译过程中，笔者曾参看英文版"sage"（哲学家）一词，受落差感推动，想从阿语"قدّيس"——这个本意"至圣"的"张大名词"去平衡"大成至圣"的语义。朋友交往不拘一格地自由交谈是一回事，学术台面和正式场合又是一回事。审定人当初曾经同意，但事后似乎又感到有什么欠缺，而保留原本就有的"في قلوب الصينيين"（中国人心目中的）这个限定成分的基础上，再追加一个"نسيج وحده"（不同寻常的或别具一格的）限定成分，实施再平衡，保险系数叠加，似乎不会引起什么争议。然而事实表明我们忽视了阿拉伯语中这个单词非一神教莫属的文化专一性。文化差异既是客观存在，那么用词超越的现象就该尽早排除。

关于"圣人"一词的表达，此后与许多专家切磋，"مقدّس"一语表示"圣者"是由人的推崇而来。回归本议题，面对当代人，如此运用岂不也是语义与文化一种特有补偿！由于译者语言文化认知还存在局限，留下的缺憾只得留待再版去加以纠正了！

（张甲民，男，1935年生，北京大学教授，博士生导师，1960年毕业于北京大学阿拉伯语专业，留校任教40年并先后赴伊拉克、苏丹、埃及留学或任教，曾兼北京大学非洲研究中心理事、前国家教委外语教材编审委员会委员和阿拉伯语教学研究会副会长等学术职务。主要作品有《阿拉伯语基础教程》《中国高等学校高年级阿拉伯语教学大纲》第一编者、叶郎和朱良志《中国文化读本》阿译版、郭应德《中阿友好关系史》阿译版、《汉语—阿拉伯语词典》参编及修订主持等。）

北欧翻译概况

倪晓京

我感觉国家此时紧抓文化翻译与传播是非常及时的,也是非常重要的。国家明显重视文化传播的由头是从莫言获奖开始,或者更确切地说这是一个文化传播的重要契机。中国作为一个发展中国家,经济总量已经位居世界第二位,而且拥有世界最古老文明之一的 5000 年华夏文明史。但是在世界范围来讲,中国文化被认知、被传播的程度依然是不够的。目前中国文化在欧美影响比较大,但就中国本土的东西而言,年轻一代还没有认识到它的价值。但是我相信随着莫言作为第一个本土中国籍作家获得诺贝尔文学奖,中国文学走出去的步伐一定会加快。

但是文化走出去最关键的一点是什么呢?当然是翻译。无论是政府工作人员还是教育工作者,亦或是年轻一代的学生都应当认真做好翻译的工作,我们都肩负着传播文化的使命,义不容辞的责任。中国文化走出去,翻译水平是首要条件,随着中国经济发展不断加速,国际影响力不断加大,文化传播方面我们面临的任务和要求也越来越重,越来越高。

很多文化研究者和文学作家都一致认为,翻译确实是文化传播不可缺少的一个桥梁。从 1898 年严复翻译英国《天演论》开始,逐步将西方的各个学科以及科学、民主的理念引进到中国。一直到 20 世纪,陈望道(音)将《共产党宣言》第一次翻译成中文,这就等于说是马克思主义传入中国和马克思主义中国化的第一步。这样看来,翻译确实发挥了重要的作用,当前做好翻译与传播工作是发挥中国文化软实力作用的一个重要举措,并且会进一步推动中国传统对外宣传,促进世界文化对话,培养更多友好的知华力量,与此同时,营造良好舆论环境也是非常重要。

同时,作为全球影响力不断提升的综合大国,针对中文的口译和笔译能力也需要得到不断地提高,特别是目前在以美国为代表的西方国家的话语权和文化影响力在世界上占主导地位情况下,我们更应该加快步伐做好翻译这方面的工作。

首先来认识一下北欧语种翻译的情况,主要从芬兰语的角度。北欧国家同中国建交较早，1964年中法建交之前，西方已有6个国家跟中国建立了外交关系，由于建交较早，两国之间各个领域交流也比较早，培养了一大批从事中国和北欧外交工作，包括翻译工作的前辈，1950到60年代外派学习员，在使馆里面生活、学习，国家会请外教专门教学，学员有一定的工资待遇，这也是当初学习北欧语言的方式。

在中国译联网站可以看到很多从事外交、社科交流的老一代翻译家都获得了中国翻译协会荣誉称号，中国译协每两年颁发一次资深翻译家称号，现今为止大概有12位，瑞典语5位，丹麦语2位，挪威语2位还有其他语种。这些老一辈的翻译家也翻译了北欧文学，加起来数十种语言，文体范围涵盖了小说、童话、传记、回忆录等等。尽管北欧国家人数不多，5个国家加在一起不到2500万人口，领土面积相对来说比较大，但由于近代以来经济发展、社会稳定且和中国建交较早，和中国之间并没有什么太多利害冲突，双方各领域交流也一直在不断地进行。尤其是现在人文方面交往也越来越多，加上各个时代的翻译家、外交家为双方文化语言方面的交流做了大量的工作，应该说中国与北欧各国文化交流已经有了一个很好的发展基础。

现当代随着中国对外改革开放需要，我们在北京外国语大学开设了5个北欧语言班，包括冰岛语，这正说明中国非常重视和北欧国家的交往，也希望除了在政治领域、经济领域外，在文化领域双方也能开展更多的交流活动。

就个人的经验和体会来说，我本人也是1977年恢复高考之后第一批大学生进入北外，当初选择的是英语专业，到了1979年国家要培养小语种人才，我也有幸被选出到芬兰去留学。当时留学也是师从语言学院，印象依旧非常深刻。1983年进入外交部，我们有一段时间在国内工作，主要是到使馆工作，这30年来我也算亲身经历了中国同北欧关系的发展变化。我本人也是到了使馆之后，在语言方面也是根据使馆的要求，一直担任翻译，到了后期给早一代的领导人包括国家主席以及第三代领导人、江主席、胡主席、温总理和习主席、李总理都担任过高级翻译工作。从高翻角度也能深度体会中外交流当中语言文化的重要性，是文化交流的重要媒介。

外交工作涉及方方面面，内涵非常地丰富，口笔译是其中非常重要的一部分。试想一下重要举措、重要事件要进行正确的解读都离不开准确的翻译。在20世纪六七十年代，甚至八十年代初到使馆工作时，小语种也在使馆定期、不定期发表公报经常出现，我们要由使馆的年轻工作人员开始起草、翻译。当初没有那么先进的印刷设备，我们还刻过蜡版，等于像当初发行小报那样，属于当初的技术。现在科技日新月异，可以通过电脑复印，甚至通过网络传递，所以到了八十年代初期以后不再采用这种方式。当时翻译的主要文体是中国文化的小说，到了后来传播方式越来越先进，越来越多元化，也就有了多种多样的文化传播形式。

前文提到重大举措、重大事件，像1988年救灾、世博会、反对台独以及中日钓鱼岛维护主权领土斗争等等，在各个方面如果能用交流对象所在国语言向对方讲解叙述，双方理解则会更为准确，谈判效果也会更佳。今年针对中日钓鱼岛的问题，我们驻外使馆集中发声也体现了良好的效果。用当地语言直接说服驻在国可以更加直接、更加精准，取得更好的效果。除此之外，外交部也明确要求外交官在驻在国完成公共外交工作，如果我们将来有更多的精通当地语言的外交官，无论从事政治、文化、科技、教育等等其他方面的交往，直接跟当地人打交道，说好中国的政策、讲好中国的故事，肯定可以增加国外对中国的了解，提升中国文化软实力，促进中国的外交事业。

在翻译方面也可以贯彻周总理对外工作的十六字方针。从我自己的一些经历来看的话也是如此，由于在外交部有专门翻译室，主要语言是英语和法语，其他的非通用语、小语种都是各个司局自己配备翻译。平常你可能没有太多机会来为领导人翻译，但是一旦需要你做翻译，你必须保证能够胜任工作，这对我们的翻译水平和语言掌握提出了很高的要求，而且很多不利因素会影响我们的工作。那么我们具备的有利条件是什么？你平时不是一名专职翻译，而是从事北欧工作的外交人员。但是如此一来，你平时对涉外交往的方方面面就非常熟悉，包括领导人的出访和来访，准备背景材料，起草发言稿、演讲稿等等，你对方方面面的情况非常熟悉，你对背景、内涵、实质内容非常了解，当起翻译来也就更加得心应手了。

另外一方面，我们北欧语言的工作人员也具有对驻在国比较了解的优势，这样现场给领导人做翻译就比翻译室的英语、法语翻译，或者是经常从事高级翻译行业的人优势更大，因为你在这个国家常驻，向领导人介绍起来的时候就更为全面、具体且有逻辑性。总结起来，翻译是你的主业，同时领导人访问期间你也是一个参谋，因为你要跟车随行，在国外访问一般和领导人在一起包括警卫、翻译，有时对方也有高官陪同，翻译就起到很重要的作用。每场活动之前向领导介绍每场活动的基本情况、背景，驻在国一些具体信息等等，这方面来看你等于是他的贴身参谋。

同时我们也要负责礼宾方面的工作，一些礼宾方面需要注意的细节，负责礼宾官员的工作需要提前向领导人介绍，你要熟知礼宾出场或发言的程序跟规则，在必要时可以提醒他们。还有一点，因为通常翻译的位置是离领导人最近的，有时候在安全方面以及其他细微方面等也可以起到协助作用。

我感觉作为一名翻译工作者，尤其在外交部、文化部以及机关从事翻译工作等等,不仅是翻译能力的证明,还是综合能力的体现,使我们得到更全面的锻炼。

另外现在涉外翻译很重要的一点就是要进一步加强小语种翻译能力建设。首先小语种高翻培养的使用,也需要得到进一步的重视和加强,语言是民族文化的重要特征之一,国与国交往当中也被视为主权和民族平等的象征。一些西方国家,例如荷兰、比利时、加拿大等都属于有多种官方语言的国家,不同语言之间有激烈竞争,翻译的时候要注意在他们国家达到平衡,针对不同语种平等对待,与领导人交谈时主要是以领导人自身语种为主。

在西方一些文化悠久的大国,除了英国以外,法国和德国对本国语言关注度、敏感度远远超乎我们的想象。当初我们在使馆工作时,经常收到来自法国、德国驻芬兰的邀请函,都是他们的本国语言,我们是看不懂的,就跟他们的大使、秘书沟通,表述他们虽然发来的东西体现了他们国家的语言,但并没有达到信息语言的目的,没有相互的文化交流,但是他们下一次依旧如此,所以我想他们这么执着的一个主要原因就是为了体现他们语言民族特性,因为在外交领域特别重视这一点。这方面在高层互访当中,如果涉及工作层面、商务交流不一定需要这样,但是如果在国事和政事访问当中,则需要做到使用对方的母语才能体现平等,展现在政治上的相互尊重,但有时也要根据实际情况而言,如果实在没有这个方面的能力建设,作为一个长远目标也应该朝这个方向努力,要照顾到主权平等,相互尊重。

其他方面也有许多情况要随机应变,好多不发达国家,好比一些中小国家,他们的领导人口语并不是非常好,特别是对英语语言掌握不是那么准确,具体到北欧也是这样。你要让他们也用英语翻译就不太恰当,试想他们讲母语,翻译成英语,我们领导人讲母语,翻译成英语,这样一来一往非常地浪费时间,也可能导致信息的遗漏和错误等等。如果在这样的情况下使用对方国家的母语,双方交流就会更加顺畅,我们也可以把想转达的信息准确转达给他们,把他们想转达的信息也同样地转达给我们,更利于两国交流。

在日常交往当中如果能用对方母语沟通,会使大家更容易理解,用母语沟通可以促进感情,增添亲切感,从而更有利于双方交流。上升到更高层面,有利于巩固知华、友好的能力。就北欧语种翻译而言,由于缺少足够的工具书,所以学习北欧语言更多以英语为媒介进行学习。像早期 1950 年代好多前辈通过俄语学习北欧语言,现在通过英语学习,在学习北欧语言同时英语水平也得到大幅度提升。与此同时大家在学习语言的时候对这些国家的历史、文化、传统、民俗方面以及他们现在的政治、经济各个方面情况也有了更为深入的了解,应该说通过学习语言我们更掌握了这些语言及其所在文化当中更深层次、更为细腻的内容,这样一来也就出了不少"外国通"。我们也希望有关方面，例如文化部、中国译协以及外专局等等，包括各所外语类高校，今后希望加强对小语种翻译能力建设的重视和培养，进行更多投入，在机制、经费等各个方面都给予保障。

其次希望建立统一规范小语种高级翻译的资格考试和证书制度，在芬兰每年都有一两次注册翻译之类的考试，各个语种都包含在内，也有中文的，具体到一个语言可以分两种，一种是母语译成外语，还有一种是外语译成母语，分不同情况考核，请不同的专家主审进行阅卷，然后由权威委员会讨论是否可以注册翻译资历，如果有相应的证书就可以在任何官方场合担任翻译，比如说国家领导人互访、政府谈判、法律的出庭、商业文件翻译、文学作品翻译等等。我认为在中国，除了像英语这类的大语种以外，其他的小语种也应当有相应规范的等级考试制度和翻译资格证书，这样才可以更好地提高与规范翻译水平，才可以更好地保证中国与其他国家的交流活动。

我们也可以组建一个小语种翻译分会，我们可以在现有的中国翻译协会这个框架之下成立小语种自身的翻译协会，比如说北欧语言成立一个分会，大家就可以借助这个平台进行交流，把老一代翻译家、从事语言翻译和语言工作方面的资深人士、大学学生等等集合起来，使大家能够在这个平台上相互交流、相互学习。这样的交流包括分会内部交流，也包括同大语种分会交流，这样一来相互之间可以取长补短、互相促进。

再就是加强小语种国际交流，要与相应语种国际翻译联盟、国别翻译联盟建立联系，可以进行不定期交流，或者举行联合翻译的研讨会，相互交流，通过相互之间的交流可以更好地提高我们各自的水平，第二个随着中国文化走出去也可以与其他国家进行一些具体的合作。比如中国重要的译作或者是经典的文化著作，如果有计划推到北欧语言国家，就可以与他们国家的译者相互合作，这样更有利于文化的传播。

我们也应当呼吁有关方面加大对小语种译著资金扶持力度，保证小语种翻译工作更好地进行。另外小语种字典编纂工作也是很重要的部分，到目前为止，北欧国家五个语种的语言字典还不是特别全面，瑞典语有部分，挪威语有一部，芬兰语有一部，但是字典初稿问世差不多快10年了，现在还没有发表，所以加快这方面的步伐也是十分必要的。

总的来说，我们应当打破现有的误区，英语不应该成为汉语走出去的独木桥，汉语要想成为国际交往的国际语言，中国文化想要走向世界，非主流语种也是必不可少的桥梁。

（倪晓京，男，外交部欧洲司参赞）

浅谈北欧文学翻译

石琴娥

翻译是中国文化传播以及国际文化交流必不可少的助燃剂，针对文化传播，我们需要有更适时的发展计划，需要资金和国家战略的支持。我从 1980 年开始从事翻译行业，主要负责文字翻译，有时也兼顾一些口译，工作期间我也发现北欧语言文字方面存在的一些问题。

实际上北欧文学在中国的翻译，尤其是文字翻译，已经有了一定的历史和基础。自 20 世纪一二十年代，我们的前辈，例如鲁迅、茅盾等，他们早就对部分北欧文学进行了翻译，当时翻译都是通过英语等第三方语言进行翻译，而不是直接从北欧语言翻译过来。1949 年新中国成立以后，党和国家尤其重视对小语种专业的培养。在国家号召力的影响下，学习北欧语言的人越来越多。我本人就是在 20 世纪 50 年代末被国家派到瑞典学习瑞典语，当时我们被称为学习员，也就相当于现在的留学生，之后几年内国家也派出更多批次的学习员出国学习。当时分派往北欧五个国家的语言学习员，统一从北京坐火车一个礼拜到莫斯科，再经由莫斯科去往北欧各派遣国家。

随着学习北欧语言的人越来越多，北欧的文学作品由北欧语言直接翻译成中文的版本也越来越多，一改之前经由第三方语言翻译的不便。从 1980 年代到 2013 年，北欧五个国家的六种语言（挪威包括挪威语和先挪威语）均有文学代表作品直接译为中文。

这些直接译为中文的经典文学作品，包括世界文学史上占有非常重要地位的英雄史诗，北欧冰岛作家名作以及北欧很多具有代表性的长篇小说、短篇小说、诗歌、散文、名人传记等等。由于译者们在翻译上做出了不少的努力和贡献，北欧小语种翻译的文学作品也曾多次获得了外国优秀图文奖、鲁迅文学奖等知名奖项，其中多位优秀译者也分别获得了丹麦经典的骑士勋章、瑞典勋章等奖章。从这些情况看来，北欧小语种专业在文学翻译方面也取得了相当大的进步。好的开始是前进的基石，我们要在翻译方面取得更大的进步，追求更辉煌的明天。

尽管我们在北欧文学翻译方面已经取得了很大成绩，但是进步的同时也会暴露一些问题。结合我多年从事翻译的经验与实践，以及对其他朋友们一些翻译作品的参考，发现了当代北欧文学翻译还是有一些不足的地方。比如说一些翻译的细微之处，还是值得探讨的，大家都听过丹麦安徒生童话，其中的"小美人鱼"，我们的前辈翻译成"海的女儿"，这个译法我认为也许和原版作品的意思有些出入，我认为原著是想营造一种非常浪漫的意境，但是不知道从什么时候市面上流行的版本把这部作品翻译成"小人鱼"，这个"人鱼"不是童话当中的形象，而是真实存在的一种海洋生物的名称，也就是我们俗称的海牛，这样一想就意境全无，完全失去了童话的美好与浪漫。在翻译安徒生童话时，我为求翻译的准确性费尽心力，"海的女儿"不太确切，"小人鱼"是海牛，那现在哥本哈根海面上那个美人鱼就成了大海牛了，这样太缺乏美感。经过慎重考虑，我将其翻译为"小美人鱼"，美人鱼本身就是童话的名字，这样更能体现浪漫的童话情怀。

为了达到翻译的准确性，还有许多其他需要注意的问题，比如翻译过程中大家通过对成语的运用使译文更加流畅文雅。但翻译过程中运用成语也要仔细推敲，中国每一个成语都有出处和自身典故，翻译的时候要充分理解成语的适用情境和现有含义，有时还需要结合国情来翻译。翻译本身就是一种信息传递，要把外国信息传递到中国，也不可将内容全部中国化，毕竟许多外国本土的信息也无法找到十分准确的对应词汇。

实际上北京在20世纪八九十年代已经成立了中国北欧文化交流协会，也举办了不少文化交流活动，后来由于人事变动协会逐渐解散。其实建立这样一个交流平台对北欧与中国的文化交流很有帮助，尤其是北京作为首都，同时也是经济文化中心，应该有这样一个文化交流平台供北欧语言学者学习与交流，让同一小语种专业的学者可以提出问题，彼此之间进行探讨，更有利于促进北欧文化研究的发展。我们也可以邀请北欧学者或者北欧国家的留学生进行学术报告或者访谈之类的活动，有利于对北欧文化进一步了解。

我想在之前的对外交流中，我们大多都是"引进来"，把北欧文学、北欧文化翻译成中文，现在也是时候该"走出去"了，把中国的经典作品和文化习俗传播到北欧国家。莫言是第一个真正获得诺贝尔奖的中国作者，坦白说像莫言这样水平的作家在国内也不少，这些作家也有不少优秀作品被翻译成英文、法文等传播到国外，但是像北欧语言之类的小语种译本就几乎没有。我认为我们既然学习了北欧语言，在把北欧文化介绍给国人的同时，我们更有责任将我们中国的优秀文化推向北欧国家。现在正是小语种热门的时代，也正是我们促进与北欧国家文化交流的良好契机，我们要积极致力于推广北欧语言，促进中国文学的翻译事业。

随着我们综合国力的不断增加，学习汉语的外国人也越来越多，他们也更有兴趣想了解中国的文学文化。借此契机，我们可以成立一个平台，这个平台不但包括中国研习小语种的学者，也应当囊括那些仰慕中国文化的北欧学者，这样一来大家可以借助这个平台互相交流，更有效地推动中国与北欧国家的文化传播与发展。希望这个设想在不久的将来会实现，也希望这个平台能有效地促进文化交流。

另一方面，这样的文化交流平台也有助于提高我们的翻译水平，增进我们对北欧国家概况的了解，利于将中国文化传向世界。迫切需要建立交流平台的原因主要是现在北欧文学翻译的人才的确是青黄不接，令人担忧，我们希望培养更多优秀的翻译人才和对外交流学者。

就目前的情况来说，译者主要分为两大部分，第一部分是大多数，主要是一些有经验的老同志，部分也已经临近退休，他们从 1950 年代开始在国家的培养下学习北欧语言文化，后来到 80、90 年代这一批学习北欧语言的前辈们退下来了。其中一部分人闲下来觉得无事可做就开始试着做翻译工作，另有一部分人本身就是对翻译有兴趣，在职的时候没有时间，现在闲下来正好可以从事自己感兴趣的工作，大部分中国的翻译作品都是这些前辈的功劳。但由于年龄问题，很多前辈力不从心，所以我们还是要将文化传播和翻译的厚望寄予当代青年学者，他们才应当是文化发展的主力。因此我们更需要这样的一个平台，让老一辈的学者把经验传输给当代的年轻人，同时也把北欧与中国文化交流的接力棒交到下一代年轻人手中。

（石琴娥，女，1936 年生。中国社科院外国文学研究所北欧文学专家。曾长期在我国驻瑞典和冰岛使馆工作，为瑞典斯德哥尔摩大学、哥本哈根大学和奥斯陆大学访问学者和访问教授。曾获瑞典作家基金奖、2000—2001 年度中国外国文学图书一等奖、第五届国家图书奖提名奖和 2006 年安徒生国际大奖。主编《北欧当代短篇小说》、冰岛《萨迦选集》；为《中国大百科全书》及多种词典撰写北欧文学词条；著有《北欧文学史》等；译著有《埃达》《萨迦》《尼尔斯骑鹅历险记》《安徒生童话与故事全集》等。）

新中国成立后保加利亚文学在中国的传播

林温霜

中华人民共和国成立后,文学界对同为社会主义国家的保加利亚文学的译介呈现出蓬勃的态势。从 20 世纪 50 年代至 60 年代中期的十几年中,众多的保加利亚作家、诗人及他们的作品被引进到中国,从事外国文学翻译的人员纷纷把目光投向这个东南欧小国,挖掘他们的文学精品。

这个时期,被译成汉语的保加利亚文学作品达 40 多部,体裁包括长短篇小说及诗歌、民歌。由于意识形态的约束,所译作品题材多是宣传爱国主义、革命英雄主义、对工人和农民阶层劳动的赞颂,或对资产阶级的猛烈抨击,在很大程度上配合当时中国文学在社会政治生活中的功能。

1952 年 4 月,施蛰存翻译的伊凡·伐佐夫的鸿篇巨制《轭下》中文版由上海文化工作出版社初版和再版,使对该书仰慕已久的中国读者终于得以领略它的风貌。后经修改,1954 年 6 月作家出版社又印行了第三版。1980 年;中国社会科学院外国文学研究所樊石、于景斌、陈九瑛、叶明珍根据《轭下》的保文原版,对该译本进行校订和补译,于 1982 年由人民文学出版社出版了这个可以被认为是从原文译出的译本。

施蛰存对《轭下》的翻译虽是转译,却标志着保加利亚文学在中国译介的第一个高潮时期的到来。这个译本以其所反映的原著的崇高的思想内容、动人的艺术魅力,以及译者对书中的保加利亚历史、风俗及服饰等不易了解的细节给出的充分而达意的注释,在中国读者中具有很高的影响力。同时,这也被看作保加利亚文学在中国的普及本。通过这部书,中国的普通读者了解到在遥远的黑海岸边,一个同自己民族有着相似命运的国度,他们的人民也在经历了被奴役的苦难之后,不屈地求得解放。

施蛰存对保加利亚文学的接受是多方面的,埃林·彼林(Елин Пелин)、安盖尔·卡拉里切夫(Ангел Каралийчев)的著作,长短篇小说都是他钟爱的作品。周瘦鹃的《欧美短篇小说丛刊》《小说月报》"弱小民族文学专号"及周作人的《现代小说译丛》几种书刊所载的欧洲诸小国的短篇小说满足着施蛰存的文学渴望,它们"大都是篇幅极短,而强烈地表现着人生各方面的悲哀情绪。这些小说所给我的感动,比任何一个大国度的小说所给我的更大。尤其是'弱小民族文学专号',其中又有一些论文,介绍欧洲诸小国文学状况之一斑,使我得到了初步的文学史知识。"(《老古董俱乐部——施蛰存译文集》,陈子善编,广西师范大学出版社2005年版,第93页)他"怀念着巴尔干半岛上那些忠厚而贫苦的农民……觉得距离虽远,而人情却宛然如一。"(同上,第94页)足可见欧洲小国文学对施蛰存文学素养及文学观的形成具有的启蒙作用。

伊凡·伐佐夫和埃林·彼林一直是最受中国译者和读者推崇的保加利亚作家。在建国初期的15年间,除了施蛰存所译的《轭下》,伐佐夫的众多其他作品被不同的译者传达给了中国读者。孙用先生早在1931年,就曾根据世界语译本选译了伐佐夫的五个短篇小说(五篇分别为:《在丕林山中》《过岭记》《倔强的人》《失去了的一晚》《烧了的草堆》),辑印成《过岭记》(《过岭记》:1931年由中华书局印行,主编徐志摩),与鲁迅先生一起成为向中国读者介绍伊凡·伐佐夫作品的先行者。1951年,孙用又以《可爱的祖国》(《可爱的祖国》:1952年由中国图书发行公司出版)为主题,从世界语的版本中选辑了伐佐夫的四首诗和六个短篇,显示出对这位保加利亚的民族作家的厚爱。

这一时期的中国译者偏爱选译保加利亚不同作家的短篇小说结集出版。陈登颐和邱威1952年从俄文版转译了《保加利亚短篇小说集》,重译了鲁迅先生译过的《村妇》,将其译名改为《一个保加利亚妇人的故事》。小说集还囊括了众多保加利亚知名作家的短篇,如埃林·彼林的《小马车夫》、安盖尔·卡拉维洛夫的《黑伊凡》、伊凡·马尔狄诺夫(Иван Мартинов)的《父与子》等,向中国读者展现了以文学形式讲述的保加利亚历史——一部"人民为了追求自由幸福生活而艰辛斗争的历史。"(伊凡·伐佐夫等:《保加利亚短篇小说集——序》,陈登颐、邱威合译,上海:光明书局,1952年,第7页。)黄贤俊翻译的《不好客的村庄》收录了伊凡·伐佐夫的同名短篇小说、埃林·彼林的《过了时的收获》和《道依娜姑姑的小麻雀》、约尔旦·约夫科夫(Йордан Йовков)的《车轮之歌》和《别有世界》等短篇作品。由于作品的时间跨度较大,小说集中的作品主题难免有所不同,有描写保加利亚解放前的黑暗年代中,人民被压迫的悲愤心情和反抗的呼声,亦有抒发解放后人民对历史变化的兴奋心情;有"呈露人类灵魂的美丽……表现作者对于人类不分国籍的热爱"(伊凡·伐佐夫等:《不好客的村庄——前记》,黄贤俊译,中国国图发行公司,1952年,第2页。),也有对动物特性的细腻描写,表现每个生命在自然界的普遍和个别。但总体来看,这些短篇小说所反映的都是"保加利亚前后两次解放期（一为 1877 年，1887 年为保加利亚奥斯曼土耳其统治下解放期。——本文作者注），一为 1944 年（1944 年为反法西斯胜利的解放期。——本文作者注）的事情，因此，从这本小册子里，我们不难了解保加利亚文学的发展过程……"（伊凡·伐佐夫等：《不好客的村庄——前记》，黄贤俊译，中国国图发行公司 1952 年版，第 3 页）

埃林·彼林的作品在这一时期也同样受到中国读者的欢迎。他的两篇脍炙人口的小说《大地》和《盖拉克一家》主题相同，都是写在"侵入保加利亚农村的金钱关系的影响下，农村宗法制度基础的破灭。"（埃林·彼林：《大地——译序》，方闻译，文化生活出版社，1956 年，第 5 页）方闻于 1956 年从俄译本转译了这两篇小说。另外，1955 年群众书店出版发行了由杨铁婴根据世界语转译的《埃林·彼林短篇小说集》，收入了《在另一个世界》《烤南瓜》等埃林·彼林的佳作，并重译了《圣史璧列侗的眼睛》（译名改为《圣斯辟利多诺底眼睛》）。

迪米特尔·狄莫夫（Димитър Димов）的长篇小说《烟草》可以被看作是保加利亚现代文学中对人物心理及社会心理的深刻挖掘的典范之作，而《烟草》中文译本的出版则标志着中国引进保加利亚文学的另一个高峰。《烟草》通过描述 20 世纪三四十年代保加利亚的烟草商们通过肮脏手段垄断烟草行业及工人的不懈反抗，深刻而广泛地再现了复杂历史时期保加利亚各阶层人的精神面貌。整部小说宏大而又不失细腻，凸显历史感并注重心理描写。1959 年，人民文学出版社出版了秦水译自俄文版的两卷本《烟草》，使这部作品连同它的作者狄莫夫一起再一次引起中国文学翻译界对保加利亚文学的广泛关注。

保加利亚爱国诗人赫里斯托·波特夫（Христо Ботев）、尼古拉·瓦普查洛夫（Никола Вапцаров）、斯米尔宁斯基（Христо Смирненски）、格奥·米列夫（Гео Милев）的诗歌被大量选译，使这一时期的诗歌翻译成为与小说翻译并举的另一大关注点。

波特夫的诗歌代表着保加利亚文艺复兴时代文学和文化的最高成就，同时彰显着鲜明、自觉的民族意识。这位诗坛泰斗的创作主要来源于他对民族灾难的切身感受和亲身参与的民族自救斗争。作为起义军的领袖，波特夫牺牲于民族解放战争的前夕（1876 年 5 月 19 日即新历 6 月 2 日，波特夫在伏拉察县沃拉峰与土耳其军激战中牺牲。1878 年，保加利亚从土耳其统治下彻底解放），他的诗作极大地激发了保加利亚人民反抗强权压迫的斗志，同时，诗歌本身也具有很高的文学艺术价值。1956 年，人民文学出版社印行了杨燕杰、叶明珍根据保加利亚索非亚波特夫研究所 1950 年出版的《波特夫全集》第三卷译出的《波特夫诗集》。这是中国第一本直接从保文翻译出版的保加利亚文学作品。此后，越来越多精通保文的译者参与到保中文学交流当中,承担了译介工作的相当份额。

同样受到中国译者青睐的还有斯米尔宁斯基的诗歌作品。斯米尔宁斯基英年早逝,他短暂的文学生涯留下的诗作,如《总有一天》《楼梯的故事》,篇篇都洋溢着青春、激情和血性,堪称保加利亚诗歌创作的灵魂。诗人在充满灵感的诗作中描述穷苦人的不幸和痛苦,歌颂自由和爱情,人类的德性和自然的美丽。斯米尔宁斯基的作品最早介绍到中国来,是在1935年的《译文》月刊上发表的他的三首诗,后来在当时的报纸副刊和期刊上陆续译出另外七八首诗。1959年,周煦良等转译自世界语的《斯米尔宁斯基诗文集》由人民文学出版社出版。因为是转译,译文与原文有些出入,但斯米尔宁斯基的思想精髓却被译者敏锐地捕捉并传达出来,使这位天才诗人的才气和激情感染了众多爱自由胜过爱生命的中国读者。另外,孙用先生对斯米尔宁斯基诗歌的翻译,也于1965年结集出版,同书中还包含了瓦普查洛夫的部分诗歌译文。

诚然,建国初期的外国文学作品翻译都不可避免地带有政治宣传的倾向,保加利亚文学译介也不例外。但时代的烙印并不能掩盖所译小说、诗歌等作品的文学光彩;剥去历史的外衣,读者仍可以从这些保加利亚文学精品中感受到凝结其中的民族精神和力量。

经过了文革前后对外国文学引进和介绍的蛮荒时期,进入20世纪80年代,保加利亚文学在中国的翻译又迎来了繁盛期。与建国初期大量被译介作品的风格、所反映的主题颇为相近的特点不同,这一时期的翻译涉及作家更多,作品门类、主题、体裁更丰富,虽然伐佐夫、埃林·彼林等经典作家的译作不断推陈出新,但同时,更多的保加利亚文学精品被挖掘出来,打破了之前文学及翻译专事政治宣传的禁锢。这一时期的保加利亚文学作品译介显现出以下特点:一、译者对作品的选择趋于理性化、个人化,选译的作品中出现了很多刻画人性及人类情感的佳作;二、对保加利亚民间文学、儿童文学的翻译成果颇丰,显示出文学翻译门类的多维度和多样性;三、精通保文的学者担纲了保加利亚文学在中国的翻译和传播工作,使两种文字的传达路径缩短,读者可以更贴近作品的原貌和作者的写作风格;四、众多译作被收入世界精品文库或外国文学选集类丛书,直观地反映出这一地区的文学风貌;五、文学的史料整理和史学研究逐步展开,为深入探究地区文学发展的概况和特点做了充分的学术准备。

在20世纪80年代后的外国文学译介中,译者越来越倾向于选译那些关注人性、善于挖掘人类复杂情感或充满哲学思考的作品。《黑天鹅》(1978)是保加利亚当代著名作家鲍戈米尔·莱诺夫的一部中篇小说,深刻反映了当时社会日趋尖锐的伦理问题，探讨人对成功的渴望，以及可望而不可及的成功顶峰在每一次阶段性成功之后让人感到的无奈。小说充满哲理性，给读者留有充分的思考空间。出于对这部作品的钟爱，1984年，陕西人民出版社和北京文化艺术出版社先后推出了两个不同译本，分别为夏伯铭根据俄文译本的转译和樊石从保文的直接翻译（两个版本的书名译法相同，但作者译名不同：Б·莱诺夫：《黑天鹅》，夏伯铭译，陕西人民出版社，1984年3月。鲍·拉伊诺夫：《黑天鹅》，樊石译，北京：文化艺术出版社，1984年6月）。先前对同一部作品的重译并不鲜见，但通常相隔年代久远，译者对作品的理解在不同程度上带有各自时代的烙印。《黑天鹅》两个译本的同年出版，从侧面说明中国译者甚至读者对外国文学的选择和接受更趋个人化，文学渐渐走入为人服务的轨道。

尼古拉·海托夫（Николай Хайтов）的短篇小说集《野性故事》（新华出版社2002年版），通过对罗多彼山区（保加利亚西南部山脉）山民的热情奔放的"野性"的刻画，表现了人性之善美，显示出一种无法遏制的保加利亚力量。这部小说集曾被翻译成20多种文字，因其用罗多彼方言写成，翻译难度较大，到2002年，方由新华出版社刊行了余志和等译出的中译本，使中国读者得以领略这位曾被誉为"活着的经典作家"的佳作。

爱情作为永恒主题在文学作品中的出现早已令读者习以为常，但把爱情作为一门学问加以研究，是西方社会进入现代时期才开始的尝试。保加利亚学者对于爱情的公开探讨，到20世纪80年代渐露端倪，而这一关注在中国起步则更晚些。因此，《情爱论》和《爱情心理学》的翻译出版，显示出时代对个人情感的需求；同时，也是保加利亚文学译介的一个转折和亮点。《情爱论》是保加利亚伦理学家基里尔·瓦西列夫的一本研究著作。作者引述大量世界文学作品中的材料，从伦理学、社会学、心理学的角度出发，逐一剖析爱情问题的各个方面，就爱情与责任、爱情与道德、心灵与理智等问题作了详尽的阐发。赵永穆、范国恩、陈行慧根据1982年俄文版转译此书（基里尔·瓦西列夫：《情爱论》，文化生活译丛Ⅲ，赵永穆、范国恩、陈行慧译，生活·读书·新知三联书店，1984年）。另一部相关主题的著作《爱情心理学》由杨燕杰、叶明珍、刘知白和葛志强从保文原著翻译，连载于《东欧》杂志（分别载于1993年第三、四期，1994年第一、二、三、四期，1995年第一、二、三期，1996年第二期，1997年第二期）。

民间文学是最能反映一个民族的性格、习惯和情绪，以及被剥夺了文字使用权的广大下层人民生活状态的一种文学形式；儿童文学则体现了一个民族儿童的独特精神需要和成长需要。因此，这两种文学的翻译，是最直接、最通俗的了解其他民族原生态及美学趣味的方式。这一时期，中国翻译出版了大量外国民间故事及童话选集，其中收入了保加利亚的作品。知白和维林选译的《海盗的眼睛——保加利亚民间故事选》《保加利亚童话选》，忻俭忠和王维正翻译的《保加利亚民间故事》则全面展示了这个黑海之滨的遥远国度的"底层的珍珠"。对保加利亚民间文学和儿童文学的译介，使中国读者感受到与这个民族之间的情感互通，也领略到世界各民族文学与文化的个性与共性。

除了民间和童话故事的结集出版，更多的保加利亚文学精品被编选入地区性或世界性文学丛书当中，使这一时期的文学推介被放置在宏大的历史、文化和地域背景下，读者可以同时感受到文学的世界性和民族性、同一性和差异性。1988年，人民文学出版社出版了《外国文学小丛书》系列，其中收进了阿·康斯坦丁诺夫（Алеко Константинов）脍炙人口的政治讽刺小说《甘纽大叔》(1954)，这是被保加利亚人自嘲为"最能代表民族性格"的艺术典型，在保加利亚文学史中的地位堪比阿Q之于中国文学。这部作品没有统一完整的情节，由独立的故事和小品文组成，主要描写甘纽大叔由贩卖玫瑰油的小商人到资本家，继而爬进政界的变身历程。在甘纽大叔身上集中了小市民的憨厚质朴、诙谐幽默和新兴资产者的贪婪、巧取豪夺。虽然作品的定位是批判现实，但中国读者从中了解更多的是融合在这个民族性格的复杂性——饱满、一言难尽。

1992年，为纪念反法西斯战争胜利50周年，重庆出版社出版的《世界反法西斯书系》问世，其中的第36卷为杨燕杰和林洪亮主编的"保加利亚卷"。这部书从上百位保加利亚作家的数百部著作中精选了长篇、中篇、短篇小说、纪实文学、剧本共15篇，诗歌47首，全面地再现了保加利亚人民在反法西斯战争中进行的斗争，是迄今涵盖保加利亚文学篇目、题材最全的一部译文集。

另外，冯植生编选的《东欧短篇小说选》（冯植生编：《东欧短篇小说选》，保加利亚部分由樊石、陈九瑛、金圣良、刘知白译，中国青年出版社，1988年）；蒋承俊等选编的《我曾在那个世界里——东欧卷》（蒋承俊编：《我曾在那个世界里——东欧卷》"蓝袜子丛书"，保加利亚部分由杨燕杰、刘知白、葛志强译，河北教育出版社，1995年）；柳鸣九主编的《世界短篇小说精品文库——东欧卷》（柳鸣九主编：《世界短篇小说精品文库——东欧卷》，保加利亚部分由叶明珍、陈九瑛、刘知白、于景斌、谭颂椒译，海峡文艺出版社，1995年）；冯植生主编的《被忘却的歌》（世界经典散文新编：欧洲卷·东欧）（冯植生主编：《被忘却的歌》（世界经典散文新编：欧洲卷·东欧），保加利亚部分由谭颂椒、于景斌、陈九瑛、刘知白译，百花文艺出版社，2000年）；《外国短篇小说百年精华》（《外国短篇小说百年精华》，人民文学出版社，2003年）；王立新主编的

《欧洲现代诗歌精选评析》(王立新主编:《欧洲现代诗歌精选评析》,保加利亚部分由杨燕杰译,河南大学出版社,2006年);这些文学丛书均收入保加利亚经典及当代作家的作品,入选文章数目不等。

  中文的保加利亚文学史的编写始于20世纪80年代末,由中国社会科学院外国文学所东欧文学史主持编写的《东欧文学丛书》涵盖了我国从事东欧文学研究的学者撰写的东欧文学史及作家作品的评论专著,还包括独立成卷的翻译作品。其中的《东欧文学史》以丰富的文学史料,详尽而全面地阐述了包括保加利亚在内的7个前东欧国家(波兰、捷克斯洛伐克、匈牙利、罗马尼亚、保加利亚、南斯拉夫和阿尔巴尼亚)的文学发展概况,不同历史时期的作家的创作轨迹及特点,展示了地区文学的全景和各个文学的独特风貌。2002年外语教学与研究出版社出版的由杨燕杰编著的《保加利亚文学》按历史脉络梳理保加利亚文学史,重点推介了十几位保加利亚著名作家,并且详尽介绍了翻译成中文的保加利亚文学作品的情况,给更多的中国读者了解保加利亚文学提供了便利。文学史的书写将保加利亚文学在中国的传播由作品个案译介上升至文史研究的理论高度,使深入探索这个民族的文学精髓和人文传统成为可能。

  (林温霜,女,北京外国语大学欧洲语言文化学院副教授)

崎岖坎坷翻译路

余志和

我国译介的保加利亚古典文学作品似乎面临断档危机。

自 1989 年保加利亚"剧变"以来，我国直接译自保加利亚文的专册文学作品可谓凤毛麟角。1992 年，重庆出版社出版了《世界反法西斯文学书系·保加利亚卷》，另有保加利亚民间故事集《柏尔科变聪明了》和《2 分钟幽默故事》在华面世；2002 年，新华出版社出版了保加利亚作家尼·海托夫的短篇小说集《野性故事》；2012 年，作家出版社出版了由中国作协资助的保加利亚作家安·瓦根施泰因的长篇小说《别了，上海》。

从 2012 年起，花城出版社开始推出"蓝色东欧"文学丛书，可惜其中没有一部保加利亚作品；据说，出版社至今仍无该国文学的选题。

相比之下，人口不足 1000 万的保加利亚，倒是出版了数量更多的中国作品。20 世纪 90 年代，《中国古诗集》《中国山水诗集》《中国古代文学作品选读》和溥仪的《我的前半生》（译作《从皇帝到平民——爱新觉罗·溥仪自传》），有幸同保加利亚读者见面。2001 年，柳宗元的《三戒》（《临江之麋》《黔之驴》《永某氏之鼠》）、张贤亮的《男人的一半是女人》、王小波的《寻找无双》出了保文版。2003 年，中国旅法作家戴思杰的《巴尔扎克与中国小裁缝》由法文译成保加利亚文，2005 年又有他获得"费米娜奖"的《狄先生的情结》（译自法文）出版。2012 年，保加利亚出版了戈宝权主编的《阿凡提的故事》。此外，莫言的长篇小说《檀香刑》和《生死疲劳》也正在翻译之中。

面对严酷的现实，我不禁对保译汉文学作品发出感慨：难！

这个"难"，当然不是因为保加利亚文艰深，也不是因为翻译工作"寂寞"，而是在当今新潮迭起、钱财受宠的时代，小国语言的翻译作品难以出版，除非是你自己掏钱。然而，即便是你自己掏钱，有时也不是一路畅通。

2009 年年初，社科院马细谱交给我一份保加利亚文化部《关于申请翻译保加利亚文学作品的一般条件》（保加利亚文），我喜出望外，一头扎进了选译保加利亚历代经典短篇小说的工作之中。2010年4月，40多万字的《保加利亚短篇小说集》终于完稿。不过，此时已超过了保方"一般条件"规定的截止日期，于是，我只好在6月上旬把书稿交给了人民文学出版社暨外国文学出版社。我看中人民文学出版社，是因为我此前已在这个"大家族"的人民出版社和东方出版社出版过作品，唯独不曾走进"人民"的文学殿堂。出版社老编辑张XX在翻阅了我的书稿后说："这本书选译得很好，下这样大的功夫，在欧洲确实少见。"7月11日，当我再次询问出版社意见时，对方答称："这本书的翻译水平在国内是一流的，符合出版要求。但是，上面还在犹豫，怕赔钱，要等机会。"

等什么"机会"？说白了，就是要有人赞助。据说，当时该出版社出版的为数极少的东欧文学作品，全都同赞助沾上了边。于是，我一趟一趟地去找保加利亚驻华使馆，甚至还请保加利亚大使佩伊奇诺夫吃了一顿饭。对方总说"没有问题""没有问题"，但"问题"却始终无法解决。我在"赞助马拉松"路上跑得上气不接下气，还没有跑到终点，就已经精疲力尽、心灰意冷。

在此期间，外交部马士权同志还真心诚意地给保加利亚驻华使馆写了一封信，推荐我的译作，保语界的马细谱、谢学敏、赵雪林、杨习英、陈瑛等同志见我脸皮薄，羞于启齿，也三番五次从旁周旋，但这些努力都没有结果。

在此期间，新华社保语干部陈航主动帮我询问了浙江教育出版社，然后给了我如下回复："浙教社的编辑说，他们对保加利亚文学真的不是很了解，还是担心这本书的销量问题。有两个疑问：是否有可能成为保加利亚语的辅助教材？或者您可以包销多少本？现在出版社也都是企业了，讲经济效益，所以如果效益预测不佳的话，社委会就多半不会通过。"

又是一个"钱"字！

钱就钱吧。2012年12月，我打电话给出版社编辑张XX，表示愿意自费出版此书，但他很快回答我说，他同出版社领导商量后认为，不宜由我自费出版。他说，人民文学出版社还没有让译者自己掏钱的先例，要我再等一等。

无奈，我只能"等"，但至今仍然没有等到一线曙光。

我认为，这不是一个人一本书的问题，而是整个保语界共同面临的困境。国际广播电台的杨耀南不愿"等"，气得他把多年译就的保加利亚文学作品付之一炬。

原因何在？恐怕首先是体制、政策上存在疏漏和缺失。小国文学翻译如今没有被相关部门提上日程，这方面的研究人材和翻译人材严重缺乏。在教育部区域和国别研究培育基地和北京外国语大学中东欧研究中心拟定的《中东欧研究五年规划（2013—2017）》中，根本找不到"文学"二字。据我所知，国家每年在出版翻译作品方面的拨款并不算少，但是小国语言的作品总是排不上队。

具体到中保两国，似乎双方都不够重视把保加利亚文学作品介绍到中国来。保加利亚两任驻华大使都知道我的那本书，但都没有真正把落实出版当成一件事情来办，光打雷，不下雨。中方呢？2013年1月，保加利亚议长访华时，我在保加利亚驻华使馆的酒会上偶然遇到中国新任驻保大使魏XX，并向他谈及了我的那本书。他要我写个简单材料，我照办了，但是，这份材料也是泥牛入海。

当然，书店里看不到保加利亚的文学作品，还有一个最直接的原因，就是翻译稿酬太低。1000字60元，不如一个小时工，谁干？而且超过800元以上部分还要缴20%的个人所得税。与此有关，知识产权问题有时也不容易解决，个别保加利亚作家的继承人为一个短篇小说的版税锱铢必较，简直让人哭笑不得。

这是中保关系的一种悲哀。用一句俗话来说，叫做热脸贴上了冷屁股。

要扭转保译汉的这种颓势，看来只能在上述几个方面实施彻底的改革。

鉴于以上情况，不止一个保语界朋友问我：你为什么要坚持翻译保加利亚文学作品呢？一名中国驻保加利亚外交官甚至直截了当地对我说："在保语界，数你最傻，你看看，现如今，谁还在搞翻译啊？"

其实，我坚持翻译，是有我充足的理由的。

第一，我把从事翻译工作当成我的一种生存状态、一种乐趣。从1965年到新华社索非亚分社工作起，我就同翻译结下了不解之缘。当时中保关系不好，分社的主要任务，就是每天把保加利亚通讯社和报刊的相关材料译成中文，发回总社，供《参考资料》（俗称"大内参"）刊用。当时，毛泽东、周恩来每天必看上下午两本《参考资料》，靠它了解国际大事。这种内部刊物为16开本，5号字排印，每本120多页。此外还有《参考资料·增刊》《兄弟报刊材料》等等，总而言之，分社发回总社的材料会100%被采用，这在无形中提高了我的翻译水平。我翻译的第一本书，是同马细谱一起完成的《季米特洛夫传》——1982年由人民出版社出版。此后，不管是在八小时以内还是在八小时以外，我都没有停止翻译工作，独立或与他人合作翻译了近10部保加利亚作品，零星译品则不可胜数。

第二，当今保语界没有人愿意翻译古典文学作品，因为这些作品很难与市场接轨，出版社总是小心翼翼，唯恐烫手。当下，我国多数读者言必称马尔克斯、昆德拉，而年轻人则青睐具有刺激性的"时髦货品"——向壁虚构的故事和光怪陆离的场景。换句话说，小国古典文学作品现在成了一块短板，在书店里几乎已经绝迹。就保加利亚而言，国内从来没有出版过一本具有较高科学性、系统性和审美价值的短篇或中篇小说集，经典长篇小说也少得可怜。至于保加利亚诗歌、戏剧和其他样式的文学作品，压根就无人问津。在此情况下，我虽才薄智浅，仍然跃跃欲试,茕茕孑立却锲而不舍,总想尽我的绵薄之力,略略填补一点空白。

第三,不管保方目前愿不愿意为我出书掏钱,我都不大在乎,气定神闲。"剧变"后的保加利亚政局,可以用一句话来形容:不变的江山,流水的政府。站在历史的高台上,我面对的不是哪一位保加利亚领导人,而是创造过璀璨文化和光荣历史的整个保加利亚民族。对于这个民族,季米特洛夫曾经在莱比锡法庭上说过这样一段话:"很久以前,德国皇帝卡尔第五说过,他只有同他的马说话才用德语,德国贵族和知识分子只写拉丁文,而以本国文字为耻。可就在那时,在'野蛮的'保加利亚,基里尔和梅托迪就创造并传播了古斯拉夫文字……我没有理由耻于做一个保加利亚人,我为自己是保加利亚工人阶级的儿子感到自豪。"

最后,再回到那个"钱"上。可以说,国家的发展已使我衣食无忧。新华社十分开明地让本社离退休人员"分享改革开放的成果",因此,我和许多同事一样,乐意从退休金中挤出一些钱来印书送人,并为此写了一首打油诗:

　　　　人译书换钱,我掏钱印书,
　　　　物质变精神,斐然成玑珠。

(余志和,男,1941年生,新华社高级编辑、资深翻译家。曾任新华社驻索非亚分社首席记者、《参考消息》总编辑、经济信息部主任等职。至今已在10余家出版社出版散文、小说、传记、时政类自撰和翻译作品30多部。)

中保翻译中的知识常识问题
——以《保加利亚——中国·文化旅游》画册为例

马细谱

2009年保加利亚出版了《保加利亚——中国·文化旅游》精装画册。保加利亚外交部长、中国国家旅游局局长、世界集邮联合会主席、保加利亚集邮者协会主席、中保两国大使等为画册撰写了祝贺词。画册用保文、中文和英文三种语言对照出版，图文并茂。画册中有大量原版图片、存档明信片和邮票，生动有趣地介绍了两国的历史和文化，较为权威地解读了某些最有意思的传统、风俗和手艺，提供了海量信息和广泛的知识。画册是两国有关专家和翻译工作者认真合作的结晶。它的出版是为了纪念中保建交60周年，也是两国在文化领域合作的体现。据保方专家称，该画册获得了三个奖项，并保存于世界最大图书馆——美国国会图书馆。

这本画册出版已经过去了5年。今天在座的一些同仁直接参与了画册的策划、翻译和出版工作。新华社高级记者余志和和我参与了画册的最后翻译和定稿。这里，我想以画册为例，谈谈几点体会或感想，重点是强调翻译中的知识常识问题。

第一，翻译类似图书画册，需要一个较为专业的团队。大家都知道，当你接受某项翻译任务时，首要的问题是根据什么性质的翻译材料和难度找到合适的翻译人才，有时是某一个人，有时是一个集体。有时感到这是一个十分困难的问题，尤其是像医学、高科技等领域的译件，因为我们这样的小语种可供选择的翻译人员的余地有限。对我们小语种的人来说，将保加利亚文翻译成中文相对容易一些，因为我们对母语总是较为熟练。当我们拿到这本画册的初稿时，觉得译文的许多专用名词、习惯用语翻译得不准确、不专业，使用了日常生活用语，而没有体现出双方语言的特色和旅游文化方面的特点。这反映出译者的知识面不够广泛，保文的水平还不能满足这类材料的翻译。

第二，一个好的译者不仅要掌握翻译的技巧，而且还需要知识面广，中文或保文基本功扎实。上面我们看到，译者往往要面对不同题材、不同风格的作品，因此，他应当具有广博的知识。例如，中保两国都有悠久的历史、王朝更替、大事频发，拥有许多独特的旅游资源，得到联合国教科文组织确定的世界文化遗产和自然遗产，对这些历史考古、名胜古迹的翻译确实难度很大，但涉及到一个国家的文明发展程度，一定要准确无误，不能随意。这就要求译者查阅资料、工具书，寻找根据，慎重处理。又例如，中保两国都有许多文化传统和风俗习俗、神话传说、节日庆典和民间歌舞以及婚丧、宗教仪式和五彩缤纷的服饰，这些现象如果不能充分表达出来，那译文就会枯燥无味，失去光彩。有的词语确实很难找到合适的保文，如中国的"阴"（Ин）和"阳"（Ян），只能从哲学、宇宙观来解释；同样，保加利亚的一些专用名词也很难找到相应的汉语译名，有时要酌情意译。

第三，下面通过画册中几个实例看知识在翻译过程中的重要性。例如，翻译初稿称："为欧盟使用基里尔字母，专门出版'第一日'票"。我们改动为："基里尔字母为欧盟所用，特制集邮'首日封'。"保文原文是（"Въвеждане на кирилицата в Европейския съюз"，специално филателно излание "Първи ден"）；还有，把保文"Школа"译为"学校"，其实，从上下文看应该是"学派"，如画册中讲到的"普雷斯拉夫学派""奥赫里德学派"；还出现了把保文"Втора вълна"直译为"第二浪"，而实际是从工业革命进入信息革命的"第二波"，等等。这确实是个知识问题或常识问题。在翻译过程中遇到知识方面的问题时，如果自己脑子里的储备不足，或者一词多义，就要充分利用你的知识，利用工具书。一个人的翻译能力和知识水平都是有限的，遇到自己拿不准的地方如果工具书也解决不了，可以请教别人。

新华社高级记者余志和是我们保语界公认的翻译家，但他也经常遇到一些难题。为了一个单词，一句话，需要绞尽脑汁，查阅多本资料，甚至询问其他不同语种的译者，或者请教保加利亚专家。他最近给我谈到，他在翻译 Николай Хайтов 的《奢侈论》（за разживяването）时，就遇到了这样一个句子：保文是 Спартанците водили са се в своето обществено и държавно развитие от законите на Ликург, една, по всяка вероятност, изключителна личност. 这句话里有一个人名"Ликург"，如果硬译、死译，也许能够翻译出来，但不知道这句话的深刻含义。余志和先生在一般词典上查不到"Ликург"这个人名，但在《简明不列颠百科全书》上才知道他是古希腊斯巴达城邦的立法者。所以，译文就是"斯巴达克人曾为社会和国家的发展推行了利库尔戈斯法令，这位利库尔戈斯肯定是个极其出色的人物。"该小说里还有一句也在考验译者的翻译水平：Плуват в ханаанско изобилие. 余志和先生没有凭他的知识和技能简单地信手翻译就算了，而是认真查找工具书，并引出一个圣经故事。他的译文很普通，即"享有迦南式的丰裕生活"，但其背后的故事却不简单。经查阅，迦南是历史上和《圣经》上的地名，有时指包括整个巴勒斯坦和叙利亚在内的地区。4000多年前，在地中海东南海岸与阿拉伯半岛之间的无边荒漠中，横亘着一块葱翠肥沃的"新月"形土地——巴勒斯坦。闪族的一支迦南人首先在这里建立了城邦国家，过着丰衣足食的生活。

在座的同仁，都翻译过保加利亚的一些作品，都碰到过类似的看似常识性、但十分专业性的问题。当我们在读书看报时，经常会看到关于保加利亚人名地名的不准确译名对照。例如，有人把保加利亚西南部城市"布拉戈耶夫格勒"译成"布拉格耶夫格勒"（Благоевград），把保加利亚中世纪早期的"鲍戈米尔"（Богомил）运动，译为"博格米尔""波高美尔""鲍格米勒"等等（见上海人民出版社出版的《东欧史》第80页）。还有人将保加利亚首都"索非亚"译成"索菲亚"。这方面的例子可以说比比皆是。大家所熟悉的保加利亚总统颁发的勋章，叫做"马达拉骑士"勋章。但有的书籍或资料文章中却说成"马达尔骑士"或"马达尔骑士"勋章。正确的通用译法应该是"马达拉"，因为"骑士"所在地的地名为 Мадара（村）。在保译汉时出现的这些不妥或错误之处，显然大都是知识不足造成的，既有保语界没有经验的译者，也有更多是非保语界的人士。

总之，一个优秀的文字翻译工作者，不一定是保语发音最好或说得最流利的人，关键是他的语言理解能力和他的长期熟练实践。一定要扩大自己的知识面，打好外语和母语的基础。任何一个翻译文件，都有不同的难度和要求，要准确地翻译成汉语或保语，你都要先看懂了，理解了，才能动手翻译。然后，再对译文进行修饰加工，使之完善。只有这样，才有可能产生一篇较好的译文。

（马细谱，男，1938年生。中国社科院世界历史研究所研究员。1998年退休后被聘请为国务院发展研究中心欧亚社会发展研究所特约研究员和东欧室/欧洲室主任至今。东欧史学科带头人。代表作有：《巴尔干各国人民反法西斯战争史》《巴尔干纷争》《列国志 阿尔巴尼亚》)、《南斯拉夫兴亡》和《保加利亚史》等。目前正在完成全国社科基金个人项目《巴尔干近现代史研究》。)

瑞汉互译的历史问题及现状

阿日娜

瑞汉互译的历史现状以及现在存在的问题，主要要从文学翻译的角度来讲。中瑞两国交往历史可以追溯到17世纪，说到第一个来到中国的瑞典人，还是尼尔斯·马森·席欧平，他的旅行报告向瑞典介绍了中国的概况。还有不得不提的传教士爱立克福克，爱立克福克是第一位将中国文学文献译成瑞典语的瑞典人。他曾于1887年至1920年间多次到中国传教，并先后于1924年和1927年翻译了中国经典文学《庄子》和《老子》。

自20世纪初，瑞典就开始了真正意义上的有关中国的学术研究，代表人物非高本汉莫属，他一生致力于中国语言学和文史学研究，同时也翻译和注释了多部中国古代文学经典，其中包括《诗经》《书经》以及《道德经》，但很遗憾这些作品只是被译成了英文而非瑞典语。1965年，另外一位研究中国文化的学者马悦然承接了高本汉的衣钵，也吸引了越来越多的瑞典学者投入到中国文学的翻译之中，他的第一部翻译作品是1948年出版的《桃花源记》，之后便一发而不可收，其中包括老舍先生的多部作品，1970年至1984年间是马悦然翻译作品最高产的一段时期，他一共翻译了33部作品，包括《水浒传》《毛泽东诗词》等，1987年完成了沈从文的《边城》，之后又翻译了闻一多、郭沫若和艾青的诗歌，以及陕西作家李锐的长篇小说《厚土》和顾城先生的诗作。1990年代初，他又完成了一项巨大的翻译工程《西游记》。在他任教期间，是整个中国文学走向瑞典真正的辉煌时期。

自马悦然退休以后，罗多弼担起中国与瑞典文化交流的重任，和马悦然相比，他比较注重中国思想理论的研究，而不再以文学翻译作为重点，罗多弼曾把戴震的哲学代表作《孟子字义疏证》译成英文。

而现阶段活跃在中国文学翻译界的瑞典领军人物当属陈安娜，她曾师从马悦然，担任过斯德哥尔摩市立图书馆管理员，从20世纪90年代初开始翻译作品至今，都说她是莫言获得诺贝尔文学奖的最大功臣。

相比较瑞译汉的情况，中国接触瑞典文献的时间相对较晚。最早翻译成中文的瑞典著作是高本汉的《中国音韵学研究》(1926)，1940年中国最著名的语言学家赵元任、李方桂和罗常培三人合作将此书通过英文译成中文。在此之后高本汉的其它著作也被译成中文出版。20世纪40年代到80年代期间，有关瑞典的文献，特别是文学作品都是通过英语译成中文，可以说是比较遗憾。究其原因，还是因为我们缺乏这方面的翻译人才。

我国于20世纪60年代开设的瑞典语专业，培养了大批掌握瑞典语的人才，但真正从事翻译的人并不多。李之义和石勤娥是其中的典型代表人物。李之义老师是北京外国语大学的校友，一直从事翻译事业，他翻译的作品包括《瑞典文学史》《诺贝尔文学奖内幕》《汉字王国》《历届诺贝尔文学奖获得者散文全库》（北欧部分）、《外国民间故事精选》以及林格伦全集（14卷）、斯特林堡文选（5卷）。石勤娥老师曾在北外任教，她也是一位比较全能的译者，代表译著有《埃达》《萨迦》《尼尔斯骑鹅历险记》和《安徒生童话与故事全集》等，几乎涉及了所有北欧语种。

无论李老师，还是石老师，他们翻译作品都集中在20世纪80年代，从90年代开始往后一段时期可以说是一个空白期，没有真正的瑞典语文学作品直接翻译成中文，基于各方面的原因，这个情况一直到2010年左右才得到转机，那个时候逐渐有很多人从事瑞译汉工作，也涌现出许多杰出人才。

陈迈平（陈安娜的丈夫），致力于瑞译汉工作多年，代表译著有《沟通：面向世界的中文文学》《在世上做安娜》《阿尼阿拉号》《失忆》《误解》和《蔑视》等。瑞典作家托马斯特朗斯特罗姆2011年获得诺贝尔文学奖后，他的作品曾分别被马悦然和李笠译成中文。赵清，著名译者，翻译巨著有《帝王之都——热河》《催眠师》《骗局的辉煌落幕》《爸爸带我看宇宙》《龙骑士》以及《红苹果奇遇记》。徐昕代表翻译作品有《拉瑟—玛娅侦探所》《孩子们应该知道的秘密》《香肠兄弟系列》等。以及著名译者王梦达，代表译著有《罗兹挽歌》《我的快乐人生》《我的心儿砰砰跳》和《如果世界上只剩下我们》。

当然汉语和瑞典语互译也存在一定的问题。汉译瑞方面主要依靠汉学家，不光是瑞典语单方面的问题，包括很多大语种也存在这样的问题，汉学家的翻译作品更加流畅，更容易被本国人接受，但缺点就是汉学家数量太少了，目前只有陈安娜一个人在不停地翻译。为什么我们不能翻译呢？不仅小语种如此，包括英语、法语翻译的作品，在法国和英语国家发行时也基本上没有人购买，大家觉得阅读不流畅，不理解。汉学家数量少造成了我们很多优秀的文学作品不能走出国门，这也是为什么马悦然谈到老舍和沈聪文先生错失诺贝尔奖的原因，当年在即将决定他们就是获奖者的时候,这两位都已经过世。现在来说,汉学家太少,中国作品特别难以流传国外,不过我相信随着汉语热的持续升温,学习汉语的人越来越多,汉学家少的情况也会有所改观。

另外瑞译汉也存在许多问题,我们也看到近些年出版的作品是由出版社决定是否出版,但毕竟出版社是为了追求比较高的经济利益,他们选择的是儿童文学、侦探文学等大众文学,我并不是说看轻这些作品,这些作品中确实有不少经典著作,但是同时也忽略了瑞典很多其他的优秀经典著作,让国人失去了更多了解瑞典文学的机会。

而且现如今译者的待遇的确越来越差,目前瑞译汉每千字 70 元左右,这个价格还算是较高,试想如果翻译十万字著作稿酬还不到万元,连生活也无法维持,还有谁愿意从事翻译工作。

现在我们还面临着师资断档、人才流失的重大问题,针对师资断档问题,我国从 1960 年代起开始就开设了瑞典语专业,当时由于学校待遇等各方面问题,很少有人愿意留校任教,1997 年之后赵青老师才留下来任教,这期间断档将近 40 年,整个教学各方面都要重新建设,包括教材和参考书等。如果没有完整合适的教材,没有配套的参考书,在年级进行教学很难深入进去,这也是我们翻译课程很难深入的原因。

最后一点,翻译在学校各方面评定中不受重视,我们说到做翻译少则几个月,多则几年,翻译完一部作品之后,不但在经济上没有丰厚酬劳,有时在评定职称时,翻译专业占的比重也非常非常低,这在很大程度上打击了译者的积极性,让从事翻译事业的人越来越少。

总结一下,无论瑞译汉还是汉译瑞,我们都有着比较良好的传统,问题在于如何把优良传统继承下去,我想还是要从高校做起,作为培养翻译人才起着非常重要作用的平台,往往高校是引领一个时期的潮流,无论是在瑞典还是在中国,我觉得现在我们的当务之急要构建一个完整,完善的教学体系。其中在涉及翻译课程这方面我个人建议从低年级起,有意的培养翻译的习惯,进入高年级可以借鉴大语种经验,把翻译比较细致分类,分成文学翻译、外交翻译、科技翻译等等,进行比较细致的分类。对于有特殊才能的以及确实对翻译文学感兴趣的同学,可以做些单独辅导。另外政策的支持也非常重要,无论是学校还是政府,都应该支持鼓励翻译工作者,无论是经济酬劳还是翻译者的社会地位,都应该得以提升,这样一来,翻译事业才会更加蓬勃发展,招纳更多有志人才。

(阿日娜,女,北京外国语大学欧洲语言文化学院讲师)

希腊语汉译挑战

Elena

目前希腊语与汉语互译的现状是不能令人满意的,我们还面临着诸多挑战,我们要做的就是认清当前中国希腊翻译与文化交流的现状和挑战,并且思考应该如何改变这种尚未令人满意的现状。

在探讨这两方面之前,我想强调的是,翻译所扮演的角色,其实是作为一种较好的交流手段,更加深入的理解途径。我们没有办法使用所有过去以及现在存在的语言,所以我们显然需要翻译作品,来了解其他的民族,了解他们的生活与文化,同时也让其他人更加了解我们的民族与文化。

从这个角度来说,翻译作品可以深化我们对其他民族文化知识的掌握和了解,促进不同国家友谊和谐共存,同时也帮助我们扩大本国文化影响,就是我们的文化软实力,吸引更有利的条件来创造经济增长。因此,译者就成了一个桥梁,连接两个民族、两种文化,以及两种语言,当然有的时候这两种语言可能截然不同,比如说希腊语和汉语。实际上,译者的作用就是传递,或者说是连接,这正是英语的词汇、词源存在的意义。

其实,译者就是价值和思想的搬运工,译者们创造了新的图像,给我们接触新世界的可能,并且让我们在新世界中梦想和旅行。因此,译者的作用非常重要,他必须是一位非常博学的文化工作者,不仅是精通他所应用的语言,同时也必须能够在特定的语境中,理解和感受词汇所表达的微妙的意韵、对象语言中的精确的对应以及这种语言的文化和传统等等。除此以外,译者必须了解和尊重优秀译作的一般标准,就是"信、达、雅"。

以上我们了解了译者角色的重要性,以及我们必须所注重译者的学习和专业训练。现在我们说一下希腊语到汉语,以及汉语到希腊语的翻译现状的具体情况。

我大致描述一下这两种语言互译的情况,并且就翻译的未来提出一些看法。首先,给人的印象就是文化交流并不均衡,基本考虑到两国的大小差异,我们从希腊语翻译到汉语的译作显然多于汉语翻译到希腊语的译作。

其次，从古希腊语翻译来的古典作品，要远远多于从现代希腊语翻译到汉语的作品。显然，导致这种情况有两个原因，一是因为古希腊文明不仅在中国，而且在全世界都影响深远，魅力无穷。这种情况在所有领域的译作都有体现，包括历史、哲学、文学、语言学、天文学、音乐等等，事实上这些所有的词汇都来自于希腊语。中国学者不仅从古希腊语言，也从别的语言，例如英语、法语、德语中翻译这些作品。第一部从希腊语被翻译成汉语的作品是欧基米德的《几何原本》（1607年），意大利的耶稣会从拉丁语翻译而成，同时这也是第一部翻译成汉语的西方典籍。后来被翻译成汉语的主要是亚里士多德的作品，以及其他的哲学与历史著作，这些作品的翻译在中国掀起了希腊文化的热潮，许多中国学者也在翻译中引用他们的词汇。

这种态度在20世纪初是如此流行，以至于毛主席在1943年对这种行为提出了批评，无论什么，讲述的文化内容都是采用希腊语。这种状况，基本是有益的，但是我们必须知道的是，在对于同一个词汇或者短语的翻译，我们可能有好几种翻译方法。相反，被翻译成汉语的当代的希腊作品却非常少。其中突出的是塞菲丽丝和艾利提斯的诗歌，他们是分别在1963年和1979年获得诺贝尔文学奖的两位希腊诗人，同时还有康斯坦丁、卡瓦菲的诗歌。至于小说，伊克斯达扎斯是被翻译最多的作家，同时还有其他的作家。在古典典籍中，唯一从汉语翻译过去的作品是几年前出版的四书——《论语》《孟子》《大学》和《中庸》。

为什么会出现这样的情况？答案很简单，我们并没有合适的译者，他们并非专业人士，以他们靠其他工作为生这个层面来说，他们用巨大的决心，热爱和激情，来从事文学作品的翻译工作，没有受到任何支持。同时他们可能需要花很多年才能找到出版社，从来没有参加任何翻译方面的研讨会，或者是训练班。

从另一方面来说，在希腊，我们没有汉语专家，所以我们没有办法说我们有译者，实际上只有这一位先生可以直接从汉语翻译成希腊语，并且他是出于热爱和激情来做这项工作的，他就是我之前提到的《四书》的翻译者。

那么问题是，我们应该做什么，答案很简单，我们必须合作，来创造条件，在未来形成一个译者的紧密有效的小团体。至于具体怎么做，我们应该设立条件，确定翻译目标的优先等级，训练合适的人。现在我们有各种各样从各种语言翻译来的作品，但是我们实际很清楚，这些译作的质量并不总是很好。

为了找到能够胜任的译者，我们需要的是真正有才能的人。首先我们需要的是精通来源语言的人，同时他必须能够出色地运用对象语言，也必须熟悉他要翻译的文本的主题，因为并不是所有人都能很好地翻译不同类型的文本。有些人也许能很好地翻译历史著作,然后其他一些人,擅长翻译哲学著作,但是并不是每个人每一种著作都可以翻译。他们还必须熟悉这个国家的文化,包括历史、传统、信仰、生活方式,以及来源语言的演变历史。

我的意思是,现在我们所说的语言可能跟我们100年前、500年前,甚至2500年前说的语言是不同的。这在中国、希腊和意大利都是如此。我们还需要知道,如何因地制宜调整翻译方式。一般而言文学翻译有两种方式,一种是逐字直译,还有一种就是用意译的方式。如果我们总是用直译的方式翻译的话,可能会造成一些非常尴尬的后果,所以,翻译者必须非常了解这个国家的历史和语言。

我必须说这种翻译并不总是很容易的,就比如安妮阿斯的翻译,以及其他的一些中国的经典典籍中的概念,比如说"仁""天",以及其他的一些概念。在西方文化当中,并没有完全对应的词汇,这就是为什么译者必须非常有能力并且得到良好的训练,能够胜任他对应的翻译工作。除此以外,我们还要组织研讨会和训练班,为译者们提供机会,去来源语言国家游历,以便他们能够了解新书的情况,还要确保译者有驻地项目,以及支付足够的报酬。

事实上,我们双方都已经肯定了,促进我们两种语言互译的必要性。几年前我有幸与国家新闻出版总局进行了良好紧密的合作,特别在2008年北京国际书展,当时希腊是荣誉参展国,2013年希腊塞撒罗尼基国际书展,当时中国是国际参展国。当时我们用两种语言翻译了一些文集,包括神话、历史故事以及儿童文学。我们也讨论了协助建立有合格的译者组成的小团体,来推进翻译工作的必要性。这也是我们现在仍然需要做的事情。总而言之我们必须竭诚合作,包括文化部、大学、其他相关机构、出版社和译者。

(Elena,女,希腊籍人,北京大学哲学系访问学者)

我对文化翻译的一些认识

梁全炳

要说对文化翻译的认识和看法,得要与我的工作结合起来。我工作几十年,主要从事对波文化交流。无论做哪一项工作,都没有离开过翻译。不是口头翻译,就是笔头翻译。连自己写文章因随时要引用外文材料,也还是要翻译。不过,真正去做譬如小说、电影文学、戏剧、电影剧本的翻译,机会就很少了。虽然自己很想干,而且还很努力,可是直到退休,才发表了10个中短篇小说。还是靠朋友帮忙才找到"婆家"。

然而,在工作中我毕竟长了知识,并得出一个结论:即国家不分大小,都有自己的长处,否则它无法自立于世界民族之林。我们由于工作性质特殊,常常身处第一线,比身在国内工作的同事,就起码有一个能现场了解驻在国的优势,所以义不容辞有责任进行文化翻译,哪怕只能部分地做一点也好。我们有可能经过亲自鉴别,了解和掌握他国的长处,然后实行拿来主义,以丰富我们自己的文化。我们的民族有辉煌的过去,令人自豪的灿烂文明,这是与我们的先辈有海纳百川的博大胸怀、善于吸收外国的优秀文化以营养自己的优良传统密不可分的。我们作为炎黄子孙一定要继承这个传统并予以发扬光大。更何况,在国家实行改革开放政策之后,上下已更加清楚必须吸收外国文化中的优秀东西。原来长时间执行闭关锁国的左倾政策,实际上损害的首先是本民族的文化、本民族的利益,迟缓了我们前进的步伐。

应该吸收什么呢?那得区别对待。具体到波兰,我深感,无论如何对肖邦的研究、译介是必须的,有意义的。基于这样的认识,我就结合本职工作,从肖邦国际钢琴比赛开始收集资料。我和老伴(姚曼华,当时也在使馆)先写了一些小文章,见效果不错,才进一步扩大了写作面。不过,1996年我们就退休了。所以真正着手做此项工作,是在退休之后。1999年在肖邦逝世150周年之际,我们应邀在《钢琴艺术》上发表了《肖邦国际钢琴比赛》一文。比较详尽、客观地介绍了该项赛事的起源、宗旨、第一名获奖者的不同风格以及各自的强项、特别谈到了常常引起争议的所谓"肖邦风格"、历届中国选手参赛的情况等等，文章所用材料扎实、没有空话，提供了丰富可靠的信息，因而受到了好评。中央音乐学院钢琴系主任杨峻教授随即邀请我们观摩他们举行的肖邦赛参赛选手的选拔赛。我们因而立即感受到了专业音乐界对了解相关事宜是多么渴望。2000年，肖邦钢琴比赛的结果震惊了波兰钢琴界，令人大感意外！中国选手李云迪第一次获得了大奖，外加女选手陈萨名列第四。这两名获奖选手还同出一师，这成了肖赛史上独一无二的案例。中国其他参赛选手的情况也可圈可点，受到波兰媒体的热情赞扬。我们趁热打铁，利用有关方面提供的材料，连发三篇文章，把比赛情况作了全面的介绍，较好地配合了业界对比赛知情的需求。接着波兰肖邦协会代表团主动要求来华访问，我被中国音协请去当翻译。结果，来访的是肖邦协会的总干事，是我的老朋友，我在波兰工作时，曾多次帮助过他们。我的出现令他和全团人员很感亲切，访问气氛立即变得不一样。可以说，一切都进行得十分顺利，签订了两个协会的合作协议，包括确定中方翻译出版《如何演奏肖邦——回答问题的尝试》一书。双方当场建议要求我来牵头翻译此书。经过我和老伴两人的苦斗、专家帮助、作者支持，该书终于顺利出版。第二次来访的肖邦协会代表团全体成员就人手一册带着中文版的《如何演奏肖邦》，开心地返回波兰去了。之后我们又翻译了该书的下册《如何演奏肖邦——回答问题的尝试》（钢琴与乐队作品）。在这两本书的翻译过程中，我收到了肖邦协会的朋友寄来的阿·鲁宾斯坦的自传《我的青年时代》，该书极为有趣，所以它成了我们接着翻译的对象。由于原著是英语，便把儿子梁镐也拉了进来。之后，全家又完成了他的《我的漫长岁月》的翻译，这样，就不自觉地做了一件重要的事，为我国音乐出版界填补了一个空白。鲁宾斯坦是20世纪世界公认的大钢琴家，他的回忆录是名副其实的长篇巨著，内容极其丰富生动，已有法、德、俄、西、意、波等多种译本，我们这样一个大国，怎能没有该书的中文译本呢？

一天，突然接到华沙来的长途电话，说："听说中国有个专门译介肖邦的家庭组合，我们有一本肖邦评传想请你们翻译成汉语，在华沙出版"。于是就有了《肖邦：青年时代》和《肖邦：旅居国外的年代》这两本电子书的中文译本。这是波兰为配合参加上海世博会之需所做的一件事，在世博会上销售一空！我的朋友去参观波兰馆时，都没有能买到。他们对中国市场的估计太不足了。稍早我们还翻译了《弗雷德里克·肖邦》，一本装帧十分精致的小书。虽然篇幅不大，但据我国的权威人士说，这是一篇很有水平的论文，价值很高，值得我们的肖邦演奏者和研究者好好研读，对提高音乐界对肖邦及肖邦音乐作品的理解水平大有裨益。

以上就是我们参与的有关波兰文化翻译的大致情况。与此同时，我们还撰写了数十篇有关波兰音乐家、特别是肖邦的文章。所做的工作都是我和老伴、或再加儿子完成的（顺便说一句，上海音乐出版社在 2015 年年中就会把这些文章结集出版，题为《肖邦和波兰音乐家》，以资纪念肖邦诞生 205 周年和迎接第 17 届华沙国际肖邦钢琴比赛）。我们做的是专业性相当强的工作，没有起码的相关知识就很困难并会出笑话。这样，就自然凸显了我老伴姚曼华的作用。她学过钢琴，具有基本的音乐知识，在翻译中能对照着乐谱审看译文的对错，这是很重要的把关。波兰国家虽小，也不富裕，但很看重扩大自己国家的软实力。因而对我们的工作十分重视。我本人被两次授予波兰文化功勋奖章，我老伴姚曼华则被波兰总统亲自授予波兰共和国骑士十字勋章。这不是说我们有什么了不起，而是从另一个方面印证了我们国家重视文化翻译工作的正确。我还想讲几件事，说明我们的工作是为人需要的。当李云迪得奖回京举行音乐会之后，我给他的老师但昭仪打了一个电话，向他表示祝贺。他不认识我，到现在也不认识。他问，你是谁？我报了自己的姓名。他马上反应过来说，原来是你啊！我还得谢谢你呢。我在华沙指导学生参加比赛时，手上还拿着你的文章呢！吴祖强先生在电话中也说，你们文章的提法在国内还是第一次，很好，对我们有启发（也是指关于肖邦赛那篇文章）。最近，我老伴在一个琴友家碰到一位专业钢琴家。他不认识我老伴。但当她说出自己的名字后，他马上说，哟，久仰久仰！你们在《钢琴艺术》上发表的文章我可是篇篇都读，对我们很有帮助。你们翻译的书我们也都很重视，对我们很有用。话说得很诚恳，看得出不是客套。老伴的弟弟、一个工作在云南的著名画家最近告诉我们，在一次饭局上他碰到一位搞音乐的，这人高兴地说起鲁宾斯坦的自传也翻译出版了，他买了一套，读起来既有趣，收获又大。画家弟弟告诉那位音乐家，书的译者就是他姐姐一家，音乐家既吃惊又欣喜，连说"译得真好，那是 1100 多页的巨著啊！"

翻译的苦和乐。有人说，翻译有什么难，不就是把你懂得的那点老外的话翻译过来吗？但"事非经过不知难"，只有真正尝过翻译滋味的人才知道这非易事。就说一点：写作可以只写你熟悉的，翻译却不能由译者做主。的确，书里会有那种能够直接翻译过来的部分，是可以翻译过来就完事的。但是，外国著作家不会老写这种东西。要不他的水平也太低了。写进作品更多的是有思想、有品位、有难度的事物，你是不可能那么直截了当地翻译过来的。我举一些波兰语的例子来说吧。先说容易的：其一，"Brat"这个词很容易，是兄弟，或兄或弟，可人家就只写了 Brat, brat Artura Rubinsteina 你翻吧，他有几个哥哥，在中文里必须写出二哥、三哥。我还遇到过 Brat Chajkowskiego, 是弟弟还是哥哥？为了做到准确，你得研究、调查，起码根据上下文，做出合理的判断。在文艺作品中大概做到这一点不是太难。但其他文字就说不好了。siostra，这个词也一样，甚至更多义，有护士、修女、姐妹等意思。肖邦有姐姐有妹妹，你要知道具体指的哪一位，才能落笔写成姐姐或妹妹，否则就可能出错。可以说这都是中文闹的。在这种情况下，中文不能容忍你写成笼统的"兄弟""姐妹"这样的词。最近我碰到一个题目"Lekkomyslna siostra"（"轻率的姐妹"之意），又把我难住了。最后我专门问了作者，经他判断才确定翻成"妹妹"的。同类性质问题还有很多，都是要下功夫鉴别才能不出错的（如奶奶、外婆；爷爷、外公；叔叔、舅父等等）。其二，稍难一点的例子：波兰是个宗教气氛很浓的国家，处处有其痕迹，你避也避不开。在华沙有个有名的教堂，叫"kosciol wizytek"，很有名，留波学生都进去看过，因为肖邦曾经在那儿弹过管风琴。但是什么教堂，就是叫不上名字。我见到好多译法，我都不能同意，而我自己也不知道如何译好。后来因为翻书，才下了决心，经过多次反复查词典，多语种词典对照着，总算定下译成"'圣母往见会'修女教堂"。还有一个叫"Pijarski"修士派，以为跟啤酒有关呢，平时碰到就打马虎过去了，这次也是反复查词典、求助互联网、询问波兰作者，求教国内专家，才得以定下"皮亚里斯特派"。这些名词出处都与西方文化有关，只能随西方大国语种用的词汇翻译，不能随便按波兰语发音翻译，那样，要么读者不知所云，要么造成混乱。其三，再如波兰的音乐用语中，音乐调性的名称采取的是德国系统，而中国则随英美系统。两者有些区别，需要记住。否则就要出错。例如波兰的调名中，H＝B，B＝降B。碰上 B Dur，b moll，有的译者就想当然地翻译成 B 大调，b 小调，造成大错。不知对应的是降 B 大调，降 b 小调。而碰到 H Dur，h moll 时，更不知这是什么调性了，实际上这相当于我们的 B 大调，b 小调。这里有个知识的问题首先应解决。再举一个例子：rytm dobiegają cy，我们无论如何都翻不出来，后来得到了一份英文稿子，看到波兰人自己用了"so called polonaise rhythm"（"所谓波洛奈兹节奏"）来说明，这才救了我们的急。这里的问题在于原文太波兰化，是"唯波兰独有的"，其它语言里只能用解释性的文字才能把问题说清楚。又如 Larghetto 这个国际通用的音乐术语，有人照音译成"拉尔格海托"，结果谁也看不懂，其实中文有"小广板"这个词，就很对应。或者你就留着外文原文，在音乐界是允许的。再如，音乐术语 pianissimo，字面意思就是"最弱""极轻"，开始我们就是这么翻译的，后经专家指出，这是个相对的概念，不能翻译成最高级，译成"很轻""很弱"就可以了。我们也碰到过无法解决的情况，无奈地留下两个"死译"的例子：akordy stoją ce"站立着的和弦"，nuty leżą ce"躺着的音符"，什么意思，不懂。而别的钢琴家都不懂，原作者又已去世，只好留着这个遗憾了。其四，我在国内出版的书上读到过："塞克方纳河""利普斯克"的地名，还有"萨斯基公园"。原来，前者是把法国的塞纳河按波兰发音死翻译过来的，而"利普斯克"则是把德国名城莱比锡按波语发音死译出来。最后一个是"萨克森公园"。我觉得，这些译者基本功太差，还胆大无比。反映了他们对翻译工作缺少敬畏之心。而敢于将其印成文字的出版社，也太没有责任感。近两年来，我国翻译界闹出了把蒋介石译成常凯诗的笑话，大概以为他是外国人了？！我们波语界出了另一个例子：把"Pen Club"翻译成"钢笔俱乐部"，还好他知道外国人是用钢笔写字的。要不然就写成"毛笔俱乐部"了。翻译先生，你连"笔会"都不知道，就敢这么轻率地落笔翻译，这说明搞翻译的太需要各种常识了，这种无知引发的无畏是让人不安的。但是回想一下，我倒也可以理解。我自己以前也有过这种因无知而无畏的举动。我陪肖邦赛评委主席访华讲学时，掌握的音乐词汇少得可怜，就知道"踏板"一个词，因为教授 7 小时的讲学题目就是《肖邦作品中踏板的使用》。今天当我掌握的音乐词汇有了较大增长后，打死我也不敢接受这样的任务，这太冒险了。我那时无知，便表现出了"无畏"。其五，最近我在翻译波兰戏剧史的过程中，对学无止境有了新的认识。还以实例说明。波兰文 biały 是白色的意思。但是，biała tragedia 怎么译？原来它是指不流血的悲剧，比较小的悲剧；białe tango 是指女方请男士跳的探戈舞；białe małżeństwo 是指夫妇不行房事的婚姻，真是想象不到的用法。还有个特例：małżeństwo z kalendarza，是指《照日历挑好日子结成的婚姻》。都说外国人思维跟我们不同，但这里竟跟中国人一样，挑选黄道吉日结婚，完全是中国人的思维方式啊。这些例子现在集中起来说，大家听着会觉得好笑。但在翻译过程中对我可都是折磨、是大考验！都要把我难死啦！每当翻不出来时，心里急得像热锅上的蚂蚁。而为了解决这些难点，我查遍了词典，无果，就记在纸条上，见一个朋友就问一次，甚至两次、三次。见波兰人也问。解决的过程是漫长的、痛苦的，解决了当然会感到无比快乐。这就是翻译中的苦与乐。不过，痛苦是长时间的，快乐只是瞬间。

几点建议。我的发言到现在为止都是讲的外翻中，这与研究班的宗旨有违，现在得联系宗旨提些建议。第一，记得在新中国成立 10 周年时，我驻波使馆曾经出过一个波兰文的介绍中国各条战线概况的纪念刊物，影响很好。后来国家处于不断的运动之中，根本置这些事情于不顾了。现在应该恢复，这对驻小国的使领馆很有意义的。现在国家情况大有好转，国家实力强了，上下对软实力的认识也都提高了，可以通盘考虑出一个方案，来培养文化翻译的人才了。但在这个问题上，需要有耐心，有长远规划，不能太急。要马上出人才是出不来的。但应该有一个基地,我考虑,国际台相对就是较好的地点,此事放在外交部、文化部外联局都不太合适。因为那里是办事机构,其任务是解决当前的问题,不可能顾及这种要慢功做的事。提出任务、出出主意、抓一下可以,但具体做,得要有一个与处理日常外事工作较远的单位来办。国际台就比较合适。第二,要充分利用外文局的资源,让其为文化翻译提供通稿,发挥自己的优势。第三,接受培养的人员得多学些外语,除主攻的外,起码学好英语,人家太强势了,你不能不承认,你得借鉴它的长处,为小语种服务。被培养的人员要持之以恒地多读外文原著,练就基本功。要有坐冷板凳的精神。中译外,最重要、最困难的是解决中国式的外语问题,这对国内今天水平相对较高的英文也一样。当你做外翻中的时候都会感到外文对我们处处是陷阱,让你犯错。你搞中翻外时,陷阱就更多了。所以必须小心、仔细、认真,怀着敬畏之心。无论大国语言还是小国语言都一样。从我们的经验看,事情做得好一些的,是鲁宾斯坦的两部传记,因为有波、英两种文本的对照;做得快一些的,是肖邦评传电子版,有三种文本,因为时间紧,给我们稿子时,只有上册,后来上册完成了,过了两个月才说还有下册要翻译。三个人紧赶慢赶才完成。联系到中翻外,更需要优势互补。如早年嫁给波兰留学生从而定居波兰的胡佩方女士,在波兰翻译《金瓶梅》是她和几位汉学家合作的成果,效果不错,这个经验在我们今后的工作中是值得借鉴的。第四,把波汉词典出了吧,虽然对我已经无用了,我还是呼吁快出一本。第五,我们的稿酬制度也得改。我家的小时工,每小时25元,每天8小时计,她可以挣到200元,我挣不过她。难度不算太大的稿子一天弄出1千字也就150元,还算是较高的报酬标准了。何况,我最多只能工作4小时呢!

  最后我要说,国家情况好了,我也老了,还想干,但心有余力不足,真觉得有点遗憾!可这是规律,奈何!但愿后来人珍惜自己遇上了好时代、好机会,能更自觉地为中华民族灿烂文化在世界占有她应有的地位而贡献自己的力量。

  (梁全炳,男,1936年生,江苏丹阳人。先后毕业于南京大学(俄罗斯语言文学专业)和波兰华沙大学(波兰语言文学)。译著有:斯门江卡教授所著:《如何演奏肖邦——回答问题的尝试》(上下册)(与姚曼华合作)、阿·鲁宾斯坦:《我的青年时代》和《我的漫长岁月》(与家人合作)等11种;另有音乐文集《肖邦和波兰音乐家》(与家人合作)即将出版。前驻波兰文化参赞。资深翻译家。曾两次获得波兰政府颁发的文化功勋章。)

中译土翻译中的常见错误

沈志兴

翻译是把一种语言译成另外一种语言,两种语言相近或相差甚远,翻译时都会碰到这样或那样的障碍,而这些障碍又都可以运用这样或那样的方法加以克服,译者的翻译能力也随之得以提高。因此,从译者角度来说,翻译能力建设实际上也是如何解决翻译过程中遇到的难题的问题。国家汉办即将出版中土对照的《中国地理常识》和《中国文化常识》,我是这两本书的终审校译。我就结合自己在这项工作的经历谈谈自己的一些认知和体会。

一、中译土中的障碍

翻译理论家刘宓庆认为:翻译涉及的是从形式到内容、从语音到语义、从达意到传情、从语言到文化的多层次、多方位语际转换。语际转换中的障碍有:语言文字结构障碍、惯用法障碍、表达法障碍、语义陈述障碍、文化障碍。

在此想谈谈中译土过程中的三大障碍:语言文字结构障碍、表达法障碍和文化障碍。

1. 语言文字结构障碍

汉语属汉藏语系,土耳其语属乌拉尔-阿尔泰语系,两种语言分属不同语系,语言特点迥异,语言文字结构差异较大。

1) 汉语为主谓宾句,土耳其语为主宾谓句,这方面的差异比较明显,就不多说了。

2) 汉语多用短句,土耳其语多用长句:

在翻译过程中,汉语与土耳其语在句式方面的差异更多地是体现在:汉语多用短句,而土耳其语则因为词的屈折变化多样而可以把多种信息利用句法关系糅合在一个比较复杂的句子当中,所以多用长句。如:

重庆是长江上游最大的城市,市区依山而建,又称山城;又因其秋冬多雾,故又称雾城。

译文:Çin'deki doğrudan merkeze bağlı 4 şehirden biri olan Chongqing,

Yangzi Nehri yukarı çığırında bulunan en büyük şehirdir. Şehir dağlara uyumlu bir biçimde inşa edilmesinden dolayı Dağ Kenti olarak, sonbaharda ve kışın çok sisli olmasından dolayı ise Sisler Kenti olarak bilinir.

此例中汉语为两个小句，而译文则根据土耳其语的特点把这两个小句译成了一个状语从句。

3）汉语被动句用得少，多数用于受损句；土耳其语常用被动句：

剑身上刻满了菱形的暗纹，剑柄上缠着丝线，还镶嵌有蓝色琉璃和绿色的宝石，铸造得非常精细。

İşçiliği çok zarif olan kılıcın gövdesine eşkenar dörtgen şeklinde desenler kazınmış, bükme ipekle sarılmış sapı üzerine mavi camlar ve yeşim taşlar kakılmıştır.

此例中汉语动词都用的是主动态，而土耳其语则都用被动态来避免谈及逻辑主语。

2. 表达法障碍

我们通过例句看一下，

原文：中国的剪纸艺术大约有 2000 多年的历史，是中国民间十分常见的工艺品。

译文：İki bin seneden fazla bir geçmişe sahip olan Çin'in kesme kağıt sanatı, halkın sık yaptığı bir sanat eseridir.

校译：Çin'in kesme kağıt sanatı iki bin seneden fazla bir geçmişe sahiptir, kesme kağıt da halkın sık yaptığı bir sanat eseridir.

从语法上来讲，汉语的这个句子应当属于病句，因为表面上看句子有两个小句，而主语只出现了"中国的剪纸艺术"，从而导致了译者把这句句子译成了"拥有 2000 多年历史的中国剪纸艺术是人们常做的工艺品"，而这种译文就真正成了病句了，因为艺术不是工艺品。所以在翻译的时候应当把汉语中隐含的主语"剪纸"给翻译出来。

3. 文化障碍

不同民族拥有不同的文化，而语言就承载着这些文化信息。译者如果对两种语言中的文化信息不熟悉的话，就会出现译文在文化方面的错误。如：

原文：三潭印月

译文：Santan Yinyue（Ay-yans? tan Üç Havuzlar）

校译：Santan Yinyue（Ay-yansıtan Üç Pagoda）

此例中的"潭"译者根据词意把它译成了"池"，显然是因为译者不知道

"三潭印月"的来历而造成了这种翻译错误。

原文：湖广总督林则徐

译文：Hubei ve Hunan Valisi Lin Zexu

校译：Huguang（Bugünün Hubei，Hunan，Guangdong ve Guangxi eyaletleri）Valisi Lin Zexu

此例中译者把"湖广总督"译成了"湖北湖南总督"，而"湖广总督"应当是"两湖、两广"的总督。

原文：河南开封包公祠内的狗头铡等

译文：Hatıra tapınağında bulunmuş kağıt kesme giyotinleri, Kaifeng, Henan Eyaleti

校译：Efendi Bao Hatıra tapınağında bulunan köpek başlı giyotin v. s., Kaifeng，Henan Eyaleti

此例中译者把"狗头铡"译成了"切纸铡"，完成误导了这种铡刀的用途。

原文：笔、墨、纸、砚合称为文房四宝，而湖笔、徽墨、宣纸、端砚被称为四宝之最。

译文：Öğrenmenin dört hazinesi, hu（fırça），hui（mürekkep），xuan（kağıt）ve duan（mürekkep taşı）olarak tarif edilmiştir.

校译：Fırça, mürekkep, kağıt ve mürekkep taşı öğrenmenin dört hazinesidir. Hu（Huzhou）fırçası，Hui（Huizhou）mürekkebi，Xuan kağıdı ve Duan（Duanzhou）mürekkep taşı en üstünleridir.

此例中译者把"湖笔、徽墨、宣纸、端砚"理解成了文房四宝的全称。

由上述诸例中可以看出，文化常识的缺失或不足会在翻译中造成一定的错误，直接传递给读者以不实的信息。

二、中译土翻译中的常见错误

对中文的理解与土耳其语的表达是中译土过程中最重要的两个步骤，翻译时既要重视理解，也要重视表达，重表达轻理解会导致概念的不对应等错误，重理解轻表达则会导致表达不通顺、不流畅。换言之，翻译能力的强弱取决于对中文的理解力和土耳其语的表达力的高低，中译外能力建设也要从理解力和表达力抓起。

1. 对中文的理解力

翻译中对中文的理解是指对原文文本的解读。中译土翻译中常见的对中文的理解错误主要有两个方面：一是时态、人称方面的错误，二是概念意义上理解错误。

1) 时态、人称错误

汉语属于意合体，字词没有形态上的变化，词与词之间主要是靠意义的联合来组成语句，特别是时态意义比较模糊，没有表示时态意义的特定字词和标记；而土耳其语则属于形合体，词的形态变化非常丰富，词与词之间主要靠语法手段来组合成句子，且时态意义很明确，有丰富的时态词缀、人称词缀。正是由于汉语和土耳其语之间的这种差异，译者才容易犯时态、人称上面的错误。如：

原文：奴才常听人说，恭亲王寿高福大造化大

译文：Köleniz, insanlardan zaman zaman, Prens Gong'un ömrünün uzun, kısmetinin bol ve başarısının büyük olduğunu duyuyordu

校译：Köleniz, insanlardan zaman zaman, Prens Gong'un ömrünün uzun, kısmetinin bol ve başarısının büyük olduğunu duyuyordum

此例中，译者把"奴才"理解成了第三人称，不知道这是古人的一种自我谦称，所以造成了主谓人称与原文的误差。

原文：一日不见，如隔三秋

译文：bir gün görmedi üç sonbahar geçti

校译：bir gün görmedim, üç sonbahar geçmiş gibi

此例中的错误在于没有把汉语中的"如"之意译出来，只是把句子翻译成了"他一天没见，三个秋天过去了"，更没有将诗人的第一人称翻译出来。

2) 概念意义错误

任何语言中的词或句子都会有歧义的现象存在，翻译时对词义的选择是个比较重要的步骤，选择不好或者说理解不好就会造成概念意义方面的翻译错误。如：

原文：土制颜料

译文：özel yerli topraktan yapılan boyalar

校译：özel yerli boyalar

此例中译者把"土制颜料"理解成了"用当地的土制成的特殊颜料"。

原文：纸扎

译文：kağıt imalatı

校译：kağıt kaplamalı çubuktan figürler

此例中译者把"纸扎"理解成了"纸的生产"。

原文：北京故宫为明成祖朱棣于公元1406年在元朝大都皇宫的基础上开始建设的，于公元1420年正式落成。从建成到1911年清帝逊位，在这约500年间，共有明清两代24位皇帝在故宫生活过。

译文：Ming Hanedanı imparatoru olan Chengzu lakaplı Zhu Di'nin emriyle，1406-1420 tarihleri arasında，önceki Yuan Hanedanlığı'nın kurduğu temel üzerine inşa edilmiş olan Yasak Şehir'de，kuruluşundan，1911 yılında Çin'in son feodal hanedanlığı olan Qing Hanedanlığı'nın devrilmesine kadar geçen yaklaşık 500 yıl içinde toplam 24 imparator yaşamıştır.

校译：Ming Hanedanlığı imparatoru olan Chengzu lakaplı Zhu Di'nin emriyle，1406-1420 tarihleri arasında，önceki Yuan Hanedanlığı'nın kurduğu sarayını temel alıp üzerine inşa edilmiş olan Yasak Şehir'de，kuruluşundan，1911 yılında Çin'in son feodal hanedanlığı olan Qing Hanedanlığı'nın devrilmesine kadar geçen yaklaşık 500 yıl içinde toplam 24 imparator yaşamıştır.

此例中译者把"在元朝大都皇宫的基础上"理解成了元朝的皇宫只建造了地基，这个就误差有点大了。

2. 土耳其语表达错误

作为母语不是土耳其语的译者来说，土耳其语的表达能力也决定了他们的翻译质量。土耳其语表达错误主要有以下四个方面：

1）语法的准确度

原文：张衡（78—139），河南南阳人。他勤学好问，博览群书，特别爱好天文、历法和数学，是一位博学多才的科学家。

译文：Henan eyaletinde Nan Yang'da yaşayan Zhang Heng（M. S. 78-139）çalış kan，çok okuyan，astronomi，takvim bilimi ve matematiği seven，geniş bilgi sahibi，yetenekli bir bilimadamı olarak bilinir.

校译：çok okumuş

此例中译者把"博览群书"译成了定语，用的是土耳其语的形动词"okuyan"，意为"正在读的"，一千多年前的人怎么可能"正在读"呢？

2）用词的准确度

原文：满月

译文：Bir aylık bebek

校译：(Bebek) bir aylık olma

此例中译者把"满月"这个纪念日理解成了"一个月大的孩子"

原文：天子山风景区

译文：Tianzi Dağı Doğa Koruma Alanı

校译：Tianzi Dağı Doğal Manzara Alanı

"Doğa Koruma Alanı"是自然保护区的意思。

原文：身着蜡染服饰的苗族妇女

译文：Batik kıyafet giymiş Miao etnik grubundan bir kadın

校译：Batik kıyafet giymiş Miao etnik grubundan bir bayan

"kadın"一词在土耳其语中比较粗俗，所以应当用更文雅的"bayan"一词。

原文：1949年10月1日，毛泽东主席在天安门城楼上庄严宣告："中华人民共和国中央人民政府成立了！"

译文：1 Ekim 1949，Başkan Mao Tiananmen kulesinden haykırdı："Çin Halk Cumhuriyeti Merkezi Halk Hükümeti kurulmuştur！"

校译：1 Ekim 1949，Başkan Mao Tiananmen kulesinden ciddi bir şekilde beyan etti："Çin Halk Cumhuriyeti Merkezi Halk Hükümeti kurulmuştur！"

动词"haykır-"意为"高喊"，与毛主席的身份及当时的场合不符。

3）短句译成长句时的准确度

原文：茶字水幕墙，动静结合，既象征着中华茶文化之源远流长，又进一步道出茶与水的亲密关系："精茗蕴香，借水而发，无水不可与论茶也"，突出了主题陈列。

译文：Üzerinde Çince "Çay" kelimesinde yer alan hareketli ve hareketsiz su perdeli duvarlar？，hem Çin çay kültürünün tarihinin uzunluğunun sembolüdür，hem de "Seçkin çayın kokusunu su çıkartır；su olmasa çay olamaz."deyişindeki gibi，çay ve su arasında bulunan sıcak ilişkiyi belirterek sergi temasını vurgulamaktadır.

校译：Üzerinde Çince "Çay" karakteri bulunan su perdeli duvar，hem hareketli，hem de hareketsiz；hem uzun Çin çay kültürü tarihinin sembolüdür，hem de "Seçkin çayın kokusunu su çıkartır；su olmasa çay olamaz."deyişindeki gibi，çay ve su arasında bulunan sıcak ilişkiyi belirterek sergi temasını vurgulamaktadır.

"茶字水幕墙"应当是指水幕墙上有"茶"字，而不是说"茶字"上面有水幕墙，这是一点；第二点，"Çin çay kültürünün tarihinin uzunluğunun sembolüdür"意思是"是中国茶文化历史悠久的象征"，表达习惯上有点问题；第三，"hareketli ve hareketsiz"意为"动的和静的"，失去了汉语中"动静结合"的语言美感。

4）漏译

语际转换中最大的问题还应当属漏译，因为漏译就意味着语际信息的流失，也就意味着译者在翻译时"贪污"了原文中的信息。如：

①原文：武则天去世前在大臣的逼迫下将皇位传给了儿子中宗，死后被封为

"大圣则天皇后",后称"武则天"。

译文:Sonunda üst düzey devlet adamları tarafından görevi oğlu Zhongzong'a bırakmaya zorlandı.

校译:Ölümünden önce üst düzey devlet adamları tarafından zorlanarak görevi oğlu Zhongzong'a bırakmak zorunda kaldı. Öldükten sonra "Aziz Imparatoriçe Zetian" ünvanı verildi. Sonra ona Wu Zetian denilir.

此例中译者把句子简单地译成了"最后在大臣的逼迫下将皇位传给了儿子中宗",其它信息没有传递出来。

②原文:742年,日本天皇派人来到大明寺,请鉴真去日本传播佛法。当时海上交通十分艰险,有人表示疑虑,鉴真果断地说:"为了传播佛法,我怎么能怜惜自己的生命呢?"但是,鉴真去日本的计划一次又一次受阻。一次出海不久,船只触礁(chùjiāo),又有一次被官府扣留。当他第5次东渡时,遇上狂风大浪,航向发生偏差,船在海上漂流14天后才获救,这次东渡又没有成功。

不久,鉴真因病而双目失明,但他去日本传播佛法的决心没有丝毫动摇。753年,他已经66岁了,又开始了第6次航行。在海上与风浪搏斗了一个多月,鉴真终于登上日本岛,实现了自己的愿望。跟随鉴真渡海东去的还有23名弟子。他们随身带去许多书籍、佛像、经书和其他珍贵物品。

译文:742 yılında Japonya'dan gelen elçiler Budizmin Japonya'da yayılması için Jianzhen'ı ülkelerine davet etmişlerdi. O zamanlar deniz ulaşımı çok büyük zorluklar içeriyordu fakat Jianzhen "Nasıl olur da Budizmi yaymak için önüme serilmiş kaderime hayıflanırım?" demişti. Jianzhen Japonya'ya ancak altıncı girişiminde ulaşabildi. Vardığında 66 yaşına gelmişti ve kör olmuştu. Yanındaki 23 öğrencisiyle birlikte çok sayıda kitabı, Budist resimleri, yazmaları ve başka kıymetli eşyaları da getirmişti.

校译:742 yılında Japonya'dan gelen elçiler Budizmin Japonya'da yayılması için Jianzhen'ı ülkelerine davet etmişlerdi. O zamanlar deniz ulaşımı çok büyük zorluklar içeriyordu fakat Jianzhen "Nasıl olur da Budizmi yaymak için önüme serilmiş kaderime hayıflanırım?" demişti. Jianzhen'ın Japonya'ya gitme planı tekrar tekrar engellendi. Bir keresinde denize daha yeni açılmış ki gemi kayalara binmişti. Başka bir seferinde yerel belediye tarafından tutulmuştu. Beşinci kere doğuya denize çıktığında büyük dalgalarla karşılaşmış ve geminin rotasında bir sapma olmuş ve gemi denizde 14 gün dolaştıktan sonra kurtarılmıştı.

Az sonra Jianzhen hastalanıp gözleri görmez oldu. Ama Budizmi yaymak için

Japonya'ya gitmekte ısrardı. 753 yılında 66 yaşıyla altıncı girişimine başladı. Bir ayı aşkın zamandan sonra ulaşabildi. Yanındaki 23 öğrencisiyle birlikte çok sayıda kitabı, Budist resimleri, yazmaları ve başka kıymetli eşyalar? da götürmüştü.

此例中译者仅用"Jianzhen Japonya'ya ancak altıncı girişiminde ulaşabildi. Vardığında 66 yaşına gelmişti ve kör olmuştu."（鉴真第六次才到达了日本，其时他已66岁且已瞎了）一句话描述了鉴真日本之行的艰辛。

从事汉译土工作的人不是很多，从事汉译土文化推广的人更是少之又少。要做好对土耳其的中国文化传播，还需要大力培养专门人才，更需要加大两国译者间的通力合作，如此方能做出好的作品，才能更好地为两国间的文化交流做出贡献。

（沈志兴，男，解放军外国语学院（洛阳）欧亚语系教授，土耳其语、土耳其文化研究专家。）

20世纪中国文化在斯洛文尼亚的传播

鲍 捷

斯洛文尼亚共和国（Republika Slovenija）位于欧洲大陆中南部，北邻奥地利和匈牙利，西接意大利，东部和南部与克罗地亚接壤。斯洛文尼亚全国国土总面积仅为20273平方公里，但却汇聚众多欧洲典型地貌，如北部的阿尔卑斯山地、东北部的潘诺平原、西部的喀斯特地区和西南部的亚德里亚海岸。斯洛文尼亚自然环境优越，适宜人类居住，常被喻为欧洲的"绿翡翠"。在跨文化交流层面上，斯洛文尼亚恰恰处于欧洲大陆内部的"十字路口"。历史上欧洲大陆各派强势文化在这里激烈碰撞，但斯洛文尼亚族从未被它族同化。在人类历史变迁中斯洛文尼亚人作为小型欧洲民族面对如日耳曼民族等外族的强大入侵总能做到不卑不亢，在保留自身民族性的同时对其他民族的优秀文化也能做到兼容并包。

公元6世纪末，斯拉夫人迁徙到现斯洛文尼亚一带，斯洛文尼亚民族初步形成。斯洛文尼亚向来是兵家必争之地，斯洛文尼亚人仅在869—874年间建立起由本族领导的独立国家。公元7世纪，斯洛文尼亚隶属于萨莫封建王国。公元8世纪曾作为法兰克王国的一个行政省。随后，斯洛文尼亚又被哈布斯堡王朝、奥匈帝国等统治。19世纪是人类历史上跌宕起伏的一百年。1918年斯洛文尼亚加入了塞尔维亚人—克罗地亚人—斯洛文尼亚人王国，1929年改称南斯拉夫王国。二战后斯洛文尼亚成为南斯拉夫社会主义联邦共和国的其中一个共和国。1991年斯洛文尼亚脱离前南斯拉夫，宣布独立。在短短的20年中斯洛文尼亚顺利完成经济转型，成为欧盟正式成员国，签署《申根协定》，使用欧元货币。斯洛文尼亚作为世界贸易组织的创始国，已经被国际社会认定为发达国家。

斯洛文尼亚文化事业发展繁荣，年人均图书出版量排在世界各国前列。首都卢布尔雅那曾被联合国教科文组织评选为2010年度世界图书之都。斯洛文尼亚人对阅读有着浓厚兴趣，每年有大量的优秀外国作品被译成斯洛文尼亚语并发行出版。从此可见，善于向外来文化学习是斯洛文尼亚民族的典型民族性。

中国与斯洛文尼亚虽远隔千山万水，但斯洛文尼亚人对中国以及中国文化却从不陌生。昔日紫禁城内的第八任西洋人钦天监监正刘松龄（Ferdinand Avgutin Hallerstein 1703—1744）便是斯洛文尼亚人。刘松龄通晓当时西方先进的天文、数学等知识，在中国朝廷受到乾隆皇帝的重用。同时通过他从中国寄回欧洲的众多信件中，欧洲人也开始慢慢了解这个神秘却充满魅力的东方国度。简而言之，刘松龄在自然科学以及中西文化交流方面上，有着重要贡献。近30年来，有关刘松龄的研究慢慢受到学术界的重视。当然，刘松龄仅是中国与斯洛文尼亚文化交流的一个缩影。斯洛文尼亚知名历史学家门琴先生（Ralf eplak Mencin）将中斯两国多个世纪以来的文化交流史料精心整理，缜密考证，并最终完成著作 V deeli nebesnega zmaja —350 let stikov s Kitajsko（《天龙之国—中国与斯洛文尼亚交流350年》），该书于2012年在斯洛文尼亚正式出版发行。不得不说，此书在中国与斯洛文尼亚跨文化交流研究方面具有里程碑意义。门琴先生在书中介绍，19世纪以前斯洛文尼亚人对中国的了解大多来自于传教士从中国寄回的众多书信。信中谈及的不仅仅是基督教在中国的传播，还有众传教士对这个神秘国度的"解密"。中国与斯洛文尼亚的直接文化交流可以追溯到14世纪初期。1314年斯洛文尼亚传教士奥多里克·马修其（Odorik Mattiuzzi 1265—1331）前往中国传教，直到1330年重返欧洲大陆。虽然他的探索之旅比中国人熟知的马可·波罗晚了整整52年，却为斯洛文尼亚提供了众多关于东方神秘国度——中国的资料信息，其中不乏元代戏曲作品。中国在17世纪曾向世界敞开大门，尝试接受来自西方的先进科学技术。在此期间，有三位斯洛文尼亚裔传教士来到中国，他们分别是贝尔纳德·蒂斯特尔（Bernard Distel）、伊万·克尔斯特尼克·梅萨尔（Ivan Krstnik Mesar，教会名 Joannes Baptista Mesar）和巴尔塔扎尔·米勒（Baltazar Miller）。以上几位传教士可谓中斯文化交流的早期探索者。斯洛文尼亚当时隶属于哈布斯堡王朝，虽然他们均为斯洛文尼亚人，但从中国寄回的各类书信多用德语书写，直接邮寄回哈布斯堡王朝直辖教廷。直到1931年斯洛文尼亚才开始对本国传教士的部分书信展开整理编译工作。哈斯夫妇（Jeseph von Hass 和 Eleonora von Hass）曾经作为哈布斯堡王朝官员外派到中国，两人在上海生活了7年（1889年—1894年）。其间，哈斯夫妇不仅学习了汉语，更是积极了解中国文化，并带回了大量珍贵的中国古典文学文献。

19世纪之前的中斯交流具有一定的局限性，斯洛文尼亚人对中国乃至中国经典文化的理解多来自于传教士寄回的众多书信。从19世纪开始，欧洲曾经掀起一阵"汉学热"，大量有关中国的古典文学典籍被译成法语、德语等欧洲语种。19世纪初期，众多斯洛文尼亚文学翻译家将各种中国文化译本翻译成斯洛文尼亚语，这在一定程度突破了对中国文化接受的片面性。到了19世纪中期，斯洛文尼亚的本土汉学家从中国学成归来，更是开创了斯洛文尼亚汉学研究的新纪元。

20世纪是全世界各民族展开密切交流的历史重要节点。随着科技的发展，人们可以更加便捷地远赴大洋彼岸探寻其他民族的风土人情。印刷技术的不断更新，使得各种文化符号得以记录和传承。在本文中精选部分文化译作，稍作点评。

1922年

《小铜铃》（Zvonek）是斯洛文尼亚历史最悠久的儿童文学刊物。许多作家用斯洛文尼亚语在此刊物发表各类童话故事，民间传说等。1922年《小铜铃》首次刊登由弗兰·埃里亚维茨（Fran Erjavec）编译成斯洛文尼亚语的中国古代民间故事。其中包括《九头鸟》《谁是罪人》《狐狸与乌鸦的故事》《恶有恶报》等文学作品。

1923年

阿尔玛·马克西米连娜·卡尔林（Alma Maximiliana Karlin），斯洛文尼亚作家，旅行家。她曾于1923年旅居在沈阳、北京、天津、上海、广州和香港。回到斯洛文尼亚后，她将自己在中国的所见所闻，特别是对中国古典文学的见解仔细整理编辑，并在《远东》（Far Eastern Times）杂志上发表了6篇相关文章。卡尔林编写的《神龙与群魔：中国、印度尼西亚和南海地区小说集》（Zmaji in duhovi / novele iz Kitajske, Indonezije in Junih morij）于1996年在斯洛文尼亚出版发行。

1928年

阿洛伊兹·格拉德尼克（Aljoz Gradnik，1882—1967），斯洛文尼亚诗人、翻译家。通晓意大利语、德语等10门欧洲语言，并自学汉语等4门东方语言。格拉德尼克将中国抒情诗整理编译成斯洛文尼亚语，并加以注释。格拉德尼克是斯洛文尼亚著名诗人、文学评论家，主要研究抒情诗以及不同国家的抒情诗文学比较。虽然格拉德尼克学习过一段时间汉语，但语言能力有限。本书所涉及的众多中国诗歌大多借助其他欧洲语言的译本二次编译成斯洛文尼亚语。格拉德尼克主要参考了奥地利著名汉学家奥古斯特·菲茨马尔（August Pfizmaier1808—1887）的相关译著。诗集中摘录有《静夜思》《秋蝶》等作品。

1956年

约瑟·祖潘奇（Joe Zupani）将俄语版本的《中国与朝鲜传说故事》翻译成斯洛文尼亚语，同年在斯洛文尼亚出版发行。

1958年

约瑟·朵连茨（Joe Dolenc）将德语版本的《中国童话故事》翻译成斯洛文尼亚语，同年在斯洛文尼亚出版发行。

1960年

伊万·斯库舍克（Ivan Skuek），斯洛文尼亚诗人、编辑、翻译家。斯库舍克精通法语、德语和意大利语。他将弗兰茨·库恩（Franz Kuhn）的德语版《水浒传》翻译成斯洛文尼亚语。除《水浒传》外，他还将清代学士王世琛所著诗歌集德语译本翻译成斯洛文尼亚语。

1962年

伊万·斯托帕尔（Ivan Stopar）将德语版的《道德经》翻译成斯洛文尼亚语，并结合《论语》里面的相关篇章，综合整理出《中国古代哲学》，同年出版发行。

1969年

约瑟·普列舍伊（Joe Pleej）将林语堂先生的英语原著 Famous Chinese short stories（英译重编传奇小说）翻译成斯洛文尼亚语，同年出版发行。书中共有20篇中国古代短篇小说，如《白猿转》《促织》等。

1985年

玛雅·拉乌拉奇（Maja Lavra）整理收集中国新疆地区的众多文学作品，直接由汉语翻译成斯洛文尼亚语，同年出版发行《阿凡提：中国新疆维吾尔族民间故事》。

1986年

瓦西亚·采拉尔（Vasja Cerar 1959—1992）所编译的《无门之门：禅宗公案故事集》中收录了中国唐代佛教禅宗思想的48个典故。

1988年

玛雅·米利琴斯基（Maja Miliinski 1956— ），斯洛文尼亚哲学家、汉学家、宗教学家，现任卢布尔雅那大学哲学学院哲学系教授，主攻中国古代哲学，翻译大量中国哲学古典文集。其中包括《孔子》与《中国古典智慧》。米利琴斯基结合《论语》的中文、德语和英语版本，编译成斯洛文尼亚语。

布兰科·戈拉德尼什尼克（Branko Gradninik）将英文版本的《西游记》翻译成斯洛文尼亚语版本。

1997年

玛雅·拉乌拉奇将诗人王维的诗歌直接从汉语编译为斯洛文尼亚语，并加以注释。

19世纪是中斯文化交流具有转折性意义的一年。在19世纪早期，斯洛文尼亚的众多学者仅能通过第二语言的译本来接触和了解中国以及中国文化。二战后，南斯拉夫曾向中国派出多名公派留学生。但是出于当时国际格局的影响，这批学生未能成为真正意义上的汉学家。在斯洛文尼亚国内流通的有关中国文化的斯洛文尼亚语译本，大多为来源于已有的其他语言译本。在20世纪初期，德国与奥地利的汉学研究在欧洲大陆占有主导地位。斯洛文尼亚北接奥地利，当时许多斯洛文尼亚人前往奥地利深造。毫无疑问，斯洛文尼亚人在以上历史阶段对中国文化的理解多少受到了他国已有汉学研究的影响。

斯洛文尼亚本土汉学研究的正式兴起以及中国古典文化在斯洛文尼亚的广泛传播只能追溯到20世纪80年代，即萨米迦和罗亚娜这一批学者学成归国，在斯洛文尼亚本土一手创办卢布尔雅那大学汉学系。到2012年卢布尔雅那大学汉学系共培养出了140名本科生和12名研究生（其中4名硕士研究生，8名博士研究生）。学院内的亚非藏书馆内有各种东亚研究典籍，学院教师更是积极投身翻译工作，将许多经典文献翻译成斯洛文尼亚语。

近年来中斯两国文化交流不断加深，孔子学院于2009年正式落户斯洛文尼亚卢布尔雅那大学，这无疑是中国文化在域外传播的一个新平台、新起点。每年有多名汉语教师以及汉语教学志愿者被派往斯洛文尼亚的大专院校和中小学，在汉语课堂上越来越多的斯洛文尼亚人通过用斯洛文尼亚语编译的各种材料来了解中国以及中国文化。在国际"中国文化热"的大背景下，我们希望在未来能够有更多人置身于中国文化在域外传播这一伟大事业中！

（鲍捷，男，北京外国语大学欧洲语言文化学院斯洛文尼亚教研室主任）

从翻译伊朗文学作品到汉波翻译技巧

于桂丽　王法

翻译文学作品和文化典籍是开展教学和研究的基础工作，文学作品翻译和对作家研究有助于对一个民族的心理的认识、对一个国家民族性的理解，而文化典籍和历史文献的翻译是开展文化交流与合作，增强不同民族之间、不同文化之间了解的优先途径。开展比较文学的研究和跨文化研究则是研究的自然延伸和拓展。

翻译需要多方面学识的综合运用，语言水平是基本条件，随着年龄的增长，外语水平能力越来越强。多年的实践体会，翻译是提高语言的一种途径；翻译是学习外语的一种方法；翻译也是介于教学和科研之间的一种实践。任何一种语言都会涉及到民族的心理意识、历史习俗、传统等诸多文化方面的因素。翻译者如果没有对语言的熟练掌握和文化的基本了解及对比研究，就谈不上对语言文字的正确理解和表达。

翻译分类的方法繁多，根据翻译的体裁和内容可以分为一般翻译（即写作翻译）和创作翻译（即文学翻译）。例如，对新闻、书、信、论文、文件等的翻译，都属于一般翻译。而对一些文学作品，如小说、诗歌等则属于创作翻译。

一、翻译标准

关于翻译的标准，一百多年前我国著名的翻译家严复提出的"信、达、雅"已经深入人心，对今天的翻译影响极大。以下是严复的主要观点：

"译事三难：信、达、雅。求其信已大难矣！顾信矣不达，虽译犹不译也，则达尚……译文取明深义，故词句之间，时有所颠倒附益，不斤斤于字比句次，而意义则不倍本文。"

"假令仿此（西文句法）为译，则恐必不可通，而删削取径，又恐意义有漏。此在译者将全文神理，融会于心，则下笔抒词，自善互备。至原文词理本深，难于共喻，则当前后引衬，以显其意。凡此经营，皆以为达；为达即所以为信也。"

"《易》曰：'修辞立诚'。子曰：'辞达而已'。又曰：'言之无文，行之不远'。三者乃文章正轨，亦即为译事楷模。故信、达而外，求其尔雅。"

综上所述，古今中外对翻译都要求一个标准。我国翻译界过去多半以"信、达、雅"为翻译的标准。"信"：译文要忠实于原文内容，"达"：译文要在语法、选词上合乎译文语言的规范，要译文通畅，"雅"：译文要在内容与原文内容一样，也符合译文语言规范的前提下，还要讲求译文语言的优美。国外的翻译理论家很多提倡"等值翻译"，即译文要在内容、通畅、优美方面与原文语言等值。

二、伊朗学作品在中国的翻译

伊朗文学作品传入中国的最早记载是 14 世纪（1848 年），摩洛哥旅行家伊本·白图太 ابن بطوطه（1304—1377 年）到杭州游历时，曾在运船上听到中国歌女唱一首波斯文的歌曲。这首歌是这样吟诵的：

  当我的心因仁慈的你奉献 我的思想驰骋在大海边
  当我站在真主的殿堂祈祷 就像融入宇宙浩瀚无边

后来有人根据伊本·白图太所作记录加以研究，确认其歌曲是萨迪的一首抒情诗。在明清两代，萨迪的名著《蔷薇园》曾经作为我国穆斯林经院教育的辅助教材，进行口传心授。当代中国对伊朗的研究是从翻译外国著作开始。先从俄文专著翻译开始，发展为从英文、法文专著和波斯语专著翻译。其中代表著作有：

书名	作者	出版时间	出版社
《伊朗史纲》	苏联伊朗史专家米·谢·伊凡诺夫	1958 年	上海三联书店
《伊朗通史》【伊朗】阿巴斯·艾克巴尔	叶奕良	1997 年	经济日报出版社
《阿维斯塔》【伊朗】杜斯特哈赫	元文琪	2005 年	商务印书馆
《巴列维王朝的兴衰》	元文琪翻译（伊朗外交研究所编著）	2009 年	新华出版社
《伊朗史》【美】埃尔顿·丹尼尔	李铁匠	2010 年	东方出版中心
《波斯帝国史》【美】A.T奥姆斯特德	李铁匠	2010 年	上海三联书店
《伊朗文化及其对世界的影响》【美】扎比胡拉·萨法	张鸿年	2011 年	商务印书馆
《波斯帝国史》【伊朗】阿布杜·侯赛因·扎林库伯	张鸿年	2011 年	复旦大学出版社

古丝绸之路的开辟，把波斯文化带到中国。中国和伊朗（当时是安息王朝）最早的交往可以追溯到中国西汉时期，公元前 115 年，汉武帝为了加强与西部民族的往来，派遣使者出使了安息王朝。并与国王迈赫达德二世会面。之后双方互派使者。关于波斯语正规教学的记载现在可考证的最早记录于元朝。那个时候，伊朗已经沦为阿拉伯帝国的一个行省，波斯语也是元朝的国家通用语言之一。元

世祖忽必烈于元二十六年（公元1289年）八月，"始置回回国子学"。明朝时国家设立的"四夷馆""回回馆"专门教授波斯语。教学用书有《回回馆译语》《回回馆杂字》。

近些年来，伊朗文学作品越来越多的介绍到中国。陆续出版了伊朗文学作品集，如郭沫若译的欧玛尔·海亚姆的四行诗集《鲁拜集》，1924。王敬斋译的《真境花园》（即萨迪的《蔷薇园》，于1947—1948年间由牛街出版社发行。郑振铎于1927年出版的文学大纲中辟一专章介绍伊朗诗歌和伊朗诗人。

我国对伊朗文学作品大规模的介绍、翻译和出版是在建国以后，尤其是1980年代以后，全国各地出版社先后出版了伊朗文学作品译本。如潘庆龄译的《鲁达基诗选》（人民文学出版社，1958年）；宋兆霖译的《鲁米诗选》（人民文学出版社，1958年），该书译自俄文，收录11首诗；水建馥译的《蔷薇园》（人民文学出版社，1958年）；潘庆龄译的《达雅特小说选》（人民文学出版社，1962年），该书译自俄文，收入小说8篇；邢秉顺译的《哈菲兹抒情诗选》（外国文学出版社，1981年），该书译自波斯文，收入80首诗，约占诗人全部创作的六分之一；邢秉顺译的《巴哈尔诗选》（外国文学出版社，1987年），该书译自波斯文，收入39首诗；张晖译的《鲁达基诗集》（新疆人民出版社，1982年）。前者译自俄文，后者译自波斯语；潘庆龄译的《鲁斯坦姆与苏赫拉布》（上海文艺出版社，1964年）；张鸿年译的《果园》（北京大学出版社，1989年）；张鸿年译的《列王记选》（人民文学出版社，1991年）；黄皋衿译的《柔巴依集》（上海译文出版社，1982年）；张晖译的《波斯哲理诗》（湖南人民出版社，1988年）；张鸿年译的《波斯哲理诗》（文津出版社，1991年）。

．伊朗中古时代爱情叙事诗所达到的最高水准，中国出版伊朗诗歌译本有3种。张晖译的《涅扎米诗选》（新疆人民出版社，1987年）；张鸿年译的《雷莉与马杰农》（中国联合出版公司，1984年）。

三、关于汉波翻译技巧的思考

翻译技巧，顾名思义，是翻译实践者在经过长期的经验积累。在这方面中国传统译论所取得的最主要成果是对其进行了梳理、归纳和概括。翻译技巧在指导翻译实践，特别是在指导初译者和翻译实践教学中及文学作品翻译中起到一定的积极作用。它的作用是直接与实践、与翻译操作相联系的。所以从理论的角度看，翻译理论研究属于应用翻译理论范畴，是应用理论中不可缺的一个部分。而翻译的应用理论又与翻译纯理论一道共同构筑了翻译理论研究的全部。另一方面，由于传统译论对这些翻译技巧、方法的总结和归纳，基本上是建立在原语与目的语两种语言间的形式对比基础的，因此翻译实践中，要使用这些技巧必须要开展对两种语言形式的对比分析，这可能会助长译者（尤其是初译者）对原文形式的依赖性，妨碍意义的表达，使译文拘泥于原文的语言形式而带有"翻译腔"（谭业升，2001年）。

1. 增译和省略

这些翻译理论对于初译者，确实有用，可以减少走很多弯路。但是不能对翻译技巧盲目的崇信。过分夸大其作用。对于翻译技巧，不能局限于语言形式间机械性的相互转换，翻译操作注定是一种在各种语言文化因素共同作用下的折中，受翻译目的、译文对象、语篇类型、译文接受环境等多方面社会文化因素影响，并体现在译者的翻译策略选择上，最终以译文语言的体貌特征体现出来。也就是说翻译技巧是和文化因素密切联系的，离开了文化研究。比如在各种翻译技巧的介绍中，有一项是增译和删译的运用，但在实际操作中，对何时该增，何时该删，多数情况下是无法从语源与译如语的形式表征层面找到答案的。例如：在翻译《中国文学》这本书中，其中一段是这样的描述："中国文学从此由自发进入自觉阶段，尤其诗歌的创作，达到了顶峰。几百年间诗人辈出，灿若星河，从"三曹""建安七子"。译者在翻译这段文字时，一定要考虑到读者对原文的理解，解释"三曹""建安七子"是何许人也？可采用增译的方法。

ادبیات چین از مرحله ی خود وارد مرحله ی خود کفا شد ، این روند بخصوص در خلق شعر به اوج خود رسید. دراین چند صد سال با دو شعرای برجسته ای مثل ستاره در فلک درخشیدند. از "سه چا" یعنی چاچا و چاپی و چاجی می باشند "جین آن هفت فرد "یعنی در دوران جین آن (220م-196 م) ، به مجموعه ی هفت نوسنده ی ادبیات چین گفته می شود. این هفت نفر به نامها ....

增译法：指根据波汉两种语言不同的思维方式、语言习惯和表达方式，在翻译时增添一些词、短句或句子，以便更准确地表达出原文所包含的意义。另外，在汉译波时还要注意增补一些原文中暗含而没有明言的词语和一些概括性、注释性的词语，以确保译文意思的完整。总之，通过增译，一是保证译文语法结构的完整，二是保证译文意思的明确。如：中国最早最著名的哲学家老子认为："大音希声，大象无形"。

لادیس فیلسوف معروف و قدیمی چین معتقد است از بزرگترین صدایی که می شنویم دیگر صدایی نیست و از بزرگترین شکلی که می بینیم دیگر شکلی نیست (مترادف ضرب المثل فارسی، بالاتر از سیاهی رنگی نیست)

省略法：这是与增译法相对应的一种翻译方法，即删去不符合目标语思维习惯、语言习惯和表达方式的词，以避免译文累赘。增译法的例句反之即可。所以必须从译语文化环境，译者文化认知背景等角度予以解释。如：

离离原上草，一岁一枯荣。野火烧不尽，春风吹又生。

远芳侵古道，晴翠接荒城。又送王孙去，萋萋满别情。（白居易）

در وسعت دشت چقدر علف رشد کرده است و هر سال در پاییز زرد می شود و دوباره در بهار آنها زنده می شوند، آتش وحشی بیرحم تنها می تواند برگهای خشک را بسوزاند اما چیزی که دوباره با بهار زنده می شود هرگز نمی سوزد. گلهای وحشی در انتهای دشت ها زیر نور آفتاب راه تو است من دوباره از همه ی دوستانم خداحافظی می کنم و علفهای سرسبز و زنده احساسم را بیان می کند.

译者在翻译白居易的这首《赋得古原草送别》诗时，应该考虑到波斯语的思维习惯和诗人在写这首诗的时代背景，其中"远芳侵古道，晴翠接荒城。又送王孙去，萋萋满别情"，应该翻译成：野草野花蔓延着淹没古道，艳阳下草地尽头是你征程。我又一次送走知心的好友，茂密的青草代表我的深情。把王孙省略，译成朋友。

2. 外来词在波斯语中的应用

波斯语，亦被称为法尔斯语，主要应用于伊朗、阿富汗和塔吉克斯坦等国家与地区。这个有着悠久历史的古老语言，据说有超过百分之五十的外来词汇。这些外来词汇多数来源于阿拉伯语，有些词汇经过长久的沉淀，甚至不再被认为是外来词汇。除去阿拉伯语的影响，波斯语还深受土耳其语、希腊语、俄罗斯语、法语、英语甚至是中文的影响。尽管如此，经历了数世纪沉浮的波斯语，直到今日依然屹立于世界民族语言之林中，没有消亡，也不曾被取代。有着悠久历史文化的波斯民族，纵然在阿拉伯文化的包围之下，却一直寻求属于自己民族的文化精髓，强调波斯文化是独立于阿拉伯文化之外的存在。伴随着波斯语不断与其他语言交织融合的历史进程，伊朗语言净化运动也不曾间断过。

在波斯语中经常可以看到一个词汇同时存在波斯语的说法和外来语的说法。如：发现，کشف（阿拉伯语）和پیدا、电脑，کامپیوتر（英语）和رایانه、意见，نظر（阿拉伯语词）和دیدگاه、直升飞机，هلیکوپتر（英语）和چرخبال或بالگرد等等，这样的例子在波斯语中非常多，举不胜举。伊朗政府近年来也一直倡导语言的"波斯化"运动，号召媒体和人们少用外来词，多用波斯语词汇。因此在翻译过程中应该尽量使用波斯语词汇。

现代波斯文中所使用的 32 个字母中有 28 个是阿拉伯语字母。阿拉伯语是一种与伊斯兰教紧密结合的语言，所以在向伊朗、阿富汗等以伊斯兰教为国教的国家或伊斯兰信徒都要使用阿拉伯语。由于这些原因，现代波斯语中，有近 60% 的词汇来自属于闪含语系的阿拉伯语。由于阿拉伯语词汇在波斯语中的广泛使用，下面重点谈谈翻译时使用阿拉伯语词汇时应注意的几个问题。

说到波斯语中的阿拉伯语词汇，首先要明确的一点是许多波斯语借用过来的阿拉伯语词汇与阿拉伯语中的意思和用法已经改变，很多阿语词通过增加前波斯语前后缀，或者与波斯语词汇构成复合动词变成了已经完全"波斯化"的阿拉伯语词汇。

阿拉伯词汇＋前后缀的例子如：مطلوب、علاقه(بی علاقه، علاقه مند)、سابقه(سابقه دار)、حوصله(بی حوصلگی، بی حوصله)、(نامطلوب)、اشتها(کم اشتها، بی)、مناسب(نامناسب)、شعور(بی شعور، با شعور)、(داشتن)等。构成复合动词的例子如：تأثیر、ابداع کردن (شدن)、حکم کردن(شدن)、خارج کردن(شدن)、گذاشتن 等等。这类已经波斯化的阿语词完全符合波斯语词汇的结构和语法特点，在翻译时可以自由使用。

翻译过程中使用阿语词汇还应注意的一点是对名词复数的使用。波斯语名词复数构成一般是由单数名词加后缀(如果是有生命的名词除之外还可以加后缀)。阿拉伯语名词复数构成则比较复杂。波斯语中借用的阿语名词的复数则符合阿语构词法。如：经验(تجارب) تجربه、会议(جلسات) جلسه、工程师(مهندسین) مهندس、行动(اعمال) عمل、墓(قبور) قبر 等。在波斯语口语中，不论阿语词还是波斯语词名词复数结构一般都使用后缀ها。而在书面语中阿语词则既可以使用原来阿语词复数的形式也可使用波斯语复数形式。在翻译时，除一些固定和习惯用法之外，无论阿语词还是波斯语名词复数形式应尽量使用波斯语构词，即加后缀ها或者ان的形式。在使用复数名词时常常会出现的错误是将波斯语名词与阿拉伯语复数构词结合使用。最常见的例子如：建议(پیشنهاد+ات) پیشنهاد，试验(آزمایش+ات) آزمایش。这两个单词都是纯波斯语词汇，其复数形式应该加ها，而不能加上阿拉伯复数构词法中的ات。

波斯语中有许多集合名词是一些阿语词的复数形式表示，这些复数名词与原来单数形式在词义发生了变化，在翻译过程中要加以注意。如："权利" حق 这个单词的复数是حقوق，同时حقوق作为集合名词还有工资、薪金的意思。"想法" فکر，复数为افکار，作为集合名词它还有"舆论"的意思。这些词汇在使用时要注意，不能想当然地将"工资"翻译成حق‌ها，将舆论翻译成فکرها。

此外，在波斯语中还存在很多从阿拉伯语借用来的副词。这些从阿语借用的副词在波斯语书写上都有所改变,词尾都加上 تنوین。如:مشترکاً، کلاً ضمناً، جمعاً 等。在翻译时应该尽量少使用这类词,而将它们转化成一般书写的表达。如 به طور کلی—کلاً, به طور مشترک—مشترکاً, در مجموع—جمعاً, در ضمن—ضمناً。

通过研究伊朗语言政策的变化以及波斯语文学研究机构的变迁,对比伊朗伊斯兰革命前后的对阿拉伯语以及西方世界外来词汇的政策态度,探索全球化发展下的今天,有着大量外来词汇的波斯语将何去何从。为在强势语言影响下相对"弱势"语言保护提供借鉴。

3. 汉波翻译中常见问题解析

(1) 因两种语言习惯用法不同造成翻译不准确。不同语言因其产生的文化背景不同,对相同事物的表达和描述也不尽相同。中文和波斯语中有很多相近的谚语和成语,但在表达上却不同。比如中文中的"易如反掌",波斯语类似表达是"易如喝水"(مثل آب خوردن),中文说"火冒三丈"波斯文的相似表达则是"(气得)把水泼倒天上"(آب را به آسان انداخت) 等等。在翻译过程会遇到许多类似的表达,翻译时不能死译硬译,应灵活处理,使译文符合对象语言的习惯。

在中文里,习惯先说某人的职务再说人名。如:"中国国家主席习近平",而在波斯语中表达则相反,职务该放在人名之后。شی جین پینگ ریس جمهوری خلق چین。中文中常有"某某会议决定""会议做出决定"在翻成波斯语时不能完全按照中文字面翻。因为波斯语中动词"决定"(تصمیم گرفتن)的执行者应该是人或者机构,"会议"不能够决定。更符合波斯语习惯的说法是"在会议上做出决定"(در نشست تصمیم گرفته شد...)。还有在新闻中常见的"据报道"在波斯语中的对应翻译是به اطلاع رسیده 或 به گزارش رسیده。但在波斯语中به اطلاع رسیده 或 به گزارش رسیده 带有很强的不确定色彩,没有指明消息源单独使用的情况很少见。因此在翻译时应该加上报道的来源,即据哪里报道。如果在原文中报道来源没有说明,而"据报道"后的相关内容为较为清楚的事实时可以省略该词,直接翻译下面的内容。

(2) 词义的涵盖内容不同造成错译。在波斯语中表达"建设"这个意思的词有احداث, ساخت 和 سازندگی。如果没有把握这两个词的区别,在翻译时很容易弄错。سازندگی 在波斯语中表示宏观方面的建设,而ساخت 和احداث 则表示微观具体的建设,意思相同。比如说,"经济建设""国家建设"等应该用سازندگی,而具体建设建筑、道路、桥梁、工厂等则应该使用احداث 和 ساخت。再比如"口岸"这个词在中文中既指港口也包括边境地区过境或贸易的地点。而波斯语中表示港口意思的单词是بندر,表达陆路边境口岸时则应该用گذرگاه。翻译者应该在充分理解中外文词义的基础上,认真加以区分,避免出现误译。

(3) 波斯语口语与书面语词汇使用不当。我们知道，无论任何一种语言，它的口语表达和书面语表达都存在差异。在波斯语中这一点可以说体现得非常充分。波斯语口语和书面语在很多情况下不仅用词不同，甚至句子结构和单词的发音上都存在很大差异。由于波斯语书面语和口语句子结构的区别很大，在翻译中不容易出现错误，而在单词和词组的使用上则易出错。在这里举几个词汇不同用法的例子：زیاد(口)和 از صمیم قلب (书)：衷心地(副)，زیاد(口)和 بسیار (书)：多的(形)，لباس(口)和 پوشاک (书)：衣服、服装(名)，بچه(口)和 فراوان(书)：儿童、孩子(名)等等。波斯语口语和书面语的不同表述有很多，在翻译中应注意区分使用，避免在翻译中使用不恰当的口语化词汇。

(4) 对单词词义理解偏差造成的错误。在翻译文学作品过程中，很多译者常常将某一中文词固定对译为一个外文词，以致造成错译。举两个例子："透露"这个动词在汉波词典上对应的波斯语为 آشکار کردن, فاش کردن。很多译者认为 فاش کردن 音节少，更加简单。在翻译时常常使用。但实际上 فاش کردن 这个词在波斯语中带有一定的贬义，意思是指泄露某些不该说出的信息、秘密等，有一定"揭发""揭露"的意思。而 آشکار کردن 则为中性，但在某些文学作品中表示"某人透露什么消息"这一意思时该词很少使用。在波斯语中表达"透露"时 اذعان کردن، اظهار کردن، اعلام کردن(指出、宣称、表示)就可以了。再例如我们翻译"有资历的""有丰富经历的"时常常会想当然地将 سابقه(经历)加上表示"有"的后缀 دار 组成 سابقه دار。但事实上，سابقه دار 在波斯语中是贬义，形容不要的人时使用，如"罪犯"等。而褒义的词应该是 پرسابقه，با تجربه، پرتجربه。这些翻译错误都是由于译者词义把握不准确，中外文词义混淆造成的。

(5) 后置词 را 在句子中的位置。后置词 را 在波斯语中的用法很多。在翻译中最常遇到的是后置词 را 放在及物动词直接宾语后的用法。波斯语句法构成顺序为主语＋宾语＋谓语动词。如：علی این کتاب را خواند.(阿里读了这本书。) علی این کتاب را به حسین داد.(阿里把这本书给了侯赛因。) 在这两句话中 را 在宾语（直接宾语）"书"之后出现。但在翻译中的很多情况下我们遇到的句子并非如此简单。复句中会出现不止一个动词，宾语可能会有修饰词和定语等。在波斯语中修饰词和定语都是放在中心语之后的，很多译者在翻译时由于受到中文句法结构的影响常会将其位置放错。

例：نخست وزیر ایتالیا قرار دیدار خود را از روسیه لغو کرد.(意大利总理取消了对俄罗斯的访问。) 根据波斯语句法，"对俄罗斯"放在"会见"之后。译文中 را 被放在"访问"(دیدار خود)与修饰语"对俄罗斯的"

之间，与波斯语句法不符。را正确的位置应该在整个短语"对俄罗斯的访问"之后。正确译法：نخست وزیر ایتالیا قرار (دیدار خود از روسیه) دیدار خود از روسیه را لغو کرد.

再看这个例句：ایران تلاش می کند تا حمایت کشورهای منطقه را از موضع ایران در مساله هسته ای به دست آورد.（伊朗努力寻求地区国家对伊朗在核问题上立场的支持。）错误同上面的例句一样。را的正确位置应该在"地区国家对伊朗在核问题上立场的支持"حمایت کشورهای منطقه (از) 正确译法：ایران تلاش می کند موضع ایران درباره مساله هسته ای. تا حمایت کشورهای منطقه از موضع ایران درباره مساله هسته ای.

从上面例句中可以看出，后置词را并非简单地放在直接宾语之后，在宾语有修饰语时，应放在修饰语之后，也就是在表达完整意思的宾语短语之后。而如果宾语由定语从句修饰时را则应该放在که引导的定语从句之前。

四、结语

英国著名的文学批评家和修辞学者瑞查兹(I. A. Richards)称翻译可能是宇宙演化过程中发生的最复杂的事，用这句话说明翻译的艰难一点也不为过。翻译是一项跨语际和跨文化的实践活动。中伊两国之间的文化交流的深度与广度在很大程度上都取决于翻译工作的质量。近年来，有关伊朗论文、专著、译著相继诞生，对伊朗文学、历史、宗教等方面的研究成果丰硕。作为从事波斯语教学、研究和翻译的工作者，应该与时俱进，不断努力提高语言水平（包括中文和波斯文），了解两种语言和文化之间的差异，努力跨越文化鸿沟。此外还要掌握广博的知识，通过不断实践和总结，提高自己的语言能力和外语水平，为促进中伊两个民族之间关系的发展和文化交流做出贡献。

参考资料：
王克友：《翻译的过程与译文的演生》,中国社会科学出版社 2008.8
王恩科 李昕 奉霞：《文化视角与翻译实践》,国防工业出版社 2007.12
叶奕良、张鸿年、曾延生：《波斯语汉语词典》,商务印书馆 1989
冀开运：伊朗学在中国,光明日报（第 11 版）,2012.5.17
姚继德．《中国伊朗学论集》宁夏人民出版社,2008
中国知网：http://www.cnki.net/fl=1831

（于桂丽,女,1969 年生,博士,北京外国语大学亚非学院波斯语专业讲师。研究方向：波斯语言和文学。在伊朗学术期刊《哈菲兹》和霍梅尼国际大学学术期刊《精华》发表论文 7 篇,在外语教学与研究出版社出版《汉语 800 字》《国际汉语教学通用大纲》两部译著,在伊朗学百科全书出版社出版专著《伊朗文化散记》。）

（王法,男,供职于中国国际广播电台。）

泰语汉语教学与传播实践

郑元萍

不同的国家有着不同的文化，而通过介绍国家的文化从而介绍这个国家，是文化传播的一个重要途径。如何实现文化传播的有效性，一直是一个在实践中不断改进的过程。

中国国际广播电台泰语广播已经有70多年的历史，一直遵循着"向泰国听众介绍中国，促进中泰两国的交往和发展中泰人民之间的友谊"这一宗旨做了大量的工作，取得了一定的成就。而在新媒体迅速发展的今天，也一直在思考如何顺应新的趋势、新的机遇更好地实现文化传播的效果。

语言是文化的表现形式，语言的推广，正是推广文化的一个重要手段。中国与泰国是近邻，两国之间的友好交往历史悠久，泰国对中国的各个方面都很感兴趣，希望能多方面了解中国。同时，泰国的"学汉语热"也持续升温，面对这种情况，中国国际广播电台泰语广播通过制作汉语教学节目，进行汉语推广，从而进一步实现文化传播。而在这个传播的过程中，针对受众对内容的需求，以及针对受众的接受习惯，一直是传播的两个重要的基础。

一、根据受众需求选取传播内容

对于一个媒体而言，传播的效果如何，很大程度上是取决于选取了什么样的内容。中国国际广播电台泰语广播在不同发展阶段坚持针对受众的需求，对汉语教学内容进行不同的选取，吸引更多受众，实现传播的有效性。

1. 词汇教学

自1975年7月1日中国与泰国建交以来，中泰关系在各个方面迅速发展，越来越多的泰国人关注中国，开始对中国感兴趣。随着两国关系的日益密切，经济、文化方面的交流也日益增多。此时，开始在泰国出现了"学汉语热"，很多泰国人希望学习汉语。针对这种趋势，中国国际广播电台泰语广播从20世纪80年代开始自主制作《中国话讲座》广播节目，主要针对那些对汉语感兴趣但并没有汉语基础的泰国听众，制作教学节目时考虑的基本点就是符合听众的需求。泰语广播制作的《中国话讲座》广播节目以汉语常用词汇教学为主,从最简单的每日一词,发展到每日一句,在每一课中设置一个主要词汇,围绕词汇进行简单的语句教学。同时因为主要针对初学者,所以在节目中会有重复的词汇跟句子教学。

这种简单的教学方式深受初学汉语听众的欢迎,从《中国话讲座》栏目播出以后,开始陆陆续续收到听众来信。泰国北榄府的颂萨·忠萨孔信在来信中说:"真庆幸是你们的听众,我喜欢《中国话讲座》。今天我通过你们的节目学会了怎么用中文跟别人打招呼。"在这些听众来信中,大部分是一些就《中国话讲座》的相关内容跟泰语广播进行讨论,希望能在节目中增加一些听众们认为实用的教学内容。而泰语广播对听众的这些来信反馈进行了整理,从中找出共性的东西,在接下来制作的节目中进行调整。

20世纪90年代正是泰国游客开始掀起到中国旅游热潮的时段,泰国人对中国的各种东西都感到新奇,一部分人通过旅游的方式开始接触中国,了解中国。中国国际广播电台泰语广播的《中国话讲座》广播节目,结合这种趋势,在节目中设置了饮食及购物的内容,通过简单的词汇教学,让听众学到日常用语。

泰国呵叻府的松威·钦蓬沙努叻来信说:"我刚从北京旅游回来,我这次在餐厅用了你们节目中教的'冰水',我喝水的时候很开心,我会介绍我的朋友们都跟我一起跟着你们的节目学中文。"

在《中国话讲座》节目播出期间,泰语广播收到了很多跟这封信内容相似的听众来信,这让泰语广播的工作团队深刻地体会到,只有根据听众的需求适当的选取内容,就能收获更多的听众,进一步扩大影响力,很好地达到传播效果。

2. 情景教学

《中国话讲座》的受关注,也使泰语广播工作团队意识到,只有符合受众需求的栏目,才是一个被受众喜欢的栏目,才能更好地通过这个栏目去达到传播效果。而对于受众来说,没有什么需求是一成不变的,政治、经济等各种因素都会影响各种需求,因此,随时了解受众需求,随时根据受众变化的需求进行调整,是工作的一个必不可少的重要内容。

进入21世纪以来,随着中泰关系的进一步发展,泰国受众对汉语学习的要求也在发展变化,简单的词汇教学已经不能满足泰国受众学习的需求了。经常有受众写信来问,如何进一步提高自己的汉语水平,如何在泰国学习汉语。针对这种情况,泰语广播对《中国话讲座》的节目内容进行调整,寻求新的教学方式,开始采用情景对话的学习模式,每一课选取一个主题,采用一中一泰两个主持人的对播方式,以聊天的形式教授日常用语。这种生动活泼的教学方式深受听众喜爱。

与此同时,海外落地节目也取得突破性的发展。2006年1月,泰国朱拉隆功大学FM101.5调频台与中国国际广播电台达成合作,开始在每周一至周五免费播出中国国际广播电台泰语广播提供的25分钟泰语节目。这25分钟的节目,除了新闻、专题类节目以外,还应朱拉隆功大学FM101.5调频台的要求,特别播出泰语广播制作的汉语教学节目,这个汉语教学的栏目定位名称为《跟CRI学汉语》。通过这个落地平台,中国国际广播电台泰语广播的汉语教学节目被更多的受众所了解及喜爱。

自2006年1月开始在朱拉隆功大学FM101.5调频台播出泰语广播制作的节目之后,不少听众打电话给朱拉隆功大学FM101.5调频台的主持人,表示通过中国国际广播电台的泰语广播节目,使他们有机会了解中国当前的社会生活以及中国的历史文化,同时还可以通过汉语教学节目学习中文。

这个阶段,泰语广播的汉语教学主要的代表内容是《每日汉语》节目。《每日汉语》是在国家汉办支持下,国际台38种外语参与翻译制作的汉语教学节目。《每日汉语》每课包括一个日常情景对话、文化背景介绍、语言点解释以及情景对话练习。场景主要挑选各种日常生活场景,如打电话、住旅馆、存钱取钱、在医院就诊等等,通过在这些情景中的日常对话,使受众学会在不同场景如何正确使用汉语。

这套节目在中国国际广播电台的短波节目和朱拉隆功大学FM101.5调频台播出以后,受到受众的广泛好评,很多受众来信询问是否有跟节目配套的教材。2010年,一套六册并配有光盘的《每日汉语》泰语版由中国国际广播出版社正式出版,泰语广播工作团队根据听众的要求,把一部分教材书通过中国国际广播电台在曼谷的记者站发送给受众,既加强了与受众的联系,也进一步扩大了影响力。

3. 文化教学

随着"学汉语热"的进一步发展,中国国家汉办与泰国教育部通力合作,自2006年底在泰国建立全球首家孔子课堂以来,目前泰国11所孔子课堂都备受泰国民众的关注。在这种学汉语热潮下,听众的来信以及网民的留言中对汉语教学节目的询问开始有所变化,对汉语教学节目感兴趣的方面除了简单的对话教学之外,出现了很多对中国文化方面的询问。泰国受众不仅希望学习汉语,更希望了解中国文化,从而进一步去了解中国。

泰语广播在2010年对听众情况进行了一个调查,与2000年之前的听众状况进行对比。2000年以前,泰语广播的听众大多数为中老年人,所从事的职业主要是小商小贩。居住地主要集中在以曼谷为中心的经济发达地区，其他地区数量相对较少。虽然也有泰国政界、知识界等高端人士，但比例很小。2000年以后，受众出现年轻化的趋势，职业的种类也更加多样化，包括大学生、教师、公司白领等等。

通过对受众的分析，并结合受众的收听需求，泰语广播推出了中国国家广电总局主办、中国国际广播电台、高等教育出版社联合策划推出的大型多媒体系列文化项目《你好，中国》。《你好，中国》共100课，选取了100个代表中国传统文化精髓的汉语词汇，从不同侧面反映中国文化的博大精深，希望加深受众对中国和中华文化的了解。在《你好，中国》广播节目中，依然采取一中一外两个主持人相配合的形式，但是最大的改变是对话的内容更多的是在介绍中国文化，每一课是一个完整的小故事，内容包括中国的节日，如春节、端午、中秋；中国的饮食，如面条、烤鸭、饺子；中国四大发明，造纸术、指南针、火药、印刷术；以及各种极富中国特色的事物，如熊猫、功夫、毛笔等等。节目内容丰富，既有知识性，又不乏趣味性。这套节目播出以后，许多受众来信评价，表示喜欢这种小故事的形式，简单易懂，又能了解中国文化。

二、根据受众接受习惯选取传播方式

全球学习汉语的总体人数十分可观，且增长迅速。目前，海外学习汉语的人数已超过1亿。而在泰国，随着中泰两国各种交流日益频繁，学习汉语的人日益增多。随着汉语学习需求的增长，对汉语教学也提出了更高的要求。

中国国际广播电台泰语广播的汉语教学根据受众的接受习惯，从早期单一的广播教学模式，发展到除了广播教学形式之外，还包括电视系列片、图书等不同媒体形态的产品，通过多媒体手段实现文化推广传播。

1. 传统广播教学

中国国际广播电台泰语广播创办于1950年4月。开播初期只有两名工作人员，一切都是从头学起。节目内容和形式十分简单，每天只有15分钟新闻。随着时间的推移和人员的增加，中国国际广播电台的泰语广播内容和形式不断改进，广播内容除国内外新闻外，还有关于国际国内时事报道及十多个专栏节目，受到了受众的喜爱，而其中的《中国话讲座》节目，尤为受到受众的关注。

泰语广播制作的《中国话讲座》由泰语广播的工作人员编写，定位为初级汉语，结合广播节目的特色和听众的收听习惯，采用教学与练习的传统方法，以简单的日常对话为主。在此期间收到很多听众来信，纷纷询问节目中的汉语教学是否有相配套的教材，希望能给他们寄送该套节目的教材。

2. 网络汉语教学

随着"学汉语热"的持续升温，中国国际广播电台泰语广播一直在寻求如何通过汉语教学，进一步扩大影响力，从而更好地进行文化传播。而互联网的发展使世界变成了一个大家庭，互联网技术的发展，使人与人之间可以实现更直接的交流。

2003年10月，中国国际广播电台泰语广播在国际台多语种互联网站上正式向外推出了泰语子网站，并于同日实现了泰语广播节目的在线收听，从而给泰国听众和泰国网友提供了一个了解中国的新渠道。

随着国际台泰语网站的建立，互联网成为泰国受众学习汉语的一个重要平台，因此，泰语广播制作的汉语教学节目除了通过广播播出之外，也在网站上播出，这种新的传播方式使受众从传统的听众群体扩大到网民群体。

此时，泰语广播采用了中国国际广播电台编写的一套对外汉语教学教材《每日汉语》。此套汉语教材共分六十八课，主要是针对具有一定汉语基础的人。每课采用情景对话，中文和泰文对照，还提供每课的关键知识点和文化背景介绍。泰语广播在网站上开辟学汉语网络专题，把这套汉语教学节目的音频放到网上，网民可以在线收听，同时可以浏览汉语教学节目的文字教材。此外，网民还可以留言，可以提问，参加回答汉语教学设置的各种问题，加强互动。

中国国际广播电台泰语网站的建立，为更好地帮助泰国人民了解中国文化，提供了一个平台。而设置汉语教学网络专题，通过网站学习汉语，更成为泰国网民学习汉语的新方式。

3. 新媒体多平台教学

中国国际广播电台泰语网站上的汉语教学专题吸引了众多泰国网民，点击率极高。但是由于多媒体技术的发展，简单的网络专题形式的汉语教学也渐渐无法满足泰国受众在新媒体上的需求。在音频视频全面发展的时代，单纯的广播收听、网络收听，只是一个最基础的接收方式，受众的接受习惯正随着生活习惯的变化更加地多样化。

面对受众的这种新的接受习惯，中国国家广电总局主办、中国国际广播电台、高等教育出版社联合策划推出的大型多媒体系列文化项目《你好，中国》就成为了最好的载体。《你好，中国》采用了三种不同形态的产品，包括100集电视系列片、由100篇文化短文组成的图书，以及介绍文化的100课广播节目。

这几种不同形态的产品各具特色，分别承担不同的教学与传播功能。电视系列片主要体现趣味性和文化性，其目的在于引起受众的兴趣，加深受众的感性认识。纸质图书主要体现《你好，中国》的教学功能，使受众在了解中国文化背景知识的同时，初步掌握简单的汉语。通过广播节目介绍文化，从不同侧面反映了中国文化的博大精深，加深国外民众对中国和中华文化的了解。这种新媒体多平台的教学方式，能够满足受众的各种需求及习惯，能够实现更大范围的传播效果。

三、如何进一步实现传播效果

面对新的全媒体发展趋势，竞争更加激烈，但同时也面临更多新的机遇，如何顺应新的趋势、新的机遇更好地实现传播的效果。是泰语广播在实践过程中一直思考的课题。

1. 加强受众调研

好的传播效果，源于受众对节目的喜爱，只有了解受众对节目内容的需求，了解受众的接收习惯，才能有效地达到传播效果。加强受众调研，是调整节目使其被受众所接受的一个必要条件。

受众调研，除了对受众进行问卷调查的方式之外，还包括日常的网页浏览分析，根据网页浏览分类，查看不同的专题内容，不同的节目类型的点击率，通过这些数据了解受众感兴趣的内容类型，研究受众的行为方式。

从网页浏览分析上看，很多新的网民认识了中国国际广播电台的泰语网站，是因为搜索"汉语"或"学汉语"而点击中国国际广播电台的泰语网站。此外，通过查看相关数据发现，在汉语教学专题网页上《你好，中国》电视系列片点击率非常高。这些数据都为中国国际广播电台泰语网站进行调整提供了有力的参考依据。

2. 加强与对象国媒体合作

从中国国际广播电台泰语广播与泰国朱拉隆功大学FM101.5调频台的合作经验可以看出，落地节目的传播效果很有成效，好的栏目通过落地的方式传播效果更为显著。泰语广播与朱拉隆功大学FM101.5调频台合作的25分钟节目中，《跟CRI学汉语》栏目已经成为一个受众固定收听的栏目，传播效果理想。

经过中国国际广播电台与泰国国家广播电台的多轮磋商，2005年，中国国际广播电台与泰国民联厅在北京签署了《中国国际广播电台与泰国民联厅泰国国家广播电台合作备忘录》，自签订合作备忘录以来，中泰双方深入开展了多层次、多领域的双边交流合作，取得了很好的成果。

为了进一步加深双方的合作，2012年，双方在北京举行了首届泰国民联厅—中国国际广播电台合作委员会会议，就双方如何进一步扩大交流合作进行磋商。2013年，在曼谷举办的第二届泰国民联厅—中国国际广播电台合作委员会会议上，中国国际广播电台与泰国民联厅就100集电视系列片《你好，中国》进行了初步的合作意向讨论。在会上，挑选了中国、烤鸭、春节三个比较有代表性的三集系列片进行播放，引起了大家的兴趣，观看效果很好。

2014年1月泰国国家广播电台在泰国民联厅的网站www.prd.go.th及东盟网站www.aseanthai.net播出此视频片，提升了中国国际广播电台泰语广播在泰国的传播效果，吸引了更多的网民，很多网民通过这个视频认识了中国国际广播电台，从而点击中国国际广播电台泰语网站，收听泰语网站的汉语教学广播节目，慢慢再关注泰语网站的其他内容，成为了泰语网站的固定受众，进一步达到了传播效果。

因此，泰语广播将紧跟媒体发展趋势，继续探讨与对象国媒体的各种合作机会，为进一步实现更大范围的传播而努力。

3. 以新媒体平台加强推广

在新媒体迅猛发展的今天，"酒香不怕巷子深"这句话已经不再适合。有了好的内容好的节目，还必须有好的推广。近几年来，泰语广播陆续注册开通多个新媒体平台，如新浪官方微博账号——CRI泰诱惑，微信官方账号——通过CRI看中国，Facebook账号——Cina Face。从多个方面对泰语广播进行推广。

不同的平台面对不同的受众，因此在推广上也各有侧重。微博"CRI泰诱惑"是中文平台，因此对泰语广播教学的推广主要在于介绍，在微博中配合泰语广播的汉语教学情况推广汉语教程。微信"通过CRI看中国"是泰语平台，针对的是泰国受众，因此定期发送的内容是两条要闻跟汉语教程。由于微信用户都是使用手机观看，所以选取的汉语教程是简短的情景对话，便于阅读。Facebook账号——Cina Face是2014年4月份刚开通的平台，希望打造成泰国受众了解中国的一个窗口，除了发布最新的有关中国的文化、社会类新闻之外，还设立互动区，发布汉语教学内容，受众可以留言及提问，工作人员定时回复。

总而言之，在面对新媒体迅猛发展的形式下，只有加强对新媒体的了解，把汉语教学与新媒体相结合，顺应新媒体的发展趋势，才能很好地抓住新媒体的机遇，在传播实践中达到理想的传播效果。

（郑元萍，女，1974年生，中国国际广播电台泰语部副译审，副主任。在《国际广播论文集》发表学术论文《从一档特别节目谈对外广播节目策划》及《关于"国际在线"泰语网站发展的思考》。翻译的《汉语量词学习手册》在泰国出版发行。作为主编，翻译出版《汉语泰语分类词典》。）

关于对南亚文化交流的思考
——在文化传播与翻译会议上的发言

高 华

中国与南亚的文化交流源远流长,已有近两千年的文字记载。很多专家都提到玄奘、达摩取经和译经的史实,我在斯里兰卡工作时了解到,法显在当地家喻户晓,法显曾经修行读经的岩洞已被命名为法显洞,是斯佛教信众膜拜的圣地。郑和下西洋在南亚留下的珍贵文物,已被南亚的博物馆分别收藏。新中国成立以来,我国与南亚的文化交流进入了突飞猛进的新时期。南亚8个国家中的7个建交国都与我国签订了文化交流协定,文化艺术、电影电视、新闻出版、教育体育各领域交流全面展开。巴基斯坦、斯里兰卡、尼泊尔、孟加拉等国对华友好,许多文化交流活动成为了发展中国家文化交流的佳话。当前,"一带一路"的战略构想得到了南亚国家的积极响应,与南亚国家文化交流迎来了新的发展机遇。在当前形势下,对南亚文化交流建议在以下几个方面多做工作。

一、突出重点,带动全面

印度是南亚大国,目前仍主导南亚联盟的走向。印度文化底蕴深厚,历史上对南亚乃至整个亚洲都产生过深远影响。印度电影、音乐、舞蹈在亚洲乃至世界仍占有重要一席。加大对印度的文化交流,有利于推动对整个南亚的文化交流。中印交流有难度,但合作大于分歧。近年来,除了文化艺术各领域的频繁交流外,两国领导人重视文化交流成为新的亮点。2010年温总理访印时与两国著名学者、作家、艺术家对话,在印产生广泛影响。李克强总理与印度总理倡议2014年为中印友好交流年,得到了各方积极响应,两国开展了一系列规模大、影响深远的文化交流活动。中国电影节、表演艺术、春节活动、宗教交流、中华武术等都受到印度观众的好评。"中印文化连线"项目是对印文化交流的新尝试,已列入2014"中印友好交流年"计划,由一定规模的中方文化艺术专家团队实地走访印度,与印艺术、设计、音乐、舞蹈、戏剧、电影、纺织、民俗、公益、媒体等领域重要机构、团体和个人进行沟通交流,形成演讲、视频、调研报告等多种成果，提出对中印文化交流的建议。

2014年印方在华投入大量人力物力，举办了印度—瞥、印度电影节、印度美食等系列活动。在美食节上印度文化部常秘辛格说，印正在努力寻找合作单位，希望在华举办大型佛教展，让中国观众能够瞻仰印度佛教珍贵文物。

尼泊尔是南亚联盟秘书处所在地。近年来，中尼文化交流不断扩大，已逐步辐射到南亚各国。在尼举办的中国节到2014年已经是第六届了。巴基斯坦、斯里兰卡、孟加拉是我传统友好国家，对华文化交流热情不减，交流频繁。马尔代夫把两国文化交流作为拓展旅游的重要方面。阿富汗这些年来安全形势紧张，我相关部门把请进来作为对阿交流的工作重点。近年来，抓住纪念建交周年等有利时机，我国与南亚国家开展了多种形式的"友好年"活动，如"中印友好年""中巴友好年""中孟友好年""中尼友好交流年"，举办了系列大型文化交流活动，涉及到文化各个领域，多角度、全方位地展示了中华文化和发展变化的中国，增进了了解和合作。

二、狠抓品牌建设，扩大中华文化影响

对南亚文化交流中的一些重要项目，经过不断积累完善，保持相对连续性，逐步形成规模，已经成为对南亚文化交流的新品牌。

其中最为响亮的品牌当属"欢乐春节"活动。庆祝中华传统节日，汇集中华文化精品，饱含喜庆祥和的良好愿望，"欢乐春节"活动受到各国观众的好评。2014年全球有112个国家的321个城市开展了570场规模不等，内容丰富的欢乐春节活动，现场观众超过7千多万。2014年印度、巴基斯坦、孟加拉、尼泊尔等多数南亚国家都开展了不同形式的欢乐春节活动。通过春节联欢、文艺表演、展览、电影、联欢等各种方式展示中华文化魅力，营造友好氛围，增强了解合作。有的南亚国家在春节期间专门组织"想唱就唱"中国歌曲比赛活动，有的还举行春节放风筝活动，吸引了驻在国上万名观众参与。不丹是我未建交国，2014年也举办了欢乐春节活动，邀请我艺术团访问演出，国王、首相、外交、教育大臣等多位高官出席，反响巨大，效果喜人。

"尼泊尔中国年"是近年来形成了对南亚文化交流的新品牌，内容和形式都有了发展，有的已经超出了常规文化范畴。除了文艺演出、电影、展览外，商贸活动也逐步融入，国内带去的小商品成了热销产品，企业愿意为文化活动投入，为中国年增添了可持续发展的动力。2014年"尼泊尔中国年"又增加了新的内容，召开了首届"加德满都文化论坛"。来自中国和南亚各国的30多位专家学者围绕本国文化建设、国际文化交流、中国与南亚文化合作等进行了深入探讨，达成了一系列共识，通过了旨在推动中国与南亚文化交流与合作的《加德满都倡

议》。

"意会中国——南亚青年艺术家采风活动"作为一个对南亚文化交流的品牌，已经连续举办多年，在南亚艺术界正在产生影响。每年邀请一批南亚国家优秀青年艺术家，包括画家、摄影家来华写生、创作，与中国艺术家交流，一同体验生活、进行创作。艺术家看中国，具有独特的视角，不仅仅限于艺术，蕴含对中国的思考。我有幸参加了三次汇报展览，分别是孟加拉、巴基斯坦和印度。根据协议，艺术家留下一部分作品在华交流，带走一部分回国展览。经过几年努力，南亚各国来华艺术作品就齐全了。这些作品有共性，更有特色。巴基斯坦的凝重、孟加拉的朴实、印度的个性给我留下深刻印象。南亚驻华使馆，尤其是艺术家们对这项活动评价很高，认为不仅是中国与南亚的文化交流，对于促进南亚之间的文化交流也具有积极意义。

三、拓展海外文化阵地，建设中国文化中心

自1988年毛里求斯中国文化中心建成，中国文化中心在海外的发展已走过了26年历史。按照中国文化中心发展规划，到2020年，在海外将开设50个文化中心，覆盖全球主要国家。2014年，这一规划的落实工作取得丰硕成果，文化中心总数已达20个，实现了本年的既定目标。

2014年是我国在南亚建设中国文化中心的特殊年份。全年在海外共完成6个中国文化中心的揭牌启用或前期运营工作，其中有3个是南亚国家，他们分别是斯里兰卡、尼泊尔和巴基斯坦。特别应当提到的是9月16日，中国国家主席习近平与斯里兰卡总统拉贾帕克萨共同为斯里兰卡中国文化中心揭牌。

孔子学院在南亚发展很快，巴基斯坦的伊斯兰堡孔子学院，斯里兰卡的凯拉尼亚大学孔子学院，尼泊尔加德满都大学孔子学院和孟加拉南北大学孔子学院逐步形成规模，功能和作用逐步显现。印度也建立了孟买孔子学院。南亚学习汉语的热情不减，赴华留学学生逐年增加。

四、凝聚资源、推动思想文化交流

随着我国综合实力的增强和国际地位的提高，世界了解中国，中国走向世界的愿望越来越强，研究中国的热情持续高涨，汉学研究得到空前重视，成为促进世界各国与中国开展文化对话的重要领域，加强思想文化交流的任务提上了重要日程。

多数南亚国家历史悠久，传统文化仍占重要位置。运用当地语言宣介中华文化其影响力是难以估量的。国际台僧加罗语的专家也参加了今天的会议。国际台僧加罗语组在斯听众协会有一万多人，一呼百应，声势浩大。我在斯工作时经常借助他们的力量开展文化活动。国际台僧加罗语组赴斯访问，总统、总理都是他

们的朋友，热情接见他们，比国内任何一个团组的规格都高。今天的会议差不多南亚各种语言的专家都有代表出席。经大家介绍，一批老专家为我国与南亚的交流做出了重要贡献，有的仍在一线工作。20世纪50年代、80年代对南亚译介的一批中国古今名著和90年代译介的中国电视剧都产生了较大影响。但总体来看，反映中国现代生活的文学作品、反映当代中国改革开放现状译著数量还很不够，南亚知名汉学家的数量和影响力还有待提升。我国的南亚专家队伍应当关心扶助扩大，培养年轻专家的任务十分繁重，对南亚文化交流的译介工作亟待加强，对南亚思想文化交流任重道远。

意识到汉学研究的重要性，强调思想文化交流是提升工作水平的重要体现。我国对南亚研究和工作的资源分布在文化艺术、广播电影电视、出版、科研院所、高等学院、宗教团体等各个领域和部门。云南、四川等地对南亚的研究成果很有特色。从目前情况看，各方面都在积极推进对南亚交流，特别是围绕"一带一路"建设，各地各部门都在加强规划，积极落实，总体实力不可低估。考虑到我国国情，联系当前对南亚交流的实际，当务之急应加强沟通，协调资源，调动各方积极性，形成合力，从广度、深度上传播中国文化，拉近中国与南亚国家的距离，加快中华文化走进南亚的步伐。

（高华，男，多年从事文化工作。曾在驻特多、津巴布韦、斯里兰卡、缅甸使馆文化处工作。现任驻捷使馆文化参赞。）

泰戈尔作品的研究翻译

董友忱

大家知道，罗宾德罗纳特·泰戈尔是用孟加拉语写作的大诗人、大作家，他的绝大多数作品都是用孟加拉语创作的，只有在国外的讲演时他才使用英语。泰戈尔在世时国际大学的学者们就开始编辑孟加拉文版的《泰戈尔作品集》并于1939年出版了第一卷，诗人亲自为这套书写了前言。从前言中可以了解到，当时诗人不同意将他早年创作的作品收入《泰戈尔作品全集》，当时编辑委员会的学者们却认为，应该将诗人创作的全部作品收入《泰戈尔作品全集》，因为那些作品可以印证诗人创作的历史。最后诗人与学者们达成了一个协议，即把作者认为不成熟的早期作品收录在非流行的作品卷，编入《泰戈尔作品全集》。这样，国际大学图书出版部共编辑出版了《泰戈尔作品集》31卷和非流行本2卷，共33卷。这就是长期流行的最具权威性的版本。

为纪念诗人诞辰125周年，国际大学图书出版部又编辑出版了《泰戈尔作品全集》普及版本18卷并于1986年年底出版，后来又多次重印。

《泰戈尔作品全集》普及版本，是《泰戈尔作品全集》33卷版本的重新编排，即将原来版本的两卷合成一卷，而且缩小了行距并采用了小字号字体印刷。两种版本的内容是一样的，只是对于书稿说明部分进行重新编排，并且增补了一些新材料。这样以来，18卷普及版本的售价就比33卷的版本便宜很多，一般读者也可以购买得起了。这大概就是国际大学图书部编辑出版这套书的初衷。现在我们翻译所采用的就是这一套版本。

一、对中国译介泰戈尔作品的历史回顾

罗宾德罗纳特·泰戈尔于1913年荣获诺贝尔文学奖后，至今已经过去一百年了。迄今我们中国翻译介绍泰戈尔的作品也将近一百年了。有些人可能以为，泰戈尔的作品已经全部翻译介绍过来了，什么都搞得清楚了，其实不然。

据目前我所掌握的材料，中国最早借助英文了解泰戈尔作品的，大概是郭沫若。他写道："我知道泰戈尔的名字是在民国三年。那年正月我出道日本，泰戈尔的文名在日本正是风行一时的时候。九月我进了一高的预科，我和一位本科三年级的亲戚同住。有一天他从学校里拿来几张英文油印录回来，他对我说是一位印度诗人的诗，我看那诗题是'Bay's way'（《婴儿之路》）、'Sleep stealer'（睡眠的偷儿）、'Clouds and waves（《云与波》），我展开来读了，生出了惊异'。第一是诗的容易懂，第二是诗的散文式，第三是诗的清新隽永。从此泰戈尔的名字便深深地印在我的脑里。"① 这就是说，1914年正月他在日本就听说泰戈尔的名字了，9月就读到泰戈尔的英文诗了。

真正公开发表泰戈尔的作品还是1915年《青年杂志》（一卷2期），该期刊发表了陈独秀译自《吉檀迦利》的四首诗歌。诗歌译文后面附有译者注："达葛尔印度当代之诗人，提倡东洋之精神文明者也。曾受诺贝尔文学奖，驰名欧洲。印度青年尊为先觉，其诗富于宗教哲学之理想。"② 1918年9月《新青年》5卷3期发表了刘半农翻译的《海滨》《同情》。

其后译介泰戈尔诗歌比较多的中国文人，当属郑振铎先生。1920年《曙光》第2卷第3期发表了他翻译的太戈尔诗歌五首；《小说月报》1921年4月第12卷第4期和第7期，1923年第14卷第7期发表了他翻译的《杂译太戈尔诗》；1920年8月《人道》杂志第1期发表了他翻译的《太戈尔的偈檀伽利诗集》；《小说月报》1921年6月第12卷6期发表了他的《译太戈尔诗》。这个时期翻译泰戈尔诗歌的还有赵景深、李金发、黄仲苏、陈南士、沈继伟等文化人。

除了诗歌，泰戈尔的小说也被介绍到中国来。1917年6月《妇女杂志》3卷6期7期发表了天风、无我翻译的泰戈尔的短篇小说《雏恋》（即《放假》）和《卖果者言》（即《喀布尔人》）。1920年上海泰东图书局出版了王靖翻译的《太谷尔小说》六篇短篇小说《邮政局长》《喜兆》《尊严之夜》《命运》《河阶》《芳邻》。

1923年中国文化界邀请泰戈尔访华，由于健康原因，泰戈尔的访华推迟到1924年的春天。这期间中国掀起了介绍翻译泰戈尔的高潮。除了诗歌，泰戈尔的一些剧本和小说也大量介绍到中国来。1923—1924年上海商务印书馆出版了《太戈尔戏剧集》两册，收录《齐德拉》《邮局》《马丽妮》和《牺牲》四个剧本。

这个时期的中国国内没有人懂孟加拉语，所以，上述译介全部借助于英文。

新中国成立后，特别是20世纪五六十年代，又出现了翻译研究泰戈尔作品的热潮。

---

① 郭沫若《泰戈尔来华之我见》：《创作周刊》第二十三号，1923年10月。
② 陈独秀：《青年杂志》，1915年10月15日出版。

郑振铎、谢冰心、黄雨石、黄星圻、景梅久、张墨池、徐曦、林笃信等人继续从英文转译泰戈尔的作品。这期间中国有了第一位孟加拉语文学翻译家石真女士。石真是中国著名文学评论家吴晓铃的夫人。吴晓铃1942年受聘前往泰戈尔国际大学中国学院教授汉语和中国文学。石真跟随丈夫前往圣蒂尼克坦国际大学，在那里学习孟加拉语近4年，1946年回国，长期在中国社会科学院外国文学研究所工作。

1961年为纪念泰戈尔诞辰100周年，人民文学出版社出版了《泰戈尔作品集》十卷本：第一、二卷是诗歌，包括《故事诗》《吉檀迦利》《新月集》《园丁集》《飞鸟集》以及从1921至1941年诗人创作的诗集中选译了25首诗歌。第三卷收入短篇小说17篇，第四卷收入短篇小说12篇，共收录了29篇，第五卷收入中篇小说3篇——《四个人》《偷来的宝物》和《两姊妹》。第六卷是长篇小说《小沙子》（即《眼中沙》），第七卷是长篇小说《沉船》、第八、九两卷是《戈拉》。第十卷是戏剧，收录5个剧本：殷衣译的《修道士》（即《大自然的报复》）、余大缜译的《国王和王后》、谢冰心译的《齐德拉》（即《花钏女》）、冯金辛译的《邮局》和英若诚译的《红夹竹桃》。

汉语版的十卷本《泰戈尔作品集》中绝大部分作品是从英文、俄文等转译过来的，只有石真女士翻译的《故事诗》、中篇小说《四个人》和零散的25首诗，是从泰戈尔母语——孟加拉语翻译过来的。这套作品集容量比较有限，收入的作品比较少，但是对于介绍泰戈尔起到了较好的作用。

进入20世纪七八十年代，中国又迎来翻译泰戈尔作品的一个高潮。这个时期国内已经涌现出一批孟加拉语和印地语的专家，开始从印地语和孟加拉语翻译泰戈尔的作品。从印地语转译和从孟加拉语直接翻译泰戈尔的作品，是这个时期的译介泰戈尔作品的第一个特点。第二个特点是，多家出版社出版了泰戈尔的作品。

为纪念泰戈尔诞辰120周年，中国的学术界于1981年夏天在北京举行了第一次泰戈尔学术研讨会。此后泰戈尔的一大批作品陆续问世。例如，1983年6月漓江出版社出版了泰戈尔短篇小说选《饥饿的石头》（收录41篇短篇小说，其中24篇直接译自孟加拉文，15篇译自印地文，2篇译自英文）。人民文学出版社出版了《戈拉》（1984年），山东文艺出版社出版了《家庭与世界》（1986年），广西人民出版社出版了《寂园心曲》（泰戈尔诗歌三百首）（1987年），浙江文艺出版社出版了《泰戈尔散文诗全集》（1990年9月，其中收录译自英文的散文诗集8部：冰心译的《吉檀迦利》和《园丁集》，郑振铎译的《新月集》《飞鸟集》，石真译的《爱者之贻》《渡口》，吴笛译的《采果集》，魏得时译的《游思集》；收入译自孟加拉文的 5 个诗集：董友忱、白开元译的《随想录》，白开元译的《再次集》《最后的星期集》（应译为《最后的旋律》）、《叶盘集》《黑牛集》（应译为《墨绿斋集》）四部诗集）。

中国国际广播出版社出版了《泰戈尔哲理诗选》（1991 年），湖南人民出版社出版了《沉船》（1992 年），浙江文艺出版社出版了《泰戈尔儿童诗选》（1992 年）；湖南文艺出版社出版了《泰戈尔短篇小说选》（1994 年 12 月，收入短篇小说 41 篇，全部译自孟加拉文）、《泰戈尔诗选》（1995 年）和《泰戈尔中篇小说精选》（1998 年），辽宁教育出版社《眼中沙》（2000 年），华文出版社《四个人》（泰戈尔中短篇小说精选）（1995 年）。

2000 年 12 月河北教育出版社出版了《泰戈尔全集》（24 卷本），这套书汇集了这个时期的主要译介成果。1—8 卷是诗歌，9—10 卷是短篇小说，11—14 卷是长篇小说，15 卷是中篇小说，16—18 卷是戏剧，19—24 卷是散文。应该说，出版社为出版这套书花费了不少财力和精力，绝大多数参与者也都尽职尽责。然而，由于出版社要求尽快出书，时间仓促，来不及翻译出泰戈尔的全部作品，也来不及做译名的统一工作，因此存在许多错误，留下了很多遗憾。

第一，《泰戈尔全集》的这套书，根本就不是全集！诗歌不全，小说也不全，戏剧更是不全，散文部分就差得更远。泰戈尔的 66 部诗集，《全集》收入了 57 部，有 8 部诗集（长篇叙事诗《诗人的故事》《林花》、诗集《少年之歌》《缤纷集》《译写集》《译诗集》《颂名人集》《火花集》等大量补遗诗等等）都没有翻译。

再说剧本，泰戈尔一生创作了 84 个剧本，《全集》只收入 42 个（其中还有 13 个剧本是从印地语转译的）。没有收入的剧本共有 42 个（例如，《破碎的心》《鲁德罗琼德罗》《死神狩猎》《诺莉妮》《歌舞剧花钏女》《迦尔纳与贡蒂的对话》《王冠》《无形的宝石》《还债》《最后一场雨》《舞女的膜拜》《舞王》《新颖》《摆脱诅咒》《雨季初月之歌》《夏玛》《歌舞剧花钏女》《解脱之路》《花圃》《纠缠》等等）。

泰戈尔共创作短篇小说 95 篇，《全集》收入了 84 篇（其中有 35 篇是从印地语转译的，有 4 篇是从英文转译的），有 12 篇没有收入，还将其中的一部中篇《被毁之巢》编入短篇之列。长篇小说《天定情缘》没有收入。从印地文和英文转译的 39 篇中，也存在一些不准确之处，错译的地方也不少。

散文部分没有收入的就更多，初步统计，大约有近一半散文以上没有收入，例如，《五元素》《印度》《杂文集》《英雄崇拜》《古代文学》《现代文学》《圣雄甘地》《基督》等等。有些散文集中只选译一部分，但是仍然署某散文集之标题，例如，《在波斯》，总之，粗略地统算一下，《全集》只收入泰戈尔作品的三分之二左右，有三分之一没有收入。因此，河北那套书称之为全集，实在是名不副实。

第二，《全集》中译名十分混乱，同一个名称在不同的作品里却出现不同的译法。比如，剧本《牺牲》是根据长篇历史小说《贤哲王》改编的，小说与剧本中的同一个人物，在《全集》中却成了截然不同的两个人物，国王"戈宾多马尼克"就被变成了"戈温德·马利盖""诺科特罗"亲王就变成了"那卡什特利拉叶"，祭司"罗库波迪"就被翻译成"勒柯帕迪"，寺庙侍者"久伊辛赫"就成为"吉叶·辛赫"，小男孩"特卢博"就变成了"塔鲁沃"，等等。类似的情况不少。

第三，有个别的诗集和篇名译得不准确，甚至有译错的情况，例如 Shes Saptak 孟加拉文的意思是"最后的 7 个音阶"，相当于我们简谱的七个音阶：1、2、3、4、5、6、7，翻译成"最后的旋律"比较好，可是，河北的《全集》却译成了《最后的星期集》①。泰戈尔的诗集"shyaamalee"错译成了《黑牛集》②，"shyaamalee"孟加拉文的本意是"黑色的""墨绿色的"。诗人在国际大学的北寓所建设了一栋泥土平房，并且起名为"shyaamalee"，应该译为"墨黑斋"，因为此房外墙为黑色。《戏谑集》中有一首诗"suseema chaa-chakra"，应该译为《徐志摩茶亭》③，却被简单地译为《茶话会》④。

第四，译文质量不高，特别是译自印地文的部分，存在一些错误。例如，孟加拉原文普及版本第 13 卷第 420 页：Aamaake upalabdhi karaai taahaaraa maanuser charamsiddhi baliyaa ganya kariyaachhe. 原文的意思是："他们把感知灵魂视为人的最大成就。"河北全集版却译成："他们正是把获得灵魂的感觉当作人生的最高成就"⑤，Sei je ek, tini, sakal hayte antar paramaatmaa, tinii putra haite priya, bitta priya, anya sakal hayte priya. 原文的意思是："这个'一'，他是至深的世界创造者。他比儿子更亲切，比财富更让人喜欢，比其它一切更让人喜欢。"河北版本译为：此"一"乃是至深至极至高的神，它爱子、爱富、爱其它一切。⑥

尽管存在上述问题，河北教育出版社还是做出了很大贡献，参与工作的绝大

---

① 《泰戈尔全集》，河北教育出版社，第 6 卷，第 225 页。
② 《泰戈尔全集》，河北教育出版社，第 7 卷，第 1 页。
③ 参见 rabindra-rachanaabolee(sulabh sanskaran,2010),dvaadashkhanda, p. 37。
④ 《泰戈尔全集》，河北教育出版社，第 7 卷，第 361 页。
⑤ 《泰戈尔全集》，河北教育出版社，第 23 卷，第 103 页。
⑥ 《泰戈尔全集》，河北教育出版社，第 21 卷，第 314 页。

多数同志也尽了自己力量。虽然留下不少遗憾，但毕竟提供了一套汇集比较多的泰戈尔作品。

2005年1月华文出版社出版了《泰戈尔小说全译》，共七册：第一、二册共收入93个短篇小说。第三册收入6个中篇小说。第四至第七册共收入9个长篇小说。其特点是全是从泰戈尔母语——孟加拉文译出，几乎把公认的泰戈尔的短、中、长篇小说收全了。

2008年3月外语教学与研究出版社出版了由季羡林题写书名的《泰戈尔诗歌精选》系列丛书，共分六卷：1. 哲理诗卷；2. 爱情诗卷；3. 儿童诗卷；4. 生命诗卷；5. 自然诗卷；6. 神秘诗卷。这套书有以下特点：一是按照泰戈尔所创作的诗歌内容分为六册；二是精选出最佳的作品，汇集成册；三是为没有标题的加了标题。这套书受到了中国读者的欢迎。

以上简单地介绍了泰戈尔作品在中国的出版情况。

二、翻译泰戈尔作品的几点体会

我这一生的大部分时间，都是在从事翻译工作，甚至到了垂暮之年，也没有停笔。

最初，做俄译汉的工作，也就是从事俄文翻译工作，主要是把俄文的作品翻译成现代汉语。后半生是做孟加拉文的译汉工作，就是把孟加拉语的文学作品翻译成现代汉语，其中翻译最多的是罗宾德罗纳特·泰戈尔的作品。

大约在1994年前后，我和我的朋友们参加河北教育出版社策划出版的《泰戈尔全集》的翻译工作。2010年6月人民出版社决定出版《泰戈尔作品全集》中文译本并且聘请我担任这套书的主编。我聘请国内著名的孟加拉语翻译家白开元先生、著名孟加拉口译大家石景武先生、中国国际广播电台孟加拉语部主任于广悦女士担任这套书的副主编，并邀请国内愿意参加这项工作的所有孟加拉语专家参加这项工作，其中有著名的孟加拉语印地语专家——前中国驻孟加拉国大使馆文化参赞刘运智先生、新华社的高级记者潘小珠先生、前中国驻印度大使馆武馆先生耿克璞先生、总参机关资深翻译家黄志坤先生、前国际台孟加拉语部主任钟少莉女士、高级记者冯秀倩女士、国际广播电台孟加拉语部原副主任江锦成先生，以及该部年轻的专家曹艳华副主任、杨伟明女士、王海曼女士、北京大学南亚系文化室主任张幸博士等几十位朋友。

承担翻译像泰戈尔这样大作家的作品，我是诚惶诚恐，如履薄冰，如临深渊啊！可是，既然踏上了这条坎坷艰难之路，就得继续走下去，已经没有后退的回头之路。好在我有像白开元先生这样高水平的一大群朋友在与我一起承担这项重任。

罗宾德罗纳特·泰戈尔是我最喜爱的外国作家，这可能是与我学习过这位大诗人的母语——孟加拉语有关。随着泰戈尔作品翻译研究的深入，我对这位大诗人的了解也在不断地加深，我对他的崇敬热爱之情也就越发强烈。这种情感也为我承担主编《泰戈尔作品全集》的重任增加了勇气。我深知，翻译大诗人泰戈尔的全部作品，是一项浩大的工程。初步算了一下，翻译成汉语，大约有1400万汉字之多。出版社计划在2015年年底出版这整套书（18卷，共约32册）。

我和我的朋友们已经工作近三年多，至今我们已经完成了前15卷的翻译工作，并且交付给出版社。2015年再完成最后3卷。

几十年来的翻译实践，特别是近三年多来的翻译研究工作，使我有了一些深切的体会，我愿意提出来，与同行们一起分享，期盼得到专家的指教。

（一）翻译的三步工作法

在翻译泰戈尔作品的过程中，我逐步摸索出一套适合我自己的三步工作法：第一步是正确地理解原文，第二步是准确地译写，第三步是通读译文，进行润色。

第一步正确地理解原文，首先应该正确地理解原文所表达的意思，弄懂每句原文的含义，这也是翻译工作的前提，只有完成了这一步，才能继续进入第二步。如果这一步错了，那么，第二步第三部也就会继续错下去，所以，我觉得，正确地理解是翻译工作的关健和前提。

对我来说，翻译泰戈尔作品的主要难点，还是如何正确地理解原文，特别是泰戈尔的诗歌，在个别的地方，理解其含义有时就感到很困难。相对来说，泰戈尔的小说和剧本，比较容易理解，这可能是因为小说和剧本有故事情节。

此外，理解泰戈尔的散文，也不容易。泰戈尔的散文数量很大，约占他全部作品的三分之一左右，而且涉及的领域非常广泛，政治、经济、历史、文化、文学、教育、宗教、天文、地理、社会生活、书评等等，几乎涉及到社会生活的所有领域，而我们却不具备大诗人那样广泛而渊博的知识。面对我不熟悉领域的作品，有时我就会感到力不从心。在这种情况下，我就不得不去学习了解自己不熟悉的领域。

因此，要想做好这第一步，即正确的理解原文，我觉得，译者至少需要具备两个条件：第一个条件就是，要通晓你所翻译作品的载体——外语，简单地说，就是要通晓外语。外语越好，理解起来就会越容易，外语不好，在理解原文就会遇到困难，甚至不可能正确地理解原文；第二个条件就是，要熟悉对象国的国情，要具备对象国各方面的相关知识。对于我们翻译泰戈尔的译者来说，就要了解印度的地理、历史、宗教、神话、风俗习惯等等，特别要了解印度古代文学、孟加拉文学，要了解印度两大史诗《罗摩衍那》《摩诃婆罗多》《往事书》的故事，否则，就会闹出笑话来。

第二步准确地译写，这一步很重要。所谓准确地译写，就是要用标准的现代汉语把已经理解的外语含义准确地表达出来。也就是说，既不要用方言土语，也不要用生僻的古语古词。这就要求我们译者要掌握丰富的汉语词汇，还要很好地掌握现代汉语语法，要有很强的汉语表达能力，要有渊博的文学知识，总之，作者要有很高的汉语文学修养。而我们学习外语的人往往在这一方面是薄弱的，因此，我们必须在这方面下工夫，以弥补我们在这一方面的不足。

第三步，通读译文，修改润色，这一步不可缺少。只有经过通读，才能发现问题，改正错误，减少差错。通过修改润色，理顺译文，才能使译文更通顺、流畅、优美。翻译的实践告诉我，凡是译文逻辑不通顺的地方，多半是在理解方面出了问题，或者有漏译之处。这在通读译文的过程中就比较容易发现，比较容易纠正。因此，这第三步决不能省略。

（二）准确把握具体语境中的多义词含义是确保译文质量的重要一环

多义词是世界所有语言都存在的现象，孟加拉语也不例外。所以在翻译泰戈尔作品的过程中，我们很注意对多义词的准确把握。如果把握不准，在翻译过程中就会出错。

孟加拉语中有很多词是多义的常用词。比如，saadhanaa（সাধনা）是多义词，有很多含义："祭祀""祈祷""修行""实践""陶冶""禅思""打坐""研究"等等；parishista（পরিশিষ্ট）有两个基本含义"附录"和"增补"或"补遗"；umedaar（উমেদার）有"请求""期待""预备"等含义，所以翻译的时候，在每个具体的语境下，要注意选用合适的语义。

Svaadheen（স্বাধীন）的基本含义是"不受制于人""自己做主"，所以我们取其"独立的""自由的"含义，但是汉语中的"独立"和"自由"是有区别的，所以翻译的时候也要注意该词在具体语境中的含义。

Puraan（পুরাণ）一词有两个基本含义：一个是特指印度古代的故事集《往事书》（共有 18 部，多为古代寓言故事），是名词，另一个含义是形容词，其意思为"古代的"；

Desh（দেশ）这个词的主要含义是"国家"，这个含义大家都知道，但是它还有"故乡""农村"、空间、民歌的一种曲调等意思。Baanglaadesh（বাংলাদেশ），现在是指"孟加拉国"，但是在 1971 年孟加拉国成立前是指"孟加拉邦"，所以翻译要注意作品的写作时间。

Satya（সত্য）这个词既是名词，又是形容词，其含义"真理""真实"；"不虚假""真实的""真正的"等。

Jeeban（জীবন）一词的基本含义有两个，一是"生活"（"活着"），二是"生命"，而在我们汉语里"生活"和"生命"两个词的含义是不一样的，而汉语里也没有一个词具有这两种含义。因此我们在遇到这个词的时候，就特别注意分辨该词在特定语境中所表达的含义，否则，就会出错。当然，一些含有该词的复合词，其词义是确定的，例如，jeebankaal（জীবনকাল）的含义是"活着的时候"；jeebanopaay（জীবনোপায়）的含义是指"谋生手段"；aajeeban（আজীবন）的含义是"一生""一辈子"；jeebansmriti（জীবনস্মৃতি）的含义是"生活的回忆"；jeebanaanta（জীবনান্ত）的含义是"生命完结"，指"死亡"。孟加拉语中有些多义词，其含义是完全不同的，例如，Praan（প্রাণ）也有两层意思，一是"生命"，二是"心灵"；sansaar（সংসার）有两个基本含义，即"世界""尘世生活"。

形容词 svadeshee（স্বদেশী），其含义有"自己国家的""祖国的""自己国家生产的"；由该词构成的词组 svadeshee aandolan（স্বদেশী আন্দোলন），是指发生在1905年的一场争取民族独立的运动，主要内容是提倡国货，抵制英国货物。有人音译为"斯瓦代什运动"，有人翻译成"爱国运动"，也有人翻译成"民族独立运动"。它的名词 svadesh（স্বদেশ），是泰戈尔一部论文集的题目，里面收入三篇文章《新与旧》《社会差别》《正义感的例证》。我的朋友将其译为《自治》。三篇文章都没有谈到"自治"的内容，我根据内容将其改为《祖国》。

有个别词语，汉语里没有与其对应的词，可以音译。例如，guru（গুরু）这个词的含义是指宗教、精神等方面的指导者，有人翻译成"导师""祖师"，但是我觉得不太贴切，汉语里的"导师"有两个方面的含义；一是政治方面的指导者，二是指学术方面的老师；"祖师"是指在学术、技术、宗教等方面创建派别的人。在我们汉语里找不到完全对应的词，所以我又将泰戈尔的一个剧本"guru"音译为"古鲁"，然后加注释。baanglaadesh（বাংলাদেশ）一词，现在就是孟加拉国。在泰戈尔作品中出现该词，如果我们将其译为"孟加拉国"，那就错了。因为孟加拉国是1971才成立的。Baanglaadesh（বাংলাদেশ）这个词在历史上是指整个"孟加拉邦"。总之，准确把握具体语境中的多义词含义，是确保译文质量中的一环。

（三）译名的统一是保证作品质量的一个重要方面

在翻译泰戈尔作品的过程中，我们经常会遇到人名、神名、地名、著作、花草、树木、报刊等专有名词，在一套丛书中其译法应该统一。这也是衡量一套丛书的质量标准之一。《泰戈尔作品全集》的译名统一工作是由我来完成的，因为这套丛书的最后定稿是出自我的手。统一译名的原则：第一，遵循约定俗成的原则。已经有译名并且被广泛采用的一些译名，我就照此采用。印度两大史诗以及神话传说中的人名、神名等都是意译的，例如，জন্মেজয়—镇群王,baishampaayan（বৈশম্পায়ন）护民子,debayaanee（দেবযানী）—天乘,kach（কচ）—云发,brihaspati（বৃহস্পতি）—祭主,bisvaamita（বিশ্বামিত্র）—众友仙人,ganesha（গণেশ）—群主,shishupaal（শিশুপাল）—童护,yudhisdhir（যুধিষ্ঠির）坚战,dhritaraastra（ধৃতরাষ্ট্র）—持国,duryodhan（দুর্যোধন）—难敌,dasharath（দশরথ）—十车王,draupadee（দ্রৌপদী）—黑公主,keechak（কীচক）—空竹,shaandanu（শান্তনু）—福身王，等等。音译约定俗成的有：（baanddaba）বান্ধব—般度人,kauraba（কৌরব）—俱卢人,bheesma（ভীষ্ম）—毗湿摩,drona（দ্রোণ）—德罗纳,laksmana（লক্ষ্মণ）—罗什曼那,damayantee（দময়ন্তী）—达摩衍蒂,nala（নল）—那罗,shakuntalaa（শকুন্তলা）—沙恭达罗,kaikeyee（কৈকেয়ী）—吉迦伊,bheemasen（ভীমসেন）—怖军,arjana（অর্জন）—阿周那，等等。

第二，新的音译名按照名称所在地区的语言发音译写，属于孟加拉地区人名地名等按照孟加拉语发音译写，属于孟加拉地区以外的名称按照当地语言的发音译写。南亚独有的花草、树木等植物的名称，例如，maadhabeelataa（মাধবীলতা）—玛陀碧藤,chaanpaa（চাঁপা、চম্পা）—羌巴花,chamelee（চামেলী）—素馨花,nim（নিম）—尼姆树 shefaali, shefaalee shiuli, shefaalikaa（শেফালি, শেফালী, শিউলি, শেফালিকা）—赛法利树（花）,kadamba（কদম্ব, কদম）—迦昙波树,debadaaru（দেবদারু, দেওদার）—代博达鲁树（词典中注释为"雪松"，是不对的）。

（四）文学翻译是一项艰难而又永远留有遗憾的工作

我总的体会是，文字翻译工作是一项艰难而又永远留有遗憾的工作。说翻译工作艰难，大家容易理解；说翻译是永远留有遗憾的工作，就不容易理解。

说到艰难，我是想说，翻译要比自己写文章艰难。

第一个原因：我自己写文章的时候，我是主体，我想怎么写，就可以怎么写；不熟悉的东西，我可以绕开不写，没有把握的东西，我也可以不写，可是翻译就不行，因为译者始终处于被动的地位。需要翻译的内容、所遇到词语就摆在你的面前，你是无法回避的。所以，我说，翻译要比自己创作困难得多。这是翻译比写作艰难的第一种原因。

第二个原因：在翻译过程中，往往会遇到一些抽象的词语，其含义与汉语并不总是完全重合的，也就说，外语的一些词语在汉语中找不到与其完全对应的词语，某些外语的词含义很宽泛，而在汉语中却没有与其对应的合适词语。在这种情况下，译者就会感到十分困难。例如，孟加拉语中的 Dharma 一词，其语义就多达 20 种：宗教、信仰、品德、正法、信仰价值、责任、财产、特性、道德、用法、本性、倾向、实践、法规、正直、死神阎摩、公道、贞洁。这个词语本来是梵语词，中国古代先人从事佛教经翻译时也觉得困难，所以有时将其翻译"正法"，有时也音译为"达摩"。当代从事印地语翻译的朋友也将其翻译成"正法"。我在翻译泰戈尔的作品时也遇到同样的困难，找不到与之完全对应的汉语词，只好根据原文内容选取其中的一个含义译之。在《泰戈尔作品全集》第10卷中收录一篇散文，孟加拉语的标题就是"mannuser dharma"，如果取该词的第一个含义，可以译为"人的宗教"。可是从文中的内容看，诗人并不是论述我们所理解意义上的宗教，而是论述人的精神追求，所以，我思考良久，最后决定，还是将其音译为"人的达摩"为好，随后附一个注释，加以说明。

第三个原因：原文作者与我们对某些词语内涵的理解是不同的，这也给我们的翻译工作造成很大的困难。诗人泰戈尔在英国和美国发表过系列演讲，最后成书出版，题名为 The religion of man，我的好朋友——中国著名学者刘建将其直译为"人的宗教"。从内容看，这部作品也不是论述宗教问题，而是论述人的宇宙观、人的精神世界、精神追求等内容。可见，诗人思想中的 religion 与我们中国人观念中的"宗教"是不一样的。可是英文词 religion 的含义就是宗教，所以刘建只好照原文翻译成《人的宗教》。

有人觉得，翻译是件容易的事情，其实不然。

我觉得，翻译是一种永远留有遗憾的劳作，我的意思是说，翻译工作永远也达不到完美无缺的境界，一部译作付梓出版了。当再次阅读时，译者总会发现自己不满意的地方，甚至发现有错误。因此译者自己就会感到遗憾。

常言道，人生苦短。一个人的寿命通常是七八十年，长寿者可活到一百多岁，但这毕竟是少数。在这么短的时间，即使你是一个天资聪慧而又十分勤奋好学的人，你也不可能完全掌握各个领域的知识，你不可能既精通外语，又谙熟各种学问，同时你的母语文字也不可能达到尽善尽美的高度。

为了避免错译的情况发生，所以就需要对其译文进行校对，以求尽量减少差错。但是，要完全避免差错，几乎是不可能。因为再高明的译者、校对者，也会有疏漏，也会有理解上的偏颇，在文字表达方面也会有瑕疵。所以，从事翻译工作的人，总是诚惶诚恐小心翼翼地工作，以期最大限度地减少差错。即便如此，也不可能完全避免差错。因此，我说文学翻译是一项永远留有遗憾的工作。

以上就是我多年来从事泰戈尔作品研究翻译工作的粗浅体会。

（董友忱，男，系《泰戈尔作品全集》主编，国际孟加拉学研究会会长，中央党校文史教研部原副主任，教授，资深翻译家。）

我们应该重视孟加拉语言文化的工作
——2014年5月19日会议上的发言

董友忱

今天我讲话的主题是:我们中国应该重视孟加拉语言文化工作。了解我的朋友,也许会说:"你董友忱是学习和研究孟加拉语言文学的,所以你才讲个话,你才强调这个问题。"

如果我的朋友这样说,也对,但是又不全对。我说,这样讲也对,是因为我学习的专业确实是孟加拉语言文学,我的大半生都在从事孟加拉文学的研究和翻译工作,我热爱孟加拉语言文学,所以我才强调我们应该重视孟加拉语言文化工作。但是我强调这个问题,又不完全是出于我对孟加拉语言文学的偏爱,而是因为我了解孟加拉语言文化的一些情况。从客观上来看,从我们中国发展的现实情况来看,我们这样一个泱泱大国,应该重视孟加拉语言文化工作。

那么,我所说的孟加拉语言文化工作又是什么含义呢?有两方面的含义:一是学习、研究、翻译、借鉴孟加拉的文化;二是通过孟加拉语言这个工具向孟加拉人介绍中华文化。我所说的文化,是大文化的概念,包括文学、艺术等各个门类。也就是说,孟加拉语言文化工作,就是我们中国人要与孟加拉人(包括印度的孟加拉人和孟加拉国的孟加拉人)进行双向的文化交流。大家都知道,文化交流是加深了解、增进感情的渠道,是非常重要的民间外交。

那么,孟加拉语是一种什么语言呢?我稍做一点介绍。不理解情况的朋友,都以为孟加拉语是小语种,而且我们中国一般人也是这样认为的。实际上,从孟加拉语作为母语的人口数量上看,它不是一个小语种,而是一个比较大的语种。

孟加拉国达卡大学孟加拉语言文学系教授绍乌米特罗·舍科尔认为,就使用各种语言人口的数量而言,孟加拉语言在世界上占据第四位(占据第一位的是汉语,第二位的是西班牙语,第三位的是英语,第四位的就是孟加拉语,第五位的是印地语,第六位的是阿拉伯语,第七位的是葡萄牙语,第八位的是俄语,第九位的是日语,第十位的是德语)。

印度和孟加拉国的一些学者认为，目前操孟加拉语的人口数量已经超过了3亿，孟加拉国有1.7亿，印度西孟加拉邦有0.9亿，在阿萨姆、比哈尔等邦，孟加拉人口超过了0.4亿。讲到阿萨姆邦，这里我讲一个插曲。2011年1月我应阿萨姆大学校长的邀请前往该大学访问。一天上午安排我作报告，题目是"泰戈尔和中国"。我的英语不好，所以我只能用孟加拉语发言。在讲述的过程中和讲完后，礼堂里几次响起了热烈的掌声。我意识到他们听懂了我的讲话。于是我问坐在我身边的校长："你们的老师和学生都懂孟加拉语吗？"校长说："他们都是孟加拉人，当然都懂孟加拉语。"校长还告诉我，阿萨姆邦南部的三个县居住的都是孟加拉人。他就出生在阿萨姆邦的锡尔杰尔。我本以为，印度的阿萨姆邦都是阿萨姆人，都讲阿萨姆语。根本没有想到阿萨姆邦有这么多孟加拉人。

但是就官方使用的语言来看，孟加拉语排在世界各语言的第十位。第一位的是英语，第二位的是汉语，第三位的是印地语，第四位的是西班牙语，第五位的是俄语，第六位的是法语，第七位的是阿拉伯语，第八位的是葡萄牙语，第九位的是马来亚语，第十位的是孟加拉语。就官方语言的地位而言，说孟加拉语是小语种，也未尝不可。但就操孟加拉语言的人口数量而言，无论如何，我们不应该轻视这个语言。

上面我已经说到，我们应该重视孟加拉语言文化工作，而要做好这项工作，培养孟加拉语人才又是关键。

可是，我国目前培养孟加拉语人才的状况，是与做好这项工作不相适应的。我国目前只有两所高等学校开设有孟加拉语言专业，而招收本科生的只有一所，那就是北京广播学院，即现在的北京传媒大学。据我所知，1963年北京广播学院开始招收第一批孟加拉语专业的本科生。文化大革命间断十年，文革之后又恢复了招生，基本上是每隔四年招一届本科生。培养的目标，主要是为中国国际广播电台孟加拉语部输送工作人员。

前几年，我曾经多次向北京大学和北京外国语大学有关领导呼吁，希望他们开设孟加拉语专业。可喜的是北京大学外国语学院从2012年有了一名孟加拉语教员，并且开设了选修课，但是没有招收本科生。后来我的朋友告诉我，北大和北外的领导都有意开设孟加拉语专业，但是学生处的领导有不同的意见。他们说，孟加拉语毕业生分配不出去，因为外交部、文化部、中联部、总参二部、社科院外文所、新华社等单位，仿佛都有个不成文的规定，他们不招收孟加拉语专业的毕业生，理由是有懂英语的干部就够了。

可是奇怪的是，为什么外交部还要为我国驻孟加拉国的大使馆不断地借用孟加拉语干部呢？据我所知，石景武、李缘山、王丹红、曹艳华、姚宝来等都先后被借到中国驻孟加拉国使馆工作过,特别是姚宝来被借调到我驻孟加拉国大使馆工作长达十多年。

我记得,就在文化大革命期间,根据中央的指示,由外文出版事业管理局牵头,在1970年从北京的各个单位借调了一大批外语人才,组建了各个语种的毛泽东著作翻译室,安排在友谊宾馆南"工"子楼,其中就有孟加拉语组,还有一位孟加拉语专家和我们一起工作,我还被指定为孟加拉语组的第一任组长。文革后外文局就成立了孟加拉语部,于殿洲为孟加拉语部的第一任主任。陆续翻译出版了不少介绍中国文化的孟加拉语书籍。

改革开放后,外文局的小语种都被取消了,人才就流失了。从此后,中国就不再继续翻译出版有关中国方面的孟加拉语书籍了。

再说社会科学院外国文学研究所,原来有石真女士从事孟加拉语文学研究翻译工作,她退休后,也就没有再招收从事孟加拉语言文学研究翻译工作的人员了。

我希望我国的教育文化部门的领导能够开阔视野,加强孟加拉语人才的培养工作,重视孟加拉语文化工作,以适应中华民族对外交往的需要。

大家知道,罗宾德罗纳特·泰戈尔是孟加拉人,他出生在加尔各答,他是用孟加拉语创作的伟大诗人和作家。只有出访外国时他才用英语交流。我的大半生都在从事他的作品的翻译研究。现在到了耄耋之年,仍然在做这项工作。印度和孟加拉国的一些大学和学术单位得知我所做的工作,多次邀请我前去访问,参加学术会议,泰戈尔印度大学还授予我"文学博士"称号,西孟加拉邦的孟加拉文学院还给我颁发"泰戈尔纪念奖"。我深深地体会到,孟加拉民族是个伟大的民族,是人才辈出的民族,一百年来有三个人荣获诺贝尔奖,一位就是大家熟悉的泰戈尔,另两位都是经济学家。这个民族文化有很多好东西,值得我们学习借鉴;处在改革开放前沿的中华民族,也有自己的优秀文化需要让孟加拉人了解。

就文学而言,在当代印度十五种比较大的民族文学中,孟加拉语文学是最丰富、最发达的文学,除了泰戈尔,还有一大批优秀作家、诗人值得我们研究和介绍。我毕竟年纪大了,心有余而力不足了。因此,我真诚地希望年轻的同行们把这项工作继续下去。这是文化交流的一个方面,即我们学习借鉴的方面,另一方面,就是向孟加拉人介绍我们的中华文化。我非常高兴地看到,以中国国际广播电台孟加拉部主任于广悦为首的一批年轻的孟加拉语学者正在成长起来,他们的长处恰恰是用孟加拉语向孟加拉人介绍和传播中国文化。

印度西孟加拉邦文学院的领导曾经写信给我,希望我用孟加拉语撰写一部《中国文学简史》,孟加拉国的"世界文学中心"的领导也希望我们能用孟加拉语翻译中国的优秀作品。我无力实现孟加拉朋友的希望,只好寄希望年轻的后来者。我对他们寄以厚望,我相信他们会比我做得更多更好!

现在文化部门的领导已经开始重视对外文化交流工作,所以才有今天这次会议的召开。为此我感到高兴!希望大家共同努力,做好对外文化交流工作。

(董友忱,男,系《泰戈尔作品全集》主编,国际孟加拉学研究会会长,中央党校文史教研部原副主任,教授,资深翻译家。)

小语言　大作为

石景武

小语言的重要性

20世纪60年代初，随着我国国际地位的不断提高，在世界上发挥着越来越重要的作用。我们敬爱的周恩来总理高瞻远瞩，预见到包括西方大国在内的世界各国迟早都要与我国建交并发展关系，我国的国际地位将不断提高，在世界上将发挥越来越大的作用。因此，中国急需培养一大批外语干部，以备未来之需。而培养外语人才的最佳途径就是把年轻人直接派到国外去学习。在周总理的亲切关怀下，1964年夏天，我国政府决定由当时的高教部牵头从上海、北京等地的应届高中毕业生中选拔约500名学生派到与中国建交的国家去学习所在国的语言。当年，我正好从北京四十一中高中毕业，被高教部选中参加了出国留学生培训班。一开始，我被分配到突尼斯去学习法语，后来，因为两国关系有变，我没去成，到了1965年，我又被分配到原东巴基斯坦的首府达卡去学习孟加拉语，就读于孟加拉研究院。从此，我便与孟加拉语结下了一生的不解之缘。教授我们课程的老师都是达卡大学的著名教授，有的还是久负盛名的作家和剧作家。随着学习的深入，我逐渐对这个自己以前从来没有听说过的语言产生了兴趣，而且了解到，孟加拉语历史悠久，孟加拉文学史上产生了众多的文学大师，当然最著名的就是在1913年就获得过诺贝尔文学奖的世界著名诗人泰戈尔了。泰戈尔的几乎所有诗歌、小说、剧本和散文全部是用孟加拉语创作的。我作为一个年轻学子能在这位文学巨匠的家乡学习他的母语，当时觉得是很自豪的一件事。尽管孟加拉语的使用范围比较狭窄，仅仅通用于孟加拉国和印度的西孟加拉邦、阿萨姆邦等地区，但使用这种语言的人口却高达两亿多，在世界上排在前十位。

1967年初，我们在国外学习的留学生被全部召回国内参加文化大革命。一年后，我们中包括我在内的学习小语言的有近百名学生准备再次出国继续完成学业。1967年12月17日下午，周总理在百忙之中抽出宝贵的时间在中南海接见了我们，并同我们谈了两个多小时。在讲话中，周总理对我们循循善诱，寄予了殷切的期望。他说，你们出国的首要任务就是学好外语，其次是做好同各国人民的友好工作。对外要谦虚谨慎，要学习别国的长处，不能骄傲自大。做宣传工作一定要见缝插针，决不能见缝插棍子。谈话结束后，天色已晚，有人提议同周总理一起照相。总理欣然答应说"好，好。"然后，我们兴奋地拥着周总理走出会见大厅，来到院子里一起合影留念。几十年来，周总理的亲切教诲一直成为我学好孟加拉语，以此来报效祖国的动力和力量源泉。

1969年7月，我毕业回国，11月，同学习越南语、老挝语、柬埔寨语、罗马尼亚、阿尔巴尼亚语等三十多名留学生一起进入中国国际广播电台工作。国际台的孟加拉语广播是1969年1月1日开播的，我有幸参加了这一广播的初创工作，并在这一岗位上连续工作了43年，从事翻译、播音、编辑和采访的工作。在过去的45年中，中国的孟加拉语广播在孟加拉国和印度的影响与日俱增，已成为促进中国与这两国人民之间的相互了解的一座空中友谊桥梁。为此，我也付出了自己的辛勤劳动，做出了自己的贡献。2005年退休后，我仍然被返聘到孟加拉语部从事对年轻人的传帮带的工作，一直干到2012年才完全退休。

圆满完成高翻任务

在国际广播电台完成日常对外宣传工作和各项重大宣传任务的同时，从1978年之后，我还多次被外交部、中联部、人大常委会、全国总工会等单位借调为党和国家领导人担任翻译工作。在过去的二十几年间，我曾经为两任国家主席、两任委员长、三任总理和三任国家副主席，包括习近平、胡锦涛、江泽民、吴邦国、温家宝、李鹏、朱镕基、黄菊、罗干、尉健行、李先念、乌兰夫、谭震林、姬鹏飞、吴学谦、钱正英、何鲁丽等17位领导人四十多次担任翻译并出色地完成了任务。我还曾于2001年、2005年和2010年三次全程陪同李鹏委员长、温家宝总理和习近平副主席访问孟加拉国，三次全程陪同参与孟加拉国两任总理卡莉达·齐亚和哈西娜的来华正式访问活动，多次受到中孟两国领导人的赞扬。

通过多年的高翻工作，我深深地体会到，要做好这一工作，首先在孟加拉语和中文方面都要具有深厚的语言功底。由于自己的孟加拉语的基础知识还比较扎实，语感比较强，在长期从事孟加拉语对外广播工作中积累了大量的词汇，语言的运用比较纯熟。在中文方面，自己平常也比较注意积累多方面的知识，关心时事政治，广泛涉猎各种信息。这样在翻译的时候，自己就能做到得心应手。

我还体会到，要做好高翻工作，必须对对象地区的情况有十分深入的了解，这样在翻译的时候才能做到心中有数。由于我在1995年至1998年曾经在中国驻孟加拉国大使馆研究室工作，并担任大使的专职孟加拉语翻译工作，所以，我能通过各种机会和途径了解孟加拉国政界、商界、军界等方方面面的情况，当时，我每天都要阅读七八份孟文报纸和相关杂志，使我对孟加拉国的政治、经济、历史和文化等方面有了比较深入的了解，这为我日后胜任高翻工作打下了良好的基础。

我还体会到，要做好高翻工作，一定要注意日积月累，平常就做好各种资料的准备工作。我在平常的工作中就注意到，孟加拉国人在使用一些机构的名字的时候时常喜欢用简称，孟加拉国领导人在会见或会谈中也是如此，比如，金砖四国，他们常常用 BRIC，最不发达国家，他们常常用 LDC，世界气候变化联盟，他们常常喜欢用 GCC，小岛国家，他们常常喜欢用 SIDS. 这些常用的简称必须牢记于心，这样，当孟方领导人一提到这个名称，我马上就能在脑子里想出它们的中文说法。有时为了加深印象，在正式会谈之前，我都要把记着这些资料的纸片带在身上反复看上几遍。这样，在翻译的时候我就感觉应付自如了。

我还体会到，在翻译的时候，一定要做到嗓音洪亮，这样，不仅让双方的领导人能听得清楚，而且让在座的代表团所有成员和中国方面的陪同官员也能听得清楚。这样就能使代表团的访问取得更圆满的成果。

我还体会到，在翻译的时候，还要注意一些细节。比如，在会见大厅，中国领导人欢迎来访的外国领导人时，你既要紧随中国领导人的身后，及时进行翻译，又要在他们合影留念的时候，及时撤到适当距离之外，合影后又要及时赶到中国领导人身后，谨防缺位。有时候，我坐的车子与中国领导人坐的车子有几辆车的间隔，这样到达会见外国领导人的场地后，我必须以最快的速度赶到最前面，为已经下车的中国领导人与孟方领导人的交谈担任翻译工作。

陪同领导人出访的体会

2005年4月，我有幸全程陪同温家宝总理对孟加拉国进行了正式友好访问，在访问期间，温总理与卡莉达总理举行了两个多小时的会谈，自始至终都由我担任翻译工作，会谈结束后，在从总理府返回饭店的汽车上，温总理对我的翻译工作给予了充分肯定。他说，你翻译得很好。听到总理的称赞，我很受鼓舞，身上所有的疲劳顿时消失。在与孟加拉国反对党领导人、人民联盟主席哈西娜会见时，温总理说，"为了增进中孟两国人民的友谊，中国政府十分重视孟加拉语人才的培养，现在为我担任翻译的这位先生就是我们培养的高水平的孟语人才。而且，我国的国际广播电台还开办了对孟加拉国的孟加拉语广播。"哈西娜回应道，"这位先生的孟加拉语讲得很好，我们已经把他当成了我们的自己人。"在从下榻的金村饭店前往总理府的路上，温总理还和我亲切地攀谈起来。他告诉我，他刚刚阅读了泰戈尔的一篇小说。小说中描写了一个青年农民从乡村来到了一个名叫西雷特的城市打工，数年后，他挣到了一些钱返回家乡，下身仍然穿着麻质的裤子，而上身穿上了一件丝绸衬衫。尽管这样，他已经相当满足了。温总理问我，西雷特在什么地方，我告诉他，西雷特是孟加拉国东北部的一个边陲小镇，属丘陵地带，那里天然气资源丰富，盛产茶叶，自然风光十分优美。听完我的介绍，温总理频频点头微笑。温总理在孟加拉国仅仅访问了22个小时，但他却不辞辛苦地参加了10场活动，我亲眼目睹了他为了促进中孟两国的友好合作呕心沥血、紧张工作的情景，使我感动万分。

2010年6月14日至15日，我有幸全程陪同时任国家副主席习近平同志访问了孟加拉国。在飞往孟加拉国的专机上，习近平同志不顾旅途劳顿，专门来到后舱和中舱与随行的工作人员和记者见面，当习近平同志来到我面前时，外交部礼宾司的谢副司长介绍道，这是您的孟加拉语译员。习近平同志与我热情握手，并询问道："孟加拉语和印地语是否一样？"我回答说："两种语言有些词汇相同，但完全是两种不同的语言。"6月15日上午，习近平同志前往离达卡30公里的沙瓦国家烈士纪念碑敬献花圈。在乘车前往纪念碑的路上，习近平同志兴致勃勃地和我谈起了他的经历。他说："我在福建干了14年。"我说："我是从您担任厦门市市长时知道您的。"他说："我当时是厦门市常务副市长，后来调任福建省副省长、省长，再后来在杭州当了四年省委书记，在上海当了七个月的市委书记。"在结束访孟之前，谢副司长特意把我领到习近平同志的总统套间，让我与与他单独照相留念。习近平同志亲切地对我说："虽然我不懂孟加拉语，但从你的翻译中，我能感觉得到，你翻得相当流利。希望今后有机会再与你继续合作。"在场的中国驻孟加拉国大使张宪一对习近平同志介绍说："他现在已经退休，但还在国际台返聘，从事培养年轻人的工作。您走后，他还要抽时间会见一些老朋友，做做促进两国友好的工作。业余时间他还翻译泰戈尔的作品，增进两国的文化交流。"习近平同志边听边点头微笑着表示赞许。在圆满结束了孟加拉国的访问登上专机的舷梯旁，当我向习近平同志道别并祝愿他其他三国访问成功时，他深情地对我说："回去的路上你要注意安全。"在孟加拉国停留的二十几个小时中，习近平同志勤勉的工作作风，对孟加拉国人民的深情厚谊，对身边工作人员的细心呵护和无微不至的关怀给我留下了永不磨灭的印象。

最后，我希望大家能够体会到小语种的重要性，根据国家发展事业的需要，在各自的岗位上做出自己的贡献。

（石景武，男，1945年生，中国国际广播电台译审。曾任《泰戈尔全集》和《泰戈尔小说全译本》副主编）

中国国际广播电台对马来西亚开展文化传播的探索和成效

张雯雯

中国国际广播电台（CRI）马来语广播于1959年3月1日正式对外播出。目前，马来语短波广播每天播出两次，每次1小时，节目信号覆盖马来西亚、新加坡、文莱、印度尼西亚和泰国南部等地。

经过55年的发展，中国国际广播电台马来语广播的传播渠道从原来的短波广播，扩展到目前包括网站、杂志、社交网络、移动客户端等平台。近几年来，中国国际广播电台马来语部翻译出版了《聊斋志异爱情故事选》等文学作品，主办了"中国城市榜"马来西亚推广、"中国穆斯林文化之旅"中外记者采访报道等媒体活动，为促进中马媒体间和民间文化交流做出了努力。

结合近年来中国国际广播电台对马来西亚开展文化传播的探索和成效，笔者从以下几个方面谈谈对如何更好地开展对外传播的一些思考。

一、语言很重要

中国国际广播电台目前使用65种语言对外传播，其中包括马来语。马来语是马来西亚的国语和官方用语。尽管英语在马来西亚使用也比较广泛，但不可否认的是，马来西亚人口最多的是马来人，执政的官员大部分是马来人，而他们的母语是马来语。由此可见，马来语是对马来西亚进行传播最有效的语言。

正是认识到语言对传播的重要性，中国国际广播电台早在1959年就开办了马来语广播。近些年，一些国际传播机构纷纷关闭其非通用语对外广播，中国国际广播电台不仅没有缩小马来语对外传播的规模，相反的，不断努力扩大其传播平台。此外，除了日常广播工作，中国国际广播电台马来语部工作人员也利用业余时间，尽可能地把一些中国的文学作品整理、编辑、翻译成马来语，介绍给马来西亚读者，以此推广中国文化。比如，2011年，中国国际广播电台在马来西亚出版了马来文《聊斋志异爱情故事选》。

2009年9月，马来语部资深翻译薛雨鸿（已故）的家人将薛雨鸿生前所编译的《聊斋志异》马来文译本手稿（著作权）无偿捐赠给中国国际广播电台，以期发挥手稿的更大价值。为促进中马两国文化交流，进一步扩大中国国际广播电台马来语广播的影响力，中国国际广播电台"四个一批"将《聊斋志异》马来文译著出版列为2010年重点项目。该项目于2010年6月正式启动。经过前期大量的阅读和调研，并结合马来文读者和马来西亚出版市场的特点，最终确定以《聊斋志异爱情故事选》为书名，从《聊斋志异》490多则小说中，精选内容健康、情节吸引人、脍炙人口的15篇爱情故事进行编译。

中国国际广播电台台长王庚年为马来文《聊斋志异爱情故事选》一书作序："让世界了解中国是我们的使命，而文学是一个很好的渠道……用纯正的当代马来语传递中国文学巨著的精髓，的确是一件非常有意义的事情。"

2011年7月12日，马来文版《聊斋志异爱情故事选》新书推介会在马来西亚吉隆坡国家图书馆隆重举行。中国驻马使馆临时代办陈德海、马来西亚国家图书馆馆长拉斯林、马来西亚国家新闻社（马新社）总编辑翁书雄等近100人出席了推介会。

拉斯林代表马来西亚新闻、通讯与文化部部长赖斯亚蒂姆在推介会上致辞，对中国国际广播电台为马来文版《聊斋志异爱情故事选》在马来西亚出版所付出的努力表示感谢。他说，马来文版《聊斋志异爱情故事选》一书中收录的爱情故事展现了中国古典文学的优美。他同时建议加大对世界几大主要语言、特别是中文至马来文的文学翻译工作，使马来西亚人民可以用母语更加深入地了解中国文学作品。

赖斯亚蒂姆部长在书面贺辞中说："中国国际广播电台是中国国家级的对外广播机构，用61种语言向全世界传播，其中包括马来语。我本人对中国国际广播电台的语言数量之多和发展成就感到非常惊讶和钦佩。马来西亚的电台应该效仿中国国际广播电台发展广播事业的做法。"

当天的活动吸引了马来西亚当地和中国驻马媒体的高度关注，新华社、中央电视台、马新社、马来西亚《信使报》《星洲日报》《南洋商报》《中国报》《光华日报》等多家媒体派出记者出席此次活动。

新华社驻马记者采访了本次活动并在新华网刊载文章称，《聊斋志异爱情故事选》的出版为马来西亚读者提供了一个认识和了解中国古典文学和中华传统文化的机会。中央电视台新闻频道7月13日早间《新闻直播间》节目报道了本次活动，央视网站同步发布了视频新闻"马来语《聊斋志异》正式发布"。此外，中国网、中国日报网、凤凰网以及部分地方媒体网站都转载了国际在线对新书推介活动的报道。

马来西亚国家新闻社（马新社）报道称，马来西亚国家图书馆馆长拉斯林代表该国文化部部长赖斯亚蒂姆出席了发布会，并借新书发布的契机呼吁两国文化界加强交流，希望马来西亚作家以及出版界努力弘扬以马来语为载体的马来文化。马来西亚发行量最大的中文报纸之一《南洋商报》文章称，马新闻、通讯与文化部通过与中国国际广播电台合作，推出《聊斋志异》的15篇爱情故事精选马来文翻译本。文章认为这本中国古代杰出文学家蒲松龄作品的翻译本将促进马来西亚人民对中国文化的认识，提升马中两国的关系。马来西亚《中国报》援引马来西亚新闻、通讯和文化部长赖斯亚蒂姆的贺辞说，"中国国际广播电台把中国古典名著翻译成马来文，可促进马中两国文化交流。马方支持类似的活动，因为马来文版《聊斋志异》有助于当地民众对中国文化背景的了解。"

反过来看，如果在马来西亚出版发行的是英文版《聊斋志异》，会有这样的效应吗？答案是否定的。由此，也可以看出使用该国母语开展传播的良好效果。

二、平台很重要

从严格意义上说，现在的中国国际广播电台马来语广播已经不能用简单的"广播"来表示了，应该称其为"传播"更合适。随着收听短波广播的人越来越少，我们的主要传播渠道也已经不再是短波广播，而是以互联网、特别是移动互联网为首要传播平台，其次还有平面媒体。

应该说，中国国际广播电台在新媒体方面的业务起步比较早。国际在线马来文网于2003年10月正式发布。那个时候，网站还属于新媒体，现在已经成为"传统媒体"了。

从2006年开始，中国国际广播电台开始了建设海外分台的步伐，目的在于把中国的声音落到对象国，改变短波广播收听难度大的问题。由于马来西亚当地的电台商业化极高，整频率租时或者购买电台都很难实现，因此在整频率落地方面至今没有取得突破。虽然没有整频率落地，但在马来语部的积极努力下，从2009年开始，中国国际广播电台与马来西亚广播电视台（RTM）进行内容合作，每周把马来语部一档4分钟的旅游文化节目，通过RTM覆盖全国的经典调频电台播出，实际效果也非常好。

为了响应中国国际广播电台提出的"加快建设现代综合新型国际传媒集团"的战略方针，拓宽对外传播渠道，2012年6月底，由马来语部制作的马来文旅游杂志《华夏之旅》，作为马来西亚Karangkraf集团旗下《假日》（Libur）的赠刊，正式在马来西亚出版发行。目前，《华夏之旅》为双月刊，每期发行量4万册，发行范围覆盖全马。

2013年12月，马来语部推出"CRI穆斯林中国掌上指南"手机客户端软件

(APP)，为受众提供中国、印尼和马来西亚三个国家主要城市的祷告时间，以及麦加朝拜方向指南功能；并在此基础上，提供北京、上海、广州、西安等多个城市的清真寺、清真餐馆、旅游景点、购物场所等相关信息。

2014年3月，中国国际广播电台与苹果公司合作，在其播客（Podcast）客户端推出了一系列精品广播节目，其中包括马来语品牌栏目《行走中国》。

今年以来，马来语部积极利用对象国受众最常用的网络社交媒体平台，即Facebook，开展对外传播。据统计，截至2012年底，马来西亚人口2918万，网民1772万，而Facebook用户近1359万。从实际情况看，利用成熟的互联网技术平台，开展对外文化传播，效果也十分明显。

目前，马来语部在Facebook开设有多个专页（page），其中包括部门的官网专页，目前"粉丝"数近1.6万。在2014年3月马航MH370失联的报道中，马来语部的Facebook专页发挥了积极的作用。从3月8日开始，马来语部全员投入到对马航客机失联的报道中。为了让报道取得最大传播影响力，马来语部把第一发稿平台确定为Facebook，并安排专人负责更新。

选择以Facebook为新闻首发平台的原因有5个。首先，发布速度快。广播平台的发布程序是：翻译—审核—录音—制作—播出。与之相比，社交网络平台的发稿程序就很简约，即：翻译—审核—发布。其次，传播速度快。马来语部Facebook官网专页拥有1.6万"粉丝"。通过这一平台发布信息，第一时间就能送达所有关注该专页"粉丝"们的移动终端。第三，影响范围广。只要有网友转发帖子2到3次，浏览量就能数倍甚至数十倍增加。第四，视觉效果好，可以配发图片、视频等。第五，可以随时和网民进行互动。

面对网上充斥的各类或真或假的新闻，马来语部确定了对马航MH370失联事件的报道定位，即："及时发布权威信息，并通过报道展现人文关怀，传递正能量"。事实证明，这一报道获得了对象国受众的高度认可。

马航MH370失联事件发生后，我们制作了"期待失联客机平安回家"的Facebook封面图片，发布了"共同为239个生命祈祷"的配图贴文，获得网民一致好评，浏览量超过1万8千次。报道期间，马来语部Facebook专页的浏览量比同期增长了10余倍。不少网友通过分享和留言，共同为失联客机祈福。

3月26日，马来语部Facebook官网发布了《"雪龙"号抵达目标位置 澳大利亚恢复搜索马航失联客机》的消息和图片。马来西亚网友留言说："感谢中国政府帮助马来西亚""愿我们两国是永远好朋友，患难与共。"

值得一提的是，在马航失联客机报道期间，马来语部的记者应邀与CRI环球资讯、中央人民广播电台以及马来西亚电视台（TV1和TV2）、马来西亚

AiFM 电台、马新社 24 小时电台、印尼 Ehlshinta 电台等合作媒体进行了 40 余次电话连线。这不仅进一步密切了我们与对象国媒体的合作关系，同时也借助对象国主流媒体平台扩大了中国国际广播电台的品牌影响力。

三、内容很重要

通过多年来对马来语受众反馈的整理和判断，我们发现他们对中国穆斯林文化、旅游等内容很感兴趣，特别是服务类的信息。所以，无论是我们的广播节目、网站、杂志还是通过社交平台发布的信息，都紧紧围绕这些内容展开，收到的反馈也非常令人鼓舞。

2007 年 6 月至 10 月，马来语部自主策划并举办了"中国穆斯林文化之旅"知识竞赛。分别派出三队记者前往云南、青海、甘肃和新疆地区，采访当地信仰伊斯兰教的少数民族，制作完成《暮探纳家营》《甘肃大河家的保安腰刀》《从骆驼泉传说中走来的民族——撒拉族》《陶醉维吾尔风情》《走进帕米尔高原上的人家——塔吉克族和柯尔克孜族》等五期节目，通过丰富多样的音响，介绍了相关民族的历史文化、宗教习俗和日常生活。系列节目播出后，获得受众普遍好评，不少受众在寄答卷的同时也附上了对本次系列节目的评价及个人的感受。

马来西亚受众李万吉（Wan Mokhtar Ramlee）来信说："这次'穆斯林文化之旅'知识竞赛办得非常好！在我打开收音机，听到节目的时候，产生眼前一亮的感觉。不知不觉间节目快要结束了，我才想起要录下来。希望在重播的时候能够录到完整的节目。我也想对你们的辛苦工作表示感谢，祝你们的工作更上一层楼。"印尼受众苏维多（Suwito）来信对节目内容和制作水准给予了高度赞扬。他在信中写道："周五我收听了第一期'暮探纳家营'，节目做的十分生动有趣，我非常喜欢。"此外，还有不少受众在收听了"中国穆斯林文化之旅"后，对中国十个信仰伊斯兰教的少数民族的特色风俗和文化产生了浓厚的兴趣。

马来西亚受众李凤敏来信说："这十个少数民族信奉同样的宗教，但由于历史原因以及生活环境的不同使其各自保留了不同于其他民族的特点。因此全面了解这十个少数民族后，会发现不同中有相似之处，相同中又各有各的不同。我很想了解更多信息，只是在马来西亚很难找到相关资料，所以基本是在你们的网站上看。"印尼受众苏拉尔蒂在来信中写道："文化之旅节目中涉及许多中国的国家级非物质文化遗产，我十分赞赏中国政府为保护这些珍贵的文化遗产所做的努力。"

2008 年 7 月，国际在线马来文网推出了"北京奥运·穆斯林指南网"，向奥运期间来京的马来西亚穆斯林朋友提供最实用的、与其民族习惯和宗教生活相关的信息。受到网民一致好评。北京奥运会结束之后，"北京奥运穆斯林指南网"

更名为"穆斯林中国指南网",并加入更多的介绍中国穆斯林生活和文化的内容,继续为海外穆斯林受众提供更多资讯服务。

为配合上海世博会、广州亚运会、西安世界园艺博览会等活动报道,国际在线马来文网分别于 2010 年 4 月、2010 年 11 月和 2011 年 4 月陆续推出了"上海世博穆斯林指南""广州亚运穆斯林指南"以及"穆斯林西安指南"。马来文"穆斯林中国指南网"所覆盖的城市也扩大到 4 个。

除了中国穆斯林文化,中国旅游也是马来语受众最喜欢和关注的内容。因此,马来语部以中国旅游为主题,在马来西亚开办了马来文《华夏之旅》杂志。

马来文《华夏之旅》杂志自 2012 年 6 月底在马来西亚实现本土印刷发行,收到当地读者的积极反馈,他们普遍认为马来文《华夏之旅》内容吸引人,信息量大,设计美观,适合读者阅读,并纷纷对马来文《华夏之旅》的发行表示祝贺。

在第 2 期马来文《华夏之旅》杂志上,马来语部推出了与读者互动活动——"我与《华夏之旅》",发动读者发来与《华夏之旅》杂志的合影和对杂志的寄语,同时在马来语部的 facebook 专页上建立活动专区,达到网站推广和多媒体联动的效果。活动期间,马来语部收到了热心读者的电邮和照片。

来自雪兰莪州沙阿兰的 Al Azilzul Yahya 说:"我正打算到中国旅游。有了这本《华夏之旅》,确实为我提供了有用的信息和帮助。我在家休息的时候,时常会拿出这本杂志出来阅读,通过它,我能了解中国其他有意思的旅游景点和商品。"来自霹雳州的 Norhazilah Ghazali 说:"感谢《华夏之旅》制作团队出版了这本杂志,我是在学校图书馆看书的时候,发现这本杂志的。看了这本杂志之后,我发现它对我们老师和学生拓展知识面很有帮助,特别是能学习到中国的历史、文化以及生活方式。老师和学生们读了它之后,都萌发了到国外旅游的想法。感谢所有让这本杂志得以成功出版的人们。"来自森美兰州的 Deni Malina 说:"第一次来中国旅游,我带上了《华夏之旅》,这是临行前同事送我的。杂志里有很多小贴士值得我和朋友们分享,特别是有关中国旅游和中国文化的内容。在中国旅行的 5 天里,这本《华夏之旅》一直陪伴着我……对《华夏之旅》编辑部表示祝贺和感谢!"马来西亚读者 Ros Mawar 说:"感谢《华夏之旅》的出版。读了这本杂志之后,我获得了很多实用的信息和知识。俗话说,行千里路读万卷书。现在我正攒钱,争取明年去中国旅游!"

四、推广很重要

有了好的内容、好的传播平台,还需要有好的推广策略。比如,在 Facebook 上面发布信息,除了内容的把握之外,还需要考虑发布的时间,怎样邀请更多网友来点赞，或者采用其他的商业推广模式。近几年，在推广活动方面，中国国际广播电台马来语部也进行了一些尝试。以"2011 中国城市榜"马来西亚推广活动为例。

为配合中国国际广播电台国际在线品牌外宣活动"2011 中国城市榜"，2011 年 7 月 1 日至 31 日，马来语部策划并实施了"2011 城市榜"马来西亚推广活动，取得显著成效。

"2011 中国城市榜"马来西亚推广活动通过线上线下同时进行。线上方面，从 7 月 1 日开始，马来西亚发行量最大的马来文报纸之一《使者报》（Utusan）网站在其首页最显著的位置刊登了关于本次活动的广告及相关链接，并在活动期间刊发了相关消息。线下方面，"2011 中国城市榜"马来西亚地面推广活动于 7 月 9 日和 10 日两天在吉隆坡最大型商场之一 Sunway Pyramid 成功举办。为了让更多的马来西亚民众了解 CRI 和城市榜活动，活动现场设立了 20 座候选城市的展板以及在线投票设备，设计制作了带有"2011 中国城市榜"字样的兵马俑摄影板吸引受众拍照留念，并设计了有趣的互动环节和有奖参与活动。

经过为期一个月的海外推广，国际在线马来文网"2011 中国城市榜"专题共收到网民投票 107048 张，有效留言 1520 多条。在马来文网城市榜专题的留言区，网友们纷纷表达了对本次活动以及对各入围城市的文化、旅游、饮食等方面的喜爱和赞扬。

马来西亚网友 Noni Sumarni 在留言中写道："祝贺 CRI 成功举办了如此有意义的'中国文化名城'评选活动，让我们有机会认识更多的中国城市，无需舟车劳顿我们就可以感受到这些城市的历史、文化和独特魅力。如果有机会，我一定要去这些城市走走看看，希望这个梦想可以成真。"

马来西亚网友 Fizzy 则用优美的马来诗句表达了他对成都美食与美景的向往："美食之都好名传，渝乡餐馆满足你。传统佳肴是川菜，吃过一次想再试。总记成都习俗老，难忘都江堰水急。若是登高爱远眺，名山青城定不虚。自然美景获赞誉，成都旅行必须去。"

马来西亚网友 Mashitah Taharin 说："我想去杭州。因为那里是马可波罗笔下世界上最美丽的城市。我想去那里体会中国的文化，还想去看看丝绸博物馆。当然，龙井茶也不能错过。如果我的梦想能成真，那将会是多么美好啊。"

来自印尼的听众 Harjito Sangaji 发来邮件说："我把票投给了北京，因为北京是中国的大门。北京是美丽的现代化大都市，并且在 2008 年成功地举行了奥运会。北京也是一个古老的城市，它有着 900 多年的历史。神秘威严的紫禁城还有多达 4000 多条的胡同都吸引着我去拜访这座城市。"

统计数据显示，在"2011中国城市榜"推广活动的带动下，国际在线马来文网7月份的页面浏览量（PV）比前12个月均值增长了80.37%；独立用户数（UV）则比前12个月均值增加了68.98%。

7月11日，国际在线中文网刊发了"'2011中国城市榜'走进马来西亚"的图文消息，包括新华网、人民网、凤凰网等十余家重点新闻网站、商业门户、地方新闻网站转载了该消息，达到了良好的二次传播效果。

此次活动也得到马来西亚当地媒体的关注。马来西亚发行量最大的中文经济刊物《财经》杂志2011年7月号和8月号上刊登了相关报道。其中7月号的报道题为"上网票选中国文化城市—2011中国城市榜—全球网民推荐中国文化名城网络互动活动7月在马来西亚盛大展开"。该报道全文刊登了对中国国际广播电台新媒体管理中心副主任赵健的书面采访并充分介绍了国际在线与"城市榜"品牌，让更多的马来西亚读者了解了本次活动，并进一步提升了中国国际广播电台在当地的知名度。

五、交流很重要

为了更好地宣传我国的民族政策和宗教政策，进一步增进东南亚地区受众对我国穆斯林文化和生活等方面的了解，从2011年至2013年，中国国际广播电台策划了三次"中国穆斯林文化之旅"采访活动，邀请来自马来西亚和印尼的主流媒体记者一起赴相关城市开展采访报道。

这三次活动一共邀请了马来西亚广播电视台、马来西亚国家新闻社、马来西亚旅途卫视、马来西亚Karangkraf杂志社、马来西亚语文出版局、马来西亚《使者报》、马来西亚《每日新闻》、印尼安塔拉通讯社、印尼美都电视台、印尼Elshinta电台、印尼《罗盘报》、印尼天空电视台、印尼爪哇邮报、印尼千岛日报、印尼国际日报、印尼德迪新闻网等16家媒体的27名外籍记者，赴北京、喀什、银川、厦门、泉州、西安、桂林、郑州等地开展采访报道。

该活动不仅达到了预期的宣传效果，同时也加强了中国国际广播电台与对象国主流媒体的联系，扩大了中国国际广播电台在对象国的影响力和知名度。参加采访报道的马来西亚和印尼主流媒体的记者们均对此项活动给予高度评价，赞赏中国国际广播电台大型活动的组织能力，并表示希望此采访活动能持续举办。

外媒记者们纷纷表示，通过实地采访，他们切身感受到了中国宗教信仰自由、各民族团结和谐，以及在穆斯林文化传承和保护等方面取得的成绩，并把采访时的所见所闻和亲身感受，通过各自的传播平台向本国受众进行报道。这些报道将对我国在海外树立正面形象发挥积极作用。

马来西亚电视1台（TV1）播出了此次采访的专题片，得到了观众的热烈欢迎。有的观众说，虽然他本人没去过中国，但是通过此电视片，让他真切地了解了中国，了解了中国的穆斯林朋友的真实生活。印尼《爪哇邮报》的读者说，去年印尼以及西方媒体报道的新疆骚乱，蒙蔽了她的眼睛，以为中国政府镇压穆斯林，中国没有宗教信仰自由。通过《爪哇邮报》的报道，使她了解了中国真实的一面，穆斯林群众在中国的生活是幸福的，他们的宗教信仰都得到了很好的尊重和保护。

结　语

应重视非通用语的对外传播，利用最有效的平台，最贴近受众的内容，加强推广、加强互动，加强与对象国主流媒体的交流与合作，达到最有效的传播。

（张雯雯，女，1975年生，现为中国国际广播电台东南亚地区广播中心副主任兼马来语部主任，副译审。从业十余年来一直在宣传报道一线工作，牵头策划了国际在线多语种"穆斯林北京指南网"，并获中国国际广播新闻奖2008年度优秀在线广播作品评选专题一等奖；出版马来文《聊斋志异爱情故事选》《每日汉语》等作品、教材2部。2008年获得"全国优秀新闻工作者"称号。）

捷汉不同的语言文化在翻译中的反映

李 梅

世界上的语言是多种多样的。语言具有民族性，每个民族拥有自己独特的语言。语言是交际和进行思维的工具，用何种语言交际，就要学会以何种语言进行思维。人的思维又离不开社会文化的影响，在学习外语的同时，一定要研究进行沟通交际的对象的思维。当然，我们不会为了迎合对方，而完全放弃自己本族的语言和思维，这里要探讨的是，如何才能够使交际沟通的双方，产生更多的共同语言，避免误会的产生。

捷克地处欧洲心脏，在文化、宗教、人文科学、生活习俗及思维方式上，都与欧洲文化分不开。作为中国的波希米亚学者（捷克语言文化学者），在学习捷克语的同时，必须了解对象国的文化，才能丰富自己的知识，不断深化我们的中译捷和捷译中的翻译水平。

一、捷汉语言反映出的思维方式的差异对比

在捷克留学时，曾经和我的捷克语老师讨论过关于捷克语和汉语，究竟哪种语言的表达方式更趋于具体化的问题。记得当时例举了这样的例子：某人要请老师吃饭，可在捷克文中，找不到与汉语"饭"的恰当对应词，只是说"邀请某人去饭馆"。因为在捷克文中，"请吃饭"在表达上一定要具体化，是请吃午饭（zvu vás na oběd），还是请吃晚饭（zvu vás na večeři），或者还可以是邀请对方共进早餐（na snídani）。总之，"我请您吃饭"这句话，译成捷克文，往往必须具体到究竟请吃哪一顿饭。当我把这两种语言表达的差异现象，讲给捷克语老师听时，她只是耸耸肩说，有什么办法呢，我们捷克人的思维就是这么具体化。

在谈到出行问题时，也会碰到类似的情况。中国人常说，我们明天出去玩儿（或去做客），如果要和捷克朋友相约，在捷语的表达中，一定要具体到是走着去（步行），坐车去（乘汽车），还是飞着去（乘飞机）。初学捷克语的中国学生，往往急于表达相约会的地点和时间，从而犯下语病，没有根据具体的路途、距离情况，选择恰当的动词"去"，是"půjdeme"（步行），"pojedeme"（乘车），还是

"poletíme"（乘飞机）前往。每当我们出现这种错误，捷克语老师就对我们开玩笑说，"那地方太远，我走着去可不行"。

在刚开始学习与捷克人打招呼时，往往忽略了进行问候时的具体时间，是应该问早上好"dobré ráno!"；还是日安"dobrý den!"；或是下午好"dobré odpoledne"；晚上好"dobrý večer!"；或道晚安"dobrou noc!"。对于中国人来说，讲究礼仪的问候语，似乎时间并没有什么特别的意义。然而，有时当外国学生大白天上课打盹时，捷克老师会诙谐地戏言一句"dobrou noc!"（晚安！你该去睡觉了）。后来得知，欧洲人认为，当着说话者的面打盹（尤其是在教授讲课时），被视为对人的大不敬，是不可原谅的。有一次，我听到有的中国翻译把捷克语中的一个双关语"Jste chudak, že celý den nás doprovazel.（您整天陪着我们，太辛苦了）"翻译为："您整天陪着我们，太可怜了，"从而引起了中方人士的误解。我意识到，正确地理解说话人在不同场合的思维，对于翻译者是多么重要。同样有一次，在把汉语翻译为捷克语时，不太了解中国文化的年轻汉学家，把中国京剧中的花脸，翻译为"鲜花的脸"（Kvetinový tvář），把中国的素馅月饼翻译为"蔬菜月饼"（koláč s zeleninovou nádivkou），真令人有些啼笑皆非了。

二、捷语和汉语中不同的构词形式（语义学与语用学）

当年留学时，我的捷克语老师特别让我记住了两个重要的语言学词汇，这就是语义学（semantika）和语用学（pragmatika）。"语义学"的研究目的在于，找出语义表达的规律性、内在解释、不同语言在语义表达方面的个性以及共性；"语用学"的研究领域为，各国对语言的运用和理解，分析研究语言行为（如打招呼、回答、劝说）等的文化准绳与发言规则。不同的文化之间皆有约定俗成、客套的对话，为了避免在跨文化交流中，因为语言规范的差异，而在交谈之中产生误解，对于社会语言学的知识，以及务实能力，是语言学习者所不能忽视的。

捷汉饮食文化的差异，构成了不同语义的词汇，以及总结性的词汇间对比的差异。例如：捷克语中比较丰富的词汇是"面包"类的词汇。汉语中"面包"一词只有大小、长圆形状，甜咸口味之分，总结性的词汇就是"面包"。而在捷克语中，每一种面包不能是像汉语构词那样，在"面包"一词前面，加上形容词就行了；而是用独立的词汇来表达，例如：rohlík（rohlíček）长形角面包，houska（maková houska）咸圆面包（加罂粟子、带拧花面包），žitný chléb 燕麦切片面包，chléba（chléba, chlebíček）烤制切片大圆面包，chlebíek 三明治，veka 一种长形白面包，pletenec 辫子花形面包，šiška 类似松果的两头尖的长圆面包，pečivo 烤制面点，koláč 烤制甜馅发面饼，perník 烤制心形姜饼，věneček 黄油面包圈，šaty（šateček）四方形起酥饼，mazanec 复活节吃的圆甜加黄油面包，

vanočka 圣诞节吃的油酥切片面包。

而在汉语中，有关节日传统面食的词汇如此之多，例如：包子、饺子、烧麦、小笼包、汤包、馄饨等等，在翻译成捷克语词汇时，用词都是"taštičky"，或者直接音译。有一次，在翻译汉语文章"中国节日民俗"时，中文编辑要求外语翻译们区分出汉语中"包"饺子，"捏"饺子，和"挤"饺子的区别。在老外看来，这些动作其实都是一回事。捷克文里没有那么多用于做饭方式的词汇，为了迎合中文编辑的愿望，外语翻译在与外国专家进行了一番冥思苦想后，最后把"捏"翻译为"用手将饺子造型"，来区别于把馅包裹起来的"包饺子"。如果没有学外语的基础和外文思维，中文编辑经常会给翻译者带来意想不到的尴尬。

还有一次，捷汉词汇手册中出现了"蓝眼睛，绿眼睛"这样的词汇，中文编辑非说"绿色眼睛"一定要删去，译者不同意，认为欧洲人长一双绿色眼睛的不在少数，有些外国人护照中也有注明眼睛的颜色，而中文编辑则认为"眼睛发绿"在汉语中是被震慑住了，或被吓坏了，急坏了的意思，但在捷克文里，绿色眼睛除了形容颜色，没有任何别的意思，类似的出于两种语言思维的异议，是我们随处可见的。

与汉语词汇不同的，还有表达动物品种例如"狗"的捷克语词汇，汉语对这种动物的一般定义词汇，只有"狗"或者"犬"，再加上形容词，就可以构成不同的狗类词汇了。而捷克语有关狗的词汇数量众多，在此仅列出一小部分便可见一斑：doga 花狗，ohař 猎犬，buldok 虎头犬，bernadýn 冰雪救护犬，knírač 带八字胡犬，chrt 四肢细长狗，špič 侦探猎狗，pudl 卷毛小狗，pinč（ratlík）长耳短毛狗，jezevec 短腿狗，ovečka（bedlington teriér）伯灵顿绵羊狗，skotský teriér 苏格兰扫帚狗，foxterier 狐狗，fena 牝狗，čuba 母狗，štěně 狗仔，boxer 拳击家（狗）等等。每当我们去捷克人家做客时，经常为主人所介绍的家庭成员是狗、是猫，还是人，而大伤脑筋，因为我们不知该如何事先选择要赠送给各个家庭成员的礼物，如果不是亲眼所见，只凭一个名字，是很难分辨出人和畜的，这也反映了一种看待动物的文化吧。

在捷克语与欧洲许多语种中，关于家族亲属关系的词汇，也存在众多不同语义的词汇。汉语中有关亲属的词汇：姥姥、奶奶、姥爷、爷爷、舅舅、叔叔、姑姑、婶婶、侄女、外甥女等的分类，比起欧洲语言来要复杂细致多了。有关蔬菜水果的词汇，在捷克语中也不如汉语丰富，出现了众多的替代词汇。例如：冬瓜，捷克语称之为"水西瓜"；荸荠，捷克语称之为"水蒜"；白薯，捷克语称之为"甜土豆"；西红柿，捷克语称之为"天堂的苹果"；海参被捷克人称为"海黄瓜"等等。

上述实例，似乎从侧面表现出语言文化中思维的差异，欧洲人似乎更重视词汇的个体差异，而中国人更侧重词汇的"总结性""概括性""面包""狗"等都是具有整体概念的词汇。学习不同的语言文化，更容易反思自己母语中存在的问题，例如汉语中的日常词汇"小超市"——中国人都把这一词汇理解为"小型自选店"，但是老外看到中文"小超市"后，就闹不明白，"超市"一词，本来源于"超级"市场一词的缩写，而"小超级市场"从逻辑思维上，有些让人感到匪夷所思，翻译为外文，究竟是"小"还是"大"，就令人有些无所适从了。

三、捷汉互译中的国情适应

捷克语有关时间的句子，如：Vnuk už půjde pomalu do školy. 直译为汉语："孙子慢慢地要去上学了。"其中的副词"慢慢地"（pomalu）按照上下文意思，汉语应该翻译为"快要"而不是"慢慢地"。另一句子：Za chvilku bude jaro. 直译为"一会儿就是春天了。"其中的一会儿（za chvilku）译为"不久"更符合汉语的习惯。究竟是"快"还是"慢"，需要根据上下文和两种语言的习惯表达方式来进行翻译，捷克语的 mléčná draha，汉语直译为"牛奶路"，中文就不知所云，因为它表达的意思，其实就是"银河"。捷克文 růst jako houby po dešti 按照中文的习惯译为"雨后春笋"，就要比直译为"雨后的蘑菇"更显贴切。中文的地名，如澳门的标志："大三巴牌坊"的捷克语翻译，为："圣保禄教堂的废墟"，这是根据英语（Ruins of St. Paul）来翻译的。在查字典后，我们发觉"三巴"这个汉语词汇，来自于"圣保禄"的葡萄牙文（São Paulo），而"大"是指最大的教堂，故"大三巴"是指"大圣保禄教堂"。1835年1月，这座教堂起火，最后只剩下教堂的山墙。由于教堂山墙形似中国传统的牌坊，故澳门本地人便称之为"大三巴牌坊"。要把这个地标建筑翻译为捷克语，不懂得这段历史，光凭中文来进行翻译，也就无从下手了。

四、捷汉语言中主语表达的区别，强调重视客观的捷克语

捷克语的主动态和被动态表达方式各异，如果按照中文的直译和思维方式来理解，有时也令人不可思议。比如捷语中有这样的句子：

"Dveře nechtějí zavřít."门不想关上。（汉语翻译就是关不上门）。

"Pero nepíše."笔不写字（汉语翻译就是笔写不出字来）。

上面两句捷克语中，主语是客观事物"门"和"笔"，对于汉语思维的中国人来说，它们是物，不是人，所以也难于理解原文的"门不想关""笔不想写"的语言表达概念。在下面的捷克语例句中，则从另一个角度，表现了捷克人在语言表达方面强调客观的思维：

Chce se mi spát, ale nechci spát. 我（客观上）想睡（困了），但是我（主

观上）不想睡。

  Bolí mě hlava. 头使我感觉到疼痛（汉语翻译就是：我头疼。）
  Je mi 20 let. 对我来说已经过了 20 年了（汉语翻译：我 20 岁了）。
  Ty se mi líbíš. 你让我喜欢上你（汉语翻译：我喜欢你）。

  上面句子中的主语"我"在捷克语中，都是处于宾语的位置（第三格或者第四格），从这一特殊的句法结构中，不难看出捷克语言表达的思维，注重客观存在和客体事物的思维倾向。Jak se Vám líbí Peking 您喜欢北京吗？这句话汉语中的主语是"您"，然而捷克语的原义是"北京让您喜欢吗？"或"北京给您的感觉如何？"

五、捷语中虚拟式与否定式的表达，人文心理学角度的考虑

  初学捷克语的学生，对虚拟式掌握不好，一个是它的形态变化有些麻烦，再有就是认为没有必要那么说话。例如，某位男同学想去女外教家看看，在询问对方是否有时间时，往往直截了当地说：

  Máte dnes večer čas Chci jít k vám na návštěvu. 您今晚有时间吗？我想去您那儿看看。

  如果这名同学受过捷语表达方式熏陶，拜访的对象又是位年长的女士，他可能会运用类似绅士般的虚拟式来说话了：

  Neměla byste prosím, dnes večer chvilku čas Rád bych šel k vám na návštěvu. 请问您今晚没有（是否有）时间吗？我愿意去您那儿坐坐。

  我们在上面的句子里看到，他用了否定式来问话，这是捷克语的表达习惯。那么，为什么捷克人在问话中往往爱用如同下例句子式的否定式呢？

  Nechtěl bys jít spolu se mnou?（你不想和我一起去吗？）

  Nevádí vám, že bych vzal s sebou svou manželku?（您不介意我带夫人来吧？）

  Ten dárek se vám nelíbí, že ne?（那礼物您不喜欢，是不喜欢吧？）

  汉语一般不习惯这样问话，而是直截了当地问："你想和我一起去吗？""我带夫人来行不行？""你喜欢那礼物吗？"等等。其实，捷克（含欧美许多地区）语言的这种否定式问话，是把交谈双方避免尴尬的心理都考虑在内了。

  甲：你不想和我一起去吗？
  乙：你说对了（= 不想去）。

  乙方在这里只要顺着甲方的否定式回答，就相当于否定甲方的邀请，而被否定的甲方也不会感到很尴尬，因为这是预料之中的事。同样的句子：

  甲：那礼物你不喜欢，是不喜欢吧？

乙：你说对了（= 不喜欢）。

六、捷克语的拟声构词法（生动的语言，丰富的词汇）

对语言的起源，语言学家们曾经有多种猜测，有的人认为语言是从劳动的喊声发展而来，有的人认为是从原始仪式的赞歌感叹声得来，也有的人认为是从对动物叫声的模仿而来。

汉语中不少拟声词的作用是修饰动词，例如：形容爆裂或者拍打的声音"噼里啪啦"，形容水滴或者钟表声音的"滴滴答答"等。而在捷克语里，不少动词本身，就是来自拟声构词法。一部分纯属地道捷克语的词汇被称为拟声词（onomatopoická slova）。拟声法（onomatopoie），起初是模仿一些原始的声音，主要是自然界的各类声音，例如：fučet, fičet 刮风（的声音）；在古斯拉夫语里，grom 是动词"打雷"的基本词根，相当于捷克语的 hrom, hřmění——"轰隆"雷击声。此外还有从描述动作的声音而得来的词汇。例如捷语动词：klepat 喀吧喀吧地扣击，敲打；bouchat 嘣嘣地捶门；kloktat 咕噜咕噜在漱口，水汩汩地翻着泡泡；再比如，捷语动词"掉落"为：padát "啪嗒"；按动照相机快门时，捷克人说：cvakat 嚓咔（一声）照上了；表示笑的动词是：chechtát se, chichtat se 哈哈，嘿嘿；母鸡下蛋动词是：kdákat 咯哒咯哒；猫叫声是：mňoukat 喵喵；羊叫是：mečet 咩咩；人们自言自语时说：mumlat 磨磨叽叽，嘟嘟囔囔等等。

最初接触这些形象的捷克语动词发音时，我们往往根据发音和上下文就能够判断出词义，而且一学就会，这使得我们对属于表音文字的捷克语印象非常深刻。与 onomatopoie（拟声法）相似的另一个词汇 onomastika 是指专有名词研究和专有名词词源学，它包括对人名、地名起源的研究，懂得这些词的来历，对学习外语来说，不但可以扩充专业知识，而且也有利于我们的记忆。

一个国家的语言与这个国家的国情文化息息相关，学习外语的人，如果没有机会去对象国实习，或者没有跟对象国语言专家接触的机会，是很难理解活生生的，寓意深刻的语言文化的。捷克外教在给学生上课时，曾经讲到这样的句子：V hospodě udělal sekeru (plot，plůtek)。

直译为：他在酒馆里造了斧头（或者栅栏）。学生们查遍了词典，也弄不清这句话到底表达了什么意思。于是，外教在黑板上画了斧头和由栅栏组成的道道刻痕，解释说，这是酒馆里端啤酒的侍者们干的事。终于，同学们弄明白了，这句话的意思是：某人在酒馆里喝啤酒，每喝一杯，侍者就在杯垫上划一道杠，每划四道就打个叉，形成类似栅栏状的图形。这是捷克啤酒馆里算账的方式，等顾客喝完后就按照划出的杠数付账。捷克这个啤酒之乡，有着许多与啤酒文化和啤酒政治相关的语言典故,没有专家的解释,学生们是很难理解这样的语言现象的。

七、捷汉谚语翻译比较

像汉语一样,捷克语中也存在着大量的谚语、俗语和成语。由于捷语和汉语属于不同的语系,两种语言产生的历史、文化背景不同,所以区别较大。在汉语成语词典中,我们往往可以查询到汉语的成语故事或者典故,例如:"滥竽充数""掩耳盗铃""守株待兔"等等。我们在学习捷克语的过程中,也不断接触到蕴涵着丰富的智慧、经验、哲理的谚语成语。在研究、收集这些成语的过程中,我们发现:语言典故与语言的诞生、宗教的传播、文化、文学、历史以及人们的思维方式不无关联。捷克某些谚语出自圣经典故:"Bez práce nejsou koláče。""不经劳动苦,哪有酥饼甜。""klánět se zlatému teleti。""拜金牛犊,崇拜金钱。"有些则出自文学、戏剧、名家的名言,如:"Není všechno zlato,co se třpytí。""闪光的东西不一定是金子"。"Čas jsou peníze。""时间就是金钱"。有些出自古斯拉夫传说,如:"sůl nad zlato。""盐贵于金子。"有来自西方传说典故的成语:"Nad hlavou mu visí Damoklův meč。""他头上悬着达摩克利斯宝剑。"(形容随时有危险临头)。"Achillova pata""阿基里斯之踵"(比喻薄弱环节,一个人的致命弱点)等等。

另有一些谚语、俗语与人们对不同动物特点的认同,对自己身体各个感官的功能的认识也不可分。要想掌握这些词汇的准确、真实的含义,须比较两种不同文化的差别。例如:

汉语中有"害怕得就像老鼠见了猫",而在捷克文里相应的比喻是:"bát se někoho(nečeho)jako čert kříže。""怕得就像小鬼见了十字架"。

欧洲文化中的"鬼",是有形的,它浑身都是黑毛,头上长角。一只脚呈蹄子状,后面长着尾巴,它经常出现在捷克谚语中,例如:Třást se na krejcar jako čert na kříšnou duši. 对钱就像鬼在丑恶的灵魂面前颤抖(形容见钱眼开,爱钱如命)。Čert nikdy nespí. 小鬼儿从来不睡觉(常为天有不测风云)。Venku se čerti žení. 外面鬼魂结婚了(形容天气糟糕透了,雷电交加)。Čiň čertu dobře, peklem se ti odmění. 你对鬼好,它以地狱来报(相当于汉语的恩将仇报)。把下面的捷克语成语译成汉语,也可以领略一些捷汉谚语成语间的差别:

Bůh vysoko a car daleko. 上帝在高处,皇帝离得远(叫天天不应,叫地地不灵)。

Vude je chleba o dvou kůrkách. 哪儿的面包都是两面皮(天下乌鸦一般黑)。

podat chleba a sůl 奉上面包和盐(欢迎贵客,相当于汉文化的奉茶礼)

Čí chleba jíš, toho píseň zpívej. 吃谁的面包，给谁唱歌（捧谁的碗，受谁的管）。

Není ani ryba ani rak. 非鱼非虾（非驴非马，四不像）。

Ryba pachne od hlavy. 鱼从头烂起（上梁不正下梁歪）。

být chudý jako kostelný myš. 穷得像教堂里的老鼠（穷得叮当响，一贫如洗）。

kancelářská myš 办公室老鼠（抄抄写写的小职员，如计算机上的鼠标）

podobají se sobě jako vejce vejci. 他们长得一模一样像鸡蛋和鸡蛋一样（是一个模子里出来的）。

Kolumbovo vejce 哥伦布鸡蛋（急中生智）

Chovat se jako slon mezi porcelánem. 大象进了瓷器店笨手苯脚，手足无措（狗熊爬墙头）。

Je to pro něho jako španělská vesnice. 这对他来说就像是西班牙村庄（闻所未闻）。

zmizel po anglicku. 他以英国方式消失了（悄悄地，溜之大吉）。

polykat andělíčky 吞下了小天使（溺水者咕嘟咕嘟喝水，垂死挣扎）

Slyšet andělíčky spívat. 听到天使在歌唱（疼得要死，死去活来）。

Stát se někomu solí v očích. 成为某人眼里的盐（成为眼中钉，肉中刺）。

Sedět v suchu, mít v suchu. 呆在干燥的地方（平安无事，保险了，安然无恙）。

Mezi slepými jednook králem. 瞎子中间独眼为王（山中无老虎，猴子称大王）。

八、东西方思想观念的差异

不同的历史、文化背景、宗教信仰、语言以及哲学，会产生出不同的思想观念。在与捷克人的接触中，有关中国人的"谦虚"的谈话，曾给我留下了深刻印象。我们习惯于作自我批评，在表扬夸奖面前，习惯于说自己做得不够，差得远。在请客时，主人习惯说"菜不多，凑合着吃"。在一次与外教共同对中国同学进行捷克语口试时，几乎每一位中国学生走进考场时，都谦虚地表示：我准备的不好，请包涵。而外教的反映是，既然没有准备好，为什么要来考试。其实我根据中国学生的思维明白，他们是做了充分的准备的，这些不过是谦虚之词。而当某些学生考得很好，受到外教的夸赞时，他们也按照中国的传统习惯说："To Přeháníte."（"您过奖了。"）没有想到的是，外教听了非常不快，说："Co na srdci, to na jazyku."（"我有什么，说什么，不会来虚假的。"）在经历了类似的许多由于语言文化思维引起的误解后，我深深体会到捷克人说过的一句谚语：会多少种语言,就成为多少种人!(Kolik řečí umíš, tolikkrát jsi člověkem!)。

但是,如今也有些人对这种说法表示反对,认为做翻译的,不能总是替外国人表达思想,把西方的观念变为自己的观念,仰人鼻息,从而丧失了自己的立场,此类情况大多发生在外译中的场景中。而今天,随着中国语言文化的普及,翻译们也越来越多地面对大量的中译外的局面,例如翻译孔子学院对外文化的宣传资料、各类对外汉语教材、中文旅游手册等等,没有对中国语言历史文化的广博知识和理解,是很难胜任这类翻译的。在翻译捷克著名汉学家普实克的名著《中国,我的姐妹》过程中,本人也深深体会到了自己的汉学知识是才疏学浅,以至于犯下的不少可笑的错误。例如:把汉学经典作品《游仙窟》译为《寻访山洞圣人》;把《京本通俗小说》译为《京都版民间故事》;把洪森1933年出版的独幕话剧《五奎桥》译为《五星桥》;把成语"狐死首丘"译为"狐狸死时会把头伸向自己的巢穴"等等,我的体会是,要想翻译汉学著作,自己首先要成为汉学家。

捷克的汉学家和对华友好人士最近联合撰写了《我与中国》的文献,其中,我熟悉的一位知名汉学家,在自己的文章结尾写道:"对于有关中国知识的真知灼见,在于认识它的语言。没有语言,仅仅是一种试图去了解中国的尝试,在我看来,将是徒劳的……通过这段文字,我要感谢所有的人,那些不仅给予了我,而且给予了所有为本书撰稿者钥匙的人,通过这枚交到你手中的钥匙,帮助其他人敞开认识中国的大门,如果这扇门仍然紧紧关闭,其不透水性将滋生愚昧无知,而无知将会滋生恐惧,恐惧将会滋生愤怒,愤怒就会滋生仇恨,仇恨将产生痛苦。我已感觉到在我们的社会里众多的恐惧……"

我想,这位熟悉中国语言文化的外国汉学家对他们本国人说的话,对我们的国人来说,是具有同等思考价值的。

(李梅,女,北京外国语大学欧洲语言文化学院教授,1950年生,硕士生导师。研究方向:波希米亚学(捷克语言文学)。参与北外211工程建设"斯拉夫语族文学与社会文化研究"项目,出版专著《波希米亚学:捷克语言文化研究》。在《外国文学》《欧洲语言文化论文集》《文学评论丛刊》《中华读书报》《人民日报海外版》等报刊杂志发表论文、译作几十篇,合作译著包括:普实克《中国,我的姐妹》、严嘉乐《中国来信》等。编辑出版和翻译中外教材数十部。)

蒙汉文化差异性对诗歌翻译的影响

哈 森

翻译,被文化交流所"发现",文化的全球化意味着大家都生活在"被译"的世界里。我们所接触的知识空间里聚集着来自不同文化的观念和方式,跨国界交流使得每一种文化地都成为一个个文化交集的十字路口和信息集散地。

语言和文字,作为表达和表现文化的一个重要符号,所表现出的差异性,归根结底是文化的差异性。艾·巴·辛格说:"我们总是为翻译所带来的新奇性、差异性和他者性而感到不安,因为这些东西向我们固有的价值观发起挑战,并在我们面前立起一面镜子,来审视我们自己。翻译最终是一件有关发现的活动,一次穿越知识的神奇土地的探索之旅"。

诗歌翻译是翻译的"黄灯特区",它面对两种文化共性的同时,也要面对其差异性。对"带着脚镣在绳索上跳舞"的诗歌翻译来说,文化的差异性是"诗不可译"的原因所在。

本人熟知的蒙古族文化和汉族文化长期互邻,甚至长期以来的交流和磨合中有一定的影响和交融,但它们作为独立的文化,各自语言系统里有太多无法兼容的特点,从而给诗歌翻译活动带来了诸多障碍。

下面我结合自己近年来的蒙汉诗歌双向翻译实践,从以下几点粗略谈谈蒙汉两种文化的差异性给诗歌翻译带来的影响或障碍。

第一,就文化人类学的角度来分析,汉文化属于农耕文化,蒙古文化属于游牧文化。由于游牧文化和农耕文化的不同,有些文化意味浓厚,有明显文化烙印的词汇,在个别语言中,确实很难找到完全相呼应的词语。当诗歌里出现富有文化符号的词语时,如果无法找到相近的词汇,译者只能用音译后加注等修补方法去处理。例如,蒙古语诗歌里经常出现的"argal-inotaa"中,"argal"若直译,就是牛粪。但是"牛粪"一词在诗歌汉译本中,会大大削弱原文的优美与抒情。有人将"argal-inotaa"译成"炊烟"。但是,它与中原汉族地区的"炊烟",不仅在材质上,还是在民族心理上,都有着很大不同。"argal",已经不是一个词,更不是一个事物,而是一种文化符号,如果它在汉族或者其他民族人民心目中只是动物的粪便,那么在蒙古人心目中,它是家园的味道,温暖的召唤。因此,在诗歌翻译中,我们不妨试着将其译为"阿日嘎勒"。之后可加一注解来说明。还有,关于马的颜色,奔跑形态等,蒙古语中有着相当细化的术语,在蒙古语诗歌语境里,信手拈来都是自然而美好的。但是,在汉语语境里,就找不到那么多相应的词了。这个时候,也只能找接近的词或者加以注解处理。虽然这些都是不得已之举,但可以保持诗歌的完整与独特性。

第二,就语言学的角度来分析,汉语属于汉藏语系,蒙古语则属于阿尔泰语系(在中国境内使用老蒙古文,蒙古国使用斯拉夫文)。两种语言在语法结构上是相反的表述顺序。然而,诗歌的语言,是一切文学作品中最富有音乐感、最优美、最凝练的语言,诗人往往字斟句酌、呕心沥血,通过最精粹的语言使得诗歌具有如同音乐一样的韵律和韵律。诗歌语境里诗歌的音乐性又是作为衡量诗歌的美学标准之一而客观地存在。个人认为,不同民族的诗歌语言中蕴藏着属于各自民族的音乐性和节奏感。如蒙古国诗人巴·拉哈巴苏荣诗歌《安魂曲》的开头:"我采集了花朵/想铺在/您雪白的脚踝下/我从使您心情舒畅的绿野上/赐万物以清爽的云影下/我不在时也能听到我歌声的/纵情流淌的溪水边/采集了鲜花"。这里一连几个"的"带出重重叠叠的比喻,而在那种千折百回中,仿佛有悠扬而感伤的马头琴旋律或者蒙古族长调在迂回萦绕。汉语原创诗歌里若出现这么多"的",会让诗歌的凝练大打折扣。但是,在翻译的时候,一定要保留其原来模样,让汉语读者感受到"陌生",从而了解到蒙古语诗歌的特点。再举一个例子,本人有一次参加法国诗人维尔泰诗歌对话活动。活动上诗人维尔泰用法语朗诵了自己的一首诗歌,之后问大家,猜一猜是描写什么的。我说:"马"。翻译惊讶地问,你怎么知道的。我说,诗人的朗诵里有马的节奏感。有小跑的,有疾驰的……很多。诗人说:是的,我爱马,我写的就是马。我说,我们蒙古族是马背民族,也有很多赞颂马的诗歌,母语朗诵时,你也能感受到马的各种节奏感。而在汉语诗歌里,诗歌语言的音乐性与节奏感从语言的音节、词汇的重叠与变化、诗歌的分行与排列中体现出来,或似水柔情、或英雄悲歌,仅仅在精雕细琢的汉语四声调里,亦可淋漓尽致。

第三,就民俗学的角度来分析,蒙汉文化在民俗特征、文化禁忌、审美取向等诸多方面存在着差异。就民俗学而言,它既包括神话、传说、民间故事、童话、歌谣、史诗等口传文学,又包括家族制度、社会制度、祭祀、游戏、民间舞蹈、民族音乐等的仪式庆典;既包括以信仰寄托为中心的民间宗教、灵魂转世、占卜、巫术等;又包括民间美术、饮食、服饰、建筑等的物质民俗。蒙古族文学作品中的"哈达""安岱""哈纳""乌力格尔"等富有民俗学意义的符号，在翻译中是不可以用其他民族的民俗符号所替代的，在这样的情况下，除了"蒙古包""马头琴"等在汉语里用惯的词汇，其他最好"音译"处理。而审美取向与文化禁忌的不同，贯穿于民俗学的方方面面，也常在一些包括诗歌的文学作品中若隐若现。比如，若说汉族丧葬习俗中"哭"亡灵是一种不甘与痛惜、挽留的心境，也是一种面对死亡的仪式。那么，蒙古族丧葬文化中，很少有"恸哭"，蒙古人认为安然面对死亡、默求亡灵超度才是为亡者该做的事。翻译在面对含有这些民俗文化内涵的作品时，一定要忠于原著，而不能为了让译入语读者"易懂"而编译为译入语文化习俗词汇，从而使作品成为充满译入语文化的作品，失去了原作品独有的韵味。

第四，就信仰的角度来分析，虽说蒙古族较早接受了佛教，佛教在蒙古族地区的影响颇深，但古老的萨满教"信仰长生天，信崇万物有灵，崇拜自然"的精神依然根深蒂固。我翻译蒙古国著名诗人巴·拉哈巴苏荣诗歌的时候，不时感叹那种人与自然息息相通、草木万物皆有灵性的诗句，如"乌拉哈的白色芦苇/蹒跚摇曳/吟唱无人知晓的/秋日歌谣//乌拉哈的白色芦苇/随风摇摆/向大地母亲/虔诚叩首//随和的白色芦苇/不安摇晃/想起父母相亲/肝肠寸断"（《乌拉哈的白色芦苇》）一诗句如民歌一般的简洁，却表达了诗人在乌拉哈这个地方看见一片飘摇的芦苇，在令人惆怅的秋日意境里，"我"如芦苇怅惘、芦苇如"我"思念和牵挂着生息的大地。而翻译其诗歌剧本《无玺之邦》时，遇到了很多萨满教的仪式和说辞，如序幕部分中"九位萨满九度显灵"做法事："安详的长生天/安然的长生地/还有那九、九、九/九十九个腾格里显灵吧/呼咿、呼咿、呼咿"。蒙古人在日常称长生天为父，长生地为母，而在萨满教里把腾格里（天）分成了九十九重天。这段唱词里"呼咿"是萨满教法事仪式中的惯用语气或"口号"。在此不再一一举例。

而汉族传统文化有着"天人合一"的哲学思想，与蒙古人逐水草而居的生活方式下形成的哲学和信仰体系，有着较大的区别。诗歌翻译中，如果翻译不到位，那就很容易误导读者，造成对原著以及原著背景文化的疑惑与不解。

此外，在蒙古国诗歌作品的汉译中遇到的问题无疑更多一些。蒙古国作为长期受俄罗斯等西方文化影响的国度，其诗歌创作手法，甚至诗歌语言中也有不少外来文化影响的痕迹。本人没学过俄语。"Реквием"音译在斯拉夫文里，一时不知什么出处。后来多方查阅资料后才知这是"安魂曲"的俄文。而俄罗斯白银时代诗风在斯拉夫蒙古文诗歌里有着很深的烙印。若要译好蒙古国诗歌，还要对其复杂的文化背景有所了解才好。

有着诸多不同历史文化的背景下，要把一个民族的诗歌语言转换到另一个民族的诗歌语言，要保证她的完整与诗性，那么对诗歌翻译自然提出了必须具备文化性和艺术性的要求。然而，文化性和艺术性都是基于创造性之上。如若一个译者本身不是诗人，是无法让诗歌作品在另一个文化中完美再现的。

　　所以，作为译者一定要克服语言和文化的差异性，再造通天塔的过程中，努力发挥诗歌翻译的创造性。只有这样，才能让不同文化领域的人们了解并欣赏到彼此文化和诗歌的精彩实质。

参考文献：

[1]段峰著.2008.文化视野下文学翻译主体性研究[M].成都：四川大学出版社.
[2]桂乾元,周美华.2012.诗歌翻译是翻译的"黄灯特区"[J].语言与翻译,(3):47.
[3]谭载喜.2005.翻译学[M].武汉：湖北教育出版社.
[4]哈森.2008.巴拉哈巴苏荣诗选[M].北京：民族出版社.

（哈森，女，蒙古族，副译审。任职于中国民族语文翻译局）

从"翻译匠"到"文化传播使者"

陈敏玲

中国国际广播电台（CRI，下称国际台）创办于1941年12月3日，是中国向全世界广播的国家广播电台。其宗旨是"向世界介绍中国，向中国介绍世界，向世界报道世界，增进中国人民与世界人民之间的了解和友谊"。截至2013年1月，中国国际广播电台使用63种语言向全世界传播。2013年，国际台全年共收到各类信件312万件，海外分台覆盖人口1.9亿，国际在线多语种网站日均页面浏览量约2000万，平面媒体发行量35万份，社交媒体粉丝总数1246.4万人，数字媒体用户数6235.5万，其中互联网电视覆盖用户达230万[①]。就使用语种、播出时数和听众来信数量而言，中国国际广播电台已经成为世界主要国际广播电台之一。

但是，就在15年前，国际台各语言部门主要的业务工作是翻译。作为党的喉舌，国际台各语言部门每天须把本台新闻中心用中文采写的中国和国际新闻翻译成对象国语言，并通过无线广播短波或中波在对象国播出，让世界了解中国，了解中国在国际问题上的立场，传播手段单一。但是，随着人类社会进入数字化、网络化、信息化时代，也称为网络化媒体时代，纯粹的"翻译匠"工作已经不能满足时代的要求。近几年，国际台提出要"转型"，改变单一媒体的组织模式，建立一种新型的媒体化组织。本文将从国际台单个语言部的角度出发，谈谈国际台以前的"翻译匠"如何在新时代发挥更大的传播作用，当好"文化传播使者"。

一、国际台越南语部"翻译匠"时代

越南语部广播部成立于1950年。可以说，成立后的50多年来，越南语部的大部分员工都在充当翻译匠。国际台的新闻中心负责用中文采写国内外消息，在公共平台发布后各个语言部各取所需，把中文消息翻译成对象国语言。越南语部

---

① 选自中国国际广播电台台长王庚年2013年工作报告。

的具体工作就是将这些稿件翻译成越南语，然后播音、录制、播出。越南语部的广播节目包括新闻、时事和专题。在没有网络的时代，越南语部每天翻译的稿件仅供广播节目使用。由于广播节目时长有限，翻译量不多，每天只需翻译12—15条新闻。此外，越南语部还参与部分与越南相关和策划一些自主的采访活动，目的是服务于无线广播节目。在那个时代，无线广播是当时最先进的媒体形态。国际台越南语广播部拥有广泛的受众，上至国家主席、越共总书记，下至偏远山区的贫困百姓，只要拥有一台收音机，国际台越南语广播节目就会成为他们接受外界信息的重要渠道。

2002年，国际在线越南文网站的正式开通使得越南语部"翻译匠"的工作发生了巨大的改变。第一个改变是，翻译量的大幅增加。网络的信息是海量的。2005年，越南语部每天翻译近50条新闻，13篇专稿。如果按250字一条新闻，800字一篇专稿来说，每天的翻译量近三万字，就翻译量来说在国际台各部门名列前茅。"翻译匠"的角色在那个年代特别突出。

除了满足网站的信息量的需求，编辑们会选取重要的新闻放在广播节目，这也是作为"广播电台"的主要工作——制作广播节目。一直以来，越南语部的广播节目录制后通过短波和中波在越南播出，但收听效果有限，受众以农村和偏远山区的听众为主，他们当中有些是因为爱好听广播，有些人是因为家里没有电视，只好收听广播。

网站的开通也让越南语广播部开拓了除短波和中波节目以外的新的节目形态。有了网络这个平台，越南语部开始尝试制作在线直播节目。越南语部初期的直播节目主要针对国内或与对象国相关事件。如第一次无线及在线音频直播节目是2004年10月的《中国东盟博览会暨南宁国际民歌艺术节开幕晚会——大地飞歌2004》，随后几年对中国东盟博览会的相关活动、广西自治区成立50周年大庆都进行了直播，包括对中国东盟博览会开幕式、中国东盟商务与投资峰会等的直播。有了在线音频直播经验的积累，越南语部又尝试了视频直播，如对2009年的中国国庆阅兵活动网络视频直播等。如果说直播这些大事件是完成宣传任务的话，那么越南语部还对一些非常规活动进行了自主策划的音视频直播节目，如针对两会、北京奥运会进行了音视频的访谈节目直播等等。这些转变均为"翻译匠"以外的工作，也是适应时代的转变。

另外一个转变是采访活动的增多。随着中国国际地位的提升、对外交往，特别是与东盟国家交往日益密切，以及国家对外宣工作的重视，越南语部记者的身影也出现在许多重大国际国内事件上，如越南语部在2005年中国东盟博览会实现了对越南总理阮晋勇的采访，2007年在"中国—东盟合作之旅"大型采访活动中以及在 2008 年北京奥运会上两度对越南时任国家主席阮明哲进行了采访，2010 年在上海世博会上对越南总理阮晋勇的第二次采访。与此同时，许多与东盟、越南的相关活动中都有越南语部记者报道，越南语部的报道大到对越南国家领导人、省部级官员的采访，小到越南的普通百姓，从各个角度入手，宣传两国政府、人民间的传统友谊。

总体来说，在很长一段时间里，越南语部的主要工作是以翻译、播音、制作节目和采访为主。

但是，从 2009—2010 年开始，随着国际台工作思路的转变，越南语部工作再次迎来新一轮的转变。在越南，越南语广播部代表着中国国际广播电台，因此，越南语部正努力向一个"小型"的传媒集团转变。

二、向"文化传播使者"转变

随着新媒体时代的到来，广播特别是无线广播由原来的"新媒体"变成了实实在在的传统媒体。越南语部传统广播的受众也在日益减少。而要想取得好的传播效果，必须先要让受众知道。这个受众，包括不听国际台广播、不浏览国际台网站的受众，也包括政府、媒体、社会等各个层面。众所周知，越南与中国毗邻，历史上也曾与中国有着千丝万缕的联系，两国文化相通。从文化入手策划一系列的活动，能很好契合越南受众的心理，因此，从 2010 年开始，越南语部在越南自主策划了一系列活动。这些活动扩大了国际台在越南的影响力，也使越南语部的"翻译匠们"成为了两国文化的传播使者。

2010 年是国际台越南语广播部发展历史上值得纪念的一年。这一年，正值中越建交 60 周年和中越友好年。为了配合中越两国在 2010 年举办的一系列文化交流纪念活动，越南语部积极开拓传播思路，自主策划了多项史无前例的合作活动。

2010 年 7 月，越南语部自主策划"携手同行——中越青年自行车友好之旅"。中越两国都面临着环境保护的问题，而越南年青人非常积极参与环保活动。越南语部以中越建交 60 周年和中越友好年为契机，积极开展非传统传播模式，扩大越南语部在越南本土及边境地区的影响力。本次自行车之旅活动是中越两国首次合作举办此类活动。活动以立意新颖、内容丰富、形式多样、互动性强、参与面广而备受关注，并从民间层面上升到政府层面，经本台以及两国主流媒体和地方近 30 家媒体广泛报道，在两国人民特别是青年中引起强烈反响，其影响和效果已超过这次活动本身，不仅成为一系列庆祝中越建交 60 周年和中越友好年活动的重要组成部分，而且也开拓了中国国际广播电台对越传播的新思路。"携手同行——中越青年自行车友好之旅"活动的成功举办，突破了中国国际广播电台与越南方面开展宣传合作的思路和模式,对加强对越传播的有效性具有诸多启示：1、有效调动越南合作方的积极性；2、有效利用越南媒体,扩大对越传播面；3、有效通过民间互动,创新宣传理念,拓展传播思路。

同年12月底,越南语部自主策划了六小龄童赴越交流活动。近年来,中国影视剧在越南持续热播,以《西游记》为代表的中国古典影视剧受到越南观众的广泛喜爱,特别是六小龄童主演的《西游记》更是越南每年暑期期间上演的经典佳剧。为加强中越两国文化交流,增进中越两国人民之间的友谊和相互了解,中国国际广播电台和越南文化、旅游和体育部于2010年12月24—30日共同主办"六小龄童赴越文化交流"活动,本次活动在越南著名高校和青年剧院等场所采用视频、图片、讲座、现场表演等多种方式与越南青少年进行交流,内容包括西游文化在内的中国古典文化,让越南广大青少年在明星效应和轻松、活泼的现场氛围中感受了解中国传统文化以及中国影视文化的发展。活动取得了巨大成功,引起了轰动效应,扩大了西游文化在越南的影响力,为中越友好年画上了圆满的句号并得到了中国驻越南大使馆文化参赞的高度评价。

同样是在2010年,越南语部的品牌活动"同唱友谊歌"首次举办。首届"同唱友谊歌"作为中越建交六十周年和中越友好年的重要系列活动之一,也为越南语部国际传播开创了新形式。该活动与广西广播电视局、越南数字电视台、越南广宁广播电视台合作,依靠地方和对象国媒体,扩大国际台的影响。时至今日,"同唱友谊歌"活动已经成功举办了四届,2014年将迎来该活动的五周岁生日。历届歌赛活动都得到了越南媒体的高度关注,吸引了中越两国歌手的踊跃参与。"同唱友谊歌"活动的成功举办也给国际台对越宣传带来了一些思考。

首先,通过民间文化交流交往,更好服务中国外交大局。

歌曲是拉近两国民众情感最淳朴、最有效的方式。中国与东盟各国语言相近,文化相通,双方国家人民都能歌善舞,以歌赛形式开展的双边文化交流活动更能引起百姓的共鸣,吸引歌赛举办国人民的广泛参与。中国国际广播电台积极推动此项歌赛的初衷,就是要服务国家外交大局,让越来越多的越南选手通过学唱中文歌曲,主动了解中国文化。随着歌赛品牌的逐年推广,逐渐在越南掀起学习中文和中文歌曲的风尚。这一模式具有可复制性,歌赛模式将扩大到更多的东盟国家,加深中国与东盟各国人民的了解和友谊。

其次,巧妙利用境外媒体促进中华文化走出国门。

为了深入推进与境外媒体的合作,扩大"同唱友谊歌"品牌在越南的广泛影响,国际台主动邀请两家具有实力和影响力越南媒体,即越南国家数字电视台和越南广宁广播电视台加入举办"同唱友谊歌"活动。

在中越两国多方共同努力下，中越"同唱友谊歌"活动已经顺利举办了四届。"同唱友谊歌"真正成为面向中越两国音乐爱好者、在中越两国选拔优秀歌手的大型国际歌赛活动。从2010年开始，越南国家数字电视台和越南广宁广播电视台已经多次现场直播中越"同唱友谊歌"总决赛、越南赛区决赛等重要比赛，并带来积极的媒体报道连锁效应。越南北方八省和一些中部、南部省份等20多家越南央级及地方省级主流电视媒体进行同步转播。此外，多家越南主流媒体官方网站及省级报刊也全程报道了本次歌赛总决赛。可以说，国际台通过中越"同唱友谊歌"活动，巧妙利用境外媒体成功"借船出海"，友谊歌声承载中华文化走出国门，深入越南普通百姓的心中。

第三，"同唱友谊歌"将成为中越两国青年文化交流交往的重要舞台

从2012年开始，中越"同唱友谊歌"活动所影响的范围和深度上正进一步扩大，特别在越南的影响力已经从越南的北部、延伸至中部和南部，在越南普通百姓的心中留下了深刻而美好的印象，在越南社会各界引起广泛关注和强烈反响。

与此同时，2012中越"同唱友谊歌"中国赛区和网络赛区主打"校园路线"，以吸引更多中越青年大学生加入歌赛活动。可以说，"同唱友谊歌"活动已经成为中越两国青年常年文化交流交往的重要舞台。

此外，越南语部并没忘记"翻译匠"这一重要角色在文化传播中起到的重要作用。由越南语部译审吴兆英翻译的30多万字的《中华医药学》一书2011年在越南出版发行，加深越南老百姓对中国传统的中医药文化的了解。

《中华医药学》是国际台在境外出版发行的第一部书。《中华医药学》一书在越南的出版发行，填补了国际台越南语节目在对象国落地的空白，拓宽了国际台的传播途径，实现传播有效性的最大化，进一步提升了国际台在越南的影响力，为传播中国传统文化、保护中国非物质文化遗产做出了媒体人应有的贡献。

2014年初，由越南语部资深播音员李慧莹编译的三本书也在越南开始发行出售。这三本书分别是《中国历届高考满分作文选（2006—2012）》《同岁月走过的日子》和《阳光与月色》。这也是越南语部对越文化传播的代表之一。越南《人民报》还用正版文章介绍该书。此外，越南语部邀请了中国著名演员、《西游记》孙悟空的扮演者六小龄童为这套书撰写序言，同时共赴越南为该套书的越南推广做宣传。这也是国际台首次在越南本土推广宣传越南语部主持人译著的作品。《玉莹信箱》是以李慧莹的播音名"玉莹"命名的一档品牌节目，该节目开播至今已经近二十年。该节目以与听众交流谈心为主。由于听众在来信中时常咨询一些中国作品和作家，节目主持人玉莹在20世纪九十年开始陆续介绍中国学

生的满分作文。此外,她还在自己主持的另外一档节目《周末文艺》中介绍一些中国著名的散文。多年来,这些内容受到越南受众的热捧,纷纷来信索要这些散文。2014年初,李慧莹将多年的节目素材整理集合成书,由越南文学出版社出版并在越南发行。加上之前的《中华医药学》的译者吴兆英,已经有两位中国国际广播电台"翻译匠"转变为"文化传播的使者"。

越南语部近几年不管是搞活动还是译作出版,都有效地提升了国际台在越南本土的传播能力,越来越多受众了解国际台。这些活动从文化入手,贴近受众的需求,更容易被受众接受。

近两年来,随着新媒体传播手段的日益丰富,越南语部尝试开通了facebook账号、"越南语学习"微信公共账号、微博等多种传播渠道并取得了一些成果。但值得思考的是,如何在实现媒体到达性的同时真正实现传播的有效性,成为一个真正的有影响力的媒体。

三、对越传播的几点思考

众所周知,越南社会制度的特殊性使得中国的广播节目很难实现在越南的落地。但通过近几年的一些自主策划活动、品牌活动以及与越南媒体开展的有效合作,国际台在越南的知名度有所提升。但这些活动只能是让更多的受众知道国际台,却无法让他们真正的接受国际台,特别是受到南海问题影响的两国关系时好时坏,使得我国对越的外宣工作更加严峻。国际台对越宣传目前从媒体的载体和媒体的内涵上都缺乏行之有效的突破。以下是笔者对越南语部媒体建设的几点思考:

首先,皮之不存,毛将焉附。没有一个有效的媒体载体,传播归根结底难以有效。越南语部目前最缺乏的是一个能够有效落地的途径。而在新媒体时代,传播的途径日益多元且效果明显。越南语部应充分利用新媒体手段,实现节目落地的创新。目前网络技术发展飞速,特别是移动互联网应用发展迅猛,越南语部可以利用这一优势,在移动终端上实现节目落地。此外,越南语部还可以利用视频、平面媒体等多种合作形式,实现传播载体的突破。

在对越南有效媒体传播手段的建设方面,越南语部目前拥有国际在线越南文网站、中华网越南文网站、Facebook专页、腾讯和新浪微博、微信公众账号等新媒体手段,如何有效地发挥这些新媒体手段?还需不需要增加其他媒体手段,这也是部门建设中要解决的问题。

其次,工欲善其事必先利其器。要想做到媒体的建设发展,苦练内功必不可少。文化传播从来不是"铺场面、赚眼球"就能实现的。没有真正好的内容,媒体终将会被大众淘汰。越南语部近年来做的一些活动,都是为了扩大国际台的影响，但如果影响有了，人们知道你了，你却不能在内容上实现一个媒体应有的职责，那只能让人更快地抛弃你。因此，必须加强内功的修炼。内功，除了翻译、播音等业务水平之外，还应该包括对越南问题的研究以便能有独到的见解和独特角度的新闻。

对越南问题的研究不仅能扩大在国外的影响力，也能扩大在国内的影响力。在推行媒体集团，每一个部门都要成为一个媒体的时候，越南语部应该树立什么样的媒体风格？这是值得思考的问题。在翻译方面，目前很多需要越南语翻译的活动会找到国际台，那么与越南相关问题的分析、研究呢？随着南海问题的升温以及中国东盟合作的日益推进，越南语部应该利用这个机会，加强评论员队伍的建设，树立自己的媒体风格。

最后，怎样充分利用"文化"这个切入点，最终来实现本文所提到的文化传播的使者，这也是值得思考的问题。其实，还有一些更好的资源，越南语部目前还没有很好地利用起来。比如，深受越南受众欢迎的《小说》节目，还有本部门已经在越南出版发行的两套书，都可做成有声文件，配合相关的推广，更不用说中国五千年来的历史文化积淀，在国际台的对越传播工作来说更是一座取之不尽的宝库。需要做的是，如何利用，让越南受众更容易接受。

（陈敏玲，女，1981年生，大学本科，中国国际广播电台越南语部翻译、播音员和记者。曾采访越南现任总理阮晋勇、时任国家主席阮明哲。由其采写的《上一个提案下一个提案》获中国国际广播新闻奖2009年度全国人大政协好新闻专题一等奖。）

中国与非洲地区文化交流专家谈

蒋好书　马云飞　陈利明　赵　磊　潘　良　阎鼓润

蒋好书（文化部外联局翻译处处长）：非常感谢大家参与中国文化翻译与传播研修班，这个班由文化部外联局和中国翻译协会主办，承办方是北京语言大学。过去一段时间以来，包括中央领导和部领导都特别关注到了中国文化在海外的翻译问题，像莫言获得诺贝尔奖，与他的文学作品能够在海外传播与翻译有很大关系。像《媳妇的美好时代》，受到非洲的欢迎也是与翻译有很大的关系。针对这方面，文化部也做了一些调研，给中央提了一些建议，中央领导希望我们以后抓好人才队伍的建设，这是初次尝试国内文化翻译界做第一次的研讨，以后希望长期搭建各个小语种人才培养的工作平台，让大家便于未来更多地发现人才、服务人才、培养人才，推出更多优秀的作品。

这次研修班邀请了40多个语种、400多名专家参加，大语种、小语种都有，30多家媒体也做了报道，希望这是一次非常好的开始。

非洲语是中国对外文化交流里比较薄弱的一块，人才比较少是一个重要原因，非洲广袤的土地和众多的人口，其文化交流和翻译的需求和人才队伍是不匹配的，包括各方面的资金支持、项目支持和机制政策的支持也是有欠缺的。希望各位参会的同志多提一些需求、意见和建议，下一步把这些意见汇总成会议成果，有助于未来领导决策参考。

文化部外联局非洲处目前对非文化工作中设立了很多的平台，比如说在非洲开设文化中心，对非洲很多活动是前方的文化参赞跟各个台和学校有联系的情况下，主动开发了很多项目，比如"中国春节"，在非洲有一定的影响力，"非洲聚焦"每两年举办一次，引起了很大的反响。

我想每个项目都会涉及到翻译的问题，也涉及到如何真正的接地气、本地化，让非洲人感觉这是他们能够全盘参与的活动。今天的活动主要是请大家一起交流，给我们提一些工作的建议。

马云飞（文化部外联局非洲处副处长）：我简要谈一下中非文化交流与合作的概况。总体来说，中国和非洲的文化交流和合作是在中非政治关系影响下进行的，是以政治关系为基础，很大程度上是为政治关系服务的。现状主要是中国和非洲的文化交流以政府间的交流为主，民间的交流作为补充。交流项目以政府间的交流为主，而以商业的合作、产业上的交流为辅。

中非文化关系的发展在2006年是一个转折点，因为2006年召开了中非合作论坛北京峰会。峰会的召开为中非各领域交流与合作开辟了新纪元，中非文化进入了大开拓大发展的全新时期。北京峰会期间宣布中非政治上平等互信、经济上共赢互利、文化上交流共建的关系，首次把文化交流提升到与政治、经济同等重要的地位上，是中非文化交流史上里程碑式的峰会。

文化部认真贯彻峰会的精神，举办了各种各样的活动，加强中非文化的交流，在中国和非洲双方各国的文化主管部门的共同努力下，不断促进文化交流合作的发展。从北京峰会至今，已经举办了六届中非文化聚焦活动，四届非洲人士访问计划和两届中非文化人士互访计划，安排了高层互访40多次，签署了36个双边政府协定与执行计划，开展了70多项共计1600余人次的中非艺术团体互访演出，涉及的国家达到160多国次，参加非洲国家举办的30多个艺术界的活动，举办了中非展览互访30多起。开展了治国理政、大型庆典、杂技等各个门类的中非合作20多项。双方互访的人员有近200位，中国向非洲的30多个国家提供了近800万元的文化资助项目。

我从八个方面来介绍：

首先，配合双方重大国事活动，2006年以来中非间的高层互访频繁。为了给领导人访问创作良好的气氛，扩大访问的成果，领导人访问期间要配合举办很多活动，以2011年为例，中国很多领导人访问非洲国家，李长春同志访问肯尼亚，观看了非洲国家画家比赛中国的展览。2011年4月份陈至立访问塞内加尔，出席了中国援建塞内加尔大剧院的仪式。5月份吴邦国同志访问纳米比亚，招待会场进行了专场演出。11月份刘云山访问埃塞俄比亚、津巴布韦的时候举办了中国浙江非物质文化遗产展。还有刘延东访问博茨瓦纳等等。

第二，签署双方政府文化协议，中非双边间的政府协定和年度计划，截止到2012年6月，除了与南部苏丹之外所有建交国家都签署了文化协定执行计划，从2007年至今新签署了近40个文化协定执行计划。

第三，开展文化高层对话，进一步夯实中非文化交流基础。2007年以来文化部派出了八个政府部门访问了17个非洲国家，接待了35个部长级的访华，加强了指导性、前瞻性、战略性，加快了中非文化交流机制的建立。

第四，打造"中非文化聚焦"的品牌，这是文化部近些年来打造的对非文化交流主打品牌，从2008年就已经建立，品牌的建立是逢双年在中国举办非洲文化聚焦，逢单年由非洲国家举办中国文化聚焦，合起来叫"中非文化聚焦"，已经举办了六届，2014年举办第七届。2014年在5月21日召开非洲文化聚焦的新闻发布会，有40多个国家近200个项目在中非两国举办，是个很大的盛会。2010年非洲文化聚焦活动荣获当年的"中国十大文化热点事件"之一。

第五，实施文化人士互访。为了有效提升中非文化交流合作的层次，使之进一步深入人心，文化部实施了文化政策圆桌会议、非洲画家来华客座访问、文博专家挂职调研几项活动，共有非洲41个国家的司局级文化官员来华参加文化政策圆桌会议，20多个国家的画家来到中国进行客座创作，8个国家的文博专家挂职调研，中国也派了6名画家去非洲创作。

第六，推动演出展览交流互建。文化部加大了对非延展交流的力度，加强了地方省市与民间机构的合作，现在策划了中非文化间的双百计划，由中国一百个文化机构与非洲一百家文化机构建立定点的合作关系，每年固定派团体互访。中国地方省市建立央地互设的机制，通过三方搭桥联系到中国和国外的相关的机构，使它们建立固定的联系。从2007年至今一共组派了40多个地方团体和民间团体1300多人赴非洲演出，参加了非洲重要的国际艺术节，邀请非洲近30个国家艺术团约300人来华访问，这是截止到2012年的数据，如果加上2014年南非文化年的召开，光开幕式就有近50多位南非艺术家来华，这个数据还会增加。

第七，参加了多个中国举办的艺术节。从2010年开始文化部组派和协调了十多个"欢乐春节"的艺术团体访问非洲，"欢乐春节"是文化部打造的又一个品牌项目，每年的春节期间由文化部联系国内的各个部委和机构在海外举行有关春节的品牌活动，经过几年的发展，"欢乐春节"已经成为对外交流、文化交往的重要品牌。在非洲从2010到2012年已经组派了十多个欢乐春节团组，赴南非、毛里求斯等进行演出，为推进中国春节文化在全球的发展收到了很好的效果。

第八，实施了人力资源开发与合作。近年来在传统项目交流的同时，根据非洲国家的实际需求和强烈的呼声，文化部加强了与非洲艺术界的交流与培训，除了刚才提到的中非文化人士互访计划以外，还特别应非洲的要求组派了相关的专家25人次去非洲展开大型庆典、手工艺、现代舞等演艺和培训，受到了非洲人民的欢迎，2014年还将组织武术培训、图书馆专家的培训等等。

另外，通过文化中心的建设加强中非文化交流。中国最早建立了两个文化中心：毛里求斯中心和贝宁文化中心，都是在非洲建立的。2014年5月份中国在非洲建立的第四个文化中心尼日利亚文化中心也已经开幕,现在中国在非洲有毛里求斯、贝宁、埃及、尼日利亚四个文化中心。文化部在全球建立的文化中心到现在为止是 15 个,在非洲就建立了 4 个,可见中国文化主管部门对非洲的文化中心建设是很重视的。这些文化中心通过自办项目已经创立了很多品牌,在当地有广泛的影响。文化部加强了与非洲的交流与合作,也期待大家提出一些更好的建议和意见,能够帮助我们进一步加强下一阶段的对非文化工作的建设。

陈利明(中国国际广播电台豪萨语部主任):谢谢大家,我介绍一下豪萨语在中国的应用与发展的概况。全非洲讲豪萨语的人口是大约一个亿,主要是尼日利亚北部地区和尼日尔的全境,在加纳、多哥、喀麦隆、贝宁也有少数可以讲豪萨语的民族。现在我国绝大部分熟练使用豪萨语的人才除了北京外国语大学的几位老师,都在国际台工作。

目前豪萨语广播的对象是尼日利亚和尼日尔。豪萨语在中国的应用起始于 20 世纪 60 年代初中国国际广播电台开始播出豪萨语节目,广播开设的背景是 20 世纪 50 年代初亚非的国家相继独立,中国和非洲的交往日益频繁,为加强对非宣传,中宣部和国务院要求中央广播事业局对外部开办非洲民族语言广播,根据这一指示精神 1961 年初对外部决定在非洲部开办豪萨语广播。

改革开放以来我国经济和社会面貌发生了巨大的变化,希望了解中国的非洲听众越来越多,中国和非洲的交往越来越密切,尤其是中国与尼日利亚的关系上升为新型战略合作关系,中国国际台的豪萨语广播有了新的发展,2006 年 4 月 15 日豪萨语的短播节目增加到首播一小时重播两次,保留了短波广播一套半小时的节目。

2006 年 4 月 10 日豪萨语广播部跟尼日尔一家电台合作,租用该台 FM104 一个小时的调频波段播出我们的节目,2007 年 9 月份与尼日尔再次合作,建立了整频率的尼日尔调频台,每天播出 18 个小时的节目,包括法语和豪萨语节目。国际台在尼日尔有四家整频率的调频台每天播出豪萨语够计 25 个小时。

国际台豪萨语广播对非宣传和报道方针继续遵循增进非洲人民对中国人民的了解,传播中非友好的宗旨。随着中非新型战略合作的建立和发展,目前秉承中国立场、世界眼光、人类胸怀的传播理念,向非洲提供有针对性的新闻咨询、文化传播和以汉语推广为主的专题节目,努力加强与受众的互动,让受众积极参与到活动中来。

除了广播之外,2003 年 10 月份国际台有一家网站国际在线开设了豪萨文的网站,主要包括新闻类、中国新闻、国际新闻、事实报道,重点事件有即时性的专题，像李克强、习近平访非都有专题，还有中非彩虹、有你才有家、体育世界等专题节目，将广播专题节目的文字和音频同时发布上网，方便网民的上网下载和收听。

现在还利用社交媒体建立了豪萨语的专业，做了 APP 的三个节目可以收听。随着国际台多媒体融合的加快，豪萨语部除了继续做广播和网站的节目，开始涉足中国优秀影视剧走进非洲的工作，2013 年豪萨语部的员工利用业余时间译制了《北京爱情故事》《媳妇的美好时代》，9 月 18 日张德江委员长出席了在尼日利亚《北京爱情故事》首播仪式。《媳妇的美好时代》也于 2014 年 5 月在尼日利亚播出。我们还选择《蚁族的奋斗》进行了翻译。

我们除了翻译过《毛主席语录文本》，还翻译过《非洲的寓言故事》，进入新世纪以后从 2008 年到现在，在国家汉办的支持下参与了国际台、外研社汉语推广教材的翻译和定稿工作，出版了每日汉语、当代中文等十多种汉语推广教材，编辑出版了中文的豪萨文辞典《汉语 800 字》《汉豪军语辞典》等等。

经过几代人的努力和坚持，豪萨语在中国的应用和发展取得了一定的成果，因为没有市场效益，电视剧、文字出版均依赖于政府的项目资助。目前，中国已经成为亚洲第一、世界第二大经济体，尼日利亚也已经是非洲第一大经济体，两国人民和政府对进一步加深了解有迫切的愿望，如何运用推动豪萨语的推广要进行深入的探寻，以便于有更多人了解中国、了解非洲，为中非新型战略合作伙伴的发展做出贡献。

赵磊（北京外国语大学）：2006 年中非合作论坛北京峰会上提出中非建立政治上平等互信、经济上合作共赢、文化上交流互建的新型战略合作伙伴关系，相对稳固的政治关系，活跃的经贸往来，文化上交流的影响力还有待于加强。中非文化交流广阔天地大有可为，在这里，我对今后的文化交流提出以下几点建议：

第一，尊重非洲的多样性。很多人一提到非洲印象中是乌黑一团，都是黑的。其实非洲是最丰富多彩的大陆，它有数量最多的国家，有上千个部族、上千种语言，东西南北中五个部分是截然不同的，它们的历史、文化、国情、语言、艺术各具特色，值得细致地分析和研究，有针对性地开展工作。

第二，求大同存小异。一讲到中非关系，总是习惯说相隔万里，文化差异很大，在我看来，中国和非洲的文化相比于西方和非洲的文化有天然的亲近感，共同点远大于差别。我读硕士期间，研究的是斯瓦西里语谚语和汉语谚语的比较，谚语是非洲人民传统文学和思想文化的精髓，使用的频率很高，我们国家领导人访问非洲也喜欢使用和借鉴非洲当地的谚语和俗语来阐述一些问题。

谚语是褒扬对勤劳、知足、团结等等的良好品质,也贬斥懒惰、贪婪、傲慢的恶习,这些和中国传统的价值观没有什么不同,差异是非洲文化比中国的文化更多元、更古老、更外向,同样出自农耕文明,有着相同的历史遭遇,处于同样的发展阶段,我们应该充分利用中非文化间天然相近的优势做好文化交流的大文章。

第三,重视非通用语的作用。语言和文化是紧密相连的,非洲经常说语言是文化的镜子,政治、经贸往来用英语、法语来对付,文化交流要使用非洲的民族语言,非洲人有强烈的民族自尊心,格外重视别人是否尊重他们的语言和文化。曼德拉有一句名言:"用一个人能听得懂的语言沟通触动的是他的大脑,如果用他的母语去沟通是触动他的心灵。"非洲民众受教育程度比较低,所以英语、法语都不行。之前做了很多工作没有达到预期的效果这也是一个方面。历史上做得比较成功的案例,包括20世纪六七十年代《中国画报》在非洲的发行,我在坦桑尼亚的时候,还在他们的图书馆看到20世纪七八十年代的《中国画报》,包括近几年的《北京爱情故事》等等,它们的成功很重要的一点是使用了他们的民族语言。

国内的宣传通常是讲要贴近实际、贴近生活、贴近群众,对外宣传中,这三个"贴近"也同样适用。人文交流在公共外交和民间外交中占有很重要的地位,今后的人文交流的开展,要更多重视非通用语的作用。

第四,文学艺术作品的译介要增加文化的含量。一方面是多翻译介绍中国文化中有思想深度的东西,让非洲人意识到除了功夫之外中国还有博大精深的文化;一方面,在文化作品的译介中要增加比较文化和跨文化的东西,吸收借鉴对方文化中好的东西,比如说中国人讲"对牛弹琴"直译非洲人也可以听得明白,但是斯瓦西里语中也有对羊弹吉他的意思,使用更为贴切的表达会更好,一山不容二虎,斯语讲一圈不容二牛,这样会比较好。这表明,更好地掌握对方的语言习惯,我们的传播效果会更好。

做中非文化交流更多的是输出,像在非洲建立孔子学院,艺术团访非,其实可以更多地依靠非洲当地人,把他们的文化人才引入到中国学习,比中国人去那边教他们中国的文化更好,让非洲人自己给非洲人介绍中国的文化,这是我们以后的方向。

总而言之,中非人文交流大有文章可做,既需要把中国的文化思想介绍到非洲,也需要把非洲的文化思想介绍到国内,国内一提到非洲,觉得非洲没有思想也没有文化,但是我觉得非洲人的语言天赋和艺术天赋是非常值得中国学习的。通过互相的介绍加深彼此的理解,这几种语言的作用不可替代。国内相关的部门,商务部、文化部、中央电视台等等的已经开始意识到这个问题,从学生的就业状况来看,国内的相关机构已经注意到这个问题,以此次研修班为契机,希望今后可以看到中非文化交流更多的硕果,谢谢大家!

潘良(天津职业技术师范大学非盟研究中心):我们学校近几年派遣了一百多人次的教师到非洲国家任教,为埃塞俄比亚、坦桑尼亚等国家开展培训,还承担了中国政府最大的援非项目——中非高校20+20合作计划。我们还承担了埃塞俄比亚两家孔子学院的建设工作,在三所大学建立了汉语教学中心,设有汉语本科专业。由于我们国家和埃塞俄比亚教育的关系,我们争取到了两名赴埃塞俄比亚留学名额,我就去读了历史学硕士学位,2011年回国以后在非盟研究中心工作。

近些年随着中非文化事业的开展,尤其是2006年峰会开办以来,中非文化交流事业取得了很大的进展,中国人对非洲的了解在加深,但目前大多数中国老百姓甚至包括高级知识分子对非洲存在不同程度的误解,主要体现在三个方面。

第一,政治误解,非洲长期处于政治动荡的地区,这跟非洲国家的现状并不完全符合,非洲固然有很多地区是处于政治动荡和战乱中,但是和平形势下的非洲国家和地区占大多数。2013年全球和平指数地理分布图,西北非、南部非洲地区和埃及数值已经趋稳,包括中国和中东的形势是差不多,甚至南部非洲很多国家的和平形势比中国还要好。

第二,经济误解,很多中国人的印象中非洲是贫穷落后自然灾害横行的,但研判非洲国家发展形势,尤其是近几年,2010到2011年全球经济发展最快的十个国家有六个非洲国家,世行发布的全球各国GDP发展最快的国家有一半的国家是非洲国家,非洲也有国家人均GDP是高于中国的。

第三,人文误解,北非地区以外的非洲是原始没有人文意识的地区,这是严重不符合非洲事实的。在非洲包括加纳王国、马里王国、贝宁王国、刚果王国等等都是一度十分兴盛的,其中阿克苏母王国"吉兹语"是唯一发展出字母体系的本土语言。

同样,非洲人对中国也存在认识上的偏差。

第一,中国人缺乏信仰,主要是指宗教信仰。我经常会被问到中国人为什么没有宗教信仰,对于东正教徒,宗教赋予了他们生命意义,他们对儒家思想、道家思想,辩证唯物主义哲学知道的比较少。

第二,他们认为中国人什么都吃,说中国人吃蛇、吃猫、吃狗,饮食方面无节制,这是不全面不客观的印象。他们的基督教、东正教对饮食有严格的要求。

第三，中国人会功夫。我在埃塞俄比亚经常受到非洲小伙伴的挑衅，每次出去逛街买菜都会有小伙子对我摆姿势。

第四，中国的商品是廉价的商品。非洲人总抱怨中国商品的质量，中国商品在非洲市场已成为廉价商品的代名词，"中国制造"在非洲的印象不好。包括说中国产品存在严重的质量问题，我也说我们有质量好的产品，一般是出口到比较富裕的国家。但是我也很心虚，非洲也有经济比较发达的国家，这除了中非贸易结构不合理之外，也有中国人对非洲存在的误解，中国商人觉得非洲购买力不行，所以总是出口廉价的商品。这对中国的品牌推广，发展外向型经济是不利的。

中国掠夺非洲的资源，搞殖民主义，这是比较严重的问题，但是并不是所有的非洲人都这么看，偏颇的是非洲的知识分子，尤其是受过西方教育的知识分子和政府官员会持有这种观点，对中国保持警惕的态度，认为中国近些年来发展非洲国家关系的目的是获取自然资源，我们不否认非洲资源对我们的重要性，但是这并不是我们的唯一的主要的目的。

中非关系的发展使得西方国家越来越担心其在非洲的利益受到威胁，他们要抑制中国在非洲的壮大。欧盟在国际媒体影响力是比较大的，会借助他们的新闻媒体等文化软实力的优势，将中非贸易平衡、劳工问题、技术转移等局部的问题放大到了新殖民主义，抹黑中国在非洲的形象，削弱中国在非洲的竞争力。西方国家发起针对中国的软实力攻势，对非洲的精英阶层产生了深远的影响，包括一些非洲大学的学者也有相同的观点，我在亚大做毕业论文的时候导师和我说，我做的是中非关系，必须对中国是否在非洲推行殖民主义提出你的观点，这是中非关系不可回避的问题。

第五，造成非洲人对中国人态度偏差的原因，非洲人依旧缺乏了解中国的渠道，在亚大学习的时候我发现，埃塞俄比亚国家图书馆绝大多数的藏书是西方的作品，除了几套少数的毛泽东语录之外，偌大的图书馆来自中国当代人的话语无处找。西方在非洲软实力的优势，导致非洲人受西方影响比较严重。最近几年中国在这方面做的努力也很大，已经开始出现了这样的趋势，文化作品本土化对非洲产生了越来越大的影响。

在埃塞俄比亚，接触中国人是以基层的劳工居多，稍微好一些的中国老板开着车很少见到，和非洲人接触的机会不多。中国基层劳工在非洲也经常去大街上逛街、买东西，他们对非洲了解比较浅，在与非洲人交往的时候也遇到了一些问题，也不会时时刻刻从国家关系发展的大局约束自己的行为。

这些误解和认识偏差，已经对中非合作和交流带来了一定的障碍，甚至是比较严重的障碍。我们学校每年选拔汉语志愿者的时候,都有报名的学生临时打退堂鼓的现象,学生本来挺感兴趣的,回去跟家人一说别去,非洲太危险不安全。很多去过埃塞俄比亚的志愿者都反映比他们想象中的情况好很多,政治比较稳定、气候很温和像是中国的云南,生活的压力比较小,节奏比较慢。中国很多商家看到了投资非洲的商机,但是因为不安全感而放弃了,也有不少中国企业家进入非洲,因缺乏对非洲文化政策的了解弄得血本无归。

非洲人对中国人的误解也存在着很多不良影响,受西方的影响,南非前总统姆贝基对走向西方殖民主义的担忧,包括批评中国拿走原材料加工再卖给非洲而不向非洲传授技术,这些影响了中国和非洲政府的合作关系,也会对非洲人民产生很大的影响。

这是我个人的看法,因为准备比较仓促没有做太深入的探讨。我认为第一是文化作品的翻译中有所侧重,尤其是加大对中国文化根源、道家思想,包括唯物辩证法的思想,宣传中国优秀的文化。多翻译一些反映中国历史,尤其是古代科技、经济成就方面的文化作品,展示我们国家的文明,提高中国国家形象,这是正面的宣传。

加大对中国改革开放取得经济和社会进步材料的翻译力度。

非洲文化作品翻译上从非洲历史、文化发展上入手,拓宽非洲了解中国的渠道。

经济方面多翻译一些比较适用的非洲相关法律法规的材料,为中国企业在非洲少走弯路创造条件,这已经在做了。

文化交流司、文化部可以牵头做关于文化软实力系列作品,就提高文化软实力进行讨论,具体的操作以项目的形式分发到各个大学,以文章的形式收上来进行汇总,一部分可以投入非洲市场,另一部分可以直接以对非文化原著形式直接赠送给非洲高校和图书馆。因为学生没有了解中国深层次的渠道,这样可以对非洲青年一代知识分子作为非洲未来发展的中坚力量产生影响,为中非关系进一步发展创造条件。

国内非洲的研究和非洲语言研究很好地结合。像美国波士顿大学非洲领域研究学位条件之一是掌握非洲一个国家的小语种,没有这个是无法毕业的。我们是否也可以借鉴他们的做法。

阎鼓润(北京大学):我本科毕业于北大阿拉伯语系,在埃及驻华使馆工作一年,后来又回到北大读非洲文学硕士,现在是硕士二年级。我硕士入学以来重新学习斯瓦西里语,论文研究的方向是东非文学。我想结合我在埃及驻华使馆文化处的经历简要说一下关于中国文化对外影响的问题。

斯瓦西里语直到19世纪才基本定型,之前是受阿拉伯的影响很深,文学作品中也有体现,斯瓦西里语的定型是否现代化是文学从古代斯瓦西里语文学到现代斯瓦西里语文学的过渡。

中国对斯瓦西里古代文学的研究是零的状态,有一部分是因为客观原因,因为古代的斯瓦西里语是用阿拉伯字母书写的,现在各学校教的斯瓦西里语是拉丁化的,会有一定的困难,所以对斯瓦西里文学的研究更多的是关注在现代斯瓦西里语文学方面。现代斯瓦西里语文学受西方殖民,特别是德国和英国殖民影响很深。受西方影响之前,它自己的文体是诗歌和编年体的史诗。现代的斯语文学出现了西方常见的小说、戏剧这些题材。国内翻译的状况是跟国内斯瓦西里语开课的情况有联系,20世纪60年代初北外和传媒大学开设了斯瓦西里语专业,任务是将中国介绍给非洲,也将非洲介绍给中国。很多援助坦桑的项目尝试把当地的战斗诗歌翻译成中文,把当时的毛主席语录和当时中国的一些文学作品翻译成斯语,所以影响并不大。

20世纪八九十年代,一批斯语现当代文学作品和中国的读者见面,90年代译作数量就减少了。这里有几方面的原因。一是在国内对斯瓦西里语文学的翻译,开设斯语的高校对斯语文学的翻译并没有太多的重视。更多的是集中在语言人才的教学培养上,斯语文学翻译工作是由外文局来做,最重要的是蔡林祥老师。他从外文局调走之后,任全国人大办公厅外事局的副局长。他是国内斯语文学翻译的中流砥柱,国内现有的十几本斯瓦西里语小说的中文版有三分之二都是他翻译的,而且是集中在外文局工作期间翻译的。他离任之后中国加入版权公约组织,斯语文学的版权不太容易拿到,中国的斯瓦西里语文学翻译是断代的状况。90年代至今只有零散几篇在期刊上有,十几年来只有去年有一篇刊登在《国外文学》上,坦桑尼亚著名作家的《阿迪力和他的兄弟》。这是完全的断代情况,以至于很多人不知道斯瓦西里语有文学,更不知道斯瓦西里语现当代文学的现状。

对等来看,斯瓦西里地区对中国的文学也是一无所知的状态,斯瓦西里地区官方语言除了斯语还有英语,他们对斯语的接受程度肯定比英语高,但是除了斯语版《中国画报》之外,再无中国的文学作品被翻译成斯瓦西里语推广到东非地区。对斯语文学的关注仅限于个别的作家,对比起来有点类似于中国鲁迅的作家,夏班罗布特、凯西巴哈比,对其他作家则是空白的状态。国内对斯语文学和斯语界对于中国文学往外翻译应该还有很多的发展空间。

我之前是学阿拉伯语的,也翻译过阿拉伯语的小说,阿拉伯语在中国有翻译研究会，它起着两方面的作用，一方面和阿拉伯地区的作协有联系，会把各国当代优秀的作家作品介绍过来，委托翻译联合会在各高校阿语翻译界找翻译，也有一些中方的项目，文化部在北大就进行过合作，翻译了阿拉伯语的中国文化读本，翻译联合会起到中介性质的作用。非洲语言就个体来说比较小，如果有可能会不会有非洲语言的翻译联合会？参考其他语种的经验这是很可取的。

1987年5月27日召开过一次非洲斯瓦西里语文学座谈会，包括上海译文出版社、北京外国文学出版社、新华社、外文出版社、国际广播电台等十几家新闻出版单位40多人参加了会议，议题包括斯语文学在非洲的地位、斯语文学的流派以及中国文学作品在东非的译介等等。很遗憾的是，会议只开过一次，随着外文局斯语前辈的离任，会议没有再进行下去，有关会议的资料也没有保存下来。

这样的会议可以定期举办，可以常规化，至少两到三年能开一次，把大家知道的情况进行一下交换也是很有必要的事情。从我做非洲研究开始到现在，发现国内对非洲的研究是属于各自为王、一盘散沙的情况，非洲的语言东西南北差异性是比较大的，内部的差异性决定了没有太多的互通，但是既然是统一在非洲大陆下说明它们还是有一定的联系。目前，浙江师范大学非洲研究中心、北京大学非洲研究中心等机构正在做筹办会议，包括像浙江师大有非洲史学年会，把国内搞非洲研究的人才集合起来，我发现是力量很庞大的群体，如果利用好了应该是对非文化传播的重要力量。

我之前在埃及驻华使馆文化处工作过，刚才马云飞处长提及的2012年非洲文化聚焦的活动，当时我陪埃及驻华文化参赞参加了。这些活动邀请了很多非洲驻华使馆的文化官员，对他们来说，给了他们了解中国文化的契机，这是比较高层次的，而有些使馆的随员没有机会参加这种活动；另一方面参赞参加一些活动重复性也比较高，每次都一样的感觉，茶道、功夫表演等等。文化部有类似于驻华官员的中国文化培训的项目，如果是辐射到更多非洲人，比如说在华官员的子女，新生的力量可能更有时间更有兴趣学这些东西。

关于文化走出去，我本科去叙利亚交换了八个月，其间接待过中国文化部派过去的中国歌剧院"图兰朵"的演出团队，目的在于传播中国的歌剧文化，但是很多时候是中国人看，要不然就是在那里的欧美人，还有政府的高层。虽然我们走出去了，但是走出去还是没有演给当地的人看，而是演给了当地的外国人或者是当地的权贵们看，影响力会比较弱，这是我个人的体会。有可能走出去可以办得更加民间，由下到上的文化感染力比由上到下的强制更能够赢得当地人对中国人的喜爱。

马云飞：非常感谢阎先生。我非常高兴我们两个都是学阿拉伯语的，都在埃及或者是埃及驻华使馆工作过。感谢您关于斯瓦西里语的翻译的介绍。刚才说的中国文化走出去确实是现在比较薄弱的环节，确实是不能深入基层。现在文化部在大力推广文化中心建设，比如说埃及第三个文化中心已经建立了；文化部开始每年要建文化中心，2020年要建成50个文化中心，这是扎根在当地的阵地，可以更好地深入当地的民众。

陈利明：我们的作品翻译中要注意对方的实际情况，注意作品的选择和方式。好多豪萨人的拼写能力不行，整个宣传效果和影响力是不一样的，要根据当地的实际情况。

在作品的选择方面，目前来说应该介绍一些中国当代的文化，1994年我去那里进修的时候让我教武术，我说我不会。刘东参赞提出来主旋律的东西比较多，反映主题的片子不多，包括《北京爱情故事》讲述我们如何奋斗、如何发展，我们要讲讲中国年轻人的奋斗和创业，中国的老百姓怎么勤劳致富也是应他们翻译播出的。从这个过程中，可以了解到中国改革开放各方面的政策，间接宣传了改革开放的政策，我觉得作品的选择和方式上应该注意一些。我们每年十部电视剧、十二部电影或者纪录片是国家支持的，包括涉非教材。我们也想努力去做市场化工作，找一些企业赞助。现在斯瓦西里语是官方语言，但是真正的官方语言还是英语，斯瓦西里语是老百姓的语言，以前报道外交商贸经贸方面的比较多，现在中非文化交流工作很多我们也在做，希望文化部非洲处有中非文化交流的会议和活动、具体的项目可以给我们提供信息，我们可以早做准备，相关的报道方案做对接，这样可以做得更深入一些。

蒋好书：我们以前一直对非洲文化不了解，很多的想法都没有落实下来，现在各位专家提出了这么实实在在的非常具有可操作性的建议，我们代表外联局对大家表示感谢。从我个人的角度提个概念，以创意跨界的思维开展对非文化工作。刚才提到的历史、现代和未来，确实已经出现了跨界的问题，由于体制原因，很多工作条块分割，我们应该有面向未来的对非文化工作。

刚才提到的非洲文化引进的问题，包括对非洲历史、诗歌、文学确实没有引起中国文化界的重视，这是很大的缺憾。对比非洲文化和中国文化，孔子的话中国文化是过于文，非洲文化恰恰是这么多年，在没有过分的文明、礼教束缚的情况下具有"野"的成份，西方是20世纪初吸收了非洲文化之后，才出现了现代意义上的再创新，没有在基督教的后期，进入苍白的束缚的维多利亚时代才免于衰亡。应该是当作中国人对待非物质文化遗产一样的态度来吸收。

我们有没有可能让中国更多的文艺创作人才去采风学习，引入到中国的文学创作中来？现在有一批中国的年轻人在搞创意评书，北欧很多人还在说书，可以把非洲的历史编成段子，进入中国的口头表达，相信里面会有很多很有意思的东西。神之间的斗争可以进行创作。

艺术、音乐、舞蹈、设计视觉方面有太多可以学的东西。非洲人没有被束缚，哪块肌肉都可以动，中国在秦朝以后就被束缚住了，导致我们戏曲的程式化，中国的话剧也是不能自由表达自己的肢体和声音。包括学动物、学自然界非洲人是很自由的，他们唱"在那遥远的地方"，就唱得有点血脉贲张的感觉，中国的表演团体应该引入非洲的人才。艺术创作团体对色彩的感受，山水中就一抹黑了，非洲人并不是这样的，这是我们应该唤起的，儿童教育上也是应该引入。重新唤醒视觉的感受力，尤其是中国的音乐节奏最后很死板，对某一类的艺术表现是可以的，为什么当代美国的流行音乐，整个的节奏是变化自由的？中国也有很多非洲鼓的学习团体特别好，应该支持。包括视觉设计，比如说中国的服装学院和非洲几大院校合作搞视觉设计，非洲的服装是全人类的遗产，中国的服装也是束缚型的。下次中非元首开会咱们的第一夫人和非洲的第一夫人双方的服装是互相设计出来的，有中国和非洲的元素，对非洲民心的振奋不是表面的签约，是感到热爱非洲的文化是诚心诚意的。

人才培训，一方面是专业人才的培训，包括作家和摄影家互访，真正的和双百计划结合起来，各个机构间进行人才的互访。基础层面的培训是双向教材的开发，比如说中国文化读本非常好，真正坐下来好好为双方的市场去开发真正有价值的材料，能留下来的教材。比如说中国的几大菜系，中国的菜系也有过分的地方，违背了菜系的初衷。武术艺术，包括中国历史上有多少个皇帝，我们用生动的故事讲述出来。中国的神话人物用可见的状态表现出来，这样的教材也会有条件大家进行筹资，找到中非双方的人才一起去写，更多的是做官员的工作，做知识精英的工作和青少年的工作。

台湾也有团体在非洲做佛教，弥勒佛就是个黑人也挺好，可以大胆地创造，中国文化是没有界限的文化，我们不给你洗礼，是没有约束的，宽进宽出。包括中国的功夫是世界重要的财富，因为发端于斗争但是止于和平，这么伟大的哲学理念是中国人给世界的贡献，全世界都不能解决如果生气打你怎么办，武术解决到了，但是武术过程中相互的了解，最后是以武会友这是了不起的发展，有可能解除人类目前根本的问题，宗教、民族、家族仇恨通过武术精神解决，这是区别于日本的武士道精神。我们的武术是博爱的精神，我们应该挖掘文化的内涵，多做武术故事、武术明星的整体开发,包括可以用展演的形式、纪录片的形式和电影节的形式,可以用小孩的模拟,给非洲出版说起来难但是并不难,我们可以做涂色书,涂抹的过程中很好玩,把卡通片配音在全世界推广也是有潜力的。

包括一大批文化大使,我们上的是武术,我们就是"新殖民",篮球明星也是黑人,美国走全世界是打明星牌,明星说什么就是什么,明星的话影响力是很大的,我们是打造能够深入到非洲的明星,《媳妇的美好时代》树立起了一个中国的女明星,明星应该是全方位的,衣食住行就是微博,就是说得很好,这是未来传播的趋势,人是以心的本能交往的,姚晨在非洲的影响力很大,我们希望她就作为打前站的形象。今后的创意是走明星品牌,文化的深度内涵,设计两年周期从武术一开始的比赛,明星的巡演,最后是学术论坛,应该是一波一波,而不是今天出一个明天出一个,文化是品牌推广的内在规律,核心的人才要坐下来研究策划核心的产品,核心的产品以多种形式体现,有广播节目、也有表演、艺术品、商贸展览、学术研讨。

劳工的情况,也是因为条块分割的问题,商务的标准是挣了多少钱,文化遗产并不是钱可以评估来的,有没有可能拉到中华总工会?真正对非的企业,如何把对工人出国的培训做实,对国内的务工人员也是需要培训的,现在是农村人要代表国家出去,这套培训做得好不但可以解决文明小细节的问题,也可以提升自己的自尊感,这批中国人原来种地现在来城里,现在要出国去开展一批交流,他们也是精神文化的创造者,这个过程中交的朋友、说的每一句话有可能是中非文化中新的故事。目前德国人在中国开的文化大会"故事驱动中国",要去挖掘故事,故事有很多的可能性,抓住故事,给它一个成长的机会。

大家有很多的人脉和合作的机构和资源,我不能代表文化部,我自己觉得真的很热爱这样一个宝贵的关系。我是湖南人,我们的祖辈毛主席是有远见的,把毛主席语录推到非洲,没有把极端的东西传递出去,但是核心的东西对非洲人民是有价值的,对非洲人树立自立富强的思想是很有帮助的。我们不再传播斗争,我们传播和谐,真正尊重你们把你们当作我们的兄弟,引入中国,也为中非友好和中国文化做贡献,也为非洲的明天做贡献。包括非洲出版界的团体,每一段时间来中国,不仅仅是官员团体,非洲很多年轻的中坚力量,他们有极强的策划力和影响力,把他们请到中国来,包括写评论的作者;用他们的视角感受我们的真诚,让未来的中非文化,真正为人类文明做出具有典范性的贡献。感谢大家!

马云飞:感谢蒋处长做了高屋建瓴的分享,让我们开阔了眼界。我回应一下刚才大家提的建议,非洲研究小语种缺乏定期研讨的机制,中国文化翻译传播研讨会今年是第一届，以后会不断地办下去。

蒋好书：目前局里都很重视，目前是试水，预算会接着申请。我也在争取找一些稳定的资金，我们做了一个网站的平台，里面将来会设非洲的小组，各位可以第一批参与网站进来注册，平时就可以在网站上进行交流。也有互动群和日常的交流平台，针对非洲小语种的需求，我们再小规模地布置一下，落实一下，把钱花在刀刃上，重点是要做什么，分出来之后归学术的有些大学去申办我们表示支持，有些特别需要主动承办也可以承办，目前是什么语言都有，事实证明每个语种有自己的需求，未来设一些点开发一些交流的项目，我的承诺是一定会尽力把非洲语言的人才交流平台打造出来，尽力满足大家的实际需求。

马云飞：谢谢大家跟我们一起研讨非洲语言的翻译和对非文化工作开展的议题，感谢大家的发言，研讨会到此结束。

小议泰米尔语的媒体语言翻译技巧

赵 江

伴随科技手段的不断变革和经济的迅猛发展，互联网、移动终端等新媒体平台的广泛使用，国际交流之间的文化碰撞也不断增加。语言，作为一种文化载体，承担着传播文化的重任。媒体语言主要是指各种媒体对语言文字的使用方法、过程及结果，具体包括报刊语言、广播语言、电视语言和网络语言等。进入自媒体时代以来，层出不穷的新技术让人应接不暇，同时，越来越多的外来词汇和新鲜词汇也通过媒体传播出现在人们的生活中。

在印度南部的泰米尔纳德邦，当地媒体已经逐渐习惯在泰米尔语中夹杂英语单词，这无疑更加速了外来词汇对传统语言纯净性的侵入。泰米尔语属于达罗毗荼语系，有两千多年的历史，是世界上最古老的语言之一。目前全球范围内使用泰米尔语的人口超过八千万，主要分布在印度南部、斯里兰卡北部，以及新加坡、马来西亚、加拿大、美国、中东地区等地的泰米尔侨民聚居区。泰米尔语的特殊性在于它不是单一国家的国语，而更接近一种民族语言，在多个国家和地区以同一种文化渊源存在。笔者供职的中国国际广播电台泰米尔语部作为全球范围内唯一一家使用纯正泰米尔书面语的媒体，在全球各地的泰米尔人中享有较高知名度。即使在印度和斯里兰卡等泰米尔语为母语的地区，几乎不夹杂英文单词的泰米尔语也不太常见。本文中，笔者将根据自己十几年的翻译经验，对泰米尔语媒体语言的翻译技巧做以简析。

一、告别刻板印象、培养母语思维

泰米尔语作为一种独立的、拥有悠久历史和文化的古老语言，语法和文法结构与汉语有着巨大的差异。国内大多数翻译在接触泰米尔语之前，都或多或少有些英文的功底，贯通英语翻译的参考，也的确对汉语泰米尔语互译大有益处。但与此同时，人们也会习惯性地以汉语与英文互译的词汇转换来对应汉语泰米尔语的翻译，从而出现了不少瑕疵。比如"நிறுவனம்"一词，在泰米尔语中，其实是个多义词，它既可以译作"公司""组织""机构""单位"等也常常使用这个词，称得上是个万金油。英语中的 company（公司）一词，译作泰米尔文最常用的也是"நிறுவனம்"。因此，在翻译的脑海里，"நிறுவனம்"几乎等同于"company"，即"公司"，这是由于在中文思维里，"公司"是一个市场化的机构，它与其他词汇是很难画上等号的，所以自然而然被作为"公司"的通用译法，在翻译"组织""单位"时会首先选择其他词汇来代替。而在泰米尔语的使用中，"நிறுவனம்"一词的意思绝非如此单一，反而被广泛使用。所以，在谈到泰米尔语翻译技巧的时候，首要强调的就是培养翻译的母语思维，不能让刻板印象操纵翻译的思路。

二、了解受众需求、符合受众认知

媒体语言的功能在于准确、快速地传播信息，评判标准之一就是受众对信息的理解程度，因此媒体语言的翻译中讲究的是尊重原文，"准"字当先。翻译是否成功，首先取决于受众对该译法的接受、理解和认知程度。符合受众的视听习惯和阅读习惯，且认知度较高的译法，是受众可以理解和接受；相反，认知度较低的词汇，无论信息量多大，都不是一个成功的翻译范例。

中国国际广播电台的泰米尔语部从1963年成立至今，一直坚持使用纯正的泰米尔书面语，这在全世界的泰米尔语媒体中是绝无仅有的。从保持一种语言的传统性和纯粹性来看，这是一件好事；但如果单纯地从翻译的角度来看，有不少舶来词汇翻译成泰米尔语时却也不尽如人意。

2001年，在建立泰米尔文网站和2014年初设计泰米尔文移动客户端时，数不胜数的网络词汇令人为难，比如"点击""下载""提交"等等。通常来说，泰米尔语对英文外来词汇的包容度相当高，这也是英联邦系国家的特点。在印度、斯里兰卡等地的泰米尔文网站中很多专用词都直接使用英文音译，偷懒的甚至连音译成泰米尔文拼写都免了，直接在网站上用英文词汇："click"（点击）、"download"（下载）等。为了坚持使用纯正泰米尔语，我们只得尽力寻找传统语言与新媒体产品最好的结合点。有些舶来词汇在泰米尔语里早已广泛使用，约定俗成，因此，在翻译时也应尊重这些大众普遍接受的词汇。例如"采访"，泰米尔语是"பேட்டி"，但是由于当地媒体早就习惯大量使用"interview"，为了便于大众更容易理解节目内容，我们也在一些非文字类的节目中〈对话和访谈〉直接使用"interview"。可见，在媒体语言的翻译过程中，当保持语言的原汁原味与受众认知之间产生矛盾时，受众的习惯和认知心理就上升到更重要的位置了。

再举一个有趣的例子，众所周知，板球是南亚地区最受欢迎的运动，在印度更是"国民运动"。泰米尔语里板球的专有名词是"மட்டைப்பந்து"，可是，在报道板球比赛的时候，根本没有哪个泰米尔语媒体使用这个词，几乎所有的泰米尔本土媒体用的都是英语——"cricket"。类似的例子还有很多，明明有专用词，却还是喜欢用英语来替代，有时候不仅是习惯，也代表了一种思维方式。一方面说明印度、斯里兰卡等国家受英国殖民的影响较深，另一方面也表明了作为国际通用语言，英语所具有的特殊地位和影响不容忽视。

三、合理译借外来词、坚持必要的注释

外来词是指一种语言从另外一种语言借用的词汇。外来词借用形式有音译（用发音近似的泰米尔文将外来语翻译过来，这种用于译音的泰米尔拼写出来文字不再有其自身的原意，只保留其语音和书写形式）、音译加表意、音译加意译、意译等四种形式。目前大多数专家学者都倾向于音译结合意译为外来词翻译的最佳途径。上海外国语大学的刘咏波博士在研究中表示，生物进化论中的"适者生存"法则同样可以用来解释语言中的外来词现象，尤其媒体语言中外来词的生存状况以及外来词对语言环境的冲击。在泰米尔语的翻译中，通常以音译和音译加表意为主，除了尊重泰米尔语里已有的词汇，还应根据泰米尔文化的习惯，选择意译或增加注释。

媒体语言的翻译过程中涉猎的词汇可谓五花八门。尤其是近些年，当网络、微博、微信、FACEBOOK 等各类新媒体产品推出以后，由于新媒体平台"小""短""快"的微特征，在进行内容表述时往往字数有限，因此，清晰、准确的提炼和缩写成了对媒体语言的新挑战。通常来说，当一些不常为人所知的社会机构名称等词汇第一次出现在媒体报道中的时候，应争取翻译全称。如果需要使用外语缩略词，则应在全称后的括号内注明该全称的缩写形式，后文中再次提起时就可以直接使用泰米尔文的缩写词。否则，如果将专业领域经常出现的词汇 IPO（首次公开募股）、OEM（原设备制造商）、ERP（企业资源规划）等词汇的英文缩略字母词直接使用，又没有解释性注释，受众就会感到茫然不知所云和无所适从，无疑是在人为制造语言沟通障碍。

美国未来学家约翰·奈斯比特在他的著作《全球杂谈》中描述经济全球化的背景时曾指出，跨国界的计算机网络和信息高速公路的建立，使电视、电话、计算机连为一体，将整个世界变成了一个地球村。我们汉语中从英语借来的大量新鲜词汇就是这种文化交流和融合的产物。在现代的泰米尔语里也有很多这样借来的新词。其中相当多的一部分是跟日常生活密切相关的。比如咖啡（coffee）、啤酒（beer）、雪碧（Sprite）、可口可乐（Coca-Cola）、领带（tie）等等，都直接借用英语单词。伴随互联网的兴起、电子产品日新月异，加上印度的软件业发达且国际化，有很多科技借词也来源于英语。比如：硬件（hardware）、软件（soft ware）、数据库（data bank）、电子邮件（E-mail）、网吧（cyber bar）、移动电话（mobile phone）等等。媒体在翻译过程中遇到这样的词汇，使用最多的就是音译或者音译与表意相结合。当然，与此同时还应避免人为造词。泰米尔语本身就有使用复合词的习惯，复合词也很多，但如果生搬硬套地组合到一起，虽然表面看意思似乎没有错误，却很容易产生歧义，给大众的理解上制造困难。

四、利用文化相似点、提升语言表述力

美国著名的语言学家萨丕尔曾经说过："一种语言对另一种语言最简单的影响是词的借贷。只要有文化借贷，就可能把有关的词也借过来。"泰米尔语和汉语，同为世界上历史最悠久的语言。在汉语言文化和泰米尔语文化中，也有不少俗语和谚语能体现出双方文化的相似点。

2014年4月，李克强总理在博鳌论坛致辞时曾提到一句中国的俗语："单丝不成线、独木难成林"，这句话在翻译成泰米尔语时，如何才能达到"信、达、雅"的最佳效果呢？恰巧，在泰米尔语里也有一句俗话，直译过来就是"一枝花不能称之为一座花园"，与这句中国俗语对应既本土化又保证原文的意思不流失。当然，要找到类似的文化相似点，需要我们平时在对象国语言文化上多加了解。大家都知道，"拉不出屎赖茅坑"也是中国老百姓常说的一句大白话，在泰米尔语里同样有类似的俗语存在，直译成中文叫做"跳舞崴了脚，抱怨地不平"。对能歌善舞的印度人而言，泰米尔语的这句俗语也带着浓烈的地方文化色彩。帕默尔说过，"语言忠实地反映了一个民族的全部历史、文化，忠实地反映了它的各种游戏和娱乐、各种信仰和偏见，这一点现在是十分清楚了。"在此，这一观点也可以得到印证。同时，由此也可以看出，准确且符合对方文化的媒体语言翻译，不仅可以减少误解，提升表述力，还能增强受众的理解度，进而加强媒体的影响力。

作为东方最有名的两大文明古国，中国和印度两国的文化和文明之间仍然存在着不少相近之处。其中婚姻文化最为有意思，汉语中的"月下老人"，在泰米尔语里可译为"மண இணைப்பாளர்"（婚姻介绍人），准确度已经相当令人满意。这样的翻译不仅表述准确，而且极易拉近媒体与受众的距离。

在国内，泰米尔语是真正的稀有语种，不仅研究这种语言的专家学者少之又少，连汉语泰米尔语工具书也长期是空白领域，到2013年6月商务印书馆才出版了《汉语－泰米尔语分类词典》。因此，要想做好泰米尔语媒体的翻译，还需与时俱进，通过关注国外泰米尔媒体的报道，随时了解对象语言地区的词汇更新和淘汰情况；也要对泰米尔文化的发源地——南印度泰米尔纳德邦的历史有所了解。笔者愿以如上几点经验，抛砖引玉，借以推动泰米尔语媒体翻译的不断进步。

（赵江，女，1977年生，毕业于中国传媒大学外国语学院。中国国际广播电台泰米尔语部主任，副译审。是泰米尔文国际在线网站创建人之一，曾主编《汉语—泰米尔语分类词典》，在印度出版泰米尔文读物《魅力中国行》等作品，并发表论文若干。2014年初应邀参加印度国际泰米尔作家大会并作主题发言，是唯一受邀的中国人；2014年6月，以特邀嘉宾身份参加新加坡国立大学举办的世界泰米尔青年大会，与前总统纳丹同台演讲。）

"禅"译——塞尔维亚语翻译实践与心得

彭裕超

翻译,是指"把一种语言文字的意义用另一种语言文字表达出来"。而语言是文化的载体,因此,翻译既是跨语言的过程,又是跨文化的过程;翻译转换的是语言,而传递的是文化内涵。笔者认为,文化内涵的传递,是翻译工作的深远意义。北外意大利语教师于雪风在论文《绝知此事要躬行》中,将语言转换比作"经济基础",文化内涵比作"上层建筑",这一形象生动的说明让我们很好地把握语言与文化两者之间的联系——"有了'经济基础',不同语言间可以互相了解,互通有无,而'上层建筑'的构建才能真正体现和深挖'经济基础'的价值,并赋予其灵魂。"与其说翻译是一门技术,不如说是一门艺术。

对艺术性的理解,各人有异。而在笔者的认识中,艺术的最高境界,应是能够体现"天人合一"的终极生命体验和审美体验。在佛家理论中,这种境界有个简单的名字——"禅"。

作为一名语言工作者,本人甚觉幸运。原因之一是本人热爱阅读,之二是本人喜爱旅行。畅游书海,大概与游历大地有异曲同工之妙。而对外语技能的掌握,又使我得以将阅读和旅行结合得更加紧密。能以此为职业,本人由衷地感到满足。在学习和工作中,本人时常接触到各种各样的翻译实践,岁月流转,本人对翻译渐渐有了更多更深的理解和体会。近年以来,在翻译的过程中,偶尔也能感受到一丝虚无缥缈若隐若现的"出窍之感"。这种美满的感受转瞬即逝,不可长持。当我仔细地去回味时,惊奇的发现,那也许就是佛家所说的"禅意"吧?于是,本人站在译者的立场角度,重新对翻译这一活动进行了感性思考和总结,赋予"禅"之名,在此竟大胆提出了。

译林如武林,百花齐放,百家争鸣,高手林立。鲁迅先生提出应尽其量保持原文风采的"硬译"主张;严复先生提出了被奉为翻译操守的"信、达、雅"标准;钱钟书先生则提出了翻译的最高境界——"化境"。三大理念长期以来均为翻译领域的活动及其参与者提供着思想指导和实践指导。笔者认为,随着翻译水平的日渐提高、翻译理论的与时俱进、译者的主体性受到越来越多的重视和强调，对所谓的最高境界的解读恐怕也会被拓展。笔者大胆推测，在"化境"之附近，尚存在另外的一个境界——"禅境"。此处所谓的"禅境"，应是属于译者的空间，是译者所处的介于原文和译作之间的"灵动的无我之境"。译者在其中既是虚幻的存在，也是自由的主体。

或者，我们可以借助与"化境"的对比，来对"禅境"进行理解。

第一，"化境"所指的是翻译作品的境界，"禅境"的是指翻译过程中译者的境界

翻译的"化境"，指的是："把作品从一国文字转变成另一国文字，既能不因语文习惯的差异而露出生硬牵强的痕迹，又能完全保存原作的风味，那就算得入于'化境'。17世纪一个英国人赞美这种造诣高的翻译，比为原作的'投胎转世'（the transmigration of souls），躯体换了一个，而精魂依然故我。换句话说，译本对原作应该忠实得以至于读起来不像译本，因为作品在原文里决不会读起来像翻译出的东西。"在这里，强调的是译作的还原度和质量，强调译者角色在译作中的极端淡化。入于"化境"中，译者的招式套路几乎全不可见，功夫伎俩化作文字，又隐迹于字里行间，这无疑是高超的艺术境界。

然而，"化境"强调译作的还原程度的同时，并没有对译者的状态和境界进行阐述。

那么，翻译中的"禅境"在译者身上是如何体现的呢？佛家研究将"禅境"总结为"一种随缘任适、自然适意、一切皆真、宁静淡远而又生机勃勃的自由境界。"引申开来，笔者在这里所说的，翻译中的"禅境"，指的是译者摒弃掉"外缘"（翻译过程中的各种客观条件限制），在心灵安顿、无忧无虑的状态下不受影响或限制地从事翻译活动，逍遥于原作与译作之间的狭窄空间；翻译作品犹如自发生成，又与原作完美契合，极具生命力，极具美感。要达到这样的境界，译者除了需要极具语言天赋，具有较高的审美力，充分掌握母语、外语语言知识并能运用自如，充分理解外国文化习俗和本土文化习俗，充分理解作者意图和读者理解力的维度深度之外，还需要有"禅缘"——极其敏感的知觉，强大的心理素质，自信而不嚣妄，并且懂得如何在翻译过程中适时进退，适时隐现。在佛家思想当中，"禅"既是修行，又是得道，既是手段，又是目的，既是方法又是本体，而在翻译当中，"禅"是自识本心，万法具通，全面、整体地领略作者与原文，并通过译者的自身发挥，将原作精神滴水不漏地转达到目标语言当中，集中体现生命之美，表达最高的审美之境。

第二,"化境"是以原作为主体,"禅境"是以译者为主体

从钱先生对"化境"的解释中我们可以看出,"化境"要达到的目标是"保存原作的风味""躯体换了一个,而精魂依然故我"。要达到这样的目标,译者在翻译过程中无疑必须以原文为主体,并时刻保持对原作的绝对忠诚。而笔者在这里所说的"禅境",是指译者在保证对原文保持忠诚的前提下,可以自主选择、自由把握、自由发挥的空间。

翻译理论对译者的态度是一个变化过程:早期的译论侧重以语言学为基础,忽视译者存在;最近半世纪以来,译论侧重以诠释学为基础,肯定译者选择;最近三四十年以来,译论以解构主义等受"后殖民主义"思潮影响,强调译者操纵。由此可见,近年来译者在翻译中的主体性、能动性、创造性、审美能力等主观作用得到了越来越多的关注和重视。其中较有代表性的例子是林少华先生所翻译的村上春树系列作品,以其独特的翻译语言风格,在中国文学市场取得了巨大的成功。

在《译者的极限和底线——试论译者主体性与译者的天职》一文中,作者对译者的主体性的内涵作了精妙的概括:"译者主体性是指在尊重客观翻译环境的前提下,在充分认识和理解译入语文化需求的基础上,作为翻译主体的译者在整个翻译活动中所表现出来的主观能动性,它体现了译者在语言操作、文化特质、艺术创造、美学标准及人文品格等方面的自觉意识,具有自主性、能动性、目的性、创造性、受动性等特点。"笔者认为这段概括的精妙之处在于,它调和了翻译活动中的客观制约与译者的主观发挥之间的矛盾,找到了创作主体(原作者)、策动主体(赞助者、出版者)、翻译主体(译者)和接受主体(译文读者、译评者、译文使用者)之间的平衡点。

那么,这里"禅境"又是如何体现呢?如果翻译的过程是往一个杯子里倒水的过程的话,翻译的"禅境"则是杯中之水从"满"到"溢"的临界状态。翻译活动中,在充分掌握母语和外语、充分把握双方文化、充分理解作者和原文的情况下,在转换语言重新表达的过程中从"满"到"溢"之间这个"可把玩的"区间,就是"禅境"。在这个区间里面,译者是绝对的主宰,是凌驾于作者和读者之上的先知。译者在这个区间当中的表现,是其翻译状态和翻译水平的最佳体现。举个例子,笔者认为,一位优秀的译者,能够理解作者的意图,能够理解作者通过运用怎样的方法,营造何种意境,引起读者何种感官兴奋。而在跨文化的语言转换过程中,上述的内涵必然有所流失。那么这个时候进入了"禅境"的译者就显得尤为重要,"入禅"的译者看到了作者的意图和为难之处,他挺身而出,用自己的手法,帮助作者为读者营造出作者所设计的意境和由之而来的兴奋感,将译作的完满度从"满"推向"溢"的临界。在遇到"不可译处"时，译者同样可以运用上述"重新搭建兴奋感"的方法进行解决，这样的方法比意译要强，但也容易"玩火烧身"。当然，凡事需要具体情况具体分析。

然而讽刺的是，能够理解译者此番苦心的，往往只有译者本人。作者和读者由于语言的局限性，几乎无从体会译者的辛劳；而由于翻译活动的不可重复性，不同译者本来就难以体验完全相同的推敲之痛，更何况"禅境"是极其个人的一种体验？因此在临界区间中译者的"禅"举，体现着译者对作者和读者的关怀，也体现着译者对自己语感的幻化驱策。不同于"化境"，"禅境"是幻化无常、灵光一闪的，对大多数译者来说都是可遇不可求。它的出现是译者与作者的缘分、译者与原文的缘分、原文与译文的缘分三方综合作用下的结果。它出现的概率只比纯粹的巧合出现的概率稍微略高。至于读者能否感受到译者的"禅境"，更是难以考察。

第三，"化境"指的是翻译的结果，"禅境"指的是翻译的过程

有上述的分析，不难得出"禅境"的第三点性质。笔者乐于将翻译活动比作旅行，在大多数的情况下，"旅行"有既定的目的、既定的客观条件限制、不确定的感官跨度、不可控的潜伏危机等。而笔译则为"跨境旅行"，口译则为"极限体验"。

笔译是"长途旅行"，是"跨境旅行"，更是"公路旅行"。之所以笔译活动如同"公路旅行"，是因为它的缓慢性和渐进性。文学笔译活动更是如此。但正因为它的缓慢和渐进，译者可以仔细品味、反复揣摩其"沿途风光"，这正是笔译活动的"禅意"所在。

要整装上路，一些准备必不可少。首先，行者上路前，必须要认识到这是一条无法通往"正义"的道路。对翻译的性质，世界各地自古以来就争论不休。其中笔者最为认同的是一句出处不明的意大利名言——翻译即是背叛，认为翻译必然会导致语义的损坏、转变和丢失。至于此言究竟有多少道理，在此暂且不辨，笔者认为，及早放下心理负担，对翻译工作的执行有利无害。需要强调的是，这并不是一种消极的主张，更不是说译者可以抱着"破罐子破摔"的心态去从事翻译工作。这里主张的"禅意"可以解读为"不必苛求完美，但须尽善尽美"。

其次，必要的"行囊装备"也应尽善尽美。在翻译中，"行囊装备"指的是扎实可靠的母语能力和外语能力、敏捷灵活的思辨能力、语言悟性和语言转换能力以及文化通感力。如果说语言天赋、审美力是与生俱来的，那么"行囊装备"则是可以后天培养的。希望成为出色的"语言行者"，痛下苦功在所难免。为什么武术叫功夫？功夫即是时间。语言训练同样如此。如果我们将翻译的圆满度设为 100 分，那么从 0 分到 70 分较容易达到，70 分到 80 分有捷径可走，80 分到 90 分是可以用血汗换得，90 分到 100 分则是上天的选择了，讲求"禅缘"。

再次，"路线规划"要合理。在翻译中，尤其是长篇的文学翻译，翻译的语气、语言的节奏、措辞的分寸、大局的把握都很重要，前后需要保持统一。对于资讯性、说明性、应用性等类型文字的翻译，笔者认为保持其流畅性最为重要；而对于文学的翻译，则需要反复推敲，对历史、作者生平、社会环境都要进行研究——也许所做的努力并不会带来立竿见影的效果，但持之以恒则见其益。正所谓"念念不忘，必有回响"。

相对于笔译，口译活动更像是"极限体验"，它有着让人着迷的刺激和快感。笔者曾经听到一位资深德语译者说道："我从事口译工作，不是为了经济收入，而是为了享受其中乐趣。"话虽简单，但要真正体会到口译的乐趣，又谈何容易？

首先，口译跟笔译一样，对译者的素质有着严谨的要求，如上文所提到"行囊装备"，此处不再冗叙。

其次，与笔译不同，口译活动的特殊性需要译者在翻译的过程中多关注口头表达的习惯、文化风俗习惯等要素。不仅措辞用语要做到得体大方，行为举止也一样。在大多数情况下，口译中的译者同样是对话者，起着重要的促进对话进行的作用。另外，口译者需要有更大的灵活性和更佳的临场发挥，对信息要做到准确摄入、迅速消化、合理重组、恰当表达。而这一切，往往要求在电光火石间完成。而在电光火石间试探和体验自己的极限，正是笔译的"禅意"所在。

再次，与传统翻译理论不同，笔者不认为口译者应该单纯地像机器般转换语言，而认为译者应当"参与对话"。很多例子证明，译者的适当参与能够使翻译活动更为顺畅地进行，并起到事半功倍的作用。而如何做到"适当"，正是"禅意"所在。笔者试将口译的"禅意"总结为"预""思""觉"三个方面。

"预"指的是：事前的背景研究、推测"对话流向"、对说话者期望的主动迎合。众所皆知，背景研究必不可少。对"对话流向"的推测能有助于译者更灵活地应对潜在的窘境，趋吉避凶。很多的情况下，对话者的意图仅是表达礼貌、表达热情、表达客套，并未涉及重要的信息交换，这个时候作为"文化桥梁"的译者也许比对话者本人更了解对方的礼仪习俗，因此在翻译过程中可以采取主动迎合，以使得对话双方达到更融洽的气氛。

"思"指的是：记忆、分析、综合、重组、表达之间没有鸿沟，可以跨界进行。在翻译中，由于多种因素的综合限制，译者对信息的处理过程应是机动的，口译过程是动态的。译者不可因为来不及转达对话的全部内容而严重影响对话甚至打断对话。"思"在此处的意思不是单纯地思考信息，而是思考信息的"运用"，思考如何将从一方听取的信息，综合"运用"到另一方的思维中。这样的翻译是超越了语言的翻译，应是思想的翻译，是"禅境"之巅。

"觉"指的是：译者心理状态的持稳与激发。在翻译过程中，译者的心理状态会严重影响译者的发挥。于雪风老师曾在论文中《绝知此事要躬行》提到口译要做到"快""准""稳"。笔者非常同意。有许多途径能够帮助译者在翻译过程中保持稳定的心理状态，比如：在平时树立自信、勤加训练；在发挥时抛开杂念、无畏丢脸；在临场前视察场地、熟悉环境等。而如何激发心理状态则因人而异，笔者本人一般会借助重型音乐、咖啡因、巧克力等让感官处于舒适的兴奋状态。另外，在翻译过程中，应时刻提防疲乏感的侵袭，并尽力使口译的感受保持动态。正所谓"宁在一思进，莫在一思停"。

"禅"生于空，而止于空。翻译中的"禅境"不是可以被量化或测量的概念。在翻译过程中，熟练的译者的一进一退、一动一静、一张一弛、一放一收、一隐一现、一思一觉、一喜一忧，皆是"禅"。

（彭裕超，男，1985年生，硕士，北京外国语大学欧语学院塞尔维亚语专业讲师。研究方向：塞尔维亚语教学与研究、塞尔维亚社会文化、中国与中东欧国家文化交流。）

超悦读书架

中央编译出版社部分新书推荐

《国家命运：反腐攻坚战》 邱学强、徐伟新、俞可平、袁曙宏等 26 名顶尖专家学者合著

《国家命运：中国未来经济转型与改革发展》 吴敬琏、厉以宁、林毅夫、高尚全等 32 位著名经济界顶尖学者合著

《生态文明建设概论》 贾卫列、杨永岗、朱明双 著

《国富新论》 翟玉忠 著

《中国超级经济》 （加）殷敬棠 著

《创新中国教育》 （加）江学勤 著

《谁在导演世界》 边 芹 著

《大国崛起之谜》 李召民 著

《默克尔新传：奋斗会让自己变得更强大》 王拥军 著

《朴槿惠新传：在苦难中微笑成长》 张俊杰 著

《毛泽东书法字典》 （精装）叶兆银 编

《马克思主义经济学史》（1883~1929）（加）霍华德，（澳）金著 顾海良等译

《追寻巨人》 [美] Jack Sun（予森）著

《请愤怒吧》 [法] Stéphane Hessel（黑塞尔）著 河清 译

《微信群》 老壹 著

《超脱考试做领袖》 陈济安 著

《生存：立体污染下的生死之忧》 邵传贤 著
《名人与书店》 汪应泽 著（2016年4月出版）
《孔子是个好老师》 钟国兴 著（2016年3月出版）
《烈焰与红莲：鄢烈山随笔精选》 鄢烈山 著
《静坐的科学与心灵之旅》 杨定一 著（2016年3月出版）
《家风》 吴光磊 著（2016年3月出版）
《摆渡青春》 子瑜 著（2016年3月出版）
《摆渡者：中外文化翻译与传播》 文化部对外文化联络局，中国翻译协会主编
《梦控师》 追梦蚂蚁 著
《曹操：奋斗之道》 唐文立 著
《读懂人生悟透爱》 娇友田 著
《白领禅》 [加] 史蒂文.海涅（steven heine）丘丽君 著
《瑜伽梦》 张怀明 著
《思想的帝国》 贺雄飞 著
《中国环境地理学》（上下册） 练力华 著
《天真》 王爱品 著
《中国易学》 刘正 著
《易学丛林》（上下册，周易应用大全） 朱传珂 著
《象数易学与应用》（上下册） 张延生 著
《象数易学与逻辑》 张延生 著
《象数易学与逻辑》（续）张延生 著

出版传媒大佬微信群，群主审核身份后拉你入群

（以上有四本书入选中央编译出版社2015年度十大畅销书）